Der präventive Kündigungsschutz bei betriebsbedingten Kündigungen

AF814141

SCHRIFTEN ZUM DEUTSCHEN UND EUROPÄISCHEN ARBEITS- UND SOZIALRECHT

Herausgegeben von Ulrich Preis

Band 9

PETER LANG

Frankfurt am Main · Berlin · Bern · Bruxelles · New York · Oxford · Wien

Wiebke Brose

Der präventive Kündigungsschutz bei betriebsbedingten Kündigungen

Vergleich von Entwicklung und Stellenwert im deutschen und französischen Kündigungsrecht

PETER LANG
Internationaler Verlag der Wissenschaften

Bibliografische Information der Deutschen Nationalbibliothek
Die Deutsche Nationalbibliothek verzeichnet diese Publikation in der Deutschen Nationalbibliografie; detaillierte bibliografische Daten sind im Internet über <http://www.d-nb.de> abrufbar.

Zugl.: Köln, Univ., Diss., 2006

Umschlagabbildung:
Siegel der rechtswissenschaftlichen Fakultät
der Universität zu Köln.
Abdruck mit freundlicher Genehmigung
der Universität zu Köln.

D 38
ISSN 1861-4582
ISBN 978-3-631-56934-4

© Peter Lang GmbH
Internationaler Verlag der Wissenschaften
Frankfurt am Main 2007
Alle Rechte vorbehalten.

Das Werk einschließlich aller seiner Teile ist urheberrechtlich

Urheberrechtsgesetzes ist ohne Zustimmung des Verlages unzulässig und strafbar. Das gilt insbesondere für Vervielfältigungen, Übersetzungen, Mikroverfilmungen und die Einspeicherung und Verarbeitung in elektronischen Systemen.

www.peterlang.de

Vorwort

Das Kündigungsrecht dürfte wohl eine der schnelllebigsten und politisch anfälligsten Materien des Arbeitsrechts sein. Dies gilt für das deutsche Kündigungsrecht ebenso wie für das französische. So hat es seit Beginn der Erstellung dieser Arbeit in beiden Ländern zahlreiche Änderungen in Gesetzgebung und Rechtsprechung gegeben. Die Arbeit ist inhaltlich auf dem Stand der Abgabe im August 2006. Der französische Gesetzgeber hat jedoch mit der Ordonnance n°2007-329 vom 13. März 2007 gezeigt, dass sich das Kündigungsrecht weiterhin im Fluss befindet. Auch die neue Präsidentschaftswahl lässt Änderungen erwarten. Diese Entwicklungen konnten in der Bearbeitung nicht mehr berücksichtigt werden. Sie zeigen, dass es sich bei einer Abhandlung zum Kündigungsrecht nur um eine Momentaufnahme handelt. Dennoch soll die Arbeit dazu dienen, die unterschiedlichen Herangehensweisen aufzuzeigen und so den Blick für neue Lösungsansätze öffnen.

Die Arbeit wurde im August 2006 bei der Rechtswissenschaftlichen Fakultät der Universität zu Köln eingereicht. Die verwendete Kommentarliteratur wurde für die Drucklegung auf den Stand Februar 2007 nachträglich aktualisiert.

Zu danken habe ich an erster Stelle meinem Doktorvater Herrn Prof. Dr. Ulrich Preis für seine wertvolle Unterstützung. Er hat mir ein optimales Promotionsumfeld geboten und mich stets motiviert. Des Weiteren möchte ich Herrn Prof. Dr. Dres. h.c. Peter Hanau danken für die schnelle Erstellung des Zweitgutachtens, vor allem aber auch für die jederzeitige Diskussionsbereitschaft und Unterstützung. Ein Dank geht zudem an Herrn Prof. Dr. Alain Supiot. Er hat mir nicht nur die Möglichkeit gegeben, in seinem Institut die Recherchen für den französischen Teil der Arbeit zu machen, sondern stand auch für inhaltliche Fragen jederzeit zur Verfügung. Für die finanzielle Förderung danke ich der Bayer-Stiftung für deutsches und internationales Arbeits- und Wirtschaftsrecht sowie der Kanzlei Küttner Rechtsanwälte.

Meinen Eltern und meinen beiden Geschwistern danke ich für ihren Rückhalt. Ebenso bedanke ich mich bei Dr. Birgitta Stindt und Melanie Probst, sowie Daniel Ulber, Felipe Temming und Sonja Merten für ihre Hilfe. Für viel Verständnis und mentalen Beistand möchte ich Vincent Okech danken.

Köln, im Mai 2007

Inhaltsverzeichnis

Abkürzungsverzeichnis

a.A.	Anderer Ansicht
a.a.O.	am angegebenen Ort
Abs.	Absatz
a.E.	am Ende
a.F.	alte Fassung
AiB	Arbeitsrecht im Betrieb (Zeitschrift)
Anm.	Anmerkung
AP	Arbeitsrechtliche Praxis – Nachschlagewerk des Bundesarbeitsgerichts
AR-Blattei	Arbeitsrecht-Blattei
ArbG	Arbeitsgericht
ArbGG	Arbeitsgerichtsgesetz
ArbR-Hdb.	Arbeitsrechts-Handbuch
Art.	Artikel
Ass. Plén.	Assemblée plénière
AuA	Arbeit und Arbeitsrecht (Zeitschrift)
Aufl.	Auflage
AuR	Arbeit und Recht (Zeitschrift)
BAG	Bundesarbeitsgericht
BAGE	Entscheidungen des Bundesarbeitsgerichts, Amtliche Sammlung
BB	Betriebs-Berater (Zeitschrift)
Bd.	Band
Beil.	Beilage
BeschFG	Beschäftigungsförderungsgesetz
BetrVG 1952	Betriebsverfassungsgesetz vom 11.10.52
BetrVG	Betriebsverfassungsgesetz vom 15.1.1972 i.d.F. der Bek. v. 23.12.1988
BGB	Bürgerliches Gesetzbuch
BGBl.	Bundesgesetzblatt
BGH	Bundesgerichtshof
BGHZ	Entscheidungen des Bundesgerichtshofs in Zivilsachen, Amtliche Sammlung
Bl.	Blatt
BT-Drucks.	Bundestags-Drucksache
Bull. civ.	Bulletin civil (Entscheidungssammlung)
BVerfG	Bundesverfassungsgericht

BVerfGE	Entscheidungen des Bundesverfassungsgerichts, Amtliche Sammlung
bzgl.	bezüglich
bzw.	beziehungsweise
CA	Cour d'appel
ca.	circa
Cass. soc.	Chambre sociale de la cour de cassation
Cc	Code civil
CE	Conseil d'État
Cons. const.	Conseil constitutionnel
CP	Code pénal
CT	Code du travail
D.	Recueil Dalloz (Zeitschrift)
DB	Der Betrieb (Zeitschrift)
DDR	Deutsche Demokratische Republik
ders.	derselbe
d.h.	das heißt
Dr. ouv.	Droit ouvrier (Zeitschrift)
Dr. soc.	Droit social (Zeitschrift)
ErfK	Erfurter Kommentar zum Arbeitsrecht
EuGH	Europäischer Gerichtshof
evtl.	eventuell
EzA	Entscheidungssammlung zum Arbeitsrecht
f., ff.	(fort-)folgende
FS	Festschrift
Fn.	Fußnote
gem.	gemäß
GG	Grundgesetz für die Bundesrepublik Deutschland
ggf.	gegebenenfalls
GK-BetrVG	Gemeinschaftskommentar zum Betriebsverfassungsgesetz, hrsg. von *Fabricius/Kraft/Wiese/Kreutz/Oetker/Raab/Weber*
grds.	grundsätzlich
GS	Großer Senat
Halbs.	Halbsatz
HK-KSchG	Heidelberger Kommentar zum Kündigungsschutzgesetz
h.L.	herrschende Lehre
h.M.	herrschende Meinung
Hrsg.	Herausgeber
HWK	Arbeitsrecht Kommentar, hrsg. von *Henssler, Martin/Willemsen, Heinz Josef/Kalb, Heinz-Jürgen*

i.d.F.	in der Fassung
i.d.R.	in der Regel
i.E.	im Ergebnis
i.e.S.	im engeren Sinne
InsO	Insolvenzordnung
i.R.d.	im Rahmen des/der
i.S.d.	im Sinne des
i.V.m.	in Verbindung mit
Juris-Cl.	Juris-Classeur
J.O.	Journal officiel
JZ	Juristenzeitung (Zeitschrift)
KPK	Kündigungsschutzrecht, Kölner Praxiskommentar zum Kündigungsschutzgesetz und zu sonstigen kündigungsrechtlichen Vorschriften
KR	Gemeinschaftskommentar zum Kündigungsschutzgesetz, hrsg. von *Becker, Friedrich/Etzel, Gerhard/ Bader, Peter/Fischermeier, Ernst/Friedrich, Hans-Wolf/Lipke, Gert-Albert/Pfeiffer, Thomas/Rost, Friedhelm/Spilger, Andreas Michael/ Vogt,Norbert/Weigand, Horst/Wolff, Ingeborg*
KSchG	Kündigungsschutzgesetz
LAG	Landesarbeitsgericht
LAGE	Entscheidungen der Landesarbeitsgerichte
Lit.	Literatur
m.E.	meines Erachtens
MünchArbR	Münchener Handbuch zum Arbeitsrecht
MüKo	Münchener Kommentar zum BGB
m.w.N.	mit weiteren Nachweisen
NCPC	Nouveau code de procédure civile
n.F.	neue Fassung
NJW	Neue Juristische Wochenschrift (Zeitschrift)
Nr.	Nummer
n.v.	nicht veröffentlicht
NZA	Neue Zeitschrift für Arbeitsrecht (bis 1992: Neue Zeitschrift für Arbeits- und Sozialrecht)
NZA-RR	Neue Zeitschrift für Arbeitsrecht - Rechtsprechungsreport
RdA	Recht der Arbeit (Zeitschrift)
Rn.	Randnummer
RegE	Regierungsentwurf
Rspr.	Rechtsprechung
S./s.	Seite/siehe

SAE	Sammlung arbeitsrechtlicher Entscheidungen (Zeitschrift)
SGB	Sozialgesetzbuch
s.o.	siehe oben
sog.	sogenannte(r)
SprAuG	Sprecherausschussgesetz
SSL	Semaine Sociale Lamy (Zeitschrift)
st. Rspr.	ständige Rechtsprechung
u.a.	unter anderem
u.U.	unter Umständen
v.	von/vom
Verf.	Verfasser
v.a.	vor allem
vgl.	vergleiche
Vorbem.	Vorbemerkung
WSI	Wirtschafts- und Sozialwissenschaftliches Institut
z.B.	zum Beispiel
ZfA	Zeitschrift für Arbeitsrecht
ZIP	Zeitschrift für Wirtschaftsrecht
ZPO	Zivilprozessordnung
ZTR	Zeitschrift für Tarifrecht
Zutr.	Zutreffend

Übersetzungsverzeichnis

Accord de méthode*:	Verfahrensvereinbarung; s. hierzu ausführlich E II. 3. und E. II. 4. g)
Assemblée Nationale:	Nationalversammlung; neben dem Senat einer der beiden Gesetzgebungskammern
Assemblée plénière:	Vollversammlung (auch Plenarsitzung genannt) der Kammern des Kassationshofs (s. auch „Cour de cassation"), vergleichbar mit dem Großen Senat. Sie besteht aus dem ersten Präsidenten des Kassationshofs, den Präsidenten der einzelnen Kammern, den Rangältesten sowie je einem Richter der Kammern. Die Vollversammlung entscheidet, wenn der Kassationshof ein Urteil kassiert hat und es an die zweite Instanz zurückverwiesen hat. Entscheidet die zweite Instanz anders, als der Kassationshof, gelangt die Sache wieder zum Kassationshof, der diesmal in der Vollversammlung entscheidet. Diese kann entweder endgültig entscheiden oder die Sache ein weiteres Mal an die zweite Instanz zurückverweisen, wobei sie dann an die Entscheidung der Vollversammlung gebunden ist.
Cause réelle et sérieuse:	Tatsächlicher und schwerwiegender Grund; er muss vorliegen, damit eine Kündigung begründet ist. S. hierzu C. III. 2. d) (1)
Chambre criminelle:	Strafkammer des Kassationshofs
Chambre sociale:	Arbeits- und sozialrechtliche Kammer des Kassationshofs (s. „Cour de cassation")
Circulaire:	Runderlass
Code civil:	Zivilgesetzbuch
Code de commerce:	Handelsgesetzbuch
Code du travail:	Arbeitsgesetzbuch
Code pénal:	Strafgesetzbuch
Comité d'entreprise:	Unternehmensausschuss; er wird i.d.R. mit dem deutschen Betriebsrat verglichen. Allerdings muss

* Für die Übersetzungen wurde u.a. auf das Wörterbuch der Rechts- und Wirtschaftssprache von *Doucet/Fleck*, das Wörterbuch Arbeits- und Sozialrecht von *Kaufmann*, sowie die Ausführungen von *Hübner/Constantinesco*, Einführung in das französische Recht zurückgegriffen.

	dabei beachtet werden, dass die Rechte und der Einfluss des Unternehmensausschusses wesentlich eingeschränkter sind, als die des Betriebsrats. Er muss gewählt werden, wenn in 12 Monaten innerhalb der letzten drei Jahre durchschnittlich mindestens 50 Arbeitnehmer beschäftigt wurden, Art. L. 431-1 CT; ein niedrigerer Schwellenwert kann auf kollektiver Ebene vereinbart werden. Der Arbeitgeber ist Mitglied des Ausschusses und zugleich Vorsitzender. Allerdings werden Entscheidungen in Bezug auf die Konsultationsrechte des Unternehmensausschusses ohne seine Stimme gefasst. Der Ausschuss hat lediglich Informations- sowie Konsultationsrechte. Eine dem deutschen Modell vergleichbare Mitbestimmung gibt es hingegen nicht. Ausführlich hierzu s. auch Körner, NZA 2001, 429
Conseil constitutionnel:	Verfassungsrat; er prüft die Verfassungsmäßigkeit von Gesetzesvorschlägen; die Kontrolle der Verfassungsmäßigkeit wird vor Inkrafttreten des Gesetzes durchgeführt
Conseil d'État:	Oberstes Verwaltungsgericht
Conseiller:	Ratgeber/Berater; im französischen Kündigungsrecht bezeichnet es die Person, die den Arbeitnehmer zum Kündigungsgespräch begleitet und ihn unterstützt; s. hierzu D. II. 2. b) (3)
Constat de carence:	Untätigkeitsprotokoll, s. hierzu E. II. 4. f) (6)
Cour d'appel:	Berufungsgericht
Cour de cassation:	Kassationshof; er ist die Revisionsinstanz. Zwar gibt es in der ersten Instanz noch eine Unterteilung, so z.B. zwischen Zivil- und Arbeitgerichtsbarkeit. Ab der zweiten Instanz besteht sie jedoch nicht mehr, die Arbeitsgerichtsbarkeit ist dann in die ordentliche Gerichtsbarkeit eingegliedert. Der Kassationshof ist unterteilt in fünf Zivilkammern, drei allgemeine Kammern, eine handelsrechtliche Kammer und eine arbeits- und sozialrechtliche Kammer
Délégué du personnel:	Belegschaftsvertreter; er wird in Unternehmen, in denen mindestens elf Arbeitnehmer beschäftigt werden, von der Belegschaft gewählt, Art. L. 421-1 CT. Die Anzahl der zu wählenden Belegschaftsvertreter steigt mit der Unternehmensgröße. Seine Wahl ist unabhängig von dem Bestehen eines comi-

	d'entreprise. Zum einen ist er das Bindeglied zwischen Belegschaft und Arbeitgeber, er nimmt z.B. Beschwerden auf und leitet sie weiter, ggf. auch an die Arbeitsverwaltung. Gibt es in dem jeweiligen Unternehmen keinen comité d'entreprise, nimmt er teilweise auch dessen Aufgaben wahr, wenn es gesetzlich vorgesehen ist. Dies ist z.B. für die Konsultation vor Ausspruch einer Massenentlassung vorgesehen.
Délit d'entrave:	Delikt der Behinderung der Ausübung eines Rechts oder einer Funktionsausübung, in diesem Zusammenhang des Rechts der Arbeitnehmervertreter. Für den Unternehmensausschuss ist es z.B. geregelt in Art. L. 481-1 CT und wird sanktioniert mit bis zu einem Jahr Freiheitsstrafe oder einer Geldstrafe in Höhe von 3.750,- €
Entretien préalable:	Kündigungsgespräch (wörtlich: Vorgespräch); s. hierzu D. II. 1. und 2.
Expert-comptable:	Wirtschafts- oder auch Buchprüfer, s. zu seiner Rolle i.R.d. präventiven Kündigungsverfahrens E. II. 2. d) und E. II. 4. f) (4)
Loi de modernisation sociale:	Gesetz zur sozialen Modernisierung; s. hierzu C. I. 2. e) und E. II. 2.
Médiateur:	Schlichter; s. hierzu E. II. 2. c)
Nouveau code de procédure civile:	Zivilprozessgesetzbuch
Obligation de reclassement:	Gebot der anderweitigen Beschäftigung (wörtlich: Pflicht zur Neueinordnung); hat der Arbeitgeber dieses Gebot nicht beachtet, obwohl eine anderweitige Beschäftigung möglich war, ist die Kündigung unwirksam
Ordonnance:	Verordnung; der Gesetzgeber kann teilweise seine Gesetzgebungskompetenz auf die Regierung übertragen, welche dann in Form von Verordnungen davon Gebrauch macht
Ordre des licenciements:	Kündigungsreihenfolge; das Erfordernis, eine bestimmte Reihenfolge für den Ausspruch von Kündigungen zu beachten entspricht im Wesentlichen der Sozialauswahl und wird daher i.d.R. auch als Sozialauswahl übersetzt; s. hierzu E. II. 4. c) (1)

Plan de sauvegarde de l'emploi:	Beschäftigungssicherungsplan; s. hierzu E. II. 4. f) (5)
Tome:	Band

A. Einleitung

I. Gegenstand der Arbeit

Das Kündigungsrecht nimmt im deutschen Arbeitsrecht sowohl im Schrifttum als auch in der Praxis eine zentrale Rolle ein.[1] Knapp die Hälfte aller arbeitsrechtlichen Streitigkeiten sind Kündigungsschutzsachen.[2] Eine ebenso wichtige Rolle kommt ihm im französischen Arbeitsrecht zu.[3] Das Kündigungsrecht steht ununterbrochen der Herausforderung gegenüber, den Spagat zwischen unternehmerischer Freiheit des Arbeitgebers und sozialer Schutzbedürftigkeit der Arbeitnehmer zu meistern.[4] Daher ist es nicht erstaunlich, dass das Kündigungsrecht ständiger Kritik von beiden Seiten ausgesetzt ist. Laufend wird eine Vielzahl von Problemen aufgetan und die Masse der existierenden Änderungsvorschläge wird immer schwerer zu überschauen. Nach *Berkowsky* kann die Darstellung des Kündigungsrechts daher lediglich eine Momentaufnahme sein.[5] Es handelt sich um ein aktuelles und zugleich zeitloses Thema, was nicht zuletzt darauf beruht, dass es aufgrund seiner Instrumentalisierung durch die Politik in regelmäßigen Abständen und je nach Wirtschaftslage Veränderungen unterworfen wird, die Interessengegensätze aber immer fortbestehen.

Wenn auch der präventive Kündigungsschutz in Deutschland bei der Diskussion um das Kündigungsrecht häufig stiefmütterlich behandelt wird, kommt ihm eine erhebliche praktische Bedeutung zu. Aus der Sicht des Arbeitnehmers handelt es sich um ein Mittel, das dazu führen kann, dass seine Kündigung vermieden oder zumindest zeitlich verzögert wird.[6] Von Arbeitgebern wird der präventive Kündigungsschutz hingegen als Belastung empfunden. Durch die Pflicht, vor Ausspruch der Kündigung ein reguliertes Verfahren durchzuführen, wird die Zeitspanne von der Kündigungsentscheidung bis zum Ausspruch der Kündigung ebenso wie die Fehleranfälligkeit der Kündigung erhöht. Zudem sind die Regelungen zum präventiven Kündigungsschutz über mehrere Gesetze versprengt zu finden und damit unübersichtlich.

---

[1] So bezeichnete *Schwerdtner* es plastisch als das „Nervenzentrum des Arbeitsvertragsrechts"; MüKo/*Schwerdtner* (3. Aufl.), § 622 Anh. Rn. 4.

[2] *Tödtmann/Schauer*, NZA 2003, 1187; *Rüthers*, NJW 2002, 1601, 1602.

[3] *Favennec-Héry*, Deux siècles de droit du travail, S. 251.

[4] KDZ/*Kittner*, Grundlagen, Rn. 10.

[5] MünchArbR/*Berkowsky*, § 131 Rn. 6.

[6] *Preis*, Prinzipien des Kündigungsrechts, S. 70.

Gegenstand dieser Arbeit ist ein Rechtsvergleich des präventiven Kündigungsschutzes bei betriebsbedingten Kündigungen in Deutschland und Frankreich. Dabei ist das Augenmerk auf seine Entwicklung in den letzten Jahren sowie auf seine Einordnung und seinen Stellenwert innerhalb der beiden Rechtssysteme gerichtet. Auf beiden Seiten ist das Verfahren für die betriebsbedingte Kündigung das komplexeste System i.R.d. präventiven Kündigungsschutzes.

Rechtsvergleichende Arbeiten sehen sich immer wieder dem Vorwurf ausgesetzt, dass sie lediglich ein Sammelsurium mehr oder weniger amüsanter juristischer Eigenarten präsentieren oder aber Dinge vergleichen, die nicht vergleichbar sind, da jedes Recht in einem anderen wirtschaftlichen und sozialen Kontext gewachsen ist. Dennoch kommt dem Rechtsvergleich in mehrfacher Hinsicht eine hohe Bedeutung zu. Diese Methode kann für die Rechtsetzung hilfreich sein. Durch sie können Impulse für neue Lösungsansätze gegeben und vor Fehlern, die in anderen Ländern begangen wurden, gewarnt werden.[7] Sie kann auch bei der Anwendung bestehenden Rechts, insbesondere bei der Ausfüllung von unbestimmten Rechtsbegriffen oder Generalklauseln, neue Auslegungsmöglichkeiten eröffnen. Für den Praktiker ist der Rechtsvergleich gerade im Arbeitsrecht inzwischen aufgrund europa- und weltweit operierender Unternehmen von immer größerer Bedeutung. Dabei kann eine rechtsvergleichende Arbeit nicht zuletzt aufgrund etwaiger Sprachbarrieren hilfreich sein. Der Vorwurf, dass die unterschiedlichen Rahmenbedingungen, die den Rechtsordnungen zugrunde liegen, einen Vergleich unmöglich machen, mag in manchen Fällen zutreffen. Dennoch gibt es durchaus Länder, die zumindest vergleichbare Bedingungen aufweisen, so wie in diesem Fall Frankreich und Deutschland. Bei ähnlichen wirtschaftlichen Standards und ähnlicher Gesellschafts- und Sozialordnung bietet sich ein Rechtsvergleich gerade an.[8]

Ziel dieser Arbeit ist, einen Überblick über die Systematik des präventiven Kündigungsschutzes und dessen Einordnung in das Kündigungsrecht in beiden Rechtsordnungen zu verschaffen, um dann strukturelle Gemeinsamkeiten und Unterschiede herauszuarbeiten. Hierdurch soll Abstand zum deutschen Kündigungsrecht geschaffen werden, um zu erkennen, ob der Vorwurf, dass das deutsche Kündigungsrecht besonders streng ist, im Vergleich zu Frankreich gerechtfertigt ist. Darüberhinaus soll ein neuer Blickwinkel ermöglichen, andere Lösungsansätze für die zahlreichen Probleme, die sich im deutschen Kündigungsrecht stellen, zu entdecken.

---

[7] „Im Grunde müsste die Rechtsvergleichung so selbstverständlich sein, wie es selbstverständlich ist, dass zwei mehr sehen und hören, mehr erkennen und wissen als einer", *Gamillscheg*, Ausgewählte Schriften zu Arbeitsrecht und Rechtsvergleichung, S. 852.

[8] *Rebhahn*, ZfA 2003, 163, 164; *Gamillscheg*, Ausgewählte Schriften zu Arbeitsrecht und Rechtsvergleichung, S. 854.

II. Darstellung der Vorgehensweise

Um den präventiven Kündigungsschutz als Thema der Arbeit genauer abzustecken, wird zunächst eine Begriffsbestimmung vorangestellt. Im Folgenden lässt sich die Bearbeitung in drei Komplexe unterteilen. Zu Beginn wird das Kündigungsrecht im Überblick dargestellt, damit der präventive Kündigungsschutz entsprechend eingeordnet werden kann. Dem folgen Ausführungen zu den Verfahrensschritten, die der Arbeitgeber vor Ausspruch der Kündigung unabhängig vom Kündigungsgrund einhalten muss, um dann in einem letzten Teil auf die speziellen Verfahrensanforderungen bei der betriebsbedingten Kündigung einzugehen. Innerhalb der Abschnitte wird abwechselnd zunächst die Rechtslage in Deutschland und dann in Frankreich dargestellt, um bereits am Ende des Abschnitts einen ersten Vergleich zu ziehen. Ein weiterer Vergleich mit anschließender Bewertung folgt am Ende der Bearbeitung, da es sich gerade im Bereich des Kündigungsrechts um Systeme handelt, die in sich geschlossen sind. Eine endgültige Bewertung kann daher erst vorgenommen werden, wenn alle Aspekte erfasst wurden.[9]

Da Ziel der Bearbeitung ist, die strukturellen Gemeinsamkeiten und Unterschiede zu erfassen und zu vergleichen, müssen aus Gründen der Übersichtlichkeit einige Problemfelder von der Behandlung ausgeschlossen werden. So wird nicht der Kündigungsschutz im öffentlichen Dienst und bei kirchlichen Arbeitgebern behandelt. Ebenso wenig wird auf die Spezialfälle der Kündigung im Probearbeitsverhältnis, im Teilzeitarbeitsverhältnis und im befristeten Arbeitsverhältnis eingegangen. Weiterhin wird nur die arbeitgeberseitige Kündigung behandelt, und diese auf die ordentliche Beendigungskündigung beschränkt. Sonderregelungen, die für Unternehmen, die sich im Insolvenzverfahren befinden, werden nicht behandelt; Sonderregelungen, die nur für bestimmte Personengruppen gelten, werden nur im Überblick dargestellt.

III. Der präventive Kündigungsschutz: Begriffsbestimmung

Der Begriff präventiver Kündigungsschutz wird zwar häufig verwendet, er ist aber bisher noch nicht klar definiert. Daher soll im Folgenden der Begriffsinhalt geklärt werden.

Nach bisher unbestrittener Auffassung handelt es sich um präventiven Kündigungsschutz, wenn die Kündigung vor ihrem Ausspruch in einem ge-

---

[9] Dem stehen auch keine methodischen Bedenken entgegen, da es bis heute noch keine einheitliche abgeschlossene Methode in der Rechtsvergleichung gibt und die angewandte Methode immer auf das jeweils behandelte Thema abzustimmen ist, *Zweigert/Kötz*, Einführung in die Rechtsvergleichung, S. 32.

regelten Verfahren kontrolliert wird.[10] Weiterhin ist allgemein anerkannt, dass die Betriebsratsanhörung nach § 102 Abs. 1 BetrVG den Inbegriff des präventiven Kündigungsschutzes im deutschen Kündigungsrecht darstellt.[11]

Diese Feststellungen sowie der Begriff des präventiven Kündigungsschutzes selbst sollen hier als Ausgangspunkt dafür dienen, die Voraussetzungen zu ermitteln, die eine Regelung erfüllen muss, um dem präventiven Kündigungsschutz zugeordnet werden zu können.

Dem Begriff *präventiver* Kündigungsschutz lässt sich zunächst entnehmen, dass es sich um eine Maßnahme handelt, die *vor* Ausspruch der Kündigung ergriffen werden muss.[12] Ferner folgt aus der Bezeichnung, dass der Arbeitnehmer vor dem Ausspruch einer Kündigung geschützt werden soll. Ziel ist die Vermeidung von Kündigungen.

Der Begriff setzt außerdem voraus, dass es sich um eine Kündigung[13] handeln muss. D.h. einerseits, dass in diesem Rahmen andere Beendigungstatbestände wie der Aufhebungsvertrag keine Berücksichtigung finden. Das bedeutet andererseits, dass bereits mit einem Mindestmaß an Bestimmtheit klar sein muss, dass Kündigungen vorgenommen werden sollen. Es muss zwar keine definitive Kündigungsentscheidung vorliegen, in dem Fall wäre eine Prävention ohnehin nicht mehr möglich. Es muss jedoch schon konkret geplant sein, dass eine gewisse Anzahl von Kündigungen ausgesprochen werden soll.

Ein Blick auf das französische Kündigungsrecht hilft hier nur begrenzt weiter, denn der Begriff des präventiven Kündigungsschutzes ist in Frankreich nicht geläufig. Zwar wird gelegentlich der Begriff der Prävention benutzt, dies geschieht allerdings nicht systematisch. Etabliert ist hingegen der Begriff der *„procédure de licenciement"*, das Kündigungsverfahren. Dieser Begriff umfasst die Maßnahmen, die der Arbeitgeber durchführen muss, wenn er beabsichtigt, einem Arbeitnehmer zu kündigen. Sie müssen vor Ausspruch der Kündigung ergriffen werden. Dem Kündigungsverfahren liegt das Ziel zugrunde, den Ausspruch der Kündigung vorzubeugen.[14]

Wesensmerkmal des präventiven Kündigungsschutzes ist damit, dass er als Verfahren ausgestaltet ist. Ein Verfahren setzt eine gewisse Methode voraus, die angewendet werden muss.[15] Es handelt sich um eine bestimmte Herange-

---

[10] APS/*Preis*, Grundlagen G. Rn. 10.

[11] *Preis*, NZA 1997, 1256, 1258; MüKo/*Schwerdtner* (3. Aufl.), § 622 Anh. Rn. 28 ff., der unter der Überschrift „Präventiver Kündigungsschutz" ausschließlich die Betriebsrats- bzw. Personalratsanhörung behandelt.

[12] S. auch *Preis*, Prinzipien des Kündigungsrechts, S. 70.

[13] Die Kündigung muss vom Arbeitgeber ausgehen, denn der Arbeitnehmer ist die schwächere Vertragspartei und somit ist auch nur er schutzbedürftig.

[14] *Brunhes*, Dr. soc. 2003, 40, der zugleich kritisch anmerkt, dass dieses Ziel in der Realität nicht durch die französischen Verfahrensvorschriften verwirklicht wird.

[15] S. Duden, Sinn- und sachverwandte Wörter; Stichwort Verfahren.

hensweise. Allerdings ist damit nichts über die Ausgestaltung des Verfahrens gesagt. Es kann sich dabei um ein Verfahren handeln, das sich über mehrere Tage hinzieht oder aber um ein einzelnes Gespräch oder ein Schriftstück. Wichtig ist jedoch, dass in einer bestimmten vorher festgelegten Fallkonstellation in einer vorgegebenen Art und Weise vorgegangen werden muss. Dies entspricht auch der zu Beginn dargestellten Auffassung, dass es sich um ein „geregeltes" Verfahren handelt. Ein Verfahren kennzeichnet z.B. die Einhaltung vorgeschriebener Fristen bzw. die Vorgabe eines bestimmten vorgeschriebenen Zeitraums für dessen Durchführung. Ein solches Verfahren kann sowohl innerhalb des betreffenden Unternehmens[16] als auch von Institutionen, die außerhalb des Unternehmens bestehen,[17] durchgeführt werden. Der Begriff des Verfahrens schließt auch nicht aus, dass es sich nur auf den Arbeitnehmer und den Arbeitgeber beschränkt; die Einschaltung einer Arbeitnehmervertretung oder einer staatlichen Stelle ist nicht zwingend erforderlich. Das zeigt auch ein Blick auf das allgemeine französische Kündigungsverfahren, das z.B. die Arbeitnehmeranhörung, bei der nur Arbeitnehmer und Arbeitgeber anwesend sein können, als eines seiner Kernstücke vorsieht.[18] Gründe für eine Beschränkung auf einen sog. kollektivrechtlichen oder einen öffentlich-rechtlichen präventiven Kündigungsschutz sind ebenso wenig ersichtlich.

Der Begriff *„Schutz"* setzt voraus, dass dieser wirksam gewährleistet wird. Daher ist es erforderlich, eine Rechtsfolge an die Nichteinhaltung einer Vorschrift des präventiven Kündigungsschutzes zu knüpfen. Auch das Wesensmerkmal, dass es sich um ein Verfahren handelt, durch das die geplante Kündigung vor ihrem Ausspruch kontrolliert wird, setzt voraus, dass ein Verfahrensverstoß eine Sanktion zur Folge hat. Andernfalls wäre keine effektive Kontrolle gewährleistet.

Als Beispiel kann hier die Betriebsratsanhörung genannt werden. Nach § 102 Abs. 1 S. 3 BetrVG ist die Kündigung unwirksam, wenn nicht zuvor der Betriebsrat angehört wurde. Ebenso ist die Zahlung von Schadensersatz oder einer Abfindung, wie es im französischen Kündigungsrecht üblich ist, als Sanktion denkbar. Wichtig ist nur, dass die Nichteinhaltung wirksam sanktioniert wird. Hiermit wird eine Abgrenzung zu Maßnahmen vorgenommen, deren Nichtdurchführung nicht geahndet wird, wie es z.B. bei sog. Programmsätzen der Fall ist.[19]

Der letzte Anhaltspunkt für die Begriffsbestimmung liegt in der Gegenüberstellung von präventivem und repressivem Kündigungsschutz. Der re-

---

[16] Z.B. bei der Betriebsratsanhörung gem. § 102 BetrVG

[17] So z.B. bei der erforderlichen Zustimmung durch das Integrationsamt nach § 85 SGB IX vor Ausspruch der Kündigung gegenüber einem schwerbehinderten Arbeitnehmer.

[18] S. hierzu ausführlich unter D II.

[19] Zur Bestimmung von Programmsätzen s. *Brose*, DB 2005, 390, 391f.

pressive Kündigungsschutz umfasst diejenigen Vorschriften, die Vorgaben für eine Kontrolle der Wirksamkeit der Kündigung im Nachhinein, also nach ihrem Ausspruch bieten.[20] Maßgeblich ist, ob die Kündigung unwirksam ist, weil sie nicht sozial gerechtfertigt ist;[21] es geht also um die Begründung der Kündigung, nicht um das, was ihrem Ausspruch vorausgegangen ist. Präventiver und repressiver Kündigungsschutz schließen sich somit in zeitlicher Hinsicht gegenseitig aus.[22]

Zusammenfassend können für eine Definition des präventiven Kündigungsschutzes folgende Merkmale festgehalten werden: es muss sich um ein geregeltes Verfahren handeln, das sowohl innerhalb als auch außerhalb des Unternehmens stattfinden und sowohl auf individualrechtlicher also auch auf kollektivrechtlicher Ebene durchgeführt werden kann; dieses Verfahren muss vor Ausspruch einer Kündigung durchgeführt werden, andere Beendigungstatbestände sind nicht zu berücksichtigen; der Ausspruch einer oder mehrerer Kündigungen muss beabsichtigt sein; das Ziel des Verfahrens muss die Verhinderung dieser Kündigungen sein; ferner muss für den Verstoß gegen die Vorschriften zum präventiven Kündigungsschutz eine Rechtsfolge vorgesehen sein.

---

[20] APS/*Preis*, Grundlagen G., Rn. 10.

[21] Übertragen auf das französische Kündigungsrecht bedeutet dies, dass der Arbeitnehmer gegen den Arbeitgeber einen Schadensersatzanspruch hat, weil die Kündigung unbegründet war.

[22] Bei der Untersuchung der Reichweite des Begriffs des präventiven Kündigungsschutzes ist die Abgrenzung zum Ultima-Ratio-Prinzips nicht ganz klar. Denn auch das Ultima-Ratio-Prinzip verfolgt das Ziel, den Ausspruch von Kündigungen zu vermeiden. Die Kündigung soll das letzte Mittel sein, ein Prinzip, das im deutschen und französischen Kündigungsrecht gleichermaßen gilt; s. zum Ultima-Ratio-Prinzip im Einzelnen ausführlich *Preis*, Prinzipien des Kündigungsrechts, S. 278 ff., 294 ff. Dies kann zu Verwirrung führen. Es handelt sich aber i.E. nur um Überschneidungen. D.h. eine Zuordnung zum Ultima-Ratio-Prinzip schließt nicht zwangsläufig aus, dass es sich ebenso um eine Maßnahme des präventiven Kündigungsschutzes handeln kann. Zwar wird das Ultima-Ratio-Prinzip der materiellen Wirksamkeitsprüfung einer Kündigung zugeordnet. Dieses Prinzip liegt denklogisch jedoch ebenso dem präventiven Kündigungsverfahren zugrunde, denn auch dadurch soll gewährleistet werden, dass die Kündigung das letzte Mittel ist. Dieses gemeinsame Ziel wird dann auf unterschiedliche Weise verfolgt und konkretisiert. Durch die Kategorie des präventiven Kündigungsschutzes geschieht dies, indem ein besonderes Verfahren entwickelt wird.

B. Vorbemerkungen zum französischen Arbeitsrecht – die Rechtsquellen

Zum leichteren Verständnis des französischen Kündigungsrechts wird zunächst ein Überblick über den Aufbau des französischen Arbeitsrechts und dessen Rechtsquellen gegeben. Dabei werden die überstaatlichen Rechtsquellen außen vor gelassen. Ansonsten wird der Begriff der „Rechtsquelle“ hier weit verstanden, so dass alle Faktoren, die die Auslegung des Arbeitsrechts beeinflussen, in diesem Zusammenhang dargestellt werden.

I. Das Verfassungsrecht

Wie in Deutschland hat auch in Frankreich die Verfassung einen erheblichen Einfluss auf das Arbeitsrecht. In Frankreich gibt es jedoch keinen dem Grundgesetz vergleichbaren Text. Das Verfassungsrecht basiert vielmehr auf dem – nicht immer konkret greifbaren - sog. Verfassungsblock, dem „*bloc de constitutionnalité*“. Dieser Block setzt sich zusammen aus der Verfassung von 1958, der Präambel der Verfassung von 1946, der Menschenrechtserklärung von 1789 und den „grundlegenden Prinzipien, die von den Gesetzen der Republik anerkannt werden“ *(„principes fondamentaux reconnus par les lois de la République“)*, auf die die Präambel der Verfassung von 1946 Bezug nimmt.[23] Nach Art. 1 der Verfassung von 1958 ist Frankreich eine „soziale Republik“ *(„une République...sociale“)*. Auch die Präambel von 1946 äußert sich zum Arbeitsrecht, indem sie die „wirtschaftlichen und sozialen Rechte, die besonders wichtig für unsere Zeit sind“ *(les droits économiques et sociaux particulièrement nécessaires à notre temps)* umfasst. Zu diesen besonders wichtigen Rechten gehören z.B. das Streikrecht und das - für das Kündigungsrecht interessantere – Recht, eine Beschäftigung zu erhalten *(le droit d'obtenir un emploi)*[24] sowie die Pflicht zu arbeiten *(le devoir de travailler)*. Auch die unternehmerische Freiheit *(la liberté d'entreprendre)* ist hier anzusiedeln. Aus der unternehmerischen Freiheit folgt das – dem deutschen Juristen bekannte – Recht, seine Mitarbeiter frei auszusuchen und damit auch das

---

[23] *Pélissier/Supiot/Jeammaud*, Droit du travail, S. 71f. Rn. 51.

[24] Dieses Recht bedeutet aber nicht zugleich, dass auch ein wirkliches Recht auf Beschäftigung besteht. Zudem wurde das Recht, eine Beschäftigung zu erhalten auch nicht in Gesetzen niedergelegt und von den Gerichten nicht als Begründung herangezogen, *de Caigny*, Dr. soc. 2001, 126, 132. Es ist also äußerst fraglich, ob ihm überhaupt eine praktische Bedeutung zukommt.

Recht zu kündigen.[25] Diese Grundwertungen sind immer, also auch bei der Schaffung neuer arbeitsrechtlicher Vorschriften und bei der Auslegung von Gesetzen oder Arbeitsverträgen durch die Rechtsprechung zu beachten.[26]

II. Der Code du Travail

Die Franzosen haben das, worum viele deutsche Arbeitsrechtler sie beneiden dürften:[27] Ein Arbeitsgesetzbuch, den *Code du travail* (CT).[28] Der *Code du travail* ist in neun Bücher unterteilt, die jeweils ein bestimmtes Themengebiet abdecken. Die allgemeinen Vorschriften zum Kündigungsrecht, die für jede Art von Kündigung anwendbar sind, finden sich im ersten Buch (Art. L. 122-4 ff. CT). Im dritten Buch sind Spezialvorschriften für die Kündigung aus wirtschaftlichem Grund *(licenciement pour motif économique)* enthalten (Art. L. 321 ff. CT).

Der *Code du travail* enthält im Wesentlichen drei Arten von Vorschriften, die sich auf unterschiedlichen Normebenen befinden. Auf der höchsten Normebene befinden sich die Gesetze *(lois)*. Die jeweiligen Vorschriften sind dementsprechend mit einem L. gekennzeichnet (z.B. Art. L. 122-4 CT). Auf der nächsten niedrigeren Normebene befinden sich die Regierungsverordnungen *(règlements)*, gefolgt von den Dekreten *(décrets)*, wobei auch hier die jeweiligen Normen mit einem R. bzw. mit einem D. gekennzeichnet sind.[29] Gem. Art. 34 und 37 der Verfassung von 1958 werden nur die grundlegenden Prinzipien des Arbeitsrechts durch Gesetz festgelegt. Die Einzelheiten sind durch Verordnungen und Dekrete zu regeln, letztlich also von der Regierung. In der Gesetzgebungspraxis werden Art. 34 un 37 aber sehr weit ausgelegt. Es reicht bereits, sich die detaillierten gesetzlichen Regelungen zum Kündigungsrecht anzusehen, um zu merken, dass der Gesetzgeber häufigen Gebrauch von seiner Gesetzgebungskompetenz macht und zwar nicht nur, wenn es sich um grundlegende Prinzipien des Arbeitsrechts handelt.[30]

Aufgrund der sich häufig ändernden Materie ist für den *Code du travail* kennzeichnend, dass er eine Art systematische Zusammenstellung von Gesetzen ist, die sich in einem ständigen Wandel befindet. Dabei wird immer häu-

---

[25] *Favennec-Héry*, Deux Siècles de Droit du Travail, S. 253.

[26] *Pélissier/Supiot/Jeammaud*, Droit du travail, S. 72 Rn. 51 f.

[27] S. zu der mittlerweile schon eine langjährige Tradition begründenden Forderung nach einem Arbeitsgesetzbuch in Deutschland nur *Viethen*, FS Wlotzke, S. 191 ff; *Rüthers*, RdA 1995, 326 ff.; *Preis*, ZRP 1990, 311 ff; *v. Hoyningen-Huene/Linck*, Einleitung Rn. 30 ff.

[28] Der *Code du Travail* ist in seiner heutigen Form am 21.11.1973 in Kraft getreten. Die erste Kommission zur Schaffung eines Arbeitsgesetzbuches ist 1901 zusammengekommen und das erste Buch des *Code du Travail* wurde 1910 verkündet, s. *Couturier*, Droit du travail, Bd. 1, S. 30 Rn. 13.

[29] *Pélissier/Supiot/Jeammaud*, Droit du travail, S. 80f. Rn. 59.

[30] *Pélissier/Supiot/Jeammaud*, Droit du travail, S. 78f. Rn. 57.

figer die fehlende Übersichtlichkeit bemängelt.[31] Einen allgemeinen Teil, der zunächst die grundlegenden Prinzipien des Arbeitsrechts festlegt, gibt es nicht.

III. Die Runderlasse

Einen großen Einfluss auf das Kündigungsrecht haben auch die Runderlasse *(circulaires)*, die häufig als Interpretationshilfe für die Auslegung von Gesetzen dienen. Wenn sie auch nicht bindend sind, so wird doch sogar in den gängigen Textsammlungen auf sie verwiesen.[32] Der Runderlass wird innerhalb der Verwaltung von einem höher gestellten Beamten an seine ihm untergeordnete Mitarbeiter gerichtet.[33] Im Arbeitsrecht ist dies bei wichtigen Regelungen häufig der Arbeitsminister, dessen Runderlassen in der Praxis ein hoher Stellenwert zukommt.

IV. Die Tarifverträge

Die gesetzlichen Vorschriften sind aufgrund ihrer Orientierung am Interesse der Allgemeinheit zwingend *(d'ordre public)*, wobei im Arbeitsrecht von *„ordre public social"* die Rede ist. Dies bedeutet, dass die tarifvertraglichen Regelungen nur ausnahmsweise vom Gesetz abweichen dürfen unter der Voraussetzung, dass dies für den Arbeitnehmer vorteilhafter ist.[34]

Die Tarifverträge *(accords collectifs)* spielen dennoch eine wichtige Rolle im französischen Arbeitsrecht. So kommt es durchaus vor, dass Tarifverträge Ausgangspunkt einer gesetzlichen Regelung sind.[35] Auch können insbesondere allgemeinverbindliche Tarifverträge *(accord national interprofessionel)* den Inhalt mancher gesetzlicher Regelung durch nähere Ausgestaltung der Details präzisieren.[36]

---

[31] *Jeammaud*, Dr. soc. 1982, 618, 619; besonders kritisiert wird die Abwesenheit von klaren gesetzlich festgelegten arbeitsrechtlichen Leitprinzipien auch von *Pélissier*, Dr. soc. 1988, 387, 394.

[32] So z.B. in dem Code du travail von Dalloz und in dem Code du travail annoté der Revue Fiduciaire.

[33] Lexique des termes juridiques, S. 106.

[34] *Couturier*, Droit du travail, Bd. 1, S. 54 f. Rn. 28.

[35] *Couturier*, Droit du travail, Bd. 1, S. 51 Rn. 27.

[36] So z.B. der *accord national interprofessionel* über die Arbeitsplatzsicherung *(sécurité de l'emploi)* vom 10.2.1969, s. *Willman/Kerbourc'h*, Le licenciement pour motif économique, S. 164. Auf die Tarifverträge wird im Folgenden nicht näher eingegangen, da sie so vielfältig sind, dass ihre Behandlung den Rahmen dieser Arbeit überschreiten würde.

V. Die Rechtsprechung und der Einfluss der Literatur

Die für das Kündigungsrecht maßgebliche Rechtsprechung wird in erster Linie von der Sozialkammer des Kassationsgerichtshof *(Cour de cassation)* entwickelt. Die Arbeitsgerichte sind bis auf die erste Instanz in die ordentliche Gerichtsbarkeit eingegliedert. Die letzte Instanz der ordentlichen Gerichtsbarkeit ist die *Cour de cassation*. Sie umfasst drei allgemeine Zivilkammern, eine handelsrechtliche Kammer, eine Strafkammer und eine arbeits- und sozialrechtliche Kammer *(Chambre Sociale)*.[37] Daneben wird das Kündigungsrecht vom obersten Verwaltungsgericht *(Conseil d'Etat)*, wenn auch in geringerem Ausmaß, geprägt.[38] Die Verwaltungsgerichtsbarkeit gestaltet das Kündigungsrecht insoweit mit, als v.a. für die Kündigung eines Belegschaftsvertreters *(représentant du personnel)* oder eines Vertreters der Gewerkschaft im Unternehmen *(délégué syndical)* die Erlaubnis der Verwaltung eingeholt werden muss.[39] Für die Beurteilung, ob die Verwaltung die Erlaubnis zu Recht erteilt oder auch nicht erteilt hat, ist die Verwaltungsgerichtsbarkeit zuständig.[40] Einen geringeren, aber doch erwähnenswerten Einfluss hat zudem die Strafkammer des Kassationsgerichtshofs *(Chambre criminelle)*, da in Frankreich einige Verstöße gegen arbeitsrechtliche Vorschriften auf strafrechtlicher Ebene sanktioniert werden.[41]

Der Einfluss der Rechtsprechung auf das Arbeitsrecht ist erheblich.[42] So basiert z.B. das gesamte System der Änderung des Arbeitsvertrags, dem vergleichbaren Gegenstück zur Problematik der Änderungskündigung,[43] allein auf der Rechtsprechung.[44] Ebenso verhält es sich mit dem Arbeitskampfrecht.[45] Insgesamt ist bei einem Vergleich mit dem französischen Rechtssystem immer zu beachten, dass der Rechtsprechung ein höheres Gewicht zu-

---

[37] Ausführlich zum Aufbau der Gerichtsbarkeit in Frankreich *Hübner/Constantinesco*, Einführung in das französische Recht, S. 16 ff.

[38] *Janssen*, Das Gebot anderweitiger Beschäftigung, S. 27; vertiefend zur Problematik der Aufspaltung der Rechtsprechung i.R.d. Arbeitsrechts auf die Zivilgerichtsbarkeit (zuständig für Streitigkeiten i.R.d. kollektiven Arbeitsrechts), die Arbeits- und Verwaltungsbarkeit s. *Ray*, Droit du Travail, S. 40 ff. mit gut verständlicher Übersicht S. 56 f.

[39] *Pélissier/Supiot/Jeammaud*, Droit du travail, S. 88ff. Rn. 64.

[40] *Ray*, Droit du travail, S. 41 Rn. 32; *Mazeaud*, Droit du travail, S. 52 Rn. 76.

[41] So z.B. bei dem sog. *délit d'entrave*, dem Delikt der Behinderung der Tätigkeit der Arbeitnehmervertreter.

[42] *Mazeaud*, Droit du travail, S. 48 Rn. 72; schon allein die *Chambre sociale* bearbeitet pro Jahr ca. 9.000 Urteile, *Ray*, Droit du Travail, S. 50 Rn. 42.

[43] Zum Problem, dass in Frankreich das Gesetz keine Regelung zur Änderungskündigung vorsieht, s. § 12 II. 2.

[44] S. hierzu nur das erste grundlegende Urteil, den *årret Raquin*, Cass. soc. 8.10.1987, Dr. soc. 1988, 135 mit Anm. von *Savatier*.

[45] *Hübner/Constantinesco*, Einführung in das französische Recht, S. 11.

kommt als in Deutschland.[46] Dabei wird dem konkreten Fall mehr Bedeutung beigemessen. In der Rechtsprechung – wie auch in der französischen Literatur – kommt zudem auch eine dem deutschen System unterschiedliche „juristische Mentalität" zum Ausdruck. Insbesondere der in Deutschland häufig hochgehaltenen Dogmatik kommt kein vergleichbarer Stellenwert zu.

Ebenso ist zu beachten, dass mit dem stärkeren Gewicht der Rechtsprechung zugleich ein weniger starker Einfluss der Literatur einherzugehen scheint. Zunächst werden in den höchstrichterlichen Entscheidungen – im Gegensatz zu den Entscheidungen des BAG – keine Literaturmeinungen zitiert. Dies mag noch an dem gänzlich unterschiedlichen Aufbau der französischen Gerichtsurteile liegen. Es fällt aber daneben auch auf, dass es eine deutsche Eigenheit ist, Kommentare zu einzelnen Gesetzen herauszugeben.[47] Auch in der Anzahl der unterschiedlichen arbeitsrechtlichen Zeitschriften besteht ein Ungleichgewicht. Dementsprechend gibt es im französischen Arbeitsrecht weniger theoretische Streitigkeiten, die ausschließlich im Schrifttum ausgetragen werden. Dies wird im Folgenden teilweise dazu führen, dass die Ausführungen zum französischen Recht trotz gleich hoher oder teilweise sogar höherer Regelungsdichte, kürzer ausfallen als die Darstellung der deutschen Rechtslage.

VI. Der Arbeitsvertrag und die Anwendung des Zivilrechts

Eine weitere wichtige Grundlage für die Rechte und Pflichten von Arbeitnehmer und Arbeitgeber ist der Arbeitsvertrag. Der Begriff des Arbeitsvertrags ist in Frankreich nicht gesetzlich definiert, mittlerweile ist aber folgende Definition allgemein anerkannt: Ein Arbeitsvertrag liegt vor, wenn eine Person sich verpflichtet, für eine andere in deren Abhängigkeit gegen Zahlung eines Entgelts zu arbeiten.[48] Das Abhängigkeitsverhältnis zieht das Direktionsrecht *(pouvoir de direction)* des Arbeitgebers nach sich. Der Arbeitgeber kann damit einseitig die Arbeitsbedingungen bestimmen.[49] Die beiden anderen Merkmale, die Arbeitsleistung und die Entgeltzahlung, können hingegen nicht einseitig von dem Arbeitgeber festgelegt werden, hier ist das Zivilrecht anwendbar, insbesondere Art. 1134 Code civil.[50] Nach dieser Vorschrift sind die Vertragsparteien an die zwischen ihnen geschlossenen Vereinbarungen gebunden. Sie können deren Inhalt nur im gegenseitigen Einverständnis oder

---

[46] *Hübner/Constantinesco*, Einführung in das französische Recht, S. 11.

[47] Und dies insbesondere im Kündigungsrecht gleich von einer Vielzahl verschiedener Autoren.

[48] « Il y a contrat de travail quand une personne s'engage à travailler pour le compte et sous la subordination d'une autre moyennant rémunération.»; *Waquet*, RJS 5/99, 383, 386.

[49] *Waquet*, RJS 5/99, 383, 386.

[50] *Waquet*, RJS 5/99, 383, 386.

in den gesetzlich vorgesehenen Fällen ändern. Ferner muss die Vereinbarung unter Beachtung des Grundsatzes von Treu und Glauben *(bonne foi)* durchgeführt werden.[51] Der Begriff des Arbeitsvertrags und das ihn kennzeichnende Direktionsrecht sind mit dem deutschen Verständnis des Arbeitsvertrags vergleichbar.

Die Rolle, die der Arbeitsvertrag im Arbeitsrecht spielt -und dementsprechend auch die Rolle des Zivilrechts- war nicht immer ganz klar.[52] Mittlerweile gehen aber sowohl Rechtslehre als auch Rechtsprechung davon aus, dass es sich um einen Vertrag handelt, der grundsätzlich auch als solcher zu behandeln ist. Allerdings erfüllt er eine doppelte Funktion: Neben seiner vertraglichen Dimension weist er noch eine „institutionelle" Funktion auf. Diese bewirkt, dass das Vorliegen eines Arbeitsvertrags die Anwendung des Arbeitsrechts zur Folge hat.[53] In Bezug auf das Ausmaß der Anwendbarkeit des Zivilrechts besteht jedoch weiterhin Ungewissheit.[54] Im Zivilgesetzbuch *(Code civil = Cc)*, gibt es heute keine Vorschriften mehr, die speziell auf den Arbeitsvertrag anwendbar sind.[55] Dabei stehen sich in der französischen Diskussion im Wesentlichen folgende Argumente gegenüber:[56] Einerseits sieht Art. L. 121-1 CT vor, dass der Arbeitsvertrag den Regeln des allgemeinen Rechts (wobei hierunter das Zivilrecht zu verstehen ist) unterliegt.[57] Andererseits wird gegen die Anwendbarkeit des Zivilrechts zumeist die besondere Interessenlage des Arbeitsrechts, also die Ungleichheit der Vertragspartner, hervorgehoben.[58] Die Rechtsprechung scheint bei der Anwendung des Zivilrechts

---

[51] Art. 1134 Cc : « Les conventions légalement formées tiennent lieu de loi à ceux qui les ont faites. Elles ne peuvent être révoquées que de leur consentement mutuel, ou pour les causes que la loi autorise. Elles doivent être exécutées de bonne foi.».

[52] So wurde bis in die 50er Jahre vertreten, dass der Arbeitsvertrag einem anderen Begriff weichen sollte, der sog. „Arbeitsbeziehung" *(relation de travail)*. Hierunter wurde eine nicht vertragliche Beziehung verstanden, die aufgrund der Unternehmenszugehörigkeit entsteht. Nach dieser Auffassung enthält der „Vertrag" nur eine Einigung bezüglich des Eintritts in das Unternehmen; so z.B. *Durand*, Droit du travial, tome II, n° 114 ff., der übrigens ausdrücklich auf den deutschen Begriff des Arbeitsverhältnisses hinweist. Zwar setzte sich der Begriff der Arbeitsbeziehung nicht durch, das Schrifttum blieb aber weiterhin dem Arbeitsvertrag gegenüber misstrauisch. Bis in die 80er Jahre war die Auffassung weit verbreitet, dass der Arbeitsvertrag immer mehr durch die Schaffung eines Rechtsstatus abgelöst werde, *Pélisser/Supiot/Jeammaud*, Droit du travail, (21.Aufl.), S. 177 Rn. 123.

[53] *Pélissier/Supiot/Jeammaud*, Droit du travail, (21.Aufl.), S. 177, 179 f. Rn. 123.

[54] *Pélissier*, Dr. soc. 1988, 387, 388; *Dupeyroux*, Dr. soc. 1988, 371, 372.

[55] So wie in Deutschland z.B. §§ 622 ff BGB in Bezug auf die Kündigung.

[56] Die Diskussion wird hier stark verkürzt dargestellt, weiterführend zu dieser Problematik s. z.B. *Couturier*, Dr. soc. 1988, 407 ff.; *Pélissier*, Dr. soc. 1988, 387 ff.; *Pélissier/Supiot/Jeammaud*, Droit du travail, (21. Aufl.), S. 177 ff. Rn. 123.

[57] «le contrat de travail est soumis aux règles du droit commun».

[58] *Pélissier*, Dr. soc. 1988, 387, 391.

ergebnisorientiert zu sein, eine Systematik lässt sich nicht erkennen.[59] Die von ihr angewandten Normen sind i.d.R. die Art. 1131, 1134 und 1142 Cc.[60]

---

[59] *Dupeyroux*, Dr. soc. 1988, 371, 372.

[60] Gem. Art. 1131 Cc muss der Vertrag einen zulässigen Vertragszweck haben. Nach Art. 1134 Cc hat der von den Parteien abgeschlossene Vertrag für diese bindende Wirkung, die nur unter gegenseitigem Einverständnis oder aus gesetzlich vorgesehenen Gründen widerrufen werden kann und der nach Treu und Glauben durchgeführt werden muss. Gem. Art. 1142 Cc muss der Schuldner einer Leistungs- oder Unterlassenspflicht, der dieser Pflicht nicht nachgekommen ist, Schadensersatz zahlen.

C. Grundstrukturen und Entwicklung des deutschen und französischen Kündigungsrechts

I. Entwicklung und Zielsetzung des Kündigungsrechts

Bevor ein Vergleich der heute geltenden Systeme des Kündigungsschutzes vorgenommen werden kann, müssen zunächst die sozialen Beziehungen innerhalb des betreffenden Landes untersucht werden, welche wiederum stark durch ihre jeweilige Entwicklung geprägt sind.[61] Um die Unterschiede zwischen dem französischen und dem deutschen System zu verstehen, ist daher ein Blick auf die unterschiedliche Entstehung der beiden Kündigungssysteme unerlässlich.[62]

In der folgenden Darstellung wird der Schwerpunkt auf die französische Entwicklung des Kündigungsschutzes gesetzt. Die deutsche Entstehungsgeschichte wird hingegen nur in ihren groben Zügen dargestellt. Für eine weitergehende Vertiefung wird auf die einschlägige Literatur verwiesen.[63]

1. Die Entstehung in Deutschland

Das Kündigungsrecht hat in Deutschland im Vergleich zu anderen Rechtsgebieten eine eher kurze, dafür aber umso bewegtere geschichtliche Entwicklung hinter sich. Ausgangspunkt war im 19. Jahrhundert die Vertragsfreiheit.[64] Aus der Vertragsfreiheit leitete sich dementsprechend die Kündigungsfreiheit ab, was beiden Vertragsparteien die jederzeitige Beendigung des Arbeitsverhältnisses ermöglichte, ohne dass daran besondere Anforderungen gestellt wurden.[65]

Ein erster Ansatz für einen Kündigungsschutz zeigte sich im Betriebsrätegesetz vom 4.2.1920.[66] Nach diesem Gesetz konnte der Arbeitnehmer eines Betriebes, in dem ein Betriebsrat bestand, bei diesem Einspruch gegen die

---

[61] wie *Ray*, Droit du Travail, S. 19 Rn. 13 anschaulich anmerkt: „Die Geschichte ist das Experimentierlabor der Gesetzgebung".

[62] S. auch *Zweigert/Kötz*, Einführung in die Rechtsvergleichung, S. 8, zur Bedeutung der geschichtlichen Entwicklung im Rahmen eines Rechtsvergleichs.

[63] Ausführlich zur Entwicklung des Kündigungsrechts z.B. *v. Hoyningen-Huene/Linck*, Einleitung Rn. 1 ff.; MünchArbR/*Berkowsky*, § 131 Rn. 8 ff.

[64] KR/*Griebeling*, § 1 KSchG Rn. 1.

[65] APS/*Preis*, Grundlagen A. Rn. 1; *v. Hoyningen-Huene/Linck*, Einleitung Rn. 1.

[66] RGBl. S. 147.

Kündigung erheben. Die Kündigung war dann nicht rechtmäßig, wenn sie eine weder durch das Verhalten des Arbeitnehmers noch durch die Verhältnisse des Betriebes bedingte unbillige Härte darstellte.[67] Falls der Betriebsrat die Kündigung als nicht rechtmäßig ansah, konnte der Arbeitnehmer eine Klage bei Gericht einreichen, wobei im Falle eines Klageerfolgs der Arbeitgeber dem Arbeitnehmer eine Entschädigung zahlen musste. Die Weiterführung des Arbeitsverhältnisses anstelle der Zahlung einer Entschädigung konnte hingegen nicht von dem Arbeitnehmer erzwungen werden. Sie war nur dann möglich, wenn auch der Arbeitgeber eine Weiterführung des Arbeitsverhältnisses wollte.[68] In diesem Fall war der Widerruf der Kündigung durch den Arbeitgeber erforderlich.[69] Die Kündigung war also keineswegs automatisch unwirksam. Jedoch waren mit dem Betriebsrätegesetz bereits Kriterien für eine materiellrechtliche Überprüfung der Kündigung vorgegeben, wie sie vom Ansatz her auch in dem heutigen Kündigungsrecht wiederzufinden sind. Es verbirgt sich aber noch ein anderer wichtiger Ansatz hinter dem Betriebsrätegesetz. Denn die Kündigungsschutzvorschriften galten nur für Betriebe mit mindestens 20 Arbeitnehmern. Es legte also einen Schwellenwert fest. Dies ist eine Vorgehensweise, die auch dem heutigen KSchG zugrunde liegt und das deutsche Kündigungsrecht prägt.

Ein weiterer wichtiger Schritt in der Entwicklung des Kündigungsrechts wurde mit der Demobilmachungsverordnung vom 12.2.1920 getan. In dieser Verordnung war zum ersten Mal eine Regelung zur Sozialauswahl enthalten, die durchaus als Vorläufer des heutigen § 1 Abs. 3 KSchG angesehen werden kann.[70]

Das in der NS-Zeit eingeführte Gesetz zur Ordnung der nationalen Arbeit vom 20.1.1934 führte zu einer Abschwächung der starken Stellung des Betriebsrats (der in der NS-Zeit durch den „Vertrauensrat“ ersetzt wurde, an dessen Spitze der Betriebsführer stand).[71] Der individualrechtliche Teil des bis dahin bestehenden Kündigungsrechts blieb unangetastet, wenn er auch freilich in der Rechtsprechung eine völlig neue Auslegung erhielt.[72] Weiterhin geprägt wurde das Kündigungsrecht in dieser Zeit durch die Arbeitsplatzwechselverordnung vom 1.9.1939, die sowohl für Arbeitnehmer- als

---

[67] MünchArbR/*Berkowsky*, § 131 Rn. 11.

[68] KR/*Griebeling*, § 1 Rn. 4.

[69] *v. Hoyningen-Huene/Linck*, Einleitung Rn. 21; KR/*Griebeling*, § 1 Rn. 4.

[70] KDZ/*Kittner*, Einleitung, Rn. 18a; MünchArbR/*Berkowsky*, § 131 Rn. 13.

[71] APS/*Preis*, Grundlagen A. Rn. 12; KR/*Griebeling*, § 1 Rn. 5; MünchArbR/*Berkowsky*, § 131 Rn. 14.

[72] Wie z.B. die Rechtmäßigkeit der Kündigung wegen politischer Unzuverlässigkeit oder nicht arischer Abstammung, APS/*Preis*, Grundlagen A Rn. 14.

auch für Arbeitgeberkündigungen die Genehmigung durch das Arbeitsamt vorsah.[73]

In der Nachkriegszeit war das Kündigungsrecht vor allem von weitgehender Rechtszersplitterung gekennzeichnet, denn in den unterschiedlichen Besatzungszonen existierte ein jeweils unterschiedliches Kündigungsrecht.[74]

Da dieser Zustand auf Dauer unhaltbar war, wurde als Grundlage für ein einheitliches Kündigungsschutzgesetz der sog. Hattenheimer Entwurf[75] vom 13.1.1950 vorgelegt: Ein Entwurf für ein Kündigungsschutzgesetz, der gemeinsam von den Sozialpartnern ausgearbeitet wurde.[76] Dieser Entwurf wurde wiederum als Grundlage für den Regierungsentwurf zum Kündigungsschutzgesetz verwendet, der nach einigem Tauziehen im Gesetzgebungsverfahren in seinen groben Zügen übernommen wurde.[77] Als Ergebnis entstand das erste deutsche Kündigungsschutzgesetz (KSchG) vom 10.8.1951.[78] Dieses Gesetz wird heute auch als „Kompromissgesetz" bezeichnet, was vor allem durch die Art seiner Entstehung bedingt ist. Bereits bei der Ausarbeitung des Hattenheimer Entwurfs, der nachher als Grundlage für das KSchG dienen sollte, haben die Sozialpartner einen Ausgleich ihrer gegenläufigen Interessen gesucht. Auch das sich daran anschließende Gesetzgebungsverfahren war von einer Vielzahl von Kompromissen durchzogen.[79] Doch trotz der zögerlichen Entstehungsgeschichte wurde mit dem KSchG von 1951 der Grundstein für das heute in Deutschland herrschende Kündigungsrecht gelegt.[80] Schon 1951 sah das KSchG eine 6-monatige Wartezeit als Anwendungsvoraussetzung vor. Auch eine Kleinbetriebsklausel war bereits vorhanden; in dem betreffenden Betrieb mussten mehr als fünf Arbeitnehmer beschäftigt sein.[81] Vor allem aber wurde mit dem KSchG von 1951 der Grundsatz des Bestandsschutzes eingeführt. Dies war nicht selbstverständlich, gingen doch Gesetzgebung, Rechtslehre und Rechtsprechung auch im Falle der unrechtmäßigen

---

[73] KR/*Griebeling*, § 1 Rn. 5.

[74] KR/*Griebeling*, § 1 Rn. 6; MünchArbR/*Berkowsky*, § 131 Rn. 16; zum Inhalt der unterschiedlichen Regelungen in den einzelnen Besatzungszonen s. die Zusammenfassung in der Gesetzesbegründung zum KSchG 1951, BT-Drucks. I/2090, S. 8 ff.

[75] Abgedruckt in RdA 1950, 63.

[76] MünchArbR/*Berkowsky*, § 131 Rn. 17.

[77] KR/*Griebeling*, § 1 Rn. 9; zu den Abweichungen zwischen dem Hattenheimer Entwurf und dem schließlich erlassenen KSchG von 1951 s. ausführlicher *v. Hoyningen-Huene/Linck*, Einleitung Rn. 30 ff.

[78] BGBl. I, 449.

[79] APS/*Preis*, Grundlagen A. Rn. 17; *v. Hoyningen-Huene/Linck*, Einleitung Rn. 33; MünchArbR/*Berkowsky*, § 131 Rn. 19. Unweigerliche Folge dieses von gegenseitigen Konzessionen geprägten Gesetzes war, dass es sich als ein Leichtes erwies, ihm Schwächen wie z.B. mangelnde Folgerichtigkeit oder Gesetzeslücken vorzuwerfen, *v. Hoyningen-Huene/Linck*, Einleitung Rn. 36.

[80] APS/*Preis*, Grundlagen A. Rn. 17.

[81] *v. Hoyningen-Huene/Linck*, Einleitung Rn. 33.

Kündigung bis dahin von ihrer Wirksamkeit aus. Der Gedanke des Bestandsschutzes wurde mit dem Gesetz von 1951 über den Grundsatz der Unwirksamkeit der ungerechtfertigten Kündigung festgelegt.[82]

Die nächste Entwicklungsetappe wurde mit dem 1. Arbeitsrechtsbereinigungsgesetz vom 14.8.1969[83] eröffnet. Mit diesem Gesetz wurde u.a. die Pflicht des Arbeitgebers eingeführt, dem Arbeitnehmer die Gründe für die Sozialauswahl mitzuteilen, und die Änderungskündigung wurde erstmals gesetzlich geregelt.[84]

Eine bis in die Gegenwart wirkende Änderung wurde mit dem BetrVG 1972 vorgenommen. Dieses hat die Betriebsratsanhörung vor der Kündigung zur Wirksamkeitsvoraussetzung erhoben.[85] Damit wurde neben der individuellen Seite des Kündigungsrechts auch dessen kollektiver Aspekt gesichert.

Massive Veränderungen des KSchG 1951 wurden jedoch erst mit dem Arbeitsrechtlichen Beschäftigungsförderungsgesetz vom 25.9.1996[86] eingeführt. Mit diesem Gesetz wurden vor allem der Schwellenwert für die Geltung des KSchG von fünf auf zehn Arbeitnehmer angehoben, die Namensliste eingeführt und die Kriterien der Sozialauswahl eingegrenzt, sowie die betrieblichen Interessen des Arbeitgebers verstärkt.[87]

Mit der Entwicklung, die sich an dieses Gesetz anschloss, wurde der Einfluss politischer Machtwechsel und Entscheidungen ebenso wie der Einfluss von Änderungen der wirtschaftlichen Lage auf das Kündigungsrecht „vorbildlich" vorgeführt. So wurde mit dem Wechsel im Jahr 1998 zur rot-grünen Regierung zugleich auch eine Umgestaltung des Kündigungsrechts vorgenommen. Diese Änderung erfolgte in Gestalt des Gesetzes zu Korrekturen in der Sozialversicherung und zur Sicherung von Arbeitnehmerrechten vom 19.12.1998.[88] Damit verabschiedete sich der Gesetzgeber bei der Sozialauswahl wieder von den vorgegebenen Sozialkriterien und beschränkte sich auf die allgemeine Formulierung der „sozialen Gesichtspunkte". Weiterhin wurde die gerade erst eingeführte sog. Namensliste abgeschafft und der Schwellenwert wieder auf fünf Arbeitnehmer herabgesetzt. Ferner wurde die mit dem Gesetz von 1996 eingeführte Verstärkung der Berücksichtigung der betrieblichen Belange des Arbeitgebers i.R.d. Sozialauswahl nach § 1 Abs. 3 S. 2 KSchG zurückgenommen.[89] Diese Änderung des Kündigungsrechts währte

---

[82] KR/*Griebeling*, § 1 KSchG Rn. 7 ff.

[83] BGBl. I, 1106.

[84] APS/*Preis*, Grundlagen A. Rn. 20; KDZ/*Kittner*, Einleitung Rn. 24.

[85] KDZ/*Kittner*, Einleitung Rn. 25.

[86] BGBl. I, 1476.

[87] KDZ/*Kittner*, Einleitung Rn. 31c.

[88] BGBl. I, 3843.

[89] Zum Korrekturgesetz von 1999 s. ausführlich z.B. *Preis*, RdA 1999, 311ff., *Däubler*, NJW 1999, 601 ff.; *Link*, AuA 1998, 413.

jedoch nicht lange. Sie wurde bereits mit dem Gesetz zu Reformen am Arbeitsmarkt vom 24.12.2003[90] in ihren wesentlichen Punkten wieder rückgängig gemacht, diesmal ohne dass es eines Regierungswechsels bedurfte; Auslöser war die stetig ansteigende Arbeitslosenquote.[91] Zu nennen sind hier im Wesentlichen die Begrenzung der Sozialauswahl auf die gesetzlich abschließend genannten vier Kriterien, die Verstärkung der betrieblichen Interessen, die Wiedereinführung der Namensliste und das erneute Anheben des Schwellenwertes auf zehn Arbeitnehmer. Neu aufgenommen wurde mit dem Gesetz von 2003 die Möglichkeit des Abfindungsangebots bei der betriebsbedingten Kündigung gem. § 1a KSchG und die Vereinheitlichung der 3-wöchigen Klagefrist nach § 4 KSchG.[92]

2. Die Entstehung in Frankreich

Das Kündigungsrecht ist auch in Frankreich eine eher jüngere Erscheinung und ebenso wie das deutsche Kündigungsrecht hat es bereits innerhalb kurzer Zeit viele Änderungen erfahren. Das Arbeitsrecht war lange geprägt von dem dem Zivilrecht entlehnten Grundsatz der Freiheit, den Vertrag einseitig zu beenden *(liberté de rompre le contrat; droit de résiliation unilatérale)*. Dieser Grundsatz kann als das Gegenstück der deutschen Kündigungsfreiheit bezeichnet werden. Danach haben beide, Arbeitgeber wie Arbeitnehmer, dasselbe Recht, den Vertrag zu beenden. Nach diesem Grundsatz gibt es keine strengeren Voraussetzungen für den Arbeitgeber als für den Arbeitnehmer, um den Vertrag wirksam beenden zu können.[93]

Dieses sog. Gegenseitigkeitsprinzip *(principe de réciprocité)* hat lange Zeit das französische Arbeitsrecht geprägt. Auch die ersten Ansätze eines Kündigungsrechts haben diesen Grundsatz zunächst nicht in Frage gestellt.[94]

a) Die ersten gesetzlichen Regelungen

Eine erste gesetzliche Regelung zur einseitigen Vertragsbeendigung eines Arbeitsverhältnisses wurde mit dem Gesetz vom 27.12.1890 in Art. 1780 Cc eingeführt. Nach dieser Vorschrift konnte die einseitige Beendigung des Ar-

---

[90] BGBl. I, 3002.

[91] S. zu den letzten Änderungen des KSchG ausführlich z.B. *Preis*, RdA 2003, 65 ff.; *Thüsing/Stelljes*, BB 2003, 1673 ff.; *Larmann*, IWS-Mitteilung, Sonderheft Wirtschaft und Unterricht, 31.7.2003.

[92] KDZ/*Kittner*, Einleitung Rn. 31j; auf die einzelnen Veränderungen wird später noch einmal ausführlich eingegangen.

[93] Es handelt sich hierbei um zivilrechtliche Grundsätze, der *principe de liberté et de réciprocité*, *Pélissier/Supiot/Jeammaud*, Droit du travail, S. 477 Rn. 368.

[94] *Couturier*, Droit du travail, Bd. 1, S. 203 Rn. 108; zur Entwicklung, die von der zivilistischen Konzeption des *principe de liberté et de réciprocité* s. ausführlich *Camerlynck*, Le contrat de travail, tome 1, S. 348 ff. Rn. 316 ff.

beitsvertrags einen Schadensersatzanspruch auslösen.[95] Hiermit wurde eine Kontrolle zur Unterbindung von missbräuchlichen Vertragsbeendigungen *(congédiement abusif)* eingeführt.[96] Der oberste Gerichtshof legte Art. 1780 Cc so aus, dass dem Arbeitnehmer nur dann ein Anspruch auf Schadensersatz zusteht, wenn der Arbeitgeber einen Fehler begangen hat. Die Beweislast lag beim Arbeitnehmer.[97] Ferner hat der Gesetzgeber im Jahr 1890 die Kündigungsfrist *(délai congé)* eingeführt, die, aufgrund der Geltung des Gegenseitigkeitsprinzips, gleichermaßen für den Arbeitgeber wie für den Arbeitnehmer galt.[98]

Mit dieser ersten, zugegebenermaßen rudimentären,[99] Regelung, die den Grundstein für das Kündigungsrecht legte, wurde zugleich der Ausgangspunkt festgelegt, der sich auch in der späteren Entwicklung nicht mehr ändern sollte und heute noch das französische Kündigungsrecht maßgeblich prägt. Es handelt sich um den Grundsatz, dass die jeweils andere Vertragspartei bei Vertragsbeendigung einen Anspruch auf Schadensersatz hat, die Kündigung aber auch, wenn sie unrechtmäßig ist, aufrechterhalten bleibt.

Durch das Gesetz vom 19.7.1928 sollte das Kündigungsrecht näher ausgestaltet werden. Es wurde in dem damals neuen Art. 23 CT festgelegt, dass zwischen dem Schadensersatz wegen Nichtbeachtung der Kündigungsfrist und dem Schadensersatz, der aufgrund der Kündigung selbst entstanden ist, unterschieden werden musste. Ferner durfte das Gericht selbst Untersuchungen über die Umstände der Kündigung vornehmen, um festzustellen, ob ein Missbrauch vorliegt.[100] Die praktischen Auswirkungen dieses Gesetzes blieben jedoch gering.[101]

Die Trennung von arbeitgeber- und arbeitnehmerseitiger Kündigung wurde das erste Mal mit dem Gesetz vom 19.2.1958 vorgenommen. Dieses Gesetz verpflichtete den Arbeitgeber, dem Arbeitnehmer die Kündigung durch Einschreiben mitzuteilen. Mit diesem Gesetz wurde weiterhin eine, ebenfalls nur

---

[95] « Le louage de services fait sans détermination de durée peut toujours cesser par la volonté d'une des parties contractantes … La résiliation par un seul des contractants peut donner lieu à des dommages et intérêts. » ; s. *Favennec-Héry*, Deux Siècles de Droit du Travail, S. 251.

[96] *Aubin/Bouveresse*, Introduction historique au droit du travail, S. 244 Rn. 300.

[97] *Favennec-Héry*, Deux Siècles de Droit du Travail, S. 252.

[98] *Aubin/Bouveresse*, Introduction historique au droit du travail, S. 244 Rn. 300.

[99] Nach *Aubin/Bouveresse*, Introduction historique au droit du travail, S. 244 Rn. 300 eine « embryonäre Regelung » *(une réglementation embryonnaire)*.

[100] « Les dommages intérêts qui peuvent être accordés pour inobservation de délai congé ne se confondent pas avec ceux auxquels peut donner lieu d'autre part la résiliation du contrat par la volonté de l'une des parties contractantes. Le tribunal, pour apprécier s'il y a abus, pourra faire une enquête sur les circonstances de la rupture. Le jugement devra en tout cas mentionner expressément le motif allégué par la partie qui aura rompu le contrat. »

[101] Cass. soc. 18.3.1930, D. 1930, S. 71; *Favennec-Héry*, Deux Siècles de Droit du Travail, S. 252.

für den Arbeitgeber geltende, gesetzliche Mindestkündigungsfrist eingeführt.[102] Diese Trennung wurde durch die Verordnung vom 13.7.1967 weitergeführt, indem sie vor allem den gesetzlichen Abfindungsanspruch für den Arbeitnehmer im Falle einer Kündigung vorsah.[103] Damit wurde die Grundstruktur für die Abfindungslösung geschaffen. Diese Regelung ist demnach für einen Vergleich mit dem deutschen Kündigungsrechts umso interessanter. Denn hierdurch wurde ein weiterer grundlegender Unterschied zum deutschen Kündigungsrecht geschaffen. Der Anspruch auf eine Abfindung unabhängig von der Rechtmäßigkeit der Kündigung. Dieser Anspruch ist mittlerweile in Art. L. 122-9 CT geregelt und heute eine der zentralen Vorschriften auf der Rechtsfolgenseite.

b) Das Gesetz vom 13.7.1973 und seine Auswirkungen auf das Kündigungsrecht

Eine richtungsweisende Bedeutung für das Kündigungsrecht kommt dem Gesetz vom 13.7.1973 zu.[104] Mit dieser Reform wurden insbesondere das der Kündigung notwendig vorgeschaltete Verfahren innerhalb des Unternehmens und das materiellrechtliche Erfordernis eines tatsächlichen und ernsthaften Grundes *(cause réelle et sérieuse)* eingeführt.[105] Bis zu diesem Zeitpunkt wurde lediglich kontrolliert, ob ein Rechtsmissbrauch vorlag.[106] Der Arbeitgeber konnte somit in der Regel problemlos dem Arbeitnehmer wegen eines verzeihbaren Fehlers oder auch einfach, weil der Arbeitnehmer in dem Betrieb unerwünscht wurde, kündigen.[107] Das Gesetz von 1973 ist demnach sowohl in formeller als auch in materiellrechtlicher Hinsicht die Grundlage für das französische Kündigungsrecht.

Von besonderem Interesse ist aus rechtsvergleichender Sicht die Einführung eines unternehmensinternen Kündigungsverfahrens, welches in der Ausgestaltung dem deutschen Kündigungsrecht fremd ist. Mit dem Gesetz von 1973 wurde festgelegt, dass der Arbeitgeber ein dreistufiges Verfahren einhalten muss, bevor er dem Arbeitnehmer kündigt. Zunächst musste er dem Arbeitnehmer eine schriftliche Vorladung für ein Kündigungsgespräch übermitteln, das Gespräch musste dann durchgeführt werden und zuletzt, nach einer Bedenkzeit, musste der Arbeitgeber dem Arbeitnehmer die Kündigung

---

[102] *Couturier*, Droit du travail, Bd. 1, S. 204 Rn. 108.

[103] *Couturier*, Droit du travail, Bd. 1, S. 204 Rn. 108.

[104] *Favennec-Héry* in : Deux siècles de droit du travail, S. 252 f.; *Couturier*, Droit du travail, S. 204, Rn. 108 ; a.A. *Lyon-Caen/Bonnetête*, Dr. soc. 1973, S. 494, nach denen das Gesetz nur sehr wenig an der vorherigen Situation ändern wird. Dieser Ansicht kann aber heute rückblickend nicht gefolgt werden; s. hierzu auch *Supiot*, Droit du travail, S. 121, der darauf hinweist, dass vor dem Gesetz von 1973 noch nahezu Kündigungsfreiheit bestand.

[105] *Pélissier/Supiot/Jeammaud*, Droit du travail, S. 478 Rn. 387.

[106] *Pélissier/Supiot/Jeammaud*, Droit du travail, S. 477 Rn. 386.

[107] *Camerlynck*, Le contrat de travail, tome 1, S. 355 Rn. 324.

schriftlich mitteilen. Diese Regelung war zunächst nicht auf alle Kündigungsfälle anwendbar.

Die mit dem Gesetz von 1973 eingeführten Erfordernisse existieren seitdem unbestritten. Sie wurden in der Zwischenzeit weiter ausgebaut und ihre Daseinsberechtigung nicht in Frage gestellt. Mittlerweile stellen sie die Pfeiler des französischen Kündigungsrechts dar.[108] Dass heute vereinzelt gefordert wird, diese insbesondere in verfahrensrechtlicher Hinsicht für den Arbeitgeber strengen Regelungen wieder einzugrenzen, ist nicht erstaunlich. Das Gesetz und mit ihm das Kündigungsverfahren wurden in einer Zeit eingeführt, in der die Arbeitslosenquote bei 2,2% lag.[109]

c) Die „Geburt" der betriebsbedingten Kündigung: Das Gesetz vom 3.1.1975

Die Kündigung aus wirtschaftlichem Grund *(licenciement pour motif économique)* war zunächst nicht gesondert geregelt. Es wurde aber schnell deutlich, dass es sich hierbei um eine besondere Art der Kündigung handelte, die einer speziellen Regelung bedurfte. Dem wurde vorerst nicht durch ein umfassendes Gesetz Rechnung getragen, sondern nur mit der Einführung vereinzelter Regelungen. Zum ersten Mal wurde die Kündigung aus wirtschaftlichem Grund in dem Gesetz vom 18.6.1966 behandelt, welches aber lediglich eine vorherige Beratung mit dem Betriebsrat vorsah, wobei dieses Erfordernis später durch einen allgemeinverbindlichen Tarifvertrag vom 10.2.1969 genauer präzisiert wurde. Ausgeweitet wurde diese Voraussetzung durch das Gesetz vom 30.11.1974, das für den Fall der Abwesenheit eines Betriebsrats die Beratung mit dem Belegschaftsvertreter *(délégué du personnel)* vorschrieb.[110] Eine umfassende Regelung erschien erst mit dem Gesetz vom 3.1.1975. Mit diesem Gesetz wurde für den Fall einer Kündigung aus wirtschaftlichen Gründen eine Anhörung der Arbeitnehmervertretungen geregelt und vor allem wurde zur neuen Rechtmäßigkeitsvoraussetzung, dass vor Ausspruch der Kündigung aus wirtschaftlichem Grund eine Verwaltungsdienststelle *(autorité administrative)* diese genehmigen musste.[111] Es war demnach die Arbeitsverwaltung, die letztendlich über die Entlassung zu entscheiden hatte.[112] Dieses Genehmigungserfordernis konnte aber nicht sehr lange dem Verlangen der Wirtschaft nach mehr Liberalität standhalten und wurde mit Gesetz vom 30.12.1986, nachdem der Weg durch das Gesetz vom 3.7.1986 bereits geebnet wurde, endgültig wieder abgeschafft.[113] Die Abschaffung der behördlichen Genehmigung zog einige Folgen nach sich. So wurde die Frage,

---

[108] *Favennec-Héry*, Deux siècles de droit du travail, S. 253.
[109] *Mazeaud*, Droit du travail, S. 341 Rn. 487.
[110] Willmann/Kerbourc'h/*Morvan*, Le licenciement pour motif économique, S. 163 Rn. 2.
[111] *Pélissier/Supiot/Jeammaud*, Droit du travail, S. 568 Rn. 462; *Pélissier*, D. 1975, 135.
[112] *Kessler*, RdA 1989, 5, 36.
[113] *Morvan*, Juris-Class. 2002, Licenciement pour motif économique, Fasc. 31-2, Rn. 2.

wer eigentlich wirklich der Kündigende war (der Arbeitgeber oder die Verwaltungsdienststelle, die die Genehmigung erteilt) und gegen wen der Arbeitnehmer sich wenden musste, hinfällig. Weiterhin wurde die Verwaltungsgerichtsbarkeit in erheblichem Maße entlastet, da sie nun nicht mehr über die Rechtmäßigkeit der behördlichen Genehmigung bzw. Verweigerung entscheiden musste. Dies führte zugleich zu einer erheblichen Mehrbelastung der Arbeitsgerichte, da die Vorprüfung durch die Behörden entfiel. Es gab also mit Wegfall der behördlichen Genehmigung nur noch eine nachträgliche Überprüfung der Rechtmäßigkeit der Kündigung. Auffällig war, dass der auf die Einstellungsbereitschaft der Arbeitgeber erhoffte positive Einfluss ausblieb.[114]

Eine vorherige *Information* der Verwaltungsdienststelle über die bevorstehende Kündigung aus wirtschaftlichen Gründen ist jedoch auch heute noch erforderlich, unabhängig von der Anzahl der beabsichtigten Kündigungen.[115]

Auch wenn eine der einschneidenden Errungenschaften des Gesetzes vom 3.1.1975, die behördliche Genehmigung, heute nicht mehr existiert, so hat dieses Gesetz für die Systematik des französischen Kündigungsrechts bis heute wichtige Spuren hinterlassen, indem es die Kündigung aus wirtschaftlichen Gründen eindeutig von den Kündigungen aus anderen Gründen abgrenzte. Dies führte zu einer Annäherung an die deutsche Systematik der Kündigungsgründe.

d) Vereinheitlichung der Verfahrensregeln

Mit dem Gesetz vom 30.12.1986 wurde nicht nur die behördliche Genehmigung für die Kündigung aus wirtschaftlichem Grund abgeschafft, dieses Gesetz hat vor allem auch die bis zu dem Zeitpunkt bestehenden Verfahrensregeln vereinheitlicht. Seit diesem Gesetz ist das betriebsinterne Kündigungsverfahren unabhängig von der Dauer der Unternehmenszugehörigkeit des Arbeitnehmers, von der Unternehmensgröße und vom Kündigungsgrund durchzuführen. Sonderregelungen bestehen noch in Bezug auf Massenentlassungen.[116]

e) Die *Loi de Modernisation sociale* und ihr Nachfolgegesetz *Loi Fillon*

Nach einer kleinen Ruhepause sorgte das Gesetz zur sozialen Modernisierung *(Loi de modernisation sociale)* vom 17.1.2002[117] für umso mehr Wirbel im Kündigungsrecht. Im Folgenden wird die ab diesem Zeitpunkt erfolgte Ent-

---

[114] *Pélissier/Supiot/Jeammaud*, Droit du travail, S. 569 Rn. 462.
[115] *Pélissier/Supiot/Jeammaud*, Droit du travail, S. 570 Rn. 463.
[116] *Mazeaud*, Droit du travail, S. 344 Rn. 491; zu den Massenentlassungen später ausführlich unter E. II. 4. e) und f).
[117] Loi no. 2002-73 du 17 janvier 2002 de modernisation sociale, J.O. 18.1.2002, 1008ff.

wicklung zunächst im Überblick dargestellt, an späterer Stelle wird nochmals auf einzelne Aspekte näher eingegangen.

Das Gesetz griff in mehrere Rechtsgebiete ein, am tiefgreifendsten aber in das Kündigungsrecht. So wurden im Wesentlichen die Definition des wirtschaftlichen Grundes, der eine Kündigung rechtfertigen kann enger gefasst, die Abfindung bei der Kündigung aus wirtschaftlichem Grund erhöht, eine Konkretisierung der Verpflichtung zur Weiterbeschäftigung auf einem anderen Arbeitsplatz vor Ausspruch der Kündigung vorgenommen, das betriebsinterne Kündigungsverfahren weiter ausgebaut und die Rechte des Betriebsrats gestärkt.[118] Das Gesetz zur sozialen Modernisierung zeichnete sich insgesamt durch eine Verschärfung des Kündigungsschutzes aus. Dies lag zum einen an der damaligen Zusammensetzung des Parlaments, zum anderen entsprach es aber auch den Forderungen des Volkes, das in der Presse mehrere Massenentlassungen verfolgen konnte, die nicht immer auf wirtschaftlichen Schwierigkeiten beruhten.[119] Die Opposition wartete nicht lange und legte das Gesetz dem Verfassungsrat *(Conseil constitutionnel)*[120] vor. Dieser entschied ein Jahr später, dass die enge Definition des Begriffs der Kündigung aus wirtschaftlichem Grund verfassungswidrig sei, da sie die unternehmerische Freiheit des Arbeitgebers zu sehr einschränke. Ferner erklärte er einen Großteil der neuen Vorschriften nur im Falle einer verfassungskonformen Auslegung für wirksam.[121] Der Gesetzgeber, mittlerweile nicht mehr in derselben Zusammensetzung wie bei der Entstehung der *Loi de Modernisation sociale*, nahm dies als Gelegenheit, das Gesetz vom 3.1.2003, sog. *Loi Fillon I*[122] zu verabschieden, welches elf der 31 neuen, die betriebsbedingte Kündigung betreffenden Vorschriften zwar nicht aufhob, aber in ihrer Wirkung zunächst für einen Zeitraum von 18 Monaten hemmte.[123] Die gehemmten Vorschriften betrafen das der Kündigung zwingend vorgeschaltete unternehmensinterne Kündigungsverfahren, die Information der Arbeitnehmervertreter, den Beschäftigungssicherungsplan *(plan de sauvegarde de l'emploi*, zuvor *plan social* genannt) und das Gebot anderweitiger Beschäftigung *(obligation de reclassement)*.[124] Ziel war es, dass bis zum Ablauf der 18 Monate im Juli 2004 sich die Sozialpartner einigen und einen allgemeinverbindlichen Tarifvertrag erstellen, der

---

[118] *Frik*, RdA 2003, 39.

[119] *Frik*, RdA 2003, 39; *Janssen*, Das Gebot anderweitiger Beschäftigung, S. 34.

[120] Der Verfassungsrat ist das oberste französische Verfassungsgericht. Im Unterschied zum Bundesverfassungsgericht ist es jedoch nicht Voraussetzung, dass die Richter Juristen sind, es wird daher auch oft als zu politisch bezeichnet.

[121] Cons. const. 12.1.2002, Dr. ouv. 2002, 59.

[122] Den Namen hat das Gesetz aufgrund seines Urhebers, dem Arbeitsminister *Francois Fillon*, erhalten; das Gesetz ist im Volltext abgedruckt in Dalloz 2003, Lég. S. 183.

[123] *Pélissier/Supiot/Jeammaud*, Droit du travail, S. 548 Rn. 447.

[124] Eine genaue Aufzählung der betroffenen Vorschriften findet sich bei *Desbarats*, D. 2003, 219.

die offengebliebenen Fragen regelt. Der zu dem Zeitpunkt amtierende Arbeitsminister *Francois Fillon* begründete dieses neue Gesetz damit, dass die Kündigung aus wirtschaftlichem Grund immer komplexer würde, insbesondere auch durch die Regelungen der *Loi de Modernisation sociale*. Die vielfältigen Anwendungsschwierigkeiten, die dieses Gesetz aufwerfe, bringe eine erhebliche Rechtsunsicherheit sowohl für die Arbeitnehmer als auch für die Arbeitgeber mit sich. Außerdem sei die *Loi de Modernisation sociale* geprägt von fehlender Zusammenarbeit der sich gegenüberstehenden Seiten. Daher solle mit der vorläufigen Hemmung einiger Vorschriften den Sozialpartnern die Möglichkeit gegeben werden, sich über eine praktikable und für beide Seiten akzeptable Lösung zu einigen. Der Gesetzgeber würde dann aus dieser Lösung die erforderlichen Konsequenzen ziehen.[125] Um dies anzutreiben, enthielt das Gesetz vom 3.1.2003 Regelungen für eine spezielle Form des Tarifvertrages, die sog. Verfahrensvereinbarung *(accord de méthode)*. Mit dieser Vereinbarung konnten Arbeitgeber und Gewerkschaft innerhalb bestimmter Grenzen abweichende Regelungen zum unternehmensinternen Kündigungsverfahren bei Massenentlassungen schaffen.[126]

Damit erteilten sowohl der *Conseil constitutionnel* als auch der Gesetzgeber innerhalb kurzer Zeit eine klare Absage an die von dem Gesetz zur sozialen Modernisierung eingeschlagene Richtung, den Kündigungsschutz für den Arbeitgeber strenger auszugestalten.

f) Das Gesetz zur Planung für den sozialen Zusammenhalt

Mit dem Gesetz vom 18.1.2005 zur Planung für den sozialen Zusammenhalt *(Loi de Programmation pour la Cohésion sociale)*[127] setzte der Gesetzgeber vorerst einen Schlussstrich unter das Hin und Her der vorangegangenen drei Jahre. Das Gesetz von 2005 hat vor allem eine für die Rechtslage in Bezug auf das unternehmensinterne Verfahren bei der Kündigung aus wirtschaftlichem Grund klarstellende Wirkung. Es hat die durch das Gesetz vom 3.1.2003 gehemmten Vorschriften des Gesetzes zur sozialen Modernisierung z.T. auch formal aufgehoben und z.T. das Wiederaufleben der vor der Reform von 2002 geltenden Vorschriften angeordnet bzw. sie durch neue Regelungen ersetzt. Inhaltlich weist das Gesetz vom 18.1.2005 die Tendenz auf, den Kündigungsschutz wieder zu lockern. Die neue Definition des wirtschaftli-

---

[125] S. dazu einen Auszug aus der Gesetzesbegründung von *Francois Fillon*, abgedruckt bei der Abhandlung von *Desbarats*, D. 2003, 219. Der Begründung entsprechend heißt das Gesetz Loi n° 2003-6 du 3 janvier 2003 auch l*oi « portant relance de la négociation collective en matière de licenciements économiques »*, also Gesetz zur Belebung der Tarifverhandlungen im Bereich der Kündigung aus wirtschaftlichem Grund.

[126] Zu den Verfahrensvereinbarungen ausführlich E. II. 4. g).

[127] Auch nach dem derzeitigen Arbeitsminister „*Loi Borloo*" genannt, veröffentlicht in J.O. n° 15, vom 19.1.2005, S. 846 ff.

chen Grundes, bleibt weit hinter der restriktiven Definition aus dem Jahr 2002 zurück und ist letztlich eine gesetzliche Niederschrift der bereits zuvor entwickelten Rechtsprechung.[128] Daneben dehnt es die Stellung der schon 2003 eingeführten speziellen Tarifverträge weiter aus, die vom Gesetz abweichende Verfahrensvorschriften und präventive Regelungen für den Fall der Kündigung aus wirtschaftlichen Gründen *(accord de méthode)* vorsehen.

Ob mit diesem Gesetz nun auch für längere Zeit ein Schlussstrich unter die Phase der ständigen Veränderung des Kündigungsrechts gezogen ist, bleibt abzuwarten. Allerdings lässt die Tatsache, dass der Teil des Gesetzes, der die Kündigung aus wirtschaftlichem Grund betrifft, in großer Eile und ohne erkennbare wesentliche Auseinandersetzungen im Gesetzgebungsverfahren entstanden ist,[129] das Gegenteil vermuten.

3. Vergleich der beiden Entstehungsgeschichten

Zu Beginn weisen die Entstehungsgeschichten viele Gemeinsamkeiten auf. Es handelt sich beiderseits um eine Rechtsmaterie, die auf eine rund 100-jährige Entwicklung zurückblicken kann und vielen Gesetzesänderungen ausgesetzt war und ist. In beiden Ländern stand am Anfang die beiderseitige Kündigungsfreiheit, es wurde nicht zwischen arbeitgeber- und arbeitnehmerseitiger Kündigung unterschieden. Ebenso bestand der erste Schritt zu einem arbeitsrechtlichen Kündigungsrecht darin, dass im Fall einer unrechtmäßigen Kündigung eine Entschädigung vorgesehen war, nicht aber die Unwirksamkeit der Kündigung. Weiterhin wurde in beiden Ländern, wenn auch zu unterschiedlichen Zeitpunkten (in Deutschland 1951 und in Frankreich 1973) das Erfordernis von Gründen eingeführt, die die Arbeitgeber-Kündigung rechtfertigen müssen.

Ein erster Einschnitt, der grundlegend für die unterschiedlichen Entwicklungen sein sollte, war die Einbeziehung des Betriebsrats im deutschen Kündigungsrecht durch das Betriebsrätegesetz von 1920. Die wichtige Rolle des Betriebsrats, die er unabhängig von Kündigungsart, Kündigungsgrund und Anzahl der Kündigungen haben sollte, wurde seitdem in der Regel beibehalten. Vergleichbares wurde in der Form in Frankreich nicht eingeführt. Bei der Ausgestaltung der allgemeinen Verfahrensanforderungen, die der Arbeitgeber vor Ausspruch der Kündigung beachten muss, konzentrierte sich der Gesetzgeber in dem grundlegenden Gesetz von 1973 vielmehr auf das Verhältnis zwischen Arbeitgeber und Arbeitnehmer. Der *comité d'entreprise,* den man als das Gegenstück zum deutschen Betriebsrat bezeichnen und wörtlich als Unternehmensausschuss übersetzen kann, wurde nicht mit einbezogen. Eine ähnlich stark ausgestaltete Beteiligung des *comité d'entreprise* lässt sich nur

---

128 S. hierzu ausführlich C. IV. 2.

129 *Morvan*, Travail et Protection sociale, Février 2005, 8.

i.R.d. Massenentlassung wiederfinden, ein Bereich, der mehr von europäischen Richtlinien denn vom nationalen Gesetzgeber geprägt ist. So kann die Entwicklung im Bereich des präventiven Kündigungsschutzes in Deutschland als kollektiv- und in Frankreich als individualrechtlich ausgeformt bezeichnet werden.

Zudem fällt auf, dass das französische Kündigungsrecht im Laufe seiner Entwicklung stärker formalisiert wurde als das deutsche. Als Beispiel kann hier auf die Schriftform der Kündigung zurückgegriffen werden. Schon 1958 wurde das Schriftformerfordernis der Kündigung eingeführt. Dabei beschränkte sich der Gesetzgeber nicht, wie der deutsche Gesetzgeber im Jahr 2001 mit der Einführung auf ein einfaches Schriftformerfordernis. Vielmehr war schon 1958 erforderlich, dass die Kündigung per Einschreiben erfolgte.

In der zeitlichen Mitte der Kündigungsgeschichte wurden ein weiteres Mal die Weichen für eine Entwicklung in entgegengesetzte Richtungen gestellt. Diesmal mit der Einführung des Bestandsschutzes in Deutschland durch das Kündigungsschutzgesetz von 1951 und der Einführung eines vom Kündigungsgrund unabhängigen Abfindungsanspruchs 1967 in Frankreich. Auf der einen Seite ist die Folge einer unrechtmäßigen Kündigung ihre Unwirksamkeit, auf der anderen Seite führt die Unrechtmäßigkeit zu einem Abfindungs- und Entschädigungsanspruch unter Aufrechterhalten der Kündigung. Dieser Unterschied bringt eine weitere Besonderheit hervor. Hierbei handelt es sich um die Ungewissheit des Arbeitgebers in Bezug auf die Kosten, die in Deutschland die Annahmeverzugsregelungen der § 615, §§ 293 ff. BGB während des Kündigungsprozesses nach sich ziehen. Das Problem des Verzugslohns ist in Frankreich in einem vergleichbaren Ausmaß nicht vorzufinden, da die Kündigung grundsätzlich wirksam bleibt.[130]

Auffällig ist weiterhin das große Gewicht, das dem unternehmensinternen präventiven Kündigungsverfahren in der Entwicklung des französischen Kündigungsrecht zukommt, war es doch häufig Gegenstand neuer Gesetze und seine Einführung wird als eines der zentralen Ereignisse in der Geschichte des Kündigungsrechts angesehen.

Aber es scheint in neuerer Zeit auch eine Annäherung der Systeme erkennbar. Zwar wird in Deutschland nicht der Grundsatz des Bestandsschutzes in Frage gestellt. Mit der Einführung des Abfindungsanspruchs in § 1a KSchG kann aber zumindest vorsichtig erwogen werden, ob das deutsche System damit dem französischen angenähert wird. Weiterhin ist beiden Ländern gemeinsam, dass sich der Gesetzgeber weder in Frankreich noch in Deutschland den Veränderungen und dem Einfluss von Umschwüngen der öffentlichen Meinung und Wirtschaft entziehen kann. Dies spiegelt sich darin wider, dass in den ersten Jahrzehnten die Gesetzgebung darauf gerichtet war, eine Ver-

130 *Binkert/Reber*, AuR 2000, 164.

besserung des Kündigungsschutzes für die Arbeitnehmerseite zu erreichen. An den Reformen der letzten Jahre, die insbesondere die betriebsbedingte Kündigung und letztendlich ihre Erleichterung betrafen, ist hingegen erkennbar, dass der Kündigungsschutz auf wackligen Beinen steht, sobald die Wirtschaftslage sich verschlechtert. Zwar wurde in Frankreich zwischendurch noch ein „Schlenker" in die gegensätzliche Richtung über die *Loi de Modernisation sociale* hin zu mehr Kündigungsschutz versucht, dem nichts Vergleichbares auf deutscher Seite gegenüber gestellt werden kann. Allerdings kann dies mit Unterschieden in der sozialen Mentalität erklärt werden. Die französische Mentalität zeichnet sich durch eine wesentlich höhere Streik- und Demonstrationsbereitschaft aus. Die kommunistische Partei ist, wenn nicht gar in manchen Kreisen chic so doch zumindest salonfähig. Dennoch reichte dies nicht aus, und der vorerst letzte Versuch, den Kündigungsschutz zu stärken, verlief schnell im Sande. Gerade in den letzten Reformen auf beiden Seiten wurde wieder die unternehmerische Freiheit gestärkt. Festzuhalten bleibt auf jeden Fall: Die Schnelllebigkeit und Unübersichtlichkeit der Gesetzesveränderungen trifft die französischen Arbeitsrechtler in den letzten Jahren ebenso wie die deutschen.

II. Praktische Relevanz: Ein Überblick in Zahlen

Bei dem Versuch, die praktische Relevanz des Kündigungsrechts in greifbare Zahlen zu fassen, kann zunächst auf die Arbeitslosenquote zurückgegriffen werden. Denn zum einen führt die Kündigung zum Verlust des Arbeitsplatzes, was häufig wiederum zu einer mehr oder weniger lang andauernden Arbeitslosigkeit führt. Zum anderen sind Gesetzesänderungen im Kündigungsrecht oft die Reaktion auf eine steigende Arbeitslosenquote. Daneben wird im Folgenden auf die Zahl der ausgesprochenen Kündigungen sowie den Anteil von Kündigungen als Streitgegenstand vor den Arbeitsgerichten eingegangen. Es handelt sich hierbei lediglich um einen Überblick, eine erschöpfende Auswertung ist nicht Gegenstand dieser Bearbeitung.

1. Die praktische Relevanz in Deutschland

Die Arbeitslosigkeit ist in den letzten Jahren in der Bundesrepublik stetig angestiegen. Schon die Arbeitslosenquote von 9,8% im Jahr 2002 war für die bisherigen Verhältnisse sehr hoch. Sie stieg aber weiter auf 10,5% in den Jahren 2003 und 2004, im Jahr 2005 erreichte sie sogar 12,2%.[131]

[131] Ausführliche Statistiken, aufgeschlüsselt nach Bundesländern finden sich unter www.arbeitsagentur.de.

Ebenso beeindruckend sind die Zahlen der Arbeitsgerichtsbarkeit. So betrafen im Jahr 2004 von den 611.678 erledigten Klagen im Urteilsverfahren 311.597 Kündigungen. Im Jahr 2003 ist das Verhältnis ähnlich. 327.957 der 635.772 erledigten Klagen im Urteilsverfahren waren Kündigungsschutzklagen.[132]

Schwieriger gestaltet sich die Ermittlung der Zahl der ausgesprochenen Kündigungen. Nach Angaben der Bundesagentur für Arbeit belief sie sich im Jahr 2004 auf rund 2.000.000. Maßstab für diesen Wert sind die Erstzugänge in die Arbeitslosigkeit nach einer Arbeitgeberkündigung. Arbeitnehmer, die direkt im Anschluss einen neuen Arbeitsplatz gefunden haben, ohne sich arbeitslos zu melden, sind demnach nicht erfasst. Anders sind die ermittelten Durchschnittswerte der Sozio-Ökonomischen Panels für die Jahre 2002 und 2003, die insgesamt 1,6 Mio Arbeitgeberkündigungen hochrechneten. Ein noch niedrigerer Wert ist das Ergebnis von Querschnittauswertungen des IAB-Betriebspanels. Hier ergab eine Repräsentativumfrage von Arbeitgebern für die Jahre 2001 bis 2004 einen Schätzwert von 1 Mio. Kündigungen jährlich.[133] Spätestens dieser kurze Überblick zeigt, dass die erhobenen Zahlen und erstellten Statistiken nicht als absolute Werte angesehen werden dürfen, sondern allenfalls als Hinweise zu betrachten sind. Der Grund für die unterschiedlichen Zahlen kann vielfältig sein. Je nach Untersuchung werden nicht immer dieselben Kategorien gebildet, so wird z.B. manchmal zwischen Kündigung und Beendigung wegen Betriebsschließung unterschieden. Zudem ist denkbar, dass die Angaben nicht immer wahrheitsgemäß erfolgten, um Sperrzeiten zu vermeiden.[134]

Dasselbe Bild zeichnet sich ab, wenn die von verschiedenen Stellen ermittelten Klagequoten untersucht werden. So gibt es Ergebnisse die von 11% bis zu 31% reichen.[135]

2. Die praktische Relevanz in Frankreich

Als Indikator für die praktische Relevanz des Kündigungsrechts und insbesondere der Kündigung aus wirtschaftlichem Grund kann auch hier zunächst die Arbeitslosenquote herangezogen werden. Ähnlich wie in Deutschland hatte auch der französische Arbeitsmarkt mit dem Steigen der Arbeitslosenquote zu kämpfen, wenn auch das Ausmaß insgesamt ein wenig geringer ist. Von 8,8% im Jahr 2002 über 9,7% im Jahr 2003 stieg sie 2004 weiter auf 9,9% an. Dabei überschritt die Quote im Januar 2005 kurzzeitig die 10-

---

[132] Entsprechende Statistiken sind zu finden unter www.bmas.bund.de.

[133] Eine ausführliche Auswertung dieser unterschiedlichen Zahlen wird von *Bielinski/Ullmann*, Bundesarbeitsblatt 10-2005, S. 4 ff. vorgenommen.

[134] S. hierzu *Bielinski/Ullmann*, Bundesarbeitsblatt 10-2005, 5.

[135] *Bielinski/Ullmann*, Bundesarbeitsblatt 10-2005, 11 f.

Prozent-Grenze und betrug 10,1%. Eine Besserung scheint sich jedoch für das Jahr 2006 abzuzeichnen, im Januar ging die Arbeitslosenquote auf 9,6% zurück.[136]

Ende 2003 waren 3.204.647 (=58%) der sich in dem Jahr als arbeitsuchend Gemeldeten aufgrund einer Kündigung arbeitslos. Davon sind 74% der Kündigungen aus wirtschaftlichen Gründen ausgesprochen worden. Auffällig ist dabei, dass von 2000 bis 2003 diese Gesamtkündigungszahl von 2.614.400 auf 3.204.647 angestiegen ist.[137]

Anders scheint die Relevanz angesichts der Statistiken der französischen Arbeitsgerichtsbarkeit: Von 167.079 Neueingängen im Jahr 2003 betrafen zwar 158.279 individualrechtliche Streitigkeiten, jedoch lediglich 5.363 waren auf die Zahlung von Abfindungen bzw. Schadensersatz wegen Kündigungen aus wirtschaftlichem Grund gerichtet.[138] Dieser geringe Anteil ist erstaunlich. Allerdings kann er zum einen in der langen Verfahrensdauer – im Jahr 2004 durchschnittlich 12,2 Monate – und zum anderen auch darin begründet sein, dass im französischen Kündigungsrecht durch die im Vergleich zum deutschen Kündigungsrecht genauen gesetzlichen Vorgaben für die Berechnung der Höhe des Schadensersatzes und der Abfindung schon im Vorfeld eine zumindest akzeptable Verhandlungs- und Einigungsbasis für Arbeitgeber und Arbeitnehmer besteht. Dass das Kündigungsrecht dennoch von großem öffentlichem Interesse ist, zeigen regelmäßig die Streiks und Demonstrationen, die mit den gesetzlichen Änderungen einhergehen, zuletzt insbesondere bei der Einführung der sog. *„contrat nouvelles embauches"*.[139]

3. Vergleich

Wie bereits bei der Darstellung der Anzahl der Kündigungen in Deutschland erwähnt, sollte den statistischen Werten nur eine beschränkte Aussagekraft beigemessen werden. Sobald mehr als eine Untersuchung herangezogen wird, gibt es auch mehrere unterschiedliche Werte, da die Bemessungsgrundlage und damit auch das Ergebnis teilweise erheblich voneinander abweichen. Diese Ungewissheit potenziert sich bei einem Ländervergleich. In diesem Zusammenhang sind demnach konkrete Schlussfolgerungen mit Vorsicht zu genießen.

---

[136] Die Zahlen sind abrufbar auf der Internetseite des *Institut National de la Statistique et des Etudes Economiques* (INSEE), www.insee.fr.

[137] s. hierzu *Bachmann*, Analyses et documents économiques n° 95, Février 2004, S. 106, abrufbar unter www.cgt.fr.

[138] Diese Zahlen befinden sich auf der Internetseite des französischen Justizministeriums www.justice.gouv.fr.

[139] Eine besondere Vertragsform, die in bestimmten Fällen für eine Dauer von zwei Jahren das Kündigungsrecht nicht zur Anwendung kommen lassen soll. S. hierzu C. III. 2. a) (3).

Dennoch lässt sich zumindest in Bezug auf die Arbeitslosenquoten eine Entwicklung erkennen. Doch auch hier soll vorsichtshalber nicht auf die „national“ ermittelten Werte zurückgegriffen werden, sondern auf eine nach gleichen Maßstäben entwickelte Studie der OECD. Mit Hilfe dieser Untersuchung wird erkennbar, dass sich die Arbeitslosenquoten aneinander angenähert haben und momentan fast gleichauf sind. War in Frankreich in den 90er Jahren noch die Arbeitslosigkeit bei ca. 11%, sank sie Anfang des 21. Jahrhunderts auf 8,4%, um aber alsbald wieder die 9%-Hürde zu überschreiten. Die Entwicklung in Deutschland ist zwar zunächst umgekehrt, die Werte lagen in den 90er Jahren 2-3% unter den französischen. In den letzten Jahren ist die Arbeitslosenquote jedoch unaufhaltsam gestiegen, so dass momentan die beiden Länder mit einem Unterschied von nur 0,1% fast dieselbe Arbeitslosenquote aufweisen.[140] Letztlich haben also beide Länder mit einer hohen Arbeitslosigkeit zu kämpfen. Dies spiegelt sich bei beiden gerade auch in der bewegten Gesetzesentwicklung der letzten Jahre wieder.

Anders fällt hingegen der Vergleich der Anzahl der Kündigungen aus. Selbst wenn auf deutscher Seite der höchste Wert von 2.000.000 Kündigungen im Jahr 2003 zugrundelegt wird, so liegt dieser immer noch weit unter den rund 3.000.000 Kündigungen auf französischer Seite. Dies ist umso beeindruckender, wenn man bedenkt, dass die Zahl der Bevölkerung und damit auch der Erwerbsfähigen in Frankreich unter der deutschen liegt. Noch zugespitzter zeigt sich dies, wenn die weit auseinanderklaffenden Klagequoten miteinbezogen werden, denn die französische liegt weit unter der deutschen.

Interessant ist, dass das französische Kündigungsrecht, das ein weitaus ausgeprägteres Kündigungsverfahren aufweist, das dem Kündigungsausspruch vorgeschaltet ist, als das deutsche Kündigungsrecht, den Arbeitgeber nicht so sehr zu belasten scheint, dass es ihn davon abhält, Kündigungen auszusprechen.

Letztlich darf aber unabhängig von den Zahlenspielen nicht außer Acht bleiben, dass die Kündigung in jedem Einzelfall für den betroffenen Arbeitnehmer von größter Bedeutung ist, wird ihm doch die Grundlage für seinen Lebensunterhalt ebenso wie die Grundlage für seinen gesellschaftlichen Status entzogen. Demgegenüber kann sie für den Arbeitgeber, gerade in kleinen Betrieben, von existentieller Bedeutung sein.

III. Darstellung der Systematik des repressiven Kündigungsschutzes

Um den präventiven Kündigungsschutz und seine Bedeutung richtig beurteilen zu können, ist es unerlässlich, ihn zum repressiven Kündigungsschutz in

[140] S. hierzu die Statistik der OECD, Employment Outlook 2005.

Bezug zu setzen, da sich beide in ihren jeweiligen Ausprägungen gegenseitig beeinflussen. Daher wird im Folgenden zunächst die Systematik des repressiven Kündigungsschutzes in beiden Ländern dargestellt.

1. Die Systematik in Deutschland

Das deutsche Kündigungsrecht ist geprägt von Unterteilungen des Kündigungsbegriffs nach unterschiedlichen Kriterien, die es ermöglichen sollen, den Bedürfnissen der vielfältigen Kündigungssachverhalte Rechnung zu tragen. So gibt es zwei unterschiedlich strenge Formen des Kündigungsschutzes, verschiedene Kündigungsarten und unterschiedliche Kündigungsgründe.

a) Kündigungsschutz innerhalb und außerhalb des KSchG

(1) Inhalt und Zuordnungskriterien

Das deutsche Kündigungsrecht ist zunächst grundlegend gekennzeichnet durch die Unterteilung in den sog. Kündigungsschutz erster und zweiter Klasse. Diese Bezeichnung beruht auf dem unterschiedlich starken Schutz, den die beiden Systeme dem Arbeitnehmer gegen Kündigungen gewähren. Als Kündigungsschutz erster Klasse wird der Kündigungsschutz bezeichnet, den das KSchG gewährt. Der Kündigungsschutz zweiter Klasse umfasst diejenigen Kündigungen, die nicht in den Anwendungsbereich dieses Gesetzes fallen.[141]

Wenn das KSchG nicht anwendbar ist, ist die Wirksamkeit der Kündigung anhand des § 242 BGB i.V.m. Art. 2, 3 Abs. 3, 12 GG zu überprüfen.[142] Dieser Kündigungsschutz ist auf den Schutz vor Kündigungen aus willkürlichen oder sachfremden Motiven, ein gewisses Maß an sozialer Rücksichtnahme bei der Sozialauswahl und die Berücksichtigung des Vertrauens auf den Fortbestand des Arbeitsverhältnisses aufgrund langjähriger Mitarbeit beschränkt.[143] Demgegenüber muss nach dem KSchG die Kündigung durch eine personen-, verhaltens- oder betriebsbedingten Grund sozial gerechtfertigt sein. Gründe, die von einer umfassenden Rechtsprechung genauer definiert wurden und deren Vorliegen einer eingehenden Überprüfung durch den Richter unterzogen wird. Zudem ist bei betriebsbedingten Kündigungen eine gesetzlich vorgeschriebene Sozialauswahl durchzuführen, deren Kriterien in § 1 Abs. 3 KSchG abschließend aufgezählt sind; ein Verstoß führt zur Unwirk-

---

[141] *Hanau/Adomeit*, Arbeitsrecht, S. 246 Rn. 923.

[142] Grundlegend zum Kündigungsschutz außerhalb des KSchG s. BVerfG 27.1.1998, BVerfGE 97, 169, 178 f.; äußerst kritisch zu dieser Entscheidung und zum sog. Kündigungsschutz zweiter Klasse *Adam*, AuR 2001, 41, 44 f.

[143] BVerfG 27.1.1998, BVerfGE 97, 169, 179.

samkeit der Kündigung. Der Schwerpunkt dieser Arbeit wird auf dem Kündigungsschutz i.S.d. KSchG liegen.

Das KSchG stellt für seine Anwendbarkeit zwei wesentliche Hürden auf, deren genaue Ausgestaltung immer wieder im Kreuzfeuer politischer Diskussionen stand.[144] Zum einen muss mit dem betreffenden Arbeitnehmer gem. § 1 Abs. 1 KSchG zunächst länger als sechs Monate in demselben Betrieb oder Unternehmen ohne Unterbrechung ein Arbeitsverhältnis bestehen.[145] Zum anderen ist der Schwellenwert des § 23 Abs. 1 S. 2 und 3 KSchG für die Anwendbarkeit maßgeblich. Gem. § 23 Abs. 1 S. 2 KSchG ist das KSchG nur in Betrieben mit in der Regel fünf Arbeitnehmern anwendbar. Allerdings erhöht sich gem. § 23 Abs. 1 S. 3 KSchG der Schwellenwert in Bezug auf Arbeitnehmer, die nach dem 31.12.2003 eingestellt werden, auf zehn Arbeitnehmer, so dass heute im Allgemeinen von einem Schwellenwert von zehn Arbeitnehmern ausgegangen wird.

(2) Der Schwellenwert gem. § 23 Abs. 1 KSchG

(1a) Begründung und Stellenwert des Schwellenwertes im Kündigungsrecht

Der Schwellenwert in § 23 Abs. 1 KSchG ist als einer der zentralen Streitpunkte bei den Diskussionen über das deutsche Kündigungsrecht prägend. Änderungen der Höhe des Schwellenwertes wurden in der Vergangenheit – und werden auch heute noch – als publikumswirksames Mittel eingesetzt, um dem Wahlvolk zu signalisieren, dass durch diese Änderungen die kritische Arbeitsmarktlage entschärft werden könne. Ein kurzer Überblick über die Änderungen der letzten Jahre verdeutlicht dies: Bis zum 30.9.1996 galt das KSchG nur für Betriebe, in denen i.d.R. mehr als fünf Arbeitnehmer beschäftigt waren.[146] Darauf folgte am 1.10.1996 das Inkrafttreten des von der „Kohl-Regierung" durchgesetzten arbeitsrechtlichen Gesetzes zur Förderung von Wachstum und Beschäftigung.[147] Mit diesem Gesetz wurde der Schwellen-

[144] Daneben bestehen noch folgende weitere Anwendungsvoraussetzungen, die allerdings vergleichsweise unspektakulär sind. Gem. § 14 KSchG ist das KSchG in Betrieben einer juristischen Person für die Mitglieder des Organs, das zur gesetzlichen Vertretung der juristischen Person bestimmt ist und in Betrieben einer Personengesamtheit für die durch Gesetz, Satzung oder Gesellschaftsvertrag zur Vertretung der Personengesamtheit berufenen Personen nicht anwendbar und auf leitende Angestellte nur eingeschränkt anwendbar.

[145] Zu Besonderheiten bzgl. der Betriebsart s. § 24 KSchG.

[146] Bei der Berechnung dieses Schwellenwertes waren alle Arbeitnehmer zu berücksichtigen mit Ausnahme derjenigen, die wöchentlich nicht mehr als 10 Stunden oder monatlich nicht mehr als 45 Stunden arbeiteten.

[147] BGBl. I 1996, 1476.

wert auf zehn Arbeitnehmer hochgesetzt.[148] Am 1.1.1999 trat wiederum das von der „Schröder-Regierung" eingebrachte Gesetz zu Korrekturen in der Sozialversicherung und zur Sicherung der Arbeitnehmerrechte in Kraft. Mit diesem Gesetz wurde der Schwellenwert wieder auf fünf Arbeitnehmer heruntergesetzt.[149] Mittlerweile ist mit dem Gesetz zu Reformen am Arbeitsmarkt der Schwellenwert ein weiteres Mal geändert worden.[150] Wie bereits dargestellt, gilt nun wieder ein Schwellenwert von zehn Arbeitnehmern.[151]

Die Existenz eines Schwellenwertes für die Anwendbarkeit eines strengeren Kündigungsschutzes ist nicht zwingend. In den meisten Ländern der Europäischen Union gibt es einen einheitlichen Kündigungsschutz unabhängig von der Zahl der beschäftigten Arbeitnehmer.[152] Eine andere Möglichkeit ist, den Kündigungsschutz erst i.R.d. Rechtsfolgen einer sozial ungerechtfertigten Kündigung abhängig von der Unternehmensgröße unterschiedlich auszugestalten; so sieht es die französische Lösung vor.[153] Es stellt sich demnach die Frage nach dem Grund für die Einführung eines Schwellenwertes.

Es wird vorgebracht, dass durch den Schwellenwert den besonderen Bedürfnissen des Kleinbetriebes Rechnung getragen werde. So hätten kleine Betriebe Schwierigkeiten, das komplexe KSchG anzuwenden und würden schon deshalb von Neueinstellungen Abstand nehmen.[154] Die Kündigungsschutzvorschriften seien psychologisch einstellungshemmend; gerade in kleinen Betrieben müsse der Arbeitgeber die Möglichkeit haben, sich von einem Arbeitnehmer zu trennen, wenn die Zusammenarbeit (auch auf persönlicher Ebene) nicht funktioniert.[155] Ferner sei die finanzielle Belastung langwieriger Kündigungsschutzverfahren zu hoch für kleine Betriebe und da diese häufig nicht genügend Rücklagen bilden könnten, müssten sie auf Auftragsschwan-

---

[148] Dabei wurden bei der Ermittlung des Schwellenwertes die Teilzeitbeschäftigten anteilig, je nach Arbeitsvolumen, gezählt.

[149] Teilzeitbeschäftigte wurden, ähnlich wie vor 1996 mit dem Unterschied, dass Arbeitnehmer mit einer Wochenarbeitszeit von zehn Stunden nicht mehr mit 0,25 sondern mit dem Faktor 0,5 angerechnet werden, anteilig gezählt.

[150] Zu den Änderungen des Schwellenwertes s. *Pietrek*, BB 1999, 586 f.; KR/*Weigand*, § 23 Rn. 1 ff.

[151] Dabei sind nach Satz 4 Teilzeitbeschäftigte mit einer Wochenarbeitszeit von weniger als 20 Stunden mit 0, 5 zu berechnen und solche mit einer Wochenarbeitszeit zwischen 20 und weniger als 30 Stunden mit 0, 75.

[152] So z.B. in Skandinavien, *Rebhahn*, ZfA 2003, 163, 191.

[153] Zu den Rechtsfolgen im Einzelnen s. C. III. 2. d).

[154] KR/*Weigand*, § 23 Rn. 13.

[155] So hat sich dann auch vor allem in kleinen und mittelständischen Unternehmen die Auffassung durchgesetzt, dass das deutsche Arbeitsrecht zu kompliziert, kostenträchtig, arbeitgeber- und beschäftigungsfeindlich sei, *Franz/Rüthers*, RdA 1999, 32, 35.

kungen auch personalwirtschaftlich, also mit Kündigungen, flexibler reagieren können.[156]

Aufgrund der momentan schwierigen Arbeitsmarktlage wird heute als Rechtfertigung für die Kleinbetriebsklausel die Beschäftigungsförderung in den Vordergrund gestellt.[157] Von der Existenz des Schwellenwertes wird erhofft, dass in Kleinbetrieben mehr Arbeitnehmer eingestellt werden, zumindest bis zur Höhe des Schwellenwertes, da für sie noch nicht das strengere KSchG gilt.[158]

(2a) Die Verfassungsmäßigkeit der Kleinbetriebsklausel

Die sog. Kleinbetriebsklausel des § 23 Abs. 1 KSchG war lange Zeit Angriffen auf verfassungsrechtlicher Ebene ausgesetzt, da sie zum Ausschluss einer Arbeitnehmergruppe vom Schutz des KSchG führt. Neben einem Verstoß gegen Art. 3 Abs. 1 GG wurde insbesondere auch Art. 12 Abs. 1 GG angeführt. Bei dieser Problematik stehen sich die gegensätzlichen Interessen der Arbeitnehmer und der Arbeitgeber gegenüber, die vom Gesetzgeber im Wege der praktischen Konkordanz gegeneinander abgewogen werden müssen. Dem Arbeitnehmer steht das durch Art. 12 Abs. 1 GG geschützte Interesse an der Erhaltung seines Arbeitsplatzes zur Seite wohingegen der Arbeitgeber durch Art. 12 Abs. 1 GG darin geschützt wird, in seinem Unternehmen Mitarbeiter zu beschäftigen, die seinen Vorstellungen entsprechen und die Zahl der von ihm Beschäftigten auf die ihm zusagende Zahl herabzusenken.[159]

Das BVerfG ebenso wie das BAG hat sich inzwischen klar für die Verfassungsmäßigkeit der Kleinbetriebsklausel ausgesprochen. Sie wird im Wesentlichen damit begründet, dass die Arbeitnehmer, die nicht vom Anwendungsbereich des KSchG umfasst werden, nicht schutzlos gestellt seien, sondern noch dem allgemeinen Kündigungschutz unterliegen, so dass auch ihnen nicht aus willkürlichen Motiven gekündigt werden kann. Für den Arbeitgeber, der einen Kleinbetrieb hat, wird vorgebracht, dass er besonders schutzwürdig sei, weil in kleinen Strukturen der Geschäftserfolg verstärkt von den einzelnen Arbeitnehmern, ihrer Leistungsfähigkeit und dem Betriebsklima abhänge.[160] Die Entscheidungen betreffen Schwellenwerte in Höhe von fünf und von zehn Arbeitnehmern. Wie die Gerichte bei einer Anhebung des

---

[156] BVerfG 27.1.1998 BVerfGE 97, 169, 177; *v. Hoyningen-Huene/Linck*, § 23 Rn. 34; KR/*Weigand*, § 23 Rn. 13; APS/*Moll*, § 23 KSchG Rn. 5; BT-Drucks. 13/4612, S. 9.

[157] KR/*Weigand*, § 23 Rn. 13.

[158] Die Diskussion ist vielschichtig und zur Zeit grundlegend im deutschen Kündigungsrecht. Sie weist zahlreiche Schnittmengen mit anderen Fachgebieten auf. Am Ende dieser Bearbeitung, F II. 2., wird nochmals näher auf die einzelnen Aspekte eingegangen.

[159] BVerfG 27.1.1998, BVerfGE 97, 169, 176; BVerfG 30.7.2003, NJW 2003, 2815, BAG 19.4.1990 AP § 23 KSchG 1969 Nr. 8.

[160] BVerfG 27.1.1998, BVerfGE 79, 169, 178 ff.; BAG 19.4.1990 AP § 23 KSchG 1969 Nr. 8.

Schwellenwertes auf zwanzig Arbeitnehmer entscheiden werden, ist unklar. Das BVerfG hielt sich offen, ob ein höherer Schwellenwert nicht mehr als verfassungsgemäß anzusehen wäre, indem es auf zum Entscheidungszeitpunkt fehlendes Zahlenmaterial verwies.[161] Zwar lebt die Diskussion immer zeitgleich mit dem Vorschlag, die Schwellenwerte weiter anzuheben wieder auf, für die derzeitige Gesetzeslage ist die Situation jedoch stabil.

Auf mögliche Bedenken in Hinblick auf die Europarechtskonformität der Kleinbetriebsklausel wird hier aufgrund der vorerst gescheiterten europäischen Verfassung nicht eingegangen.[162]

(3) Die Wartezeit gem. § 1 Abs. 1 KSchG

Zur Zeit greift das KSchG nach § 1 Abs. 1 KSchG erst, wenn der Arbeitnehmer länger als sechs Monate in dem Betrieb beschäftigt ist. Seit dem neuesten Regierungswechsel im Jahr 2005 verlagert sich die Diskussion nun von dem Schwellenwert weg, hin zur Verlängerung der Wartezeit. Im Koalitionsvertrag zwischen CDU, CSU und SPD vom 11. November 2005 sehen die Parteien vor, dass der Kündigungsschutz „weiterentwickelt" werden soll. Hierfür ist geplant, dem Arbeitgeber bei der Einstellung die Möglichkeit zu geben, mit dem Einzustellenden anstelle der in § 1 KSchG vorgesehenen Wartezeit von sechs Monaten eine Wartezeit von bis zu zwei Jahren zu vereinbaren. Diese Möglichkeit soll im Gegenzug zu einer Streichung der 24-monatigen sachgrundlosen Befristung gewährt werden.[163] Ob eine solche Regelung tatsächlich geschaffen wird und wenn ja, in welcher genauen Ausgestaltung sie vollzogen werden soll, muss noch abgewartet werden. Sollte dies der Fall sein, ist mit massiven Widerständen zu rechnen. Auch bei einer derartigen Verlängerung der Wartezeit kann mit ähnlichen Argumenten wie bei den Schwellenwerten die Verfassungsmäßigkeit in Frage gestellt werden. Wenn die Wartezeit von beiden Vertragsparteien vereinbart wird, kann zwar entgegnet werden, dass es sich um eine freiwillige Entscheidung des Arbeitneh-

[161] BVerfG 27.1.1998, BVerfGE 79, 169, 183 f. Soll diese Argumentation heute weiterhin aufrecht erhalten werden, ist die Entwicklung der Betriebsstrukturen zu berücksichtigen. Ein Kleinbetrieb i.S.d. § 23 KSchG ist heute nicht mehr unbedingt der klassische Handwerksbetrieb, der sich die teuren Kündigungen nach dem KSchG nicht leisten kann. Aufgrund der wettbewerbsbedingten Rationalisierungen kann auch in Betrieben mit einer sehr niedrigen Arbeitnehmerzahl ein hoher Umsatz erzielt werden und ein großes wirtschaftliches Leistungsvermögen vorliegen, KR/*Weigand*, § 23 Rn. 17; *Ramm*, AuR 1991, 257, 261; demnach könnte erwogen werden, nicht mehr die Arbeitnehmerzahl als einzigen Schwellenwert zu nehmen, sondern die Auswahl auch an den Umsatzzahlen auszurichten.

[162] Bedenken könnten z.B. in Bezug auf die heutige Fassung des Art. 24 der – nicht von der Bundesrepublik ratifizierten – europäischen Sozialcharta, bestehen, nach dem ein effektiver Schutz gegen Kündigung gewährleistet werden muss.

[163] Koalitionsvertrag zwischen CDU, CSU und SPD vom 11. November 2005, S. 29 f.; s. hierzu *Düwell*, FA 2006, 15, 16.

mers handelt. Ob jedoch ein Arbeitnehmer tatsächlich freiwillig entscheidet, wenn er in Zeiten hoher Arbeitslosigkeit einen Arbeitsvertrag zu für ihn ungünstigeren Bedingungen abschließt, kann angezweifelt werden.

b) Die verschiedenen Kündigungsarten

Eine weitere Einteilung wird nach den verschiedenen Kündigungsarten vorgenommen. Zunächst wird zwischen Beendigungs- und Änderungskündigung unterschieden. Eine Änderungskündigung i.S.d. § 2 KSchG ist eine Kündigung, mit der der Arbeitgeber dem Arbeitnehmer gleichzeitig die Fortsetzung des Arbeitsverhältnisses anbietet, allerdings zu geänderten Arbeitsbedingungen. Die Änderungskündigung setzt sich aus der Kündigung des Arbeitsverhältnisses und dem damit verbundenen Angebot auf Fortsetzung des Arbeitsverhältnisses zu geänderten Arbeitsbedingungen zusammen.[164] In der Praxis werden hauptsächlich betriebsbedingte Änderungskündigungen ausgesprochen.[165]

In einer zweiten Unterteilung stehen sich die ordentliche und die außerordentliche Kündigung gegenüber. Eine außerordentliche Kündigung gem. § 626 BGB zeichnet sich i.d.R. dadurch aus, dass wegen Vorliegen eines wichtigen Grundes keine Kündigungsfrist einzuhalten ist und das Arbeitsverhältnis ab sofort beendet wird.[166]

c) Die Kündigungsgründe

(1) Dreiteilung als gesetzliche Vorgabe

Die letzte Unterteilung, die das deutsche Kündigungsrecht kennzeichnet, ist eine Dreiteilung, die sich nach dem jeweiligen Kündigungsgrund bestimmt. Gem. § 1 Abs. 2 S. 1 KSchG wird zwischen der betriebsbedingten, der verhaltensbedingten und der personenbedingten Kündigung unterschieden. Die verhaltensbedingte Kündigung räumt dem Arbeitgeber die Möglichkeit ein, auf vertragswidriges Verhalten des Arbeitnehmers zu reagieren.[167] Es werden die Fälle erfasst, in denen trotz genereller Eignung des Arbeitnehmers die Fortsetzung des Arbeitsverhältnisses für den Arbeitgeber unzumutbar ist.[168] Ein personenbedingter Kündigungsgrund liegt vor, wenn der Arbeitnehmer die Fähigkeit und Eignung nicht besitzt, die geschuldete Arbeitsleistung ganz

---

[164] *v. Hoyningen-Huene/Linck*, § 2 Rn. 4; APS/*Künzl*, § 2 Rn. 5.
[165] Stahlhacke/Preis/*Preis*, S. 518 Rn. 1271.
[166] MüKo/*Schwerdtner*, (3. Aufl.) § 626 Rn. 31; Stahlhacke/Preis/*Preis*, S. 219 Rn. 588; zur Ausnahme der fristlosen Kündigung mit sozialer Auslauffrist s. MüKo/*Schwerdtner*, (3. Aufl.) § 626 Rn. 32 ff.
[167] *Löwisch/Spinner*, KSchG, Vorbem. § 1 Rn. 6.
[168] *Rüthers/Henssler*, ZfA 1988, 31, 44.

oder teilweise zu erbringen.[169] Eine betriebsbedingte Kündigung liegt gem. § 1 Abs. 2 S. 1 KSchG vor, wenn die Kündigung durch dringende betriebliche Erfordernisse, die einer Weiterbeschäftigung des Arbeitnehmers in dem Betrieb entgegenstehen, bedingt ist. Mit diesem Kündigungsgrund gibt der Gesetzgeber dem Arbeitgeber die Möglichkeit, den Personalbestand an den von ihm festgesetzten Personalbedarf anzupassen.[170] Jeder Kündigungsgrund stellt seine eigenen Anforderungen an die soziale Rechtfertigung der Kündigung. Daher ist die genaue Zuordnung besonders wichtig.[171]

(2) Das Problem der Mischtatbestände

Die genaue Klassifizierung des Kündigungssachverhalts ist in der Praxis oft schwierig.[172] Hieraus folgt das Problem der sog. Mischtatbestände. Die Lösung des Problems ist aber – nicht zuletzt auch für diese Arbeit – von entscheidender Bedeutung. Denn je nachdem welcher Kündigungsgrund vorliegt, werden die Weichen für die Anforderungen an das jeweilige Kündigungsverfahren gestellt. Bei der Mischtatbestandsproblematik sind zwei Konstellationen zu unterscheiden, der echte und der unechte Mischtatbestand.

(1a) Der echte Mischtatbestand

Ein sog. echter Mischtatbestand liegt vor, wenn ein einheitlicher Kündigungssachverhalt zugleich betriebsbedingte, verhaltens- und/oder personenbedingte Aspekte umfasst.[173] Das Problem des echten Mischtatbestands wird von der Rechtsprechung und einem Teil der Literatur über die Sphärentheorie gelöst.[174] Nach dieser Theorie richtet sich die Abgrenzung der Kündigungsgründe danach, aus welchem der in § 1 Abs. 2 S. 1 KSchG genannten Bereiche die das Arbeitsverhältnis beeinträchtigende Störung kommt, es wird also die „Störquelle" ermittelt, welche dann den maßgeblichen Kündigungsgrund

---

[169] KR/*Griebeling*, § 1 KSchG, Rn. 266; HK-KSchG/*Dorndorf/Weller*, § 1 Rn. 359; *Rüthers/Henssler*, ZfA 1988, 31, 44.

[170] HK-KSchG/*Dorndorf*, § 1 Rn. 855; *Löwisch/Spinner*, KSchG, Vorbem. § 1 Rn. 7; Stahlhacke/Preis/*Preis*, S. 338 Rn. 924. S. hierzu ausführlich C. IV. 1.

[171] Insbesondere bei der verhaltensbedingten und der personenbedingten Kündigung wird jedoch immer häufiger der Rechtsprechung der Vorwurf gemacht, dass sie die genaue Abgrenzung nicht vornehme und die Grenzen immer mehr verwische, Stahlhacke/Preis/*Preis*, S. 338 Rn. 927; *Preis*, NZA 1997, 1073 ff.

[172] APS/*Dörner*, § 1 KSchG Rn. 81.

[173] *Löwisch/Spinner*, KSchG § 1 Rn. 75; APS/*Dörner*, § 1 KSchG Rn. 82; KR/*Fischermeier*, § 626 BGB Rn. 159.

[174] BAG 13.3.1987 AP § 1 KSchG 1969 Betriebsbedingte Kündigung Nr. 37; BAG 17.5.1984 AP § 1 KSchG 1969 Nr. 12; KDZ/*Kittner*, § 1 Rn. 58; KR/*Griebeling*, § 1 KSchG Rn. 255; *v. Hoyningen-Huene/Linck*, § 1 Rn. 271.

festlegt.[175] Wenn also eine Kündigung wegen der Arbeitsunfähigkeit eines Arbeitnehmers ausgesprochen wird, weil diese Arbeitsunfähigkeit zu Betriebsstörungen führt, ist die Störquelle in der Sphäre des Arbeitnehmers zu finden, es handelt sich nach der Sphärentheorie allein um eine personenbedingte Kündigung und nur deren Voraussetzungen sind zu prüfen.[176]

Die Sphärentheorie wird jedoch nicht von allen Autoren befürwortet.[177] Der Theorie wird entgegengehalten, dass es keinen rechtlich zwingenden Grund dafür gebe, einen Kündigungssachverhalt nicht unter allen Aspekten, also nach allen Kündigungsgründen, zu würdigen.[178] Die Beschränkung auf einen Kündigungsgrund sei methodisch falsch, da mit der Feststellung der Störquelle die Beurteilung der Sozialwidrigkeit bereits z.T. vorweggenommen werde.[179] Auch sei das BAG bei der Anwendung seiner eigenen Theorie nicht konsequent, denn nachdem es nur einen Kündigungsgrund prüfe, entnehme es die Rechtsfolge einer Kombination der in Frage kommenden Kündigungsgründe. Dies führe wiederum zu Rechtsunsicherheit.[180] Ferner berge die Nichtanwendung der Sphärentheorie auch nicht die Gefahr der Vermehrung der Mischtatbestände in sich. Denn vor der Annahme eines Mischtatbestandes werde zunächst eine sorgfältige und exakte Bestimmung und Abgrenzung der drei Kündigungsgründe vorgenommen, was dazu führe, dass die Zahl der Mischtatbestände stark zurückginge.[181]

Auch das BAG scheint heute nicht mehr um jeden Preis an der Sphärentheorie festhalten zu wollen. So hat es in einer Entscheidung zunächst die Störquelle nach der Sphärentheorie ermittelt und einen betriebsbedingten Kündigungsgrund angenommen, um dann im Anschluss noch einmal festzustellen, dass auch nach der gegenteiligen Auffassung eine betriebsbedingte

---

[175] BAG 21.11.1985 AP § 1 KSchG 1969 Nr. 12; BAG 13.3.1987 NZA 1987, 629; APS/*Dörner*, § 1 KSchG Rn. 82; Backmeister/Trittin/Mayer/*Mayer*, § 1 KSchG Rn. 103.

[176] BAG 21.11.1985 AP § 1 KSchG 1969 Nr. 12; APS/*Dörner*, § 1 KSchG Rn. 82; KR/*Griebeling*, § 1 KSchG Rn. 256.

[177] Stahlhacke/Preis/*Preis*, S. 338 f. Rn. 925; APS/*Dörner*, § 1 KSchG Rn. 83; ErfK/*Ascheid/Oetker*, § 1 KSchG Rn. 163; *Löwisch/Spinner*, § 1 KSchG Rn. 75; *Rüthers/Henssler*, ZfA 1988, 31, 37f.; *Preis*, DB 1988, 1444, 1449.

[178] APS/*Dörner*, § 1 KSchG Rn. 83; Stahlhacke/Preis/*Preis*, S. 351 Rn. 925; *Rüthers/Henssler*, ZfA 1988, 31, 42 f; *Preis*, DB 1988, 1444, 1449 f.

[179] *Löwisch/Spinner*, KSchG, § 1 Rn. 75.

[180] so HK-KSchG/*Dorndorf*, § 1 Rn. 340 zu BAG 17.5.1984 AP § 1 KSchG 1969 Nr. 21; ähnlich *Löwisch/Spinner*, KSchG, § 1 Rn. 73.

[181] APS/*Dörner*, § 1 KSchG Rn. 83; *Rüthers/Henssler*, ZfA 1988, 31, 43; KR/*Fischermeier*, § 626 BGB Rn. 163. In dem zuvor genannten Beispiel würde das bedeuten, dass, wenn man davon ausgeht, dass zwingende Voraussetzung für eine betriebsbedingte Kündigung der Wegfall des Arbeitsplatzes ist, bei genauerem Hinsehen ohnehin nur eine personenbedingte Kündigung vorliegen könnte, *Rüthers/Henssler*, ZfA 1988, 31, 39; APS/*Dörner*, § 1 KSchG Rn. 83.

Kündigung zu prüfen sei.[182] In der darauffolgenden Entscheidung stellt das BAG sogar selbst die Frage, ob an der bisherigen Rechtsprechung zu den Mischtatbeständen festzuhalten ist, beantwortet diese aber mangels Entscheidungserheblichkeit nicht.[183]

Die neueren Bedenken des BAG sind m.E. gerechtfertigt. Die Sphärentheorie zieht erhebliche Nachteile nach sich. Sie gestaltet die Beurteilung der Sozialwidrigkeit nur unnötig komplizierter und unsicherer, da zusätzlich – ohne gesetzliche Veranlassung und festgelegte Kriterien – zu untersuchen ist, wo die Störquelle liegt.[184] Es ist aber nicht verständlich, warum, wenn die Kündigung unter mehreren Aspekten gerechtfertigt sein kann, dem Arbeitgeber die Möglichkeit zur gerechtfertigten Kündigung ohne vernünftigen Grund eingeschränkt wird, indem nur ein Aspekt geprüft wird.

(2a) Der unechte Mischtatbestand

Wenn eine Kündigung auf mehrere Kündigungssachverhalte gestützt wird, welche wiederum unterschiedliche Kündigungstatbestände betreffen, handelt es sich um einen unechten Mischtatbestand.[185] In diesem Fall prüft das BAG zunächst, ob die einzelnen Kündigungssachverhalte für sich allein geeignet sind, die Kündigung zu rechtfertigen. Gelingt dies nicht, wird mit Hilfe einer einheitlichen Betrachtungsweise geprüft, ob sich die Kündigungsgründe in ihrer Gesamtheit so darstellen, dass nach einer Abwägung der Arbeitgeber- und Arbeitnehmerinteressen und der Interessen des Betriebes die Kündigung billigenswert und angemessen ist.[186]

Im Schrifttum wird diese Rechtsprechung überwiegend ablehnend beurteilt. Im Wesentlichen werden drei unterschiedliche Lösungsalternativen zur Rechtsprechung angeboten. Ein Teil der Literatur lehnt die Gesamtwürdigung generell ab. Dabei wird als größter Kritikpunkt angeführt, dass eine gesamtheitliche Betrachtungsweise zu einer konturenlosen Billigkeitsabwägung und Auflösung der Dreiteilung der Kündigungsgründe führe.[187] Durch die Gesamtschau und die damit einhergehende Addition der einzelnen unzurei-

---

[182] BAG 6.11.1997 AP § 1 KSchG 1969 Nr. 42.

[183] BAG 20.11.1997 AP § 1 KSchG 1969 Nr. 43.

[184] *Löwisch/Spinner*, KSchG, § 1 Rn. 75.

[185] *Löwisch/Spinner*, KSchG § 1 Rn. 73. Dieser Fall liegt z. B. vor, wenn die Kündigung zugleich auf eine Pflichtwidrigkeit des Arbeitnehmers, auf häufigen Arbeitsausfall aufgrund Krankheit und auf Absatzschwierigkeiten gestützt wird, APS/*Dörner*, § 1 KSchG Rn. 84.

[186] BAG 4.8.1955 AP § 626 BGB Nr. 3; BAG 22.7.1982 AP § 1 KSchG 1969 Verhaltensbedingte Kündigung Nr. 5; BAG 21.11.1985 AP § 1 KSchG 1969 Nr. 12; BAG 20.11.1997 AP § 1 KSchG 1969 Nr. 43; dem schließt sich KPK/*Schiefer*, § 1 Rn. 89 kritiklos an.

[187] Stahlhacke/Preis/*Preis*, S. 339 Rn. 926; APS/*Dörner*, § 1 KSchG Rn. 83; ErfK/*Ascheid/Oetker*, § 1 KSchG Rn. 162; i.E. wohl auch KR/*Fischermeier*, § 626 BGB Rn. 162.

chenden Sachverhalte werde ein neuer Sondertatbestand geschaffen, der gerade nicht im Gesetz vorgesehen sei.[188] Im KSchG sei die getrennte Wertung der jeweiligen gesetzlichen Kündigungsgründe vorgeschrieben und eine Gesamtwürdigung sei mit den unterschiedlichen Anforderungen an die jeweiligen Kündigungsgründe unvereinbar.[189] Durch die Schaffung eines zusätzlichen, gesetzlich nicht vorgesehenen „gemischten" Kündigungsgrundes entstehe Rechtsunsicherheit und die Arbeitnehmer würden grundlos benachteiligt.[190]

Ein anderer Teil der Literatur differenziert zwischen betriebsbedingten Kündigungsgründen einerseits und verhaltens- und personenbedingten Kündigungsgründen andererseits.[191] Diese Auffassung beruft sich darauf, dass bei verhaltens- und personenbedingten Kündigungsgründen der Grund in der Sphäre des Arbeitnehmers liege, bei der betriebsbedingten Kündigung hingegen in der Sphäre des Arbeitgebers.[192] Personen- und verhaltensbedingte Gründe könnten zusammengezogen werden, weil durch diese Gründe, die allein dem Arbeitnehmer anzulasten seien, das Arbeitsverhältnis insgesamt belastet werde.[193] Werden mit Hilfe der einheitlichen Betrachtungsweise betriebsbedingte Gründe mit Gründen aus der Sphäre des Arbeitnehmers vermischt, werde dem Arbeitnehmer zwangsläufig auch die unternehmerische Entscheidung des Arbeitgebers zugerechnet, obwohl letztlich keine betriebsbedingte Kündigung vorliege.[194]

Ein dritter in der Literatur vertretener Lösungsweg lehnt die Gesamtbetrachtung der Kündigungsgründe ab, mit Ausnahme der Konstellation, in der die unterschiedlichen Kündigungsgründe einem einzigen gesetzlichen Kündigungsgrund zugeordnet werden können, wie z.B. wenn mehrere nur verhaltensbedingte Kündigungsgründe vorliegen.[195]

(3a) Bewertung

Gegen die Addition von verhaltens- und personenbedingten Kündigungsgründen wird zu Recht eingewandt, dass es nicht sein kann, die soziale Rechtfertigung einer Kündigung zuzulassen, wenn die krankheitsbedingten

---

[188] *Rüthers/Henssler*, ZfA 1988, 31, 33.
[189] KDZ/*Kittner*, § 1 KSchG Rn. 59.
[190] *Löwisch/Spinner*, KSchG, § 1 Rn. 71.
[191] APS/*Dörner*, § 1 KSchG Rn. 86; *v. Hoyningen-Huene/Linck*, § 1 Rn. 264; Backmeister/Trittin/Meyer/*Meyer* § 1 Rn. 103 f; wohl auch *Schaub*, § 129 I 3; *Wank*, RdA 1993, 88.
[192] APS/*Dörner*, § 1 KSchG Rn. 86; *v. Hoyningen-Huene/Linck*, § 1 Rn. 264.
[193] KR/*Griebeling*, § 1 KSchG Rn. 259; APS/*Dörner*, § 1 KSchG Rn. 86.
[194] *v. Hoyningen-Huene/Linck*, § 1 Rn. 264; KR/*Griebeling*, § 1 KSchG Rn. 259.
[195] HK-KSchG/*Dorndorf*, § 1 Rn. 328 f.; KDZ/*Kittner*, § 1 KSchG Rn. 59; *Löwisch/Spinner*, KSchG, § 1 Rn. 72; so auch der Anwendungsfall von BAG 22.7.1982 AP § 1 KSchG 1969 Verhaltensbedingte Kündigung Nr. 5 und von BAG 10.12.1992 EzA § 626 BGB Druckkündigung Nr. 3.

Fehlzeiten zwar alleine nicht zu einer personenbedingten Kündigung reichten, aber es genügt, wenn der Arbeitnehmer sich außerdem in einer ebenfalls für eine verhaltensbedingte Kündigung nicht ausreichenden Weise gegenüber seinem Vorgesetzten im Ton vergriffen hat.[196]

Die Gesamtbetrachtung bei Vorliegen aller drei Kündigungsgründe ist ebenfalls abzulehnen, diese Vorgehensweise widerspricht der Systematik des § 1 Abs. 3 KSchG. Dies gilt ebenso für die Unterteilung in verhaltens- und personenbedingte Gründe einerseits und den betriebsbedingten Gründen andererseits. Auch hier werden zwei unterschiedliche Kündigungsgründe systemwidrig zu einem verschmolzen. Ferner sind auch die verhaltensbedingte und die personenbedingte Kündigung in ihren Anforderungen an die soziale Rechtfertigung nicht identisch. Die drei Kündigungsgründe werden im Gesetz gleichberechtigt nebeneinander genannt. Nach dem Willen des Gesetzgebers ist durch das KSchG der Schutz gegen sozial ungerechtfertigte Kündigungen abschließend geregelt.[197] Das hat auch zur Folge, dass die drei genannten Kündigungsgründe abschließend sind und nicht im Wege einer Gesamtbetrachtung neue hinzugefügt werden dürfen.

Es muss jedoch für den Rechtsvergleich festgehalten werden, dass das BAG – m.E. systemwidrig – eine Gesamtbetrachtung vornimmt.

d) Rechtsfolgen und Sanktionen

Dem KSchG liegt der Bestandsschutzgedanke zugrunde.[198] Es dient vor allem dem Schutz des Arbeitsplatzes.[199] Dieser bleibt im Falle einer gem. § 1 KSchG sozial ungerechtfertigten Kündigung erhalten. Die Kündigung ist unwirksam und das Arbeitsverhältnis dementsprechend nicht beendet. Beim KSchG handelt es sich laut BAG demnach um ein „Bestandsschutzgesetz und kein Abfindungsgesetz".[200]

Die Zahlung einer Abfindung ist in der Konzeption des KSchG als Ausnahme vorgesehen.[201] Allein maßgeblich waren hierfür lange Zeit die §§ 9, 10 KSchG.[202] Danach kann das Gericht die Auflösung des Arbeitsverhältnisses erklären, wenn es zunächst festgestellt hat, dass es nicht durch die Kündigung

---

196 *Löwisch/Spinner*, KSchG, § 1 Rn. 72.

197 BT-Drucks. I/2090, S. 12.

198 Aber auch im Falle einer Kündigung außerhalb des Anwendungsbereichs des KSchG ist die unrechtmäßige Kündigung unwirksam, es handelt sich also um ein allgemeingültiges Prinzip.

199 *v. Hoyningen-Huene/Linck*, § 1 Rn. 4; APS/*Dörner*, § 1 Rn. 1.

200 BAG 5.11.1964 AP § 7 KSchG Nr. 20; BAG 7.3.2002 EzA § 9 KSchG n.F. Nr. 45; KR/*Spilger*, § 9 KSchG Rn. 8.

201 Daneben kann sich auch ein Abfindungsanspruch aus einem Sozialplan ergeben, darauf wird im Rahmen dieser Arbeit jedoch nicht näher eingegangen.

202 Diese Vorschriften sind gem. § 13 Abs. 2 KSchG entsprechend anwendbar, wenn eine außerordentliche sittenwidrige Kündigung vorliegt.

aufgelöst wurde. Erforderlich ist hierfür ein Antrag des Arbeitnehmers, dem die Fortsetzung des Arbeitsverhältnisses unzumutbar ist, oder aber ein Antrag des Arbeitgebers, soweit eine weitere Zusammenarbeit zu betriebsdienlichen Zwecken nicht zu erwarten ist. Die für die Auflösungsgründe als Maßstab vorgegebenen Begriffe „nicht zumutbar" und „weitere Zusammenarbeit zu betriebsdienlichen Zwecken" sind unbestimmte Rechtsbegriffe, die von der Rechtsprechung ausgefüllt werden.[203] Insbesondere an den Auflösungsantrag durch den Arbeitgeber stellen die Richter strenge Anforderungen. Genaue Leitlinien gibt es nicht, inzwischen hat sich aber herauskristallisiert, dass jedenfalls ein wichtiger Grund i.S.d. § 626 BGB ausreicht, die Schwelle aber auch niedriger angesetzt werden kann, solange berücksichtigt wird, dass es sich um eine Ausnahmeregelung zum Bestandsschutz handelt, eigentlich also das Arbeitsverhältnis wegen der unwirksamen Kündigung gerade nicht beendet ist.[204] Die Entscheidung muss im Wege einer Würdigung der Gesamtumstände getroffen werden. Der Grund selbst darf nur in dem persönlichen Verhältnis zum Arbeitgeber, in der Wertung der Persönlichkeit, der Leistung oder der Eignung des Arbeitnehmers und seinem Verhältnis zu den übrigen Mitarbeitern liegen.[205] Die bloße Weigerung von Kollegen, mit dem Arbeitnehmer weiterzuarbeiten kann noch nicht den Auflösungsantrag begründen.[206] Der Arbeitgeber ist in vollem Umfang für die zugrunde liegenden Tatsachen darlegungs- und beweispflichtig.[207] Auch wenn ein beiderseitiger Antrag auf Auflösung des Arbeitsverhältnisses vorliegt, werden beide Anträge einzeln und anhand derselben Maßstäbe geprüft, als wenn nur ein einseitiger Antrag vorliegt. Da das KSchG dem Bestandsschutz dient, kann auch nicht durch übereinstimmende Willenserklärungen von Arbeitgeber und Arbeitnehmer davon abgewichen werden.[208]

Wird von dem Gericht die Auflösung und Zahlung einer Abfindung entschieden, trägt der Arbeitgeber neben der Abfindung auch die Kosten des Verfahrens.[209] Die Höhe der Abfindung wird von § 10 Abs. 1 KSchG auf zwölf Monatsgehälter begrenzt. Dabei ist der regelmäßige Bruttoverdienst zugrunde zu legen.[210] Die Höchstgrenze wird mit steigendem Lebensalter und Betriebszugehörigkeit nach Abs. 2 auf 15 bzw. 18 Monatsgehälter heraufgesetzt. Der Zweck der Abfindung ist zunächst, einen Ausgleich für die Schä-

---

[203] KR/*Spilger*, § 9 KSchG Rn. 36, 50.
[204] KR/*Spilger*, § 9 KSchG Rn. 52.
[205] BAG 14.10.1954, AP § 3 KSchG 1951 Nr. 6; Küttner/*Eisemann*, 1 Abfindung Rn. 23; KR/*Spilger*, § 9 KSchG Rn. 55; APS/*Biebl*, § 9 KSchG Rn. 62 ff.
[206] BAG 2.6.2005, NZA 2005, 1208.
[207] BAG 25.10.1989, AP § 611 BGB Direktionsrecht Nr. 36; APS/*Biebl*, § 9 KSchG Rn. 60.
[208] Küttner/*Eisemann*, 1 Abfindung Rn. 28.
[209] ErfK/*Kiel*, § 9 KSchG Rn. 34; KR/*Spilger*, § 9 KSchG Rn. 89.
[210] ErfK/*Kiel*, § 10 KSchG Rn. 4.

den zu schaffen, die dem Arbeitnehmer aus dem Verlust des Arbeitsplatzes entstehen. Daneben soll aber von der Abfindung auch eine Sanktionswirkung ausgehen. Der Arbeitgeber soll es in Zukunft unterlassen, sozialwidrige Kündigungen auszusprechen.[211] Dementsprechend wird bei der Festlegung der Höhe der Abfindung durch den Richter auch der Grad der Sozialwidrigkeit der Kündigung beachtet.[212]

Das gesetzliche Leitbild, nach dem die Zahlung einer Abfindung die Ausnahme bildet, stimmt allerdings mit der Praxis nicht mehr ganz überein. Kündigungsschutzprozesse, wenn es überhaupt soweit kommt, werden heute in der großen Mehrzahl mit einem Abfindungsvergleich beendet, das Arbeitsverhältnis wird nicht fortgesetzt.[213] Können sich Arbeitgeber und Arbeitnehmer einigen, ist also auch der – beschwerliche – Umweg über den Auflösungsantrag nach § 9 KSchG dann nicht mehr erforderlich. Der Gesetzgeber hat inzwischen versucht, dem Rechnung zu tragen und mit § 1a KSchG erstmals eine Abfindungsregelung für betriebsbedingte Kündigungen eingeführt, die von der Rechtmäßigkeit der Kündigung unabhängig ist. Der Grundsatz des Bestandsschutzes wird dadurch aber bisher noch nicht ernsthaft in Frage gestellt.

Trotz der Tendenz, Abfindungsvergleiche abzuschließen, behält der Bestandsschutz eine hohe Relevanz, wie an der Problematik des Verzugslohns bei Kündigungsschutzprozessen sichtbar wird.[214]

2. Die Systematik in Frankreich

a) Ein einheitliches Kündigungsrecht?

Zwei unterschiedlich stark ausgeprägte Kontrollmechanismen für die Rechtfertigung der Kündigung, wie sie in Deutschland aufgrund der Anwendungsvoraussetzungen des KSchG existieren, gibt es in Frankreich nicht. Die Rechtmäßigkeit der Kündigung wird unabhängig von der Betriebsgröße nach denselben Maßstäben überprüft.[215] Unterschiede, die sich aus der Unterneh-

---

[211] BAG 15.2.1973 AP § 9 KSchG Nr. 2; ErfK/*Kiel*, § 10 KSchG Rn. 7; vgl. ausführlich zur Funktion und Rechtsnatur der Abfindung der §§ 9, 10 KSchG KR/*Spilger*, § 10 KSchG Rn. 10 ff.

[212] BAG 29.3.1960 AP § 7 KSchG Nr. 7; BAG 15.2.1973 AP § 9 KSchG Nr. 2.

[213] *v. Hoyningen-Huene/Linck*, § 1 Rn. 4; APS/*Dörner*, § 1 Rn. 3.

[214] S. zum Problem des Annahmeverzugs gem. §§ 615, 293 ff. BGB seitens des Arbeitgebers während des Kündigungsprozesses auch *Gotthardt*, Arbeitsrecht nach der Schuldrechtsreform, S. 65 Rn. 132 ff.

[215] *Zachert*, Beendigungstatbestände im internationalen Vergleich, S. 44, der die französische Regelung im Gegensatz zu der deutschen als einen Schwellenwert ansieht, der nicht eine „entweder oder" Funktion erfüllt.

mensgröße und der Dauer der Betriebszugehörigkeit ergeben, gibt es in Frankreich erst auf der Rechtsfolgenseite.

(1) Die Existenz von Schwellenwerten

Die Schwellenwerte *(seuils d'effectif)* sind auch den französischen Arbeitsrechtlern keineswegs unbekannt. Im allgemeinen Kündigungsrecht treten sie allerdings an einer anderen Stelle, nämlich auf der Rechtsfolgenseite bei der Ermittlung der Höhe des zu zahlenden Schadensersatzes in Erscheinung.[216]

Als Beispiel können hier die zentralen Entschädigungsvorschriften Art. L. 122-14-4 und Art. L. 122-14-5 CT dienen. Die erste Vorschrift sieht zunächst einen Schadensersatz in Höhe von mindestens sechs Monatsgehältern vor, wenn die Kündigung ohne ausreichenden Grund, eine *cause réelle et sérieuse,* ausgesprochen wurde. Die Höhe des Schadensersatzes wird durch Art. L. 122-14-5 CT für Unternehmen, in denen i.d.R. weniger als elf Arbeitnehmer beschäftigt sind, insoweit abgeändert, als dass sie nach dem tatsächlich erlittenen Schaden des Arbeitnehmers ermittelt werden muss. Die Mindesthöhe von sechs Monatsgehältern ist hierbei nicht vorgegeben. Das heißt nicht, dass im konkreten Fall der Schadensersatz unterhalb der sechs Monatsgehälter liegen muss, er kann auch höher sein. Es gibt aber keinen gesetzlich garantierten Mindestschadensersatz. In einem Kleinbetrieb wird dem Arbeitgeber somit nicht eine Art Freibrief erteilt in der Form, dass er nur bis zu einem bestimmten Höchstmaß zur Zahlung verpflichtet ist. Wenn die Kündigung besonders willkürlich war und der Schaden für den Arbeitnehmer hoch, dann kann dies auch für den Kleinunternehmer teuer werden. Im Gegensatz zu den Unternehmen ab elf Arbeitnehmern hat er aber zumindest die Möglichkeit, die Kosten der Kündigung unterhalb der Grenze von sechs Monatsgehältern zu drücken.

Das dem deutschen Kündigungsrecht anhaftende Alles-oder-Nichts-Prinzip gilt somit in Frankreich nicht. Schwellenwerte, die über das Ausmaß der Kontrolle der Rechtmäßigkeit der Kündigung entscheiden, gibt es im französischen Kündigungsrecht nicht. Ebensowenig führen die Schwellenwerte auf der Rechtsfolgenseite zu einem Alles-oder-Nichts-Prinzip, sie garantieren nur eine bestimmte Mindesthöhe der Abfindung in größeren Unternehmen, ohne das Erreichen dieser Summe in Kleinunternehmen auszuschließen.

---

[216] Allerdings ist dies auch nicht zwingend. So gibt es z.B. bei besonders geschützten Arbeitnehmern auch i.R.d. Rechtsfolge keinen Bezug zu der jeweiligen Unternehmensgröße; s. hierzu Art. L. 122-37-7 CT, der einen Schadensersatz in Höhe von mindestens zwölf Monatsgehältern vorsieht, wenn eine ungerechtfertigte krankheitsbedingte Kündigung wegen eines Arbeitsunfalls ausgesprochen wird.

Dies mag auch erklären, dass eine Debatte über die Schwellenwerte des Kündigungsrechts, wie sie in Deutschland in regelmäßigen Abständen aufflammt, in Frankreich heute so nicht mehr vorgefunden wird.[217]

Eine andere Bedeutung haben Schwellenwerte hingegen, wenn eine Massenentlassung durchgeführt wird. Hier hängen einige Verfahrensschritte, die unter Beteiligung der Arbeitnehmervertreter vor Ausspruch der Kündigung durchgeführt werden müssen, teilweise von der Größe des jeweiligen Unternehmens ab.[218] Hierauf wird jedoch an späterer Stelle[219] ausführlich eingegangen. Es handelt sich um einen Spezialfall des präventiven Kündigungsschutzes, der nicht die grundlegende Systematik des französischen Kündigungsrechts wiederspiegelt.

(2) Die Wartezeit

Ebenso wie die Schwellenwerte befinden sich auch Regelungen zur Wartezeit im französischen Kündigungsrecht erst auf der Rechtsfolgenseite. Hier können wieder als prägnantestes Beispiel Art. L. 122-14-4 und Art. L. 122-14-5 CT herangezogen werden. Neben dem Schwellenwert von elf Arbeitnehmern sieht Art. L. 122-14-5 CT noch eine Unternehmeszugehörigkeit von mindestens zwei Jahren vor. Unterhalb dieses Zeitraumes hat der Arbeitnehmer ebenso wie bereits bei den Schwellenwerten dargestellt, keinen Anspruch auf Schadensersatz in der Mindesthöhe von sechs Monatsgehältern; er kann auch unterhalb dieser Grenze liegen.

Die Unternehmenszugehörigkeit spielt aber im Gegensatz zur Unternehmensgröße auch bei der zweiten zentralen Abfindungsvorschrift des französischen Kündigungsrechts, Art. L. 122-9 CT, eine Rolle. In dieser Vorschrift ist die Grundlage für den von der Rechtmäßigkeit der Kündigung unabhängigen Abfindungsanspruch geregelt. Eine solche Abfindung erhalten nur Arbeitnehmer, die seit mindestens zwei Jahren ununterbrochen in einem Arbeitsverhältnis zu demselben Arbeitgeber stehen.

---

[217] Die letzte umfangreiche Abhandlung zu den Schwellenwerte findet sich wohl bei *Sachs-Durand*, Les seuils d'effectifs, aus dem Jahr 1985. Die früheren Diskussionen wurden aber, ähnlich wie in Deutschland, unter dem Gesichtspunkt der Gleichbehandlung geführt, s. hierauf kurz Bezug nehmend auch *Pélissier/Supiot/Jeammaud*, Droit du travail, S. 154 Rn. 100.

[218] So besteht z.B. die Pflicht, einen Beschäftigungssicherungsplan (*plan de sauvegarde de l'emploi*) zu erstellen, nur in Unternehmen, in denen mindestens 50 Arbeitnehmer beschäftigt werden, Art. L. 321-4-1 CT.

[219] E. II. 4 b).

(3) Instrumente der Beschäftigungsförderung: Der „*contrat nouvelles embauches*" und der „*contrat première embauche*"

Wenn auch in Frankreich nicht so sehr der Schwellenwert oder die Wartezeit als solche Gegenstand der (arbeitsmarkt-) politischen Debatte waren und sind, so werden sie dennoch als Instrumente der Beschäftigungsförderung eingesetzt. Dies geschieht nur in neuerer Zeit im Gegensatz zu den deutschen Ansätzen punktueller, indem bestimmte Vertragstypen kreiert werden, die sich des Schwellenwertes und der Wartezeit bedienen und mit denen für bestimmte, eingegrenzte Personengruppen ein Arbeitsverhältnis begründet werden kann. Dieses Arbeitsverhältnis ist dann für den Arbeitgeber wesentlich leichter kündbar als ein normaler Arbeitsvertrag.

Zum einen handelt es sich hierbei um den sog. „*contrat nouvelles embauches*". Mit dem Gesetz vom 26.7.2005 wurde der Regierung die Möglichkeit eröffnet, mit Hilfe von Dekret und *Ordonnance* Maßnahmen zur Beschäftigung zu ergreifen. Hierbei sollte insbesondere die Einstellungsbereitschaft in kleineren Unternehmen gefördert werden. Von dieser Ermächtigungsgrundlage machte die Regierung alsbald mit Ordonnance und Dekret vom 2.8.2005 Gebrauch[220] und führte den sog. „*contrat nouvelles embauches*", den Vertrag für Neueinstellungen ein.[221] Diese spezielle Art des Arbeitsvertrags kann in Unternehmen geschlossen werden, in denen nicht mehr als zwanzig Arbeitnehmer beschäftigt sind. Ursprünglich sollten bei der Ermittlung dieses Schwellenwertes Arbeitnehmer unter 26 Jahre nicht mitgezählt werden. Diese Regelung hat jedoch der *Conseil d'Etat* inzwischen suspendiert und dem EuGH vorgelegt, um ihre Europarechtskonformität überprüfen zu lassen.[222] Die Besonderheit dieses Vertragstypus besteht darin, dass für eine Dauer von zwei Jahren nach Vertragsschluss die Kündigung des Arbeitnehmers unter erleichterten Bedingungen möglich ist, wobei tragende Kündigungsschutzvorschriften des *Code du travail* von der Anwendung ausgenommen werden. Im Wesentlichen reicht die Benachrichtigung durch ein Einschreiben mit Rückantwort. Eine Begründung für die Kündigung muss der Arbeitgeber nicht abgeben, Art. 2 Abs. 3 Nr. 1 der Ordonnance.[223] Der sonst immer erforderliche tatsächliche und erhebliche Kündigungsgrund *(cause réelle et série-*

[220] Ordonnance n° 2005-893; diese Regelung gilt jedoch zunächst nur bis zum 31.12.2007.
[221] *Zumfelde*, NZA 2005, 1398.
[222] CE 14.10.2005, N° 283471; der *Conseil d'Etat* hat die Vorlage verbunden mit dem Antrag, dass der EuGH im Eilverfahren entscheidet, weil die zu beurteilende Ordonnance nur bis zum 31.12.2007 gültig ist. Diesen Antrag hat der EuGH mit Ordonnance vom 21.11.2005 unter dem Aktenzeichen C-385/05 abgewiesen mit der Begründung, dass die Voraussetzungen des Art. 104 b Abs. 1 du règlement de procédure für die Durchführung eines beschleunigten Verfahrens nicht vorliegen. Somit bleibt nun eine endgültige Entscheidung des EuGH zur Sache noch abzuwarten.
[223] *Pélissier/Supiot/Jeammaud*, Droit du travail, S. 526 Rn. 425.

use) muss für die Auflösung dieses speziellen Arbeitsvertrages nicht vorliegen. Die gerichtliche Kontrolle beschränkt sich auf einen möglichen Rechtsmissbrauch und die Nichtigkeitskontrolle der Kündigung z.B. wegen Diskriminierung oder bei Schwangerschaft.[224] Zudem wird dem Arbeitnehmer automatisch eine Entschädigung zugesprochen, die allerdings nur 8% des gesamten Bruttogehalts, das dem Arbeitnehmers seit seiner Einstellung zusteht, beträgt, Art. 2 Abs. 3 Nr. 3 der Ordonnance.[225]

Auch zentrale Vorschriften des präventiven Kündigungsschutzes wie Art. L. 122-14 CT, der das Kündigungsgespräch *(entretien préalable)* regelt oder Art. L. 321-1 bis Art. L. 321-17 CT, die das gesamte Verfahren im Falle einer Kündigung aus wirtschaftlichen Gründen, die Massenentlassung eingeschlossen,[226] regeln, sind auf den Neueinstellungsvertrag unanwendbar (s. Art. 2 Abs. 2 der Ordonnance vom 2.8.2005).

Als zweites Instrument der Beschäftigungsförderung wurde mit dem Gesetz zur Chancengleichheit vom 31.3.2006[227] der „*contrat première embauche*" entwickelt, der allerdings nur eine kurze Lebensdauer hatte. Auch hierbei handelte es sich um einen besonderen Vertragstyp, der sich der Wartezeit bedient, um den Kündigungsausspruch zu erleichtern und dadurch Anreize zur Einstellung zu geben. Nach Art. 8 dieses Gesetzes konnte dieser spezielle Arbeitsvertrag mit Arbeitnehmern unter 26 Jahren abgeschlossen werden, in Unternehmen, die nicht mehr als zwanzig Arbeitnehmer beschäftigen. Das Besondere an diesem – notwendig unbefristeten – Arbeitsvertrag war, dass der Arbeitgeber dem Arbeitnehmer innerhalb der ersten zwei Jahre nach extrem vereinfachten Vorgaben kündigen konnte. Die Kündigungsvorschriften des *Code du travail* wurden fast vollständig für unanwendbar erklärt. Darunter fielen insbesondere auch die zentralen Vorschriften, die die Sanktionen für unrechtmäßige Kündigungen enthalten und in denen die Abfindung geregelt ist, Art. 8 II Abs. 2 des Gesetzes. Stattdessen wurden die Kündigungsvoraussetzungen in Art. 8 II Abs. 4 in drei Nummern zusammengefasst. Einzige Verfahrensvorgabe war die schriftliche Mitteilung der Kündigung durch ein Einschreiben mit Rückantwort. Mit dessen Zustellung begann eine zweiwöchige Kündigungsfrist zu laufen, die sich auf einen Monat verlängerte, wenn der Vertrag vor mindestens sechs Monaten abgeschlossen wurde. Zuletzt sah die Vorschrift vor, dass der Arbeitgeber dem Arbeitnehmer eine Ab-

---

[224] *Zumfelde*, NZA 2005, 1398.

[225] Zudem muss der Arbeitgeber 2% des gesamten Bruttogehaltes, das dem Arbeitnehmer seit seiner Einstellung zusteht, an die Arbeitslosenversicherung abführen, Art. 2 Abs. 3 Nr. 3 der Ordonnance.

[226] Allerdings ist die Kündigung eines „*contrat nouvelles embauches*" bei der Berechnung von Schwellenwerten für die Ermittlung von Massenentlassungen mit zu zählen, Art. 2 Abs. 5 der Ordonnance.

[227] Loi n° 2006-396 pour l'égalité des chances, abgedruckt in J.O. n° 79 vom 2. April 2006, S. 4950.

findung in Höhe von 8% des seit Vertragsschluss geschuldeten Bruttoentgeltes zahlen musste. Ziel dieses neuen Arbeitsvertragstyps war es, der hohen Jugendarbeitslosigkeit zu begegnen und die Einstellung junger Arbeitnehmer für die Arbeitgeber interessanter zu gestalten.

Das Gesetz zur Chancengleichheit wurde dem obersten Verfassungsgericht, dem *Conseil constitutionnel,* vorgelegt, wobei u.a. auch die Feststellung der Verfassungswidrigkeit des Art. 8 begehrt wurde. Als Begründung hierfür wurde dem Ersteinstellungsvertrag vorgeworfen, dass er gegen das Gebot der Klarheit und Verständlichkeit des Gesetzes verstoße, weil der Zeitraum der ersten zwei Jahre nicht hinreichend genau geregelt sei. Weiterhin wurde bemängelt, dass Art. 8 gegen die von Frankreich ratifizierte Konvention der ILO Nr. 158, die europäische Sozialrechtscharta sowie gegen die Richtlinie 2000/78/EG verstoße. Außerdem führe der Ersteinstellungsvertrag zu einem Verstoß gegen das Prinzip der Gleichheit vor dem Gesetz, da letztlich der junge Arbeitnehmer im Rahmen eines Ersteinstellungsvertrags ohne Grund innerhalb der ersten zwei Jahre gekündigt werden könne, wohingegen ein junger Arbeitnehmer mit einem normalen unbefristeten Arbeitsvertrag einen umfassenden Kündigungsschutz genieße. Auch werde durch das Fehlen des Erfordernisses einer Begründung für die Kündigung in den ersten zwei Jahren gegen das Recht zur Verteidigung *(droit de la défense)* verstoßen, da der Arbeitnehmer nicht wisse, aus welchem Grund sein Arbeitsverhältnis beendet wird. Der *Conseil constitutionnel* ist dieser Argumentation nicht gefolgt und erklärte mit Urteil vom 30.3.2006[228] den Art. 8 des Gesetzes zur Chancengleichheit als verfassungsgemäß. Selbst eine Einschränkung, dass die Regelung einer verfassungskonformen Auslegung bedürfe, erachtete das Gericht nicht als notwendig. Einen Verstoß gegen die angeführten internationalen Regelungen prüfte das Gericht nicht, da es sich für eine Überprüfung der Konformität mit diesen Regelung unzuständig erklärte. Es verwies in Bezug auf die Richtlinie 2000/78/EG darauf, dass die Richtlinienkonformität nur dann geprüft werde, wenn das jeweilige Gesetz gerade der Umsetzung der Richtlinie in nationales Recht diene. In Bezug auf das Prinzip der Gleichheit vor dem Gesetz entgegnete das Gericht, dass es keine Regelung mit Verfassungsrang gebe, die dem Gesetzgeber verbiete, Maßnahmen zu ergreifen, um benachteiligten Personengruppen zu helfen. Die unterschiedliche Behandlung, die dadurch entstehe, habe einen direkten Bezug zur allgemeinwohlorientierten Zielsetzung des Gesetzes und könne daher gar nicht gegen die Verfassung verstoßen.

Auch sei Art. 8 hinreichend bestimmt. Die Vorschrift zähle abschließend die kündigungsrechtlichen Vorschriften des *Code du travail* auf, die nicht auf den Ersteinstellungsvertrag anwendbar sein sollen, diese Lücke werde mit

---

[228] Cons. const. 30.3.2006, Déc. n° 2006-535.

den Kündigungsvoraussetzungen, die Art. 8 Abs. 4 Nr. 1-3 vorsieht, hinreichend geschlossen.

Ein Verstoß gegen das Recht auf Verteidigung *(droit de la défense)* liege auch nicht vor, da das an Art. 16 der Menschenrechtsdeklaration von 1789 verankerte Recht nur ein kontradiktorisches Verfahren für den Fall der Kündigung aus disziplinären Gründen fordere, nicht hingegen für die übrigen Kündigungsgründe. Außerdem könne die Kündigung auch gerichtlich angefochten werden, was sich bereits aus der in Art. 8 festgelegten zwölfmonatigen Klagefrist ergebe. Interessant ist in der Argumentation des *Conseil constitutionnel* zudem, dass es die Einschätzungsprärogative des Gesetzgebers besonders hoch ansiedelt. Es beruft sich dabei auf Art. 34 der Verfassung, nach dem es dem Gesetzgeber obliegt, die grundlegenden Prinzipien des Arbeitsrechts festzulegen. Es liege nicht in der Kompetenz des Gerichts, zu überprüfen, ob das gesetzgeberische Ziel auch mit anderen Mitteln hätte erreicht werden können, solange das betreffende Gesetz dazu nicht offensichtlich ungeeignet sei.

In seiner Entscheidung äußerte sich der *Conseil constitutionnel* auch in Bezug auf den Prüfungsmaßstab der Rechtmäßigkeit Kündigung innerhalb der ersten zwei Jahre. Danach müsse der Arbeitgeber im Fall einer gerichtlichen Überprüfung der Wirksamkeit der Kündigung die Kündigungsgründe vorbringen. Die Richter überprüfen dann, ob die Kündigung rechtsmissbräuchlich erfolgte. Maßstab hierfür sei insbesondere, ob die Kündigung diskriminierend sei oder ob sie gegen den vom *Code du travail* eingeführten Schutz von schwangeren Arbeitnehmerinnen, Arbeitnehmern, die Opfer eines Arbeitsunfalls sind und Arbeitnehmervertretern sowie ihnen gleichgestellten Arbeitnehmern verstoße.

Bei Zugrundelegen des vom *Conseil constitutionnel* vorgegebenen Prüfungsmaßstabes lässt sich dieses System durchaus mit dem deutschen „Kündigungsschutz 2. Klasse", also dem Kündigungsschutz außerhalb des KSchG vergleichen.

Der Ersteinstellungsvertrag ist jedoch im Gegensatz zum Neueinstellungsvertrag auf erheblichen Widerstand in der französischen Bevölkerung gestoßen. Insbesondere an den Universitäten kam es zu Demonstrationen, Streiks und heftigen Auseinandersetzungen.[229] Dem Druck hat sich die Regierung letztlich gebeugt und obwohl Präsident *Chirac* am 2.4.2006 das Gesetz unterzeichnet hat, teilte er zugleich mit, dass es in der unterzeichneten Fassung nicht zur Anwendung kommen werde. Inzwischen wurde auf Regierungsebene beschlossen, Art. 8 des Gesetzes zur Chancengleichheit, der den Ersteinstellungsvertrag geregelt hat, ersatzlos zu streichen. Statt einer Lockerung des

[229] S. hierzu exemplarisch für die zahlreichen Berichterstattungen die Beiträge in FAZ vom 14.3.2006 S. 1 und vom 31.3.2006, S. 1 und 2.

Kündigungsschutzes werden nun staatliche Subventionen zur Förderung der Einstellung junger Arbeitnehmer ins Auge gefasst.

b) Die verschiedenen Kündigungsarten

Das Gesetz sieht nicht ausdrücklich verschiedene Kündigungsarten vor. Dennoch haben sich im Laufe der Zeit mit Hilfe der Rechtsprechung unterschiedliche Formen der Kündigung herausgebildet. Zunächst gibt es auch hier die Beendigungs- und die Änderungskündigung, die sich gegenüberstehen. Der Begriff der Änderungskündigung wird allerdings nicht verwendet, sie wird vielmehr als Vertragsänderung *(modification du contrat)* bezeichnet und daher in den Lehrbüchern i.d.R. nicht im Zusammenhang mit dem Kündigungsrecht, sondern im Rahmen der Ausführungen zum Direktionsrecht des Arbeitgebers behandelt. Die Kündigung in Folge der Ablehnung einer einseitigen Vertragsänderung ist im Gegensatz zur deutschen Änderungskündigung nicht gesetzlich geregelt. Sie ist mit ihrer Schaffung durch die *Cour de cassation* Ende der 80er Jahre eine eher neuere Erscheinung, die bis heute ausschließlich auf Richterrecht basiert.[230] Maßgeblich für die Beurteilung, ob eine Vertragsänderung vorliegt, ist die Abgrenzung zur Änderung der Arbeitsbedingungen *(changement des conditions de travail)*, die dem Direktionsrecht des Arbeitgebers unterliegt.[231] Das Richterrecht sieht keine Möglichkeit der Annahme unter Vorbehalt vor, wie sie in § 2 KSchG gewährt wird. Nimmt der Arbeitnehmer das Angebot nicht an, so wird der Arbeitsvertrag zu den ursprünglichen Bedingungen weitergeführt. Will der Arbeitgeber den Vertrag nicht mehr mit dem vereinbarten Inhalt fortführen, kann er die Kündigung aussprechen, die dann ganz normal dem Kündigungsrecht unterliegt.[232]

Daneben stehen sich die fristgemäße *(licenciement ordinaire)* und die fristlose Kündigung *(licenciement extraordinaire)* gegenüber. Allerdings kann die fristlose Kündigung nicht mit der deutschen außerordentlichen Kündigung gleichgesetzt werden.[233] Die Begründetheit der fristlosen Kündigung wird nach denselben Kriterien wie die fristgerechte Kündigung überprüft, es gibt keine dem § 626 BGB entsprechende Vorschrift. Für die Wirksamkeit

---

[230] *Janssen*, Das Gebot anderweitiger Beschäftigung im deutschen und französischen Kündigungsschutz, S. 27f.; grundlegendes Urteil im Zusammenhang mit der Änderungskündigung war das Urteil *Raquin* der *Chambre sociale* vom 8.10.1987, Bull. civ. V, n° 541.

[231] *Pélissier/Supiot/Jeammaud*, Droit du travail, S. 463 Rn. 273; *dies.* kritisch hierzu auch S. 464 Rn. 374 und S. 467 Rn. 377 unter Hinweis auf die Abgrenzungsschwierigkeiten, die sich bei der Zuordnung zum Vertrag oder Direktionsrecht ergeben, wenn, wie es im Regelfall ist, der Vertrag nicht schriftlich niedergelegt wurde oder nur sehr knapp der Inhalt festgelegt wurde.

[232] *Pélissier/Supiot/Jeammaud*, Droit du travail, S. 472 Rn. 381.

[233] *Janssen*, Das Gebot anderweitiger Beschäftigung im deutschen und französischen Kündigungsschutz, S. 29; *Lutz/App*, NZA 1994, 254, 255.

der fristlosen Kündigung ist neben den allgemeinen Kündigungsvoraussetzungen noch erforderlich, dass der Arbeitnehmer einen schweren Fehler *(faute grave)* begangen hat, s. Art. L. 122-6, L. 122-8 CT.[234] Aber auch dieser schwere Fehler muss, wie jeder vom Arbeitgeber angegebene Grund, ein tatsächlicher und schwerwiegender Grund *(cause réelle et sérieuse)* sein.[235]

c) Die verschiedenen Kündigungsgründe

(1) Ausgangspunkt: Die „cause réelle et sérieuse"

Damit eine Kündigung rechtmäßig ist, muss ihr ein tatsächlicher und schwerwiegender Grund *(cause réelle et sérieuse)* zugrunde liegen. Zwar wird dieser Grund im Gesetz genannt. So muss z.B. gem. Art. L. 122-14-3 CT der Richter überprüfen, ob der Kündigungsgrund *„réel et sérieux"*, also tatsächlich vorliegt und schwerwiegend, ist.[236] Das Erfordernis einer *„cause réelle et sérieuse"* gilt für alle Kündigungen, unabhängig von Unternehmensgröße und Dauer der Unternehmenszugehörigkeit.

Was genau ein solcher Grund sein kann, gibt das Gesetz jedoch nicht vor. Eine dem deutschen Modell zugrunde liegende vergleichbare *gesetzlich* vorgeschriebene Dreiteilung der Kündigungsgründe, mit deren Hilfe die einzelnen Gründe näher eingegrenzt werden, gibt es im französischen Kündigungsrecht zunächst nicht. Dementsprechend hat sich im Laufe der Zeit eine umfassende Rechtsprechung zu diesem Begriff entwickelt. Dabei ist der Begriff stark von einer Einzelfallrechtsprechung geprägt. Eine grundlegende einheitliche Definition gibt es nicht. Dies gilt umso mehr, als die *Cour de cassation* sich seit 1985 für die genaue Bestimmung, ob jeweils eine *cause réelle et sérieuse* vorliegt, als unzuständig ansieht und dies den erstinstanzlichen Richtern überlässt, auch wenn sie vereinzelt dennoch erstinstanzliche Entscheidungen in dem Bereich zensiert.[237] Dies geschieht insbesondere bei betriebsbedingten Kündigungen.[238]

Das Merkmal *„réel"* bezieht sich nach dem entwickelten Richterrecht darauf, dass objektive Elemente vorliegen müssen, die konkret genug sind, um einer Überprüfung zugänglich zu sein, eine rein subjektive Einschätzung des

---

[234] Liaisons Sociales, Sonderheft: Le licenciement pour motif personnel, November 2003, S. 46; ferner berechtigt auch das Vorliegen eines Falls höherer Gewalt zur Nichteinhaltung der Kündigungsfrist, *Lutz/App*, NZA 1994, 254, 255.

[235] Zu den Rechtmäßigkeitsanforderungen an den Kündigungsgrund s. im folgenden Gliederungspunkt.

[236] Daneben z.B. auch in Art. L. 122-14-4, L. 122-14-6, L. 122-34 CT.

[237] S. hierzu *Pélissier/Supiot/Jeammaud*, S. 526 Rn. 427 ff.

[238] Bei betriebsbedingten Kündigungen überprüft auch die *Cour de cassation* z.B., ob tatsächlich Arbeitsplätze weggefallen sind oder ob tatsächlich wirtschaftliche Schwierigkeiten vorliegen, Cass. soc. 12.12.1991, RJS 2/92 n°134.

Arbeitgebers reicht nicht aus.[239] Daher ist z.B. der Vertrauensverlust für sich genommen kein ausreichender Kündigungsgrund. Die objektiven Geschehnisse, die diesen Vertrauensverlust hervorgerufen haben, können es hingegen sein.[240] Maßgeblich ist, ob der Arbeitgeber die Gründe hinreichend genau benannt hat. Zudem wird auch unter dem Erfordernis der *„cause réelle"* gerichtlich überprüft, ob der von dem Arbeitgeber genannte Grund auch tatsächlich die Kündigungsentscheidung ausgelöst hat oder ob er nur vorgeschoben wird und in Wahrheit ein anderer Grund vorliegt.[241]

Daneben wird als zweites Merkmal der *„caractère sérieux"* überprüft. Der Grund muss schwerwiegend sein, damit er eine Kündigung rechtfertigt. Dabei wird geprüft, ob der angegebene Grund dazu führt, dass das Arbeitsverhältnis nicht weiter aufrechterhalten werden kann, ohne dass dem Unternehmen dadurch geschadet wird.[242] Dies führt z.B. dazu, dass das Verhalten außerhalb des Unternehmens grundsätzlich keinen schwerwiegenden Grund darstellt.[243]

Diese Grundsätze sind immer anzuwenden, unabhängig davon, ob die Kündigung aus betrieblichen Gründen ausgesprochen wurde oder weil der Arbeitnehmer dauerhaft krankheitsbedingt fehlt.

(2) Im Ergebnis eine Dreiteilung

Nach der klassischen Unterteilung wird zunächst lediglich zwischen den personenbezogenen und den wirtschaftlichen Gründen unterschieden.[244] Im Gesetz wird ausdrücklich als Kündigungsgrund nur der wirtschaftliche Grund genannt. Er wird in Art. L. 321-1 CT als ein Grund, der nicht in der Person des Arbeitnehmers liegt *(non inhérent à la personne du salarié)*, bezeichnet. Hieraus folgt die Unterteilung nach Kündigungen, die ihren Grund in der Person des Arbeitnehmers haben und solche, bei denen es nicht der Fall ist.[245] Dabei umfasst die Gruppe der Kündigungen, die ihren Grund in der Person

---

239 *Flichy/Gamet*, Licenciement, S. 27.

240 Cass. soc. 29.11.1990, D. 1991, 190.

241 *Flichy/Gamet*, Licenciement, S. 28 ; so z.B. wenn der Arbeitgeber eine Kündigung wegen fehlerhaften Verhaltens des Arbeitnehmers ausspricht, das zwar auch tatsächlich gegeben ist, aber eigentlich die Teilnahme an einem rechtmäßigen Streik den wahren Kündigungsgrund darstellt, Cass soc. 28.4.1994, Dr. soc. 1994, 719.

242 *Flichy/Gamet*, Licenciement, S. 28; *Pélissier/Supiot/Jeammaud*, Droit du travail, S. 531 Rn. 433; so auch schon die Stellungnahme des damaligen Arbeitsministers im Gesetzgebungsverfahren, J.O. débats AN, 30. Mai, S. 1699.

243 So ist z.B. die Kündigung einer Arbeitnehmerin, die für Renault arbeitet, nicht mit dem Grund zu rechtfertigen, dass sie ein Auto der Marke Peugeot gekauft hat, Cass. soc. 22.1.1992, Dr. soc. 1992, 268.

244 *Pélissier*, Dr. soc. 1992, 751.

245 *Camerlynck*, Droit du travail : le contrat de travail, tome 1, S. 355 Rn. 323.

des Arbeitnehmers haben, die Fälle, die im deutschen Recht personenbedingte und verhaltensbedingte Kündigungen darstellen.[246]

Der *Code du travail* selbst nimmt keine weitere ausdrückliche Unterscheidung innerhalb der personenbezogenen Kündigungen vor. Dennoch ergibt sich indirekt aus dem *Code du travail* eine weitere Unterteilung innerhalb der Gründe, die in der Person des Arbeitnehmers liegen. Mit dem Gesetz vom 4.8.1982 wurde i.E. eine neue Kategorie eingeführt, die Kündigung aus disziplinären Gründen *(licenciement disciplinaire)*. Dieses Gesetz betrifft das Disziplinarrecht und sieht besondere Verfahrensregeln für arbeitgeberseitige Disziplinarmaßnahmen vor; eine solche Disziplinarmaßnahme ist auch die Kündigung.[247] Die Kündigung aus disziplinären Gründen umfasst das fehlerhafte Verhalten des Arbeitnehmers mit Ausnahme des leichten Verschuldens. Im Gegensatz dazu liegt eine Kündigung aus nicht wirtschaftlichen und nicht disziplinären Gründen in allen anderen Fällen vor, die im Zusammenhang mit der Person des Arbeitnehmers stehen, wie z.B. die krankheitsbedingte Kündigung, die Arbeitsunfähigkeit oder die mangelnde berufliche Eignung.[248] Der Grund kann auch in dem Verhalten des Arbeitnehmers liegen, das Verhalten darf nur nicht fehlerhaft sein.[249]

Da es sich bei der Kündigung aus disziplinären Gründen um eine Disziplinarmaßnahme des Arbeitgebers handelt, wird die Kündigung aus disziplinären Gründen sowohl dem Kündigungsrecht als auch dem Disziplinarrecht[250] zugeordnet. Diese beiden Regelungsmaterien stellen teilweise unterschiedliche Anforderungen an die Rechtmäßigkeit der Arbeitgebermaßnahme, die i.E. kumulativ auf die Kündigung aus disziplinären Gründen anzuwenden sind.[251] Damit steht die Kündigung aus disziplinären Gründen *(licenciement pour motif disciplinaire)* den Kündigungen aus wirtschaftlichen Gründen *(licenciement pour motif économique)* einerseits und den Kündigungen aus nicht wirtschaftlichen und nicht disziplinären Gründen *(licenciement pour motif personnel)* gegenüber.[252]

---

[246] *Zachert*, Beendigungstatbestände im internationalen Vergleich, S. 46.

[247] *Pélissier*, Dr. soc. 1992, 751.

[248] Liaisons Sociales, Sonderheft Licenciement pour motif personnel, November 2003, S. 20 ff., 40 ff.

[249] *Waquet*, Dr. soc. 1992, 980.

[250] Hierbei handelt es sich v. a. um Verfahrensvorschriften, die der Arbeitgeber beachten muss, bevor er gegenüber dem Arbeitnehmer wegen seines Verhaltens eine Disziplinarmaßnahme ergreifen kann; das Disziplinarrecht ist in den Art. L. 122-40 ff. CT; s. zu den Überschneidungen auch *Marraud/Kessler/Géa*, La rupture du contrat de travail en droits francais et allemand, S. 57 ff.

[251] *Marraud/Kessler/Géa*, La rupture du contrat de travail en droits francais et allemand, S. 57 ff.; bei der kumulativen Anwendung hat i.d.R. die Vorschrift Vorrang, die dem Arbeitnehmer mehr Schutz gewährt, *Pélissier*, Dr. soc. 1992, 751, 754.

[252] *Kessler*, RdA 1989, 35, 40; *Waquet*, RJS 11/93, 631, 635 Fn. 12.

I.E. gibt es somit auch im französischen Recht eine Dreiteilung der Kündigungsgründe.

(3) Das Problem der Vermischung der Kündigungsgründe

Auf den ersten Blick scheint sich das in Deutschland existierende Problem der Mischtatbestände in Frankreich nicht zu stellen. Die Rechtfertigung der Kündigung ist immer, egal aus welchem Grund sie ausgesprochen wurde, daran zu messen, ob sie einen tatsächlichen und schwerwiegenden Grund *(cause réelle et sérieuse)* darstellt.[253] Trotz dieses einheitlichen Ausgangspunktes ergeben sich jedoch auf anderer Ebene, bei den präventiven Vorschriften, Unterschiede. Für die Kündigung aus wirtschaftlichen Gründen sind neben den allgemeinen Regeln der Art. L. 122-4 ff. CT die speziellen Regeln der Art. L. 321-1 ff. CT anwendbar, die u.a. ein verschärftes unternehmensinternes Kündigungsverfahren und eine Sozialauswahl *(ordre de licenciements)* vorsehen. Daher ist es auch im französischen Kündigungsrecht wichtig, die einschlägigen Kündigungsgründe voneinander abzugrenzen.[254] Somit stellt sich auch hier die Frage, wie das Vorliegen bzw. Vorbringen mehrerer unterschiedlicher Kündigungsgründe zu behandeln ist.[255]

(1a) Wirtschaftliche Gründe und Gründe in der Person des Arbeitnehmers

Bei der Behandlung des Problems wird zunächst unterschieden, welche Kündigungsgründe vom Arbeitgeber gleichzeitig angeführt werden und zwar je nachdem, ob es sich dabei um mehrere Gründe handelt, die alle im Zusammenhang mit der Person des Arbeitnehmers stehen oder ob solche Gründe mit wirtschaftlichen Gründen zusammentreffen.

Wenn der Arbeitgeber sowohl wirtschaftliche als auch nicht wirtschaftliche Gründe angibt, wird die Rechtfertigung der Kündigung von dem Gericht ausschließlich in Bezug auf den Grund überprüft, der für die Kündigung die erste und entscheidende Ursache *(cause première et déterminante)* dar-

---

[253] *Janssen*, Das Gebot anderweitiger Beschäftigung im deutschen und französischen Kündigungsschutz, S. 29.

[254] *Pélissier*, Le nouveau droit du licenciement, S. 26; *Waquet*, Dr. soc. 1992, 980, 981; *Janssen*, Das Gebot anderweitiger Beschäftigung im deutschen und französischen Kündigungsschutz, S. 29.

[255] So, wenn auch nur in Bezug auf die Unterscheidung zwischen der Kündigung aus wirtschaftlichem und nicht wirtschaftlichem Grund *Pélissier*, Le nouveau droit du licenciement, S. 30; *Savatier*, Dr. soc. 2001, 413, 416. Da in Frankreich die Grenzen des Prozessgegenstandes in einem späteren Gerichtsverfahren durch die Nennung des Kündigungsgrundes im Kündigungsschreiben festgelegt werden, - Cass. soc. 13.11.1991, Bull. civ. V n° 491; Cass. soc. 14.10.1993, Bull. civ. V, n° 235; *Duplat*, RJS 11/03, 863; *Cristau*, Dr. soc. 2003, 1119; näher dazu s. auch D II. 3. -, wird die Problematik im Schrifttum und von der Rechtsprechung i.d.R. im Zusammenhang mit dem Kündigungsschreiben erörtert. Dies ist jedoch nicht zwingend erforderlich, es handelt sich um ein grundsätzliches Problem, welches daher an dieser Stelle untersucht wird.

stellt.[256] Dies gilt unabhängig davon, ob es sich um unterschiedliche Sachverhalte handelt oder ob ein und derselbe Sachverhalt die unterschiedlichen Kündigungsgründe hervorbringt.[257] Eine Ausnahme wird lediglich dann gemacht, wenn die ausschließliche Beachtung des Kündigungsgrundes, der die ursprüngliche und entscheidende Ursache darstellt, zur Folge hat, dass für den Arbeitnehmer besondere Schutzvorschriften nicht zur Anwendung kommen. So z.B., wenn ein wirtschaftlicher Grund mit einer Arbeitsunfähigkeit aufgrund eines Arbeitsunfalls aufeinander treffen. Der Arbeitgeber kann sich nicht auf den wirtschaftlichen Grund berufen, weil dem Arbeitnehmer ansonsten u.a. der Anspruch auf anderweitige Beschäftigung gem. Art. L. 122-32-5 CT genommen würde.[258]

Begründet wird der Grundsatz, dass wirtschaftliche und in der Person liegende Gründe nicht beide zur Rechtmäßigkeitsprüfung der Kündigung herangezogen werden können, zunächst damit, dass sie sich schon bereits aufgrund der Definition des wirtschaftlichen Grundes gegenseitig ausschließen. So wird der wirtschaftliche Grund gem. Art. L. 321-1 als Grund, der nicht in der Person des Arbeitnehmers liegt *(non inhérent à la personne du salarié)* definiert. Außerdem wird angeführt, dass die Kündigungsverfahren, die bei einer personen- und einer wirtschaftlich bedingten Kündigung einzuhalten sind, so unterschiedlich sind, dass sie nicht miteinander vereinbart werden können.[259]

(2a) Mehrere Gründe, die in der Person des Arbeitnehmers liegen

Anders verhält es sich, wenn mehrere Gründe zusammentreffen, die in der Person des Arbeitnehmers liegen. Hier hat die *Cour de cassation* entschieden, dass der Arbeitgeber diese unterschiedlichen Gründe im Kündigungsschreiben angeben darf und sie auch vom Gericht überprüft werden, wobei jeder einzelne von ihnen die Kündigung rechtfertigen kann.[260] Allerdings müssen zwei Voraussetzungen erfüllt sein. Die Gründe müssen auf verschiedenen Sachverhalten beruhen. Wenn es sich sowohl um disziplinäre als auch um nicht disziplinäre Gründe handelt, muss der Arbeitgeber die jeweils unterschiedlichen Anforderungen an die Verfahren erfüllen.[261] In dem zu ent-

---

[256] Cass. soc. 10.10.1990 Bull. civ. V n° 442; Cass. soc. 3.3.2002 Bull. civ. V n° 1266 ; Cass. soc. 14.11.2000 Bull. civ. V n° 4583; *Duplat*, RJS 11/03, 863; Liaisons Sociales, Sonderheft: Licenciement pour motif personnel, November 2003, S. 10; SSL, September 2003 n° 1137, S. 12; *Pélissier*, Le nouveau droit du licenciement, S. 36.

[257] *Duplat*, RJS 11/03, 863.

[258] Cass. soc. 14.3.2000, n° 98-41.556P, Bull. civ. V n° 103; Liaisons Sociales, Sonderheft: Le licenciement pour motif personnel, November 2003, 10.

[259] *Duplat*, RJS 11/03, 863.

[260] Cass. soc. 23.9.2003, Dr. soc. 2003, 1121 f.

[261] Liaisons Sociales, Sonderheft: Le licenciement pour motif personnel, November 2003, S. 10.

scheidenden Fall berief sich der Arbeitgeber einerseits auf die Arbeitsunfähigkeit der Arbeitnehmerin und andererseits auf ein fehlerhaftes Verhalten, also einen disziplinären Grund. Die *Cour de cassation* begründete ihre Entscheidung damit, dass das Gesetz selbst vorsieht, dass der Arbeitgeber mehrere Gründe angeben kann. So muss gem. Art. L. 122-14-2 CT der Arbeitgeber „den oder die“ Kündigungsgründe im Kündigungsschreiben angeben *(„...énoncer le ou les motifs du licenciement“)*. Diese Rechtsprechung stieß auf – wenn auch nur leise – Kritik. So wird ihr entgegen gehalten, dass diese Interpretation gegen den Sinn und Zweck des Kündigungsrechts verstoße, denn dieses verlange vom Arbeitgeber, dass er den tatsächlichen Grund angibt, der ihn zur Kündigung bewegt hat.[262]

Z.T. wird ferner eine Ausweitung dieser neuen Rechtsprechung auf die Vermischung von wirtschaftlichen und persönlichen Gründen gefordert, denn bei den nicht disziplinären und den disziplinären Gründen handele es sich um ebenso unterschiedliche Gründe mit ebenfalls unterschiedlichen Verfahren wie es bei den wirtschaftlichen Gründen der Fall sei.[263]

Aus dieser Rechtsprechung kann zunächst abgeleitet werden, dass mehrere Gründe, die auf demselben Sachverhalt beruhen, auch heute nicht gleichzeitig zur Rechtfertigung herangezogen werden können. Dies ist deshalb nicht möglich, weil es nicht Aufgabe des Richters ist, die Bestimmung des Kündigungsgrundes vorzunehmen. Der Arbeitgeber muss sich bereits im Kündigungsschreiben festlegen.[264] Aus einem Erst-Recht-Schluss kann ferner gefolgert werden, dass mehrere nicht disziplinäre persönliche Gründe, die auf unterschiedlichen Sachverhalten beruhen, vom Arbeitgeber angegeben werden können, da sich hier nicht einmal das Problem der unterschiedlichen Kündigungsverfahren stellt.

Die neue Rechtsprechung bringt allerdings für den nun entschiedenen Fall des Zusammentreffens disziplinärer und nicht disziplinärer Gründe praktische Anwendungsprobleme mit sich. Denn sowohl das Verfahren für eine personenbedingte Kündigung als auch das Verfahren für eine disziplinäre Kündigung müssen vom Arbeitgeber eingehalten werden. Diese beiden Verfahren sehen nicht dieselben Fristen vor. Ferner muss der Arbeitgeber im Falle eines schweren Fehlers *(faute grave)* die Kündigungsfrist nicht einhalten und er muss dem Arbeitnehmer im Gegensatz zur nicht disziplinären Kündigung keinerlei Abfindungen zahlen.[265]

---

[262] SSL 2003 n° 1137, 12, 13.
[263] *Cristau*, Dr. soc. 2003, 1119, 1120.
[264] Cass. soc. 9.5.2001 Bull. civ. V, n° 170; *Cristau*, Dr. soc. 2003, 1119, 1120.
[265] SSL 2003 n° 1137, 12, 13; Liaisons Sociales, Sonderheft: Le licenciement pour motif personnel, November 2003, S. 10.

Welche Auswirkungen diese Rechtsprechung in Zukunft haben wird, ist noch nicht klar, die weitere Entwicklung bleibt abzuwarten.[266]

d) Rechtsfolgen und Sanktionen

(1) Das Grundkonzept

Die Sanktionen sind letztlich die Antwort darauf, wie das mit den Regelungen verfolgte Ziel erreicht werden soll. Das Ziel des französischen Kündigungsrechts ist in seiner Grundkonzeption zum einen, die Arbeitnehmer gegen den Ausspruch einer Kündigung zu schützen. Hierfür soll insbesondere der präventive Kündigungsschutz dienen, durch den der Ausspruch der Kündigung erschwert und damit das Kündigungsrecht des Arbeitgebers eingeschränkt wird. Das zweite Ziel ist, dem Arbeitnehmer, dem gekündigt wurde, Ansprüche gegen den Arbeitgeber zur Seite zu stellen und zwar sowohl für den Fall, dass die Kündigung unrechtmäßig erfolgte als auch für den Fall, dass sie rechtmäßig ist.[267] Diese Ansprüche sind im Regelfall auf die Zahlung einer je nach Fallkonstellation unterschiedlich hohen Geldsumme gerichtet. Das französische Kündigungsrecht kann spiegelverkehrt zum deutschen Kündigungsrecht als Abfindungsrecht bezeichnet werden. Auch wenn kein ausreichender Kündigungsgrund vorliegt, bleibt die Kündigung im Regelfall weiterhin wirksam; das Arbeitsverhältnis wird durch sie beendet. Eine Ausnahme besteht dann, wenn der Arbeitgeber trotz eines bestehenden Kündigungsverbots dem Arbeitnehmer kündigt.

Wird das französische Konzept zunächst als Abfindungslösung bezeichnet, so kennzeichnet dies anschaulich den Unterschied zum deutschen Kündigungsrecht. Dieser pauschale Begriff wird allerdings dem äußerst fein austarierten und komplexen System, das das französische Kündigungsrecht im Laufe der Zeit entwickelt hat, nicht ganz gerecht. Zunächst muss im Einzelnen bei der Wahl der Begrifflichkeit differenziert werden. Der *Code du travail* bezeichnet die jeweilige Sanktion in der Regel als *indemnité*. Dies kann mit Abfindung, ebenso aber auch mit Schadensersatz übersetzt werden. Die *indemnité* verfolgt in der Tat in manchen Fällen denselben Zweck, wie die deutsche Abfindung, hat also einen Strafcharakter und eine soziale Funktion, in manchen Fällen stellt sie aber auch einen normalen zivilrechtlichen Schadensersatz dar.[268] Im Folgenden wird daher der Begriff „*indemnité*" je nach Fallgestaltung mit Schadensersatz oder mit Abfindung übersetzt. Dies weist auch bereits darauf hin, dass die Rechtsfolgenseite des französischen Kündi-

---

266 Liaisons Sociales, Sonderheft: Le licenciement pour motif personnel, November 2003, S. 10.

267 *Pélissier*, Le nouveau droit du licenciement, S. 2.

268 So auch *Jansssen*, Das Gebot anderweitiger Beschäftigung im deutschen und französischen Kündigungsschutz, S. 41.

gungsrechts durch die Unterscheidung nach Zahlungspflichten des Arbeitgebers, die unabhängig davon bestehen, ob die Kündigung rechtmäßig erfolgte und solchen, die an die Fehlerhaftigkeit der Kündigung oder des vorherigen Kündigungsverfahrens geknüpft sind, gekennzeichnet ist.[269]

Daneben ist die Abfindung bzw. der Schadensersatz nicht die ausschließliche Rechtsfolge. In Ausnahmefällen sieht der *Code du travail* ebenso wie das KSchG einen Bestandsschutz und damit die Wiedereingliederung des Arbeitnehmers vor, weil die Kündigung unwirksam war.

Neben diese beiden auch dem deutschen Arbeitrechtler bekannten Rechtsfolgen kann in einigen Fällen noch eine strafrechtliche Sanktion treten.

Insgesamt ist das Rechtsfolgensystem zudem in seiner gesetzgeberischen Konzeption grundsätzlich davon geprägt, dass Fehler im Rahmen des Kündigungsverfahrens, sog. formelle Fehler *(irrégularités formelles)* grds. keinen Einfluss auf die Frage haben, ob die Kündigung ausreichend begründet, also materiell rechtmäßig ist; ein fehlerfreies Kündigungsverfahren ist somit keine Wirksamkeitsvoraussetzung für die später ausgesprochene Kündigung.[270] Dieser Gundsatz wird jedoch an zwei entscheidenden Stellen durchbrochen. Sowohl das Fehlen der Angabe der Kündigungsgründe im Kündigungsschreiben als auch das Fehlen eines ordnungsgemäßen Beschäftigungssicherungsplanes *(plan de sauvegarde de l'emploi)* im Rahmen von Massenentlassungen führen dazu, dass eine Kündigung auch materiell nicht gerechtfertigt ist.[271]

(2) Abfindung und Schadensersatz

(1a) Die gesetzliche Kündigungsabfindung *(indemnité légale de licenciement)*

Eine der zentralen Vorschriften ist zunächst Art. L. 122-9 CT. Sie regelt den Abfindungsanspruch des Arbeitnehmers, der unabhängig von der Rechtmäßigkeit der Kündigung und des zuvor durchzuführenden Verfahrens besteht. Sie wird auch als gesetzliche Kündigungsabfindung *(indemnité légale de licenciement)* bezeichnet. Insbesondere besteht dieser Abfindungsanspruch neben allen ggf. bestehenden übrigen Abfindungs- und Schadensersatzbestimmungen, der Umfang wird nicht von anderen Ansprüchen berührt.[272] Gem. Art. L. 122-9 CT hat der Arbeitnehmer, der seit mindestens zwei Jahren ununterbrochen in dem Unternehmen aufgrund eines unbefristeten Arbeits-

---

[269] Diese Unterteilung legte auch schon *Pélissier* seinen Ausführungen in dem Werk Le nouveau droit du licenciement (1980), S. 277 ff. zugrunde, eine der ersten grundlegenden Ausarbeitungen zum französischen Kündigungsrecht.

[270] S. hierzu insgesamt kritisch *Mazeaud*, Droit du travail, S. 350f. Rn. 501.

[271] S. ausführlich E II. 4. f) (5) (5a).

[272] *Flichy/Gamet*, Licenciement, S. 152.

vertrags beschäftigt war, einen Anspruch auf eine Mindestabfindung, es sei denn, er hat einen groben Fehler *(faute grave)* begangen.[273] Der Anspruch besteht demnach unabhängig von der Unternehmens- und Betriebsgröße, stellt jedoch hohe Anforderungen an die Dauer der Unternehmenszugehörigkeit. Diese gilt gem. Art. L. 122-10 CT als nicht unterbrochen, wenn das Arbeitsverhältnis suspendiert ist; so z.B. wenn der Arbeitnehmer krank ist, eine rechtmäßiger Streik ausgeübt wird oder eine Arbeitnehmerin sich im Mutterschaftsurlaub befindet.[274]

In Bezug auf die Höhe bestimmt Art. L. 122-9 CT lediglich, dass sie unterschiedlich ausfällt, je nachdem ob die Kündigung aus einem wirtschaftlichen Grund oder aus einem Grund, der in der Person des Arbeitnehmers liegt, ausgesprochen wurde. Die Berechnung der Abfindungssumme im Einzelnen wird durch untergesetzliche Normen festgelegt. Nach Art. R. 122-2 CT beträgt die Abfindung bei Kündigungen aus wirtschaftlichem Grund mindestens 2/10 eines Monatsgehalts pro Beschäftigungsjahr. Der Betrag erhöht sich um 2/15 eines Monatsgehalts pro Beschäftigungsjahr ab einer Unternehmenszugehörigkeit von zehn Jahren. Wurde die Kündigung aus einem Grund, der in der Person des Arbeitnehmers liegt ausgesprochen, beträgt die Abfindung zunächst 1/10 Monatsgehalt pro Beschäftigungsjahr und sie steigt zusätzlich um 1/15 eines Monatsgehalts ab einer zehnjährigen Unternehmenszugehörigkeit. Diese Abfindung verdoppelt sich jedoch wiederum gem. Art. L. 122-32-6 CT, wenn die Kündigung wegen einer Arbeitsunfähigkeit ausgesprochen wurde, die auf einem Arbeitsunfall oder einer Berufskrankheit beruht.[275] Die Bezugsgröße für die Berechnung der Abfindungssumme ist immer ein Brutto-Monatsgehalt.[276]

Bei der Abfindung nach Art. L. 122-9 CT handelt es sich um einen Pauschalbetrag. Das bedeutet, weder der Arbeitgeber noch der Richter kann die Summe aufgrund des jeweiligen Nachteils, den der Arbeitnehmer durch die

---

[273] Dies gilt aber nur für den schweren Fehler, den der Arbeitnehmer vor dem Kündigungsausspruch begangen hat, Cass. soc. 3.7.1990, Bull. civ. V n° 333. Hat er den Fehler vor diesem Zeitpunkt begangen, schadet dies dann nicht, wenn der Arbeitgeber hiervon erst nach dem Kündigungsausspruch Kenntnis erlangt, Cass. soc. 7.3.1990, RJS 4/90 n° 292.

[274] *Supiot/Pélissier/Jeammaud*, S. 618 Fn. 5; *Flichy/Gamet*, Licenciement, S. 148.

[275] Die Rechtsprechung sieht für die Anwendung dieser speziellen Abfindungsregelung vor, dass der Arbeitnehmer nicht auf missbräuchliche Weise eine anderweitige Beschäftigung im Unternehmen abgelehnt hat, Cass. soc. 19.7.1994, RJS 8-9/94, n° 975; die Spezialabfindung ist hingegen nicht an eine bestimmte Dauer der Betriebszugehörigkeit gebunden, Cass. soc. 10.11.1988, Bull. civ. V, n° 589.

[276] Einzubeziehen sind hierbei auch Sondergratifikationen oder jährliche Gratifikationen ebenso wie regelmäßig ausgezahlte Überstundenvergütungen. Die Formel, nach der das maßgebliche Brutto-Monatsgehalt berechnet wird ist entweder 1/12 der in den letzten zwölf Monaten gezahlten Summe oder auch ein Drittel der letzten drei Monate; es wird im jeweiligen Fall diejenige Formel gewählt, die zu einem für den Arbeitnehmer günstigeren Betrag gelangt; *Flichy/Gamet*, Licenciement, S. 149; *Pansier*, Droit du travail, S. 202.

Kündigung tatsächlich erlitten hat, verringern.[277] Zu beachten ist bei dieser Abfindung zudem die Anwendung des Günstigkeitsprinzips. Wenn eine tarifliche oder eine arbeitsvertragliche Regelung eine für den Arbeitnehmer günstigere Abfindung vorsieht, geht diese Regelung dem gesetzlichen Anspruch aus Art. L. 122-9 CT vor.[278]

(2a) Sanktion von fehlerhaftem Verfahren und fehlerhafter Kündigung nach Art. L. 122-14-4 CT

Diesem gesetzlichen Abfindungsanspruch kann die Kategorie von Schadensersatzansprüchen gegenübergestellt werden, die ihren Ursprung in der Fehlerhaftigkeit der Kündigung haben. Sie weisen alle neben der Entschädigungsfunktion für den Verlust des Arbeitsplatzes auch eine Sanktionsfunktion auf. Der Fehler kann im zwingend vorgeschalteten Kündigungsverfahren oder aber in der mangelnden Rechtfertigung der Kündigung liegen. Die zentralen Vorschriften für den Schadensersatz sind in diesen Fällen Art. L. 122-14-4 CT und Art. L. 122-14-5 CT. Sie sehen eine unterschiedliche Anspruchshöhe vor, die von der Unternehmensgröße und der Dauer der Unternehmenszugehörigkeit abhängt. Gem. Art. L. 122-14-5 Abs. 1 CT gilt Art. L. 122-14-4 CT, die insgesamt schärfere Regel, nur für Arbeitnehmer in Unternehmen in denen i.d.R. mindestens elf Arbeitnehmer beschäftigt werden[279] und die eine Unternehmenszugehörigkeit von mindestens zwei Jahren aufweisen.

Art. L. 122-14-4 CT ist eine komplexe Vorschrift. Sie sieht insgesamt sechs verschiedene Rechtsfolgen vor. Wie bereits dargestellt,[280] muss der Arbeitgeber gem. Art. L. 122-14-4 Abs. 1 CT dem Arbeitnehmer einen Scha-

---

[277] Cass. soc. 31.5.1978, D. 1978, 568.

[278] *Pansier*, Droit du travail, S. 200 f.; *Flichy/Gamet*, Licenciement, S. 148; allerdings kann die Abfindungssumme vom Gericht auf die gesetzliche Höhe herabgesetzt werden, wenn die vertraglich vorgesehene Höhe als exzessiv angesehen wird und dadurch dem Arbeitgeber letztlich die Möglichkeit zu kündigen genommen wird; so z.B. wenn eine Klausel eine Abfindung in Höhe von drei Jahresgehältern vorsieht, auch für den Fall, dass dem Arbeitnehmer wegen eines groben Fehlverhaltens gekündigt wird, CA Douai, 18.12.1992, RJS 5/93, n° 568, die Klausel wurde in diesem Fall für nichtig erklärt; vgl. hierzu auch Cass. soc. 5.6.1986, D. 1986, 558; *Jeammaud*, Le licenciement, S. 84. Ein Zusammenrechnen der gesetzlichen Abfindung und der tarifvertraglichen oder vertraglichen Abfindungssumme erfolgt hingegen nicht, *Pélissier*, Le nouveau droit du licenciement, S. 262.

[279] Die Beurteilung der Zahl der regelmäßig Beschäftigten muss im Zeitpunkt des Kündigungsausspruchs vorgenommen werden Cass. soc. 27.5.1992, Bull. civ. V n° 346; die Beweislast dafür, dass i.d.R. weniger als elf Arbeitnehmer beschäftigt werden, liegt beim Arbeitgeber, Cass. soc. 18.4.2000 RJS 6/00 n° 658.

[280] S. hierzu bereits die Ausführungen i.R.d. Darstellung der Wartezeit und der Schwellenwerte, C III. 2. a) und b).

densersatz mindestens in Höhe der letzten sechs Monatsgehälter[281] zahlen, wenn er die Kündigung ohne einen tatsächlichen und schwerwiegenden Grund ausgesprochen hat. Anstelle eines Schadensersatzanspruches kann das Gericht auch die Wiedereingliederung des Arbeitnehmers in das Unternehmen vorschlagen. Allerdings ist dies in das Ermessen des jeweiligen Richters gestellt; eine Anspruchsqualität kommt dem nicht zu.[282] Zudem reicht bereits aus, dass der Arbeitnehmer oder der Arbeitgeber sich weigert, ohne dass dies einer Begründung bedarf. Dann greift anstelle der Weiterbeschäftigung der Anspruch auf Schadensersatz. Dementsprechend führt die nicht hinreichend gerechtfertigte Kündigung in der Praxis regelmäßig zu einem Anspruch auf Schadensersatz, die Wiedereingliederung erfolgt nur selten.[283]

Der Anspruch auf Zahlung von mindestens sechs Monatsgehältern hat eine Doppelfunktion. Zunächst handelt es sich dabei um eine zivilrechtliche Sanktion. Denn der Mindestanspruch besteht unabhängig davon, ob dem Arbeitnehmer ein Schaden entstanden ist.[284] Das Gericht kann dem Arbeitnehmer allerdings auch mehr als sechs Monatsgehälter zusprechen, eine Höchstgrenze sieht das Gesetz nicht vor. Alles was über die sechs Monatsgehälter hinausgeht, hat einen ausschließlich entschädigenden Charakter. Die Höhe wird im Einzelfall je nach Schaden des Arbeitnehmers ermittelt.[285]

Als weitere Rechtsfolge für den Fall, dass kein tatsächlicher und schwerwiegender Grund vorliegt,[286] regelt Art. L. 122-14-4 CT, dass der Arbeitgeber außerdem den betroffenen staatlichen Institutionen vollumfänglich oder teilweise das dem Arbeitnehmer seit der Kündigung gezahlte Arbeitslosengeld zurückerstatten muss. Dieser Anspruch wird jedoch auf die ersten sechs Mo-

---

[281] Dabei wird auch i.R.d. Art. L. 122-14-4 CT das Bruttogehalt zugrunde gelegt, Cass. soc. 22.6.1993 SSL 1993, n° 658.

[282] Vgl. Cass. soc. 18.12.1975, D. 1976, 210; die fehlende Anspruchsqualität wird auch an der Wortwahl des Gesetzgebers erkennbar. Die Vorschrift sieht lediglich vor, dass der Richter die Wiedereingliederung *vorschlägt*. Es ist daher für die Ermessensausübung des Richters unerheblich, ob der Arbeitnehmer die Weiterbeschäftigung verlangt oder der Arbeitgeber sie vorschlägt, *Jeammaud*, Le licenciement, S. 75.

[283] *Pélissier/Supiot/Jeammaud*, Droit du travail, S. 537 Rn. 439; *Janssen*, Das Gebot anderweitiger Beschäftigung im deutschen und französischen Kündigungsschutz, S. 40; *Pansier*, Droit du travail, S. 199.

[284] So besteht der Anspruch auch, wenn der Arbeitnehmer sofort im Anschluss an die Kündigung eine neue gleichwertige Beschäftigung findet, *Flichy/Gamet*, Licenciement, S. 189; *Pélissier/Supiot/Jeammaud*, Droit du travail, S. 538 Rn. 439.

[285] Auch der immaterielle Schaden kann in diesem Zusammenhang vom Richter ersetzt werden, Cass. soc. 25.1.1989, Bull. civ. V n° 64; für die Zahlung eines Schadensersatzes, der über die gesetzlich vorgesehenen sechs Monatsgehälter hinausgeht, trägt der Arbeitnehmer die Beweislast dafür, dass und in welchem Umfang ein Schaden vorliegt, Cass. Soc. 8.7.1982, Bull. civ. V n° 475.

[286] Hier reicht ein Verstoß gegen Vefahrensvorschriften alleine nicht aus, Cass. soc. 26.3.1980, Bull. civ. V n° 298; kritisch zur Beschränkung auf das Fehlen eines tatsächlichen und schwerwiegenden Grund *Pélissier*, Le nouveau droit du licenciement, S. 287.

nate der Arbeitslosigkeit nach Beendigung des Arbeitsverhältnisses beschränkt. Auch hierbei handelt es sich um einen Schadensersatz, mit dem einzigen Unterschied, dass der Gläubiger diesmal nicht der Arbeitnehmer ist.

Bei einem Verstoß gegen das gesetzlich vorgeschriebene Kündigungsverfahren, das der Arbeitgeber je nach Kündigungsgrund vor Ausspruch der Kündigung durchführen muss, kann das Gericht gem. Art. L. 122-14-4 CT dem Arbeitgeber zunächst aufgeben, das Verfahren ordnungsgemäß durchzuführen. Dies geschieht in der Praxis nur selten. Es steht im Ermessen des Gerichts und wird meist als überflüssig erachtet, da es wegen der bereits ausgesprochenen Kündigung nicht mehr sinnvoll ist.[287] Daneben muss es dem Arbeitnehmer einen Schadensersatzanspruch zusprechen,[288] dessen gesetzlich vorgeschriebene Höchstgrenze bei einem Monatsgehalt liegt. Die Rechtsprechung geht davon aus, dass dem Arbeitnehmer zwangsläufig ein Schaden entstanden ist, wenn das Verfahren fehlerhaft war. Dem Arbeitnehmer obliegt keine Darlegungspflicht. Die Höhe des Schadens legt das Gericht je nach Einzelfall fest.[289] Dieser Schadensersatzanspruch besteht allerdings grundsätzlich[290] nur dann, wenn die Kündigung ansonsten durch einen tatsächlichen und schwerwiegenden Kündigungsgrund gerechtfertigt ist. Das bedeutet, dass bei fehlender materieller Rechtfertigung der Kündigung der Schadensersatzanspruch wegen Verstoßes gegen eine Verfahrensvorschrift entfällt und nur der Anspruch, den Art. L. 122-14-4 CT für die mangelnde Rechtfertigung der Kündigung vorsieht, besteht.[291] An dieser Stelle wird deutlich, dass das Gesetz vorsieht, dass ein fehlerhaftes Verfahren keine Auswirkung auf die Rechtmäßigkeit der Kündigung selbst hat.

Handelt es sich um eine Kündigung aus betrieblichen Gründen, sieht Art. L. 122-14-4 CT in zwei weiteren Fällen einen Schadensersatzanspruch wegen eines Verfahrensverstoßes vor.[292] Nach Art. L. 122-14-4 Abs. 1 CT hat der Arbeitnehmer zusätzlich einen Anspruch auf Schadensersatz in Höhe von mindestens zwölf Monatsgehältern, wenn das Verfahren in einem Unternehmen mit mindestens 50 Arbeitnehmern, in dem eine Massenentlassung durchgeführt werden soll nach Art. L. 321-4-1 CT vom Gericht für unwirksam er-

---

[287] *Flichy/Gamet*, Licenciement, S. 182.

[288] Liegt ein Verstoß gegen die Vorschriften vor, nach denen dem Arbeitnehmer ein Berater (*conseiller*) für das Kündigungsgespräch zur Seite gestellt werden kann, gilt Art. L. 122-14-4 CT allerdings gem. Art. L. 122-14-5 Abs. 1 CT unabhängig von der Unternehmensgröße und der Dauer der Unternehmenszugehörigkeit.

[289] Cass. soc. 23.10.1991, Dr. soc. 1991, 956; *Jeammaud*, Le licenciement, S. 35.

[290] Eine Ausnahme besteht, wenn es sich um einen Fehler handelt, der in dem Verfahren, das für Massenentlassungen vorgeschrieben ist, liegt, Art. L. 122-14-4 Abs. 3 CT.

[291] Cass. soc. 25.5.1967, Bull. civ. V n° 27; Cass. soc. 24.1.1996, Bull. civ. V n° 312.

[292] An dieser Stelle wird er zunächst nur in seinen Grundzügen dargestellt; unter E II. 4. f) wird er bei der Massenentlassung nochmals näher erläutert.

klärt wurde. Voraussetzung ist hierfür, dass die Wiedereingliederung der Arbeitnehmer unmöglich ist.

Zudem hat der Arbeitnehmer bei Massenentlassungen, ausnahmsweise unabhängig von der Unternehmensgröße, gem. Art. L. 122-14-4 Abs. 3 CT einen Anspruch auf Schadensersatz, wenn der Arbeitgeber nicht die in Art. L. 321-2 CT vorgeschriebene Information und Konsultation der Arbeitnehmervertreter und zuständigen Verwaltungsstellen durchgeführt hat. In diesem Fall ist der jeweils entstandene Schaden zu ersetzen. Das Gesetz sieht weder eine Ober- noch Untergrenze vor. Eine weitere Besonderheit besteht darin, dass der Schadensersatz aus Art. L. 122-14-4 Abs. 3 CT im Gegensatz zu dem aus Art. L. 122-14-4 Abs. 1 CT auch dann besteht, wenn die Kündigung nicht durch einen tatsächlichen und ernsthaften Grund gerechtfertigt ist.[293] Dies zeigt, dass den Verfahrenserfordernissen, die vor Ausspruch von Massenentlassungen ein besonders hoher Stellenwert beigemessen wird.

(3a) Sanktion der fehlerhaften Kündigung in Kleinbetrieben nach Art. L. 122-14-5 CT

Handelt es sich hingegen um ein Unternehmen, in dem weniger als elf Arbeitnehmer regelmäßig beschäftigt sind oder kann der gekündigte Arbeitnehmer nur eine Unternehmenszugehörigkeit aufweisen, die unter zwei Jahren liegt, so greift Art. L. 122-14-5 CT. Der Wortlaut dieser Vorschrift ist weit. Nach Absatz 2 hat der Arbeitnehmer einen Anspruch auf Schadensersatz, der sich nach dem jeweils entstandenen Schaden bemisst, wenn eine „missbräuchliche Kündigung" *(licenciement abusif)* vorliegt. Die Rechtsprechung legt diesen Begriff extensiv aus und fasst hierunter neben Kündigungen, die nicht durch einen tatsächlichen und schwerwiegenden Grund gerechtfertigt sind,[294] auch Kündigungen, bei deren Ausspruch der Arbeitgeber gegen Verfahrensvorschriften verstoßen hat.[295] Der Unterschied zu Art. L. 122-14-4 CT besteht letztlich darin, dass bei der Kündigung, die nicht materiell gerechtfertigt ist, keine Mindestgrenze von sechs Monatsgehältern besteht. Zudem besteht die Besonderheit, dass der Schadensersatzanspruch für Verfahrensverstöße ebenso wenig durch eine Obergrenze von einem Monatsgehalt gedeckelt wird. In einem kleinen Unternehmen oder bei kurzer Unternehmenszugehörigkeit besteht daher zumindest theoretisch die Möglichkeit, dass der Schadensersatz für einen Verfahrensverstoß höher ausfallen kann,

---

[293] Cass. soc. 5.2.1992, RJS 3/92, n° 270; *Flichy/Gamet*, Licenciement, S. 184.

[294] Stellen die Richter fest, dass kein tatsächlicher und schwerwiegender Grund die Kündigung rechtfertigt, reicht allein dies schon für die Annahme aus, dass ein Schaden vorliegt; wie hoch der Schaden zu beziffern ist, wird hingegen vom Gericht je nach Einzelfall beurteilt, Cass. soc. 25.9.1991, Dr. soc. 1991, 763.

[295] *Pélissier/Supiot/Jeammaud*, Droit du travail, S. 523 Rn. 421; *Jeammaud*, Le licenciement, S. 77; Cass. soc. 30.5.1990, D. 1990, 559.

als i.R.d. Art. L. 122-14-4 CT.[296] Ziel der Vorschrift ist jedoch, kleinen Unternehmen den Kündigungsausspruch zu erleichtern. Daher ist in Art. L. 122-14-5 CT die Möglichkeit der Wiedereingliederung des Arbeitnehmers nicht vorgesehen; auch eine Rückzahlung des Arbeitslosengeldes wird nicht vorgeschrieben.[297]

(4a) Zusätzliche spezielle Schadensersatzansprüche

Dem Arbeitgeber, der eine Kündigung aus betrieblichen Gründen ausspricht, droht eine zusätzliche Schadensersatzpflicht, wenn er gegen die Pflicht einer vorherigen Sozialauswahl *(ordre des licenciements)* nach Art. L. 321-1-1 CT verstößt. Nach der Rechtsprechung führt ein solcher Verstoß nicht dazu, dass die Kündigung nicht mehr durch einen tatsächlichen und schwerwiegenden Grund gerechtfertigt ist. Dennoch ruft ein solcher Verstoß nach Auffassung der *Cour de cassation* zwangsläufig einen Schaden für den Arbeitnehmer hervor. Der genaue Schadensumfang ist von den Richtern im Einzelfall zu beurteilen.[298]

Neben alle zuvor dargestellten Schadensersatzansprüche und Abfindungssummen kann noch ein zusätzlicher Schadensersatzanspruch treten, wenn eine Kündigung ausgesprochen wurde, die gegen ein Kündigungsverbot verstößt *(licenciement illicite)*. Hier ist, wie im nachfolgenden Gliederungspunkt dargestellt, ausnahmsweise die Nichtigkeit der Kündigung und die Wiedereingliederung der Grundsatz. Allerdings kommt bereits zu dem Anspruch auf Wiedereingliederung ein Schadensersatzanspruch hinzu, der den Schaden ersetzen soll, der dem Arbeitnehmer in der Zeit zwischen Kündigungsausspruch und Wiedereingliederung entstanden ist.[299] Ein Schaden, der mit dem des deutschen Annahmeverzugs im Kündigungsfall vergleichbar ist. Möchte der Arbeitnehmer jedoch nicht wieder eingegliedert werden, kann er stattdessen mit der Beendigung des Arbeitsverhältnisses die Zahlung von Abfindung und Schadensersatz verlangen. Als zusätzlichen Anspruch des Arbeitnehmers hat die Rechtsprechung einen speziellen Schadensersatz entwickelt, der den vollen Schaden ersetzen soll, der durch die Verbotswidrigkeit der Kündigung

---

[296] Wenn die Kündigung sowohl ungerechtfertigt ist, als auch an einem Verfahrensfehler leidet, werden nicht zwei voneinander getrennte Schadenssummen, sondern ein Gesamtschaden ermittelt, *Pansier*, Droit du travail, S. 199; Cass. soc. 30.5.1990, D. 1990, 559.

[297] *Jeammaud*, Le licenciement, S. 77.

[298] Dabei kann der Richter wiederum zu dem Ergebnis kommen, dass die Kündigung nicht gerechtfertigt war. Allerdings eben nicht mit der Begründung, dass kein tatsächlicher und schwerwiegender Grund vorlag, sondern weil die Sozialauswahl fehlerhaft war, Cass. soc. 17.1.1997, RJS 1997, n° 131; Cass. soc. 12.12.2001, RJS 2/02, n° 159; *Flichy/Gamet*, Licenciement, S. 184.

[299] *Flichy/Gamet*, Licenciement, S. 192.

entstanden ist. Dieser Schadensersatz muss mindestens sechs Monatsgehälter betragen.[300]

Zuletzt kann – ebenfalls neben den zuvor dargestellten Ansprüchen – ein Anspruch auf Schadensersatz wegen Nichteinhaltung der Kündigungsfrist *(indemnité compensatrice de préavis)* treten, es sei denn, die Kündigung wurde aufgrund eines grob fehlerhaften Verhaltens des Arbeitnehmers ausgesprochen, Art. L. 122-8 CT.[301] Es ist nicht erforderlich, dass den Arbeitgeber in Bezug auf die Nichteinhaltung der Kündigungsfrist ein Verschulden trifft, maßgeblich ist nur, dass er derjenige war, der die Entscheidung getroffen hat, dass der Arbeitnehmer nicht mehr bis zum Ende der Kündigungsfrist weiter beschäftigt wird.[302] Hierbei handelt es sich um den Betrag, den der Arbeitnehmer erhalten hätte, wenn er während der Kündigungsfrist weitergearbeitet hätte.[303]

(3) Bestandsschutz als Ausnahmeerscheinung

Der Bestandsschutzgedanke hat in Frankreich bisher nur in besonderen Kündigungsfällen Bedeutung erlangt. Diese Sonderfälle haben gemeinsam, dass die Arbeitnehmer jeweils besonders schutzwürdig sind und der Arbeitgeber gegen ein Kündigungsverbot verstoßen hat.[304] Die umfassendste und von der Öffentlichkeit wohl am meisten wahrgenommene Vorschrift ist Art. L. 122-45 CT, der das Diskriminierungsverbot regelt.[305] Die Kündigung, die gegen Art. L. 122-45 CT verstößt, ist nichtig; ein Verstoß liegt vor, wenn die Kündigung eine diskriminierende Maßnahme darstellt, weil sie z.B. wegen der Herkunft, des Geschlechts oder des Alters ausgesprochen wurde.[306]

---

[300] Cass. soc. 2.6.2004, Bull. Civ. V, n° 153; *Flichy/Gamet*, Licenciement, S. 194.

[301] Stellt das Gericht jedoch im Nachhinein fest, dass die Kündigung verbotswidrig *(illicite)* war, wird der Arbeitgeber nachträglich zur Zahlung einer *indemnité de préavis* verurteilt, *Flichy/Gamet*, Licenciement, S. 194.

[302] Der Anspruch besteht auch, wenn der Arbeitnehmer während der Kündigungsfrist arbeitsunfähig ist, ebenso wie wenn der Arbeitnehmer ihn wegen einer Betriebsstilllegung nicht beschäftigen kann, Cass. soc. 9.10..2001, Bull. civ. V n° 208.

[303] Es wird hierfür das Bruttogehalt zugrunde gelegt; der zu zahlende Betrag umfasst auch Prämien und Abfindungen, die das Unternehmen in dem Zeitraum gezahlt hätte, *Pélissier/Supiot/Jeammaud*, Droit du travail, S. 614 Rn. 510.

[304] Zu einer Rückführung der Nichtigkeit auf die allgemeine Regel, dass jedes rechtlich relevante Handeln, das auf einem verbotenen Beweggrund *(cause illicite)* beruht, nichtig ist – ein Grundsatz der im Zivilrecht seine Ausprägung in Art. 1134 Cc gefunden hat – s. (kritisch) *Jeammaud*, Le licenciement, S. 78 f.

[305] S. hierzu *Le Friant*, AuR 2003, 51 ff., die zu Beginn ihrer Ausführungen auf die Befürchtungen einer Prozessflut, die insbesondere von der Arbeitgeberseite ausgehen, eingeht.

[306] Weitere Merkmale, die von Art. L. 122-45 CT umfasst werden, sind die Familie, die genetischen Merkmale, die Zugehörigkeit oder Nichtzugehörigkeit zu einer Ethnie, einer Nation oder einer Rasse, die politische Meinung, die gewerkschaftliche Betätigung, die religiösen Überzeugungen, das Aussehen, der Familienname, der Gesundheitszustand und

Neben dem grundlegenden Diskriminierungsverbot in Art. L. 122-45 CT, regelt der *Code du travail* noch einige Fälle der Diskriminierung gesondert. So darf durch die Kündigung nicht die Ausübung einer Grundfreiheit *(liberté fondamentale)* sanktioniert werden. Ein gesetzlich geregelter Fall dieser Kategorie ist die normale Ausübung des Streikrechts, Art. L. 122-45 Abs. 2 CT.[307] Zudem sind gem. Art. L. 122-46 und Art. L. 122-49 CT diejenigen Arbeitnehmer besonders vor Kündigungen geschützt, die Opfer sexueller Belästigungen sind oder Zeugen solcher Handlungen.[308] Art. L. 122-27 CT verbietet die Kündigung von schwangeren Arbeitnehmerinnen und solchen, die gerade entbunden haben. Die Kündigung darf nicht während des Mutterschaftsurlaubs mitgeteilt werden. Die Vorschrift ist nach Art. L. 122-25-2 CT grundsätzlich auf schwangere Arbeitnehmerinnen, die sich nicht im Mutterschaftsurlaub befinden, analog anwendbar.[309] Grundsätzlich besteht auch für Arbeitnehmer, deren Arbeitsvertrag wegen eines Arbeitsunfalls oder einer Berufskrankheit suspendiert ist, ein Kündigungsverbot, Art. L. 122-32-2 CT.[310] Ebenso der Verstoß gegen die Pflicht, die vorherige Erlaubnis eines Arbeitsinspektors zur Kündigung einzuholen, so wie sie für die Kündigung von Arbeitnehmervertretern besteht, führt zur Nichtigkeit der Kündigung.[311] Neuer ist die Nichtigkeitsfolge im Bereich der betriebsbedingten Kündigung. Wenn im Falle einer Massenentlassung ein nichtiger Beschäftigungssicherungsplan *(plan de sauvegarde de l'emploi)* vorliegt, kann dieser nach Art. L. 321-4-1 CT auch die Nichtigkeit der Kündigungen nach sich ziehen.[312]

---

die Behinderung. Weitere Regelungen bzgl. des Verbots diskriminierender Kündigungen finden sich zudem in Art. L. 123-1 CT, der das Diskriminierungsverbot wegen der sexuellen Ausrichtung und der familiären Situation wiederholt und Art. L. 123-5 CT, nach dem auch die Kündigung, die ausgesprochen wurde, weil der Arbeitnehmer Klage erhoben hat, um die berufliche Gleichheit geltend zu machen.

[307] Die Ausübung des Streikrechts erfolgte z.B. nicht normal i.S.d. Art. L. 122-45 Abs. 2 CT, wenn die Eingangstore des Unternehmens blockiert wurden oder Gewalt ausgeübt wurde, Cass. soc. 30.6.1993, RJS 8-9/93 n° 856; Cass. soc. 1.4.1997, Bull. civ. V, n° 131.

[308] Dass hierfür in der Praxis noch nicht die Nichtigkeit der Kündigung angeordnet wurde, wird darauf zurückgeführt, dass die Vorschriften noch zu jung sind, *Gauriau*, Dr. soc. 2003, 827, 828.

[309] Entscheidend ist, dass die Arbeitnehmerin innerhalb von 15 Tagen nach der Kündigungsmitteilung dem Arbeitgeber ein ärztliches Attest vorlegt, das ihre Schwangerschaft bescheinigt, Cass. soc. 16.6.1998, RJS 8-9/98 n° 980.

[310] Ausnahmsweise ist die Kündigung aber zulässig, wenn der Arbeitnehmer einen schweren Fehler (*faute grave*) begangen hat oder wenn dem Arbeitgeber die Aufrechterhaltung des Arbeitsverhältnisses aus anderen Gründen als dem Arbeitsunfall oder der Berufskrankheit unmöglich ist.

[311] Neben den gewählten Arbeitnehmervertretern gehört zu dieser besonders geschützten Arbeitnehmergruppe z.B. auch der *conseiller des salariés* (s. hierzu D II. 2. b) (3), *Flichy/Gamet*, Licenciement, S. 78 f.

[312] s. hierzu ausführlich § 19 IV. 6. e) ee).

Neben diesen gesetzlich geregelten Fällen hat die Rechtsprechung bisher noch die Kündigung, die wegen der Ausübung des Rechts zur freien Meinungsäußerung ausgesprochen wurde, als nichtig angesehen. Damit hat sie den von ihr selbst aufgestellten Grundsatz „*pas de nullité de licenciement sans texte*", keine Nichtigkeit der Kündigung ohne Text, also ohne gesetzliche Regelung, in Frage gestellt.[313] Welche weiteren Freiheiten in diesen Bereich fallen, ist jedoch von der Rechtsprechung bisher noch nicht abschließend entschieden worden; die Materie ist noch im Fluss.[314] Sich während der Arbeitszeit zu kleiden, wie man möchte, fällt zumindest nach der *Cour de cassation* nicht unter diese besonders geschützten Grundfreiheiten.[315]

Die Folge eines Verstoßes gegen diese Kündigungsverbote ist die Nichtigkeit der Kündigung und die Pflicht, den Arbeitnehmer wieder an seinem alten Arbeitsplatz bzw. einem gleichwertigen Arbeitsplatz zu beschäftigen. Zudem muss der Arbeitgeber dem Arbeitnehmer den Schaden ersetzen, der ihm von Kündigungsausspruch bis zur Wiedereingliederung entstanden ist, da die Kündigung nichtig ist. Der Arbeitnehmer muss also so gestellt werden, als wäre sie nie ausgesprochen worden.[316] Das Entgelt, das während dieses Zeitraumes gezahlt worden wäre, dient als Obergrenze. Hiervon wird der Bertrag abgezogen, den der Arbeitnehmer in dieser Zeit anderweitig verdient hat.[317] Dies entspricht i.E. der Annahmeverzugsregelung aus § 615 BGB, die greift, wenn der Arbeitgeber eine nicht sozial gerechtfertigte Kündigung ausgesprochen und den Arbeitnehmer nicht weiterbeschäftigt hat.

Falls der Arbeitnehmer nicht wieder eingegliedert werden möchte, steht ihm der bereits oben dargestellte Schadensersatzanspruch zu. Ein entsprechendes Recht des Arbeitgebers, nach dem er verlangen kann, dass der Arbeitnehmer nicht wieder in sein Unternehmen eingegliedert wird, besteht im französischen Kündigungsrecht nicht.[318] Selbst wenn mehrere Jahre vom Zeitpunkt der Kündigung bis zur Feststellung ihrer Nichtigkeit vergangen sind, entbindet dies den Arbeitgeber nicht von seiner Pflicht, den Arbeitnehmer wieder in den Betrieb einzugliedern.[319] Es handelt sich somit eine besonders strenge Form des Bestandsschutzes.

---

[313] *Tillie*, Dr. ouv. 1999, 102, 103; s. hierzu auch *Jeammaud*, Le licenciement, S. 79 f., der allerdings davon ausgeht, dass es sich um eine Einzelfallentscheidung in der Rechtsprechung der *Chambre Sociale* handelt.

[314] *Flichy/Gamet*, Licenciement, S. 350; grundlegend war hierfür der sog. *Arrêt Clavaud*, Cass. soc. 28.4.1988, Bull.. civ. V, n° 429.

[315] Cass. soc. 28.5.2003, RJS 8-9/03, n° 975.

[316] *Flichy/Gamet*, Licenciement, S. 192.

[317] *Frouin*, SSL 2004, n° 1151, 10.

[318] *Flichy/Gamet*, Licenciement, S. 192.

[319] Cass. soc. 2.6.1993, Dr. ouv. 1993, S. 429; *Pélissier/Supiot/Jeammaud*, S. 543 Rn. 442.

(4) Strafrechtliche Sanktionen

Eine Besonderheit des französischen Arbeitsrechts besteht darin, dass es durch strafrechtliche Sanktionen flankiert wird. Sie finden sich entweder im Strafgesetz *(Code pénal)* oder aber im *Code du travail*, dann jedoch häufig nicht in den Regelungen auf Gesetzesebene, sondern in den untergesetzlichen *règlements*.

Verstößt z.B. der Arbeitgeber mit der Kündigung gegen das Diskriminierungsverbot des Art. L. 122-45 CT, droht Art. 225-2 *Code pénal* (CP) eine Freiheitsstrafe von drei Jahren und eine Geldstrafe in Höhe von 45.000 € an. Zudem sieht Art. 225-4 CP für das Unternehmen als juristische Person eine Geldstrafe in Höhe von 225.000 € vor. Verstöße gegen Regelungen, die dem Schutz der Mutterschaft und der Adoption dienen, werden mit einer Geldstrafe von mindestens 1.500 € geahndet, Art. R. 152-3 CT. Wird die Kündigung ohne die erforderliche Genehmigung ausgesprochen oder verweigert der Arbeitgeber die Wiedereingliederung des Arbeitnehmers, begeht der Arbeitgeber ein sog. *délit d'entrave*, das Delikt der Behinderung der Arbeitnehmervertreter bei der Wahrnehmung ihrer Aufgaben. Dieses ist mit einer Geldstrafe in Höhe von 3.750 € und einem Jahr Freiheitsstrafe bedroht, Art. L. 481-1 CT. Auch Verfahrensverstöße vor dem Ausspruch von Kündigungen aus betrieblichen Gründen können über die Anwendung des *délit d'entrave* strafrechtlich sanktioniert werden, wenn z.B. die Beteiligung der Arbeitnehmervertretungen bei Massenentlassungen nicht erfolgt.[320]

3. Vergleich

a) Berücksichtigung von Kleinbetrieben und Ansätze zur Beschäftigungsförderung

Schwellenwerte gibt es in beiden Systemen. Jedoch existieren sie auf unterschiedlichen Ebenen. Im deutschen Kündigungsrecht sind sie Anwendungsvoraussetzung für den Kündigungsschutz nach dem KSchG. Ein solches „Zwei-Klassen-System" gibt es in Frankreich in der Form nicht. Auswirkungen haben hier die Schwellenwerte erst auf der Rechtsfolgenseite, d.h. bei der Höhe der Abfindungen und des ggf. zu zahlenden Schadensersatzes. Demnach gibt es im französischen Kündigungsrecht nicht das „Alles-oder-nichts-Prinzip". Es wird immer nach denselben Maßstäben überprüft, ob die Kündigung rechtmäßig ist, eine Milderung für Kleinbetriebe ist bei den mit dem Ausspruch der Kündigung verbundenen Kosten vorgesehen.

---

[320] Ebenso sieht Art. R. 362-1-1 CT eine mögliche Geldstrafe in Höhe von 750 € vor, wenn der Arbeitgeber die Sozialauswahl *(ordre des licenciements)* nicht richtig durchgeführt hat; s. zu den strafrechtlichen Sanktionen insgesamt *Flichy/Gamet*, Licenciement, S. 184, 195.

Die „französische Lösung“, Schwellenwerte erst bei der Rechtsfolge vorzusehen und auf der Ebene den Kleinbetrieben eine Kündigungserleichterung vorzubehalten, scheint konsequenter. Das Kündigungsrecht ist einheitlicher. Gleichzeitig kann der Unternehmensgröße Rechnung getragen werden. Dies ist auch gerade im Hinblick auf die in Deutschland stattfindende Diskussion über gesetzliche Abfindungsansprüche interesssant. Denn somit wird der Vorwurf, für die großen Unternehmen seien die Abfindungssummen zu niedrig und für die kleinen Unternehmen zu hoch, aus dem Weg geräumt. Dass diese Lösung insgesamt zufriedenstellender ist, zeigt sich auch daran, dass in Frankreich keine der in Deutschland geführten vergleichbare Diskussion um die Schwellenwerte vorzufinden ist. Dies ist in einem Land, in dem die öffentliche Meinung wesentlich häufiger in Demonstrationen oder Streiks zum Ausdruck gebracht wird, umso beachtlicher.

Allerdings sind auf französischer Seite Entwicklungen zu erkennen, die sich in die Richtung des deutschen Modells bewegen. Dabei handelt es sich v.a. um den *„contrat nouvelles embauches“* (und den Versuch, den *„contrat première embauche“* einzuführen). Dieser neue Vertragstyp ist für das französische Arbeitsrecht ungewöhnlich, da erstmals Schwellenwerte bei der Intensität des gewährten Kündigungsschutzes eine Rolle spielen. Aus deutscher Sicht entspricht dieser Ansatz im Grunde der Konstruktion des KSchG und damit der Teilung des Kündigungsrechts in den der „ersten und der zweiten Klasse“. Es bleibt letztlich nur noch eine Missbrauchskontrolle. Sowohl in Deutschland als auch in Frankreich werden die Wartezeit und der Schwellenwert mit dem Ziel eingesetzt, dass sie beschäftigungsfördernd wirken sollen.

Die französische Konstruktion geht allerdings weiter, als die deutsche Trennung, denn wenn der Arbeitsvertrag in den Anwendungsbereich der *Ordonnance* vom 2.8.2005 fällt, wird der präventive Kündigungsschutz völlig ausgehebelt. Er kommt gar nicht erst zur Anwendung, wohingegen im deutschen Kündigungsrecht z.B. die Betriebsratsanhörung nach § 102 BetrVG immer, unabhängig von der Anwendbarkeit des KSchG, durchgeführt werden muss. Festzuhalten bleibt jedoch, dass es sich in Frankreich um eine Spezialfallregelung und nicht um den Normalfall handelt. Die Vertragsparteien müssen ausdrücklich die besondere Vertragsform des *„contrat nouvelles embauches“* wählen.

b) Die Kündigungsarten

In Bezug auf die Kündigungsarten fällt auf, dass insgesamt in beiden Systemen an denselben Stellen Abgrenzungen existieren. Die Unterteilungen sind im deutschen Kündigungsrecht allerdings im Gesetz vorgesehen, wohingegen sie in Frankreich von der Rechtsprechung entwickelt wurden. Unterschiede gibt es in den Begrifflichkeiten wie auch in den Abgrenzungskriterien im

Einzelnen. Dies betrifft zunächst die außerordentliche Kündigung. Sie ist in Frankreich eine ganz normale Kündigung aus disziplinären Gründen und stellt streng genommen keine eigene Kündigungsart dar. Noch auffälliger ist der Unterschied bei der Änderungskündigung, die in Frankreich ebenfalls nicht als eine besondere Art der Kündigung existiert, sondern aus dogmatischer Sicht nur im Zusammenhang mit der Vertragsänderung auftritt. Konsequent ist daher auch, dass die Annahme des Änderungsangebots unter Vorbehalt, wie sie in § 2 KSchG vorgesehen ist, im französischen Kündigungsrecht nicht thematisiert wird. An dieser Stelle ist das französische Arbeitsrecht letztlich strenger zivilrechtlich orientiert. Allerdings führt dies in der praktischen Rechtsanwendung nicht zwangsläufig zu mehr Sicherheit. Das zeigt schon die Masse der Gerichtsurteile, die in diesem Bereich erlassen wird.[321]

c) Die Kündigungsgründe

Die in Deutschland in § 1 Abs. 2 KSchG genau festgelegte Dreiteilung der Kündigungsgründe ist in Frankreich nicht so ausdrücklich im Gesetz wiederzufinden. Dies liegt daran, dass in Frankreich der Gesetzgeber erst nach und nach in unterschiedlichen Gesetzen das Kündigungsrecht ausgebaut hat. I.E. liegt allerdings auch dem französischen Kündigungsrecht eine Dreiteilung der Kündigungsgründe in wirtschaftliche, personenbezogene und verhaltensbezogene bzw. disziplinäre Gründe zugrunde. Dementsprechend existiert in beiden Systemen das Problem der Mischtatbestände. Dabei wird bei der Lösung des Problems auch in beiden Ländern danach unterschieden, ob es sich um mehrere oder nur einen Sachverhalt handelt, der bzw. die die unterschiedlichen Kündigungsgründe beinhalten.

Wenn nur ein Kündigungssachverhalt vorliegt, ist die Lösung ähnlich. Während nach deutscher Rechtsprechung nach der Störquelle gesucht wird und nur dieser Grund die Kündigung rechtfertigen kann, ist in Frankreich der ursprüngliche und entscheidende Grund ausschlaggebend.

Schwieriger wird der Vergleich hingegen, wenn es sich um unterschiedliche Sachverhalte handelt. Während in Deutschland von der Rechtsprechung am Ende eine Gesamtwürdigung, also eine Addition der an sich nicht ausreichenden einzelnen Kündigungsgründe vorgenommen wird, was sogleich auch von dem Schrifttum angegriffen wird, findet sich die französische Lösung der Rechtsprechung und die dazugehörige Kritik der Literatur auf einer anderen Ebene. Denn der deutsche Arbeitgeber kann durchaus mehrere Kündigungsgründe angeben und diese werden auch alle zunächst untersucht. Dies scheint in Frankreich undenkbar. Dort geht es darum, ob der Arbeitgeber ü-

---

[321] S. hierzu nur die Einleitung von *Ray*, Mutations de l'entreprise et modification du contrat de travail, S. 7 ff.

berhaupt diese unterschiedlichen Kündigungsgründe vorbringen darf. Die Konsequenz im Falle einer Verneinung ist die Nichtbeachtung der Gründe durch den Richter. Wenn überhaupt, dann geht es nur darum, ob alle vorgebrachten Kündigungsgründe überprüft werden dürfen. Eine Addition der unterschiedlichen Kündigungsgründe wird nicht in Erwägung gezogen.

Dieses Ergebnis überrascht. Gerade im deutschen Kündigungsrecht wird gleich zu Beginn des KSchG ausdrücklich die Dreiteilung vorgegeben, die dann von der Rechtsprechung im Wege einer Addition der Kündigungsgründe umgangen wird. In dem französischen System hingegen, das als Grundlage für den Kündigungsgrund zunächst lediglich den sog. tatsächlichen und schwerwiegenden Grund *(cause réelle et sérieuse)* vorsieht und nur an vereinzelten Stellen im Gesetz erwähnt, dass es unterschiedliche Kündigungsgründe gibt, wird in keiner Weise eine Addition in Erwägung gezogen. Hier kann entgegnet werden, dass eine solche Addition im französischen System schon deswegen nicht möglich ist, weil die unterschiedlichen Verfahren und die unterschiedlichen Abfindungsregelungen dies nicht zulassen. Allerdings hält das BAG die Tatsache, dass unterschiedliche Anforderungen an die verschiedenen Kündigungsgründe gestellt werden, ebenfalls nicht von einer Gesamtwürdigung ab.

Trotz weniger eindeutiger gesetzlicher Vorgaben herrscht daher in Bezug auf die Mischtatbestände im französischen Kündigungsrecht mehr Rechtssicherheit als in Deutschland. Auch wenn in Frankreich noch nicht alle Fragen gelöst wurden, so besteht doch zumindest nicht die Gefahr, dass zusätzliche Kündigungsgründe kreiert werden.

d) Die Rechtsfolgenseite

Die Ausgangspunkte stehen sich zunächst genau gegensätzlich gegenüber, Bestandsschutz auf der einen, Abfindungslösung auf der anderen Seite. Nach der gesetzlichen Konzeption ist in Deutschland die Zahlung einer Abfindung nach §§ 9, 10 KSchG und § 1a KSchG als Ausnahmefall vorgesehen. Ebenso verhält es sich auf französischer Seite mit dem Bestandsschutz. Nach Art. L. 122-14-4 CT steht es allein im Ermessen des Richters, die Wiedereingliederung des Arbeitnehmers anzuordnen. Ansonsten wird der Bestandsschutz nur für bestimmte Fälle vorgesehen. Allerdings wird dieser Gegensatz in zweifacher Weise relativiert.

Zum einen ist die Rechtswirklichkeit zu beachten. Denn auch, wenn in Deutschland der Bestandsschutz nach der gesetzlichen Konzeption die Regel sein soll, ist in der Praxis vor Gericht der Abfindungsvergleich der Fall, der hauptsächlich angetroffen wird.

Zum anderen sind sowohl auf französischer als auch auf deutscher Seite Entwicklungen in die Richtung des jeweils anderen Systems zu beobachten. Die Ausnahme im französischen Kündigungsrecht, dass das Arbeitsverhältnis bestehen bleibt, wurde im Laufe der Zeit auf immer mehr Fallkonstellationen ausgeweitet. Prägnantes Beispiel ist die neu eingefügte Regelung in Art. L. 122-14-4 CT. Inzwischen kann sogar die Kündigung aus wirtschaftlichem Grund unwirksam sein, wenn ein Verfahrensverstoß vorliegt. Voraussetzung ist, dass der Beschäftigungssicherungsplan *(plan de sauvegarde de l'emploi)* nicht die nach Art. L. 321-4-1 CT erforderlichen Maßnahmen zur anderweitigen Beschäftigung *(mesures de reclassement)* enthält (Art. L. 122-14-4 a.E. CT).[322] Das Gesetz sieht in diesem Fall vor, dass nur bei unmöglicher Wiedereingliederung die Zahlung von Schadenseratz in Frage kommt. Auch die Rechtsprechung hat sich dieser Entwicklung angepasst. Ging die *Cour de cassation* zu Anfang noch regelmäßig davon aus, dass dem Arbeitgeber eine Wiedereingliederung des Arbeitnehmers nicht aufgezwungen werden kann, fordert sie heute, dass die Wiedereingliederung dem Arbeitgeber unmöglich sein muss. Die Unmöglichkeit wird nahezu nie von den Gerichten festgestellt.[323]

Auf deutscher Seite ist die Abfindungsregelung in § 1a KSchG zu nennen. Diese Vorschrift ist zwar im Vergleich zu den französischen Abfindungsregelungen eher rudimentär. Auch handelt es sich nicht um eine gesetzlich vorgeschriebene Abfindung, sondern i.E. lediglich um einen Hinweis des Gesetzgebers auf die Möglichkeit, dass eine Abfindungszahlung vereinbart werden kann. Dennoch zeigt der nachträgliche Einschub des § 1a KSchG in das Gesetz zumindest, dass durchaus Kenntnis davon genommen wird, dass der Grundsatz des Bestandsschutzes nicht immer der Praxis entspricht.

Der unterschiedliche Ausgangspunkt bleibt jedoch grundsätzlich bestehen und prägt beide Systeme maßgeblich. Dies führt dazu, dass sich im französischen Kündigungsrecht ein äußerst komplexes System für die Zahlung und Berechnung von Abfindung und Schadensersatz entwickelt hat. Zwar mag dies durchaus einschüchternd auf den Rechtsanwender wirken. Dementsprechend finden sich zur Hilfestellung auf der Internetseite des französischen Arbeitsministeriums Rechenbeispiele, in denen erläutert wird, wie hoch die Gesamtsumme je nach Unternehmenszugehörigkeit, Unternehmensgröße usw. ausfällt. Ein großer Vorteil dieses Systems liegt dennoch und gerade darin, dass das Kostenrisiko des Arbeitgebers im Falle des fehlerhaften Kündigungsausspruchs kalkulierbar(er) ist.[324] Hierfür muss er allerdings im Gegenzug auch bei einer rechtmäßigen Kündigung die gesetzliche Abfindung nach Art. L. 122-9 CT zahlen. Hier liegt wiederum der Vorteil des Arbeit-

322 S. hierzu E II. 4 f)(5).

323 Cass. soc. 30.4.2003, Dr. soc. 2003, 827; *Couturier,* Dr. soc. 2005, 403, 404.

324 Im Detail ist dies zwar auch nach den französischen Vorschriften nicht genau vorhersehbar, da mehrere von ihnen die Bemessung des Schadensersatzes nach dem tatsächlich entstandenen Schaden vorschreiben. Dennoch gibt es wesentlich mehr Anhaltspunkte, als im deutschen Kündigungsrecht.

nehmers. Denn durch diese gesetzliche Abfindung wird ein weiteres Mal eine Absage an das Alles-oder-Nichts-Prinzip erteilt, ein Risiko, das in Deutschland Arbeitnehmer und Arbeitgeber gleichermaßen tragen und das sich auch in diesem Zusammenhang bemerkbar macht.

Ein weiterer grundlegender Unterschied liegt darin, dass im französischen Kündigungsrecht Fehler i.R.d. präventiven Kündigungsschutzes grundsätzlich keinen Einfluss auf die Beurteilung der Rechtmäßigkeit der Kündigung haben. Eine fehlende Betriebsratsanhörung hat in Deutschland hingegen nach § 102 Abs. 1 S. 3 BetrVG die Unwirksamkeit der Kündigung zur Folge. Der Einfluss des präventiven Kündigungsschutzes auf die Kündigung ist an dieser Stelle somit massiv. Ganz anders auf französischer Seite, wo unabhängig von dem Verfahren noch der Kündigungsgrund untersucht wird. Stellt sich dann heraus, dass die Kündigung außerdem nicht materiell gerechtfertigt ist, geht der Anspruch auf Schadensersatz für Verfahrensfehler grundsätzlich sogar in dem Schadensersatzanspruch für die unbegründete Kündigung auf. Somit wird in Frankreich eine klare Trennung auf der Rechtsfolgenseite nach Verfahrensfehlern und Fehlern bei der Begründung der Kündigung vorgenommen. Hierin kommt ein weiteres Mal zum Ausdruck, dass das deutsche Kündigungsrecht von dem Alles-oder-Nichts-Prinzip geprägt ist, das französische Kündigungsrecht hingegen Abstufungen je nach Verstoß vornimmt.

Doch auch hier lässt sich eine leichte Annäherung der beiden Systeme erkennen, da das französische Recht Ausnahmen bei dem Fehlen der Gründe im Kündigungsschreiben und dem Fehlen eines Beschäftigungssicherungsplanes (*plan de sauvegarde de l'emploi*) zulässt.

IV. Die betriebsbedingte Kündigung – le licenciement pour motif économique

Im Hauptteil dieser Bearbeitung wird der Schwerpunkt auf die betriebsbedingte Kündigung gelegt. Daher wird das dringende betriebliche Erfordernis bzw. das *motif économique* im Folgenden im Vergleich zum personenbedingten und verhaltensbedingten Kündigungsgrund eingehender untersucht.

1. Das dringende betriebliche Erfordernis gem. § 1 Abs. 2 KSchG

a) Gesetzgeberische Entwicklung und Auswirkung auf die Rechtsprechung

Nach dem Gesetzeswortlaut kann die Kündigung durch ein dringendes betriebliches Erfordernis gerechtfertigt sein, das der Weiterbeschäftigung des Arbeitnehmers in dem jeweiligen Betrieb entgegensteht. Schon in der ursprünglichen Fassung des KSchG von 1951 war geregelt, dass dringende betriebliche Interessen einen Personalabbau rechtfertigen können. § 1 Abs. 2 S. 1 KSchG sah schon 1951 für die Rechtfertigung einer betriebsbedingten Kündigung dieselben Voraussetzungen vor, wie die heute geltende Fassung.[325]

Es handelt sich hierbei um eine sehr weite Formulierung, so dass es dem Gesetzgeber leicht gemacht wird, die Notwendigkeit einer Neubestimmung des Begriffs von sich zu weisen, da er besonders flexibel ist. Hierdurch wird zugleich der Rechtsprechung ein hoher Gestaltungsraum zugestanden, der auch von ihr genutzt wird. Der Vorteil ist, dass die Rechtsprechung flexibel und vor allem schneller als der Gesetzgeber auf die im Laufe der Zeit eingetretenen Änderungen der wirtschaftlichen sowie arbeitsmarktpolitischen Bedürfnisse reagieren kann. Dem steht jedoch eine mangelnde Rechtssicherheit gegenüber. Dieses Problem trat in den ersten Geltungsjahren der Vorschrift, die von einer ausgeprägten Einzelfall-Rechtsprechung gekennzeichnet waren, deutlich zu Tage.[326] Ferner darf auch nicht der gesetzgeberische Auftrag außer Acht gelassen werden; der Gesetzgeber darf ihn nicht auf die Rechtsprechung abwälzen.[327] Zwar wurden i.R.d. betriebsbedingten Kündigung im Laufe der Zeit einige gesetzliche Veränderungen durchgeführt, wie z.B. die Namensliste, die Abfindungsregelung in § 1a KSchG oder die sog. Leistungsträgerklausel. Dabei handelt es sich aber immer um Gegenstände, die einen – zugegeben durchaus wichtigen – Randbereich der betriebsbedingten Kündigung betreffen. Die Begrifflichkeit selbst, also das „dringende betriebliche Erfordernis", das gem. § 1 Abs. 2 KSchG eine Kündigung rechtfertigt und der gesamten Problematik zugrunde liegt, wurde nie verändert. Es bleibt somit festzuhalten, dass die soziale Rechtfertigung der betriebsbedingten Kündigung in hohem Maß von der Rechtsprechung des BAG abhängig ist. Im Folgenden soll ein Überblick über die Strukturen und Leitlinien, die das Gesetz und die Rechtsprechung der betriebsbedingten Kündigung gegeben werden. Eine detaillierte Untersuchung einzelner Fallbeispiele kann in diesem Rahmen hingegen nicht geleistet werden.[328]

b) Prüfungsablauf und die Erschwerung durch unbestimmte Rechtsbegriffe

Für die Prüfung, ob ein dringendes betriebliches Erfordernis i.S.v. § 1 Abs. 2 KSchG vorliegt, kann dieser Begriff in fünf Voraussetzungsgruppen unter-

---

[325] APS/*Kiel*, § 1 KSchG Rn. 456.

[326] APS/*Kiel*, § 1 KSchG Rn. 457; *Bitter/Kiel*, RdA 1994, 333, 336.

[327] Kritisch zur unveränderten Begrifflichkeit seit 1951 s. auch APS/*Kiel*, § 1 KSchG Rn. 457, der insbesondere auf die Nachbesserungspflicht des Gesetzgebers hinweist.

[328] S. z.B. eine Auflistung möglicher betriebsbedingter Gründe KR/*Griebeling*, § 1 KSchG Rn. 560 ff.; ausführlich zu einzelnen Fallgruppen auch *Holthausen*, Betriebliche Personalpolitik und „freie" Unternehmerentscheidung, S. 89 ff.; *Berkowsky*, Die betriebsbedingte Kündigung, S. 103 ff.

teilt werden, deren Inhalt jeweils im Einzelnen in Rechtsprechung und Literatur umstritten ist. Mittlerweile wohl anerkannter Ausgangspunkt für die Prüfung, ob ein solcher Grund vorliegt, ist die unternehmerische Entscheidung, auf der der Wegfall der Beschäftigungsmöglichkeit beruht.[329] Der unternehmerischen Entscheidung müssen entweder innerbetriebliche Umstände (z.B. Umstellung oder Einschränkung der Produktion) oder außerbetriebliche Umstände[330] (z.B. Auftragsmangel) vorgelagert und ihr Anlass sein, auch wenn die Abgrenzung selbst von der Rechtsprechung nicht immer genau durchgehalten wird.[331] Diese Umstände führen zu der nach § 1 Abs. 2 KSchG erforderlichen Dringlichkeit, wenn dem Arbeitgeber keine anderen Maßnahmen auf technischem, organisatorischem oder wirtschaftlichem Gebiet als die Kündigung zur Verfügung stehen, um auf die betriebliche Lage zu reagieren.[332] Dieses Erfordernis umfasst letztlich die Pflicht des Arbeitgebers, zunächst ein milderers Mittel zu ergreifen. Die unternehmerische Organisationsentscheidung muss sich auf die konkrete Beschäftigungsmöglichkeit des gekündigten Arbeitnehmers auswirken.[333] Die unternehmerische Entscheidung ist demnach die „Übersetzung" des inner- oder außerbetrieblichen Umstandes in die betriebliche Ebene und mit Ausspruch der Kündigung in die Ebene des Arbeitsverhältnisses. Damit liefert die unternehmerische Entscheidung die Grundlage für ein dringendes betriebliches Erfordenis. Verkürzt kann festgehalten werden, dass das dringende betriebliche Erfordernis unmittelbar in der unternehmerischen Entscheidung liegt und mittelbar auf den inner- oder außerbetrieblichen Umständen beruht.

An dieser Stelle sind zwei Dinge zu beachten. Zum einen ist ein Bogen von den außer- bzw. innerbetrieblichen Umständen zum Wegfall der Beschäftigungsmöglichkeit zu schlagen. Zwischen diesen beiden Faktoren muss

---

[329] ErfK/*Ascheid/Oetker*, § 1 KSchG Rn. 372; Stahlhacke/Preis/*Preis*, S. 342 Rn. 932.

[330] In Bezug auf die außerbetrieblichen Umstände ist die Rechtsprechung nicht ganz so eindeutig. Das BAG hat z.B. in einem Fall, in dem ein Reinigungsunternehmen ihren einzeigen Reinigungsauftrag verloren hat, eine Kündigung wegen außerbetrieblicher Umstände angenommen, ohne dass es auf das Erfordernis einer unternehmerischen Entscheidung einging, BAG 12.4.2002, NZA 2002, 1205; allerdings handelt es sich hierbei um vereinzelte Entscheidungen, zudem lag auch hier eine unternehmerische Entscheidung vor, die darin bestand, nach Wegfall des Auftrags nicht mehr weiter tätig zu sein, s. *Kaiser*, NZA 2005, Beil. 1, 32.

[331] Die Unterscheidung zwischen außer- und innerbetrieblichen Ursachen entspricht der st. Rechtsprechung des BAG; vgl. BAG 7.12.1978 AP § 1 KSchG 1969 Nr. 6; BAG 17.6.1999 AP § 1 KSchG 1969 Betriebsbedingte Kündigung Nr. 101; BAG 21.4.2005 AP § 1 KSchG 1969 Betriebsbedingte Kündigung Nr. 134.

[332] BAG 26.9.2002 NZA 2003, 549; BAG 15.6.1989, NZA 1990, 65; BAG 9.5.1996, NZA 1996, 1145; s. auch die Auflistung bei *Kaiser*, NZA 2005 Beil. 1, S. 31.

[333] BAG 16.12.2004 AP § 1 KSchG 1969 Betriebsbedingte Kündigung Nr. 133; BAG 30.5.1985 AP § 1 KSchG 1969 Betriebsbedingte Kündigung Nr. 24; ErfK/*Ascheid/Oetker*, § 1 KSchG Rn. 378.

ein Kausalzusammenhang bestehen, denn gem. § 1 Abs. 2 KSchG müssen die betrieblichen Erfordernisse die Kündigung *bedingen*.[334] Zum anderen muss eine Prognose zum Zeitpunkt des Kündigungstermins ergeben, dass die Beschäftigungsmöglichkeit spätestens mit Ablauf der Kündigungsfrist wegfällt.[335] Das BAG verlangt, dass mit einiger Sicherheit ein Grund vorliegt, der die Kündigung erforderlich werden lässt. Dabei ist maßgeblich, dass die Entscheidung des Arbeitgebers, die der Prognose zugrunde gelegt wird, auch tatsächlich bereits gefallen ist.[336]

Damit kommt die Prüfung wieder beim Ausgangspunkt, der unternehmerischen Entscheidung, an. Dieser kurze Überblick zeigt, wie sehr die einzelnen Voraussetzungen ineinander greifen und letztlich nur eine verschachtelte – zu Lasten einer strukturierten – Prüfung, möglich ist. Der Mangel an Klarheit, insbesondere bezüglich der Frage, welches Merkmal jeweils geprüft wird, macht sich auch in der Rechtsprechung und bei ihrer jeweiligen Einordnung bemerkbar.

c) Die unternehmerische Entscheidung als zentraler Anknüpfungspunkt

Die unternehmerische Entscheidung wird i.d.R. unterteilt in die gestaltende und die selbstbindende Entscheidung.[337] Gestaltend ist die Entscheidung, wenn sie auf Veränderungen in der innerbetrieblichen Organisation gerichtet ist.[338] Die gestaltende Entscheidung ist somit im Wesentlichen als eine Reaktion auf innerbetriebliche Umstände einzuordnen. Eine selbstbindende Entscheidung liegt vor, wenn der Unternehmer sich darauf beschränkt, sich an äußere Sachzwänge zu binden, d.h. er macht die Zahl der erforderlichen Arbeitskräfte unmittelbar vom Umfang des Arbeitsaufkommens abhängig und entscheidet lediglich über einen Personalabbau, ohne dass weitere Änderungen der Betriebsstrukturen mit den Kündigungen einhergehen sollen.[339] Die

---

[334] BAG 16.12.2004 AP § 1 KSchG 1969 Betriebsbedingte Kündigung Nr. 133; Stahlhacke/Preis/*Preis*, S. 351 Rn. 955.

[335] Diese Prognose fällt negativ aus, wenn sich ein Reinigungsunternehmen, dessen noch laufender Auftrag nicht verlängert wurde, an der Neuausschreibung beteiligt und bei Kündigungsausspruch die Neuvergabe noch offen ist, BAG 12.4.2002 AP § 1 KSchG 1969 Betriebsbedingte Kündigung Nr. 120.

[336] BAG 10.10.1996 AP § 1 KSchG 1969 Betriebsbedingte Kündigung Nr. 81 verneint dies, wenn der Arbeitgeber den Stilllegungsbeschluss nur plant, ihn aber noch nicht gefasst hat; s. mit weiteren Beispielen aus der Rechtsprechung Stahlhacke/Preis/*Preis*, S. 352 Rn. 956a.

[337] Kritisch zum Gebrauch der Unterscheidung durch die Rechtsprechung als zu ungenau, *Holthausen*, Betriebliche Personalpolitik und „freie" Unternehmerentscheidung, S. 42 f.

[338] Stahlhacke/Preis/*Preis*, S. 345 Rn. 939.

[339] ErfK/*Ascheid/Oetker*, § 1 KSchG Rn. 388; Stahlhacke/Preis/*Preis*, S. 345 Rn. 939.

selbstbindende Unternehmerentscheidung wird daher i.d.R. als Reaktion auf außerbetriebliche Umstände eingeordnet.[340]

Diese Unterscheidung ist keine rechtliche Unterscheidung, die zwingend vorgenommen werden muss, sondern vielmehr eine Einordnung der möglichen Ursachen. Sie hat dennoch Auswirkungen auf die Anforderungen an die unternehmerische Entscheidung, denn für die außerbetrieblichen Ursachen ist ein erhöhtes Maß an Umsetzung durch eine unternehmerische Entscheidung notwendig, damit sie zu einem *betrieblichen* Erfordernis wird. Damit wird zugleich der Ausgangspunkt für die gerichtliche Kontrolle festgelegt.[341] Dies äußert sich zudem in einer unterschiedlichen Darlegungs- und Beweislast, wenn auch gemeinsamer Ausgangspunkt die allgemeine Regel in § 1 Abs. 2 S. 4 KSchG ist. Bei gestaltenden unternehmerischen Entscheidungen muss der Arbeitgeber darlegen, dass diese Entscheidung tatsächlich vorliegt und im Einzelnen benennen, welche Beschäftigungsmöglichkeiten in welcher Anzahl dadurch entfallen sind.[342] Liegt eine selbstbindende Entscheidung vor, hat der Arbeitgeber darzulegen, durch welche außerbetrieblichen Umstände in welcher Anzahl in welchen Bereichen Beschäftigungsmöglichkeiten entfallen.[343] Dabei müssen diese Umstände so konkret bezeichnet werden, dass es dem Arbeitnehmer möglich ist, sie zu bestreiten. Es reicht also nicht aus, sich lediglich auf Schlagworte wie Auftragsmangel oder Rohstoffmangel zu berufen.[344]

Das Ausmaß der Darlegungs- und Beweislast spielt gerade bei der betriebsbedingten Kündigung eine erhebliche Rolle. Da in Bezug auf die unternehmerische Entscheidung nur eine beschränkte Prüfungsbefugnis des Richters besteht, bleibt dem Richter über die Darlegungs- und Beweislast noch eine Möglichkeit, einer uferlosen Kontrollfreiheit der Unternehmerentscheidung zu begegnen.

Das Merkmal „dringend“ ist eine Ausprägung des Verhältnismäßigkeitsprinzips.[345] Es betrifft den Aspekt der Erforderlichkeit bzw. die Wahl eines

---

[340] Stahlhacke/Preis/*Preis*, S. 346 Rn. 941; ErfK/*Ascheid/Oetker*, § 1 KSchG Rn. 388; s. hierzu in Bezug auf den Begriff der selbstbindenden Entscheidung kritisch *Kaiser*, NZA 2005, Beil. 1, 32, sie schlägt stattdessen den Ausdruck „reagierende“ Unternehmerentscheidung vor.

[341] *Kaiser*, NZA 2005, Beil. 1, 32; i.E. ebenso Stahlhacke/Preis/*Preis*, S. 346 Rn. 942.

[342] ErfK/*Ascheid/Oetker*, § 1 KSchG Rn. 423.

[343] BAG 7.12.1978 AP § 1 KSchG 1969 Betriebsbedingte Kündigung Nr. 6.

[344] BAG 12.4.2002 AP § 1 KSchG 1969 Betriebsbedingte Kündigung Nr. 120; BAG 20.2.1986 EzA § 1 KSchG Betriebsbedingte Kündigung Nr 37; KR/*Griebeling*, § 1 KSchG Rn. 553.

[345] So die allgemeine Auffassung, s. BAG 18.1.1990 AP § 2 KSchG 1969 Nr. 27; ErfK/*Ascheid/Oetker*, § 1 KSchG Rn. 397; *Wank*, RdA 1987, 129, 136; a.A. hingegen *Walker*, ZfA 2004, 501, 522, der zwar auch die Verhältnismäßigkeit als Prüfungspunkt ansieht, ihn aber an dem Tatbestandsmerkmal „bedingt“ festmachen will.

anderen geeigneten Mittels, das aber vor allem das mildeste sein muss.[346] Für die betriebsbedingte Kündigung bedeutet dies, dass es dem Arbeitgeber nicht möglich sein darf, der betrieblichen Situation gerecht zu werden, indem er andere Maßnahmen als die Kündigung auf technischem, organisatorischem oder wirtschaftlichem Gebiet ergreift.[347] Dabei muss beachtet werden, dass die betriebliche Situation wiederum von dem Arbeitgeber durch seine unternehmerische Entscheidung selbst geschaffen wurde. Es geht bei der Prüfung der Dringlichkeit um die Umsetzung dieser Entscheidung. Als anderes Mittel kann z.B. der Abbau von Überstunden oder Umsetzungen der betroffenen Arbeitnehmer in Frage kommen, die der neuen betrieblichen Lage entsprechen können.[348]

d) Die eingeschränkte Prüfungsbefugnis der Richter

Kernproblem, und dementsprechend am vehementesten umkämpft, ist das Ausmaß der gerichtlichen Kontrolle der betriebsbedingten Kündigung. Der Ausdruck der „freien" Unternehmerentscheidung ist dabei prägend.

Der Grundsatz der freien Unternehmerentscheidung entspricht der ständigen Rechtsprechung des BAG. Bestrebungen, von diesem Grundsatz abzuweichen, sind nicht ersichtlich, wenn auch teilweise noch von der der Arbeitnehmerseite zugewandten Literatur erwünscht.[349] Nach diesem Grundsatz dürfen die Gerichte nicht die Zweckmäßigkeit und die Notwendigkeit der unternehmerischen Entscheidung überprüfen. Die Prüfung beschränkt sich zum einen darauf, ob die Unternehmerentscheidung überhaupt getroffen wurde und zum anderen, ob sie offenbar unsachlich, unvernünftig oder willkürlich ist. Dies wird unter dem Stichwort „Missbrauchskontrolle" zusammengefasst.[350]

Die freie Unternehmerentscheidung wird aus Art. 14[351] und Art. 12 GG hergeleitet und hat damit ihren Grund in der Gründungs- und Beendigungsfreiheit des Unternehmers, die auch die Entscheidung über Festlegung der

---

[346] BAG 18.1.1990 AP § 2 KSchG 1969 Nr. 27; BAG 9.5.1996 EzA § 1 KSchG Betriebsbedingte Kündigung Nr. 85; *Kaiser*, NZA 2005, Beil. Nr. 1, 32, 39; ErfK/*Ascheid/Oetker*, § 1 KSchG Rn. 397; *Preis*, Prinzipien des Kündigungsrechts, S. 307 f.

[347] BAG 30.5.1985 AP § 1 KSchG 1969 Nr. 24; ErfK/*Ascheid/Oetker*, § 1 KSchG Rn. 396, 399.

[348] BAG 18.1.1990 AP § 2 KSchG 1969 Nr. 27; BAG 15.6.1989 AP § 1 KSchG 1969 Betriebsbedingte Kündigungen Nr. 45.

[349] S. für eine ausführlich begründete Kritik KDZ/*Kittner*, § 1 KSchG Rn. 256 ff.

[350] BAG 26.9.1996 EzA § 1 KSchG Betriebsbedingte Kündigung Nr. 86; BAG 16.12.2004 AP § 1 KSchG 1969 Betriebsbedingte Kündigung Nr. 133; KR/*Griebeling*, § 1 KSchG Rn. 522; *Kaiser*, NZA 2005, Beil. Nr. 1, 32, 40.

[351] *Berkowsky*, Betriebsbedingte Kündigung, S. 91 Rn. 26.

Unternehmensgröße umfasst.[352] Dabei wird sie i.d.R. auch als Ausgleich dafür gesehen, dass der Unternehmer das wirtschaftliche Risiko trägt.[353] Schon die Existenz des KSchG schränkt dieses Recht ein, da in seinem Anwendungsbereich der Arbeitgeber nicht nach seinem Gutdünken wirksame Kündigungen aussprechen kann. Dies liegt darin begründet, dass Art. 12 GG in beide Richtungen, d.h. für den Arbeitgeber wie auch für den Arbeitnehmer, einen Schutz entfaltet. Dieser führt dazu, dass der Arbeitnehmer Kündigungsschutz genießt, diesem aber auch, wie es bei der freien Unternehmerentscheidung der Fall ist, Grenzen zugunsten des Arbeitgebers gesetzt werden.[354] Die Rechtfertigung der Begrenzung des gerichtlichen Kontrollumfangs folgt somit aus einer Abwägung kollidierender Grundrechte auf Arbeitnehmer- und Arbeitgeberseite, die gerade im Rahmen der betriebsbedingten Kündigung eine Zuspitzung erfährt, da es sich hierbei um einen Kündigungsgrund handelt, der außerhalb der Sphäre des betroffenen Arbeitnehmers liegt.

Wenn auch im Grundsatz Einigkeit besteht, dass es eine freie – also nur bedingt kontrollierbare – Unternehmerentscheidung gibt, so sind die genauen Grenzziehungen, was noch zur freien Unternehmerentscheidung gehört und was nicht, umso umstrittener.

Nach der heutigen Rechtsprechung des BAG scheint allein die Entscheidung, eine Personalreduktion durchzuführen, noch keine freie Unternehmerentscheidung zu sein, deren gerichtliche Kontrolle nur eingeschränkt möglich ist.[355] Ein betriebliches Erfordernis liegt nach dem BAG erst dann vor, wenn der Arbeitgeber ein organisatorisches Konzept aufstellt, das mit einer Neuordnung der Arbeitsprozesse einhergeht.[356] Hierbei verlagert das Gericht die Frage auf die Ebene der Darlegungs- und Beweislast,[357] indem es verlangt, dass der Arbeitgeber die Unternehmerentscheidung in Bezug auf ihre organisatorische Durchführbarkeit und den Begriff der „Dauer“ verdeutlicht. Damit soll dem Gericht eine Überprüfung hinsichtlich der dem Arbeitgeber auferlegten Darlegungslast ermöglicht werden. Kommt der Arbeitgeber dieser Pflicht aber nach und führt seine Entscheidung zum Wegfall von Beschäftigungsmöglichkeiten, ist vom BAG im Grundsatz anerkannt, dass die Vergabe von bisher im Betrieb durchgeführten Arbeiten an ein anderes Unternehmen

---

[352] BVerfG 27.1.1998, NZA 1998, 470, 471; BAG 12.11.1998, NZA 1999, 471, 472; *Walker*, ZfA 2004, 501, 514.

[353] ErfK/*Ascheid/Oetker*, § 1 KSchG Rn. 401.

[354] Vgl. zu den verfassungsrechtlichen Grundlagen KR/*Griebeling*, § 1 KSchG Rn. 15ff.

[355] I.E. zunächst wohl anders BAG 7.5.1998 AP § 1 KSchG 1969 Betriebsbedingte Kündigung Nr. 94.

[356] S. hierzu die drei grundlegenden Entscheidungen zur Personalreduktion BAG 17.6.1999, NZA 1995, 1095 und 1098 = AP § 1 KSchG 1969 Betriebsbedingte Kündigung Nr. 101, 102, 103.

[357] Stahlhacke/Preis/*Preis*, S. 343 Rn. 934.

eine das Arbeitsgericht bindende Unternehmerentscheidung darstellt.[358] Als anschauliches Beispiel kann hier die Entscheidung des Arbeitgebers dienen, Hierarchieebenen zu streichen. Wenn der Arbeitgeber diese Entscheidung hinreichend konkretisiert, damit überprüft werden kann, ob tatsächlich dadurch Beschäftigungsmöglichkeiten entfallen, kann die Kündigung sozial gerechtfertigt sein; ansonsten ist sie unwirksam.[359]

Bereits dieser kurze Einblick in die Rechtsprechung zeigt, dass es sich bei dem betrieblichen Erfordernis letztlich um eine Frage der hinreichend konkreten Begründung handelt. Der Arbeitgeber, der seine Pläne und ihre Auswirkung auf die betriebliche Organisation sorgfältig genug durchdenkt und vor allem dann auch vor Gericht begründet, kann i.E. eine Personalreduktion durchaus als freie Unternehmerentscheidung geltend machen und hierauf Kündigungen stützen.[360]

Wenn dann tatsächlich eine Unternehmerentscheidung vorliegt, folgt an nächster Stelle die Frage nach dem Ausmaß der Beschränkung des gerichtlichen Prüfungsumfangs, der sog. Missbrauchskontrolle. Unter diesen Begriff werden drei, nicht zwangsläufig miteinander verbundene Prüfungsmaßstäbe gefasst: die Rechtskontrolle, die Missbrauchskontrolle i.e.S. und die Kontrolle des Rechtsmissbrauchs durch Umgehung der Kündigungsvorschriften.

Allgemein anerkannt und unproblematisch ist zunächst, dass eine sog. Rechtskontrolle vorgenommen wird. Dabei handelt es sich um die Prüfung, ob die Unternehmerentscheidung und der aus ihr folgende Wegfall der Beschäftigungsmöglichkeit gesetzmäßig sind. Sie darf z.B. nicht gegen § 5 TzBfG verstoßen; der tarifgebundene Arbeitgeber muss auch tarifliche Regelungen beachten.[361]

Weitere Prüfungsmöglichkeit ist die Missbrauchskontrolle, die als Missbrauchskontrolle i.e.S. bezeichnet werden kann. Hier wird nach Vorgabe der ständigen Rechtsprechung des BAG überprüft, ob die Unternehmerentscheidung offensichtlich unsachlich oder willkürlich ist. Ein solcher Missbrauch wurde bisher noch nicht von dem BAG bejaht.[362] Das dürfte daran liegen,

---

358 BAG 16.12.2004 AP § 1 KSchG 1969 Betriebsbedingte Kündigung Nr. 133, wobei diese Rechtsprechung jedoch unter dem Aspekt der Unzulässigkeit sog. Austauschkündigung wieder relativiert wird.

359 BAG 10.10.2002 AP § 1 KSchG 1969 Betriebsbedingte Kündigung Nr. 123; BAG 17.6.1999 AP § 1 KSchG 1969 Betriebsbedingte Kündigung Nr. 102.

360 S. kritisch hierzu Stahlhacke/Preis/*Preis*, S. 342 Rn. 933, unter Hinweis auf eine – abzulehnende – Tendenz, den Kreis der freien Unternehmerentscheidung auszuweiten.

361 BAG 24.4.1997 AP § 2 KSchG 1969 Nr. 42; BAG 17.6.1999 AP § 1 KSchG 1969 Betriebsbedingte Kündigung Nr. 103; BAG 7.10.2004 AP § 1 KSchG 1969 Betriebsbedingte Kündigung Nr. 129; ErfK/*Ascheid/Oetker*, § 1 KSchG Rn. 402; *Walker*, ZfA 2004, 501, 519; *Kaiser*, NZA 2005 Beil. Nr. 1, 32, 38.

362 S. zur willkürlichen Entscheidung auch *Kiel/Koch*, Die betriebsbedingten Kündigung, S. 43 Rn. 107; sie bejahen hingegen eine offenbar unsachliche Entscheidung, allerdings

dass, wenn einmal das Vorliegen einer unternehmerischen Entscheidung festgestellt wurde, diese i.d.R. auch einen Grund hat. Als ausreichender Grund kann dann bereits eine beabsichtigte Kosteneinsparung oder sogar die Gewinnmaximierung dienen.[363]

Wird die Missbrauchskontrolle auf diese beiden Aspekte beschränkt, folgt hieraus, dass wenn der Arbeitgeber sich mit Hilfe einer geschickten Begründung einmal auf den sicheren Boden der freien Unternehmerentscheidung gerettet hat, er von den Gerichten in Bezug auf die Überprüfung des Kündigungsgrundes praktisch nichts mehr befürchten muss.

Diese Folge scheint das BAG aufgeschreckt zu haben, denn in den letzten Jahren sind Entscheidungen erschienen, die in eine dritte Kategorie der Missbrauchskontrolle eingeordnet werden können, den Missbrauch durch die Umgehung von Kündigungsvorschriften. In der „Weight-Watchers-Entscheidung" führte das BAG zunächst seine Rechtsprechung, nach der die Fremdvergabe der im Betrieb durchgeführten Arbeit an Dritte zur selbstständigen Durchführung vergeben wird, weiter, indem es auch die Vergabe an bis dahin Angestellte des Unternehmens, die daraufhin als freie Mitarbeiter mit sog. Partnerschaftsverträgen tätig wurden, als zulässig angesehen hat.[364] Anders beurteilte das BAG hingegen den Fall, in dem der Arbeitgeber sich auf ein unternehmerisches Konzept berief, das darin bestand, Küchen- und Reinigungsarbeiten auf eine GmbH zu übertragen, die wiederum von dem Arbeitgeber selbst eigens für diesen Zweck gegründet wurde. Der Arbeitgeber, eine Rheumaklinik, hatte 51% der Gesellschaftsanteile und die Geschäftsführer sollten ausschließlich aus der Leitung der Rheumaklinik stammen. Nach Ansicht des BAG führe das faktisch zu keiner Änderung der Betriebsabläufe. Unter Hinweis auf das Vorliegen eines Rechtsmissbrauchs, weil das unternehmerische Konzept, auf das sich der Arbeitgeber berief, faktisch zu keiner Veränderung der betrieblichen Ablauf führte, erklärte das BAG die Kündigungen für unwirksam.[365] Eine ähnliche Tendenz zeichnete sich auch in einer Entscheidung des BAG vom 26.9.1996 ab, welche es später mit einer Entscheidung vom 16.12.2004 bestätigt hat.[366] Dort qualifizierte es die Umstel-

---

handelt es sich dabei um Fälle, die in dieser Arbeit unter dem Begriff der Rechtskontrolle zusammengefasst sind.

[363] Vgl. hierzu auch *Walker*, ZfA 2004, 501, 518; *Kaiser*, NZA 2005, Beil. Nr. 1, 31, 40; zur Gewinnsteigerung *Kiel/Koch*, Die betriebsbedingte Kündigung, S. 43 Rn. 108, KR/*Griebeling*, § 1 KSchG Rn. 588; diese Auffassung ist nicht unumstr., scheint aber der h.M. zu entsprechen, s. zur Gegenauffassung z.B. ArbG Gelsenkirchen 28.10.1997, EzA § 1 KSchG Betriebsbedingte Kündigung Nr. 100; KDZ/*Kittner*, § 1 KSchG Rn. 341.

[364] BAG 9.5.1996 AP § 1 KSchG 1969 Betriebsbedingte Kündigung Nr.79.

[365] BAG 26.9.2002 AP § 1 KSchG 1969 Betriebsbedingte Kündigung Nr. 124.

[366] BAG 26.9.1996 AP § 1 KSchG 1969 Betriebsbedingte Kündigung Nr. 80; BAG 16.12.2004 AP § 1 KSchG 1969 Betriebsbedingte Kündigung Nr. 133.

lung von eigenen Arbeitnehmern auf Leiharbeitnehmern als unzulässige Austauschkündigung.

Bei der Zusammenfassung der zuletzt dargestellten Urteile kann kritisiert werden, dass es sich streng genommen nicht um Fälle der Missbrauchskontrolle handelt.[367] Dennoch müssen sie im Rahmen einer Darstellung der Rechtsprechungsentwicklung unter den Begriff der Umgehung durch Rechtsmissbrauch gefasst werden, denn der Umgehungstatbestand ist das, was den beiden letztgenannten Entscheidungen als Hintergrund dient; der Arbeitgeber gibt den Wegfall von Arbeitsplätzen vor, obwohl weiterhin ein Bedarf besteht, den er dann auf andere Weise deckt. Zudem spiegelt dies auch anschaulich Unsicherheiten der Rechtsprechung im Umgang mit der Überprüfung der unternehmerischen Entscheidung und ihrer Grenzen wieder, die gewissermaßen Opfer ihrer eigenen Auslegung der freien Unternehmerentscheidung geworden ist.

e) Korrektive der freien Unternehmerentscheidung: die Darlegungs- und Beweislastverteilung und das mildere Mittel

Die freie Unternehmerentscheidung findet ihre Grenzen in zwei Korrektiven, durch die der Arbeitnehmerschutz wieder in die Prüfung eingebracht wird. Zum einen sieht § 1 Abs. 2 S. 4 KSchG vor, dass dem Arbeitgeber die Darlegungs- und Beweislast für das Vorliegen der Gründe, die die Kündigung bedingen, obliegt. Diese Regelung nimmt bei der betriebsbedingten Kündigung einen besonders hohen Stellenwert ein. Denn wie bereits dargestellt wird die Unternehmerentscheidung erst dann weitgehend kontrollfrei, wenn sie von dem Arbeitgeber ausreichend begründet, bzw. der von ihr ausgehende Beschäftigungswegfall hinreichend dargelegt wird.[368]

Zum anderen geht aufgrund der Geltung des Verhältnismäßigkeitsprinzips das mildere Mittel der Beendigungskündigung vor. Gesetzlich geregelt ist dies für die Weiterbeschäftigungspflicht zunächst in § 1 Abs. 2 KSchG. Die Weiterbeschäftigungspflicht lässt sich in drei Arten unterteilen. Nach § 1 Abs. 2 S. 2 Nr. 1b) KSchG muss der Arbeitgeber den Arbeitnehmer vor Ausspruch der Kündigung auf einem anderen Arbeitsplatz des Betriebs oder eines anderen Betriebs des Unternehmens weiterbeschäftigen, wenn es dort einen vergleichbaren Arbeitsplatz gibt. Dass dieses Gebot unabhängig von dem Widerspruch des Betriebsrats besteht, ist anerkannt.[369] Voraussetzung ist je-

---

[367] S. hierzu z.B. *Kaiser*, NZA 2005 Beil. Nr. 1, 32, 35; *Walker*, ZfA 2004, 501, 519f.

[368] Deutlich weist das BAG in seiner Entscheidung vom 22.5.2005 AP § 1 KSchG 1969 Betriebsbedingte Kündigung Nr. 128 nochmals darauf hin, dass der Arbeitgeber zur organisatorischen Durchführbarkeit und Nachhaltigkeit der unternehmerischen Entscheidung vortragen muss.

[369] BAG 17.5.1984 AP § 1 KSchG 1969 Betriebsbedingte Kündigung Nr. 21; BAG 22.5.1986 EzA § 1 KSchG Soziale Auswahl Nr. 32; KR/*Griebeling*, § 1 KSchG Rn. 218;

doch, dass auch tatsächlich ein freier Arbeitsplatz vorhanden ist. Der Grundsatz, dass eine „Freikündigung" eines Arbeitsplatzes nicht verlangt werden kann, wird bei der betriebsbedingten Kündigung i.E. jedoch durch das Erfordernis der Sozialauswahl abgewandelt.[370] Während der Unternehmensbezug anerkannt ist, wird eine Ausweitung auf die Konzernebene grundsätzlich abgelehnt.[371] In § 1 Abs. 2 S. 3 KSchG ist die zweite Art der Weiterbeschäftigungspflicht geregelt. In dieser Vorschrift ist mit der Weiterbeschäftigung unter geänderten Arbeitsbedingungen mit Zustimmung des Arbeitnehmers der Vorrang der Änderungskündigung festgelegt.[372] Daneben sieht Satz 3 die Weiterbeschäftigung nach zumutbaren Umschulungs- oder Fortbildungsmaßnahmen vor.[373] Neben den ausdrücklich gesetzlich geregelten Weiterbeschäftigungspflichten kommt noch das „sonstige" mildere Mittel hinzu, wie z.B. der Abbau von Überstunden vor Ausspruch von Kündigungen.[374] Diese sind dann allerdings wiederum im Rahmen der „Dringlichkeit" zu überprüfen, s.o.

2. Der wirtschaftliche Grund *(motif économique)* nach Art. L. 321-1 CT

a) Klarstellung zur Begriffsverwendung

Das Gegenstück zur betriebsbedingten Kündigung ist in Frankreich die Kündigung aus wirtschaftlichem Grund *(licenciement pour motif économique)*. Diesem Kündigungsgrund und den Folgen für das Kündigungsverfahren werden im *Code du travail* ein eigenes Kapitel gewidmet, das mit einer Definition des wirtschaftlichen Grundes in Art. L. 321-1 CT beginnt.

Der folgenden Darstellung ist eine Klärung der Begrifflichkeiten voranzustellen. Das Gesetz hat den Begriff des wirtschaftlichen Grundes *(motif économique)* immer in zwei Weisen verwendet. Zum einen wird er benutzt, um

---

Stahlhacke/Preis/*Preis*, S. 373 Rn. 1003; für den öffentlichen Dienst und die Entbehrlichkeit des Widerspruchs des Personalrats BAG 25.4.2002 AP § 1 KSchG 1969 Betriebsbedingte Kündigung Nr. 121.

[370] S. hierzu KR/*Griebeling*, § 1 KSchG Rn. 221; zum grundsätzlichen Verbot der Freikündigung eines Arbeitsplatzes s. ErfK/*Ascheid/Oetker*, § 1 Rn. 413; Stahlhacke/Preis/*Preis*, S. 373 Rn. 1003.

[371] BAG 14.10.1982 AP § 1 KSchG 1969 Konzern Nr. 1; BAG 21.1.1999 AP § 1 KSchG 1969 Konzern Nr. 9; *v.Hoyningen-Huene/Linck*, § 1 Rn. 743. Die Ausweitung auf den Konzern kann ausnahmsweise in einer besonderen arbeitsvertraglichen Situation begründet sein oder auch vorliegen, wenn sich ein anderes Konzernunternehmen ausdrücklich zur Übernahme des Arbeitnehmers bereit erklärt hat, BAG 23.11.2004 AP § 1 KSchG 1969 Betriebsbedingte Kündigung Nr. 132; Stahlhacke/Preis/*Preis*, S. 377 Rn. 1014.

[372] *Holthausen*, Betriebliche Personalpolitik und „freie" Unternehmerentscheidung, S. 68.

[373] S. hierzu im Einzelnen APS/*Dörner*, § 1 KSchG Rn. 104 ff.

[374] Eine mildere Maßnahme liegt dann vor, wenn sie zumindest weniger Arbeitsplätze entfallen lässt, als eine andere, *Berkowsky*, Die betriebsbedingte Kündigung, S. 124 Rn. 153; zu den einzelnen möglichen milderen Maßnahmen s. *ders.* S. 126 ff. Rn. 161 ff.

die Natur der Kündigung in Abgrenzung zur Kündigung, die ihren Grund in der Person des Arbeitnehmers hat, klarzustellen.[375] Hiervon ist der wirtschaftliche Grund, der die Kündigung rechtfertigt, zu unterscheiden.[376] Nur auf den wirtschaftlichen Grund in diesem Sinne beziehen sich die folgenden Ausführungen.

b) Gesetzgeberische Entwicklung des wirtschaftlichen Grundes

Der Vorteil, den das französische Kündigungsrecht zunächst gegenüber dem deutschen aufweist – ein gesetzlich definierter Kündigungsgrund und somit mehr Rechtssicherheit – verblasste in den letzten Jahren zunehmends. Nachdem die ursprüngliche Definition fast 30 Jahre unverändert blieb, unterlag die Vorschrift in den letzten vier Jahren zwei einschneidenden Änderungen inklusive einer Zensur durch den französischen Verfassungsrat.

Nach der ursprünglichen Fassung des Art. L. 321-1 CT lag eine Kündigung aus wirtschaftlichen Gründen vor, wenn die Kündigung auf einem oder mehreren Gründen beruhte, die nicht in der Person des Arbeitnehmers lagen. Rechtmäßig war eine solche Kündigung, wenn sie aus dem Abbau oder der Umwandlung von Arbeitsplätzen folgte oder sich aus einer substantiellen Vertragsänderung ergab, die jeweils wiederum *insbesondere* die Folge von wirtschaftlichen Schwierigkeiten oder technologischen Veränderungen waren.[377] Diese Definition wurde mit dem Gesetz zur sozialen Modernisierung aus dem Jahr 2002 massiv verändert. Danach sollte die Kündigung nur dann rechtmäßig sein, wenn ihr Grund in ernsthaften wirtschaftlichen Schwierigkeiten liegt, die mit keinem anderen Mittel überwunden werden können oder wenn technologische Veränderungen eintreten, die den Fortbestand des Unternehmens in Frage stellen oder aber wenn es sich um Umstrukturierungserfordernisse handelt, die für die Sicherung der Unternehmensbetätigung unerlässlich sind. Im Gegensatz zu der früheren Fassung war die Aufzählung der Gründe abschließend.

Diese Verschärfung der Anforderungen an die Rechtmäßigkeit lag nicht zuletzt auch an der damaligen Zusammensetzung des Parlaments. Die Einführung der engeren Definition der Kündigung aus wirtschaftlichem Grund be-

---

[375] S. hierzu Cass. soc. 24.3.1990, Bull. civ. V, n° 181; in dieser Entscheidung wurde festgestellt, dass ein Tänzer der *Folies Bergères* nicht, wie vom Arbeitgeber vorgebracht, aus wirtschaftlichen Gründen, sondern vielmehr aus Altersgründen, also einem Grund in der Person des Arbeitnehmers, gekündigt wurde.

[376] *Waquet*, Dr. soc. 2000, 168; *Savatier*, Dr. soc. 2001, 413, 415.

[377] « Constitue un licenciement pour motif économique le licenciement effectué par un employeur pour un ou plusieurs motifs non inhérents à la personne du salarié résultant d'une suppression ou transformation d'emploi ou d'une modification substantielle du contrat de travail, consécutives notamment à des difficultés économiques ou à des mutations technologiques. »

ruhte auf einer Initiative der kommunistischen Partei.[378] Auch die öffentliche Meinung war einer Erschwerung der Kündigung aus wirtschaftlichem Grund keineswegs abgeneigt, da sie zu dem Zeitpunkt unter dem Schock mehrer erfolgter Massenentlassungen stand, die durch die Presse gingen.[379] So z.B. Kündigungen in Großunternehmen wie Renault, Michelin oder Canon, die vorgenommen wurden, obwohl sie wirtschaftlich gesund waren. Der Gesetzgeber wollte gegen eine solche Vorgehensweise ankämpfen.[380]

Nach der neuen Begriffsbestimmung war es z.B. nicht einmal mehr möglich, die Kündigung allein mit der Aufgabe der Unternehmenstätigkeit zu rechtfertigen.[381] Art. L. 321-1 CT kam in der Fassung des Gesetzes zur sozialen Modernisierung jedoch nie zur Anwendung, da die Vorschrift vor der Verkündung des Gesetzes[382] vom obersten Verfassungsgericht *(Conseil constitutionnel)*[383] aufgrund der abschließenden Beschränkung auf die drei festgelegten Fallgruppen wegen zu starker Einschränkung der unternehmerischen Freiheit[384] für verfassungswidrig erklärt wurde.[385] Somit blieb zunächst Art. L. 321-1 CT in der zu Anfang dargestellten Fassung weiterhin in Kraft.

---

378 *Frik*, RdA 2003, 39; *Waquet*, Droit social 2003, 264, 265.

379 *Janssen*, Das Gebot anderweitiger Beschäftigung im deutschen und französischen Kündigungsschutz, S. 34.

380 *Pélissier/Supiot/Jeammaud*, Droit du travail, S. 548 Rn. 447.

381 *Frik*, RdA 2003, 39, 40.

382 Die Verfassungsmäßigkeit eines Gesetzes wird nach dessen Verabschiedung im Parlament aber vor der Verkündung auf Antrag des Präsidenten der Republik, des Premierministers, des Präsidenten der *Assemblée Nationale* oder des Senats oder von mindestens 60 Abgeordneten oder Senatoren vom *Conseil constitutionnel* überprüft, s. Art. 61 der Verfassung von 1958.

383 Der Verfassungsrat *(Conseil d'Etat)* ist das oberste französische Verfassungsgericht. Im Unterschied zum Bundesverfassungsgericht ist es jedoch nicht Voraussetzung, dass die Richter Juristen sind, es wird daher auch oft als zu politisch kritisiert.

384 Mangels eines vergleichbaren Grundrechtekatalogs, so wie er im deutschen Grundgesetz festgelegt ist, wird in Frankreich ein Recht i.d.R. durch den *Conseil Constitutionnel* zu Verfassungsrang erhoben. Die unternehmerische Freiheit ist dabei ein eher „junges" Recht mit Verfassungsrang. Maßgeblich war hierfür die Entscheidung des *Conseil constitutionnel* vom 16.1.1982, déc. N° 81-132 DC; s. hierzu auch *Prétot*, Dr. soc. 2002, 244, 247 mit genaueren Ausführungen zur Herleitung des Rechts auf unternehmerische Freiheit (*liberté d'entreprendre*).
Der Einzug, den das Interesse des Unternehmens in das französische Recht erhielt, wird neben dem Einfluss der sozialen Doktrin der Kirche auch auf den deutschen Einfluss zurückgeführt, *Supiot*, Droit du travail, S. 50.

385 Cons. const. 12.1.2002 n° 2002-455 DC, JO 18.1.2002; zum Inhalt des wirtschaftlichen Grundes nach dem Gesetz zur sozialen Modernisierung in der französischen Literatur s. z.B. *Waquet*, Dr. soc. 2003, 264 ff.; Willmann/Kerbourc'h/*Morvan*, Le licenciement pour motif économique après la loi de modernisation sociale, S. 163 ff.

Nach einer kurzen Pause wurde Art. L. 321-1 CT durch das Gesetz vom 18.1.2005[386] erneut geändert. Die Definition des wirtschaftlichen Grundes wurde insoweit ergänzt, als dass die Formulierung „substantielle Veränderung des Arbeitsvertrags" durch die „Veränderung eines wesentlichen Bestandteils des Arbeitsvertrags, die der Arbeitnehmer abgelehnt hat"[387] ausgetauscht wurde. Damit lautet die heute geltende Definition nach Art. L. 321-1 CT: Eine Kündigung aus wirtschaftlichem Grund ist eine Kündigung, die vom Arbeitgeber aus einem oder mehreren Gründen ausgesprochen wird, die nicht in der Person des Arbeitnehmers liegen und aus einem Abbau oder einer Veränderung der Beschäftigung oder einer Veränderung eines wesentlichen Elements des Arbeitsvertrags, die der Arbeitnehmer abgelehnt hat, resultieren und die die Folge insbesondere von wirtschaftlichen Schwierigkeiten oder technologischen Veränderungen ist.[388]

Diese letzte Veränderung lässt die Grundstruktur der ursprünglichen Definition bestehen, die sich aus drei Elementen zusammensetzt: dem Grund, der nicht in der Person des Arbeitnehmers liegt, dem materiellen Element, d.h. der Beschäftigungssenkung und der Änderung von Arbeitsplätzen bzw. Arbeitsverträgen (auch als „konkretes" Element bezeichnet) ebenso wie das kausale Element, wofür – nicht abschließend, sondern nur beispielhaft – die wirtschaftlichen Schwierigkeiten und die technologischen Veränderungen genannt werden.[389] Dieses letzte Element kann als wirtschaftlicher Grund i.e.S. bezeichnet werden. Im Folgenden wird es, um Missverständnissen vorzubeugen und weil es teilweise im französischen Schrifttum so bezeichnet wird, unter dem Begriff „wirtschaftliche Situation" zusammengefasst.[390]

Eine i.S.d. Art. L. 321-1 CT relevante Änderung des Arbeitsplatzes *(transformation d'emploi)* liegt dann vor, wenn der Arbeitsplatz abgebaut und

---

[386] Das Gesetz wird auch nach dem derzeitigen Arbeitsminister als Namensgeber *« Loi Borloo »*, offziell aber als *Loi de programmation pour la cohésion sociale* bezeichnet, veröffentlicht in J.O. n° 15 vom 19.1.2005, S. 846 ff.

[387] « …d'une modification, refusée par le salarié, d'un élément essentiel du contrat de travail. ».

[388] Art. L. 321-1 CT: « Constitue un licenciement pour motif économique le licenciement effectué par un employeur pour un ou plusieurs motifs non inhérents à la personne du salarié résultant d'une suppression ou transformation d'emploi ou d'une modification, refusée par le salarié, d'un élément essentiel du contrat de travail, consécutives notamment à des difficultés économiques ou à des mutations technologiques. »

[389] SSL 2005, n° 1198, S. 2; so auch *de Caigny*, Dr. soc. 2001, 126, 130 noch in Bezug auf die ursprüngliche Version, in der ebenfalls das Wort *« notamment »*, also „insbesondere" die Gründe für den Arbeitsplatzabbau, die Veränderung des Arbeitsplatzes oder des Arbeitsvertrages in Art. L. 321-1 CT einleitete.

[390] Für die Einordnung in die Kategorien „konkrete Situation" *(situation concrète)* und „wirtschaftliche Situation" *(situation économique)* s. *Waquet*, Dr. soc. 2000, 168, 169.

zugleich durch einen anderen ersetzt wird, der aber eine andere Qualifikation des Arbeitnehmers erfordert.[391]

Indem der Gesetzgeber die Änderung des Arbeitsvertrags insoweit konkretisiert hat, dass ein wesentlicher Bestandteil des Arbeitsvertrags geändert werden soll, hat er die seit 1996[392] bestehende ständige Rechtsprechung des obersten Arbeitsgerichts nun im Gesetz aufgenommen und somit zunächst für eine Klarstellung der Rechtslage gesorgt.[393] Die Ergänzung durch die Voraussetzung, dass der Arbeitnehmer die Änderung abgelehnt haben muss, stellt für den Begriff des wirtschaftlichen Grundes zunächst keine Änderung dar. Denn auch vorher lag eine Kündigung erst dann vor, wenn der Arbeitnehmer das Änderungsangebot ablehnte. Das Angebot selbst war und ist noch keine Kündigung, auch keine Änderungskündigung, wie sie im deutschen Kündigungsrecht existiert.[394]

Wenn auch die Neuformulierung des Art. L. 321-1 Abs. 1 CT in Bezug auf den Begriffsinhalt der Kündigung aus wirtschaftlichem Grund zunächst „lediglich" die Übernahme der bestehenden Rechtsprechung – und damit der zumindest faktisch herrschenden Rechtslage – darstellt, soweit er sich auf die Änderung der wesentlichen Bestandteile des Vertrages bezieht, zieht sie dennoch weitreichende Folgen für die Durchführung des Kündigungsverfahrens nach sich. Der Grund hierfür liegt in der nunmehr gesetzlichen Voraussetzung, dass der Arbeitnehmer das Änderungsangebot, das der Arbeitgeber ihm aus wirtschaftlichen Gründen unterbreitet, abgelehnt haben muss. Vor dieser Gesetzesänderung stellte sich vor allem bei Massenentlassungen im Zusammenhang mit dem Erfordernis der Erstellung eines Sozialplanes die Frage, ab welchem Zeitpunkt das Verfahren beginnt. In Frage kamen das Änderungsangebot des Arbeitgebers sowie die Änderungsablehnung des Arbeitnehmers. Die Rechtsprechung hat sich für den früheren Zeitpunkt, das Änderungsangebot des Arbeitgebers, entschieden.[395] Als Argument wurde u.a. angeführt, dass das Ziel des Verfahrens die Vermeidung von Kündigungen sei und daher das Verfahren so früh wie möglich eingeleitet werden müsse.[396] Dem hat der

---

391 *Waquet*, Dr. soc. 2000, 168, 172.

392 Cass. soc. 10.7.1996, n° 93-40.966; Cass. soc. 3.12.1996 *(arrêt Framatome)*, n° 95-17.352, RJS 1/97 n° 24.

393 *Radé*, Dr. soc. 2005, 386, 388; kritisch hierzu jedoch *Favennec-Héry*, SSL 2005, n° 1198, S. 9 mit dem Hinweis, dass hierfür sowohl eine abstrakte als auch eine konkrete, auf dem Parteiwillen basierende, Auslegung in Betracht kommt.

394 *Radé*, Dr. soc. 2005, 386, 388.

395 S. hierzu vor allem die grundlegende Rechtsprechung in den Entscheidungen *„Framatome"* Cass. soc. 3.12.1996, Dr. soc. 2003, S. 24 und *„Majorette"* Cass. soc. 3.12.1996, RJS 1/97 n° 24; diese Rechtsprechung hat die *Chambre Soc.iale* wiederholt bestätigt, so z.B. Cass. soc. 25.6.2003, n° 01-46.479, Dr. soc. 2003, 1024.

396 *Favennec-Héry*, SSL 2005, n° 1198, 9, 10.

Gesetzgeber nun eine deutliche Absage erteilt.[397] Mit der neuen Formulierung wurde Art. L. 321-1 Abs. 1 CT auch dem Wortlaut des Art. L. 321-1-3 CT angeglichen, denn diese Vorschrift sieht vor, dass das Kündigungsverfahren bei Massenentlassungen erst dann durchzuführen ist, wenn der Arbeitnehmer das Änderungsangebot abgelehnt hat.[398]

Im Vergleich zu dem letzten Versuch des Gesetzgebers, mit der *Loi de Modernisation sociale* den Begriff der Kündigung aus wirtschaftlichem Grund neu festzulegen, handelt es sich bei der erneuten Begriffsbestimmung von 2005 um eine inhaltlich weit weniger einschneidende Änderung. Vor allem werden hierdurch nicht die Fallkonstellationen eingeschränkt, in denen die Kündigung aus wirtschaftlichem Grund gerechtfertigt ist, wie es die Definition von 2002 tat. So wurde ihre Verfassungsmäßigkeit dieses Mal auch nicht in dem Normenkontrollverfahren, das zur Überprüfung des Gesetzes zur Programmierung des sozialen Zusammenhaltes durchgeführt wurde, angegriffen.[399]

Nicht ins Gesetz übernommen wurde die Rechtsprechung, nach der die Umstrukturierung zur Sicherung der Wettbewerbsfähigkeit ebenfalls eine Kündigung aus wirtschaftlichem Grund rechtfertigen kann.[400] Ob dies eine indirekte Absage an dieses Merkmal sein und zu einer Rechtsprechungsänderung führen soll, ist zumindest in Erwägung zu ziehen,[401] kann zu diesem Zeitpunkt aber noch nicht abschließend beurteilt werden. Dagegen spricht jedoch, dass in der Gesetzesformulierung gerade eine nicht abschließende Aufzählung beibehalten wurde.[402]

---

397 *Radé*, Dr. soc. 2005, 386 f.

398 *Favennec-Héry*, SSL 2005, n° 1198, S. 9, 10.

399 Gegenstand der Entscheidung des Cons. const. vom 13.1.2005 RJS 3/05 n° 325 war dieses Mal die Änderung des Art. L. 122-14-4 CT, nach der der Richter die Nichtigkeit der Kündigung anordnen kann, wenn der Arbeitgeber bei einer Massenentlassung nicht das Kündigungsverfahren eingehalten hat, es sei denn, die Wiedereingliederung ist insbesondere wegen einer Betriebsschließung oder fehlender Beschäftigung unmöglich; *Prétot*, Dr. soc. 2005, Numéro spécial 4, 371, 372 ff.

400 S. dazu grundlegend der sog. *„arrêt Vidéocolor"*, Cass. soc. 5.4.1995, n° 93-42.690.

401 So *Bernard Boubli*, der Conseiller doyen der Chambre sociale der Cour de cassation, SSL 2005 n°1198, S. 2.

402 *Morvan*, Travail et Protection sociale, février 2005, 8, 10, mit der Begründung, dass nur dann ein Rückschluss aus dem Fehlen der Nennung des Merkmals Wettbewerbssicherung gezogen werden kann, wenn der Gesetzgeber eine abschließende Aufzählung vorgenommen hätte, in der dieses Merkmal gerade nicht vorkommt; zudem bringt er vor, dass Sinn und Zweck des Gesetzes sei, die Vorschriften zum Vorteil des Arbeitgebers und des sozialen Dialoges zu liberalisieren.

c) Der richterliche Prüfungsumfang und –ablauf

Bei der Überprüfung des wirtschaftlichen Grundes befindet sich der französische Richter[403] ebenso wie der deutsche Richter in einem nur schwer lösbaren Konflikt. Er steht im Zentrum des Spannungsfeldes, das zwischen den Interessen des Unternehmers, sein Recht auf unternehmerische Freiheit auszuüben und die für das Unternehmen besten Entscheidungen zu treffen einerseits und den Interessen des Arbeitnehmers, vor willkürlichen und unbegründeten Kündigungen geschützt zu werden andererseits.

(1) Die Entscheidungsgrundlage: Ausmaß der Darlegungslast des Arbeitgebers

Ausgangspunkt ist zunächst Art. L. 122-14-3 CT. Nach dieser Vorschrift, die für alle Kündigungsgründe gilt, überprüft der Richter, ob das Kündigungsverfahren ordnungsgemäß durchgeführt wurde und ob der vom Arbeitgeber vorgebrachte Kündigungsgrund ein *motif réel et sérieux* ist. Zweifel bei der Würdigung der vorgebrachten Tatsachen gehen regelmäßig zugunsten des Arbeitnehmers, Art. L. 122-14-3 Abs. 2 CT.[404]

Die Grundlage für die Beurteilung der Rechtmäßigkeit der Kündigung bildet das Kündigungsschreiben. Es bestimmt die Grenzen des Verfahrens.[405] Schon in dem Kündigungsschreiben muss der Arbeitgeber angeben, ob ein Beschäftigungsabbau, eine Veränderung des Arbeitsplatzes oder wesentliche Elemente des Arbeitsvertrages geändert wurden; nur im Hinblick auf die jeweils angegebene Fallkonstellation wird dann die Rechtmäßigkeit der Kündigung untersucht. Ein späteres Nachschieben von Gründen ist nicht mehr möglich.[406]

Die Beweislast für die jeweiligen Tatsachen ist nicht auf eine bestimmte Partei übertragen. Nach Art. L. 122-14-3 Abs. 1 CT ist es an Arbeitgeber, Arbeitnehmer und ebenso am Richter, die notwendigen Grundlagen zur Beurteilung der Rechtfertigung der Kündigung herauszufinden. Dabei kann auch der Richter Untersuchungen einleiten oder Expertisen erstellen lassen.[407] Der

---

[403] Hierzu gehört nicht nur der Arbeitsrichter, sondern auch der Verwaltungsrichter, der über die Rechtmäßigkeit der Genehmigung von Kündigungen bei Arbeitnehmervertretern entscheidet. Diese Bearbeitung beschränkt sich jedoch auf die Rechtsprechung der Arbeitsgerichtsbarkeit; s. zur zweigleisigen Rechtsprechung in Arbeits- und Verwaltungsgerichtsbarkeit z.B. *Chelle*, Dr. soc. 1991, 211.

[404] *Ray*, Droit du travail, S. 343 Rn. 261; s. hierzu auch Cass. soc. 16.6.1993, Dr. soc. 1993, 773, ein Arbeitnehmer wurde erwischt, als er in seinem Auto schlief. Er gab vor, zu dem Zeitpunkt seine ihm zustehende Pausenzeit wahrgenommen zu haben; der Arbeitgeber konnte nicht das Gegenteil nachweisen, somit war die Kündigung nicht zulässig.

[405] S. hierzu ausführlich D. II. 3 b).

[406] *Waquet*, Dr. soc. 2000, 168, 171.

[407] Ob er tatsächlich von dieser Möglichkeit Gebrauch macht, steht im Ermessen des Richters, Cass. soc. 20.11.1980, Dr. ouvr. 1982, 156.

Arbeitgeber muss aber, wie auch bei den anderen Kündigungsgründen, nachprüfbare Tatsachen vorbringen *(faits matériellement vérifiables)*.[408] Auch hier gehen Versäumnisse des Arbeitgebers wieder zugunsten des Arbeitnehmers.[409] Erst aufgrund dieser Tatsachen findet die richterliche Überprüfung statt, ob die Kündigung durch eine *cause réelle et sérieuse*, in diesem Fall ein wirtschaftlicher Grund im Sinne von Art. L. 321-1 CT, gerechtfertigt ist.

Ferner ist zu beachten, dass auch im gerichtlichen Verfahren Besonderheiten bestehen. So muss der Arbeitgeber dem Richter innerhalb von acht Tagen nach dem Gütetermin alle Informationen, die er auch den Arbeitnehmervertretern hat zukommen zu lassen, mitteilen. Macht er dies nicht, kann bereits aus diesem Grund von dem Richter das Fehlen eines *cause réelle et sérieuse* festgestellt werden.[410]

(2) Der Prüfungsablauf

Der Prüfungsablauf wird von der zuständigen Sozialkammer des obersten Gerichtshofs, der *Chambre Sociale,* vorgegeben und stellt ein Kontrollsystem dar, das nicht so stark wie im deutschen Recht untergliedert und systematisiert ist. Das oberste Arbeitsgericht vermeidet abstrakte Formulierungen und beschränkt seine Äußerungen auf einzelne, klar umrissene Fragestellungen.

Insgesamt kann die Prüfung des wirtschaftlichen Grundes in zwei Schritte unterteilt werden. In einem ersten Schritt wird geprüft, ob die vom Arbeitgeber vorgebrachten Tatsachen wirklich vorliegen und in einem zweiten Schritt wird eine doppelte Kausalitätsprüfung durchgeführt. Zum einen muss zwischen der Kündigung und – alternativ – der Beschäftigungssenkung, der Änderung von Arbeitsplätzen bzw. wesentlicher Elemente von Arbeitsverträgen (also der Auswirkung auf die Beschäftigung) ein Kausalzusammenhang bestehen. Zum anderen wird überprüft, ob die zugrunde liegende wirtschaftliche Situation (also insbesondere wirtschaftliche Schwierigkeiten oder technologische Veränderungen) für die Beschäftigungssenkung oder die Änderung von Arbeitsplätzen bzw. wesentlicher Elemente von Arbeitsverträgen kausal ist.[411]

(3) Reichweite der Prüfungskompetenz des Richters

Wie weit die Prüfungskompetenz des Richters inhaltlich reicht, geht weder aus Art. L. 122-14-3 CT noch aus Art. L. 321-1 CT hervor. Auch hier ist wieder auf die Rechtsprechungsgrundsätze zurück zu greifen.

Doch auch zur Reichweite der richterlichen Prüfungskompetenz gibt die *Chambre Sociale* keine deutlichen Leitlinien vor. Klar war es noch zu Beginn

---

[408] *de Caigny*, Dr. soc. 2001, 126, 129.

[409] *Pélissier/Supiot/Jeammaud*, Droit du travail, S. 536 Rn. 437; s. auch für das Gesetzgebungsverfahren J.O. débats Ass. Nat. 30 mai 1973, S. 1621.

[410] *Ray*, Droit du travail, S. 336f. Rn. 255.

[411] *Pélissier/Supiot/Jeammaud*, Droit du travail, S. 551 ff. Rn. 449 ff.

der Rechtsprechung in den 50er Jahren, als das Kassationsgericht den Grundsatz aufstellte, dass der Arbeitgeber der „einzige Richter" in Bezug auf die Führung seines Unternehmens ist.[412] Das Gericht durfte Entscheidungen zur Unternehmensführung also nicht überprüfen. In dieselbe Richtung ging auch die Rechtsprechung des *Conseil d'Etat*, der prägend für die Kündigung aus wirtschaftlichem Grund war, als noch die Genehmigung des Arbeitsinspektors vor Kündigungsausspruch eingeholt werden musste.[413]

Diese Vorgabe gilt heute, wenn überhaupt, nur noch sehr eingeschränkt. Die Rechtsprechung zeichnet sich inzwischen dadurch aus, dass sie bei der Kontrolle des wirtschaftlichen Grundes sehr weit in die unternehmerische Entscheidung hereinreicht. Mangels genauerer Vorgaben des obersten Arbeitsgerichts kann zumindest als grobe Richtlinie festgehalten werden, dass der Grund, aus dem der Arbeitgeber sich entschließt, Arbeitsplätze abzubauen, vollumfänglich von den Richtern überprüft wird. Die tatsächlichen Gegebenheiten der wirtschaftlichen Situation, insbesondere die wirtschaftlichen Schwierigkeiten und die technologischen Veränderungen, die der Arbeitgeber vorbringt, werden ebenso vollumfänglich überprüft, wie auch die Frage, ob dadurch Kündigungen gerechtfertigt sein können.[414] Insbesondere in der jüngeren Rechtsprechung wird die unternehmerische Entscheidung zensiert, wenn die Kündigung ausgesprochen wurde, um die Rentabilität zu erhöhen; eine solche Kündigung ist nicht durch einen tatsächlichen und schwerwiegenden Grund gerechtfertigt.[415]

Ist aber die Entscheidung, Arbeitsplätze abzubauen bzw. die Arbeitsbedingungen zu ändern, einmal anerkannt, kann ihre Umsetzung, also die anschließende Entscheidung, mit welchen Mitteln dies geschehen soll, nicht mehr überprüft werden. Dies wird dann als Teil der unternehmerischen Freiheit angesehen, die vom Richter nicht mehr angetastet werden darf.[416]

d) Anwendungsbeispiele aus der richterlichen Praxis

Letztlich wird der Inhalt des Begriffs des wirtschaftlichen Grundes im Sinne von Art. L. 321-2 CT sehr stark durch die Rechtsprechung und dabei teilwei-

---

[412] „L'employeur est seul juge de la gestion de son entreprise", so im grundlegenden Urteil *Brinon* 31.5.1956 JCP 1956 II 9.397; s. hierzu *Ray*, Droit du travail, S. 339 Rn. 259; *Savatier*, Dr. soc. 2001, 413, 414.

[413] *Ray*, Droit du travail, S. 342 Rn. 261; zur Rechtsprechung des *Conseil d'Etat* in dem Zeitraum, als die Genehmigung des Arbeitsinspektors erforderlich war s. *Balmary*, Dr. soc. 2004, 272, 273 f.

[414] *Ray*, Droit du travail, S. 343 Rn. 261.

[415] Soc z.B. Cass. soc. 9.3.2004 und Cass. soc. 10.12.2003, s. hierzu *Ray*, Dr. soc. 2005, 359, 369.

[416] So Cass. soc. Ass. Plén. 8.12.2000, bestätigt in seiner Grundaussage durch den *Conseil constitutionnel* in seinem Urteil zum Gesetz zur sozialen Modernisierung 12.1.2002; vgl. hierzu auch *Ray*, Droit du travail, S. 342ff. Rn. 261.

se auch nur von Einzelentscheidungen geprägt. Eine genauere Untergliederung der möglichen Gründe wird meist nicht gemacht. Daher werden im Folgenden die Anwendung der gesetzlichen Definition und ihre Überprüfung anhand der prägnantesten Fälle dargestellt.

(1) Von der Entscheidung des Arbeitgebers unabhängige Auslöser

Beispiel für einen Auslöser zur Kündigungsentscheidung, der außerhalb des Willens des Arbeitgebers liegt, ist der Umsatzrückgang. Gibt der Arbeitgeber als Grund für den Arbeitsplatzabbau oder die Veränderung der Arbeitsplätze bzw. der Arbeitsverträge einen Umsatzrückgang an, so reicht dies alleine nicht als Rechtfertigung aus. Die Richter untersuchen dann, ob der Umsatzrückgang tatsächlich besteht und ob er so einschneidend ist, dass er auch den Ausspruch von Kündigungen rechtfertigt. Dies wird verneint, wenn es sich nur um einen unwesentlichen oder nur vorübergehenden Umsatzrückgang handelt.[417]

Gerechtfertigt kann hingegen eine teilweise Betriebsstilllegung und die damit einhergehenden Kündigungen sein, wenn der Betrieb überschwemmt oder abgebrannt ist.[418] Die Schließung eines Gebäudes aus Sicherheitsgründen hat die Rechtsprechung wiederum nicht als hinreichend angesehen, um eine Kündigung aus wirtschaftlichem Grund anzunehmen.[419]

(2) Kündigungen, die auf einem Willensakt des Arbeitgebers beruhen

Bringt der Arbeitgeber nicht die im Gesetz genannten wirtschaftlichen Schwierigkeiten als Grund für den Arbeitsplatzabbau an, sondern Gründe, die in einem Willensakt *(acte de volonté)* des Arbeitgebers liegen, werden auch diese eingehend von den Gerichten überprüft. Als Beispiel kann hier die Entscheidung des Arbeitgebers, das Unternehmen umzustrukturieren, herangezogen werden. Neben der normalen Prüfung, ob der vorgebrachte Sachverhalt auch tatsächlich vorliegt, wird untersucht, ob die Entscheidung, das Unternehmen umzustrukturieren, auch angebracht ist. Das entscheidende Kriterium ist hierbei, ob die Entscheidung getroffen wurde, um die Wettbewerbsfähigkeit des Unternehmens in seinem Wirtschaftszweig *(secteur d'activité)* zu sichern.[420] Die Umstrukturierung allein kann die Kündigung nicht rechtfertigen, unabhängig davon, ob sie zu einem Beschäftigungswegfall führt.[421] Letztlich läuft dies darauf hinaus, dass wieder ein außerhalb des Arbeitge-

---

[417] Cass. soc. 12.12.1991 RJS 2/92, n° 134; Cass. soc. 6.7.1999 RJS 10/99, n° 1236; *Pélissier/Supiot/Jeammaud*, Droit du travail, S. 592 Rn. 482.
[418] Cass. soc. 15.2.1995, RJS 4/95 n° 371; Cass. soc. 27.6.2000, RJS 9-10/2000 n° 940.
[419] Cass. soc. 26.11.2003, RJS 3/04 n° 300.
[420] Cass. soc. 5.4.1995, Dr. soc. 1995, 488; Cass. soc. 9.3.1999, RJS 4/99, n° 517; Cass. soc. 16.3.2004, RJS 6/04 n° 667.
[421] *Waquet*, Dr. soc. 2000, 168, 175.

berwillens liegender Grund, die Aufrechterhaltung der Wettbewerbsfähigkeit, hinzugezogen wird.

Diese Rechtsprechung wird damit begründet, dass in solchen Fällen die zur Rechtfertigung der Kündigung vorgebrachten Sachverhalte ausschließlich von dem Willen des Arbeitgebers abhängen. Ohne Kontrolle würde der Weg für willkürliche Kündigungen frei gelassen.[422] Dieser Gedankengang wird noch weitergeführt, wenn der Arbeitgeber beschließt, das Unternehmen zu schließen *(cessation d'activité de l'entreprise)*. Auch diese Entscheidung kann zwar, wie in den zuvor genannten Beispielen ersichtlich, grundsätzlich eine Kündigung rechtfertigen, sie unterliegt aber ebenfalls der gerichtlichen Kontrolle. Auch hier wird vom Richter untersucht, ob die Betriebsschließung durch wirtschaftliche Schwierigkeiten oder technologische Veränderungen bedingt ist.[423] Letztlich wird also ein weiteres Mal ein vorgelagerter Grund gesucht, der außerhalb des Willensaktes des Arbeitgebers liegt. Die Kündigungen sind zudem nicht durch eine *cause réelle et sérieuse* gerechtfertigt, wenn die Schließung auf einem Fehler oder auch nur auf vorwerfbarer Leichtfertigkeit *(légèreté blamable)* des Unternehmers beruht.[424] Ferner ist erforderlich, dass es sich um eine endgültige Schließung handelt.[425] Wenn nur ein Betrieb geschlossen wird, so handelt es sich nur noch um eine wirtschaftliche Schwierigkeit i.S.d. Art. L. 321-1 CT,[426] d.h. es wird, wie zuvor dargestellt, auf Unternehmensebene untersucht, ob diese Schwierigkeit tatsächlich besteht. Und auch der nächste Schritt wird gemacht: Ist das Unternehmen Teil eines Konzerns, wird untersucht, ob die angeführten wirtschaftlichen Schwierigkeiten auch im Hinblick auf den Teil des Konzerns, der demselben Betätigungsfeld angehört, noch bestehen oder ob im Wege einer Gesamtschau die Schwierigkeiten wieder durch andere Konzernunternehmen aufgefangen werden können.[427] Beurteilungsgrundlage für das Bestehen wirtschaftlicher Schwierigkeiten wird damit die Lage des jeweiligen Wirtschaftszweiges im gesamten Konzern.

Die Kündigung zur Gewinnmaximierung, in der französischen Literatur zum Teil auch als *„licenciement d'économie"* bezeichnet, sieht das oberste Arbeitsgericht von vornherein nicht als einen Grund an, der eine Kündigung

---

[422] *Pélissier/Supiot/Jeammaud*, Droit du travail, S. 593 Rn 482.
[423] Cass. soc. 16.3.2004 RJS 6/04, n° 607; Cass. soc. 7.4.1998, RJS 5/98, n° 580.
[424] Cass. soc. 16.1.2001, Dr. soc. 2001, 416; Cass. soc. 10.7.2002, RJS 11/02 n° 1216; Cass. soc. 9.3.2004, RJS 6/04 n° 667.
[425] Cass. soc. 9.3.2004, RJS 6/04, n° 667.
[426] Cass. soc. 16.3.2004, RJS 6/04, n° 667.
[427] Cass. soc. 17.6.1992 RJS 8-9/92, n° 980; Cass. soc. 15.10.1997, RJS 12/97, n° 1349; für die Ausweitung der Beurteilungsgrundlage auf den Konzern Cass. soc. 5.4.1995, Dr. soc. 1995, 488.

rechtfertigen kann, unabhängig davon, welche Auswirkung sie auf die Beschäftigungssituation haben kann.[428]

(3) Zur Kausalität zwischen Arbeitsplatzabbau und Kündigung

Bei der Kontrolle der Kausalzusammenhänge zwischen dem Arbeitsplatzabbau, der Veränderung des Arbeitsplatzes bzw. Arbeitsvertrages und der Kündigung sind die Richter nicht weniger streng. Die Kausalität wird verneint, wenn der Arbeitgeber dem Arbeitnehmer einen anderen Arbeitsplatz anbieten kann. Dann besteht eine Pflicht zur anderweitigen Beschäftigung *(obligation de reclassement)*. Sie ist zwar im Ergebnis eine Ausformung eines auch im französischen Kündigungsrecht existierenden Ultima-Ratio-Prinzips.[429] Die Prüfung wird jedoch an dieser Stelle verortet. Wurde die Weiterbeschäftigungspflicht nicht beachtet, ist die Kündigung grundlos ausgesprochen worden, weil der Kausalzusammenhang fehlt.[430] Diese Rechtsprechung wurde inzwischen vom Gesetzgeber übernommen. Die Weiterbeschäftigungspflicht besteht gem. Art. L. 321-1 Abs. 3 CT konzernweit.[431] Zudem müssen dem Arbeitnehmer die erforderlichen Fortbildungsmaßnahmen geboten werden, damit er seinen Arbeitsplatz behalten kann, allerdings reicht es, wenn die Fortbildung nur darauf abzielt, bereits bestehende Fähigkeiten des Arbeitnehmers auszubauen.[432]

(4) Zur Kausalität zwischen Arbeitsplatzabbau und wirtschaftlichem Grund

Die Überprüfung des konkreten Teils des wirtschaftlichen Grundes, d.h. der konkrete Einfluss der wirtschaftlichen Situation auf die Beschäftigung und in diesem Rahmen die Rechtfertigung des Abbaus oder der Änderung, wird von dem Gericht ausführlich durchgeführt.

Die Voraussetzung, dass ein Abbau von Arbeitsplätzen vorliegt, beurteilt sich auf der Ebene des Unternehmens.[433] Diese Voraussetzung ist nicht erfüllt, wenn der gekündigte Arbeitnehmer durch einen anderen Arbeitnehmer ersetzt wird, unabhängig davon, ob dieser neue Arbeitnehmer nur teilzeitbe-

---

[428] Cass. soc. 24.1990, Bull. civ. V n° 182; Cass. soc. 15.12.1998, RJS 2/99 n° 177; zustimmend *Waquet*, Dr. soc. 2000, 168, 170.

[429] Zur Entwicklung des Ultima-Ratio-Prinzips *Favennec-Héry* , Mélanges en l'honneur de Henry Blaise, S. 211.

[430] Cass. soc. 1.4.1992, RJS 5/92, n° 598; Cass. soc. 22.1.1992, RJS 3/92, n° 267; Cass. soc. 31.3.1998, RJS 5/98, n° 578.

[431] So auch schon vorher die Rechtsprechung Cass. soc. 7.4.2004, RJS 6/04 n° 666; Cass. soc. 27.10.1999, RJS 12/99, n° 1449.

[432] Cass. soc. 17.2.1998, RJS 4/98, n° 434; *Pélissier/Supiot/Jeammaud*, Droit du travail, S. 595 Rn. 483.

[433] Cass. soc. 5.4.1995, Dr. soc. 1995, 487.

schäftigt ist oder ein wesentlich niedrigeres Gehalt erhält.[434] Vergleichbar mit der deutschen Rechtsprechung zur sog. Austauschkündigung ist in diesem Zusammenhang die Linie der *Cour de cassation*, dass ein Beschäftigungswegfall dann nicht vorliegt, wenn für die gekündigten Arbeitnehmer sytematisch befristete Arbeitsverträge abgeschlossen werden.[435]

Allerdings sieht die *Chambre Sociale* es als zulässigen Abbau von Arbeitsplätzen an, wenn die Arbeit des gekündigten Arbeitnehmers auf mehrere Arbeitnehmer, die in dem Unternehmen bereits beschäftigt sind, verteilt wird.[436] Damit sieht die französische Rechtsprechung die Leistungsverdichtung grundsätzlich als zulässig an. Zum genauen Ausmaß gibt es allerdings bisher mangels Entscheidungen noch keine Vorgaben der *Cour de Cassation*.

Auch beim letzten Prüfungsschritt, dem Kausalzusammenhang zwischen Arbeitsplatzabbau und wirtschaftlichem Grund, geht die Rechtsprechung in ihrem Prüfungsumfang weit. Die Prüfung geht über eine reine Kausalitätsprüfung, so wie sie eigentlich vom Gesetz vorgesehen ist, hinaus und setzt früher an. Es wird zunächst untersucht, ob der Arbeitgeber vorwerfbar leichtfertig gehandelt hat oder sein Ermessen missbräuchlich ausgeübt hat *(détournement de pouvoir)*.[437] In einem solchen Fall wird nicht weitergeprüft, sondern das leichtfertige Handeln bzw. die missbräuchliche Ermessensausübung als wahrer Grund für die Kündigung qualifiziert. Auch wenn sich hierbei eine Parallele zur Willkürkontrolle des BAG aufdrängt, ist jedoch klar zu unterscheiden, dass die *Cour de cassation* gerade auf einen Fehler des Arbeitgebers abstellt und dabei seine Kontrolle nicht auf reine Willkür begrenzt. Der „schlechte" Unternehmer wird somit für seine schlechte Unternehmensführung sanktioniert, indem die Kündigungen, die er deswegen aussprechen muss, unzulässig sind und ihm die Zahlung besonders hoher Schadensersatz- und Abfindungssummen droht. Die Rechtsprechung geht noch weiter, und hält, diesmal unabhängig von jeglicher Verschuldensfrage auf Arbeitgeberseite, Kündigungen für nicht gerechtfertigt, wenn der Arbeitsplatzabbau nicht unerlässlich war, so zumindest regelmäßig dann, wenn der Arbeitgeber als Grund die Einsparung von Arbeitnehmerausgaben angibt, ohne dass dies durch wirtschaftliche Schwierigkeiten bedingt ist.[438]

---

[434] So ließ die *Chambre Sociale* es nicht ausreichen, dass der neue Arbeitnehmer 34 Stunden monatlich zu einer Vergütung von 1040 FF erhält, im Vergleich zu 173 Stunden monatlich und einer Vergütung von 10250 FF beim gekündigten Arbeitnehmer, Cass. soc. 2.10.1991 pourvoi, n° 90-44505.

[435] Cass. soc. 12.2.1997 RJS 3/97 n° 265 ; Cass. soc. 16.10.1997 RJS 12/97 n° 1348.

[436] Cass. soc. 2.6.1993, Dr. soc. 1993, 678; Cass. soc. 29.1.1992 RJS 1992, n° 264; *Waquet*, Dr. soc. 2000, 168, 172.

[437] Cass. soc. 26.2.1992, RJS 4/92, n° 422.

[438] Cass. soc. 15.12.1998, RJS 2/99, n° 177; Cass. soc. 24.4.1990, RJS 6/90, n° 479.

(5) Zur Unternehmerfreiheit: Das Ausmaß des Arbeitsplatzabbaus

Platz wird der unternehmerischen Freiheit erst, nachdem die Notwendigkeit der Umstrukturierung des Unternehmens zur Sicherung der Wettbewerbsfähigkeit bejaht wurde, im Rahmen der Frage eingeräumt, *wie viele* Arbeitsplätze abgebaut werden dürfen. Hier endet die Kontrollbefugnis der Richter. In der hierfür maßgeblichen Entscheidung der *Assemblée Plénière*[439] waren drei verschiedene Modelle zur Sicherung der Wettbewerbsfähigkeit möglich, wobei eines zum Abbau von 86 Arbeitsplätzen führte, das zweite 213 Arbeitsplätze entfallen ließ und das dritte den Abbau von 318 Arbeitsplätzen erforderte. Der Arbeitgeber entschied sich für das dritte Modell und damit für dasjenige, das mit Abstand die meisten Arbeitsplätze entfallen ließ. Die *Cour de cassation* sah die Kündigungen als gerechtfertigt an, mit der Begründung, dass die Wahl des Mittels, welches zur Sicherung der Wettbewerbsfähigkeit eingesetzt wird, nur dem Arbeitgeber zugestanden wird und damit kontrollfrei bleibt.[440] Als Grund hierfür wird angeführt, dass der von der Vorinstanz angeführte Beschäftigungsschutz bereits durch die ausführliche gesetzliche Regelung der Kündigung aus wirtschaftlichem Grund Rechnung getragen wird.[441]

3. Vergleich

Der wirtschaftliche bzw. dringende betriebliche Grund stellt den Rechtsanwender auf deutscher ebenso wie auf französischer Seite vor große Probleme. Zwar gibt es im französischen Recht eine gesetzliche Definition, doch auch diese hilft in der letzten Konsequenz, insbesondere bei der Bestimmung, welche wirtschaftliche Situation eine Kündigung rechtfertigen kann, nicht weiter. Der zwischenzeitliche Versuch, eine abschließende Definition festzulegen, ist gescheitert. In beiden Ländern ist es letztlich der Rechtsprechung überlassen, den Begriff auszufüllen und einen Prüfungsablauf ebenso wie den zulässigen Prüfungsumfang festzulegen. Dabei muss für beide Seiten zunächst festgehalten werden, dass die einzelnen Voraussetzungen ineinandergreifen und nicht immer genau voneinander getrennt werden können. Dies erschwert jeweils eine klare Prüfungsfolge und macht letztlich nur deutlich, wie schwer es ist, das Arbeitsrecht mit den Bedürfnissen der Wirtschaft in Einklang zu bringen. Weiterhin ist beiden Rechtssystemen gemein, dass ein

---

[439] Sie ist vergleichbar mit Entscheidungen des Großen Senats des BAG.

[440] C. cass. Ass. Plén. 8.12.2000 (*SAT*), D. 2001, 1125.

[441] So die Schlussfolgerungen des *Avocat général de Caigny* für die Entscheidung der *Assemblée Plénière*, Dr. soc. 2001, 126, 132; kritisch hierzu *Jeammaud/Le Friant*, Dr. soc. 2001, 417, 419 mit dem Vorwurf, das Gericht habe das verfassungsrechtlich geschützte Recht zur Beschäftigung außer Acht gelassen; zustimmend hingegen *Cristau*, Dr. soc. 2001, 126.

starkes Gewicht auf das kausale Element, die Verknüpfung zwischen den einzelnen Voraussetzungen gelegt wird. Zudem ist die Darlegungslast des Arbeitgebers in beiden Systemen vergleichbar. Wenn auch in Frankreich die Darlegungs- und Beweislast zunächst nicht dem Arbeitgeber auferlegt ist, gehen Unklarheiten dennoch zu seinen Lasten und in beiden Systemen wird verlangt, dass der Arbeitgeber hinreichend konkret die Tatsachen darlegt, die der Kündigung zugrunde liegen, so dass sie für den Richter überprüfbar wird.

Entscheidende Unterschiede finden sich aber bei den Entscheidungen des Arbeitgebers, die als zulässig angesehen werden und damit verbunden beim Umfang der Prüfungskompetenz der Richter. Gerade die in beiden Ländern aus der Verfassung hergeleitete und damit hoch eingestufte Unternehmerentscheidung erfährt eine stark voneinander abweichende Auslegung.

Wird im deutschen Kündigungsrecht zwischen gestaltender und selbstbindender Unternehmerentscheidung unterschieden mit der dazugehörenden Konsequenz, dass die Überprüfung an einem jeweils anderen Anknüpfungspunkt ansetzt, ist dies im französischen Kündigungsrecht nicht möglich. Eine gestaltende Unternehmerentscheidung nach deutschem Verständnis allein kann nach der französischen Rechtsprechung keine Kündigung rechtfertigen. Die Richter suchen immer nach einem Grund, der der Willensbildung des Arbeitgebers vorgelagert ist und diese rechtfertigen kann. Es muss einen äußeren Anlass z.B. für eine Betriebsschließung geben, sie darf nicht allein auf dem Willen des Arbeitgebers beruhen. Wo die deutsche Rechtsprechung von einer freien Unternehmerentscheidung, die eben auch die Schließung eines Betriebes umfasst, ausgeht und eine umfassende Kontrolle erst bei der Umsetzung dieser Entscheidung eintritt, sucht der französische Richter nach einer Rechtfertigung für diese Unternehmerentscheidung. Die Rechtsprechung geht noch weiter und beschränkt sich nicht auf den geschlossenen Betrieb, wenn sie die Rechtfertigung der Schließung überprüft, sondern bezieht auch andere Betriebe des Unternehmens mit ein. Auch wenn diese erste Hürde genommen ist, geht die Prüfungskompetenz des französischen Richters wesentlich weiter. Er überprüft sogar, ob die Unternehmensführung fehlerhaft war.

Der Schwerpunkt der richterlichen Überprüfung liegt demnach auf unterschiedlichen Ebenen. Vor den deutschen Arbeitsgerichten liegt der Schwerpunkt letztlich auf der Frage, ob tatsächlich ein Arbeitsplatzwegfall hervorgerufen wurde. In Frankreich spitzt sich hingegen alles auf die Frage zu, ob die Entscheidung des Arbeitgebers überhaupt gerechtfertigt und sinnvoll ist. Ist er aber einmal soweit gekommen, gleicht die Überprüfung der Richter dem deutschen Prüfungsraster, d.h., er muss ein Konzept vorlegen und dieses Konzept muss zum Wegfall von Arbeitsplätzen führen. Ob dieses Konzept dasjenige ist, das am wenigsten Arbeitsplätze entfallen lässt, wird dann nicht mehr beurteilt. Dadurch ist das Verständnis der „freien" Unternehmerentscheidung in Frankreich wesentlich restriktiver. Frei ist der Arbeitgeber in

Frankreich nur darin, zu entscheiden, wie vielen Arbeitnehmern er kündigen möchte, nicht aber, ob er Änderungen vornehmen möchte, die zu Kündigungen führen, also letztlich, ob er Arbeitnehmern kündigen möchte. Und auch an dieser Stelle muss noch einmal korrigierend nachgehakt werden. Denn auch die Entscheidung, wie vielen Arbeitnehmern gekündigt werden soll, ist nicht so frei, wie es den Anschein hat. Hier muss berücksichtigt werden, dass in Frankreich ebenso wie in Deutschland die Weiterbeschäftigungspflicht auf einem anderen Arbeitsplatz besteht. Bei der Auslegung dieser Pflicht geht die französische Rechtsprechung weiter und beschränkt sich nicht auf das Unternehmen, sondern weitet die Pflicht auf den Konzern aus, wenn einer vorliegt.

Dies erklärt auch, warum die im deutschen Kündigungsrecht hervorgehobene Missbrauchskontrolle der unternehmerischen Entscheidung in Frankreich keine Erwähnung findet. Die Prüfung der Richter ragt in Frankreich soweit in die Unternehmensführung hinein, dass es gar nicht erforderlich ist, auf eine Missbrauchskontrolle zurückzugreifen. Es wäre vielmehr ein „Minus" zum französischen Prüfungsumfang. Dass alleine die Entscheidung des Arbeitgebers, z.B. einen Betrieb zu schließen, nicht ausreicht und weitere – äußere – Faktoren hinzukommen müssen, um diese Entscheidung zu rechtfertigen, wird gerade damit begründet, dass alleine der Willensakt des Arbeitgebers zu reinen Willkürentscheidungen führen kann. Daher wird dieser Gefahr gleich vorgebeugt, indem sie gar nicht erst zulässig ist.

Die französischen Arbeitsgerichte führen demnach eine strengere Kontrolle des wirtschaftlichen Grundes durch, als die deutschen Gerichte in Bezug auf das dringende betriebliche Erfordernis.[442] Eine andere Entwicklung der Rechtsprechung zeichnet sich zur Zeit noch nicht ab. Zwar hat der *Conseil constitutionnel* mit seinem Urteil vom 12.1.2002[443] zur *Loi de Modernisation sociale* einer restriktiveren gesetzlichen Definition des wirtschaftlichen Grundes unter Rückgriff auf die unternehmerische Freiheit einen Riegel vorgeschoben. Das Hervorheben der unternehmerischen Freiheit hat sich aber bisher nicht nachhaltig auf das Ausmaß der richterlichen Kontrolle der betriebsbedingten Kündigung ausgewirkt.

---

[442] Auf die Tendenz der Gerichte, eine strenge Kontrolle in Bezug auf den wirtschaftlichen Grund durchzuführen weisen z.B. auch *Waquet*, Dr. soc. 2000, 168, 174 f.; *Pélissier/Supiot/Jeammaud*, Droit du travail, S. 594 ff. hin; s. hierzu auch *Balmary*, Dr. soc. 2004, 272, 276, nach dem die Rechtsprechung die Grenzen des Möglichen i.R.d. Kontrolle des wirtschaftlichen Grundes erreicht hat., der aber insgesamt dem Kontrollsystem der *Cour de cassation* wohl durchaus zustimmend gegenübersteht.

[443] Cons. const. 12.1.2002 n° 2002-455 DC, J.O .18.1.2002.

V. Überblick zum systematischen Aufbau des präventiven Kündigungsschutzes

1. Aufbau des präventiven Kündigungsschutzes in Deutschland

a) Allgemeiner präventiver Kündigungsschutz

Dem präventiven Kündigungsschutz wird in den Bearbeitungen zum deutschen Kündigungsrecht i.d.R. nur ein kleiner Teil gewidmet. Grund hierfür ist, dass ein allgemeiner präventiver Kündigungsschutz, der für alle oder zumindest mehrere Kündigungsarten oder –gründe gilt, nur in geringem Ausmaß existiert. Die einzige Regelung, die als allgemeingültige Vorschrift des präventiven Kündigungsschutzes bezeichnet werden kann, weil sie unabhängig von Kündigungsgrund und Status des Arbeitnehmers anzuwenden ist, findet sich in § 102 BetrVG. Danach muss der Betriebsrat vor Ausspruch der Kündigung informiert und angehört werden. Dieses Erfordernis gilt unabhängig vom Kündigungsgrund, von der Kündigungsart und vom Status der Person, der gekündigt werden soll.

Auf der Suche nach Elementen eines präventiven Kündigungsschutzes im deutschen Kündigungsrecht könnte auch erwogen werden, ob das Risiko des Arbeitgebers, am Ende eines Kündigungsschutzprozesses an den nicht weiterbeschäftigten Arbeitnehmer Verzugslohn gem. §§ 615, 293 ff. BGB zu zahlen, eine faktische Präventionswirkung aufweist. Denn die Unsicherheit, die mit dem Annahmeverzug des Arbeitgebers in Bezug auf die Höhe des Verzugslohns verbunden ist, könnte dazu führen, dass der Arbeitgeber von dem Ausspruch einer Kündigung absieht. Allerdings ist bei dem Verzugslohn zunächst zu beachten, dass es für den Arbeitgeber auch bei Zahlung des Verzugslohns langfristig immer noch günstiger ist, dem Arbeitnehmer zu kündigen, als ihn weiterzubeschäftigen. Außerdem fehlt hier auch ein entscheidendes Element im Vergleich zu den anderen Präventivmaßnahmen. Bei ihnen zieht ein Verstoß im deutschen Kündigungsrecht i.d.R. die Rechtsfolge der Unwirksamkeit der Kündigung nach sich. Eine vergleichbare Rechtsfolge besteht nicht im Zusammenhang mit den Annahmeverzugsregelungen. Ebensowenig sind die Regelungen zum Annahmeverzug in ein bestimmtes Verfahren eingebettet. Daher wird im Rahmen dieser Bearbeitung nicht weiter auf den Verzugslohn nach § 615 S. 1 BGB eingegangen. Festzuhalten bleibt dennoch im Hinblick auf einen abschließenden Vergleich, dass auf deutscher Seite zumindest in faktischer Hinsicht der präventive Kündigungsschutz durch die Annahmeverzugsregelung flankiert wird.

Je nach Kündigungsgrund können weitere Regelungen des präventiven Kündigungsschutzes hinzukommen, die dann nur für diesen bestimmten

Kündigungsgrund einschlägig sind. Dabei lässt sich keine systematische Unterteilung nach den drei Kündigungsgründen beobachten. Es ist vielmehr so, dass nur in ganz speziellen Konstellationen ein präventiver Kündigungsschutz, der über die Betriebsratsanhörung nach § 102 BetrVG hinausgeht, besteht.

Am deutlichsten ist die Entwicklung solcher speziellen Vorschriften i.R.d. betriebsbedingten Kündigung zu beobachten. Das Gesetz sieht für Betriebsänderungen und Massenentlassungen regulierte Verfahren vor, die vor Ausspruch der Kündigung eingehalten werden müssen.

Als prägnantes Beispiel für die Zersplitterung des präventiven Kündigungsschutzes im deutschen Kündigungsrecht auf verschiedene Einzelfallkonstellationen kann zudem das Erfordernis der Anhörung des Arbeitnehmers angeführt werden. Denn obwohl sich gerade die Anhörung des Arbeitnehmers prinzipiell gut dazu eignet, als Instrument des allgemeinen präventiven Kündigungsschutzes ausgestaltet zu werden, wird sie nur für den Fall der Verdachtskündigung verlangt.[444] Ein zaghafter Versuch der Rechtsprechung im Jahr 1960,[445] eine allgemeine Anhörungspflicht für die außerordentliche Kündigung aus der Fürsorgepflicht des Arbeitgebers herzuleiten, verlief schnell im Sande.[446]

b) Statusbezogener präventiver Kündigungsschutz

Am strengsten ist der präventive Kündigungsschutz ausgestaltet, wenn seine Anwendung vom Status der Arbeitnehmer abhängt. Der Gesetzgeber sieht den Arbeitnehmer aufgrund seines Status als besonders schutzbedürftig an. Dabei kann dieser Komplex weiter aufgeteilt werden in die Gruppe der Arbeitnehmer, die wegen ihrer Funktion als besonders schutzbedürftig erachtet werden und die Arbeitnehmer, die aufgrund tatsächlicher Gegebenheiten, die in ihrer physischen Konstitution oder ihrer privaten Lebenssituation begründet sind, als besonders schutzbedürftig angesehen werden.

---

444 BAG 11.4.1985 AP § 102 BetrVG 1972 Nr. 39; BAG 30.4.1987 AP § 626 BGB Verdacht strafbarer Handlung Nr. 19; BAG 13.9.1995 AP § 626 BGB Verdacht strafbarer Handlung Nr. 25; BAG 26.9.2002 AP § 626 BGB Verdacht strafbarer Handlung Nr. 37; APS/*Dörner*, § 626 BGB Rn. 348; KR/*Fischermeier*, § 626 BGB Rn. 230; KDZ/*Däubler*, § 626 BGB Rn. 155; *Fischer*, BB 2003, 522; MünchArbR/*Berkowsky*, § 144 Rn. 6; ErfK/*Müller-Glöge*, § 626 BGB Rn. 213; KPK-*Schiefer/Heise*, § 1 Sozial ungerechtfertigte Kündigungen Rn. 759.

445 BAG 14.7.1960 EzA § 123 BGB Nr. 3.

446 KR/*Fischermeier*, § 626 BGB Rn. 31; kritisch zu der Auffassung, dass abgesehen von der Verdachtskündigung bei der außerordentlichen Kündigung die Anhörung nicht erforderlich ist z.B. KDZ/*Däubler*, § 626 BGB Rn. 36 unter Hinweis darauf, dass der außerordentlichen Kündigung der Gedanke des „unausweichlich letzten Mittels" zugrunde liegt.

Als wichtigste Fälle der ersten Kategorie sind die Betriebsratsmitglieder,[447] der Wahlvorstand sowie die Wahlbewerber zum Betriebsratsamt zu nennen.[448] Unterschiede bestehen im Einzelnen vor allem in Bezug auf die Dauer des besonderen Kündigungsschutzes.[449]

Nach § 15 Abs. 1 bis 3 KSchG ist die ordentliche Kündigung von Betriebsratsmitgliedern, Wahlbewerbern und dem Wahlvorstand zur Betriebsratswahl ausgeschlossen. Der wirksame Ausspruch einer außerordentlichen Kündigung bedarf gem. § 103 Abs. 1 BetrVG der Zustimmung des Betriebsrats. Eine nicht ganz unproblematische Regelung, denn letztlich muss das Organ, dem der Betroffene ggf. angehört, über dessen Kündigung entscheiden. Wenn die Kündigung ohne vorherige Zustimmung des Betriebsrats ausgesprochen wird, ist sie nach § 134 BGB nichtig.[450] Einem direkten Interessenkonflikt wird zunächst dadurch entgegengewirkt, dass das von der Kündigungsentscheidung betroffene Betriebsratsmitglied nicht an der Entscheidung über die Erteilung der Zustimmung beteiligt ist. An seine Stelle tritt sein Ersatzmitglied.[451] Dieser besonderen Situation, in der sich Interessenkonflikte aufdrängen, trägt die Regelung in § 103 Abs. 2 BetrVG Rechnung, nach der die Zustimmung des Betriebsrats auf Antrag des Arbeitgebers durch das Arbeitsgericht ersetzt werden kann, wenn die außerordentliche Kündigung gerechtfertigt ist.[452] Durch die Regelung in § 103 BetrVG soll zum einen verhindert werden, dass Mitglieder betriebsverfassungsrechtlicher Organe (und ihnen

---

[447] Für Personalräte besteht i.E. dieselbe Rechtslage, geregelt durch § 15 Abs. 2 KSchG i.V.m. § 47 Abs. 1 BPersVG.

[448] Zudem nennt das Gesetz noch die Mitglieder der Jugend- und Auszubildendenvertretung, der Bordvertretung, des Seebetriebsrats und der jeweiligen Wahlvorstände und Wahlbewerber; gem. § 29a HAG sind in Heimarbeit Beschäftigte, die eine nach § 103 BetrG geschützte betriebsverfassungsrechtliche Funktion ausüben und gem. § 96 Abs. 3 SGB IX Mitglieder der Schwerbehinderten – und Gesamtschwerbehindertenvertretung ebenso wie die Wahlbewerber für diese Ämter den in § 103 BetrVG geschützten Personen gleichgestellt.

[449] Das Zustimmungserfordernis besteht für die Miglieder der geschützten Einrichtungen nur während ihrer Amtszeit; die Wahlbewerber und der Wahlvorstand sind bis zur Verkündung des Wahlergebnisses besonders geschützt; für den Wahlvorstand beginnt der Schutz mit seiner Bestellung, für die Wahlbewerber mit Aufstellung des Wahlvorschlags; s. hierzu ErfK/*Kania*, § 103 BetrVG Rn. 3 ff.

[450] Stahlhacke/Preis/*Stahlhacke*, S. 647 Rn. 1640.

[451] Stahlhacke/Preis/*Stahlhacke*, S. 647 Rn. 1658; wenn das betroffene Betriebsratsmitglied dennoch an der Beratung über seine eigene Kündigung teilnimmt, ist der Beschluss nichtig, BAG 23.8.1984 EzA § 103 BetrVG 1972 Nr. 30.

[452] In Bezug auf den Antrag ist zu beachten, dass dieser frühestens drei Tage, nachdem die Zustimmung beim Betriebsrat beantragt wurde, zu stellen ist und zugleich die Drei-Wochen-Frist des § 626 Abs. 2 BGB eingehalten werden muss; s. hierzu BAG 7.5.1986 AP § 103 BetrVG 1972 Nr. 18; BAG 24.10.1996 AP § 103 BetrVG 1972 Nr. 32.; nähere Ausführungen zum Zustimmungsverfahren nach § 103 BetrVG s. z.B. *Oetker*, AuR 1987, 224 ff.; KR/*Etzel*, § 103 BetrVG Rn. 165 ff., Rn. 182 ff.

gleichgestellter Organe) entlassen werden, indem unbegründete außerordentliche Kündigungen ausgesprochen werden; i.E. soll dadurch die Arbeit des Betriebsrats geschützt werden. Zum anderen soll zugleich verhindert werden, dass der Betriebsrat eine begründete außerordentliche Kündigung blockieren kann, indem er seine Zustimmung nicht erteilt.[453]

Die zweite Kategorie umfasst Schwerbehinderte, Schwangere sowie Arbeitnehmer, die sich in der Elternzeit befinden. Auch für diese besonders geschützten Arbeitnehmer setzt die wirksame Kündigung die Einholung einer Zustimmung voraus. Im Gegensatz zu der zuvor behandelten Kategorie besteht in diesen Fällen jedoch die Besonderheit, dass eine Behörde, also eine Stelle außerhalb des Unternehmens für die Erteilung der Zustimmung zuständig ist.

Gem. § 85 SGB IX muss der Arbeitgeber vor Ausspruch der Kündigung eines schwerbehinderten oder ihnen gleichgestellten Arbeitnehmers[454] die Zustimmung des Integrationsamts einholen.[455] Das Zustimmungserfordernis ist weitreichend, es gilt nicht nur für die ordentliche, sondern auch für außerordentliche Kündigungen (s. hierzu § 91 SGB IX), unabhängig davon, ob es sich um eine Beendigungs- oder eine Änderungskündigung handelt.[456] Wichtigste Ausnahme zum Zustimmungserfordernis ist gem. § 90 Abs. 1 Nr. 1 SGB IX jedoch, dass das Arbeitsverhältnis länger als sechs Monate bestehen muss. Fehlt die Zustimmung, ist die Kündigung nach § 134 BGB unwirksam.[457]

Einem besonderen präventiven Kündigungsschutz sind zudem Frauen während ihrer Schwangerschaft und bis zum Ablauf von vier Monaten nach der Entbindung unterstellt. Für sie gilt zunächst gem. § 9 Abs. 1 MuSchG grund-

---

[453] KR/*Etzel*, § 103 BetrVG Rn. 7.

[454] Für die Gleichstellung eines Arbeitnehemrs mit Schwerbehinderten ist § 2 Abs. 3 SGB IX maßgeblich.

[455] Eine weitere Vorschrift i.R.d. Schwerbehindertenrechts, die dem präventiven Kündigungsschutz zuzuordnen ist, ist § 84 Abs. 2 SGB IX. Diese Regelung sieht vor, dass der Arbeitgeber vor Ausspruch der Kündigung eines Schwerbehinderten oder ihm Gleichgestellten, der innerhalb eines Jahres länger als sechs Wochen arbeitsunfähig war, ein betriebliches Eingliederungsmanagement durchführen muss, um den Ausspruch der Kündigung zu vermeiden. Zur Herleitung der Unwirksamkeitsfolge s. ausführlich, *Brose*, DB 2005, 390 ff. m.w.N.; ebenso in einem obiter dictum LAG Niedersachsen 29.3.2005 LAGE § 1 KSchG Krankheit Nr. 36; ablehnend hingegen ArbG Halberstedt 11.5.2005, AuA 2005, 567.

[456] ErfK/*Rolfs*, § 85 SGB IX Rn. 12; KR/*Etzel*, §§ 85-90 SGB IX Rn. 6.

[457] BAG 16.3.1994 AP Einigungsvertrag Anlage I Kap. XIX Nr. 21; BVerwG 19.10.1995 BVerwGE 99, 336, 340; ErfK/*Rolfs*, § 85 SGB IX Rn. 14. Zur Auslegung des § 4 S. 4 KSchG s. die neuere Rechtsprechung BAG 3.7.2003 EzA § 113 InsO Nr. 14; KR/*Friedrich*, § 4 KSchG Rn. 202b; APS/*Vossen*, § 85 SGB IX Rn. 34a; *Preis*, DB 2004, 70, 77f.; *Schmidt*, NZA 2004, 79, 81; *Richardi*, DB 2004, 486, 489; einschränkender *Bauer*, NZA 2004, 196, der den Beginn der Klagefrist an den Zeitpunkt anknüpfen will, ab dem die Zustimmungsfiktion nach §§ 91 Abs. 3 S. 2 , 88 Abs. 5 SGB IX eintritt.

sätzlich ein absolutes Kündigungsverbot.[458] Die ausnahmsweise Zulässigkeit einer Kündigung setzt die Erlaubnis der für den Arbeitsschutz zuständigen obersten Landesbehörde oder der von ihr bestimmten Stelle voraus, wenn ein besonderer Fall vorliegt, § 9 Abs. 3 MuSchG. Ansonsten ist die Kündigung gem. § 134 BGB nichtig.[459] Die Erlaubnis nach § 9 Abs. 3 MuSchG weist insoweit Besonderheiten gegenüber der Zustimmung nach § 85 SGB IX auf, als § 9 MuSchG ein absolutes Kündigungsverbot vorsieht und die Zulässigkeitserklärung nach § 9 Abs. 3 MuSchG eine Befreiung von diesem Verbot darstellt. Hierdurch hat der Gesetzgeber klargestellt, dass die Zulässigkeit der Kündigung i.R.d. § 9 MuSchG wesentlich restriktiver zu handhaben ist, als i.R.d. § 85 SGB IX.[460] Daher wird diese Regelung auch als „repressives gesetzliches Verbot mit Erlaubnisvorbehalt" bezeichnet.[461] Das schließt aber die Zuordnung des Erlaubniserfordernisses zum präventiven Kündigungsschutz nicht aus. Denn für den Fall, dass das grundsätzliche Verbot nicht besteht, wird der Weg gewählt, den präventiven Kündigungsschutz durch einen zusätzlichen Verfahrensschritt, die Einholung der Erlaubnis i.S.v. § 9 Abs. 3 MuSchG, zu ergänzen. Die Voraussetzung wurde lediglich anders formuliert. In der Sache handelt es sich aber um dieselbe rechtliche Konstruktion.[462]

Vergleichbar mit dem besonderen Erlaubnisvorbehalt des § 9 MuSchG ist die Regelung des § 18 BErzGG (bzw. § 18 BEEG), die zunächst die Kündigung von Arbeitnehmern, die sich in der Elternzeit befinden bzw. beantragt haben, ausschließt, ausnahmsweise aber eine Kündigung zulässt. Nach § 18 Abs. 1 S. 3 BErzGG ist jedoch auch in diesem Fall wieder eine Zulässigkeitserklärung erforderlich, die durch die für den Arbeitsschutz zuständige oberste Landesbehörde oder die von ihr bestimmte Stelle erteilt werden muss. Ansonsten tritt wieder die Nichtigkeitsfolge des § 134 BGB ein.[463]

2. Aufbau des präventiven Kündigungsschutzes in Frankreich

a) Allgemeiner präventiver Kündigungsschutz

Das französische Kündigungsrecht ist geprägt von einem stark ausgebauten, der Kündigung zwingend vorgeschalteten Kündigungsverfahren. Dieses Kün-

---

[458] APS/*Rolfs*, § 9 MuSchG Rn. 12.

[459] HWK/*Hergenröder*, § 9 MuSchG Rn. 10

[460] Anders als bei Schwerbehinderten, für deren Kündigung i.d.R. bereits ein wichtiger Grund ausreicht, müssen für die Kündigung der von § 9 MuSchG geschützten Arbeitnehmerin nach den Verwaltungsvorschriften der Länder außergewöhnliche Umstände vorliegen, APS/*Rolfs*, § 9 MuSchG Rn. 13.

[461] KR/*Bader*, § 9 MuSchG Rn. 68.

[462] Zur Einordnung dieses Verfahrenserfordernisses in § 4 S. 4 KSchG s. LAG Düsseldorf 10.2.2005 NZA-RR 2005, 382.

[463] BAG 17.2.1994 AP § 626 BGB Nr. 115; BAG 11.3.1999 AP § 18 BErzGG Nr. 4.

digungsverfahren existiert seit 1973[464] und ist auch heute noch nach den seit diesem Zeitpunkt bestehenden Grundzügen vor jeder Kündigung durchzuführen.[465] Die Regelungen des präventiven Kündigungsschutzes gelten unabhängig von der Größe des Unternehmens, der Dauer der Unternehmenszugehörigkeit oder des Kündigungsgrundes.[466] Auch die Schwere eines vom Arbeitnehmer begangenen Fehlers kann nicht dazu führen, dass das Kündigungsverfahren nicht mehr erforderlich ist.[467] Das gilt selbst dann, wenn der Arbeitnehmer diesen Fehler eingesteht.[468] Grund hierfür ist, dass gerade dann die Verfahrensgarantien gewahrt werden müssen, wenn das Kündigungsrisiko besonders schwerwiegend ist.[469]

Zentrale Vorschrift des allgemeinen Kündigungsverfahrens ist Art. L. 122-14 CT, der es in drei Verfahrensabschnitte unterteilt. Es handelt sich hierbei um die Vorladung zum Kündigungsgespräch, das Gespräch selbst, das zwischen dem Arbeitgeber und dem Arbeitnehmer stattfindet *(entretien préalable*, wörtlich übersetzt „Vorgespräch") und – nach Einhaltung einer gewissen Frist – das Kündigungsschreiben *(notification du licenciement)*. Das Kündigungsverfahren existiert demnach nur auf der individualrechtlichen Ebene, eine dem § 102 I BetrVG vergleichbare Betriebsratsanhörung gibt es in diesem Zusammenhang nicht.

Auf den „Sockel" des allgemeinen Kündigungsverfahrens werden im Wesentlichen in den Fallgruppen der Kündigung aus wirtschaftlichen Gründen und der Kündigung aus disziplinären Gründen jeweils weitere Verfahrensschritte hinzugefügt, die wiederum ein in sich geschlossenes System darstellen.[470] Im Folgenden wird das als Basis dienende Verfahren zur Verdeutlichung als „allgemeines Kündigungsverfahren" bezeichnet. In seiner Reinform ist es im Falle der personenbedingten Kündigung anwendbar.

Die grundsätzliche Erforderlichkeit des Kündigungsverfahrens wird heute nicht mehr in Frage gestellt. In Anbetracht der schwerwiegenden Folgen ei-

---

[464] *Encyclopédie Dalloz*, tome 2, Contrat de travail à durée indéterminée (Rupture-licenciement pour motif personnel: conditions), S. 4 n° 22.

[465] *Jeammaud*, Le licenciement, S. 21.

[466] *Mazeaud*, Droit du travail, S. 344 Rn. 491; einzige Voraussetzung ist die Beendigung der Probezeit. Die Vereinheitlichung des Kündigungsverfahrens, das bereits seit dem Gesetz vom 13.7.1973 existiert, ist mit den Gesetzen vom 30.12.1986 und vom 2.8.1989 eingeführt worden, *Pélissier/Supiot/Jeammaud*, Droit du travail, S. 516 Rn. 414.

[467] Cass. soc. 4.4.1978, Dr. soc. 1979, 292; *Encyclopédie Dalloz*, tome 2, Contrat de travail à durée indéterminée (Rupture-Licenciement pour motif personnel : conditions), S. 4 n° 32 ;

[468] Cass. soc. 22.3.1979, Dr. soc. 1979, 293; Cass. soc. 9.10.1980 Bull. civ. V. 534; *Pélissier/Supiot/Jeammaud*, Droit du travail, S. 515f. Rn. 415.

[469] *Pélissier/Supiot/Jeammaud*, Droit du travail, S. 516 Rn. 415, die dies als « logische Folge » bezeichnen.

[470] Vereinzelte Ausnahmen bzw. Abwandlungen im allgemeinen Verfahren bestehen im Rahmen von Massenentlassungen, *Mazeaud*, Droit du travail, S. 344 Rn. 491.

ner Kündigung für den Arbeitnehmer wird es als angemessen angesehen, dass der Arbeitgeber ein gesondertes Verfahren einhalten muss.[471] Die Rechtsfolge im Falle der Nichtbeachtung des Verfahrens ist gem. Art. L. 122-14-4 bzw. Art. L. 122-14-5 CT grundsätzlich der Schadensersatz.[472]

b) Statusbezogener präventiver Kündigungsschutz

Auch im französischen Kündigungsrecht besteht für bestimmte Personengruppen ein verstärkter präventiver Kündigungsschutz. Ebenso wie im deutschen Kündigungsrecht bestehen die besonderen Verfahrenserfordernisse zusätzlich neben den Regelungen des allgemeinen Kündigungsrechts, die ebenfalls einzuhalten sind.[473] Auch hier können zwei Kategorien von statusbezogenem präventivem Kündigungsschutz unterschieden werden. Zum einen kann sich die erhöhte Schutzbedürftigkeit aus der persönlichen Sphäre des Arbeitnehmers ergeben, zum anderen wird sie aus der Ausübung bestimmter Funktionen des Arbeitnehmers hergeleitet.

In die erste Kategorie fallen zunächst die schwangeren Arbeitnehmerinnen und jungen Mütter. Für schwangere Arbeitnehmerinnen und Arbeitnehmerinnen in den ersten sechs Wochen nach der Entbindung besteht auch in Frankreich ein Kündigungsverbot, Art. L. 122-25-2 CT. Ausnahmsweise ist eine Kündigung zulässig, wenn die Arbeitnehmerin einen schweren Fehler *(faute grave)* begangen hat, der nicht in Bezug zur Schwangerschaft steht und wenn es dem Arbeitgeber aufgrund von Umständen, die außerhalb der Schwangerschaft liegen, unmöglich ist, den Vertrag aufrechtzuerhalten, Art. L. 122-25-2 CT. Ein solcher Umstand kann z.B. auch bei einer Massenentlassung vorliegen, es ist nicht erforderlich, dass es sich um einen Fall höherer Gewalt handelt.[474] Dieses grundsätzliche Kündigungsverbot steht unter der Androhung der Unwirksamkeit der Kündigung. Nachdem sich die Rechtsprechung zunächst gegen die Anwendung dieser Sanktion gewehrt hatte, hat nun die *Cour de Cassation* vorgegeben, dass zumindest dann, wenn die Arbeitnehmerin ihre Wiedereingliederung in den Betrieb verlangt, weiterbeschäftigt wird,

---

471 *Ray*, Droit du travail, S. 263 Rn. 183; *Mazeaud*, Droit du travail, S. 343f. Rn. 490; speziell in Bezug auf die Durchführung eines Kündigungsgesprächs *Taquet*, JCP-E, 1993, n° 245, 236; *Allouche*, SSL 1991, n° 578 S. 3.

472 Weiterhin ist es möglich, dass durch einen Tarifvertrag die Verfahrensvorschriften ergänzt werden, wenn diese für den Arbeitnehmer vorteilhafter sind als die gesetzlichen Vorgaben *Camerlynck*, Droit du travail, tome 1, S. 432 Rn. 403. Falls die tarifvertraglichen Vorgaben nicht vom Arbeitgeber eingehalten werden, ist anerkannt, dass dadurch dem Arbeitnehmer zwangsläufig ein Schaden entsteht und er somit gegen den Arbeitgeber einen Anspruch auf Schadensersatz hat, Cass. soc. 18.2.1998 RJS 4/98 n° 457; Liaisons Sociales, Sonderheft November 2003 Licenciement pour motif personnel, S. 102 n° 158.

473 S. z.B. *Mazeaud*, Droit du travail, S. 144 Rn. 238, für die représentants du personnel.

474 Cass. soc. 19.11.1997 RJS 1/98 n° 24.

ansonsten aber die Sanktion der Schadensersatz ist.[475] Die betroffene Arbeitnehmerin hat somit ein Wahlrecht. Besonderheiten bestehen im Rahmen der Zusammensetzung des Schadensersatzes aber insoweit, als hierunter auch die Gehälter fallen, die die Arbeitnehmerin erhalten hätte, wäre ihr Arbeitsvertrag nicht gekündigt worden.[476] Da im französischen Kündigungsrecht nicht der Grundsatz des Bestandsschutzes herrscht, ist diese, den deutschen Regelungen zum Annahmeverzug vergleichbare Lösung, bemerkenswert.

Trotz des Kündigungsverbotes ist es zulässig, wenn der Arbeitgeber bereits während der Phase, in der die werdende Mutter bzw. die Mutter besonders geschützt ist, das Kündigungsverfahren einleitet, z.B. die Arbeitnehmerin zum Kündigungsgespräch einlädt. Wichtig ist nur, dass die Kündigung erst dann mitgeteilt wird, wenn der Zeitraum, in dem die Arbeitnehmerin unter besonderem Kündigungsschutz steht, beendet ist.[477] Trotz der Verschärfung der Sanktionen und der Einschränkung des Kündigungsrechts des Arbeitgebers ist nicht zugleich auch das Kündigungsverfahren für den Ausnahmefall, dass der Arbeitnehmerin gekündigt werden darf, strenger ausgestaltet. Eine dem deutschen Kündigungsrecht entsprechende Regelung, nach der die Erlaubnis einer Behörde zuvor eingeholt werden muss, gibt es im französischen Kündigungsrecht nicht.

Auch in Bezug auf Arbeitnehmer, die sich in der Elternzeit *(congé parental)* befinden, sieht das Gesetz keine Erschwerung des Kündigungsverfahrens vor. Hier geht das französische Recht sogar noch weiter, indem weder das Gesetz noch die Rechtsprechung ein Verbot ausspricht, dem betreffenden Arbeitnehmer zu kündigen. Der Arbeitgeber kann nach den allgemeinen Vorschriften eine wirksame Kündigung aussprechen, solange nur nicht der Kündigungsgrund in der Elternzeit liegt.[478]

Ebensowenig bestehen besondere Verfahrenserfordernisse, insbesondere keine Zustimmung von einer Behörde, die der Arbeitgeber vor Ausspruch der Kündigung eines schwerbehinderten Arbeitnehmers einzuhalten hat. Der besondere Schutz behinderter Arbeitnehmer wird durch andere Instrumente zu erreichen versucht. So sieht z.B. Art. L. 323-7 CT vor, dass die gesetzliche Kündigungsfrist verdoppelt wird, wobei aber eine Obergrenze von drei Monaten nicht überschritten werden darf.[479] Der Anknüpfungspunkt ist hier gerade nicht das Verfahren vor Ausspruch der Kündigung.

---

[475] Cass. soc. 30.4.2003 Bull. civ. V, n° 152; *Pélissier/Supiot/Jeammaud*, Droit du travail, S. 542 Rn. 442ff.

[476] Cass. soc. 7.7.1976 , Bull. civ. V n° 435; Cass soc. 16.7.1987, D. 1987 IR 181; Cass. soc. 10.4.1991 *(Framatome)*, Liaisons sociales, n° 6553, 3.

[477] Cass. soc. 5.7.1978, Bull. civ. V n° 557; Cass. soc. 29.5.1990 RJS 7/90, n° 560.

[478] Cass. soc. 18.10.1989, Bull. civ. V n° 602.

[479] Wenn jedoch eine kollektivvertragliche oder gewohnheitsrechtlich vereinbarte Kündigungsfrist besteht, die drei Monate oder mehr beträgt, ist diese Frist einschlägig.

Besonders geschützt sind zudem noch die Arbeitnehmer, die aufgrund eines Arbeitsunfalls oder einer Berufskrankheit arbeitsunfähig geworden sind. Grundsätzlich ist die Kündigung dieser Arbeitnehmer während des Zeitraums der Genesung unzulässig, es sei denn, der Arbeitnehmer hat eine *faute grave* begangen oder dem Arbeitgeber ist es unmöglich, den Arbeitsvertrag aufrecht zu erhalten, wobei der Grund hierfür nicht in dem Arbeitsunfall bzw. der Krankheit liegen darf, Art. L. 122-32-2 CT. Der Arbeitgeber darf jedoch das Kündigungsverfahren wie auch während der Dauer des Mutterschutzes bereits in dem Zeitraum, in dem die Durchführung des Arbeitsvertrags ausgesetzt ist, einleiten. Wichtig ist wieder nur, dass die Mitteilung der Kündigung erst nach Ablauf dieser Periode erfolgt.[480] Entschließt sich der Arbeitgeber, den Arbeitnehmer in diesen Fällen nach Ablauf des Schutzzeitraums zu kündigen, muss er zunächst der sog. Pflicht der anderweitigen Beschäftigung *(obligation de reclassement)*[481] nachkommen und im Rahmen dieses Vorgangs dem Arbeitnehmer eine Weiterbeschäftigung auf einem anderen Arbeitsplatz vorschlagen. Hierfür muss er zunächst die Stellungnahme der Belegschaftsvertreter *(délégués du personnel)* einholen, Art. L. 122-32-5 CT. Unterlässt der Arbeitgeber diese Konsultation, ist die anschließende Kündigung unrechtmäßig. Gem. Art. L. 122-32-7 CT muss der Arbeitgeber eine Entschädigung zahlen, die nicht weniger als 12 Monatsgehälter betragen darf.[482]

Neben den bisher genannten Fällen ist noch die Kategorie zu nennen, die diejenigen Arbeitnehmer zusammenfasst, denen aufgrund ihrer Amtsausübung ein besonderer Schutz zukommt. Ebenso wie im deutschen Recht wird auch auf französischer Seite der besonderen Situation der Arbeitnehmervertreter Rechnung getragen und der Schutz vor Kündigungen bereits i.R.d. Verfahrens verstärkt. Dieser besonders geschützte Personenkreis kann weiter aufgeteilt werden in die von der Belegschaft gewählten Arbeitnehmervertreter, sowie diejenigen, die im Zusammenhang mit der Wahl stehen und die übrigen Arbeitnehmer, die die Interessen der Belegschaft wahrnehmen.

In die erste Kategorie gehören im Wesentlichen die Mitglieder (und Ersatzmitglieder) des *comité d'entreprise* (Art. L. 436-1 CT), die Belegschaftsvertreter *(délégués du personnel*, Art. L. 425-1 CT)[483] und die Mitglieder des

---

[480] Cass. soc. 17.1.1996, Bull. civ. n° 14; Cass. soc. 13.2.1996, RJS 4/96 n° 395.

[481] S. zur *obligation de reclassement* (= Gebot anderweitiger Beschäftigung, wörtlich Pflicht der Neueinordnung) ausführlich *Janssen*, Das Gebot anderweitiger Beschäftigung im deutschen und französischen Kündigungsschutz.

[482] Cass. soc. 13.12.1995 RJS 3/96 n° 268; die Konsultation des *délégué du personnel* kann nicht wirksam durch die Konsultation des *comité d'entreprise* oder des Vertreters einer Gewerkschaft ersetzt werden Cass. soc. 22.3.2000, Bull. civ. V, n° 119; Cass. soc. 21.2.1990 Bull. civ. V n° 72.

[483] Im Unterschied zum *comité d'entreprise* können die Belegschaftsvertreter bereits in Unternehmen mit mindestens elf Arbeitnehmern gewählt werden. Die Kompetenzen der

Ausschusses für Hygiene, Sicherheit und Arbeitsbedingungen *(comités d'hygiène, de sécurité et des conditions de travail,* Art. L. 236-11 CT). Dieser Schutz wirkt noch bis Ablauf von sechs Monaten nach Beendigung ihres Mandats bzw. Auflösung des jeweiligen Vertretungsorgans.[484] Ferner fallen hierunter die Arbeitnehmervertreter, die für den speziellen Fall des Insolvenzverfahren vorgesehen sind (Art. L. 627-5 Code de commerce), sowie die Beisitzer am Arbeitsgericht, *conseillers prud'hommes* (Art. L. 514-2 CT). Ebenso wie in Deutschland werden weiterhin auch die Wahlbewerber zum Amt des *comité d'entreprise* und für die Wahl zum *délégué du personnel* geschützt. Sie unterfallen für eine Dauer von sechs Monaten ab dem Tag der Veröffentlichung ihrer Kandidatur dem besonderen Kündigungsschutz, Art. L. 425-1 Abs. 5 und 7, Art. L. 436 Abs. 3 und 4 CT. Nach der Rechtsprechung kommt auch den Wahlbewerbern für den *comité d'hygiène, de sécurité et des conditions de travail* ein entsprechender Kündigungsschutz zu.[485] Weiterhin werden auch die Arbeitnehmer, die die Wahlen gefordert haben, für einen Zeitraum von sechs Monaten besonders geschützt, Art. L. 425-1 Abs. 8 und 9, Art. L. 436-1 Abs. 6 und 7 CT.[486]

In die zweite Unterkategorie fallen die Gewerkschaftsvertreter im *comité d'entreprise (représentant syndical au comité d'entreprise),* Art. L. 436-1 CT. Sie sind den zuvor genannten Arbeitnehmern in Bezug auf den Kündigungsschutz weitgehend gleichgestellt.[487] Denn letztendlich sind auch sie Mitglieder des *comité d'entreprise.* Hinzu kommen die Gewerkschaftsabgeordneten im Unternehmen, die nicht dem *comité d'entreprise* angehören *(délégués syndicaux),* Art. L. 412-18 CT und die sog. *conseiller du salarié,* Berater, die den Arbeitnehmer zum Kündigungsgespräch begleiten.[488] Wenn dieser Berater selbst Arbeitnehmer ist, genießt er gegenüber seinem Arbeitgeber denselben besonderen Schutz vor Kündigungen, wie die Gewerkschaftsabgeordneten, Art. L. 122-14-16 Abs. 2 CT.[489]

Zunächst gilt für alle genannten besonders geschützten Arbeitnehmer, dass die speziellen Verfahrenserfordernisse nicht die Anwendbarkeit der allgemeinen Vefahrensvorschriften oder der Regelungen für die Kündigung aus wirtschaftlichem Grund verdrängen.[490]

Belegschaftsvertreter sind jedoch begrenzter, als die des *comité d'entreprise*. Ihre Aufgabe besteht eher darin, zwischen dem Arbeitgeber und einzelnen Arbeitnehmern zu vermitteln; s. hierzu auch unter § 20 III 2.

484 *Pélissier/Supiot/Jeammaud*, Droit du travail, S. 759ff. Rn. 636.

485 Cass. soc. 30.4.2003, Bull. civ. V n° 153.

486 Vgl. hierzu CE 5.11.1993, RJS 2/94 n° 162; Cass. crim. 30.3.1999, Dr. soc. 1999, 750.

487 *Pélissier/Supiot/Jeammaud*, Droit du travail, S. 761 Rn. 637.

488 Zum *conseiller* s. ausführlich § 16 II 2c).

489 *Pélissier/Supiot/Jeammaud*, Droit du trvail, S. 762 Rn. 638.

490 Beabsichtigt der Arbeitgeber, eine personenbedingte Kündigung auszusprechen muss er zunächst das gesamte allgemeine Kündigungsverfahren durchführen und erst im Anschluss

Beabsichtigt der Arbeitgeber, einem *gewählten* Arbeitnehmervertreter zu kündigen, muss er den *comité d'entreprise* informieren und seine Stellungnahme einholen, Art. L. 436-1 Abs. 1 CT. Hierzu zählen die Mitglieder des *comité d'entreprise*, der Belegschaftsvertreter *(délégué du personnel)*, der Gewerkschaftsvertreter, sowie die Mitglieder des *comité d'entreprise* und die Mitglieder des *comité d'hygiène, de sécurité et des conditions de travail*. Bevor der *comité d'entreprise* seine Stellungnahme abgibt, muss er den betreffenden Arbeitnehmer anhören, Art. R 436-2, Art. R. 425-1 CT. Eine Zustimmung des *comité d'entreprise* ist jedoch nicht erforderlich.[491] Das Gesetz sieht keine bestimmte Höchstdauer für den Entscheidungsprozess des *comité d'entreprise* vor. Wenn sich die Mitglieder jedoch weigern, zu beraten, ist die Konsultation dieses Organs entbehrlich.[492] Die Rechtsfolge eines Verstoßes wirkt sich nicht unmittelbar aus, sondern erst im nächsten Verfahrensschritt. Unterlässt der Arbeitgeber, den *comité d'entreprise* zu konsultieren, erteilt der *inspecteur du travail* nicht die im Anschluss erforderliche Erlaubnis zur Kündigung. Außerdem kann der Arbeitgeber strafrechtlich wegen des Delikts, die Tätigkeit des *comité d'entreprise* zu behindern *(délit d'entrave au bon fonctionnement du comité d'entreprise)* verfolgt werden.[493]

Weiterhin muss vor Ausspruch der Kündigung der Arbeitgeber hierfür vom *inspecteur du travail* die Erlaubnis beantragen, Art. L. 436-1 Abs. 2 CT. Das Erlaubniserfordernis besteht auch für die nicht gewählten Arbeitnehmervertreter, wie z.B. den Berater *(conseiller)* zum Kündigungsgespräch. Diese Erlaubnis ist unabhängig vom Kündigungsgrund und unabhängig davon, wie ggf. die Stellungnahme des Betriebsrats ausgefallen ist, erforderlich.[494] Der Arbeitgeber muss den Antrag spätestens 15 Tage nach der Stellungnahme des *comité d'entreprise* stellen. In dem Antrag müssen der Kündigungsgrund, die vom Arbeitnehmer ausgeübten Mandate sowie, falls vorhanden, das Protokoll der Sitzung des *comité d'entreprise* enthalten sein, Art. R. 436-6, Art. R. 456-5 CT. Vor dem Arbeitsinspektor wird nun ein weiteres „kleines" Kündigungsverfahren durchgeführt, das unter dem Zeichen der kontradiktorischen Untersuchung *(enquête contradictoire)* steht. Das bedeutet, dass der Arbeitsinspektor den Arbeitnehmer ebenso wie den Arbeitgeber anhört, Art. R. 436-

---

daran das im Folgenden dargestellte Verfahren, Art. L. 436-1, Art. R. 412-6, Art. R. 425-1 CT; CE 12.10.1990 RJS 2/9 n° 219. Möchte er eine Kündigung aus wirtschaftlichem Grund aussprechen, legt der *Code du travail* fest, dass vor Einleitung des speziellen Verfahrens das Kündigungsgespräch mit dem Arbeitnehmer stattfinden muss, Art. R. 436-1 CT.

491 Bis 1982 war hingegen noch eine Zustimmung des *comité d'entreprise* erforderlich; zur Rechtslage vor dem Gesetz vom 28.10.1982 s. z.B. *Pélissier*, Le nouveau droit du licenciement, S. 111 ff.

492 *Mazeaud*, Droit du travail, S. 137 Rn. 239.

493 *Ray*, Droit du travail, S. 516 Rn. 437.

494 *Pélissier/Supiot/Jeammaud*, Droit du travail, S. 763 Rn. 640.

5 CT; ein Erfordernis, das von der verwaltungsrechtlichen Rechtsprechung streng überwacht wird.[495] Die Prüfungskompetenz und zugleich –pflicht des *inspecteur du travail* ist weitreichend. Er überprüft, ob das bisherige Kündigungsverfahren ordnungsgemäß durchgeführt wurde.[496] Wenn die Kündigung aus disziplinären Gründen ausgesprochen werden soll, muss er untersuchen, ob die Kündigung im Zusammenhang mit der Mandatsausübung oder der Gewerkschaftszugehörigkeit steht.[497] Durch diese Kontrolle sollen eventuelle Diskriminierungen vermieden werden. Ihr Ergebnis kann die Verweigerung der Zustimmung sein. Wenn ein Zusammenhang ausgeschlossen ist, überprüft der Arbeitsinspektor weiter, ob der vom Arbeitgeber angegebene Kündigungssachverhalt ausreicht, um eine Kündigung zu rechtfertigen. Dabei steht dem Arbeitsinspektor ein erheblicher Ermessensspielraum zu. Ergebnis der Ermessensausübung kann die Verweigerung der Zustimmung trotz Vorliegen eines fehlerhaften Verhaltens sein, weil die Kündigung dem allgemeinen Interesse zuwider laufen würde. Dabei muss der Arbeitsinspektor aber auch vermeiden, dass die Interessen des Arbeitgebers übermäßig verletzt werden.[498] Führt der Arbeitgeber einen wirtschaftlichen Grund zur Rechtfertigung der Kündigung an, muss der Arbeitsinspektor untersuchen, ob die Unternehmenssituation diese Entscheidung rechtfertigt und ob es ggf. andere Einsatzmöglichkeiten für den betroffenen Arbeitnehmer gibt. Auch in diesem Fall kann er die Zustimmung aus Erwägungen, die sich aus dem Allgemeininteresse ergeben, verweigern. Doch auch hier ist wieder eine Abwägung mit den Interessen des Arbeitgebers erforderlich.[499] Der Arbeitsinspektor muss seine Entscheidung innerhalb von 15 Tagen ab Erhalt des Antrags treffen, Art. R. 436-4 Abs. 2 CT. Falls er sich innerhalb dieses Zeitraumes nicht äu-

---

[495] S. z.B. CE 16.6.1995 RJS 8-9/95 n° 914; CE 7.2.1992 RJS 6/92 n° 760; so reicht es z.B. auch nicht aus, dass der Arbeitsinspektor lediglich schriftlich oder telefonisch die Stellungnahmen der Betroffenen einholt, *Ray*, Droit du travail, S. 518 Rn. 438.

[496] Cass soc. 30.4.1997, Dr. soc. 1997, 645; CE 12.3.1993, RJS 6/93 n° 634, in dieser Entscheidung weigert sich der Verwaltungsrichter jedoch, auch die Durchführung der tarifvertraglich vereinbarten Verfahren zu überprüfen.

[497] Die Kündigung kann nur dann durch ein fehlerhaftes Verhalten im Zusammenhang mit der Mandatsausübung gerechtfertigt werden, wenn der Fehler gerade darin besteht, dass die Mandatsausübung nicht im normalen Rahmen erfolgte und eine gewisse Schwere aufweist; dies kann z.B. bei einem starken Überschreiten der Dauer der Freistellung für die Arbeit als *comité d'entreprise* (*crédit d'heures)* der Fall sein, CE 17.12.1993, RJS 3/94 n° 263, oder wenn der Schatzmeister des *comité d'entreprise* Geld unterschlagen hat CE 23.9.1992, RJS 11/92, n° 1227.

[498] CE 8.2.1980, D. 1980, 337; CE 27.7.1990, RJS 11/90 n° 891; ein allgemeines Interesse, das für den Arbeitnehmer angeführt werden kann, um die Zustimmung zu verweigern ist z.B. die Sorge, dass ansonsten keine Arbeitnehmervertretung mehr in dem Unternehmen besteht, s. *Pélissier/Supiot/Jeammaud*, Droit du travail, S. 772 Fußnote 1.

[499] CE 16.1.1985, Dr. ouvr. 1985, 33; *Pélissier/Supiot/Jeammaud*, Droit du travail, S. 771 Rn. 645.

ßert, gilt das Schweigen als Zurückweisung des Antrags.[500] Gegen die Entscheidung kann bei der nächst höheren Behörde, dem Arbeitsminister, Einspruch eingelegt oder vor dem Verwaltungsgericht geklagt werden.[501]

Falls die Zustimmung erteilt wird, kann der Arbeitgeber sofort nachdem er sie erhält, dem Arbeitnehmer die Kündigung mitteilen.[502] Ohne Zustimmung darf hingegen die Kündigung nicht ausgesprochen werden. Falls der Arbeitgeber dennoch dem Arbeitnehmer kündigt, so ist die Kündigung unwirksam.[503] In diesem Fall führt die Unwirksamkeit sogar ausnahmsweise dazu, dass die Rechtslage wieder so hergestellt werden muss, wie sie vor Ausspruch der Kündigung war, d.h. der Arbeitnehmer hat einen Anspruch auf Wiedereingliederung. Wichtig ist in diesem Zusammenhang, dass dieser Anspruch durch strafrechtliche Sanktionen flankiert wird. Verlangt der Arbeitnehmer zu Recht die Wiedereingliederung und kommt der Arbeitgeber dem nicht nach, droht ihm eine Geldstrafe in Höhe von 3750,- € bis zu einer Freiheitsstrafe von einem Jahr, weil er ein Delikt der Behinderung der Arbeit des *comité d'entreprise* begeht. In der Rechtsprechung ist die Tendenz erkennbar, dass die Hemmschwelle, eine Freiheitsstrafe auf Bewährung auszusprechen, immer weiter sinkt.[504]Allerdings kann der Arbeitnehmer auch auf eine Weiterbeschäftigung bei seinem Arbeitnehmer verzichten und stattdessen eine Entschädigung verlangen.[505] Sie setzt sich zusammen aus dem Betrag, den der Arbeitnehmer als Entgelt erhalten hätte, wenn er bis zum Ende des Zeitraumes gearbeitet hätte, in dem ihm der besondere Kündigungsschutz aufgrund seines Status zukommt. Hinzu kommt der Betrag, der auch sonst bei Ausspruch einer Kündigung als Entschädigung gezahlt werden muss und die Entschädigung zum Ausgleich des Schadens, der dem Arbeitnehmer aus der unwirksamen Kündigung entstanden ist und der mindestens die Höhe der letzten zwölf Monatsgehälter im Sinne von Art. L. 122-14-4 CT haben muss.[506]

3. Vergleich der beiden Konzeptionen des präventiven Kündigungsschutzes

Das Prinzip, das dem Aufbau des präventiven Kündigungsschutzes zugrunde liegt, ist dasselbe. In beiden Systemen gibt es zunächst allgemeine Verfahrensvoraussetzungen, die immer einzuhalten sind, unabhängig von der Person

---

[500] Cass soc. 18.11.1970, Dr. soc. 1971, 196.

[501] *Mazeaud*, Droit du travail, S. 147 Rn. 244.

[502] *Pélissier/Supiot/Jeammaud*, Droit du travail, S. 770 Rn. 640.

[503] Grundlegend bereits Cass. soc. 3.6.1948 Bull. civ. IV n° 557.

[504] *Ray*, Droit du travail, S. 523 Rn. 445.

[505] Cass. soc. 4.7.1989, Bull. civ. V n° 497.

[506] Zur genauen Zusammensetzung der Entschädigungssumme s. auch *Pélissier/Supiot/Jeammaud*, Droit du travail, S. 778 Rn. 649.

des Arbeitnehmers, von der Unternehmensgröße, der Betriebszugehörigkeit, der Kündigungsart und dem Kündigungsgrund. Diese Voraussetzungen werden von keinen anderen Verfahrensvorschriften verdrängt, sondern sind immer einzuhalten. Hinzu kommen bestimmte Verfahrensvoraussetzungen, die an den Kündigungsgrund gebunden sind. Zuletzt sieht das Gesetz für bestimmte Personengruppen, die es als besonders schützenswert ansieht, ein weitergehendes Vefahren vor, dessen zentrales Erfordernis eine Genehmigung ist.

In der jeweiligen Ausgestaltung gibt es dennoch große Unterschiede. Die allgemeinen Verfahrensvorschriften unterscheiden sich grundlegend darin, dass sie auf deutscher Seite kollektivrechtlich und auf französischer Seite individualrechtlich ausgestaltet sind. Der kollektivrechtliche Ansatz führt indirekt zu einem Schwellenwert, denn er kommt erst zum Zuge, wenn der Betrieb groß genug für einen Betriebsrat ist. Zudem fällt schon bei einer überblicksartigen Darstellung auf, dass allgemeine Verfahrensvorschriften in Fankreich wesentlich umfangreicher sind. Ebenso verhält es sich mit dem präventiven Kündigungsschutz, der in Bezug auf die einzelnen Kündigungsgründe entwickelt wurde. Gibt es ihn in Deutschland nur für bestimmte Spezialfälle, wie die Verdachtskündigung oder die Massenentlassung, gibt es in Frankreich ein Verfahrenssystem, das jeweils einen gesamten Kündigungsgrund betrifft, den disziplinären und den wirtschaftlichen.[507]

Bei der Untersuchung der Verfahrenserfordernisse, die an die Person des Arbeitnehmers anknüpfen, fällt auf, dass zwar Schwangere, Mütter und Schwerbehinderte auch in Frankreich einen erhöhten Kündigungsschutz genießen. Dieser ist jedoch nur auf dessen repressive Komponente beschränkt. Es gibt weder eine Zustimmungserfordernis noch andere Verfahrensvorschriften, die dem präventiven Kündigungsschutz zugeordnet werden können. Umso schwieriger ist das Verfahren hingegen, wenn einem Arbeitnehmervertreter, insbesondere einem gewählten, gekündigt werden soll. An dieser Stelle gibt es sowohl einen kollektivrechtlich ausgestalteten präventiven Kündigungsschutz als auch ein Zustimmungserfordernis, das von einer unternehmensexternen Behörde erteilt werden muss. Das Verfahren ist wesentlich stärker ausgebaut als im deutschen Kündigungsrecht, das hierfür nur die Zustimmung des Betriebsrats vorsieht, dessen fehlende Zustimmung zudem durch das Gericht ersetzt werden kann. Im Gegensatz dazu wird hier mit dem Arbeitsinspektor eine neutrale Person, vergleichbar mit dem Zustimmungsverfahren von Schwerbehinderten in Deutschland, hinzugezogen. Das französische Kündigungsrecht geht noch weiter und verlangt, dass der Arbeitsin-

[507] Wenn auch bei der Massenentlassung nochmals speziellere Vorschriften existieren. Diese stellen aber kein gänzlich anderes Verfahren dar, sondern sind Regelungen, die anhand der Erfordernisse für die Einzelkündigungen weiterentwickelt wurden; s. hierzu ausführlich E. II. 4.

spektor sowohl den Arbeitgeber als auch den Arbeitnehmer anhört und eine umfassende Prüfungskompetenz hat. Dieses Verfahren gleicht in seinen Ansätzen bereits einem gerichtlichen Verfahren. Dementsprechend ist es auch für alle Beteiligten aufwändiger. Daran zeigt sich, wie hoch der französische Gesetzgeber die Schutzbedürftigkeit der gewählten Arbeitnehmervertreter ansiedelt.

Als Zwischenergebnis kann festgehalten werden, dass die Logik, die dem Aufbau des präventiven Kündigungsschutzes zugrunde liegt, die gleiche ist. Bei der Ausgestaltung zeigt sich jedoch, dass der präventive Kündigungsschutz in Frankreich umfassender und nicht wie in Deutschland auf Spezialfälle fokussiert ist. Das französische Kündigungsrecht enthält ein in sich geschlossenes System, das den präventiven Kündigungsschutz regelt. Demzufolge ist es insgesamt von einer höheren Regelungsdichte geprägt.

D. Der vom Kündigungsgrund unabhängige präventive Kündigungsschutz

I. Die allgemeingültigen Verfahrensvorschriften im deutschen Kündigungsrecht

1. Die Betriebsratsanhörung gem. § 102 Abs. 1 BetrVG

Der präventive Kündigungsschutz, der vom Gesetz für jede Kündigung vorgesehen ist, erschöpft sich im deutschen Kündigungsrecht in der Betriebsratsanhörung nach § 102 Abs. 1 BetrVG. Gem. § 102 Abs. 1 BetrVG ist der Betriebsrat vor jeder Kündigung anzuhören. Wenn dies nicht geschieht, ist die Kündigung unwirksam. Eine Sanktion auf der kollektiven Ebene sieht § 102 Abs. 1 BetrVG nicht vor.[508]

a) Zweck der Betriebsratsanhörung

Auf der individualrechtlichen Ebene dient § 102 Abs. 1 BetrVG wegen der einschneidenden Bedeutung der Kündigung für den Arbeitnehmer der verstärkten Einschaltung des Betriebsrats.[509] Der Arbeitgeber soll sich mit den Bedenken des Betriebsrats auseinandersetzen.[510] Das Anhörungsrecht soll dazu beitragen, dass der Arbeitgeber seine Entscheidung noch einmal überdenkt und der Ausspruch der Kündigung unterbleibt.[511] Die Betriebsratsanhörung hat somit einen präventiven Charakter.[512] Die Vorschrift hat aber zugleich auch eine kollektivrechtliche Zielsetzung. Sie soll gewährleisten, dass der Betriebsrat immer miteinbezogen wird, wenn es um die personelle Zusammensetzung der Belegschaft geht.[513]

---

[508] Kritisch bzgl. des Fehlens einer kollektivrechtlichen Sanktion *Raab*, ZfA 1995, 479, 518 f.

[509] BT-Drucks. VI/2729, S. 7; KDZ/*Kittner*, § 102 BetrVG Rn. 3.

[510] *Heither*, AR-Blattei SD 530.14.3, S. 106; HK-KSchG/*Höland*, § 1 Anh. 1 Rn. 2.

[511] APS/*Koch*, § 102 BetrVG Rn. 2; *Rinke*, NZA 1998, 77; *Raab*, ZfA 1995, 479, 517.

[512] Stahlhacke/Preis/*Preis*, S. 137 Rn. 345; KDZ/*Kittner*, § 102 BetrVG Rn. 3; GK-BetrVG/*Kraft*, § 102 Rn. 3.

[513] KDZ/*Kittner*, § 102 BetrVG Rn. 3; HK-KSchG/*Höland*, § 1 Anh. 1 Rn. 2; *Raab*, ZfA 1995, 479, 517.

b) Anwendungsvoraussetzungen des § 102 Abs. 1 BetrVG

Gem. § 102 Abs. 1 BetrVG ist der Betriebsrat vor jeder Kündigung zu hören, dabei muss der Arbeitgeber ihm die Kündigungsgründe mitteilen. Die Vorschrift gilt also unabhängig von dem Kündigungsgrund, sie ist auf ordentliche Kündigungen ebenso anzuwenden wie auf außerordentliche und Änderungskündigungen.[514] Das Anhörungsrecht besteht auch unabhängig von der Zahl der im Betrieb beschäftigten Arbeitnehmer, solange nur ein Betriebsrat besteht.[515] Es ist weiterhin unerheblich, ob das KSchG auf die Kündigung anwendbar ist, so ist z.B. die Anhörung des Betriebsrates auch dann erforderlich, wenn die Wartefrist des § 1 Abs. 1 KSchG noch nicht erfüllt ist.[516] Dies ergibt sich bereits aus dem Wortlaut des § 102 Abs. 1 BetrVG, er erfasst jede Kündigung; eine Beschränkung auf Kündigungen, die dem KSchG unterfallen ist nicht zulässig.[517] Erforderlich ist allein, dass es sich um einen Arbeitnehmer i.S.d. § 5 Abs. 1 BetrVG handelt.[518]

c) Inhalt der Unterrichtung durch den Arbeitgeber

Das Anhörungsrecht gem. § 102 Abs. 1 BetrVG ist in zwei Schritte zu unterteilen. Zunächst hat der Arbeitgeber den Betriebsrat zu unterrichten, danach muss er den Betriebsrat anhören. Der Wortlaut des § 102 Abs. 1 S. 2 BetrVG ist bezüglich des Inhalts der Mitteilung nicht sehr ergiebig. Es wird lediglich angeordnet, dass der Arbeitgeber seine Gründe mitzuteilen hat, nicht aber, wie und vor allem in welchem Umfang diese Mitteilung vorgenommen werden muss und ob noch andere Angaben außer der Kündigungsgründe zu ma-

---

[514] MüKo/*Schwerdtner*, 3. Aufl., § 622 Anh. Rn. 28; Backmeister/Trittin/Mayer/*Backmeister*, § 102 BetrVG Rn. 2; *Heither*, AR-Blattei SD 530.14.3, S. 122; ErfK/*Kania*, § 102 BetrVG Rn. 2; BAG 18.5.1994 AP § 102 BetrVG 1972 Nr. 64.

[515] Stahlhacke/Preis/*Preis*, S. 142 Rn. 349.

[516] BAG 8.4.2003 AP § 102 BetrVG 1972 Nr. 133; BAG 3.12.1998 AP § 102 BetrVG 1972 Nr. 99; BAG 18.5.1994 AP § 102 BetrVG 1972 Nr. 64; h.L. *Fitting*, § 102 Rn. 6; *Heither*, AR-Blattei SD 530.14.3, S. 108 Rn. 539; GK-BetrVG/*Kraft*, § 102 Rn. 21; *Richardi*, Die neue Betriebsverfassung, S. 170 Rn. 3; a.A. MüKo/*Schwerdtner*, 3. Aufl., § 622 Anh. Rn. 38.

[517] BAG 8.9.1988 EzA § 102 BetrVG 1972 Nr. 73, mit insoweit zustimmender Anm. *Schwerdtner*; *Raab*, ZfA 1995, 479, 530.

[518] BAG 7.11.1995 AP § 102 BetrVG Nr. 74; ErfK/*Kania*, § 102 BetrVG Rn. 2; *Fitting*, § 102 Rn. 8; KR/*Etzel*, § 102 BetrVG Rn. 10. Damit werden z.B. Leiharbeitnehmer im Entleiherbetrieb nicht von dem Anhörungsrecht des Betriebsrats aus § 102 Abs. 1 BetrVG umfasst, BAG 16.4.2003 – 7 ABR 53/02; GK-BetrVG/*Kreutz*, § 7 Rn. 19; GK-BetrVG/*Raab*, § 102 Rn. 23; Stahlhacke/Preis/*Preis*, S. 145 Rn. 357; GK-KR/*Etzel*, § 102 BetrVG Rn. 12; a.A. *Fitting*, § 5 Rn. 237. Auch für leitende Angestellte gem. § 5 Abs. 3 BetrVG gilt das Anhörungsrecht des Betriebsrats aus § 102 Abs. 1 BetrVG nicht, Stahlhacke/Preis/*Preis*, S. 139 Rn. 354; die Kündigung eines leitenden Angestellten muss der Arbeitgeber dem Betriebsrat gem. § 105 BetrVG lediglich mitteilen; bei Bestehen eines Sprecherausschusses s. § 31 SprAuG.

chen sind. Die Bestimmung des Umfangs ist jedoch gerade für die Praxis von großer Bedeutung, da eine nicht umfassende Unterrichtung bereits die Unwirksamkeit der Kündigung zur Folge haben kann.[519]

(1) Die Kündigungsgründe: Grundsatz der subjektiven Determination

Die Unterrichtung von den Kündigungsgründen bildet den Kern der Mitteilungspflicht. Bei der Bestimmung der maßgeblichen Kündigungsgründe muss beachtet werden, dass die Betriebsratsanhörung Teil des präventiven Kündigungsschutzes ist; in diesem Zeitpunkt des Verfahrens sind noch nicht die Maßstäbe eines Kündigungsschutzprozesses anzusetzen.

Der Ausgangspunkt für die Ermittlung des erforderlichen Inhalts der Unterrichtung in Bezug auf die Kündigungsgründe ist der sog. Grundsatz der subjektiven Determination.[520] Nach diesem Grundsatz muss der Arbeitgeber dem Betriebsrat alle Gründe mitteilen, auf die er die Kündigung stützen möchte und nicht nur die wesentlichen Gründe.[521] Zu diesen Gründen gehören sowohl Tatsachen als auch seine subjektiven Vorstellungen.[522] Zugleich reichen aber auch eben diese Gründe aus; es geht gerade nicht darum, dass der Arbeitgeber alle objektiven Umstände vortragen muss.[523] Es sind also die Umstände maßgeblich, die den Arbeitgeber aus seiner subjektiven Sicht zur Kündigung veranlasst haben.[524] Dabei müssen die maßgeblichen Tatsachen dem Betriebsrat substantiiert mitgeteilt werden.[525] Das bedeutet, dass die Umstände so genau und umfassend darzulegen sind, dass der Betriebsrat ohne zusätzliche eigene Nachforschung in der Lage ist, selbst die Stichhaltigkeit der Kündigungsgründe zu prüfen und sich über seine Stellungnahme klar zu

---

[519] Stahlhacke/Preis/*Preis*, S. 154 Rn. 403f.; BAG 16.9.1993, AP § 102 BetrVG 1972 Nr. 62.

[520] Grundlegend BAG 13.7.1973 AP § 102 BetrVG 1972 Nr. 18; dem in st. Rspr. folgend BAG 11.7.1991 AP BetrVG 1972 § 102 Nr. 57; BAG 22.9.1994 EzA § 102 BetrVG Nr. 86; BAG 7.11.2002 AP § 1 KSchG 1969 Krankheit Nr. 40; MünchArbR/*Berkowsky*, § 147 Rn. 23; ErfK/*Kania*, § 102 BetrVG Rn. 6; kritisch zum Grundsatz der subjektiven Determinierung *Kraft*, FS Kissel, S. 612, 615; *Boecken*, Anm. zu BAG 22.9.1994, SAE 1996, 22, 30 ff.; s. hierzu auch die Auseinandersetzung mit der Kritik bei *Berkowsky*, NZA 1996, 1065 ff.; diese Kritik wurde jedoch nicht vom BAG übernommen.

[521] Stahlhacke/Preis/*Preis*, S. 154 Rn. 404.

[522] KR/*Etzel*, § 102 BetrVG Rn. 62.

[523] APS/*Koch*, § 102 BetrVG Rn. 88.

[524] BAG 21.2.2002 EzA § 1 KSchG Interessenausgleich Nr. 10; BAG 11.3.1999 AP § 626 BGB Nr. 149; BAG 11.7.1991 EzA § 102 BetrVG 1972 Nr. 81; BAG 6.2.1997 EzA § 102 BetrVG 1972 Nr. 96; KR/*Etzel*, § 102 Rn. 62.

[525] A.A. diesbezüglich *Bitter*, NZA 1991, Beil. 3, 16, 17, der auch bei Kündigungen die nach dem KSchG zu beurteilen sind ausreichen lässt, wenn der Arbeitgeber dem Betriebsrat rein subjektive, durch Tatsachen nicht belegbare Erwägungen mitteilt.

werden.[526] Es reicht daher nicht aus, wenn der Arbeitgeber lediglich pauschale, schlagwortartige oder stichwortartige Bezeichnungen der Kündigungsgründe angibt.[527] Umstände, von denen der Betriebsrat bereits Kenntnis hat, muss der Arbeitgeber hingegen nicht mitteilen.[528] Die einzelnen Anforderungen an die mitzuteilenden Gründe ergeben sich aus der Einordnung als verhaltensbedingte, personenbedingte oder betriebsbedingte Kündigung, sie lassen sich aus den Voraussetzungen des jeweiligen Kündigungsgrundes i.S.d. § 1 Abs. 2 KSchG herleiten. So muss z.B. der Arbeitgeber bei einer krankheitsbedingten Kündigung dem Betriebsrat die Umstände mitteilen, die für ihn eine negative Zukunftsprognose begründen.[529]

Der Grundsatz der subjektiven Determinierung wird aus dem Ziel der Betriebsratsanhörung und der Unterscheidung zwischen der Betriebsratsanhörung und dem Kündigungsschutzprozess hergeleitet.[530] Die Betriebsratsanhörung hat nicht die Überprüfung der sozialen Rechtfertigung der Kündigung zum Ziel. Es geht vielmehr darum, dem Betriebsrat eine Einflussnahme auf die Willensbildung des Arbeitgebers zu ermöglichen.[531] Dies wirkt sich auch insofern aus, als dass der Arbeitgeber die dem Betriebsrat mitgeteilten Gründe nicht beweisen muss. Die Beweislast des Arbeitgebers kommt erst im Kündigungsschutzprozess zum Tragen.[532]

---

[526] BAG 21.2.2002 EzA § 1 KSchG Interessenausgleich Nr. 10; BAG 21.9.2000 SAE 2001, 253, 256; BAG 13.7.1978 EzA § 102 BetrVG Nr. 35, 36; *Rinke*, NZA 1998, 77. 79; *Bitter*, NZA 1991, Beil. 3, 16, 19; KR/*Etzel*, § 102 BetrVG Rn. 62a. Aber auch hier sind die Grenzen im Einzelfall nicht leicht zu ziehen. So wird vertreten, dass dies dennoch nicht bedeute, dass der Betriebsrat überhaupt nichts unternehmen müsse, es sei ihm durchaus, insbesondere auch im Hinblick auf den Grundsatz der vertrauensvollen Zusammenarbeit gem. § 2 BetrVG zuzumuten, sich Informationen durch Einsicht in die Personalakte zu verschaffen, *Rinke*, NZA 1998, 77, 82; a.A. BAG 29.3.1990 EzA § 102 BetrVG Nr. 79.

[527] BAG 18.5.1994 AP § 102 BetrVG 1972 Nr. 64; BAG 21.9.2000, SAE 2001, 253, 256; MüKo/*Schwerdtner*, 3. Aufl., § 622 Anh. Rn. 46; *Joussen*, SAE 2001, 261, 262; *Bitter*, FS Stahlhacke, S. 57, 60.

[528] *Joussen*, SAE 2001, 261, 262.

[529] BAG 25.11.1982 AP § 1 KSchG Krankheit Nr. 30; MünchArbR/*Berkowsky*, § 147 Rn. 30. Auf diese sich aus dem Kündigungsgrund ergebenden einzelnen Anforderungen wird hier nicht weiter eingegangen. S. zu den einzelnen Kündigungsgründen MünchArbR/*Berkowsky*, § 147 Rn. 27 ff.; zur unterschiedlichen Bedeutung des Kündigungsgrundes i.S.d. § 1 Abs. 2 KSchG und i.S.d. § 102 BetrVG s. *Berkowsky*, NZA 1996, 1065, 1070.

[530] *Boecken*, SAE 1996, 28. So werden z.B. an die Mitteilungspflicht des Arbeitgebers nicht dieselben Anforderungen zu stellen wie an die Darlegungslast im Kündigungsschutzprozess, BAG 22.9.1994 EzA § 102 BetrVG 1972 Nr. 86.

[531] BAG 13.7.1978 AP § 102 BetrVG 1972 Nr. 18; *Boecken*, SAE 1996, 28; *Joussen*, SAE 2001, 261, 262

[532] So bereits BAG 24.3.1977 AP § 102 BetrVG 1972 Nr. 12; *Hueck*, 25 Jahre BAG, S. 258; *Kraft*, FS Kissel, S. 611, 613.

(2) Sonderfall: Kündigungen außerhalb des Anwendungsbereichs des KSchG

Anders verhält es sich, wenn die Kündigung des Arbeitnehmers noch nicht in den Anwendungsbereich des KSchG fällt. Die Anhörungspflicht gem. § 102 Abs. 1 BetrVG besteht zwar auch in diesem Fall.[533] Die Substantiierungspflicht des Arbeitgebers ist dann jedoch nicht an den Kündigungsgründen des § 1 KSchG zu messen,[534] es reicht vielmehr die Mitteilung, welche konkreten Umstände oder subjektiven Vorstellungen den Kündigungsentschluss herbeigeführt haben.[535] Wenn es keinen konkreten Kündigungsgrund gibt, ist bereits die Mitteilung der subjektiven Vorstellungen ausreichend, es müssen nicht zusätzlich Tatsachen angeführt werden.[536] Zwar birgt das die Gefahr in sich, dass der Arbeitgeber ggf. Tatsachen absichtlich zurückhält, um ein fehlerhaftes Anhörungsverfahren zu vermeiden. Das ist aber hinzunehmen, da dies aus dem freien Kündigungsrecht während der Wartezeit resultiert.[537]

(3) In § 102 Abs. 1 BetrVG nicht ausdrücklich genannte Angaben

Auch wenn nicht in § 102 Abs. 1 BetrVG ausdrücklich erwähnt, ist zunächst der Name des betroffenen Arbeitnehmers mitzuteilen.[538] Dieses Erfordernis ist selbstverständlich, der Betriebsrat muss wissen, um welchen Arbeitnehmer es sich handelt. Dem Betriebsrat müssen weiterhin Angaben zu den Personalien des Arbeitnehmers, sog. Sozialdaten, mitgeteilt werden, wenn eine Sozialauswahl voraussichtlich erforderlich sein wird.[539] Ansonsten reicht es aus, wenn dem Betriebsrat das Lebensalter und die Dauer der Betriebszugehörigkeit mitgeteilt werden.[540]

---

[533] *Bitter*, NZA 1991 Beil. 3, 16, 17. Dies ergibt sich wie bereits dargestellt aus dem Wortlaut des § 102 Abs. 1 BetrVG, *Kraft*, FS für Kissel, 611, 622.

[534] *Berkowsky*, NZA 1996, 1065, 1070.

[535] BAG 18.5.1994 AP § 102 BetrVG 1972 Nr. 64; BAG 11.7.1991 AP § 102 BetrVG 1972 Nr. 57.

[536] BAG 8.4.2003 AP § 102 BetrVG 1972 Nr. 133; BAG 18.5.1994 AP § 102 BetrVG 1972 Nr. 64; BAG 11.7.1991 AP § 102 BetrVG 1972 Nr. 57; *Bitter*, FS Stahlhacke, 1995, S. 57 ff.; MüKo/*Schwerdtner*, 3. Aufl., § 622 Anh. Rn. 38; *Bitter*, NZA 1991 Beil. 3, 16, 17; kritisch hierzu *Berkowsky*, NZA 1996, 1065, 1070.

[537] MüKo/*Schwerdtner*, 3. Aufl., § 622 Anh. Rn. 38.

[538] BAG 16.9.1993 AP § 102 BetrVG 1972 Nr. 62; Stahlhacke/Preis/*Preis*, S. 152 Rn. 396.

[539] BAG 16.3.2000, NZA 2000, 1337, 1342; GK-BetrVG/*Raab*, § 102 Rn. 47; a.A. DKK/*Kittner/Bachner*, § 102 Rn. 62, die die Nennung aller grundlegenden Sozialdaten in jedem Fall für erforderlich hält.

[540] ErfK/*Kania*, § 102 BetrVG Rn. 5; aber auch die Mitteilung dieser Daten ist wiederum entbehrlich, wenn der Betriebsrat hiervon bereits Kenntnis hatte BAG 21.9.2000 NZA 2001, 253, 256, wobei DKK/*Kittner/Bachner*, § 102 Rn. 62 zu Recht darauf hinweisen, dass es für den Arbeitgeber riskant ist, sich auf die Kenntnis des Betriebsrates zu verlassen, da im Falle eines Irrtums die Kündigung wegen unzureichender Information unwirksam ist.

Ferner muss der Arbeitgeber die Art der Kündigung mitteilen, also ob es sich um eine ordentliche, eine außerordentliche Kündigung oder um eine Änderungskündigung handelt.[541] Grund hierfür ist die unterschiedliche Ausgestaltung des Anhörungsverfahrens. Bei der ordentlichen Kündigung beträgt die Äußerungsfrist des Betriebsrats eine Woche, bei der außerordentlichen hingegen nur drei Tage. Außerdem können die Wirkungen des Widerspruchs gem. § 102 Abs. 5 BetrVG und § 1 Abs. 2 S. 2 Nr. 1 KSchG nur im Falle einer ordentlichen Kündigung eintreten.[542] Bedeutung erlangt dieses Erfordernis auch, wenn der Arbeitgeber die Kündigung im Kündigungsschutzprozess umdeuten möchte.

Ebenso sind dem Betriebsrat die Kündigungsfrist und der Kündigungstermin mitzuteilen.[543] Die Kündigungsfrist bzw. der Endtermin muss jedoch nicht besonders mitgeteilt werden, wenn der Betriebsrat Kenntnis von den tatsächlichen Umständen für die Berechnung der maßgeblichen Kündigungsfrist bzw. den Endtermin hat.[544]

d) Maßgeblicher Zeitpunkt

Die Anhörung muss vor Ausspruch der Kündigung erfolgt sein, ansonsten ist sie gem. § 102 Abs. 1 S. 3 BetrVG unwirksam.[545] Maßgeblicher Zeitpunkt für den erfolgten Ausspruch der Kündigung ist bereits die Verwirklichung der Kündigungsabsicht, also der Moment, in dem die Kündigungserklärung den Machtbereich des Arbeitgebers verlassen hat.[546]

Der Arbeitgeber muss außerdem einen aktuellen Kündigungsentschluss gefasst haben.[547] Bei der Abgrenzung, inwieweit der Kündigungsentschluss feststehen muss, sind zwei Situationen zu unterscheiden. Einerseits ist es unschädlich, wenn der Arbeitgeber zu Beginn des Anhörungsverfahrens bereits seinen Kündigungswillen abschließend gebildet hat, wichtig ist lediglich, dass das Kündigungsschreiben noch nicht seinen Machtbereich verlassen

---

541 BAG 29.1.1986 AP § 102 BetrVG 1972 Nr. 42; BAG 29.8.1991 AP § 102 BetrVG 1972 Nr. 58; BAG 16.9.1993 AP § 102 BetrVG 1972 Nr. 62; *Fitting*, § 102 Rn. 25; KDZ/*Kittner*, § 102 BetrVG Rn. 63.

542 GK-BetrVG/*Raab*, § 102 Rn. 48.

543 BAG 29.3.1990 AP § 102 BetrVG 1972 Nr. 56; BAG 16.9.1993 AP § 102 BetrVG 1972 Nr. 62; BAG 15.12.1994 AP § 1 KSchG 1969 Betriebsbedingte Kündigung Nr. 67; BAG 24.10.1996 AP § 102 BetrVG 1972 Nr. 94; *Rinke*, NZA 1998, 77, 80; *Fitting*, § 102 Rn. 25; KR/*Etzel*, § 102 BetrVG Rn. 59; a.A. GK-BetrVG/*Kraft* § 102 Rn. 52, 54.

544 BAG 24.10.1996 AP § 102 BetrVG 1972 Nr. 94; BAG 29.3.1990 AP § 102 BetrVG 1972 Nr. 56.

545 APS/*Koch*, § 102 BetrVG Rn. 61.

546 BAG 28.9.1978 AP § 102 BetrVG 1972 Nr. 19; APS/*Koch*, § 102 BetrVG Rn. 61; *Fitting*, § 102 Rn. 20, Stahlhacke/Preis/*Preis*, S. 148 Rn. 384; ErfK/*Kania*, § 102 Rn. 3.

547 KR/*Etzel*, § 102 BetrVG Rn. 54.

hat.[548] Begründet wird dies damit, dass eine große Rechtsunsicherheit entstehen würde, wenn man einen nicht abschließend gesicherten Kündigungswillen des Arbeitgebers fordern würde. Ferner sei es auch bei einem zunächst abschließenden Kündigungswillen nicht ausgeschlossen, dass der Arbeitgeber seinen Entschluss noch ändert, nachdem er den Betriebsrat angehört hat.[549]

Andererseits schreibt das Gesetz nicht vor, wie viel Zeit zwischen der Anhörung und dem Kündigungsausspruch vergehen darf. Es ist aber nicht erforderlich, dass der Ausspruch unverzüglich nach der Anhörung erfolgen muss. Wichtig ist zunächst, dass sich der Kündigungssachverhalt nicht wesentlich in der Zeitspanne zwischen Anhörung und Kündigungsausspruch ändert.[550]

Eine sog. Anhörung auf Vorrat ist hingegen nicht zulässig.[551] Die Betriebsratsanhörung muss in einem zeitlichen Zusammenhang mit der Kündigung stehen, ansonsten ist von einer fehlenden Anhörung auszugehen.[552] Eine Anhörung auf Vorrat liegt vor, wenn nach Meinung des Arbeitgebers die künftige Entwicklung zwar ggf. zu einer Kündigung führen kann, sie aber noch nicht sicher absehbar ist. Da die künftige Entwicklung noch abzuwarten bleibt, ist der Betriebsrat nicht in der Lage zu prüfen, ob in dem Zeitpunkt der Anhörung Widerspruchsgründe vorliegen.[553] Nach Sinn und Zweck des § 102 Abs. 1 S. 1 BetrVG soll dem Betriebsrat die Gelegenheit gegeben werden, auf den Kündigungsentschluss des Arbeitgebers Einfluss zu nehmen. Das ist bei der Anhörung auf Vorrat nicht gewährleistet. Somit tritt die Unwirksamkeitsfolge des § 102 Abs. 1 S. 3 BetrVG ein.[554] Von der Rechtsprechung werden jedoch keine konkreten Fristen vorgegeben, was eine generelle Aussage erschwert. Es ist daher auf den Einzelfall abzustellen.

---

548 BAG 28.9.1978 AP § 102 BetrVG 1972 Nr. 39; KR/*Etzel*, § 102 BetrVG Rn. 55; APS/*Koch*, § 102 BetrVG Rn. 62; GK-BetrVG/*Raab*, § 102 Rn. 39; a.A. *Fitting*, § 102 Rn. 58, nach dem der Arbeitgeber den Betriebsrat „anhören" muss, was nicht mehr möglich ist, wenn er dem Betriebsrat ein bereits fertig formuliertes Kündigungsschreiben vorlegt.

549 KR/*Etzel*, § 102 BetrVG Rn. 55.

550 *Hueck* , 25 Jahre BAG, S. 243, 258.

551 BAG 26.5.1977 EzA § 102 BetrVG 1972 Nr. 30; KR/*Etzel*, § 102 BetrVG Rn. 54; APS/*Koch*, § 102 BetrVG Rn. 63; KDZ/*Kittner*, § 102 BetrVG Rn. 57; Stahlhacke/Preis/*Preis*, S. 149 Rn. 387.

552 BAG 26.5.1977 AP § 102 BetrVG 1972 Nr. 14; Richardi/*Thüsing* § 102 Rn. 116.

553 Vgl. BAG 27.11.2003 EzA-SD 2004, Nr. 13, 15; KR/*Etzel*, § 102 BetrVG Rn. 54. So verhält es sich z.B. in dem Fall, dass der Arbeitnehmer ein fehlerhaftes Verhalten wie unentschuldigte Fehlzeiten bereits angekündigt hat und der Arbeitgeber wegen diesen zukünftigen Verhaltens dem Arbeitnehmer kündigen will. BAG 19.1.1983, EzA § 102 BetrVG 1972 Nr. 50. Ebenso handelt es sich um eine Anhörung auf Vorrat, wenn mehrere Kündigungsverfahren eingeleitet wurden, BAG 16.9.1993 AP § 102 BetrVG 1972 Nr. 62.

554 BAG 16.9.1993 AP § 102 BetrVG 1972 Nr. 62.

e) Form und Ablauf des Anhörungsverfahrens

Der Arbeitgeber muss den Betriebsrat unterrichten, indem er die beabsichtigte Kündigung mündlich oder schriftlich zu Händen des Vorsitzenden des Betriebsrats mitteilt bzw. überreicht oder, falls dieser verhindert ist, zu Händen dessen Stellvertreters, § 26 Abs. 3 S. 2 BetrVG.[555] Wenn der Arbeitgeber die Mitteilung gegenüber einem anderen Betriebsratsmitglied macht, trägt er das Übermittlungsrisiko.[556] Für eine wirksame Unterrichtung muss der Arbeitgeber dem Betriebsrat die Gründe für die Kündigung mitteilen, auch dies kann sowohl mündlich als auch schriftlich erfolgen.[557] Es muss aber für den Betriebsrat deutlich werden, dass der Arbeitgeber eine Kündigungsabsicht hat und ein Anhörungsverfahren gem. § 102 Abs. 1 BetrVG einleiten will.[558] Es ist nicht erforderlich, dass der Arbeitgeber dem Betriebsrat Unterlagen zur Person des Arbeitnehmers oder Beweismittel zu den Kündigungsgründen hinzufügt. Der Betriebsrat soll lediglich die Kündigungsabsicht beurteilen und nicht den möglichen Ausgang eines Kündigungsschutzprozesses.[559] Ferner muss der Arbeitgeber den Betriebsrat grundsätzlich in den Betriebsräumen und während der Arbeitszeit unterrichten.[560]

Der Betriebsrat muss daraufhin genügend Zeit haben, sich schriftlich zur Kündigungsabsicht zu äußern und ggf. Widerspruch einzulegen.[561] Als Maßstab sind die einwöchige Frist (bzw. dreitägige Frist bei außerordentlichen Kündigungen) gem. § 102 Abs. 2 S. 1 BetrVG (bzw. § 102 Abs. 2 S. 3 BetrVG) anzulegen.[562]

Gem. § 102 Abs. 2 S. 4 BetrVG soll der Betriebsrat den Arbeitnehmer anhören, bevor er seinen Beschluss fasst, soweit dies erforderlich erscheint. Die Anhörung ist entbehrlich, wenn sicher scheint, dass sie keine neuen Gesichtspunkte in Bezug auf die Kündigungsgründe und den Kündigungssachverhalt liefern wird.[563] Ob dies der Fall ist, muss der Betriebsrat selbst nach pflichtgemäßem Ermessen entscheiden.[564] Es hat jedoch keinerlei Auswir-

---

[555] *Fitting*, § 102 Rn. 21; weitere Ausführungen zu dem Fall, dass auch der Stellvertreter verhindert ist s. *Bitter*, NZA 1991, Beil. 3, S. 16, 21.

[556] BAG 27.8.1974 AP § 102 BetrVG 1972 Nr. 37; *Fitting*, § 102 Rn. 21.

[557] MüKo/*Schwerdtner*, 3. Aufl., § 622 Anh. Rn. 30; APS/*Koch*, § 102 BetrVG Rn. 68.

[558] KR/*Etzel*, § 102 BetrVG Rn. 53a; KDZ/*Kittner*, § 102 BetrVG Rn. 54.

[559] BAG 6.2.1997, AP § 102 BetrVG 1972 Nr. 85; BAG 26.1.1995 AP § 102 BetrVG 1972 Nr. 69; GK-BetrVG/*Raab*, § 102 Rn. 71; KR/*Etzel*, § 102 BetrVG Rn. 68; APS/*Koch*, § 102 BetrVG Rn. 68; a.A. DKK/*Kittner/Bachner*, § 102 Rn. 47 unter Hinweis auf § 80 Abs. 2 BetrVG.

[560] *Fitting*, § 102 Rn. 21.

[561] Zum Ablauf der Beschlussfassung des Betriebsrats s. § 33 BetrVG und KR/*Etzel*, § 102 BetrVG Rn. 96; APS/*Koch*, § 102 BetrVG Rn. 140 ff.

[562] BAG 8.4.2003 AP § 102 BetrVG 1972 Nr. 133; *Fitting*, § 102 Rn. 50a.

[563] KR/*Etzel*, § 102 BetrVG Rn. 94; KDZ/*Kittner*, § 102 BetrVG Rn. 183.

[564] GK-BetrVG/*Raab*, § 102 Rn. 89.

kungen auf die Wirksamkeit der Kündigung, wenn der Betriebsrat trotz Erforderlichkeit den Arbeitnehmer nicht anhört.[565] Dies entspricht dem auch sonst im Rahmen des Anhörungsverfahrens geltenden Grundsatz, dass Fehler, die in der Sphäre des Betriebsrats liegen, nicht zu Lasten des Arbeitgebers gehen und damit nicht die Wirksamkeit der Kündigung beeinträchtigen.[566] Einzige mögliche Sanktion bei wiederholter Verletzung des § 102 Abs. 2 S. 4 BetrVG ist der Auflösungsantrag gegen den Betriebsrat gem. § 23 Abs. 1 BetrVG.[567]

f) Die Reaktionsmöglichkeiten des Betriebsrats

(1) Nachtrag, Zustimmung, Schweigen und Bedenken

Der Betriebsrat kann von dem Arbeitgeber ergänzende Informationen verlangen, er hat die Möglichkeit, dem Kündigungsentschluss zuzustimmen, er kann diesbezüglich schweigen, er kann aber auch Bedenken äußern oder widersprechen.[568] Diese verschiedenen Handlungsmöglichkeiten müssen jedoch innerhalb der in § 102 Abs. 2 S. 1 und 3 BetrVG vorgesehenen Frist vorgenommen werden (eine Woche bei ordentlicher Kündigung, drei Tage bei außerordentlicher Kündigung). Dabei führt die Nachfrage nach weiteren Informationen grundsätzlich nicht zur Hemmung oder Unterbrechung der Frist.[569] Die Frist fängt nur dann erneut an zu laufen, wenn der Betriebsrat ohne die zusätzlichen Informationen keinen Beschluss hätte fassen können.[570]

Wenn der Betriebsrat hingegen dem Kündigungsentschluss des Arbeitgebers zustimmt, ist das Anhörungsverfahren mit dem Zeitpunkt, in dem die Zustimmung erteilt worden ist abgeschlossen, auch wenn die Frist des § 102 Abs. 2 BetrVG noch nicht abgelaufen ist.[571]

Im Falle einer ordentlichen Kündigung gilt das Schweigen des Betriebsrats am Ende der Frist gem. § 102 Abs. 2 S. 2 BetrVG als Zustimmung. Die Fiktion des S. 2 gilt hingegen nicht für die außerordentliche Kündigung.[572] Rele-

---

[565] BAG 2.4.1976 AP § 102 BetrVG 1972 Nr. 9; *Fitting*, § 102 Rn. 53; APS/*Koch*, § 102 BetrVG Rn. 137; GK-BetrVG/*Raab*, § 102 Rn. 85; KDZ/*Kittner*, § 102 BetrVG Rn. 183.

[566] ErfK/*Kania*, § 102 BetrVG Rn. 26; *Fitting*, § 102 Rn. 53

[567] KR/*Etzel*, § 102 BetrVG Rn. 94.

[568] APS/*Koch*, § 102 BetrVG Rn. 144 ff.; ausführlich zu diesen unterschiedlichen Reaktionsmöglichkeiten s. z.B. GK-BetrVG/*Raab*, § 102 Rn. 89 ff.; DKK/*Kittner/Bachner*, § 102 Rn. 150 ff.; KR/*Etzel*, § 102 BetrVG Rn. 120 ff.

[569] APS/*Koch*, § 102 BetrVG Rn. 144; DKK/*Kittner/Bachner*, § 102 Rn. 157; *Fitting*, § 102 Rn. 64.

[570] BAG 6.2.1997 AP § 102 BetrVG 1972 Nr. 85.

[571] BAG 28.9.1978 AP § 102 BetrVG 1972 Nr. 19; APS/*Koch*, § 102 BetrVG Rn. 145.

[572] BAG 18.81977 AP § 103 BetrVG 1972 Nr. 10; KR/*Etzel*, § 102 BetrVG Rn. 130; APS/*Koch*, § 102 BetrVG Rn. 145.

vant wird dies jedoch lediglich i.R.d. Zustimmung zur Kündigung eines Betriebsratsmitglieds.[573]

Der Betriebsrat kann gem. § 102 Abs. 2 BetrVG weiterhin Bedenken gegen die Kündigung aussprechen. Dabei kann er für seine Bedenken jede Art von Gründen vorbringen, es gibt keine gesetzlichen Einschränkungen. Allerdings hat die Mitteilung der Bedenken auch keinerlei rechtliche Auswirkung, sie soll vielmehr den Arbeitgeber zu einem erneuten Überdenken seines Kündigungsentschlusses veranlassen.[574]

(2) Widerspruch

Die einzige Reaktion des Betriebsrats, die Rechtsfolgen nach sich zieht, ist der Widerspruch. Der Widerspruch muss schriftlich erfolgen[575] und begründet werden. Dabei darf der Betriebsrat nur auf die in § 102 Abs. 3 BetrVG abschließend aufgezählten Widerspruchsgründe zurückgreifen.[576] Ein zulässiger Widerspruchsgrund liegt vor, wenn der Arbeitgeber soziale Gesichtspunkte nicht ausreichend berücksichtigt hat, ein Verstoß gegen eine Richtlinie nach § 95 BetrVG vorliegt, eine Weiterbeschäftigung möglich ist, auch wenn hierfür zumutbare Umschulungs- oder Fortbildungsmaßnahmen erforderlich sind oder eine Weiterbeschäftigung unter geänderten Vertragsbedingungen bei Einverständnis des Arbeitnehmers möglich ist.[577] Auch wenn der Widerspruch i.d.R. bei betriebsbedingten Kündigungen erhoben wird, schließt dies nicht aus, dass der Betriebsrat ebenfalls einer verhaltens- oder personenbedingten Kündigung widersprechen kann.[578]

In dem Widerspruchsschreiben muss der Betriebsrat einen der in § 102 Abs. 3 BetrVG genannten Widerspruchsgründe anführen und durch Angabe konkreter Tatsachen erläutern.[579] Wenn es auch nicht erforderlich ist, dass die Begründung ohne weiteres überzeugt, so reicht es dennoch nicht aus, wenn lediglich der Gesetzestext wiedergegeben wird.[580] Nach Ablauf der einwöchi-

---

[573] APS/*Koch*, § 102 BetrVG Rn. 146.

[574] APS/*Koch*, § 102 BetrVG Rn. 148; GK-BetrVG/*Raab*, § 102 Rn. 92; KR/*Etzel*, § 102 BetrVG Rn. 132ff.

[575] Das Schriftformerfordernis folgt zumindest mittelbar aus § 102 Abs. 4 BetrVG, § 1 Abs. 2 KSchG, Stahlhacke/Preis/*Preis*, S. 166 Rn. 441.

[576] Stahlhacke/Preis/*Preis*, S. 166 Rn. 441; *Fitting*, § 102 Rn. 71.

[577] Ein gesondertes Eingehen auf die einzelnen Widerspruchsgründe kann hier nicht erfolgen, eine zu detaillierte Darstellung überschreitet den Rahmen dieser Arbeit, zur Vertiefung s. z.B. APS/*Koch*, § 102 BetrVG Rn. 192; KDZ/*Kittner*, § 102 BetrVG Rn. 232 ff.; KR/*Etzel*, § 102 BetrVG Rn. 149 ff.

[578] BAG 22.7.1982 AP § 1 KSchG 1969 Verhaltensbedingte Kündigung Nr. 5; KR/*Etzel*, § 102 BetrVG Rn. 146; APS/*Koch*, § 102 BetrVG Rn. 190; *Fitting*, § 102 Rn. 77; DKK/*Kittner/Bachner*, § 102 Rn. 182; a.A. Stege/Weinspach/Schiefer, § 102 Rn. 110ff.

[579] KR/*Etzel*, § 102 BetrVG Rn. 143.

[580] *Fitting*, § 102 Rn. 71; KR/*Etzel*, § 102 BetrVG Rn. 143; Richardi/*Thüsing*, § 102 Rn. 183; GK-BetrVG/*Raab*, § 102 Rn. 110.

gen Äußerungsfrist darf der Betriebsrat keine weiteren Widerspruchsgründe nachschieben.[581] Wenn der Widerspruch nicht ordnungsgemäß erhoben wurde,[582] ist er unwirksam. Dies hat einerseits zur Folge, dass der Widerspruch unbeachtlich ist, er andererseits aber dennoch das Anhörungsverfahren wirksam abschließt.[583]

An den Widerspruch werden demnach wesentlich höhere Anforderungen gestellt als an die restlichen Reaktionen des Betriebsrats. Dies liegt an der an ihn anknüpfenden Rechtsfolge. Er hat zwar nicht die Unwirksamkeit der Kündigung zur Folge. Das bedeutet aber nicht, dass der Widerspruch bedeutungslos ist. Wenn ein wirksamer Widerspruch vorliegt, hat der Arbeitnehmer, dem ordentlich gekündigt[584] wurde gem. § 102 Abs. 5 KSchG einen Anspruch auf Weiterbeschäftigung bis zum Ende des Kündigungsschutzprozesses.[585] Der betroffene Arbeitnehmer hat jedoch keinen Anspruch auf einen Widerspruch des Betriebsrats, auch wenn objektiv ein Widerspruchsgrund vorliegt.[586]

Seit der Anerkennung des allgemeinen Weiterbeschäftigungsanspruchs durch den Großen Senat des BAG[587] ist § 102 Abs. 5 BetrVG nicht mehr die einzige Möglichkeit, die sich dem Arbeitnehmer bietet, um auch nach Ausspruch der Kündigung weiterbeschäftigt zu werden. Der Anspruch aus § 102 Abs. 5 BetrVG ist jedoch für den Arbeitnehmer wesentlich vorteilhafter, da er ihn nicht erst mit Hilfe eines arbeitsgerichtlichen Urteils durchsetzen muss. Das Arbeitsverhältnis wird bis zum Ende des Kündigungsschutzprozesses zu unveränderten Bedingungen fortgesetzt und selbst im Falle einer Klageabweisung hat der Arbeitnehmer Anspruch auf Zahlung seiner Vergütung.[588] Der Weiterbeschäftigungsanspruch entfällt nur ausnahmsweise, wenn einer der in § 102 Abs. 5 S. 2 Nr. 1-3 BetrVG aufgezählten Gründe vorliegt.[589] Eine entsprechende Anwendung der Entbindung gem. § 102 Abs. 5 S. 2 BetrVG

---

[581] KR/*Etzel*, § 102 BetrVG Rn. 142a.

[582] S. hierzu neben den für den Widerspruch genannten auch die allgemeinen Anforderungen an einen ordnungsgemäßen Betriebsratsbeschluss gem. § 33 BetrVG.

[583] KR/*Etzel*, § 102 BetrVG Rn. 147.

[584] Bei einer außerordentlichen Kündigung eines vertraglich oder tariflich unkündbaren Arbeitnehmers wendet das BAG § 102 Abs. 5 BetrVG entsprechend an BAG 5.2.1998 AP § 626 BGB Nr. 143; APS/*Koch*, § 102 BetrVG Rn. 149.

[585] KPK/*Sowka*, Kap. 2 F Rn. 561;

[586] APS/*Koch*, § 102 BetrVG Rn. 188; KR/*Etzel*, § 102 BetrVG Rn. 121; DKK/*Kittner/Bachner*, § 102 Rn. 150.

[587] BAG 27.2.1985 AP § 611 BGB Beschäftigungspflicht Nr. 14.

[588] APS/*Koch*, § 102 BetrVG Rn. 185.

[589] Ausführlicher zu den Ausnahmen APS/*Koch*, § 102 BetrVG Rn. 219 ff.; KR/*Etzel*, § 102 BetrVG Rn. 223 ff.

ist möglich, wenn ein formell nicht ordnungsgemäßer Widerspruch des Betriebsrats vorliegt.[590]

g) Rechtsfolge eines Verstoßes gegen § 102 Abs. 1 BetrVG

Zwar befindet sich die Vorschrift unter der amtlichen Überschrift „Mitbestimmung". Der Betriebsrat ist aber lediglich anzuhören. Ein Widerspruch des Betriebsrats hindert den Arbeitgeber nicht, die Kündigung auszusprechen.[591] Damit ist jedoch nicht die praktische Relevanz des Anhörungsrechts des Betriebsrats zu unterschätzen, denn das Gesetz erklärt bei fehlender Anhörung des Betriebsrats die Kündigung für unwirksam, § 102 Abs. 1 S. 3 BetrVG. Bei der Untersuchung der Auswirkungen des § 102 Abs. 1 BetrVG auf die Wirksamkeit der Kündigung ist zwischen der fehlenden und der fehlerhaften Betriebsratsanhörung zu unterscheiden.

(1) Die fehlende Anhörung

Bei der fehlenden Anhörung ist das Gesetz eindeutig: Gem. § 102 Abs. 1 S. 3 BetrVG ist die Kündigung unwirksam. Dabei tritt die Unwirksamkeit unabhängig von der materiellen Rechtmäßigkeit der Kündigung ein;[592] die Anhörung ist eine zivilrechtliche Wirksamkeitsvoraussetzung.[593]

Die Rechtsprechung ist streng bei der Anwendung des § 102 Abs. 1 BetrVG.[594] Die Anhörung fehlt auch dann, wenn der Arbeitgeber vor Abschluss des Anhörungsverfahrens, also vor der Stellungnahme des Betriebsrats bzw. Ablauf der Äußerungsfrist des § 102 BetrVG, die Kündigung ausspricht.[595] Dabei ist der Zeitpunkt maßgeblich, in dem der Arbeitgeber seinen Kündigungswillen verwirklicht hat. Es ist zu prüfen, ob das Kündigungsschreiben bereits den Machtbereich des Arbeitgebers verlassen hat.[596] Die Kündigung ist ebenfalls unwirksam, wenn der Betriebsrat erst nachträglich eingeschaltet wird. Eine Heilung durch nachträgliche Zustimmung des Betriebsrats ist nicht möglich.[597] Der Grund liegt darin, dass dem Betriebsrat

---

590 APS/*Koch*, § 102 BetrVG Rn. 224; DKK/*Kittner/Bachner*, § 102 Rn. 298; *Fitting*, § 102 Rn. 121; ErfK/*Kania*, § 102 BetrVG Rn. 40.
591 KDZ/*Kittner*, § 102 BetrVG Rn. 1.
592 APS/*Koch*, § 102 BetrVG Rn. 151; *Fitting*, § 102 Rn. 56.
593 BAG 4.8.1975 AP § 102 BetrVG 1972 Nr. 4; GK-BetrVG/*Raab*, § 102 Rn. 76; Richardi/*Thüsing*, § 102 Rn. 111; APS/*Koch*, § 102 BetrVG Rn. 151.
594 *Joussen*, SAE 2001, 261, 262.
595 GK-BetrVG/*Raab*, § 102 Rn. 76; MünchArbR/*Matthes*, § 356 Rn. 41; DKK/*Kittner/Bachner*, § 102 Rn. 228.
596 BAG 28.2.1974 BAGE 27, 32; BAG 13.11.1976 BAGE 27, 331, 335; Richardi/*Thüsing* § 102 Rn. 113.
597 grundlegend BAG 28.2.1974 AP § 102 BetrVG 1972 Nr. 2; BAG 18.9.1975 AP § 102 BetrVG 1972 Nr. 6; ebenso auch die Lit. HK-KSchG/*Höland*, § 1 Anh. 1 Rn. 7; *Raab*, ZfA 1995, 479, 516.

nach Ausspruch der Kündigung keinerlei Möglichkeit mehr bleibt, auf den Kündigungsentschluss des Arbeitgebers einzuwirken.[598] Will der Arbeitgeber sich weiterhin von dem Arbeitnehmer trennen, muss er ihm erneut kündigen und erneut – ordnungsgemäß – den Betriebsrat dazu anhören.[599]

Es handelt sich hingegen nicht um eine fehlende Anhörung, wenn der Arbeitgeber die Äußerung des Betriebsrats nicht bei seiner Entscheidung berücksichtigt. Die Nicht-Berücksichtigung führt daher nicht zur Unwirksamkeit gem. § 102 Abs. 1 S. 3 BetrVG.[600]

(2) Die fehlerhafte Anhörung

(1a) Herleitung der Unwirksamkeitsfolge

Die fehlerhafte Anhörung ist nicht ausdrücklich in § 102 Abs. 1 BetrVG genannt. Nicht ganz klar ist daher die dogmatische Herleitung der Rechtsfolge. Z. T. wird aus einer Analogie zu § 102 Abs. 1 S. 3 BetrVG die Unwirksamkeit der Kündigung hergeleitet,[601] z. T. wird dieselbe Rechtsfolge im Wege einer teleologischen Auslegung direkt aus dieser Vorschrift hergeleitet.[602] In der Rechtsprechung kommt es sogar vor, dass beides gleichzeitig als Begründung für die Unwirksamkeitsfolgen vorgebracht wird.[603] I.E. ist jedoch grund-

---

598 BAG 27.6.1985 AP § 102 BetrVG 1972 Nr. 37; APS/*Koch*, § 102 BetrVG Rn. 152.

599 GK-BetrVG/*Raab*, § 102 Rn. 76; *Fitting*, § 102 Rn. 59.

600 *Berkowsky*, NZA 1996, 1065.

601 BAG 22.9.1994 AP § 102 BetrVG 1972 Nr. 68; *Berkowsky*, NZA 1996, 1065; *Bitter*, NZA 1991, Beil. 3, 20.

602 KR/*Etzel*, § 102 BetrVG Rn. 106; *Raab*, ZfA 1995, 479, 521 ff; Stahlhacke/Preis/*Preis*, S. 146 Rn. 379. Dieser Herleitung ist der Vorzug zu geben. Die teleologische Auslegung ist die Auslegung nach dem erkennbaren Zweck und den Grundgedanken der Regelung; eine Analogie ist hingegen die Übertragung der für einen Tatbestand im Gesetz gegebenen Regel auf einen vom Gesetz nicht geregelten, ihm ähnlichen Tatbestand, es ist also eine sog. Gesetzeslücke erforderlich, *Larenz/Canaris*, Methodenlehre der Rechtswissenschaft, S. 153, 202. Eine Gesetzeslücke kann aber nur dann vorliegen, wenn der jeweilige Sachverhalt nicht schon bereits aufgrund einer teleologischen Auslegung unter die Norm fällt. Die Auslegung muss in diesem Fall von dem Begriff der „Anhörung" aus vorgenommen werden. Der Zweck der Anhörung gem. § 102 Abs. 1 BetrVG ist nicht nur, dass der Arbeitgeber dem Betriebsrat lediglich zuhört. Der Betriebsrat soll vielmehr informiert werden, damit er sich eine eigene Meinung bilden kann, um ggf. den Arbeitgeber von seiner Entscheidung abbringen zu können. Wenn diese Anhörung nicht ordnungsgemäß erfolgt, wird dadurch zugleich auch ihr Zweck beeinträchtigt oder sogar überhaupt nicht erfüllt. In diesem Fall liegt dann aber auch schon gar keine Anhörung i.S.d. § 102 Abs. 1 BetrVG mehr vor. Daher muss auch hier die Unwirksamkeitsfolge eingreifen. Eine teleologische Auslegung des § 102 Abs. 1 BetrVG führt also bereits zu diesem Ergebnis, eine Analogie ist nicht erforderlich.

603 BAG 22.9.1994 EzA § 102 BetrVG 1972 Nr. 86.

sätzlich anerkannt, dass auch eine nicht ordnungsgemäße Anhörung die Unwirksamkeit der Kündigung zur Folge hat.[604]

(2a) Anerkannte Einzelfälle

Allerdings bestehen Unsicherheiten, ab wann eine Betriebsratsanhörung als fehlerhaft anzusehen ist. Sicher ist zunächst, dass nur diejenigen Mängel zu berücksichtigen sind, die aus der Sphäre des Arbeitgebers stammen. Mängel aus der Sphäre des Betriebsrats können dem Arbeitgeber nicht angelastet werden und haben daher keine Auswirkung auf die Wirksamkeit der Kündigung.[605]

Weiterhin wird grundsätzlich die unbewusste, versehentliche Fehlinformation nicht von der Unwirksamkeitsfolge erfasst. Grund hierfür ist, dass ansonsten in einem solchen Fall der Zweck des § 102 Abs. 1 S. 3 BetrVG unzulässig überdehnt würde.[606] Für diese Lösung spricht auch, dass der Umfang der Begründungspflicht des Arbeitgebers mit Hilfe des Grundsatzes der subjektiven Determinierung bestimmt wird. Die Nichtkenntnis von Kündigungsumständen ist hier unbeachtlich. Diese Grundentscheidung für die Beurteilung der Wirksamkeit des Anhörungsverfahrens muss dann auch in allen Bereichen der Anhörung beachtet werden. Daher kann eine unbewusste Fehlinformation, die auf Nichtkenntnis bzw. einem Versehen des Arbeitgebers beruht, nicht die Unwirksamkeit des Verfahrens zur Folge haben. Allerdings trägt der Arbeitgeber die Darlegungs- und Beweislast dafür, dass die Fehlinformation auf einem Versehen beruht.[607]

Anders verhält es sich mit der bewusst unrichtigen oder unvollständigen Mitteilung, die der Arbeitgeber macht, um dem Betriebsrat Gründe zu verschweigen oder ihn irre zu führen. Bei einer bewussten Fehlinformation des Betriebsrats greift die Sanktion des § 102 Abs. 1 S. 3 BetrVG, was sich auch hier bereits aus dem Telos der Vorschrift ergibt.[608] Zudem hilft in einem sol-

---

[604] St. Rspr.: Grundsatzentscheidung BAG 28.2.1974 AP § 102 BetrVG 1972 Nr. 2; dem folgend BAG 16.1.2003 AP § 102 BetrVG 1972 Nr. 129; BAG 27.9.2001 AP § 4 TVG Nachwirkung Nr. 40; BAG 29.1.1997 AP § 626 BGB Nr. 131; BAG 22.9.1994 EzA § 102 BetrVG 1972 Nr. 86; BAG 16.9.1993 AP § 102 BetrVG 1972 Nr. 62; Stahlhacke/Preis/*Preis*, S. 146 Rn. 379; GK-BetrVG/*Raab*, § 102 Rn. 77; *Berkowsky*, NZA 1996, 1065; MünchArbR/*Matthes*, § 356 Rn. 45; *Fitting*, § 102 Rn. 56.

[605] BAG 16.1.2003 AP § 102 BetrVG 1972 Nr. 129; HK-KSchG/*Höland*, § 1 Anh. 1 Rn. 43; APS/*Koch*, § 102 BetrVG Rn. 153; eine Ausnahme von diesem Grundsatz ist zu machen, wenn der Arbeitgeber Kenntnis von Beschlussmängeln hat, BAG 28.2.1974 AP § 102 BetrVG 1972 Nr. 2; GK-BetrVG/*Raab*, § 102 Rn. 74.

[606] BAG 29.1.1986 EzA § 102 BetrVG 1972 Nr. 64; BAG 16.9.1993 EzA § 102 BetrVG 1972 Nr. 84; *Rinke*, NZA 1998, 77, 80; *Bitter*, NZA 1991 Beil. 3, S. 16, 21.

[607] BAG 22.9.1994 EzA § 102 BetrVG 1972 Nr. 86; vgl. auch BAG 31.1.1996 RzK III 1a Nr. 77; *Rinke*, NZA 1998, 77, 80; Stahlhacke/Preis/*Preis* S. 156 Rn. 407.

[608] BAG 22.9.1994 EzA § 102 BetrVG 1972 Nr. 86; BAG 8.9.1988, SAE 1989, 299; BAG 7.11.2002 AP § 1 KSchG 1969 Krankheit Nr. 40; Stahlhacke/Preis/*Preis* S. 156 Rn. 407;

chen Fall der Grundsatz der subjektiven Determinierung nicht weiter. Das Verbot des Nachschiebens von Gründen im Prozess versagt in diesem Fall als Steuerungsinstrument, denn der Arbeitgeber möchte ja gerade nicht – auch und erst Recht nicht im Prozess – die Gründe vorbringen, die gegen die Kündigung des Arbeitnehmers sprechen.[609]

Einigkeit besteht zudem insoweit, dass auf jeden Fall die Person des Arbeitnehmers und die Kündigungsart mitgeteilt werden müssen.[610]

(3a) Umstrittene Grenzziehung für die Beachtlichkeit von Fehlern

Abgesehen von den zuvor genannten Fällen ist die Grenzziehung, ab wann ein Fehler zur Unwirksamkeit führt, umstritten.

Teilweise wird vertreten, dass nur schwerwiegende und offensichtliche Fehler zur Unwirksamkeit der Kündigung führten.[611] Die Ausweitung der Unwirksamkeitsfolge des § 102 Abs. 1 S. 3 BetrVG sei nur dann gerechtfertigt, wenn es sich um einen Fehler handele, der so schwerwiegend sei, dass er einer Nichtanhörung des Betriebsrates gleichstünde.[612] Dies sei nur dann der Fall, wenn der Betriebsrat aufgrund der unvollständigen Unterrichtung in eine völlig falsche Richtung ermitteln würde oder wenn der Arbeitgeber dem Betriebsrat trotz Aufforderung keine zusätzlichen Informationen liefert. Die übrigen Fälle seien bereits dadurch geregelt, dass dem Arbeitgeber ein Nachschieben von Gründen im späteren Kündigungsschutzprozess nicht möglich sei und somit die Kündigung auch nicht mehr durch Gründe gerechtfertigt werden könne, die nicht zuvor dem Betriebsrat mitgeteilt wurden.[613] Eine Anwendung der Sanktion des § 102 Abs. 1 S. 3 BetrVG auf jegliche unterlassene Tatsachenmitteilung würde die Norm in methodisch bedenklicher Weise korrigieren und sie zu einer generellen Sanktionsnorm für jede Verletzung der Mitteilungspflicht aufwerten.[614]

Bitter, FS Stahlhacke, S. 57, 64; a.A. GK-BetrVG/*Raab*, § 102 Rn. 79, der die Unterteilung in bewusste und unbewusste Fehlinformation ablehnt und dabei darauf hinweist, dass es für den Betriebsrat keinen Unterschied macht, warum der Arbeitgeber die Information nicht liefert. Eine bewusste Fehlinformation, die zur Unwirksamkeit der Kündigung führt liegt z.B. vor, wenn der Arbeitgeber bei einer verhaltensbedingten Kündigung dem Betriebsrat das Verschulden des Arbeitnehmers mildernde oder ausschließende Umstände verschweigt., BAG 31.1.1996 RzK III 1a Nr. 77 (2 AZR 181/95).

[609] BAG 22.9.1994 EzA § 102 BetrVG 1972 Nr. 86;

[610] BAG 16.9.1993 NZA 1994, 311, 313; KR/*Etzel*, § 102 BetrVG Rn. 58; *Raab*, ZfA 1995, 479, 523; *Oetker*, SAE 1989, 302, 303.

[611] *Oetker*, SAE 1989, 302, 305; *Raab*, ZfA 1995, 479, 522; GK-BetrVG/*Raab*, § 102 Rn. 79 ff.

[612] *Raab*, ZfA 1995, 479, 522.

[613] *Raab*, ZfA 1995, 479, 527 f.

[614] *Oetker*, SAE 1989, 302 305.

Die Gegenmeinung nimmt keine Differenzierung bezüglich des Grundes für die fehlerhafte Anhörung vor.[615] Begründet wird dies nicht weiter. Für diese Annahme könnte aber sprechen, dass die zuvor genannte Meinung zu Abgrenzungsschwierigkeiten führen und damit Rechtsunsicherheiten hervorrufen kann.

Die Rechtsprechung des BAG scheint – zumindest i.E. – von der Prämisse auszugehen, dass nur das Verschweigen wichtiger Informationen die Unwirksamkeitsfolge des § 102 Abs. 1 S. 3 BetrVG nach sich zieht. Zwar äußert das BAG sich nicht direkt zu dieser Frage. Es folgt aber bei näherem Lesen aus seinen Urteilen. Eine fehlerhafte Beteiligung des Betriebsrats nach § 102 BetrVG, die zur Anwendung des S. 3 führt, liegt nach dem BAG dann vor, wenn der Arbeitgeber seiner Unterrichtungspflicht „insbesondere nicht ausführlich genug nachgekommen ist."[616] Zugegebenermaßen eine Formulierung, die weit genug ist, dass sie als Beleg für beide Auffassungen verwendet werden kann. Dem Betriebsrat muss der Begründungszusammenhang erkennbar werden, der sich aus mehreren Tatsachen und einer groben rechtlichen Einordnung zusammensetzt, es reicht aus, wenn der Arbeitgeber diesen Tatsachenkomplex umreißt.[617] Die Möglichkeit, sich ein Bild zu machen, wird dem Betriebsrat nicht dadurch genommen, dass der Arbeitgeber es unterlässt, ihm nur untergeordnet wichtige Informationen mitzuteilen.[618]

Nach Auffassung des BAG handelt es sich noch nicht um einen Fall, in dem der Arbeitgeber seiner Unterrichtungspflicht nicht ausführlich genug nachgekommen ist, wenn er im Streit über das Tragen eines Kopftuches während der Arbeitszeit dem Betriebsrat nicht ausdrücklich die Staatsangehörigkeit der Arbeitnehmerin mitteilt oder dass sie muslimischen Glaubens ist.[619] Im Rahmen einer krankheitsbedingten Kündigung ließ das BAG es ferner nicht für die Anwendung der Unwirksamkeitsfolge ausreichen, dass der Arbeitgeber dem Betriebsrat nicht mitgeteilt hat, dass zwei Krankheitsperioden – die allerdings länger zurücklagen – auf einem Betriebsunfall beruhten.[620] Wenn der Arbeitgeber davon ausgeht, dass im Betrieb kein geeigneter Arbeitsplatz vorhanden ist, auf dem der Arbeitnehmer weiterbeschäftigt werden kann, ergibt sich nach Auffassung des BAG grundsätzlich bereits aus dem Zusammenhang mit dem Anhörungsschreiben für den Betriebsrat, dass dem Arbeitnehmer gekündigt werden soll, weil aus Sicht des Arbeitgebers keine

---

[615] BAG 16.9.1993 AP § 102 BetrVG 1972 Nr. 62; KR/*Etzel*, § 102 BetrVG Rn. 106.
[616] BAG 10.10.2002 AP § 1 KSchG 1969 Verhaltensbedingte Kündigung Nr. 44.
[617] BAG 11.12.2003 AP § 1 KSchG 1969 Soziale Auswahl Nr. 65.
[618] vgl. auch GK-BetrVG/*Raab* § 102 Rn. 80 ff.
[619] BAG 10.10.2002 AP § 1 KSchG 1969 Verhaltensbedingte Kündigung Nr. 44.
[620] BAG 7.11.2002 AP § 1 KSchG 1969 Krankheit Nr. 40.

Weiterbeschäftigungsmöglichkeit besteht; detaillierte Informationen sind nicht erforderlich.[621]

Die Schwäche der Lösung der Rechtsprechung liegt in der mangelnden Rechtssicherheit. Aber die Beschränkung der Fehler, bei denen die Unwirksamkeitsfolge des § 102 Abs. 1 S. 3 BetrVG greift, auf die Fälle, in denen der Betriebsrat nicht ausführlich genug informiert hat, entspricht m.E. dem Sinn und Zweck des § 102 Abs. 1 BetrVG. Dem Betriebsrat soll ermöglicht werden, sich ein Bild darüber zu machen, ob die Kündigung wirklich erforderlich ist.[622]

h) Heilung der fehlenden bzw. fehlerhaften Betriebsratsanhörung

In Anbetracht der schwerwiegenden Rechtsfolge des § 102 Abs. 1 S. 3 BetrVG stellt sich die Frage nach einer nachträglichen Heilungsmöglichkeit für die Fälle, in denen § 102 Abs. 1 S. 3 BetrVG greift. Aus Sinn und Zweck der Betriebsratsanhörung ergibt sich, dass eine fehlende Anhörung nicht durch eine nachträgliche Zustimmung des Betriebsrats geheilt werden kann, denn der Betriebsrat soll gerade die Möglichkeit haben, auf die Entscheidung des Arbeitgebers noch Einfluss ausüben zu können.[623] Das ist nicht mehr möglich, wenn der Arbeitgeber die Kündigung bereits ausgesprochen hat. Dasselbe gilt, wenn der Arbeitgeber die Kündigung ausspricht, bevor das Anhörungsverfahren abgeschlossen ist.[624] Auch wenn es sich um eine fehlerhafte Anhörung handelt, ist eine Heilung durch eine nachträgliche Zustimmung bzw. durch eine abschließende Stellungnahme abzulehnen.[625] Denn in dieser Situation ist ebenso wenig auszuschließen, dass der Betriebsrat eine anders lautende Stellungnahme abgegeben hätte, wäre er richtig informiert worden.[626]

i) Das Nachschieben von Gründen

(1) Exkurs: Nachschieben von Gründen in betriebsratslosen Betrieben

Das Nachschieben von Kündigungsgründen im späteren Prozess ist ein stark umstrittenes Problem. Es kommt jedoch nur auf, wenn in dem betreffenden

---

621 BAG 17.2.2000 AP § 102 BetrVG 1972 Nr. 113.

622 BAG 15.12.1994 AP § 1 KSchG 1969 Betriebsbedingte Kündigung Nr. 67.

623 BAG 27.6.1985 AP § 102 BetrVG 1972 Nr. 37; BAG 28.9.1978 EzA § 102 BetrVG 1972 Nr. 39; BAG 28.2.1974 AP § 102 BetrVG 1972 Nr. 2; APS/*Koch* § 102 BetrVG Rn. 152; GK-BetrVG/*Raab* § 102 Rn. 76; KR/*Etzel* § 102 Rn. 112; DKK/*Kittner/Bachner*, § 102 Rn. 43.

624 APS/*Koch* § 102 BetrVG Rn. 152.

625 *Fitting* § 102 Rn. 59; KR/*Etzel* § 102 BetrVG Rn. 112; DKK/*Kittner/Bachner*, § 102 Rn. 43.

626 KR/*Etzel* § 102 BetrVG Rn. 112.

Betrieb auch ein Betriebsrat besteht. Denn rein materiellrechtlich stehen dem Nachschieben von Gründen, die vor der Kündigung entstanden sind, im Kündigungsprozess keine Bedenken entgegen.[627] Die Angabe der Kündigungsgründe ist keine Wirksamkeitsvoraussetzung für die Kündigungserklärung.[628] Es ist daher in betriebsratslosen Betrieben möglich, auch im Prozess erstmals Gründe anzugeben, vorausgesetzt, sie lagen bereits bei Ausspruch der Kündigung vor.[629] Gründe, die erst nach der Kündigungserklärung entstanden sind, sind ausgeschlossen, da für die Prüfung der Rechtmäßigkeit der Kündigung der Zeitpunkt des Zugangs der Kündigungserklärung entscheidend ist.[630]

(2) Fälle, die kein Nachschieben von Gründen i.e.S. sind

Die folgenden Ausführungen beziehen sich auf Betriebe, in denen ein Betriebsrat besteht. Bei der Problematik des Nachschiebens von Gründen werden häufig Fälle in die Diskussion mit einbezogen, die streng genommen gar kein Nachschieben von Kündigungsgründen darstellen. Daher wird zunächst klargestellt, bei welchen Konstellationen es sich nicht um einen Fall des Nachschiebens von Kündigungsgründen handelt, die also bereits außerhalb dieser Problematik gelöst werden können.

Abzugrenzen ist in diesem Zusammenhang das Nachschieben von Gründen von der bloßen Erläuterung bzw. Konkretisierung bereits angegebener Kündigungsgründe. Eine Erläuterung oder Konkretisierung ist zulässig, wenn sie den Kündigungssachverhalt nicht wesentlich verändert.[631] Weiterhin ist es zulässig, dass der Arbeitgeber während der Anhörung des Betriebsrats noch Gründe nachträgt, z.B. auch auf Nachfrage des Betriebsrats.[632] Ebenso wenig handelt es sich um einen Fall des Nachschiebens von Kündigungsgründen, wenn der Arbeitgeber dem Betriebsrat ihm bekannte Tatsachen nicht mitteilt,

---

[627] st. Rspr. BAG 11.4.1985 AP § 102 BetrVG 1972 Nr. 39; BAG 20.8.1998, ZTR 1998, 565.

[628] *v. Hoyningen-Huene/Linck*, § 1 Rn. 257.

[629] Stahlhacke/Preis/*Preis*, S. 75 Rn. 186; *v. Hoyningen-Huene/Linck*, § 1 Rn. 257; KR/*Etzel*, § 102 BetrVG Rn. 185c.

[630] GK-BetrVG/*Raab*, § 102 Rn. 148.

[631] BAG 27.2.1997 AP § 1 KSchG 1969 Verhaltensbedingte Kündigung Nr. 36; BAG 18.9.1997 EzA § 1 KSchG 1969 Betriebsbedingte Kündigung Nr. 97; Stahlhacke/Preis/*Preis*, S. 162 Rn. 420; APS/*Koch*, § 102 BetrVG Rn. 166; GK-BetrVG/*Raab*, § 102 Rn. 147; kritisch hierzu DKK/*Kittner/Bachner*, § 102 Rn. 110. Eine solche zulässige Erläuterung liegt z.B. vor, wenn der Arbeitgeber im Prozess bezüglich einer verhaltensbedingten Kündigung wegen zu häufigen Zuspätkommens Betriebsablaufstörungen geltend macht, die mit nicht oder nur kurzfristig vorher angekündigten Verspätungen eines Arbeitnehmers üblicherweise verbunden sind, BAG 27.2.1997 AP § 1 KSchG 1969 Verhaltensbedingte Kündigung Nr. 36.

[632] BAG 6.2.1997 AP § 102 BetrVG 1972 Nr. 85; BAG 1.4.1981 AP § 102 BetrVG 1972 Nr. 23; Stahlhacke/Preis/*Preis*, S. 162 Rn. 420.

auf die sein Kündigungsentschluss gestützt ist. Denn in diesem Fall liegt bereits eine fehlende Anhörung vor, die gem. § 102 Abs. 1 S. 3 BetrVG die Unwirksamkeit der Kündigung nach sich zieht.[633] Ferner ist die Frage des Nachschiebens überflüssig, wenn es sich um Gründe handelt, die erst nach dem Zeitpunkt der Kündigung entstanden sind, denn solche Tatsachen sind immer im späteren Kündigungsschutzprozess unbeachtlich.[634] Für diesen Fall ist eine erneute Kündigung erforderlich, die dann auf die nach dem Ausspruch der ersten Kündigung entstandenen Gründe gestützt werden kann.[635] Auch wenn der Arbeitgeber lediglich substantiiert darauf erwidert, dass der Arbeitnehmer sich im Verlauf des Prozesses z.B. auf die Unwirksamkeit der Kündigung nach § 138 BGB beruft, liegt kein Nachschieben von Kündigungsgründen vor. Da der Arbeitgeber bei der Betriebsratsanhörung noch gar nicht wissen konnte, dass der Arbeitnehmer sich später auf eine Unwirksamkeit gem. § 138 BGB berufen wird, würde ansonsten dem Arbeitgeber jegliche Verteidigungsmöglichkeit genommen.[636]

(3) Meinungsstand zur Zulässigkeit des Nachschiebens

Der am meisten diskutierte Fall ist der, dass der Arbeitgeber von den neuen Kündigungsgründen erst nach Kündigungsausspruch Kenntnis erlangt, die Gründe aber bereits vor Ausspruch der Kündigung existiert haben.

(1a) Die Rechtsprechung

Seit einer Leitentscheidung des BAG vom 11.4.1985[637] vertritt die Rechtsprechung zu diesem Problem eine klare Linie. Das Nachschieben von Kündigungsgründen im Prozess, die dem Arbeitgeber erst nach Kündigungsausspruch bekannt wurden, die aber bereits vorher existierten, ist dann zulässig, wenn er den Betriebsrat ein weiteres Mal zu diesen Kündigungsgründen gem. § 102 Abs. 1 BetrVG anhört. Dabei handelt es sich um eine analoge Anwendung des § 102 Abs. 1 BetrVG. Der Arbeitgeber trägt jedoch die Darlegungs- und Beweislast dafür, dass er die Gründe erst nach dem Ausspruch der Kün-

---

633 BAG 11.12.2003 AP § 1 KSchG 1969 Soziale Auswahl Nr. 65; BAG 7.11.2002 AP § 1 KSchG 1969 Krankheit Nr. 40; BAG 18.9.1997 EzA § 1 KSchG Betriebsbedingte Kündigung Nr. 97; BAG 27.2.1997 AP § 1 KSchG 1969 Verhaltensbedingte Kündigung Nr. 36; *Schwerdtner*, NZA 1987, 361, 362; GK-BetrVG/*Raab*, § 102 Rn. 147; vgl. auch APS/*Koch*, § 102 BetrVG Rn. 168. Dem Betriebsrat wird zudem ansonsten die Möglichkeit des Widerspruchs mit dem daraus folgenden Weiterbeschäftigungsanspruch gem. § 102 Abs. 5 BetrVG genommen, *Winterstein*, NZA 1987, 728, 729.

634 Im Prozess wird lediglich untersucht, ob die Kündigung im Zeitpunkt ihres Ausspruchs gerechtfertigt war, DKK/*Kittner/Bachner* § 102 Rn. 111.

635 *Winterstein*, Die Zulässigkeit des Nachschiebens von Kündigungsgründen im Kündigungsschutzprozess, S. 124; Richardi/*Thüsing*, § 102 Rn. 128.

636 BAG 7.11.1996 RzK III 1b Nr. 26.

637 BAG 11.4.1985 AP § 102 BetrVG 1972 Nr. 39.

digung erfahren hat.[638] Dieselbe Lösung sieht das BAG für die außerordentliche Kündigung vor.[639]

Das BAG begründet seine Auffassung zunächst damit, dass ansonsten der Sinn und Zweck der Betriebsratsanhörung konterkariert würde, denn dem Betriebsrat würde die Möglichkeit genommen, Einfluss auf die Entscheidung des Arbeitgebers auszuüben, da ihm nicht alle Gründe bekannt sind. Ferner führt es an, dass diese Lösung auch dem Grundsatz der Prozessökonomie entspreche, nach dem Streitigkeiten über die Wirksamkeit einer Kündigung möglichst in einem Prozess konzentriert werden sollen.

(2a) Das Schrifttum

Ein Großteil der Literatur hat sich der Auffassung der Rechtsprechung angeschlossen.[640] Sie wird jedoch nicht von allen kritiklos übernommen. Insbesondere wird das Erfordernis der erneuten Betriebsratsanhörung kritisiert. Es wird argumentiert, dass der Zweck der Betriebsratsanhörung – der Einfluss auf die Entscheidung des Arbeitgebers – gerade nicht mehr erfüllt werden könne, da die Kündigung bereits ausgesprochen sei.[641] Entsprechend dem Wortlaut des § 102 Abs. 1 BetrVG müsse der Betriebsrat gerade *vor* Ausspruch der Kündigung gehört werden.[642] Eine lediglich nachträgliche Anhörung verhindere die von § 102 Abs. 1 BetrVG gewollte Wirkung eines kollektiven präventiven Kündigungsschutzes.[643] Auch der Grundsatz der Prozessökonomie sei kein überzeugendes Argument, denn die Prozessökonomie könne nicht darüber entscheiden, was materiellrechtlich richtig sei.[644] Dieser Grundsatz dürfe nicht zu einer Verkürzung des Kündigungsschutzes des einzelnen Arbeitnehmers führen.[645] Aus dieser Kritik zum Erfordernis der erneuten Betriebsratsanhörung wird z.T. gefolgert, dass das Nachschieben der Gründe zulässig ist und zwar ohne, dass der Betriebsrat noch einmal angehört

---

638 BAG 11.4.1985 AP § 102 BetrVG 1972 Nr. 39; BAG 31.3.1993 AP § 626 BGB Ausschlussfrist Nr. 32; BAG 4.6.1997 AP § 626 BGB Nachschieben von Kündigungsgründen Nr. 5.

639 BAG 6.11.2003 NZA 2004, 919. In diesem Zusammenhang stellt sich die Frage, ob für das Nachschieben die Ausschlussfrist des § 626 Abs. 2 S. 1 BGB anwendbar ist. Dies ist jedoch zu verneinen, denn der Wortlaut dieser Vorschrift bezieht sich nur auf die Ausübung des Kündigungsrechts. Das Kündigungsrecht hat der Arbeitgeber aber bereits ausgeübt, BAG 4.6.1997 AP § 626 BGB Nachschieben von Kündigungsgründen Nr. 5.

640 *Fitting*, § 102 Rn. 43; Richardi/*Thüsing*, § 102 Rn. 129f.; Stahlhacke/Preis/*Preis*, S. 163 Rn. 423; *Winterstein*, NZA 1987, 728, 729f.; KR/*Etzel*, § 102 BetrVG Rn. 187ff.

641 GK-BetrVG/*Raab*, § 102 Rn. 151; DKK/*Kittner/Bachner*, § 102 Rn. 116; APS/*Koch*, § 102 BetrVG Rn. 174; *Kraft*, FS Kissel, S. 611, 626; *Schwerdtner*, NZA 1987, 361, 363.

642 *Schwerdtner*, NZA 1987, 361, 363.

643 *Schwerdtner*, NZA 1987, 361, 364.

644 DKK/*Kittner/Bachner*, § 102 Rn. 116.

645 *Schwerdtner*, NZA 1987, 361, 363.

werden muss.[646] Es wird aber auch z.T. der genau entgegengesetzte Schluss hieraus gezogen, also die Unzulässigkeit des Nachschiebens von Gründen, die dem Arbeitgeber erst nach dem Ausspruch der Kündigung bekannt wurden.[647]

(3a) Stellungnahme und Zwischenergebnis

Der an keine Voraussetzung gebundenen Zulässigkeit des Nachschiebens von Kündigungsgründen nach Ausspruch der Kündigung stehen gewichtige Bedenken gegenüber. Im Zentrum dieser äußerst umstrittenen Frage steht die Betriebsratsanhörung und der von ihr verfolgte Zweck. Der uneingeschränkten Zulässigkeit des Nachschiebens von Gründen im Kündigungsschutzprozess steht die Gefährdung eines wirkungsvollen kollektiven und vor allem auch präventiven Kündigungsschutzes gegenüber.[648] Kann der Arbeitgeber ohne Weiteres Gründe, von denen er nach Kündigungsausspruch Kenntnis erlangt, nachschieben, besteht zunächst eine Missbrauchsgefahr. Denn es ist denkbar, dass der Arbeitgeber seine Kenntnis bestimmter Kündigungsgründe erfolgreich verschleiert, um sie dann ungestört - da ohne Einmischung des Betriebsrats - nachzuschieben. Wichtiger ist jedoch, dass die Möglichkeit des Nachschiebens von Kündigungsgründen, das an keinerlei Voraussetzungen gebunden ist, den kollektiven sowie präventiven Kündigungsschutz komplett aushebelt. Auf der anderen Seite sind die Interessen des Arbeitgebers zu beachten. Er muss die Möglichkeit haben, Arbeitnehmer zu entlassen. Diese Möglichkeit wird massiv eingeschränkt, wenn von ihm verlangt wird, auch wenn die Gründe bereits vor der Kündigung entstanden sind und sie ihm ohne sein Verschulden erst nach Ausspruch der Kündigung bekannt wurden, nochmals dem Arbeitnehmer kündigen zu müssen. Damit riskiert er erneut einen Kündigungsschutzprozess und die Kosten des Annahmeverzugs. Es handelt sich hier um einen Fall, in dem es gilt, einen für alle Seiten akzeptablen Kompromiss zu finden.

Der Gesetzgeber hat sich offensichtlich nicht mit dieser Fallkonstellation beschäftigt. Der Ansatz des BAG, das Nachschieben der Kündigungsgründe zuzulassen, wenn hierzu der Betriebsrat noch einmal gem. § 102 Abs. 1 BetrVG analog angehört wurde, ist die einzige Lösung, bei der die Interessen aller drei Beteiligten so weit wie möglich gewahrt bleiben. Die Kritik an der erneuten Betriebsratsanhörung ist zwar nicht vollkommen von der Hand zu weisen. Die Kündigung ist bereits ausgesprochen. Allerdings wird der Arbeitgeber ohnehin kaum Gründe nachschieben wollen, die an der Wirksamkeit der Kündigung zweifeln lassen, sondern Gründe, die seine Kündigungs-

---

646 APS/*Koch*, § 102 BetrVG Rn. 174; *Kraft*, FS Kissel, S. 611, 626.
647 DKK/*Kittner/Bachner*, § 102 Rn. 116; *Schwerdtner*, NZA 1987, 363ff.
648 Vgl. auch *Winterstein*, NZA 1987, 728, 729.

entscheidung zusätzlich untermauern. Dem Missbrauchseinwand wird dadurch entgegen gewirkt, dass dem Arbeitgeber die Darlegungs- und Beweislast dafür obliegt, dass er vor Ausspruch der Kündigung keine Kenntnis von den Gründen hatte. Außerdem hat dem Betriebsrat bei der zweiten Anhörung abermals das Widerspruchsrecht gem. § 102 Abs. 3 BetrVG. Damit bleibt dem Arbeitnehmer noch die Möglichkeit erhalten, einen Weiterbeschäftigungsanspruch gem. § 102 Abs. 5 BetrVG zu erlangen. Außerdem kann der Betriebsrat den Arbeitgeber in Bezug auf die nachgeschobenen Gründe ggf. noch so beeinflussen, dass er sie doch nicht in den Kündigungsschutzprozess mit einbringt. Auch der Arbeitgeber wird bei dieser Lösung nicht übermäßig belastet, denn eine erneute Anhörung des Betriebsrats ist nicht mit einem unüberwindbaren Aufwand verbunden.

Daher wird hier der Auffassung des BAG zugestimmt. Wenn Kündigungsgründe vor Kündigungsausspruch bereits entstanden, aber erst nachher dem Arbeitgeber bekannt geworden sind, darf er sie nachschieben, wenn er dazu zuvor den Betriebsrat gem. § 102 Abs. 1 BetrVG analog angehört hat.

(4) Folge des unzulässigen Nachschiebens von Kündigungsgründen

Hat der Arbeitgeber in unzulässiger Weise Kündigungsgründe nachgeschoben, z.B. wenn er den Betriebsrat nicht erneut angehört hat, führt dies nicht zur Unwirksamkeit der Kündigung. Diese Gründe werden lediglich nicht im Kündigungsprozess beachtet. Der Arbeitgeber kann seine Kündigung nur auf die dem Betriebsrat ordnungsgemäß mitgeteilten Gründe stützen.[649]

j) Die Umdeutung der Kündigung

Wenn eine außerordentliche Kündigung unwirksam ist, stellt sich die Frage, ob diese Kündigung gem. § 140 BGB in eine ordentliche Kündigung umgedeutet werden kann.[650] Voraussetzung ist zunächst ein hypothetischer, dem Arbeitnehmer erkennbarer Wille des Arbeitgebers, das Arbeitsverhältnis auf jeden Fall zu beenden.[651] Bei lebensnaher Auslegung ist i.d.R. davon auszu-

---

[649] *v. Hoyningen-Huene/Linck*, § 1 Rn. 258.

[650] Wobei darauf hinzuweisen ist, dass vor der Umdeutung die außerordentliche Kündigung zunächst auszulegen ist, ob sie auch eine ordentliche Kündigung umfasst, APS/*Biebl*, § 13 KSchG Rn. 35; gem. § 140 BGB muss es sich ferner um ein nichtiges Rechtsgeschäft handeln, was allerdings dann fehlt, wenn eine außerordentliche Kündigung kein wichtiger Grund zugrunde liegt, da hier der Gesetzgeber keine Unwirksamkeitsfolge anordnet. Dennoch wird diese Kündigung allgemein als unwirksam angesehen und unter § 140 BGB subsumiert, s. hierzu *Vossen*, RdA 2003, 179, 182. Auf die prozessualen Fragen der Umdeutung wird hier nicht eingegangen, s. hierzu z.B. *Schmidt*, NZA 1989, 661ff.; APS/*Biebl*, § 13 KSchG Rn. 40 ff.; *Vossen*, RdA 2003, 179, 184; BAG 15.11.2001, RdA 2003, 179ff.

[651] BAG 15.11.2001, RdA 2003, 179; BAG 13.8.1987 AP § 6 KSchG 1969 Nr. 3; BAG 31.3.1993 AP § 626 BGB Ausschlussfrist Nr. 32; APS/*Biebl*, § 13 KSchG Rn. 37; KR/*Friedrich*, § 13 KSchG Rn. 76f.

gehen, dass der Arbeitgeber, der eine außerordentliche Kündigung ausgesprochen hat, sich zum nächstmöglichen Termin von dem Arbeitnehmer trennen möchte.[652]

Interessant ist in diesem Zusammenhang bei Bestehen eines Betriebsrats der Einfluss des § 102 Abs. 1 BetrVG auf die Zulässigkeit der Umdeutung. Nach einem mittlerweile fest verankerten Grundsatz ersetzt die Anhörung zu einer außerordentlichen Kündigung nicht bereits die Anhörung zu einer ordentlichen Kündigung.[653] Die ordentliche Kündigung ist in diesem Fall vielmehr gem. § 102 Abs. 1 BetrVG unwirksam, wegen fehlender Beteiligung des Betriebsrats.[654] Der Arbeitgeber kann die Unwirksamkeitsfolge vermeiden und eine Umdeutung vornehmen, wenn er den Betriebsrat im Rahmen der Anhörung zu der außerordentlichen Kündigung auf eine mögliche Umdeutung hinweist und ihn somit zugleich zu der umgedeuteten ordentlichen Kündigung anhört.[655] Dabei reicht z.B. aus, wenn der Arbeitgeber in seinem Schreiben an den Betriebsrat „aus betriebsverfassungsrechtlichen Gründen auch um die Stellungnahme zu einer fristgemäßen Kündigung" bittet.[656] Der Arbeitgeber muss dabei aber beachten, dass er die für die ordentliche Kündigung längere Äußerungsfrist von einer Woche gem. § 102 Abs. 2 BetrVG einhält, ansonsten ist die Anhörung in Bezug auf die ordentliche Kündigung fehlerhaft.[657]

Der Grund dafür, dass zusätzlich die Betriebsratsanhörung für die ordentliche Kündigung durchgeführt werden muss, liegt darin, dass Anforderungen sowie Wirkung der Betriebsratsanhörung bei der ordentlichen und der außerordentlichen Kündigung unterschiedlich sind. So gelten wie bereits erwähnt verschiedene Äußerungsfristen, und der Widerspruch gem. § 102 Abs. 3 BetrVG ist nur in Bezug auf die ordentliche Kündigung möglich. Ferner wird der Betriebsrat andere Überlegungen anstellen, je nachdem ob es sich um eine ordentliche oder eine außerordentliche Kündigung handelt.[658]

---

[652] *v. Hoyningen-Huene/Linck* § 13 Rn. 34ff.; APS/*Biebl*, § 13 KSchG Rn. 37. Der hypothetische Wille ist dann zu verneinen, wenn sich herausstellt, dass der Kündigungsgrund wie z.B. ein Diebstahl, tatsächlich gar nicht vorliegt, APS/*Biebl*, § 13 KSchG Rn. 37; KR/*Friedrich*, § 13 KSchG Rn. 80.

[653] Grundlegend hierzu BAG 12.8.1976 AP § 102 BetrVG 1972 Nr. 10; BAG 16.3.1978 AP § 102 BetrVG 1972 Nr. 15; KR/*Etzel*, § 102 BetrVG Rn. 182; APS/*Koch*, § 102 BetrVG Rn. 99; GK-BetrVG/*Raab*, § 102 Rn. 48; DKK/*Kittner/Bachner*, § 102 Rn. 65; *Schmidt*, NZA 1989, 661, 664; *Bitter*, NZA 1991 Beil. 3, 16, 18.

[654] BAG 16.3.1978 AP § 102 BetrVG 1972 Nr. 15; APS/*Koch*, § 102 BetrVG Rn. 99; GK-BetrVG/*Raab*, § 102 Rn. 48; *Vossen*, RdA 2003, 179, 182.

[655] BAG 20.9.1984 EzA § 626 BGB n.F. Nr. 91; KR/*Etzel*, § 102 BetrVG Rn. 182.

[656] BAG 31.1.1996 AP § 626 BGB Nr. 80; *Schmidt*, NZA 1989, 661, 664.

[657] *Schmidt*, NZA 1989, 661, 664.

[658] GK-BetrVG/*Raab*, § 102 Rn. 48.

Eine Ausnahme zu dem Grundsatz, dass die Anhörung zur außerordentlichen Kündigung nicht die Anhörung zur ordentlichen Kündigung ersetzt, wird vom BAG jedoch zugelassen. Es ist dann keine zusätzliche Anhörung zur ordentlichen Kündigung erforderlich, wenn der Betriebsrat ausdrücklich und ohne Vorbehalt der außerordentlichen Kündigung zugestimmt hat und nicht ersichtlich ist, dass er sich gegen die umgedeutete ordentliche Kündigung gestellt hätte.[659] Diese Ausnahme ist jedoch mit Vorsicht zu genießen, denn sie führt letztendlich dazu, dass dem Betriebsrat unterstellt wird, er stimme einer ordentlichen Kündigung zu, ohne dass er überhaupt die Möglichkeit hatte, sich hierüber Gedanken zu machen, geschweige denn entsprechend Sinn und Zweck des § 102 Abs. 1 BetrVG ggf. auf die Entscheidung des Arbeitgebers Einfluss nehmen zu können.[660] Vor allem stellt sich hier eine schwierige Abgrenzungsfrage. Es kann nie mit Sicherheit gesagt werden, wann bereits angenommen werden kann, dass der Betriebsrat, der sich in Bezug auf eine ordentliche Kündigung gar nicht geäußert hat, auch gegen diese Kündigung keinerlei Einwände geltend machen würde.[661] Daher ist es zumindest erforderlich, dem Arbeitgeber hierfür die Darlegungs- und Beweislast aufzuerlegen.[662]

Von dieser Ausnahme wird hingegen nicht der umgekehrte Fall erfasst, d.h. wenn der Betriebsrat der ordentlichen Kündigung zugestimmt hat und der Arbeitgeber in eine außerordentliche Kündigung umdeuten möchte.[663] Hier ist das der oben genannten Ausnahme zugrunde liegende argumentum a maiore ad minus nicht anwendbar. Schließlich handelt es sich bei der außerordentlichen Kündigung um die weitaus schärfere Form der Beendigung des Arbeitsverhältnisses.[664]

---

[659] BAG 16.3.1978 AP § 102 BetrVG 1972 Nr. 15, 55; KR/*Etzel*, § 102 BetrVG Rn. 182a; DKK/*Kittner/Bachner*, § 102 Rn. 65.

[660] GK-BetrVG/*Raab*, § 102 Rn. 49.

[661] Kritisch hierzu GK-BetrVG/*Raab*, § 102 Rn. 49.

[662] Vgl. auch DKK/*Kittner/Bachner*, § 102 Rn. 65; *Bitter*, NZA 1991 Beil. 3, 16, 18.

[663] BAG 16.3.1978 AP § 102 BetrVG 1972 Nr. 15; *Bitter*, NZA 1991 Beil. 3, 16, 18.

[664] So wohl auch *Bitter*, NZA 1991 Beil. 3, 16, 18. Fraglich ist hingegen, wie der Fall zu beurteilen ist, in dem der Betriebsrat zwar zu einer außerordentlichen Kündigung angehört wird, stattdessen aber vorbehaltlos den Ausspruch einer ordentlichen Kündigung anregt. Zum Teil wird dann eine erneute Anhörung für die ordentliche Kündigung für entbehrlich gehalten, *Bitter*, NZA 1991 Beil. 3, 16, 18. Dem kann entgegengehalten werden, dass dies darauf hinauslaufen würde, dass dem Betriebsrat die Möglichkeit eröffnet wird, auf sein Anhörungsrecht zu verzichten, vgl. DKK/*Kittner/Bachner*, § 102 Rn. 65. Allerdings wäre es m.E.übertriebene Förmelei, wenn eine nochmalige Anhörung des Betriebsrats zu fordern. Sie ist nicht notwendig, da davon auszugehen ist, dass der Betriebsrat sich hinreichend mit der Möglichkeit der ordentlichen Kündigung auseinandergesetzt hat, streng genommen liegt also auch gar kein Verzicht vor.

2. Ende des Kündigungsverfahrens: Das Kündigungsschreiben

Das der Kündigung vorgeschaltete Verfahren wird mit dem Kündigungsausspruch beendet. Dieser muss in Form eines Kündigungsschreibens erfolgen. Das Schriftformerfordernis ist noch jung, es wurde erst zum 1.5.2000 in § 623 BGB eingeführt.[665] Die Hauptfunktion der Schriftform ist sowohl für den Arbeitgeber als auch für den Arbeitnehmer eine Warnfunktion, daneben hat sie aber auch eine Klarstellungs- und Beweisfunktion.[666] Ein Verstoß gegen das Schriftformerfordernis führt zur Unwirksamkeit der Kündigung.

Aus dem Schreiben muss zweifelsfrei hervorgehen, dass es sich um eine Kündigung handelt. Es ist jedoch nicht erforderlich, dass das Wort Kündigung verwendet wird. Maßgeblich ist, wie der Kündigungsempfänger das Schreiben unter Würdigung der ihm bekannten Umstände nach Treu und Glauben unter Berücksichtigung der Verkehrssitte verstehen musste.[667] Es ist hingegen nicht erforderlich, dass der Arbeitgeber den Kündigungsgrund angibt. Zur Begründung hat das BAG unter anderem im Hinblick auf die Rechtssicherheit darauf hingewiesen, dass eine Begründungspflicht zu zahlreichen Zweifelsfragen führen würde, so z.B., wie ausführlich zu begründen ist.[668] Eine gesetzliche Regelung gibt es nur für den Fall der außerordentlichen Kündigung. Doch auch dann ist gem. § 626 Abs. 2 S. 3 BGB die Kündigung nur auf Verlangen des Gekündigten zu begründen. Zwar wird dem Arbeitnehmer auch im Fall einer ordentlichen Kündigung ein Anspruch auf Begründung zugesprochen.[669] Allerdings besteht auch hier die Voraussetzung, dass er die Begründung vom Arbeitgeber verlangt. Vor allem ist jedoch zu beachten, dass selbst eine Verletzung der Mitteilungspflicht allenfalls zu einem Schadensersatzanspruch führen kann.[670] Die Wirksamkeit der Kündigung wird hiervon nicht berührt.

Verlangt der Arbeitnehmer also nicht ausdrücklich vom Arbeitgeber, dass er ihm die Gründe für die Kündigung mitteilt, ist es möglich, dass er sie erst vom Betriebsrat oder ggf. im Kündigungsschutzprozess erfährt.

---

[665] Die Anforderungen an die Schriftform bestimmen sich nach § 126 BGB, s. hierzu ausführlich Stahlhacke/Preis/*Preis*, S. 62 ff. Rn. 152 ff.

[666] Stahlhacke/Preis/*Preis*, S. 62 Rn. 152.

[667] Stahlhacke/Preis/Preis, S. 70 Rn. 174; BAG 19.1.1956 AP § 620 BGB Kündigungserklärung Nr. 1.

[668] BAG 21.3.1959 AP § 1 KSchG Nr. 55; s. hierzu ausführlich Stahlhacke/Preis/*Preis*, S. 72 Rn. 180.

[669] Ein solcher Anspruch kann aus einer entsprechenden Anwendung des § 626 Abs. 2 S. 3 BGB oder auch aus einer vertraglichen Nebenpflicht des Arbeitgebers hergeleitet werden, Stahlhacke/Preis/*Preis*, S. 73 Rn. 182.

[670] Stahlhacke/Preis/*Preis*, S. 73 Rn. 183.

II. Die allgemeingültigen Verfahrensvorschriften in Frankreich

Die im Folgenden dargestellten Verfahrensschritte bilden die Basis für jedes Verfahren, das vor Ausspruch jeder Kündigung, unabhängig von ihrem Grund und ihrer Art, eingehalten werden muss. Diese Basis gilt in der dargestellten Form ohne Abweichungen für die personenbedingte Kündigung, die nicht auf disziplinäre Gründe gestützt wird.

1. Die Vorladung zum Kündigungsgespräch

Gem. Art. L. 122-14 Abs. 1 CT muss der Arbeitgeber (oder sein Vertreter), den Arbeitnehmer zu einem Gespräch vorladen, bevor er eine Kündigungsentscheidung fällt.

a) Form und Übermittlung der Vorladung

Diese Vorladung muss der Arbeitnehmer per Einschreiben erhalten oder sie muss ihm persönlich gegen Aushändigung einer Empfangsbestätigung überreicht werden. Damit werden modernere Kommunikationsmittel wie z. B. die Benachrichtigung per E-mail bereits durch den Gesetzeswortlaut ausgeschlossen.[671] Wenn die Vorladung per Post verschickt wird, ist sie an die übliche Wohnadresse des Arbeitnehmers zu senden. Der Arbeitnehmer kann nicht einwenden, dass er z.B. urlaubsbedingt abwesend war, als die Vorladung bei dieser Adresse eintraf. Es obliegt dem Arbeitnehmer, die nötigen Vorkehrungen zu treffen, damit er Kenntnis der an ihn adressierten Post erlangen kann.[672]

b) Mindestinhalt der Vorladung

Durch Art. R. 122-2 CT wird der Mindestinhalt der Vorladung bestimmt. Der Brief muss den Gegenstand des Gesprächs, das Datum, die Uhrzeit und den Ort angeben. Ferner muss in dem Brief darauf hingewiesen werden, dass der Arbeitnehmer für das Gespräch eine Person zu seiner Unterstützung hinzuziehen kann und welche Personen hierfür in Betracht kommen.

(1) Angabe des Gesprächsgegenstandes

Der Arbeitnehmer muss eindeutig erkennen können, dass es bei dem Gespräch um eine vom Arbeitgeber in Erwägung gezogene Kündigung gehen

---

[671] *Ray*, Droit du travail, S. 263 Rn. 184. Auch das Erfordernis des gesetzlich vorgeschriebenen Mindestinhalts hat zur Folge, dass die Vorladung schriftlich erteilt werden muss, *Encyclopédie Dalloz*, tome 2, Contrat de travail à durée indéterminée (Rupture-Licenciement pour motif personnel : conditions) S. 5 n° 47.

[672] Liaisons Sociales, November 2003, Sonderheft Licenciement pour motif personnel, S. 105 n° 165.

wird.[673] Es reicht nicht aus, wenn der Arbeitgeber angibt, mit dem Arbeitnehmer über eventuelle „disziplinäre Maßnahmen" zu reden.[674] Der Grund hierfür liegt in dem Zweck des Kündigungsverfahrens. Dem Arbeitnehmer soll die Möglichkeit gegeben werden, sich zu verteidigen, bevor die Entscheidung endgültig fällt. Dafür muss er wissen, was der Arbeitgeber vorhat.[675] In dieser Phase des Verfahrens ist der Arbeitgeber aber noch nicht verpflichtet, die möglichen Kündigungsgründe in dem Schreiben anzugeben.[676] Dies erscheint widersprüchlich, denn wie soll der Arbeitnehmer seine Verteidigung vorbereiten, wenn er gar nicht weiß, was den Grund für die mögliche Kündigung darstellt?[677] So war diese Regelung auch im Gesetzgebungsverfahren umstritten.[678] Als Grund wurde einerseits angeführt, einen übermäßigen Formalismus in der Anfangsphase des Kündigungsverfahrens zu vermeiden.[679] Andererseits wurde das Arbeitnehmerinteresse angeführt. Diese Phase des Verfahrens solle nämlich noch möglichst flexibel bleiben, was gerade dem Arbeitnehmer zugute kommen solle. Denn wenn der Arbeitgeber bereits in der Vorladung zum Gespräch die Kündigungsgründe angeben müsse, so würden die beiden Verhandlungsseiten, und insbesondere der Arbeitgeber, von Anfang an in ihren Positionen erstarren und es wäre keine Aussöhnung mehr möglich; mit anderen Worten die Kündigung wäre bereits vorprogrammiert.[680] Diese Begründung wurde kritisiert,[681] aber von der Mehrheit im Gesetzgebungsverfahren getragen. Die Rechtsprechung hat sich an den Willen des Gesetzgebers gehalten und nicht versucht, das Nennen der Kündigungs-

---

673 Cass. soc. 20.2.1991, Dr. soc. 1991, 319; Cass. soc. 7.2.1995, Dr. soc. 1995, 388; Cass. soc. 31.10.1989, RJS 12/89 n° 921 ; *Pélissier*, Le nouveau droit du licenciement, S. 51; *Ray*, Droit du travail, S. 263 Rn. 184; *Jeammaud*, Le licenciement, S. 25.

674 Cass. soc. 7.2.1995, Dr. soc. 1995, 388 ; Liaisons Sociales November 2003, Sonderheft Licenciement pour motif personnel, S. 106 n° 166. Ebenso wenig reicht es aus, dass als Grund eine « Angelegenheit die Sie betrifft » oder ein « Diskussion » angegeben wird, *Jeammaud*, Le licenciement, S. 25.

675 *Pélissier*, Le nouveau droit du licenciement, S. 51; *Ray*, Droit du travail, S. 264 Rn. 184.

676 Cass. soc. 4.11.1992, Dr. soc. 1992, 1002; *Mazeaud*, Droit du travail, S. 319 Rn. 492; *Ray*, Droit du travail, S. 249 Rn. 184; *Encyclopédie Dalloz*, Contrat de travail à durée indéterminée (Rupture-Licenciement pour motif personnel : conditions), S. 4 n° 40.

677 So wird die Tatsache, dass die Gründe nicht angegeben werden müssen z.T. auch in der Literatur als "seltsam" angesehen, s. *Pélissier/Supiot/Jeammaud*, Droit du travail, S. 517 Rn. 415; ebenso kritisch *Mazeaud*, Droit du travail, S. 344f. Rn. 492.

678 S. dazu mit einer ausführlichen Darstellung der Diskussionen i.R.d. Gesetzgebungsverfahrens *Pélissier*, Le nouveau droit du licenciement, S. 51 ff.

679 *Mazeaud*, Droit du travail, S. 345 Rn. 492.

680 J.O., débats Ass. nat. 1973, S. 1615; J.O., débats Sénat 1973, S. 846; dem zustimmend *Camerlynck*, Droit du travail, tome 1, S. 436 Rn. 406.

681 Ebenso *Pélissier*, Le nouveau droit du travail, S. 53 ff.

gründe als weiteres Erfordernis zu den ausdrücklich im Gesetz Genannten hinzuzufügen.[682]

(2) Die Möglichkeit des Hinzuziehens einer weiteren Person

Art. L. 122-14 CT sieht vor, dass der Arbeitnehmer sich zu dem Gespräch von einer weiteren Person begleiten lassen kann.[683] Diese Person kann zunächst ein beliebiger Arbeitnehmer desselben Unternehmens sein.[684] Falls in dem Unternehmen keine Arbeitnehmervertretungen vorhanden sind,[685] kann es auch eine Person außerhalb des Unternehmens sein. In Betracht kommen in diesem Fall nur Personen, die auf einer Liste aufgeführt sind, welche von dem in dem jeweiligen Département zuständigen Arbeitsdirektor[686] erstellt wird.[687] Auf dieses Recht muss der Arbeitnehmer dementsprechend gem. Art. L. 122-14 Abs. 2 und Art. R. 122-2-1 CT in der Vorladung hingewiesen werden. Falls in dem Unternehmen keine Arbeitnehmervertretung vorhanden ist, muss dem Arbeitnehmer in der Vorladung gem. Art. L. 122-14 Abs. 2 CT die Adresse mitgeteilt werden, wo er die Liste mit den möglichen Begleitpersonen einsehen kann.[688]

(3) Festlegung des Ortes

Die Vorladung muss auch den Ort des Gesprächs angeben. Gesetzlich ist kein bestimmter Ort hierfür vorgesehen. Mittlerweile ist anerkannt, dass es sich in der Regel um das Unternehmen handelt, in dem der Arbeitnehmer beschäftigt wird, es ist jedoch auch möglich, den Arbeitnehmer zum Sitz des Unternehmens zu bestellen.[689] Falls ein anderer Ort vorgesehen ist, muss der Arbeitge-

---

[682] Cass. soc. 4.11.1992, Dr. soc. 1992, 1002. Der Arbeitgeber kann aber freiwillig die Kündigungsgründe angeben. Davon wird aus prozessstrategischen Gründen abgeraten, denn wenn der Arbeitgeber im Kündigungsschreiben andere Kündigungsgründe angibt, als in der Vorladung, ist es möglich, dass der Richter an dem Vorliegen eines ausreichenden Kündigungsgrundes zweifelt, Liaisons Sociales November 2003, Sonderheft: Licenciement pour motif personnel, S. 106 n° 166; i.E. ebenso *Camerlynck*, Droit du travail, tome 1, S. 436 Rn. 406.

[683] Ausführlich hierzu D II. 2. b) (3).

[684] Wobei es sich häufig um einen Arbeitnehmervertreter handelt.

[685] Die Frage, ob eine Arbeitnehmervertretung vorhanden ist, ist auf der Unternehmensebene zu beantworten und nicht auf der Betriebsebene, Liaisons Sociales November 2003, Sonderheft : Licenciement pour motif personnel, S. 108 n° 166.

[686] Dem *directeur départemental du travail et de l'emploi*; bei der Arbeitsdirektion handelt es sich um eine dezentralisierte Einrichtung des Arbeitsministeriums, die auf der Ebene des Departements mit der Durchführung der Arbeitsmarktpolitik betraut ist; s. *Kaufmann*, Wörterbuch Arbeits- und Sozialrecht, S. 45.

[687] Zur Erstellung dieser Liste s. Art. D. 122-3 f. CT.

[688] *Ray*, Droit du travail, S. 265 Rn. 185.

[689] Cass. soc. 3.10.1995, Dr. soc. 1995, S. 933; Cass. soc. 24.1.1996, RJS 3/96, n° 261; Cass. soc. 9.5.2000 JCP 2000, II n° 10373, S. 1567; Cass. soc. 28.1.2005, Dr. soc. 2005,

ber überzeugende Gründe dafür angeben, dass das Kündigungsgespräch dort abgehalten werden muss.[690]

(4) Festlegung des Zeitpunkts

Ferner muss gem. Art. R. 122-2-1 CT die Vorladung das Datum und die Uhrzeit des Gesprächs angeben. Es muss sich dabei zunächst um einen Tag und eine Uhrzeit handeln, an dem der Arbeitnehmer i.d.R. in dem Unternehmen arbeitet.[691] Dies schließt jedoch nicht die Möglichkeit aus, dass der Arbeitnehmer während seiner Beurlaubung vorgeladen wird.[692]

Weiterhin muss zwischen dem Erhalt der Vorladung und dem Tag des Gesprächs eine gewisse Frist gewahrt werden. Für den Fall, dass in dem Unternehmen keine Arbeitnehmervertretung existiert, hat das Gesetz eine klare Regelung vorgesehen. Es muss gem. Art. L. 122-4 Abs. 1 CT zwischen dem Erhalt der Vorladung und dem Gespräch ein Zeitraum von mindestens fünf Werktagen liegen.[693]

Anders verhält es sich hingegen, wenn eine Arbeitnehmervertretung existiert. Für diesen Fall sieht das Gesetz keine Regelung vor. Einen einheitlichen Richtwert gibt es bis heute nicht. Übereinstimmung besteht nur bezüglich der Aussage, dass es sich um einen „vernünftigen" und „ausreichenden" Zeitraum *(délai raisonnable et suffisant)* handeln muss. Das bedeutet, dass der Arbeitnehmer genügend Zeit haben muss, sich an einen Arbeitnehmervertreter zu wenden und seine Verteidigung vorzubereiten.[694] Was aber genau einen ausreichenden Zeitraum darstellt, ist ungeklärt. Sicher scheint nur zu sein, dass

---

476; *Pélissier/Supiot/Jeammaud*, S. 516 Fn. 6 ; *Corrignan-Carsin*, JCP 2000 II n° 10373 S. 1568, 1569 ; wenn ein anderer Ort als der gewöhnliche Arbeitsort des Arbeitnehmers für das Kündigungsgespräch vorgesehen ist, scheint die Rechtsprechung dem Arbeitnehmer einen Anspruch gegen den Arbeitgeber auf Ersatz der Fahrtkosten zuzugestehen, so im Umkehrschluss zu Cass. soc. 24.1.1996 RJS 3/96, n° 231.

690 Cass. soc. 9.5.2000, JCP 2000 II n° 10373, S. 1567.

691 *Pélissier/Supiot/Jeammaud*, S. 517, Rn. 415; so auch schon *Pélissier*, Le nouveau droit du licenciement, S. 78; ebenso bereits die Interpretation des Gesetzes von 1973 des damaligen Arbeitsministers, Liaisons Sociales November 2003, Sonderheft: Le licenciement pour motif personnel, S. 107 n° 166; dies bedeutet z.B., dass der Arbeitnehmer, der nur vormittags arbeitet auch nur vormittags zum Kündigungsgespräch vorgeladen werden kann, *Pettiti*, Juris-Cl./Travail, Stand 2001, Fasc. 30-30 S. 8.

692 Cass. soc. 5.3.1987 n° 797 S –n.v.-; Cass. soc. 9.4.1992, RJS 6/92, n° 726.

693 Die Berechnung dieser fünf Tage wird nach den Regeln des Zivilprozessrechts, Art. 641, 642 NCPC vorgenommen; Cass. soc. 9.6.1999, RJS 7/99 n° 905; der Tag, an dem der Arbeitnehmer die Vorladung erhält, zählt nicht mit, *Corrignan-Carsin*, RJS 8-9/97, 582, 584.

694 st. Rspr.: Cass. soc. 13.1.1993, D. 1993, 254; Cass. soc. 27.11.1996, Dr. soc. 1997, 199; Cass. soc. 22.1.1998, RJS 3/98, n° 289; *Mazeaud*, Droit du travail, S. 344f. Rn. 492; *Ray*, Droit du travail, S. 266 Rn. 186.

3-4 Stunden vorher nicht ausreichen.[695] Mittlerweile scheint die Sozialkammer des Kassationshofs strenger zu urteilen, da sie auch 24 Stunden nicht mehr ausreichen lässt.[696] Allerdings bleiben immer noch die jeweiligen Einzelumstände maßgeblich,[697] wie z.B. das Verhalten des Arbeitgebers, die Verfügbarkeit des Arbeitnehmers und der dem Arbeitnehmer entgegengehaltene Sachverhalt.[698] Dies kann z.B. dazu führen, dass im Einzelfall ein Zeitraum von Freitagabend bis Dienstagvormittag nicht ausreicht.[699]

Dass die Rechtsprechung dieses Fristerfordernis entwickelt hat, ohne dass es vom Gesetz vorgesehen ist, macht deutlich, wie viel Gewicht sie dem Recht des Arbeitnehmers zur Verteidigung, hier in seiner speziellen Ausprägung des sog. kontradiktorischen Prinzips *(principe du contradictoire)*,[700] beimisst. Auch eine nachträgliche Heilung des Verfahrensfehlers im Falle der Nichteinhaltung der Frist ist nicht möglich. Dies gilt selbst dann, wenn der Arbeitnehmer bei dem Kündigungsgespräch von einem Berater unterstützt wurde.[701]

c) Rechtsfolge eines Verstoßes gegen Mindestinhalt und Form

Ausgangspunkt ist die Sanktionsvorschrift Art. L. 122-14-4 CT bzw. in Unternehmen mit weniger als elf Arbeitnehmern oder bei einer Unternehmenszugehörigkeit von weniger als zwei Jahren Art. L. 122-14-5 CT.[702] Zu beachten ist an dieser Stelle in Bezug auf die Abgrenzung der Anwendungsbereiche, dass gem. Art. L. 122-14-5 Abs. 1 CT bei Verstößen gegen die Vorschriften, die den Berater des Arbeitnehmers beim Kündigungsgespräch betreffen, ausnahmsweise Art. L. 122-14-4 CT unabhängig von Unternehmensgröße und Dauer der Unternehmenszugehörigkeit anwendbar ist. Zu beachten ist bei der Anwendung der Art. L. 122-14-4 CT, Art. L. 122-14-5 CT weiterhin, dass der Schadensersatzanspruch für Verfahrensfehler nur dann besteht, wenn die Kündigung ansonsten durch eine tatsächlichen und

---

695 Cass. soc. 12.12.1983, Bull. civ. V, n° 607; *Mazeaud*, Droit du travail, S. 345 Fn. 3; wohl auch *Pélissier*, Le licenciement, S. 26.

696 Cass. soc. 27.11.1996, Dr. soc. 1997, S. 199.

697 *Corrignan-Carsin*, RJS 8-9/97, 582, 584; so auch schon *Camerlynck*, Droit du travail, tome 1, S. 435 Rn. 406.

698 *Corrignan-Carsin*, RJS 8-9/1997, S. 582, 584.

699 Cass. soc. 27.11.1996, Dr. soc. 1997, S. 199.

700 *Corrignan-Carsin*, RJS 8-9/97, 528, 584.

701 Liaisons Sociales November 2003, Sonderheft: Licenciement pour motif personnel, S. 106 n° 166.

702 Zum jeweiligen Anwendungsbereich der Art. L. 122-14-4 und Art. L. 122-14-5 CT s. ausführlicher C III. 2. d).

schwerwiegenden Grund gerechtfertigt ist, ansonsten geht er in dem Schadensersatz für die nicht gerechtfertigte Kündigung auf.[703]

Demnach führen Verstöße gegen die in derselben Sektion des Gesetzes vorangegangenen Verfahrensvorschriften zu einem Anspruch auf Schadensersatz, der im Rahmen des Art. L. 122-14-4 CT auf ein Monatsgehalt begrenzt ist, gem. Art. L. 122-14-5 CT wird die Höhe des Anspruchs je nach dem eingetretenen Schaden ermittelt. Art. L. 122-14 CT, der die Regelung zur Vorladung enthält, fällt in ihren Anwendungsbereich.

Damit steht zunächst fest, dass die Vorgaben, die in Art. L. 122-14 CT ausdrücklich enthalten sind, zu einem Schadensersatzanspruch nach Art. L. 122-14-4 bzw. Art. L. 122-14-5 CT führen. Daneben sieht Art. L. 122-14-4 CT vor, dass der Richter dem Arbeitgeber aufgibt, das Verfahren ordnungsgemäß zu wiederholen, also in diesem Fall eine ordnungsgemäße Vorladung vorzunehmen. Allerdings ist der Richter dazu nicht verpflichtet, er kann diese Sanktion im jeweiligen Fall auch als nicht erforderlich ansehen, was in der Praxis der Normalfall ist.[704]

Dies betrifft das Erfordernis der schriftlichen Vorladung und dass sie mit Einschreiben oder durch Übergabe gegen Empfangsbestätigung übermittelt werden muss sowie das Erfordernis, dass das Kündigungsgespräch frühestens fünf Werktage nach Zugang der Vorladung stattfinden darf. Außerdem gehört hierzu die Vorgabe des Art. L. 122-14 Abs. 2 CT, dass in der Vorladung auf die Möglichkeit hingewiesen werden muss, dass der Arbeitnehmer einen Berater hinzugezogen werden kann, sowie die Angabe der Adresse, an der die Liste mit den Berater eingesehen werden kann.

Die Rechtsprechung unterscheidet bei Verstößen gegen den erforderlichen Inhalt der Vorladung zwischen den wesentlichen und den übrigen Angaben. Fehlen wesentliche Angaben, greift automatisch Art. L. 122-14-4 bwz. Art. L. 122-14-5 CT. Als wesentlich sieht die Rechtsprechung bisher das Erfordernis an, dass hinreichend zum Ausdruck kommen muss, dass der Inhalt des Gesprächs eine geplante Kündigung ist und dass der Arbeitnehmer einen Berater hinzuziehen kann sowie die Adresse, wo die Liste der unternehmensexternen Berater eingesehen werden kann.[705] Dies ergibt sich bereits, wie zuvor dargestellt, aus der Anwendung der Art. L. 122-14-4 und Art. L. 122-14-5 CT. Zusätzlich sieht die *Chambre Sociale* vor, dass der Arbeitgeber in diesem

---

[703] Cass. soc. 25.5.1976, Bull. civ. V n° 312; Cass. soc. 24.1.1996, Bull. civ. V n° 27; anders allerdings, wenn es sich um einen Verfahrensfehler handelt, der darin besteht, dass er aufgrund von Verstößen gegen Vorgaben einer Kollektivvereinbarung entstanden ist, Cass. soc. 1.6.1994, RJS 7/94 n° 854.

[704] Cass. soc. 16.5.1978, JS 1978 F 65. S. hierzu ausführlich die Darstellung der unterschiedlichen Sanktionen unter C III. 2. d).

[705] Cass. soc. 31.10.1989, RJS 12/89 n° 921; Cass. soc. 20.2.1991, Bull. civ. V n° 84; Cass. soc. 29.4.2003, RJS 7/03 n° 860; *Ray*, Droit du travail, S. 265 Rn. 184.

Fall zur Zahlung von Schadensersatz verurteilt werden muss und sei es auch nur aus Prinzip, unabhängig davon, ob tatsächlich ein Schaden festgestellt werden konnte.[706]

Andere Verstöße, z.B. wenn die Vorladung einen Termin angibt, der außerhalb der Arbeitszeit liegt, stellen keine Verfahrensfehler i.S.d. Art. L. 122-14-4, Art. L. 122-14-5 CT dar, der Arbeitnehmer hat nur dann einen Anspruch auf Schadensersatz, wenn er nachweisen kann, dass ihm ein Schaden entstanden ist.[707]

2. Das Kündigungsgespräch *(l'entretien préalable)*

a) Zweck und Rechtsnatur des Kündigungsgesprächs

Die zweite Phase des allgemeinen Kündigungsverfahrens ist das Kündigungsgespräch *(entretien préalable)* zwischen dem Arbeitnehmer und dem Arbeitgeber, Art. L. 122-14 CT. Gesprächsinhalt ist die mögliche Kündigung und ihre Gründe sowie ggf. Argumente, die der Arbeitnehmer gegen die Kündigung vorbringt. Dabei kann der Arbeitnehmer sich von einem Berater begleiten lassen.

Zweck dieses Gesprächs ist es, eine Aussöhnung von Arbeitnehmer und Arbeitgeber zu erreichen, indem beide Seiten ihre Gründe vortragen und so eine (ggf. voreilige) Kündigung vermeiden.[708] Aufgrund dieser Zwecksetzung wird es „entretien *préalable*", also wörtlich übersetzt „*Vor*gespräch" genannt. Das Gesetz geht davon aus, dass der Arbeitgeber zum Zeitpunkt des Kündigungsgesprächs die Kündigung lediglich in Betracht zieht, nicht aber dass die Entscheidung bereits gefallen ist, s. Art. L. 122-14 Abs. 1 CT a. E.[709] Es handelt sich damit zweifellos auch hier wieder um eine Vorgabe mit präventiver Zwecksetzung.[710]

Fraglich bleibt allerdings, ob diese Absicht des Gesetzgebers in der Praxis auch tatsächlich ihren Niederschlag findet. Dies wird mittlerweile angezweifelt, da das Kündigungsverfahren so komplex sei, dass der Arbeitnehmer i.d.R. erst dann zum Kündigungsgespräch vorgeladen werde, wenn die ei-

---

706 Cass. soc. 5.7.1978, Bull. civ. V n° 558; Cass. soc. 31.10.1989, RJS 12/89 n° 921.

707 Cass. soc. 7.4.2004, RJS 6/04 n° 670, im vorliegenden Fall wurde dem Arbeitnehmer kein Schadensersatz zugesprochen, weil ihm die Zeit, die er im Kündigungsgespräch verbracht hat, als Arbeitszeit vergütet wurde. Eine dogmatische Herleitung eines solchen Schadensersatzanspruches wird i.d.R. nicht angegeben, es dürfte sich i.E. wohl um eine Anwendung des allgemeinen Schadensrechts handeln.

708 *Corrignan-Carsin*, RJS 8-9/97, 582; *Ray*, Droit du travail, S. 266 Rn. 187; so auch die Gesetzesbegründung, J.O. Ass. Nat. 23 mai 1973, S. 1441.

709 Art. L. 122-14 al. 1 a. E. CT: « ... indiquer le ou les motifs de la *décision envisagée*.. »

710 *Duquesne*, Dr. soc. 1993, 847.

gentliche Kündigungsentscheidung bereits gefallen sei.[711] Wenn man dieser Auffassung folgt, muss auch die Frage gestellt werden, ob dann ein Kündigungsgespräch im Hinblick auf die präventive Zwecksetzung überhaupt noch sinnvoll ist. Doch selbst wenn in einem Großteil der Fälle die Kündigung nicht mehr vermieden werden kann, so hat der Arbeitgeber gerade wegen dieses komplexen Verfahrens zumindest vorher ausgiebig über die Kündigungsgründe nachgedacht. Ferner ist es durchaus möglich, dass im Laufe des Kündigungsgesprächs zumindest ein anderer Kündigungsgrund als der ursprünglich vorgesehene festgelegt wird.[712] Das kann, insbesondere im Bereich der verhaltensbedingten Kündigung, durchaus vorteilhaft für den Arbeitnehmer bzgl. der Höhe der zu zahlenden Abfindung und für seine anschließende Arbeitssuche sein.[713]

An dieser Stelle vermischt sich die Frage der Zielsetzung mit der Frage der Einordnung des Kündigungsgesprächs. Die Rechtsnatur des Kündigungsgesprächs ist bis heute noch nicht eindeutig geklärt.[714] In Betracht kommt einerseits, das Gespräch lediglich als Versuch einer Versöhnung zwischen Arbeitgeber und Arbeitnehmer anzusehen. Bei Anwendung der deutschen Begrifflichkeit würde es sich also um einen Verfahrensschritt innerhalb des präventiven Kündigungsschutzes handeln. Andererseits kann das Gespräch aber auch als eine Art vorgerichtliche Untersuchungsmaßnahme qualifiziert werden, die dem Arbeitgeber erlaubt, letzte Ermittlungen – insbesondere zur Aufklärung des Sachverhalts – vorzunehmen, bevor er seine Entscheidung trifft.[715] Die Diskussion um die Einordnung scheint auf den ersten Blick überflüssig, sie hat aber Einfluss auf die Auslegung der einzelnen Vorschriften zum Kündigungsgespräch und dessen Einfluss auf die Rechtmäßigkeit der Kündigung.

I.R.d. Diskussion wird häufig auf die Rolle des Arbeitnehmerberaters, den der betroffen Arbeitnehmer gem. Art. L. 122-14 CT zum Kündigungsgespräch hinzuziehen kann, abgestellt. So wird z.T. die Einführung des Rechts des Arbeitnehmers, sich von einem Berater zum Kündigungsgespräch begleiten zu lassen, als Versuch angesehen, das Kündigungsgespräch für den Arbeitnehmer etwas „humaner" zu gestalten.[716] Demnach würde es sich bei dem Gespräch weiterhin lediglich um einen letzten Versöhnungsversuch handeln.

---

[711] *Ray*, Droit du travail, S. 266 Rn. 187; *Allouche*, SSL 1991 n° 578, S. 3.

[712] *Corrignan-Carsin*, RJS 8-9/97, 582, 591.

[713] Da der Kündigungsgrund im Kündigungsschreiben genannt werden muss, s. § 16 III. 2., passiert es häufig, dass der neue Arbeitgeber dieses Schreiben vorgelegt bekommen möchte.

[714] *Corrignan-Carsin*, RJS 8-9/97, 582, 591; *Allouche*, SSL 1991 n° 578, 3.

[715] *Taquet*, JCP-E 1993, S. 236 n° 245.

[716] *Allouche*, SSL 1991 n° 578, 3.

Jedoch ist das Kündigungsgespräch im Hinblick auf eine spätere Kündigungsschutzklage eine wichtige Etappe, werden hier doch bereits die Kündigungsgründe erläutert und diskutiert. Aus Letzterem kann ebenso gut geschlossen werden, dass es sich um eine vorgerichtliche Untersuchungsmaßnahme handelt.[717] Dies ist insbesondere auch im Hinblick auf die Rolle des Beraters des Arbeitnehmers denkbar, da er unter anderem auch als Zeuge vor Gericht auftreten kann, um zu erläutern, was während des Kündigungsgesprächs besprochen wurde.[718]

Gegen die Einordnung als Versöhnungsversuch spricht, dass der Arbeitnehmer vor dem Kündigungsgespräch nicht über die Gründe informiert wird, die den Arbeitgeber dazu bewegt haben, eine Kündigung in Betracht zu ziehen. Eine Versöhnung, bei der einer der Beteiligten zunächst gar nicht weiß, aus welchem Grund eine Kündigung in Erwägung gezogen wird, ist zumindest zweifelhaft.[719] Ferner scheint auch die Rechtsprechung dem Kündigungsgespräch eine größere Bedeutung beizumessen, als einem schlichten Versöhnungsversuch, es handelt sich nicht um ein informelles und unverbindliches Gespräch.[720] Es ist vielmehr erforderlich, dass die Gründe, die im Kündigungsschreiben angegeben werden, auch tatsächlich während des Gesprächs diskutiert wurden. Ist dies nicht geschehen, folgt daraus jedoch nicht, dass die Kündigung unbegründet ist. Es führt nur dazu, dass das Kündigungsverfahren fehlerhaft ist.[721] Diese Erwägungen könnten zu der Annahme führen, das Kündigungsgespräch als Untersuchungsmaßnahme einzustufen. Gegen diese Einordnung spricht jedoch, dass der Arbeitgeber im Falle einer solchen Einordnung sowohl die Rolle des Richters als auch die des Klägers inne hätte.[722]

Die Festlegung auf eine bestimmte Rechtsnatur stellt sich demnach als mühselig heraus. Dies liegt letztlich daran, dass der Gesetzgeber selbst sich nicht für eine eindeutige Zwecksetzung entscheiden wollte oder konnte.[723] Daraus folgt, dass bei der Anwendung der Vorschriften zum Kündigungsgespräch beide Zwecksetzungen beachtet werden müssen. So führt z.B. die Einordnung als Untersuchungsmaßnahme dazu, dass bereits im Verlauf dieses Gesprächs das Recht zur Verteidigung des Arbeitnehmers zu berücksichtigen ist.[724] Da aber eine zweigleisige Zwecksetzung vorliegt, muss zunächst für

---

[717] *Allouche*, SSL 1991 n° 578, 3.

[718] s. hierzu ausführlicher § 16 II. c).

[719] *Taquet*, JCP-E 1993, n° 245, S. 236, 237.

[720] *Taquet*, JCP-E 1993, n° 245, S. 236, 237.

[721] Cass. soc. 28.6.2000, RJS 9-10/00, n° 927; Cass. soc. 28.5.1997, RJS 7/97, n° 801.

[722] *Taquet*, JCP-E 1993, n° 245, 236, 237; *Savatier*, Dr. soc. 1991, 258 ff.; *Duquesne*, Dr. soc. 1993, 847, 848.

[723] *Duqesne*, Dr. soc. 1993, 847.

[724] *Duquesne*, Dr. soc. 1993, 847, 848; *Corrignan-Carsin*, RJS 8-9/97, 582, 591.

den jeweiligen Einzelfall festgelegt werden, welcher Zweck als vorrangig anzusehen ist.

b) Die am Kündigungsgespräch beteiligten Personen

Nach dem gesetzlich vorgesehenen Grundfall nehmen zunächst der betroffene Arbeitnehmer und der Arbeitgeber an dem Kündigungsgespräch teil, Art. L. 122-14 al. 1 a.E. CT. Es ist nicht möglich, dass mehrere Arbeitnehmer, die der Arbeitgeber zu kündigen erwägt, gleichzeitig zu demselben Kündigungsgespräch vorgeladen werden.[725] Das Kündigungsgespräch soll damit einen rein individuellen Charakter erhalten.[726]

(1) Die Anwesenheit des Arbeitnehmers

Anerkannt ist, dass der Arbeitnehmer dem Kündigungsgespräch fern bleiben kann, da es allein in seinem Interesse organisiert wird.[727] Daher kann dem Arbeitnehmer aus dem Fernbleiben auch kein Schuldvorwurf gemacht bzw. hieraus einen Kündigungsgrund abgeleitet werden.[728] Ebenso kann der Arbeitgeber dann aber auch ohne Probleme das Kündigungsverfahren weiterführen.[729]

Das Erscheinen zum Kündigungsgespräch darf für den Arbeitnehmer nicht mit unüberwindbaren Schwierigkeiten verbunden sein. Dies ist nach dem jeweiligen Einzelfall zu beurteilen.[730] Die Rechtsprechung ist streng, was die Bejahung unüberwindbarer Schwierigkeiten betrifft. So hat sie dies z.B. abgelehnt und das Kündigungsverfahren für rechtmäßig angesehen, wenn der Arbeitgeber einen Arbeitnehmer, der seit über zehn Monaten krankgeschrieben ist und in Lille wohnt, nach Rouen (gut 200 km Entfernung) zum Kündigungsgespräch lädt.[731] Bejaht wurden unüberwindbare Schwierigkeiten hingegen, als der Arbeitgeber zum Zeitpunkt der Terminfestlegung wusste, dass

---

[725] Auch dann nicht, wenn den Arbeitnehmern dasselbe fehlerhafte Verhalten vorgeworfen wird, Cass. soc. 23.4.2003, JCP-G 2003, 2150; *Puigelier*, JCP-G 2003, II n° 10191, 2151; Juris-Cl./Travail, 2003, Band 4, Fasc. 30-30 S. 2.

[726] *Puigelier*, JCP-G 2003, 2151.

[727] Cass. soc. 15.5.1991, RJS 6/91, n° 740; Cass. soc. 28.11.2000, RJS 2/01 n° 205; *Pélissier/Supiot/Jeammaud*, Droit du travail, S. 516 Rn. 415; *Puigelier*, JCP G 2003, 2152; *Jeammaud*, Le licenciement, S. 28; *Couturier*, Droit du travail, S. 209 Fn. 2; *Duquesne*, Dr. soc. 1993, 847, 854; anscheinend a.A. früher *Camerlynck*, Droit du travail, tome 1, S. 437 Rn. 407.

[728] Cass. soc. 28.1.2001, RJS 2/02, n° 157; *Puigelier*, JCP-G 2003, 2151; *Jeammaud*, Le Licenciement, S. 28; *Pélissier/Supiot/Jeammaud*, Droit du travail, S. 516 Fn. 3.

[729] Liaisons Sociales November 2003, Sonderheft: Licenciement pour motif personnel, S. 109 n° 167.

[730] *Encyclopédie Dalloz*, tome 2, Contrat de travail à durée indéterminée: Rupture-Licenciement pour motif personnel, S. 5 Rn. 57; Liaisons Sociales November 2003, Sonderheft: Licenciement pour motif personnel, S. 105 Rn. 165.

[731] Cass. soc. 14.3.1985 SSL 1985 n° 264, 323.

sich der Arbeitnehmer gerade einer schweren Operation unterzogen hatte und ihm damit unmöglich war, beim Kündigungsgespräch anwesend zu sein, um seine Argumente vorzubringen. In letzterem Fall geht die Rechtsprechung sogar von Arglist des Arbeitgebers aus.[732] Die krankheitsbedingte Abwesenheit des Arbeitnehmers allein hat aber grundsätzlich nicht die Fehlerhaftigkeit des Kündigungsverfahrens zur Folge.[733] Begründet wird dies damit, dass der Arbeitgeber ansonsten bei dauerhafter Krankheit kein ordnungsgemäßes Verfahren für eine krankheitsbedingte Kündigung durchführen könnte.[734]

(2) Die Vertretung von Arbeitgeber und Arbeitnehmer

Das Gesetz sieht eine mögliche Vertretung des Arbeitgebers nur für das Erstellen der Vorladung vor, Art. L. 122-14 Abs. 1 CT, zur Vertretung des Arbeitgebers während des Kündigungsgesprächs schweigt das Gesetz. Es ist aber mittlerweile anerkannt, dass sie zulässig ist.[735] Anfangs wurde kritisiert, dass dies dem Gesetzeswortlaut widerspreche. Eine Vertretung sei nur für die Vorladung vorgesehen und von einem Redaktionsversehen sei nicht auszugehen.[736] Allerdings machen bereits rein praktische Erwägungen die Zulässigkeit der Vertretung des Arbeitgebers notwendig, da z.B. in großen Unternehmen nicht davon ausgegangen werden kann, dass der Arbeitgeber alle Kündigungsgespräche persönlich führt.[737] Diesem praktischen Erfordernis nachgebend lässt die Rechtsprechung die Vertretung zu, ohne besonders strenge Anforderungen an sie zu stellen.[738] Es ist lediglich erforderlich, dass der Vertreter zum Unternehmen gehört und nicht eine Person von außerhalb herangezogen wird.[739] Dies wird von der Literatur stark kritisiert. Es wird

---

[732] Cass. soc. 1.2.2001, RJS 4/01 n° 425, S. 312; *Puigelier*, JCP-G 2003, 2151; *Pélissier/Supiot/Jeammaud*, Droit du travail, S. 516 Fn. 4.

[733] *Pélissier/Supiot/Jeammaud*, Droit du travail, S. 516 Fn. 3, 4.

[734] Cass. soc. 29.6.1977, Bull. civ. V, n° 433, S. 341; Cass. soc. 25.11.1992, RJS 1993 n° 23; *Pélissier*, Le nouveau droit du licenciement, S. 68.

[735] Cass. soc. 14.5.1987, D. 1987 IR 129; Cass. soc. 14.6.1994, RJS 7/94 n° 851; *Mazeaud*, Droit du travail, S. 346 Rn. 494; *Pélissier/Supiot/Jeammaud*, Droit du travail, S. 517 Rn. 415; *Pélissier*, Le nouveau droit du licenciement, S. 76; *Couturier*, Droit du travail, S. 210 Rn. 112; *Ray*, Droit du travail, S. 266 Rn. 187; *Encyclopédie Dalloz*, tome 2, Contrat de travail à durée indéterminée: Rupture-Licenciement pour motif personnel: conditions, S. 7 Rn. 76; *Camerlynck*, Droit du travail, tome 1, S. 435 Rn. 406.

[736] *Pélissier*, Le nouveau droit du licenciement, S. 75 f.

[737] *Pélissier*, Le nouveau droit du licenciement, S. 76; *Corrignan-Carsin*, RJS 8-9/97, S. 582, 588; i.E. ebenso, aber mit anderer Begründung *Camerlynck*, Droit du travail, tome 1, S. 435 Rn. 406, der die Zulässigkeit daraus ableitet, dass die Weiterführung des Kündigungsverfahrens die zwangsläufige Folge der ausdrücklichen Nennung des Vertreters bezüglich der Vorladung ist.

[738] Cass. soc. 14.6.1994, RJS 7/94 n° 851.

[739] Liaisons Sociales November 2003, Sonderheft: Licenciement pour motif personnel, S. 108 n° 167.

verlangt, dass der Vertreter zumindest eigene Entscheidungskompetenzen bezüglich der angestrebten Kündigung besitzt.[740] Wenn man einen Vertreter ohne eigene Entscheidungskompetenzen als ausreichend erachte, werde das Kündigungsgespräch zu einer reinen Formalität reduziert.[741] Die Rechtsprechung geht aber bisher nicht auf die Bedenken der Literatur ein und hält an ihrer Lösung fest.

Auch die Vertretung des Arbeitnehmers ist nicht im Gesetz vorgesehen. Bei einer Auslegung des Wortlauts müsste die Vertretung als unzulässig angesehen werden, da das Gesetz ausdrücklich nur die Unterstützung des Arbeitnehmers durch einen Berater genehmigt.[742] Dies verhindert zwar nicht die Vertretung in dem Fall, dass sowohl Arbeitnehmer als auch Arbeitgeber damit einverstanden sind.[743] Ungewiss ist allerdings, ob der Arbeitnehmer sich auch ohne ausdrückliche Genehmigung seitens des Arbeitgebers vertreten lassen kann. Dieses Problem wird nur selten behandelt.[744] Das mag daran liegen, dass der Arbeitnehmer i.d.R. persönlich an dem Gespräch teilnehmen möchte. Dennoch gibt es Situationen, in denen es dem Arbeitnehmer nicht möglich ist, zum Kündigungsgespräch zu erscheinen. Dann sollte es ihm erlaubt sein, einen Vertreter zu schicken. Das gilt insbesondere in Anbetracht der Tatsache, dass dem Arbeitgeber von der Rechtsprechung das Recht zugesprochen wird, sich vertreten zu lassen. Dies muss erst Recht für den – wesentlich schutzwürdigeren – Arbeitnehmer gelten.[745] So wird auch von der Ministerialbehörde die Vertretung des Arbeitnehmers als zulässig erachtet. Allerdings nur für den Fall, dass er krank ist.[746]

---

[740] *Couturier*, Droit du travail, S. 210f. Rn. 112; *Pélissier*, Le nouveau droit du licenciement, S. 76; *Pélissier/Supiot/Jeammaud*, S. 517 Fn. 7; *Encyclopédie Dalloz*, Contrat de travail à durée indéterminée: Rupture-licenciement pour motif personnel, conditions, S. 7 Rn. 76; *Camerlynck*, Droit du travail, tome 1, S. 437 Rn. 407.

[741] *Couturier*, Droit du travail, S. 210 Rn. 112.

[742] *Pélissier*, Le nouveau droit du licenciement, S. 70.

[743] *Encyclopédie Dalloz*, tome 2, Contrat de travail à durée indéterminée: Rupture-Licenciement pour motif personnel: conditions, S. 7 Rn. 72.

[744] S. z.B. *Mazeaud*, Droit du travail, S. 346 Rn. 494; *Couturier*, Droit du travail, S. 209ff. Rn. 112, die lediglich auf die Frage eingehen, ob der Arbeitgeber sich während des Gesprächs vertreten lassen kann.

[745] *Corrignan-Carsin*, RJS 8-9/97, S. 582, 589; a.A., jedoch ohne Begründung, Liaisons Sociales November 2003, Sonderheft: Licenciement pour motif personnel, S. 108 Rn. 167.

[746] Liaisons Sociales November 2003, Sonderheft: Licenciement pour motif personnel, S. 109 Rn. 167.

(3) Die Begleitung des Arbeitnehmers

(1a) Die stufenweise Einführung des Beraters

Der Arbeitnehmerberater ist eine dem deutschen Recht unbekannte Einrichtung. Die Übersetzung des französischen Begriffs bereitet einige Schwierigkeiten. So wird er z.B. als „Arbeitnehmerrechtsbeistand" übersetzt.[747] Diese Übersetzung ist irreführend, da sie den Eindruck erweckt, dass es sich hierbei um einen Juristen handelt. Komplizierter wird der Versuch einer Übersetzung dadurch, dass es zwei unterschiedliche Arten gibt, den *„assistant"* (was zugleich der Oberbegriff für diese Rechtsfigur ist) und den (etwas spezielleren) *„conseiller"*. Im Folgenden wird er einheitlich mit dem Begriff Berater bzw. Arbeitnehmerberater übersetzt. Es handelt sich um eine Person, die den Arbeitnehmer zum Kündigungsgespräch begleiten kann und zwar unabhängig davon, welche Kündigungsart und welchen Kündigungsgrund der Arbeitgeber in Betracht zieht. Die Ausübung dieser Tätigkeit ist unentgeltlich.[748] Der Arbeitnehmer ist nicht verpflichtet, ihn zum Kündigungsgespräch hinzuziehen.[749] Die heute maßgeblichen Vorschriften sind die Art. L 122-14, Art. L. 122-14-14 ff., Art. D. 122-1 ff. und Art. L. 152-1 CT.[750]

Der Gesetzgeber aus dem Jahr 1973 hat sich für die Einführung dieser Institution Anregungen aus Kollektivvereinbarungen und Verfahrensrechten aus dem Zivilprozess geholt, der kontradiktorischen Auseinandersetzung und dem Recht zur Verteidigung.[751]

Ursprünglich konnten sich nur Arbeitnehmer von Unternehmen, die eine Arbeitnehmervertretung hatten, von einem Berater zum Kündigungsgespräch begleiten lassen, so die Fassung nach dem Gesetz vom 13. Juli 1973.[752] Berater konnte nur eine Person sein, die ebenfalls dem Unternehmen angehörte. Die Regelung wurde im Laufe der Zeit als unzureichend erachtet, da sie einen Großteil der Arbeitnehmer von der Wahrnehmung dieses Rechts ausschloss.[753] Die Nichtzulassung unternehmensfremder Personen konnte dazu führen, dass sich niemand zur Begleitung des Arbeitnehmers bereit erklärte, weil Repressalien des Arbeitgebers gefürchtet wurden. Daher waren es i.d.R.

---

[747] *Kaufmann*, Wörterbuch Arbeits- und Sozialrecht, S. 33.

[748] Allerdings bekommt der Berater, der mindestens vier Mal im Jahr seine Aufgabe wahrgenommen hat gem. Art. 122-5-1 CT eine Entschädigung von dem Staat, welche zur Zeit 40 Euro beträgt, die Höhe wurde zuletzt vom arrêté vom 28.12.2001 festgelegt.

[749] so bereits der Gesetzestext, Art. L. 122-14 Abs. 2 CT: « ... le salarié *peut* se faire assister... », i.E. ebenso Liaisons Sociales November 2003, Sonderheft: Licenciement pour motif personnel, S. 109 Rn. 167; *Ray*, Droit du travail, S. 264 Rn. 184.

[750] *Boulmier*, SSL 1996, n° 817 S. 3.

[751] *Duquesne*, Dr. soc. 1995, 877.

[752] *Couturier*, Droit du travail, S. 209 Rn. 112.

[753] *Ray*, Dr. soc. 1991, 476, 477; *Guezou/Woiret*, SSL 1994 n° 707, S. 3.

Arbeitnehmervertreter, die die Rolle des Beraters einnahmen. Häufig war jedoch keine Arbeitnehmervertretung vorhanden und die Rechtsprechung wandte konsequent den Gesetzestext an und ließ keine Person außerhalb des Unternehmens zum Kündigungsgespräch zu.[754] Deshalb wurde mit dem Gesetz vom 2. August 1989 in Art. L. 122-14 Abs. 2 CT eingefügt, dass in Unternehmen ohne Arbeitnehmervertretung die Möglichkeit besteht, dass der Arbeitnehmer sich von einer Person außerhalb des Unternehmens zum Kündigungsgespräch begleiten lassen kann, wenn sie auf einer vom Präfekten zu diesem Zweck erstellten Liste aufgeführt ist.[755] Die Einführung des außenstehenden Beraters wurde damit zur Verbesserung des Arbeitnehmerschutzes im Kündigungsfall vorgenommen.[756] Die Bezeichnung dieser Person ändert sich je nach ihrer Zugehörigkeit. War zunächst nach der Fassung des Gesetzes von 1973 von einem *„assistant"* die Rede, ebenso wie nach dem Gesetz vom 2. August 1989, wird diese Person seit dem Gesetz vom 18. Januar 1991 als *„conseiller"* bezeichnet, wenn sie nicht in demselben Unternehmen beschäftigt ist.[757] Aus den unterschiedlichen Bezeichnungen folgen jedoch keinerlei Unterschiede in Bezug auf ihre Kompetenzen.

(2a) Der Zweck

Was genau die Aufgabe des Beraters ist, ist nicht gesetzlich definiert. Den einzigen Hinweis in Bezug auf seine Aufgabenstellung enthält Art. D. 122-2 CT, nach dem er den Arbeitnehmer unterstützt und berät *(assiste et conseille)*. Die Aussagekraft dieses Hinweises ist beschränkt,[758] da nicht festgelegt wird, inwiefern und mit welchen Mitteln die Unterstüzung und Beratung vorgenommen werden kann und darf. Um dies zu ermitteln, ist der Zweck der Anwesenheit dieser dritten Person heranzuziehen, der im Laufe der Zeit von Rechtsprechung und Literatur herausgearbeitet wurde. Der Gesetzgeber hat hierzu nicht eindeutig Stellung bezogen.[759] Es ist daher ein weiteres Mal auf Rechtsprechung und Schrifttum zurückzugreifen. Der Berater soll danach hinzugezogen werden können, damit der Arbeitnehmer nicht dem Arbeitgeber alleine gegenüberstehen muss und ein Gleichgewicht entsteht.[760] Er soll sowohl eine moralische als auch eine juristische Unterstützung für den Ar-

---

[754] *Ray*, Dr. soc. 1991, 467 f; *Duquesne*, Dr. soc. 1995, 877, 884; *Maynial/Maynial*, Dr. soc. 1994, 3.

[755] *Couturier*, Droit du travail, S. 209 Rn. 112.

[756] *Prétot*, D. 1991, 322.

[757] *Ray*, Dr. soc. 1991, 476, 477; auf diese unterschiedliche Bezeichnung macht, zumindest indirekt, auch *Savatier*, Dr. soc. 2001, 679, 680 aufmerksam.

[758] *Corrignan-Carsin*, RJS 8-9/97, 582, 590.

[759] *Duquesne*, Dr. soc. 1993, 847, 850.

[760] *Camerlynck*, Droit du travail, tome 1, S. 438 Rn. 408.

beitnehmer sein.[761] Auch soll dadurch eine kontradiktorische Auseinandersetzung ermöglicht und das Recht zur Verteidigung des Arbeitnehmers gewahrt werden.[762] Dementsprechend soll der Beistand den Arbeitnehmer informieren, beraten und ihm bei der Formulierung seiner Verteidigung helfen.[763] Jedoch werden dem Berater hierfür keine besonderen Befugnisse gegenüber dem Arbeitgeber eingeräumt.[764] So kann er etwa nicht von dem Arbeitgeber die Herausgabe von Dokumenten, die die Verteidigung des Arbeitnehmers erleichtern können, verlangen. Ebensowenig ist es zulässig, dass der Berater anstelle des Arbeitnehmers Unterlagen beim Arbeitgeber abholt, um z.B. dabei zu versuchen, von dem Arbeitgeber Erklärungen zu erlangen.[765]

Von dem Einsatz des Beraters wurde auch ein positiver Einfluss auf eine mögliche folgende Kündigungsschutzklage erhofft. Durch dessen Beteiligung sollte die Zahl der anschließenden Kündigungsschutzklagen verringert werden.[766] Ein weiterer Zweck der Anwesenheit des Beraters hat sich erst mit der praktischen Erfahrung herausgestellt. So hat heute der Berater im Falle eines folgenden Kündigungsprozesses die Rolle eines Zeugen inne.[767] Dieser Zweck ist nicht mehr von der präventiven Ausrichtung des Kündigungsgesprächs gedeckt. Er soll vielmehr dem Arbeitnehmer erleichtern, vor Gericht zu beweisen, was während des Kündigungsgesprächs besprochen wurde.[768]

Auch wenn heute nicht immer ausdrücklich unterschieden wird zwischen den beiden möglichen Formen der Beratung – durch eine Person außerhalb des Unternehmens oder einem Mitglied der Belegschaft – so ist die Notwendigkeit der Unterscheidung jedoch nicht zu unterschätzen, zieht sie doch insbesondere i.R.d. Beurteilung seiner Rechtsstellung unterschiedliche Folgen nach sich.[769]

---

[761] *Ray*, Dr. soc. 1991, 476; *Guezou/Woiret*, SSL 1994, n° 707, 3.

[762] *Roche*, Dr. soc. 1994, 10f.; *Corrignan-Carsin*, RJS 8-9/97, 582, 591; *Camerlynck*, Droit du travail, tome 1, S. 438 Rn. 408; *Chevillard*, Juris-Cl./Travail, Stand 1999, Band 4, Fasc. 30-28 S. 2.

[763] Cons. const. 25.7.1989, Dr. soc. 1989, 629, 630; *Corrignan-Carsin*, RJS 8-9/97, 582, 591.

[764] Cons. const. 25.6.1989, Dr. soc. 1989, 629, 630; *Guezou/Woiret*, SSL 1994, n° 707, S. 3, 4; *Chevillard*, Juris-Cl./Travail, Stand 1999, Band 4, Fasc. 30-28, S. 9.

[765] *Ray*, Dr. soc. 1991, 476, 484; *Savatier*, Dr. soc. 2001, 679.

[766] Was sich in der Praxis allerdings nicht bestätigt hat. Die Tätigkeit des Beraters hat ganz im Gegenteil zu einer Erhöhung der Anzahl der Kündigungsschutzklagen geführt, *Guezou/Woiret*, SSL 1994, n° 707, S. 3, 4.

[767] Cass. soc. 27.3.2001, Dr. soc. 2001, 679; *Savatier*, Dr. soc. 2001, 679; *Roche*, Dr. soc. 1994, 10, 15; Liaisons Sociales November 2003, Sonderheft: Licenciement pour motif personnel, S. 109 Rn. 167; *Mathieu*, D. 1991, 119, 121.

[768] *Savatier*, Dr. soc. 2001, 679, 680.

[769] Dies stellt z.B. *Duquesne*, Dr. soc. 1995 , 877, 882ff. deutlich heraus.

(3a) Der Grundfall: Beschäftigter desselben Unternehmens

Als gesetzlicher Grundfall ist vorgesehen, dass sich der betroffene Arbeitnehmer in Unternehmen, die eine Arbeitnehmervertretung aufweisen, von einer Person die zur Belegschaft desselben Unternehmens gehört zum Kündigungsgespräch begleiten lassen kann, Art. L. 122-14 Abs. 2 S. 1 CT. Zwar kann es sich hierbei um eine beliebige Person der Unternehmensbelegschaft handeln, in der Praxis hat sich jedoch herausgestellt, dass der Arbeitnehmer i.d.R. einen Arbeitnehmervertreter um Hilfe bittet.[770] Besteht eine Arbeitnehmervertretung, ist ein Rückgriff auf einen Berater außerhalb des Unternehmens nicht zulässig, Art. L. 122-14 Abs. 2 S. 1 CT.

Nach anfänglicher Unsicherheit bezüglich der Reichweite des Begriffs „Arbeitnehmervertretung“ besteht heute Einigkeit. Demnach liegt dann eine Arbeitnehmervertretung vor, wenn in dem Unternehmen ein Betriebsrat *(comité d'entreprise)*, ein Gewerkschaftsvertreter *(délégué syndical)*, ein gewählter Belegschaftsvertreter *(délégué du personnel)*[771] oder ein Betriebsausschuss für Hygiene, Arbeitsschutz und Arbeitsbedingungen *(comité d'hygiène, de sécurité et des conditions de travail)* vorzufinden ist.[772] Vorzunehmen ist dabei die Beurteilung auf der Ebene des Unternehmens, nicht lediglich auf der Betriebsebene.[773] Diese Rechtsprechung ist Kritik ausgesetzt,[774] reicht es doch schon aus, dass in einem Unternehmen mit mehreren Betrieben bereits ein einziger Betrieb, der ggf. weit von dem Einsatzbetrieb des Arbeitnehmers entfernt ist, eine Arbeitnehmervertretung aufweist. Doch der Gesetzeswortlaut ist eindeutig, Art. L. 122-14 Abs. 2 CT stellt unmissverständlich auf das Unternehmen und nicht auf den Betrieb ab.

---

[770] Liaisons Sociales November 2003, Sonderheft: Licenciement pour motif personnel, S. 109 Rn. 167; *Mazeaud*, Droit du travail, S. 345 Rn. 492.

[771] Der Belegschaftsvertreter *(délégué du personnel)* wird in Unternehmen, in denen mindestens elf Arbeitnehmer beschäftigt werden, von der Belegschaft gewählt, Art. L. 421-1 CT. Die Anzahl der zu wählenden Belegschaftsvertreter steigt mit der Unternehmensgröße. Er wird unabhängig von dem Bestehen eines *comité d'entreprise* gewählt. Zum einen ist er das Bindeglied zwischen Belegschaft und Arbeitgeber. Er nimmt z.B. Beschwerden auf und leitet sie weiter, ggf. auch an die Arbeitsverwaltung. Gibt es in dem jeweiligen Unternehmen keinen *comité d'entreprise*, nimmt er zum anderen teilweise dessen Aufgaben wahr, wenn es gesetzlich vorgesehen ist, so z.B. im vorliegenden Fall der Konsultation vor Ausspruch einer Massenentlassung. Vgl. zu den Aufgaben und Kompetenzen des Belegschaftsvertreters ausführlich *Savatier*, Dr. soc. 1993, 746.

[772] So zunächst ein Circulaire 91-16 vom 5. September 1991, s. auch *Corrigan-Carsin*, RJS 8-9/97, 582, 586 Fn. 52; dem Circulaire hat sich die Rechtsprechung ohne zu zögern angeschlossen s. z.B. Cass. soc. 19.2.2002, RJS 5/02 n° 547.

[773] Cass. soc. 26.11.1996, Dr. soc. 1997, 200, wobei die Rechtsprechung auch hier wieder der Auslegung des Circulaire 91-16 vom 5. September 1991 folgt; *Corrignan-Carsin*, RJS 8-9/97, 582, 586.

[774] *Corrignan-Carsin*, RJS 8-9/97, 582, 586; *Ray*, Dr. soc. 1991, 476, 482; i.E. ebenfalls *Mazeaud*, Droit du travail, S. 345 Rn. 493.

Es ist des Weiteren nicht erforderlich, dass sich auch tatsächlich eine Person der Arbeitnehmervertretung bereit erklärt, den Arbeitnehmer zum Kündigungsgespräch zu begleiten und ihn zu beraten. Die Ablehnung des Arbeitnehmervertreters wird nicht mit dem Fehlen der Arbeitnehmervertretung gleichgestellt. Im Fall der Ablehnung dieser Aufgabe, kann der Arbeitnehmer demnach nicht auf einen Berater außerhalb des Unternehmens zurückgreifen.[775] Er muss also versuchen, einen Kollegen zu finden, der ihn zum Kündigungsgespräch begleitet und ihn berät.

Dies läuft darauf hinaus, dass der Arbeitnehmer in einem Unternehmen mit einer Arbeitnehmervertretung schlechter gestellt ist, als derjenige, der sich an einen Berater außerhalb des Unternehmens wenden kann. Denn wenn ein Berater, der auf der Liste des Präfekten aufgeführt ist, sich weigert, den Arbeitnehmer zu beraten, kann der Arbeitnehmer sich ohne Probleme an einen anderen Berater wenden. Außerdem bleibt es ihm weiterhin unbenommen, eine Person zu wählen, die der Unternehmensbelegschaft angehört, die Möglichkeit der Hinzuziehung einer Person von außerhalb schließt das nicht aus.[776] Der Arbeitnehmer, der in einem Unternehmen mit Arbeitnehmervertretung beschäftigt ist, deren Mitglieder die Begleitung verweigern, hat weniger Ausweichmöglichkeiten. Bei einem Kollegen, der nicht Mitglied einer Arbeitnehmervertretung ist, die Hemmschwelle, „gegen“ seinen Arbeitgeber zu arbeiten, sicherlich wesentlich höher.[777] Zwar darf der Arbeitgeber nicht auf den Arbeitnehmer so einwirken, dass er aus Angst vor negativen Folgen die Beraterfunktion ablehnt.[778] Allerdings dürfte in der Praxis ein solches Verhalten oft nicht aufzudecken sein.

Das Gesetz von 1973 sieht zwar die Beteiligung des Beraters vor, es spricht diesem aber keine Rechte gegenüber seinem Arbeitgeber zu. Dass es erforderlich ist, ihn vor Sanktionen seitens seines Arbeitgebers zu schützen, ist offensichtlich, insbesondere für den Fall, dass es sich bei dem Berater nicht um einen Arbeitnehmervertreter handelt.[779] Demnach ist die Rechtsprechung eingesprungen und hat ihm ein Minimum an Rechten zugesprochen.

---

[775] Cass. soc. 7.1.1998, RJS 2/98 n° 157; CA Dijon 25.11.1993, RJS 4/94 n° 388; *Corrignan-Carsin*, RJS 8-9/97, 582, 586; *Encyclopédie Dalloz*, tome 2, Contrat de travail à durée indéterminée: Rupture-licenciement pour motif personnel, conditions, S. 6 Rn. 66.

[776] Cass. soc. 6.2.2001, RJS 4/01, n° 423 S. 311; Liaisons Sociales November 2003, Sonderheft : Licenciement pour motif personnel, S. 109 Rn. 167.

[777] *Jeammaud*, Le licenciement, S. 26; *Duquesne*, Dr. soc. 1995, 877, 844; *Pélissier*, Le nouveau droit du licenciement, S. 71; ähnlich *Mazeaud*, Droit du travail, S. 345f. Rn. 492.

[778] Cass. soc. 5.6.1985, Bull. civ. V n° 325, S. 234; *Couturier*, Droit du travail, S. 209 Rn. 112; *Encyclopédie Dalloz*, tome 2, Contrat de travail à durée indéterminée: Rupture-licenciement pour motif personnel, conditions, S. 6 Rn. 60; *Corrignan-Carsin*, RJS 8-9/97, 582, 589.

[779] So z.B. auch *Pélissier*, Le nouveau droit du licenciement, S. 72. Das Gesetz von 1991, das schließlich einen besonderen Status für den Berater regelte, wurde lediglich im Hinblick auf den Berater erlassen, der nicht demselben Unternehmen zugehörig ist.

Zunächst ist erforderlich, dass sich der Berater von seinem Arbeitsplatz entfernen darf. Dieses Recht ergibt sich bereits aus Art. L. 122-14 Abs. 2 CT, da ansonsten die Begleitung des Arbeitnehmers überhaupt nicht möglich wäre. Schwieriger zu beantworten ist hingegen die Frage, ob er für die Zeit der Teilnahme an dem Kündigungsgespräch gegen den Arbeitgeber einen Anspruch auf Entgeltfortzahlung hat. Der Arbeitsvertrag ist ein synallagmatischer Vertrag[780] und gem. Art. L. 121-1 Abs. 1 CT sind auf ihn die Vorschriften des bürgerlichen Rechts anwendbar. Die Hauptleistungspflicht des Arbeitgebers besteht in der Zahlung des vereinbarten Entgelts.[781] Im Gegenzug dazu ist der Arbeitnehmer verpflichtet, die vereinbarte Arbeitsleistung zu erbringen.[782] Aus zivilrechtlicher Sicht wäre der Arbeitgeber also nicht zur Entgeltzahlung verpflichtet, da der beratende Arbeitnehmer während des Kündigungsgesprächs keine Arbeitsleistung erbringt. Hier kommen jedoch die Besonderheiten des Arbeitsrechts zum Vorschein. Denn was die Durchführung des Arbeitsvertrags betrifft, wendet die Rechtsprechung seit geraumer Zeit die dem Arbeitsrecht eigenen Regeln an.[783] Schwierig ist in diesem Fall jedoch, dass für die Entgeltfortzahlung in Bezug auf den unternehmensinternen Berater keine besondere Regelung vorgesehen ist. Hier ist die Rechtsprechung eingesprungen, indem sie ihm ein Recht auf Entgeltfortzahlung für die Zeit des Kündigungsgesprächs zuspricht.[784] Die Sozialkammer des Kassationshofs *(Chambre Sociale)* geht nicht auf die zivilrechtlichen Probleme ein, sondern leitet den Anspruch aus Art. L. 122-14 CT her. Der Anspruch des Beraters auf Entgeltfortzahlung folgt also aus dem Recht des Arbeitnehmers, sich beim Kündigungsgespräch unterstützen zu lassen. Denn ansonsten würde sich kaum ein Arbeitnehmer als Berater zur Verfügung stellen.[785] Voraussetzung für diesen Anspruch ist jedoch, dass der Berater seine Tätigkeit auch tatsächlich während seiner Arbeitszeit ausübt. Ein Berater, der nachts arbeitet und tagsüber einen Arbeitnehmer zum Kündigungsgespräch begleitet, hat demnach keinen Anspruch auf Entgeltzahlung.[786]

---

780 *Mazeaud*, Droit du travail, S. 276 Rn. 400.

781 *Mazeaud*, Droit du travail, S. 299 Rn. 433.

782 *Mazeaud*, Droit du travail, S. 299 Rn. 433.

783 *Pélissier*, Dr. soc. 1988, 387, 389.

784 Cass. soc. 12. 2. 1991, RJS 3/91, S. 169 n° 323; zustimmend *Pélissier/Supiot/Jeammaud*, Droit du travail, S. 518 Rn. 415.

785 Zum Teil wurde in dieser Rechtsprechung auch eine notwendige Stärkung des Rechts zur Verteidigung des Arbeitnehmers im Kündigungsverfahren gesehen. S. dazu z.B. die Anmerkung zum Urteil der Cass. soc. 12.2.1991, RJS 3/91, S. 170 n° 323; eine solche Auslegung bereits lange vor dem Urteil fordernd *Pélissier*, Le nouveau droit du licenciement, S. 74, der den Anspruch auf Entgeltfortzahlung als Ausfluss der Pflicht des Arbeitgebers, in keiner Weise die Unterstützung des Arbeitnehmers im Kündigungsgespräch zu verhindern, ansieht.

786 Der Gesetzgeber hielt es sogar für erforderlich, ihn umzubenennen, *Chevillard*, Juris-Cl./Travail, Stand 1999, Band 4, Fasc. 30-28, S. 5.

(4a) Der unternehmensexterne Berater

(1aa) Einführung eines Außenstehenden in das Kündigungsverfahren

Ursprünglich nicht vorgesehen, wenn auch bereits z.T. im Jahr 1973 gefordert,[787] wurde der dem Unternehmen nicht zugehörige Berater erst mit dem Gesetz vom 2. August 1989 eingeführt. Voraussetzung dafür, dass der betroffene Arbeitnehmer sich an eine Person außerhalb des Unternehmens wenden kann ist, dass in seinem Unternehmen keine Arbeitnehmervertretung vorhanden ist, Art. L. 122-14 Abs. 2 S. 2 CT. Die ursprünglichen Bedenken,[788] die gegen die Zulassung eines unternehmensexternen Beraters bestanden, werden mittlerweile nicht mehr geteilt. Von der Einführung des Beraters mit dem Gesetz vom 2. August 1989 bis zu seinem heutigen Status hat dieser einige Entwicklungsetappen hinter sich bringen müssen.[789]

Der zum Kündigungsgespräch vorgeladene Arbeitnehmer kann sich nicht von einer beliebigen Person außerhalb des Unternehmens begleiten lassen. Gem. Art. L. 122-14 Abs. 2 CT muss es sich hierbei um eine Person handeln, die auf einer zu diesem Zweck vom Prefekten erstellten Liste aufgeführt ist. Diese Liste wird erstellt, nachdem die Gewerkschaften zu Rate gezogen wurden, die auf nationaler Ebene representativ sind, Art. D. 122-3 CT. Es wird dabei geprüft, ob die jeweilige Person ausreichende Kenntnisse im Arbeitsrecht besitzt, Art. D. 122-3 Abs. 2 CT. Es handelt sich hierbei um eine freiwillige und unentgeltliche Tätigkeit[790], was die Beteiligung von Rechtsanwälten bereits faktisch ausschließt. Ausdrücklich ausgeschlossen von dieser Funktion sind gem. Art. L. 122-14 Abs. 2 CT lediglich amtierende Arbeitsrichter.

Ursprünglich ging der Gesetzgeber von 1989 davon aus, dass es sich bei diesen Beratern um sog. „Ex" handeln würde, d.h. um pensionierte erfahrene Arbeitsrechtler, die keinen beruflichen Zwängen mehr unterworfen sind, wie

---

[787] *Lyon-Caen/Bonnetête*, Dr. soc. 1973, 493; *Roche*, Dr. soc. 1994, 10, 11.

[788] So wurde z.B. gegen die Zulässigkeit angebracht, dass ein Außenstehender nicht in der Lage sei, die genaue Situation und die Zusammenhänge des Unternehmens zu verstehen, da es sich bei einem Unternehmen um einen eigenen umschlossenen Bereich handele, den nur die Beteiligten durchschauen könnten; s. Darstellung der alten Argumentation bei *Roche*, Dr. soc. 1995, 10, 11.

[789] So wurde der außenstehende Berater zunächst nach der Fassung des Gesetzes von 1989 als *„assistant"* bezeichnet, im Gesetz vom 18. Januar 1991 hingegen dann als *„conseiller"*, wobei diese Bezeichnung bis heute beibehalten wurde. Diese unterschiedliche Bezeichnung ist aus sprachlicher Sicht nicht ganz unerheblich (Beistand oder Berater), aus juristischer Sicht besteht jedoch kein Unterschied, da sich an den Aufgaben des Beraters auch mit dem Gesetz von 1991 nichts geändert hat; so auch *Ray*, Dr. soc. 2001, 476, 477; *Mathieu*, D. 1991, 119, 121.

[790] Liaisons Sociales November 2003, Sonderheft: Licenciement pour motif personnel, S. 109 Rn. 167.

z.B. ehemalige Arbeitsrichter.[791] Sie sollten die Rolle eines Vermittlers zwischen Arbeitnehmer und Arbeitgeber wahrnehmen.[792]

(2aa) Anpassung des Status des Beraters an die Praxis: Das Gesetz von 1991

Die vom Gesetzgeber ursprünglich anvisierte Zielgruppe pensionierter erfahrener Arbeitsrechtler hat sich anscheinend jedoch in der Praxis nicht angesprochen gefühlt. Das dürfte zumindest teilweise darauf beruhen, dass es sich um Personen handelt, die ja gerade die Arbeitswelt verlassen haben und ihren Ruhestand genießen wollen.[793] Auf den ersten Listen waren in großer Mehrheit Arbeitnehmer zu finden, die noch im Berufsleben standen.[794] Der typische Berater von außerhalb ist heute ein Arbeitnehmer, der i.d.R. im Dienstleistungsgewerbe tätig und zugleich ein aktives Gewerkschaftsmitglied ist.[795] Ferner ist dieser Arbeitnehmer zumeist in einem großen Unternehmen ab 200 Arbeitnehmer beschäftigt, also in einem Unternehmen, das sich Abwesenheiten eines Arbeitnehmers eher leisten kann, als ein Kleinunternehmen.[796] I.E. stellte die Regelung ein willkommenes Einfallstor für die Gewerkschaften in die kleinen und mittelständischen Betriebe dar.[797]

Da dieses Bild des außenstehenden Beraters nicht mit dem vom Gesetzgeber ursprünglich gewollten übereinstimmte, musste der Gesetzgeber ein weiteres Mal eingreifen, um den Status des Beraters zu regeln.[798] Eine Neuregelung war nötig, weil der durchschnittliche Berater selbst als Arbeitnehmer tätig ist, wenn auch nicht in demselben Unternehmen. Daher bedurfte es auch für ihn eines Schutzes gegen mögliche Maßnahmen seitens seines eigenen Arbeitgebers, der ggf. mit einer solchen Tätigkeit nicht einverstanden war. Regelungsbedarf bestand z.B. im Hinblick auf folgende Bereiche: Erlaubnis zur Abwesenheit im eigenen Betrieb, Weiterzahlung des Gehalts und Kündigungsschutz. Diesem Erfordernis kam der Gesetzgeber mit dem Gesetz vom

---

[791] *Ray*, Dr. soc. 1991, 476, 477; *Encyclopédie Dalloz,* tome 2, Contrat de travail à durée indéterminée: Rupture-licenciement pour motif personnel, conditions, S. 6 Rn. 67.

[792] *Maynial/Maynial*, Dr. soc. 1994, 3; so auch der Arbeitsminister zum Gesetz von 1989, J.O. Sénat, 13. Juni 1989, S. 1509; diese Aufgabe wird jedoch z.T. abgelehnt, mit dem Argument, dass der Berater gerade nur im Arbeitnehmerinteresse handelt und nur für ihn, nicht im Interesse des Arbeitgebers, *Mathieu*, D. 1991, 119, 120 f.

[793] *Maynial/Maynial*, Dr. soc. 1994, 3, 4.

[794] *Encyclopédie Dalloz*, tome 2, Contrat de travail à durée indéterminée: Rupture-licenciement pour motif personnel, conditions, S. 6 Rn. 67; *Maynial/Maynial*, Dr. soc. 1994, 3; *Mathieu*, D. 1991, 119, 12; *Guezou/Woiret*, SSL 1994, n° 707, S. 3.

[795] *Roche*, Dr. soc. 1994, 10, 13.

[796] *Maynial/Maynial*, Dr. soc. 1994, 3, 4.

[797] *Ray*, Dr. soc. 1991, 476, 477; *Maynial/Maynial*, Dr. soc. 1994, 3, 4.

[798] *Roche*, Dr. soc. 1994, 10, 17; *Mathieu*, D. 1991, 119, 121.

18. Januar 1991 nach.[799] Die maßgeblichen Vorschriften befinden sich heute in den Art. L. 122-14-14 ff. CT. Somit ist der vordergründige Gesetzeszweck die Gewährleistung eines effektiven Schutzes des Beraters vor Sanktionen seines Arbeitgebers.[800] Zweck des Gesetzes ist aber auch, das Fehlen von Arbeitnehmervertretungen in Klein- und mittelständischen Unternehmen auszugleichen, indem es dem Berater einen eigenen Status verschafft.[801]

(3aa) Abwesenheitserlaubnis, Art. L. 122-14-14 CT

Der Berater hat gem. Art. L. 122-14-14 CT gegen seinen Arbeitgeber einen Anspruch auf die Erteilung einer Erlaubnis, für das Kündigungsgespräch an seinem Arbeitsplatz abwesend sein zu dürfen. Allerdings muss der Arbeitgeber nur dann die Erlaubnis erteilen, wenn er mindestens elf Arbeitnehmer beschäftigt. Bei der Ermittlung dieses Schwellenwertes ist auf den jeweiligen Betrieb, in dem der Berater beschäftigt ist, abzustellen und nicht auf das Unternehmen.[802]

Ferner ist in Art. L. 122-14-14 CT vorgesehen, dass er dem Berater die für die Erfüllung seiner Aufgabe notwendige Zeit genehmigen soll. Sie ist jedoch auf eine Höchstdauer von 15 Stunden pro Monat begrenzt. Dem Berater obliegt dabei die Pflicht, seinen Arbeitgeber vorher zu unterrichten, wann er seinen Arbeitsplatz verlässt und wann er wiederkommen wird.[803] Außerdem wurde mit dem Gesetz von 1991 keine Vermutung eingeführt, dass der Arbeitnehmer die ihm verfügbaren Stunden auch tatsächlich für seine Funktion als Berater einsetzt. Das führt dazu, dass der Arbeitgeber dazu berechtigt ist, im Nachhinein eine Kontrolle bezüglich der Nutzung dieser Stunden durchzuführen.[804] Das Stundenkontingent darf lediglich für die Fahrtzeit zum Kündigungsgespräch und das Kündigungsgespräch selbst genutzt werden. Es ist nicht für Gespräche mit dem Arbeitnehmer vor oder nach dem Kündigungsgespräch einsetzbar.[805]

---

[799] *Duquesne*, Dr. soc. 1995, 877; *Maynial/Maynial*, Dr. soc. 1994, 3. Das Gesetz änderte hingegen nicht die Aufgabe des Beraters, *Mathieu*, D. 1991, 119, 120; so auch die Interpretation des obersten Verfassungsgerichts, Cons. const. 16.1.1996 D. 1991, 321.

[800] *Mathieu*, D. 1991, 119, 122.

[801] Ob diese Lücke durch den außenstehenden Berater zufriedenstellend ausgefüllt werden kann, wird z.T. angezweifelt, s. dazu *Mathieu*, D. 1991, 119.

[802] *Chevillard*, Juris-Cl./Travail, Stand 1999, Band 4, Fasc. 30-28, S. 4 f., der auch darauf hinweist, dass Art. L. 122-14-14 CT nicht fordert, dass der Arbeitgeber i.d.R. ("emploi habituel") mindestens 11 Arbeitnehmer beschäftigt, es reicht also aus, dass die Anzahl von 11 Arbeitnehmern erreicht ist, wenn es auch nur vorübergehend ist.

[803] *Maynial/Maynial*, Dr. soc. 1994, 3, 5.

[804] *Maynial/Maynial*, Dr. soc. 1994, 3, 7; *Chevillard*, Juris-Cl./Travail, Band 4, Fasc. 30-28, S. 5.

[805] *Chevillard*, Juris-Cl./Travail, Stand 1999, Band 4, Fasc. 30-28, S. 5.

Die Regelung zur Freistellung des Beraters ist vorteilhafter als die Freistellung der Arbeitnehmervertreter, denn im Gegensatz zu diesen darf der Arbeitgeber die Freistellung des Beraters nicht aus betrieblichen Gründen verweigern.[806]

(4aa) Gleichstellung der Abwesenheit mit effektiver Arbeitszeit

Für den Berater besonders wichtig ist die Gleichstellung der Zeit seiner Abwesenheit während der vorgesehenen Arbeitszeit mit der einer effektiv erbrachten Arbeitszeit gem. Art. L. 122-14-15 CT. Das bedeutet zunächst, dass sein Gehalt auch für die Zeit weitergezahlt wird, in der er abwesend ist, weil er einem Kündigungsgespräch in einem anderen Unternehmen beiwohnt, Art. L. 122-14-15 Abs. 2 CT. Die Gleichstellung ist keineswegs selbstverständlich. In den ersten Vorschriften von 1973 war eine solche Gleichstellung nicht vorgesehen[807] und auch die Rechtsprechung zögerte einige Jahre, bis sie sie zuließ.[808] Die Vorschrift sieht weiterhin vor, dass der Arbeitgeber des Beraters die Entgeltfortzahlung und die Sozialabgaben, die er für den Zeitraum der Aufgabenerfüllung des Beraters zahlt, von dem Staat zurückerstattet bekommt, Art. L. 122-14-15 Abs. 4 CT.[809] Damit wird deutlich, dass der Gesetzgeber dem Arbeitgeber keine Kosten auferlegen möchte, die aufgrund einer Aufgabenwahrnehmung eines seiner Arbeitnehmer außerhalb seines Unternehmens entstehen.[810]

Die Entgeltfortzahlung ist nicht die einzige Folge der Vorschrift. Aus der Gleichstellung mit effektiv geleisteter Arbeitszeit folgt weiterhin, dass die geleistet Beratungszeit ebenfalls im Hinblick auf die Berechnung der Urlaubstage, auf die Sozialbeiträge und die Berechnung der Dauer der Unternehmenszugehörigkeit als effektive Arbeitszeit angesehen wird, Art. L. 122-14-15 Abs. 1 CT.

Der Berater kann ferner seine Fahrt- und Verpflegungskosten, die während der Wahrnehmung seiner Aufgabe anfallen, erstattet bekommen. Diese Kos-

---

[806] Dies folgt aus der Nichtanwendbarkeit des Art. L. 451-3 CT i.R.d. Art. L. 122-14-17 CT, *Mathieu*, D. 1991, 119, 122, Fn. 29.

[807] *Pélissier*, Le nouveau droit du licenciement, S. 73.

[808] So konnte der Arbeitgeber zunächst die vom Berater beim Kündigungsgespräch verbrachte Zeit von der Arbeitszeit abziehen, *Ray*, Dr. soc. 1991, 476, 477. Erst mit dem Urteil vom 19.2.1991 der *Cour de cassation* wurde dem Berater das Recht auf Vergütung für die Zeit, die er im Kündigungsgespräch verbracht hat, eingeräumt, Cass. soc. 19.2.1991, Dr. soc. 1991, 484; zu beachten ist hier allerdings, dass es sich bei der Behandlung dieser Frage bis ins Jahr 1991 nur um den unternehmenszugehörigen Arbeitnehmerbeistand handelte.

[809] weitere Einzelheiten zur Entgeltfortzahlung sind in Art. D. 122-6 bis Art. D. 122-8 CT geregelt.

[810] *Maynial/Maynial*, Dr. soc. 1994, 3, 7.

ten werden ihm direkt vom Staat erstattet; ein Umweg über den Arbeitgeber ist nicht erforderlich.[811]

(5aa) Besonderer Kündigungsschutz

Gem. Art. L. 122-14-16 Abs. 1 CT darf die Tatsache, dass der Arbeitnehmer die Aufgabe des Beraters wahrnimmt, keinen Kündigungsgrund darstellen. Der Kündigungsschutz beginnt mit der Veröffentlichung der Liste und endet entweder mit dem Ende der Beratertätigkeit oder aber, falls diese Tätigkeit mindestens ein Jahr ausgeführt wurde, 12 Monate nach ihrer Beendigung.[812] Außerdem muss gem. Art. L. 122-14-16 Abs. 2 CT der Arbeitgeber im Falle der Kündigung eines Beraters, der auf der von dem Prefekten genehmigten Liste aufgeführt ist, dasselbe Verfahren einhalten, wie das in Art. L. 412-18 CT für den Gewerkschaftsvertreter im Unternehmen vorgesehene. Dies gilt unabhängig von dem jeweils angeführten Kündigungsgrund. Das bedeutet vor allem, dass der Arbeitgeber vor Ausspruch der Kündigung hierfür eine Genehmigung beim Arbeitsinspektor[813] *(inspecteur du travail)* einholen muss. Dabei wird die Vorschrift des Art. 412-18 CT auch in Bezug auf den Berater weit ausgelegt. Sie wird nicht nur auf den Fall der Kündigung angewandt, sondern auf jede Art der Beendigung des Arbeitsvertrags.[814] Falls der Arbeitgeber diese Genehmigung nicht einholt, ist die Kündigung unwirksam, eine für das französische Arbeitsrecht ungewöhnlich schwerwiegende Sanktion.

(6aa) Pflichten des Beraters

Da der Berater durch die Beteiligung an dem Kündigungsgespräch vertrauliche Informationen erhalten kann, die das Unternehmen nicht verlassen sollen, obliegen ihm gegenüber dem die Kündigung erwägenden Arbeitgeber zwei Pflichten:[815] gem. Art. L. 122-14-18 CT obliegt dem Berater zum einen die Pflicht, in Bezug auf alle Informationen, die er über Fertigungsmethoden erlangt, das Berufsgeheimnis zu wahren. Zum anderen unterliegt der Berater einer Verschwiegenheitspflicht bezüglich aller vertraulichen Informationen, die der Arbeitgeber im Verlauf des Kündigungsgesprächs preisgibt und als solche kennzeichnet.

---

[811] So die Anweisung in dem Circulaire n° 91/16 vom 5. September 1991; s. auch *Maynial/Maynial*, Dr. soc. 1994, 3, 7.

[812] *Chevillard*, Juris-Cl./Travail, Stand 1999, Band 4, Fasc. 30-28, S. 6.

[813] Die Arbeitsaufsicht (*inspection du travail*) hat die Aufgabe, die Einhaltung zwingender sozialer Vorschriften zu kontrollieren. Sie nimmt im französischen Arbeitsrecht eine wichtige Rolle ein, s. die Übersetzung mit Erklärung bei *Kaufmann*, Wörterbuch Arbeits- und Sozialrecht, S. 62.

[814] *Chevillard*, Juris-Cl./Travail, Stand 1999 Band 4, Fasc. 30-28, S. 6.

[815] *Chevillard*, Juris-Cl./Travail, Stand 1999, Band 4, Fasc. 30-28, S. 7.

(7aa) Vereinbarkeit des Gesetzes von 1991 mit den Unternehmergrundrechten

Auch wenn das Gesetz aus Arbeitnehmersicht sowohl zum Schutz des Beraters selbst als auch zum Schutz des Arbeitnehmers während des Kündigungsverfahrens dient, stellt sich die Frage, ob es mit den Grundrechten des Arbeitgebers vereinbar ist.[816] Die Frage der Verfassungsmäßigkeit wurde daher dem Verfassungsgericht gestellt. Dieses erklärte das Gesetz i.E. für verfassungskonform.[817]

Gegen die Verfassungsmäßigkeit wurde vor allem vorgebracht, dass der Arbeitgeber durch den neuen Status des Beraters exzessiven Zwängen unterworfen werde.[818] So wurde von den Antragstellern kritisiert, dass die Vorschriften dem Arbeitgeber zu hohe Belastungen aufbürdeten, die nicht durch Sinn und Zweck des Gesetzes gerechtfertigt seien.[819] Dieses Argument hat das Gericht nicht überzeugt. In seiner Begründung ging es jeweils auf die einzelnen Vorschriften ein. Es führte aus, dass gem. Art. L. 122-14-15 Abs. 3 CT dem Arbeitgeber die Kosten, die ihm aufgrund der von Art. L. 122-14-15 CT vorgeschriebenen Entgeltfortzahlung entstünden, vom Staat ersetzt würden. Bezüglich der Kosten, die aufgrund des Rechts auf Weiterbildung des Arbeitnehmers aus Art. L. 122-14-17 CT anfielen, wendet das Verfassungsgericht ein, dass sie an die sonstigen Weiterbildungskosten, zu denen der Arbeitgeber außerhalb des Anwendungsbereichs des Gesetzes von 1991 ohnehin bereits verpflichtet sei, angerechnet würden. Auch die Einschränkung des Kündigungsrechts des Arbeitgebers in Bezug auf den Berater als Ausfluss des Rechts des Arbeitgebers, seine Mitarbeiter frei auszuwählen – immerhin ein Recht mit Verfassungsrang[820] - durch Art. L. 122-14-16 CT,[821] wird als gerechtfertigt angesehen. Denn der Arbeitgeber könne die Verweigerung der Genehmigung vor dem Verwaltungsgericht anfechten.[822]

(8aa) Anwendbarkeit der Art. L. 122-14-14ff. CT auf den unternehmensinternen Berater?

Das Gesetz vom 18. Januar 1991 wurde für den Berater erlassen, der nicht zur Unternehmensbelegschaft gehört. Ob die Schutzvorschriften auch auf die

---

[816] S. z.B. *Mathieu*, D. 1991, 119.
[817] Cons. const. 16.1.1991, D. 1991, 321 ff.
[818] So die Zusammenfassung von *Prétot*, D. 1991, 322.
[819] Cons. const. 16.1.1991, D. 1991, 321.
[820] *Prétot*, D. 1991, 322, 324.
[821] Art. L 122-14-16 CT ordnet an, dass dem Arbeitnehmer nicht aufgrund seiner Tätigkeit als Berater gekündigt werden darf und zudem eine Genehmigung des Arbeitsinspektors erforderlich ist.
[822] Cons. const. 16.1.1991, D. 1991, 321, 322.

unternehmensinternen Berater angewendet werden können,[823] ergibt sich nicht eindeutig aus dem Gesetzeswortlaut.[824] Die Bedeutung dieser Frage ist groß, denn falls das Gesetz von 1991 auf die unternehmensinternen Berater nicht anwendbar ist, besteht für diese z.B. kein Schutz vor Kündigungen aufgrund seiner Beratungstätigkeit, und der Arbeitgeber ist nicht verpflichtet, eine vorherige Genehmigung des Arbeitsinspektors einzuholen, kurzum alle Rechte, die dem Berater in den Art. L. 122-14-14 ff. CT zugesprochen werden, gelangen nicht zur Anwendung.

Eine strenge Wortlautauslegung des Art. L. 122-14 CT und der Art. L. 122-14-14 ff. CT ergibt, dass diese Vorschriften lediglich auf den unternehmensexternen Berater anwendbar ist.[825] Z.T. wird auf eine differenzierende Auslegung zurückgegriffen unter dem Hinweis, dass nicht alle Vorschriften i.R.d. Art. L. 122-14-14 ff. CT gleich zu behandeln seien, sondern unterschieden werden müsse, ob sie lediglich den *„conseiller"*, also die Bezeichnung für den unternehmensexternen Berater wählen, oder ob sie zusätzlich noch weitere Hinweise dafür enthalten, dass sie auch tatsächlich nur den unternehmensexternen Berater betreffen (z.B. Hinweis auf die Liste).[826]

Diese Frage ist bis heute noch nicht erschöpfend geklärt. Vorgaben der Rechtsprechung gibt es bislang nicht. Das dürfte daran liegen, dass in der Praxis in Unternehmen, die eine Arbeitnehmervertretung aufweisen i.d.R. auch auf die Arbeitnehmervertreter zurückgegriffen wird, wenn ein unternehmensinterner Berater benötigt wird. Die Arbeitnehmervertreter sind jedoch bereits mit einem eigenen gesetzlichen Sonderstatus ausgestattet, so dass sich die Frage der Anwendbarkeit der Art. L. 122-14-14 ff. CT i.E. nicht stellt.

---

[823] Es ist hingegen nicht erforderlich, zu erwägen, ob das Gesetz auch auf die Arbeitnehmervertreter anzuwenden ist, wenn diese die Rolle des Arbeitnehmerrechtsbeistandes wahrnehmen, da für sie bereits ein eigener gesetzlicher Sonderstatus besteht.

[824] *Duquesne*, Dr. soc. 1995, 877, 882.

[825] *Duquesne*, Dr. soc. 1995, 877, 882. Der Begriff *„conseiller"* wird in Art. L. 122-14 Abs. 2 CT nur im Zusammenhang mit dem außenstehenden Berater verwendet, nicht aber bezüglich des unternehmensinternen Beraters. Die Vorschriften mit den Rechten des Beraters beziehen sich ebenfalls ausdrücklich auf den *„conseiller"*.

[826] Diese Auffassung vertritt *Duquesne*, Dr. soc. 1995, 877, 882. Das würde allerdings dazu führen, dass z.B. Art. L. 122-14-16 Abs. 1 CT auf den unternehmensinternen Berater anwendbar ist, d.h. also dass auch ihm nicht aufgrund seiner Tätigkeit als Berater gekündigt werden kann. Art. L. 122-14-16 Abs. 2 CT, der vorsieht, dass eine Genehmigung vom Arbeitsinspektor eingeholt werden muss, ist nach dieser Auffassung hingegen nur auf den unternehmensexternen Berater anwendbar, da in dieser Vorschrift der Berater als Arbeitnehmer, der auf der vom Prefekten erstellten Liste steht bezeichnet wird, das kann wiederum nur der außenstehende Berater.

(5a) Rechtsfolgen bei Verstoß gegen das Recht auf einen Berater

Ein Verfahrensfehler wegen eines Verstoßes gegen das Recht, einen Berater hinzuziehen, liegt vor, wenn der Arbeitgeber die Hinzuziehung erschwert oder verhindert, z.B. weil er dem Berater verbietet, am Kündigungsgespräch teilzunehmen.[827]

Auch hier ist wieder Art. L. 122-14-4 CT maßgeblich. Auf Art. L. 122-14-5 CT ist in diesem Zusammenhang unabhängig von der Unternehmensgröße und der Dauer der Unternehmenszugehörigkeit ausnahmsweise nicht zurückzugreifen. Die Vorschrift erklärt ausdrücklich für Verstöße in Bezug auf den Berater nur Art. L. 122-14-4 CT für anwendbar. Die Ausnahme des Art. L. 122-14-5 CT mit dem Verweis auf die ausschließliche Anwendbarkeit des Art. L. 122-14-4 CT hat in der Praxis zu Auslegungsproblemen geführt. Zunächst wurde der Verweis so verstanden, dass ein Verstoß gegen das Recht des Arbeitnehmers, einen Berater zum Kündigungsgespräch hinzuzuziehen, dazu führt, dass die Kündigung ohne tatsächlichen und schwerwiegenden Grund ausgesprochen wurde mit der Folge, dass der Anspruch auf Schadensersatz mindestens sechs Monatsgehälter beträgt.[828] Diese Rechtsprechung wurde inzwischen jedoch wieder aufgegeben. Der Verstoß wird nur noch als Verfahrensfehler angesehen, der wie die übrigen Verfahrensfehler nach Art. L. 122-14-4 CT auch mit einem Schadensersatzanspruch von höchstens einem Monatsgehalt sanktioniert wird.[829] Allerdings besteht hier die Besonderheit, dass dieser Anspruch auf Schadensersatz unabhängig davon besteht, ob die Kündigung ansonsten in materieller Hinsicht gerechtfertigt ist.[830] I.E. können also ausnahmsweise der Schadensersatz wegen ungerechtfertigter Kündigung aus Art. L. 122-14-5 CT und der Schadensersatz wegen eines Verfahrensfehlers nach Art. L. 122-14-4 CT kumuliert werden.

(6a) Auswirkungen der Einbeziehung eines Beraters

Da die Einbeziehung eines Beraters in das Kündigungsgespräch für den Arbeitgeber Kosten nach sich ziehen kann und zu einem erhöhten Verwaltungsaufwand führt, drängte sich schnell die Frage auf, ob diese Institution auch den in sie gesetzten Erwartungen entspricht. Um dies herauszufinden, wurden vor allem nach der Einführung des unternehmensexternen Beraters Studien erstellt, die folgende Ergebnisse hervorbrachten: Die Beteiligung des Beraters stieg von 28.226 Kündigungsgesprächen in den Jahren 1992/1993 auf 37 471 in den Jahren 1994/1995 an. Dabei wurden die Berater in der Mehrzahl der Fälle (63%) in Unternehmen mit weniger als 10 Arbeitnehmer, also in

[827] Cass. soc. 5.6.1985, JS 1985 SJ 188.
[828] Cass. soc. 26.6.2001, Bull. civ. V n° 233.
[829] *Frouin*, SSL 2004, n° 1151, 8.
[830] Cass. soc. 5.2.2003, Dr. soc. 2003, 895.

Unternehmen ohne Arbeitnehmervertretung, zum Kündigungsgespräch hinzugezogen.[831] Nach Einschätzung der Berater selbst, haben sie die Rolle eines Vermittlers und Verhandlers inne, so sehen sich zumindest 3 von 4 Beratern. Weiterhin betrachten sich viele Berater (6 von 10) als Verteidiger des Arbeitnehmers.[832] Ferner sind sie i.d.R. davon überzeugt, dass ihre Anwesenheit das Verhalten des Arbeitgebers positiv beeinflusse, da dieser die Zeugenaussage des Beraters vor Gericht fürchte. Sie geben ferner an, dass sie dem Arbeitnehmer im Moment des Kündigungsgesprächs ein Gefühl von Sicherheit vermitteln und ihm helfen könnten, dass der Arbeitgeber die gesetzlichen Vorgaben beachtet.[833]

Dies scheint zunächst positiv, allerdings setzt hier zugleich die Kritik an. So wird den Beratern vorgeworfen, dass sie gelegentlich, wenn sie bemerken, dass dem Arbeitgeber ein Formfehler unterlaufen ist, diesen darauf aufmerksam machen.[834] Dies hat den Effekt, dass der Arbeitgeber seinen Fehler noch rechtzeitig beheben kann. Damit wird dem Arbeitnehmer die Möglichkeit genommen, gerichtlich gegen den Arbeitgeber vorzugehen und Schadensersatz zu verlangen. Aus dieser Perspektive gesehen kommt die Arbeit des Beraters mehr dem Arbeitgeber zugute als dem Arbeitnehmer, was wiederum manche dazu veranlasst, sich zu fragen, ob es sich nicht i.E. vielmehr um einen Berater des Arbeitgebers handelt, dessen Dienst – zumindest beim unternehmensexternen Berater – zudem vom Staat finanziert werde.[835] Aber auch die Auswirkung in die gegenteilige Richtung ist beobachtet worden. So stieg seit der Einführung der Beteiligung der Berater an dem Kündigungsgespräch die Zahl der im Anschluss eingereichten Kündigungsschutzklagen an, weil die Berater den Arbeitnehmer, der alleine seine Chancen vor Gericht häufig nicht gut einschätzen kann, dazu geraten haben; der Gesetzgeber hatte sich jedoch ursprünglich den gegenteiligen Effekt, also einen Rückgang der Klagen, erhofft.[836]

Bezüglich eines möglichen Einflusses des Beraters auf die Entscheidung des Arbeitgebers ist zunächst wichtig, dass nach dem jeweiligen Kündigungsgrund unterschieden wird. Bei einer angestrebten personenbedingten Kündigung wird zwar der Arbeitgeber, ebenso wie bei jedem anderen Kündigsgrund auch, eher selten von einer Kündigung Abstand nehmen;[837] es

---

[831] Circulaire DRT n° 96/9 du 21 août 1996, SSL 1996, n° 809, S. 12.

[832] *Guezou/Woiret*, SSL 1994, n° 707, S. 3.

[833] Circulaire DRT n° 96/9 du 21 août 1996, SSL 19996, n° 809, S. 12.

[834] *Boulmier*, SSL 1996, n° 817, S. 3.

[835] *Boulmier*, SSL 1996, n° 817, S. 3.

[836] *Guezou/Woiret*, SSL 1994, n° 707, S. 3, 4.

[837] S. dazu die Ausführungen oben D II. 2 a), denn der Arbeitgeber wird aufgrund des komplizierten Kündigungsverfahrens sich i.d.R. vorher bereits gut überlegt haben, ob er dieses Verfahren wirklich durchführen soll.

kommt aber vor, dass er sich auf einen weniger schwerwiegenden Kündigungsgrund einlässt.[838] Was die betriebsbedingte Kündigung betrifft, sind sich die Berater hingegen einig, dass ihre Anwesenheit beim Kündigungsgespräch eine reine Formalität ist. Nicht zuletzt auch deswegen, weil sie keinerlei Rechte auf die Herausgabe von Informationen gegenüber dem Arbeitgeber haben.[839]

Die Frage der Zweckmäßigkeit des Beraters kann aber auch noch von einer anderen Seite beleuchtet werden. Der unternehmensexterne Berater wurde deswegen eingeführt, weil die Arbeitnehmer in Unternehmen ohne Arbeitnehmervertretung im Kündigungsgespräch alleine dem Arbeitgeber gegenüberstehen; diese Ungleichbehandlung sollte mit den Gesetzen von 1989 und 1991 ausgeglichen werden.[840] Hieraus ist abzuleiten, dass der Gesetzgeber versucht hat, die Lücke, die in den kleinen und mittelständischen Unternehmen entstanden ist, zu schließen.[841] Dieser Gedanke drängt sich umso mehr auf, als dass der – zumindest unternehmensexterne – Berater bezüglich der ihn betreffenden Kündigung teilweise mit dem Gewerkschaftsvertreter gleichgestellt wird.[842] Ob der Berater diese Lücke in Bezug auf die fehlende Arbeitnehmervertretung zufriedenstellend ausfüllt, kann vermutet, an dieser Stelle aber nicht vertieft erörtert werden; diese Frage verlässt den Bereich des Kündigungsrechts.[843] Zusammenfassend kann nur festgestellt werden, dass von Arbeitnehmerseite die Möglichkeit der Beteiligung einer dritten Person an dem Kündigungsgespräch angenommen wird, es scheint also ein Bedürfnis zu bestehen. Ferner fällt auf, dass vor allem in Betrieben ohne Arbeitnehmervertretung dieses Recht wahrgenommen wird.

Des Weiteren führt die Beteiligung eines Beraters zu Beweiserleichterungen in einem ggf. folgenden Kündigungsprozess, da der Berater als Zeuge auftreten kann. Auch wenn die Kündigung i.d.R. nicht aufgrund der Beteiligung eines Beraters vermieden wird, so ist es doch begrüßenswert, dass seine Anwesenheit dazu beitragen kann, einen milderen Kündigungsgrund festzuhalten und damit dem Arbeitnehmer die Arbeitssuche zu erleichtern.

---

838 *Corrignan-Carsin*, RJS, 8-9/97, S. 582, 591.

839 *Guezou/Woiret*, SSL 1994, n° 707, S. 3, 4.

840 S. dazu oben D II. 2 b) (3).

841 *Roche*, Dr. soc. 1994, 10, 12; *Mathieu*, D. 1991, 119; *Maynial/Maynial*, Dr. soc. 1994, 3.

842 *Maynial/Maynial*, Dr. soc. 1994, 3; s. hierzu auch den Verweis in Art. L. 122-14-16 Abs. 2 CT auf Art. L. 412-18 CT.

843 Weiterführend zu dieser Fragestellung z.B. *Maynial/Maynial*, Dr. soc. 1994, 3 ff.; *Ray*, Dr. soc. 1991, 476 ff.; *Roche*, Dr. soc. 1994, 10 ff.

(4) Die Begleitung des Arbeitgebers

Denkbar ist ebenso, dass sich auch der Arbeitgeber Unterstützung zum Kündigungsgespräch dazuholt. Die Zulässigkeit der Begleitung des Arbeitgebers war zunächst umstritten. Gegen die Zulässigkeit eines Arbeitgeberberaters wurde angeführt, dass Art. L. 122-14 CT ausdrücklich nur einen Berater für den Arbeitnehmer vorsehe.[844] Mittlerweile hat sich aber die Rechtsprechung durchgesetzt,[845] und es ist anerkannt, dass sich auch der Arbeitgeber zum Kündigungsgespräch begleiten lassen kann.[846] Hierbei sind jedoch zwei Voraussetzungen zu beachten. Zum einen muss es sich bei dem Begleiter um ein Belegschaftsmitglied handeln.[847] Zum anderen darf die Tatsache, dass der Arbeitgeber Begleiter hinzuzieht, das Kündigungsgespräch nicht in ein Verhör des Arbeitnehmers verwandeln, denn dann erfüllt es nicht mehr den ursprünglich verfolgten Zweck.[848] I.E. darf der Arbeitnehmer nicht durch die Anwesenheit eines Arbeitgeberberaters beschwert werden. Die Beweislast hierfür trägt der Arbeitnehmer.[849] Die Anwesenheit des Vorgesetzten des Arbeitnehmers kann nützlich sein, da er ggf. den dem Arbeitnehmer vorgeworfenen Sachverhalt kennt.[850]

c) Inhalt und Ablauf des Kündigungsgesprächs

Gem. Art. L. 122-14 CT muss der Arbeitgeber während des Kündigungsgesprächs dem Arbeitnehmer die Gründe darlegen, die ihn dazu veranlassen,

---

844 *Pélissier*, Le nouveau droit du licenciement, S. 77; *Enclos*, Dr. soc. 1992, 988, 989 f.

845 Cass. soc. 11.4.1984, JS 1984 F 41; Cass. soc. 20.6.1990 RJS 8/90, S. 455, n° 664; Cass. soc. 26.2.1992, RJS 4/92, S. 270, n° 471; Cass. soc. 12.3.1996, Liaisons Sociales 1996, n°5814; Cass. soc. 10.1.1991, Dr. soc. 1991, 261; Cass. soc. 1.4.1997, RJS 5/97, S. 385, n° 592.

846 *Mazeaud*, Droit du travail, S. 346 Rn. 494; *Pélissier/Supiot/Jeammaud*, Droit du travail, S. 517 Rn. 415, wenn auch kritisch; *Ray*, Droit du travail, S. 266 Rn. 187; *Jeammaud*, Le licenciement, S. 28.

847 Cass. soc. 27.5.1998, RJS 7/98, S. 543, n° 839; Cass. soc. 26.2.1992, RJS 4/92, S. 270 n° 471; Cass. soc. 20.6.1990, RJS 8-9/90, S. 455, n° 664; *Encyclopédie Dalloz*, Tome 2, Contrat de travail à durée indéterminée: Rupture-licenciement pour motif personnel, conditions, S. 7 Rn. 83.

848 So verhielt es sich z.B. in dem Sachverhalt des Urteils Cass. soc. 10.1.1991, Dr. soc. 1991, 261 in dem dem Arbeitnehmer vorgeworfen wurde, dass er seinen Vorgesetzten geschlagen und beschimpft habe. Der Arbeitgeber hat daraufhin diesen Vorgesetzten, einen weiteren Vorgesetzten und zwei Kollegen des Arbeitnehmers, die den Vorfall beobachtet haben, zum Kündigungsgespräch mit eingeladen. In diesem Fall hat die *Chambre Sociale* das Kündigungsverfahren als fehlerhaft angesehen, weil das Kündigungsgespräch im Ergebnis ein Untersuchungsverfahren geworden ist; *Pélissier/Supiot/Jeammaud*, Droit du travail, S. 518 Rn. 415; kritisch zu dieser Rechtsprechung *Savatier*, Dr. soc. 1991, 258, 259 f.

849 *Enclos*, Dr. soc. 1992, 988, 990, der kritisch anmerkt, dass die Beweislast auf Arbeitnehmerseite dem Sinn des Kündigungsverfahrens, dem Arbeitnehmerschutz, widerspricht.

850 *Mazeaud*, Droit du travail, S. 346 Rn. 494.

eine Kündigung zu erwägen. Zudem muss er sich die Erklärungen des Arbeitnehmers anhören. Ansonsten gibt der Gesetzestext keine weiteren Informationen über den Ablauf des Kündigungsgesprächs.

(1) Darlegung der Kündigungsgründe und Diskussion

Diese Pflicht ist von erheblicher Bedeutung, da ansonsten der Zweck des Kündigungsgesprächs nicht erfüllt werden kann. Daher reicht es nicht aus, wenn der Arbeitgeber dem Arbeitnehmer lediglich mitteilt, dass er ihm kündigen wird, er also die Entscheidung bereits getroffen hat.[851] So z.B., wenn der Arbeitgeber dem Arbeitnehmer während des Kündigungsgesprächs die Ausgleichsquittung überreicht. In diesem Fall kann dem Arbeitgeber unterstellt werden, dass er sich bereits vor dem Gespräch für eine Kündigung entschieden hat, was eine sinnvolle Auseinandersetzung mit den Argumenten des Arbeitnehmers von vornherein ausschließt.[852] Der Arbeitgeber muss ferner alle von ihm in Betracht gezogenen Kündigungsgründe darlegen. Es reicht nicht aus, wenn er sie dem Arbeitnehmer erst auf dessen Nachfrage nach dem Kündigungsgespräch schriftlich oder erst mit dem Kündigungsschreiben mitteilt.[853] Dieses Verhalten zieht die Fehlerhaftigkeit des Kündigungsverfahrens nach sich.[854] Es handelt sich hierbei um eine gesetzliche Pflicht mit zwingendem Charakter. Daher befreit die Tatsache, dass der Arbeitnehmer die Kündigungsgründe bereits vor dem Kündigungsgespräch kannte, den Arbeitgeber nicht von der Pflicht, in dem Gespräch selbst noch einmal alle Gründe darzulegen.[855] Außerdem ist der Arbeitgeber verpflichtet, dem Arbeitnehmer die Unterlagen zu geben, die darlegen, dass der Arbeitnehmer das ihm vorgeworfene Verhalten tatsächlich an den Tag gelegt hat.[856] Falls der Arbeitgeber dem Arbeitnehmer aus Gründen kündigen will, die zeitlich nach dem Kündigungsgespräch eingetreten sind, muss er erneut ein Kündigungsgespräch organisieren.[857]

---

[851] Liaisons Sociales, Sonderheft November 2003: Licenciement pour motif personnel, S. 110 Rn. 168.

[852] Cass. soc. 13.10.1988, Bull. civ. V, n° 499; *Encyclopédie Dalloz*, Tome 2, Contrat de travail à durée indéterminée: Rupture-Licenciement pour motif personnel, conditions, S. 7 Rn. 86.

[853] Cass. soc. 28.5.1997, RJS 7/97 n° 801; *Enclos*, Dr. soc. 1992, 988, 994.

[854] *Enclos*, Dr. soc. 1992, 988, 994; der Arbeitgeber kann aber durchaus Kündigungsgründe, die er nicht im Kündigungsgespräch erwähnt hat, später während der Kündigungsschutzklage vorbringen, solange diese Gründe im Kündigungsschreiben angegeben waren, Cass. soc. 18.5.1995, Dr. soc. 1995, 675. Diese Rechtsprechung ist nicht ganz unumstritten, hierauf wird später i. R. d. Kündigungsschreibens näher eingegangen.

[855] *Corrignan-Carsin*, RJS 8-9/97, 582, 589.

[856] TA Lyon 26.12.1991, RJS 5/92 n° 600; *Corrignan-Carsin*, RJS 8-9/97, 582, 590.

[857] Cass. soc. 30.3.1994, RJS 6/94, n° 677.

Im Gegenzug legt der Arbeitnehmer dem Arbeitgeber während des Kündigungsgesprächs seine Sichtweise dar und kann dem Arbeitgeber Fragen zu den von ihm genannten Gründen stellen. Wichtig ist zunächst, dass die Äußerungen, die der Arbeitnehmer während dieses Gesprächs macht, nicht als Kündigungsgrund gegen ihn verwendet werden können, es sei denn es ist ein Missbrauch feststellbar.[858] Der Arbeitnehmer muss in der Lage sein, seine Situation zu erklären und sich dabei frei äußern zu können.[859] Ferner wird damit Rücksicht auf die besonders emotional angespannte Situation des Arbeitnehmers genommen, die leicht zu übertriebenen Reaktionen führen kann, welche selbstverständlich nicht zu weit gehen dürfen. Dies ist z.B. bei einer Beleidigung des Arbeitgebers der Fall.[860] Der Arbeitgeber muss dem Arbeitnehmer außerdem zuhören und seine Argumente in seine spätere Entscheidung miteinbeziehen.[861] Dies ergibt sich aus dem Zweck des Kündigungsgesprächs, eine Diskussion zwischen den Beteiligten herzustellen und das Recht zur Verteidigung des Arbeitnehmers zu wahren.[862] Die Pflicht des Arbeitgebers, sich mit den Aussagen des Arbeitnehmers auch tatsächlich auseinanderzusetzen, findet ihre volle Ausprägung in dem Erfordernis, dass der Arbeitgeber den Angaben des Arbeitnehmers, der den ihm vorgeworfenen Sachverhalt bestreitet, nachgehen und die erforderlichen Nachforschungen anstellen muss.[863]

Auch der Berater des Arbeitnehmers beteiligt sich an dem Gespräch und kann seine Meinung äußern.[864] Dass der Arbeitgeber auch diese Äußerungen zu beachten hat, obwohl es sich nicht ausdrücklich aus dem Gesetz ergibt, folgt bereits aus dem Anwesenheitszweck des Beraters.[865]

(2) Die Durchführung des Kündigungsgesprächs

Es ist keine Mindestzeit für das Kündigungsgespräch vorgesehen. Aus der kurzen Dauer eines Kündigungsgesprächs kann daher nicht auf seine Fehlerhaftigkeit geschlossen werden.[866] Es ist jedoch erforderlich, dass ein wirkli-

---

[858] Cass. soc. 19.6.1991, Dr. soc. 1991, S. 638; Cass. soc. 10.3.1993, RJS 5/93, n° 497; *Pettiti*, Juris-Cl./Travail, Stand 2001, Band 4, Fasc. 30-30, S. 9; *Pélissier/Supiot/Jeammaud*, Droit du travail, S. 518 Rn. 415; *Corrignan-Carsin*, RJS 8-9/97, S. 582, 590.

[859] Liaisons Sociales, Sonderheft November 2003: Licenciement pour motif personnel, S. 111, Rn. 168.

[860] *Corrignan-Carsin*, RJS 8-9/97, 582, 590.

[861] Cass. soc. 3.5.1990, RJS 6/90, n° 483; *Corrignan-Carsin*, RJS 8-9/97, 582, 589.

[862] *Corrignan-Carsin*, RJS 8-9/97, 582, 589 f.

[863] Cass. soc. 3.5.1990, RJS 6/90, S. 483 n° 342; *Enclos*, Dr. soc. 1992, 988, 994.

[864] *Encyclopédie Dalloz*, Tome 2, Contrat de travail à durée indéterminée: Rupture-Licenciement pour motif personnel, conditions, S. 7 Rn. 87.

[865] *Pélissier*, Le nouveau droit du licenciement, S. 77 f.

[866] Cass. soc. 8.11.1977, Bull. civ. n° 593, S. 473; *Enclos*, Dr. soc. 1992, 988, 994.

cher Austausch zwischen Arbeitnehmer und Arbeitgeber stattfindet, wobei beide Parteien (bzw. ggf. ihre Vertreter) anwesend sein müssen. Ein Telefongespräch oder ein Austausch per e-mail ist daher nicht ausreichend.[867] Weiterhin muss das Gespräch in einer sowohl für den Arbeitgeber als auch für den Arbeitnehmer verständlichen Sprache abgehalten werden. Falls dies nicht möglich ist, muss ein Dolmetscher hinzugezogen werden, mit dem beide Seiten einverstanden sind.[868] Die Erstellung eines Protokolls am Ende des Kündigungsgesprächs ist nicht gesetzlich vorgesehen. Dies schließt natürlich nicht die Möglichkeit aus, dass freiwillig ein Protokoll erstellt wird.[869] Allerdings ist der Arbeitnehmer nicht verpflichtet, das Protokoll zu unterschreiben. Falls er die Unterschrift verweigert, hat das Protokoll vor Gericht keine Beweiskraft.[870] Somit dürfte es (insbesondere in Abwesenheit eines Beraters) schwierig sein, vor Gericht Beweis zu erbringen, was im Kündigungsgespräch besprochen wurde. Es ist aber trotzdem verboten, Tonbandaufnahmen von dem Kündigungsgespräch herzustellen.[871]

d) Rechtsfolge bei unregelmäßiger Durchführung des Kündigungsgesprächs

Genügt das Kündigungsgespräch den oben genannten Anforderungen nicht oder wird es gar nicht durchgeführt, kommen auch hier wieder je nach Unternehmensgröße und -zugehörigkeit die Art. L. 122-14-4 CT bzw. Art. L. 122-14-5 CT zur Anwendung. Demnach hat der Arbeitnehmer einen Anspruch auf Schadensersatz bis zu einer Höhe von einem Monatsgehalt, wenn er einem Unternehmen angehört, in dem mindestens elf Arbeitnehmer beschäftigt werden, er eine Unternehmenszugehörigkeit von mindestens zwei Jahren aufweist und die Kündigung im Übrigen durch einen tatsächlichen und schwerwiegenden Grund gerechtfertigt ist. Ansonsten beruht sein Schadensersatzanspruch auf Art. L. 122-14-5 CT und wird nach dem jeweils entstandenen Schaden bemessen.[872] Dass dem Arbeitnehmer ein Schaden entstanden ist, wird wie auch sonst bei Verfahrensfehlern, von den Richtern unterstellt.[873]

---

[867] *Ray*, Droit du travail, S. 267 Rn. 187.

[868] Cass. soc. 8.1.1997, Dr. soc. 1997, 317.

[869] *Pélissier/Supiot/Jeammaud*, Droit du travail, S. 519 Rn. 415; *Enclos*, Dr. soc. 1992, 988, 995; *Mazeaud*, Droit du travail, S. 346 Rn. 494.

[870] *Corrignan-Carsin*, RJS 8-9/97, 582, 591; *Enclos*, Dr. soc. 1992, 988, 995.

[871] Ch. crim. 16.1.1990, RJS 4/90, n° 277; *Enclos*, Dr. soc. 1992, 988, 995.

[872] Dass der Anspruch im Einzelfall höher sein kann, wenn der Arbeitnehmer eine kurze Unternehmenszugehörigkeit hat oder es sich um ein Kleinunternehmen handelt, weil der Anspruch in Art. L. 122-14-5 CT keine Höchstgrenze aufweist, muss wohl auf ein gesetzgeberisches Versehen zurückgeführt werden. S. hierzu auch die allgemeinen Ausführungen zu den Rechtsfolgen § 12 II. 4.

[873] Cass. soc. 23.10.1991, Dr. soc. 1991, 956; *Jeammaud*, Le licenciement, S. 35; s. hierzu auch die allgemeinen Ausführungen zu den Rechtsfolgen C III. 2 d).

3. Das Kündigungsschreiben

a) Die formellen Anforderungen an das Kündigungsschreiben

Die letzte Etappe des Kündigungsverfahrens ist die Zustellung des Kündigungsschreibens. Zwischen dem Kündigungsgespräch und dem Abschicken des Kündigungsschreibens muss gem. Art. L. 122-14-1 Abs. 2 CT mindestens ein Tag liegen.[874] Ein Zeitraum innerhalb dessen das Schreiben spätestens abgesendet werden muss, ist nicht vorgesehen.[875] Allerdings nimmt die Überzeugungskraft und Dringlichkeit der Kündigungsgründe mit zunehmendem Zeitablauf ab.[876] Mit dem Erfordernis der Mindestfrist von einem Tag zwischen Kündigungsgespräch und Absenden des Kündigungsschreibens soll sichergestellt werden, dass der Arbeitgeber keine übereilte Entscheidung trifft und sich – zumindest theoretisch – die Zeit nimmt, darüber nachzudenken, was der Arbeitnehmer während des Kündigungsgesprächs vorgebracht hat.[877] Wenn die Kündigung aus wirtschaftlichem Grund ausgesprochen wird, sieht das Gesetz besondere Fristen vor, auf die i.R.d. Darstellung der betriebsbedingten Kündigung eingegangen wird.

Ferner schreibt das Gesetz vor, dass das Kündigungsschreiben in Form eines Einschreibens mit Rückschein versendet werden muss, Art. L. 122-14-1 Abs. 1 CT. Diese spezielle Form wurde v.a. aus Beweisgründen vorgeschrieben, da mit Erhalt des Schreibens der Beginn des Ablaufs der Kündigungsfrist bestimmt wird, Art. L. 122-14-1 Abs. 1 CT. Die Rechtsprechung legt die Vorschrift nicht besonders streng aus. Es ist möglich, dass der Arbeitgeber einen einfachen Brief schickt, ohne dass das Kündigungsverfahren deswegen fehlerhaft wird. Der Arbeitnehmer hat im Gegensatz zu den übrigen Verfahrensverstößen nur dann einen Anspruch auf Schadensersatz, wenn er einen Schaden darlegen kann.[878] Die Kündigungsfrist beginnt auch zu laufen, wenn die gesetzlich vorgeschriebene Form nicht eingehalten wurde, solange der Arbeitgeber den Erhalt des Schreibens beweisen kann.[879]

---

[874] Zur genauen Berechnung dieser Frist s. auch Art. R. 122-3-1 CT.

[875] Außer im Fall eines *licenciement disciplinaire*, gem. Art. L. 122-41 Abs. 2 wird die sanction disciplinaire, also auch die Kündigung, als unbegründet angesehen, wenn sie später als einen Monat nach dem Kündigungsgespräch erteilt wird; *Pélissier/Supiot/Jeammaud*, Droit du travail, S. 519 Rn. 416; *Encyclopédie Dalloz*, tome 2, Contrat de travail à durée indéterminée: Rupture-Licenciement pour motif personnel, conditions, S. 7 Rn. 93.

[876] *Mazeaud*, Droit du travail, S. 347 Rn. 495.

[877] *Pélissier*, Le nouveau droit du licenciement, S. 80; *Ray*, Droit du travail, S. 267 Rn. 188; *Buseine*, Dr. ouv. 1999, 432, 437.

[878] *Encyclopédie Dalloz*, tome 2, Contrat de travail à durée indéterminée: Rupture-licenciement pour motif personnel, conditions, S. 8 Rn. 100.

[879] Cass. soc. 19.3.1987, Cahiers prud'h. 1988, n° 2, S. 31.

b) Der Inhalt des Kündigungsschreibens

(1) Regelungsgegenstand und Anwendungsbereich des Art. L. 122-14-2 CT

Maßgeblich für den erforderlichen Inhalt ist Art. L. 122-14-2 Abs. 1 CT, der vorschreibt, dass der Arbeitgeber in dem Kündigungsschreiben – neben der Mitteilung, dass dem Arbeitnehmer gekündigt wird – den oder die Kündigungsgründe angeben muss. Eine Pflicht, die das deutsche Kündigungsrecht lediglich in Sonderfällen vorsieht (s. § 9 Abs. 3 S. 2 MuSchG, § 22 Abs. 3 BBiG). Diese Pflicht besteht unabhängig davon, um welchen Kündigungsgrund es sich handelt, wie groß das Unternehmen ist oder seit wann die Unternehmenszugehörigkeit des betreffenden Arbeitnehmers besteht. Von der Begründungspflicht wird nur dann eine Ausnahme gemacht, wenn der Ausspruch der Kündigung eine vorherige Genehmigung erfordert, so z.B. im Fall der Kündigung eines Arbeitnehmervertreters oder einer Kündigung im Rahmen eines Insolvenzverfahrens. In diesen Fällen muss in dem Kündigungsschreiben auf die erteilte Genehmigung verwiesen werden.[880]

Zunächst durfte der Arbeitgeber nur den Grund angeben, auf den er die Kündigung stützte. Die Rechtsprechung hat aber im Laufe der Zeit die Anforderungen gelockert, so dass der Arbeitgeber nun in dem Kündigungsschreiben mehrere Gründe angeben kann, die in der Person des Arbeitnehmers liegen, wenn sie auf unterschiedlichen Sachverhalten beruhen.[881] Der Richter kann dann zwar einen der angegebenen Gründe für nicht ausreichend ansehen, die Kündigung aber aus einem anderen, der im Brief angegebenen Gründe als gerechtfertigt ansehen.[882] Zum anderen ist es nach neuerer Rechtsprechung ebenso zulässig, dass der Arbeitgeber sowohl einen wirtschaftlichen als auch einen personenbezogenen Kündigungsgrund in dem Schreiben angibt. In diesem Fall ist es an dem Richter, herauszufinden, welches der vorrangige und ausschlaggebende Grund für den Kündigungsausspruch war; die Begründetheit der Kündigung ist dann auch nur an diesem Grund zu messen.[883]

Der vom Gesetzgeber verfolgte Zweck des Erfordernisses, die Kündigungsgründe im Kündigungsschreiben anzugeben, liegt einerseits darin, den

---

[880] Cass. soc. 10.1.1995 RJS 2/95, n° 138; Cass. soc. 30.4.1997, RJS 6/97, n° 707; *Frouin*, RJS 7/99, 543, 544.

[881] Cass. soc. 23.9.2003, Dr. soc. 2003, 1119; *Pélissier/Supiot/Jeammaud*, Droit du travail, S. 520 Rn. 417 ; zuvor musste sich der Arbeitgeber auf einen Kündigungsgrund festlegen; kritisch zu der Erweiterung der Rechtsprechung der anonyme Kommentar in SSL 29.9.2003 n° 1137, 12 f.

[882] Cass. soc. 23.9.2003, Dr. soc. 2003, 1119; *Pélissier/Supiot/Jeammaud*, Droit du trvail, S. 520 Rn. 417.

[883] Cass. soc. 6.4.1994, n° 92-44.986; Cass. soc. 3.4.2002, RJS 6/02 n° 697; s. hierzu auch den anonymen Kommentar in SSL 2003, n° 1137, 12 f.

Arbeitnehmer darüber in Kenntnis zu setzen, welche Gründe den Arbeitgeber zur Kündigungsentscheidung bewogen haben.[884] Andererseits soll durch das Aufstellen einer eindeutigen Regelung das Verfahren vereinfacht und eine bessere Gesetzesanwendung gewährleistet werden.[885] Ferner soll generell, wie durch andere formale Erfordernisse auch, verhindert werden, dass unüberlegt und übereilt Kündigungen ausgesprochen werden.[886] Aus dieser Zwecksetzung folgt, dass die Pflicht zur Begründung von der Rechtsprechung streng überprüft wird. Dies äußert sich sowohl bei der Frage, ob und wie die Gründe in das Kündigungsschreiben integriert werden müssen, als auch bei der Festlegung des erforderlichen Umfangs der Darlegung der Kündigungsgründe.

(2) Die Einbeziehung der Begründung in das Kündigungsschreiben

Selbstverständlich ist zunächst, dass aus dem Fehlen eines Kündigungsschreibens zugleich ein Verstoß gegen die Begründungspflicht nach Art. L. 122-14-2 CT hergeleitet wird.[887] Ferner entfällt aber die Begründungspflicht des Arbeitgebers auch dann nicht, wenn der Arbeitnehmer durch andere Umstände Kenntnis von den Gründen erlangen konnte oder wenn er selbst das Vorliegen solcher Gründe gestanden hat.[888] Zudem führt selbst die ausdrückliche Bitte des Arbeitnehmers, in dem Kündigungsschreiben nicht die Kündigungsgründe anzugeben, nicht dazu, dass der Arbeitgeber von seiner Pflicht befreit wird.[889] Das Interesse des Arbeitnehmers an der Nichtangabe der Gründe liegt darin, dass der potentielle neue Arbeitgeber von dem Arbeitnehmer verlangen kann, das Kündigungsschreiben zu sehen, was z.B. gerade bei einer Kündigung wegen fehlerhaften Verhaltens durchaus negative Auswirkungen für den Arbeitnehmer haben kann. Die Begründungspflicht kann demnach auch zu Lasten des Arbeitnehmers wirken.

Wenn die Kündigungsgründe in einem anderen Dokument genannt sind, ist zu differenzieren. Grundsätzlich reicht auch eine ausdrückliche Bezugnahme in dem Kündigungsschreiben auf das betreffende Dokument nicht aus, um der Begründungspflicht nach Art. L. 122-14-2 CT zu genügen.[890] Wenn jedoch das Dokument unmittelbar dem Kündigungsschreiben beigefügt ist, und

---

[884] *Frouin*, RJS 7/99, S. 543, 544.

[885] Cass. Ass. plén. 20.11.1998, Dr. soc. 1999, 14; *Joinet*, Dr. soc. 1999, 13, 14; *Pettiti*, Juris-Cl., Travail, tome 4, Licenciement pour motif personnel, Stand 23.10.2000, Rn. 17.

[886] *Joinet*, Dr. soc. 1999, 13, 14.

[887] *Frouin*, RJS 7/99, 543.

[888] Cass. soc. 12.1.1994, RJS 2/94, n° 137; Cass. soc. 19.3.1998, RJS 5/98, n° 583; *Frouin*, RJS 7/99, S. 543.

[889] Cass. soc. 10.1.1995, RJS 2/95, n° 1114; *Frouin*, RJS 7/99, 543; Liaisons Sociales, numéro spécial : Le licenciement pour motif personnel, November 2003, S. 15.

[890] Cass. soc. 30.11.1994, RJS 1/95, n° 11; *Frouin*, RJS 7/99, 543, 544.

der Inhalt dieses Dokuments selbst der Begründungspflicht entspricht, kann dies nach einer, bisher allerdings isoliert gebliebenen, Entscheidung der *Chambre Sociale* ausreichen.[891] Eine Ausnahme wird hingegen anerkannt, wenn die Kündigung die Erteilung einer vorherige Zustimmung voraussetzt.[892] Dann reicht der Vermerk in dem Kündigungsschreiben, dass die Zustimmung erteilt wurde, aus, um die grundsätzlich erforderliche Angabe der Kündigungsgründe zu ersetzen. Dieser Vermerk ist aber unerlässlich, ansonsten liegt ein Verstoß gegen Art. L. 122-14-2 CT vor, selbst wenn die erforderliche Zustimmung erteilt wurde. Die von der Ausnahme umfassten Fälle sind vor allem Kündigungen von Arbeitnehmervertretern, für die die Zustimmung der Arbeitsverwaltung notwendig ist.[893]

(3) Das erforderliche Maß an Bestimmtheit

Welche Anforderungen im Einzelnen an die Begründung im Kündigungsschreiben zu stellen sind, lässt Art. L. 122-14-2 Abs. 1 CT offen. Die Rechtsprechung verlangt, dass in dem Kündigungsschreiben ein präziser Grund angegeben sein muss, *(motif précis)*.[894] Teilweise wird von der *Chambre Sociale* auch die Formulierung verwendet, der Grund müsse materiell überprüfbar sein *(matériellement vérifiable)*.[895] Inhaltlich ergibt sich aus den verschiedenen Begrifflichkeiten kein Unterschied, die zweite Formulierung verdeutlicht aber, wie genau die Angabe der Gründe gefasst sein muss.

Das Erfordernis folgt aus der Zweckbestimmung des Art. L. 122-14-2 CT, den Arbeitnehmer darüber zu informieren, warum der Arbeitgeber die Kündigungsentscheidung getroffen hat.[896] Das Erfordernis, dass die Begründung präzise sein muss, stellt die Praxis vor Probleme. Denn damit stellt sich sogleich die Frage, wann ein solcher präziser Grund vorliegt. Für die Beantwortung ist zwischen der personenbezogenen Kündigung und der Kündigung aus disziplinären Gründen einerseits und der Kündigung aus wirtschaftlichen Gründen andererseits zu unterscheiden.

Für die Kündigung, die auf einen wirtschaftlichen Grund gestützt werden soll, sehen Art. L. 122-14-2 Abs. 2 und 3 CT nähere Anforderungen an die

---

[891] Cass. soc. 2.12.1998, RJS 1/99, n° 23; so auch die Schlussfolgerungen des Generalanwalts *Joinet* zum Urteil der *Assemblée Plénière* vom 20.11.1998, nach dem die gegenteilige Entscheidung auf einen „formalen Fundamentalismus" hinauslaufen würde.

[892] *Frouin*, RJS 7/99, 543, 544.

[893] Cass. soc. 10.1.1995, RJS 2/95, n° 138; Cass. soc. 30.4.1997, RJS 6/97, n° 707. Ebenso fallen hierunter Kündigungen, die im Rahmen eines Insolvenzverfahrens ausgesprochen werden und die Zustimmung des *juge commissaire* voraussetzen, Cass. soc. 5.5.1998, RJS 6/98 n° 713.

[894] Grundlegend Cass. soc. 29.11.1990, Bull. civ. V n° 598; Cass. Soc. 7.11.1991, RJS 12/91 n° 1307; *Frouin*, RJS 7/99, 543, 544.

[895] Cass. soc. 14.5.1996, RJS 6/96, n° 664.

[896] *Frouin*, RJS 7/99, 543, 544.

Bestimmtheit der Begründung im Kündigungsschreiben vor. Nach Absatz 2 muss das Schreiben die wirtschaftlichen Gründe oder die Gründe für die technologischen Veränderungen im Unternehmen, die der Arbeitgeber vorbringt, enthalten. Zudem muss der Arbeitgeber dem Arbeitnehmer schriftlich die Kriterien mitteilen, die er im Rahmen einer Massenentlassung gem. Art. L. 321-1-1 CT bei der Auswahl der zu kündigenden Arbeitnehmer berücksichtigt hat, wenn der Arbeitnehmer dies schriftlich beantragt hat.[897] Ferner sieht Art. L. 122-14-2 Abs. 3 CT vor, dass in dem Kündigungsschreiben darauf hingewiesen wird, dass der Arbeitnehmer das Recht auf eine vorrangige Wiedereinstellung nach Art. L. 321-14 CT hat und welche Voraussetzungen für dieses Recht vorgesehen sind.

Zur Angabe der personenbedingten ebenso wie für die disziplinären Gründe im Kündigungsschreiben gibt es hingegen keinerlei gesetzliche Vorgaben. Dies beruht letztlich auf der Tatsache, dass diese Gründe selbst – im Gegensatz zum wirtschaftlichen Grund – nicht gesetzlich definiert sind. Aus der Formulierung, dass die Angabe des Grundes präzise und materiell überprüfbar sein muss, folgt, dass es sich um eine Gegebenheit oder ein Verhalten des Arbeitnehmers handeln muss, das dieser identifizieren kann. Außerdem muss die Angabe in einem Maße auf objektiven Elementen beruhen, dass eine Überprüfung möglich ist.[898] Dennoch verbleibt eine große Ungewissheit für den jeweiligen Einzelfall. Nicht ausreichend sind für die Rechtsprechung z.B. der bloße Verweis auf einen „schweren Fehler", „schwere Nachlässigkeiten", „unloyales Verhalten", „Unstimmigkeiten" oder eine „längere Abwesenheit, die die Funktionsfähigkeit des Betriebs stört".[899] Damit die letzte Formulierung hinreichend präzise ist, muss z.B. ergänzt werden, dass die Abwesenheit eine endgültige Ersetzung des Arbeitnehmers erfordert; für das Beispiel der Unstimmigkeiten müssen die objektiven Tatsachen vorgebracht werden, die sie begründen.[900] Die Rechtsprechung hat hingegen die Angabe einer sexuellen Belästigung, eines Übergreifens des Privatlebens auf das Unternehmen oder Handlungen zum unlauteren Wettbewerb als hinreichend präzise angesehen.[901] Hieraus wird erkennbar, dass es wiederum ausreicht, wenn die

---

[897] Kritisch zur Rechtsprechung, die dieses zweite Schreiben, mit dem die Kündigungskriterien angegeben werden, nicht ebenso streng behandelt, wie das Kündigungsschreiben selbst, äußert sich *Buseine*, Dr. ouv. 1999, 432, 433.

[898] *Frouin*, RJS 7/99, 543, 544.

[899] S. z.B. Cass. soc. 16.3.1999, RJS 5/99, n° 649; Cass. soc. 5.7.2000, RJS 9-10/00 n° 929; Cass. soc. 5.6.2001, RJS 8-9/01 n° 1010; weitere Beispiele finden sich bei *Pélissier/Supiot/Jeammaud*, Droit du travail, S. 523 Rn. 420.

[900] Vgl. die Hinweise in *Pélissier/Supiot/Jeammaud*, Droit du travail, S. 523 Fn. 9 und 10.

[901] Cass. soc. 3.2.1999, RJS 4/99 n° 490; Cass. soc. 6.10.1998, RJS 7/99 n° 3774; Cass. soc. 10.6.1998, RJS 7/99 n° 2878; für weitere Beispiele s. auch *Frouin*, RJS 7/99, 543, 545.

Gründe so präzise angegeben werden, dass zumindest die Möglichkeit besteht, sie weiter zu präzisieren und zu diskutieren.[902]

Dennoch sind die Auswirkungen der Rechtsprechung für den Arbeitgeber erheblich. Denn dem Arbeitgeber bleibt nicht viel Raum, sich zu irren. Der Grund, den er angibt, ist der einzige, der von dem Richter überprüft wird. Der Richter kann sich nicht an die Stelle des Arbeitgebers begeben und die Tatsachen, die der Kündigung zugrunde liegen, zu einem anderen Kündigungsgrund zusammenfassen.[903] Abschwächungen hat diese Regel nur insoweit erfahren, dass der Arbeitgeber nach jüngerer Rechtsprechung mehrere Kündigungsgründe angeben darf.

(4) Rechtsfolgen und Auswirkungen der Begründungspflicht

Die Rechtsprechung hat mittlerweile unbestritten als Regel aufgestellt, dass der Arbeitgeber sich im späteren Kündigungsschutzprozess nur auf die Gründe berufen kann, die er im Kündigungsschreiben genannt hat.[904] Diese Rechtsprechung wird i.d.R. mit dem Ausdruck zusammengefasst, dass das Kündigungsschreiben die Grenzen des Kündigungsprozesses festlegt.[905] Dementsprechend können Gründe, die der Arbeitgeber nur im Kündigungsgespräch mit dem Arbeitnehmer erörtert oder in einem anderen Schreiben als dem Kündigungsschreiben mitgeteilt hat, nicht vom Richter überprüft werden und folglich nicht die Kündigung rechtfertigen.[906] Hiermit kommt dem Kündigungsschreiben für einen späteren Kündigungsprozess entscheidende Bedeutung zu. Es ist hingegen für die materiellrechtliche Rechtfertigung der Kündigung durch einen tatsächlichen und ernsthaften Grund nicht erforderlich, dass die Gründe des Kündigungsschreibens mit denen übereinstimmen, die ggf. vom Arbeitgeber in der Ladung zum Kündigungsgespräch angegeben wurden.[907]

In Bezug auf die Rechtsfolge eines Verstoßes gegen die Begründungspflicht waren ursprünglich zwei Ansätze denkbar. Zum einen war die Einordnung des Verstoßes gegen Art. L. 122-14-2 CT als Verfahrensverstoß möglich mit der Folge, dass Art. L. 122-14-4 CT zur Anwendung kommt und der

---

[902] *Frouin*, RJS 7/99, 543, 545.

[903] *Cristau*, Dr. soc. 2003, 1119, 1120.

[904] Wegweisend hierfür war der sog. „*Arrêt Orlik*" Cass. soc. 20.3.1990, Bull. civ. V n° 124; dem folgend z.B. Cass. soc. 19.6.1991, RJS 8-9/91, n° 959.

[905] "*La lettre de licenciement fixe les termes du litige*"; s. dazu z.B. Cass. soc. 22.1.1998, Bull. civ. V n° 28; *Frouin*, RJS 7/99, 543, 547 f.; *Joinet*, Dr. soc. 1999, 13, 15; Liaisons Sociales, November 2003, Sonderheft: Le licenciement pour motif personnel, S. 15.

[906] Cass. soc. 22.1.1998, Bull. civ. V n° 28; Liaisons Sociales, November 2003, Sonderheft: Le licenciement pour motif personnel, S. 15.

[907] Cass. soc. 4.11.1992, Bull. civ. V n° 530; Cass. soc. 28.6.2000, RJS 9/2000 n° 927; *Pettiti*, Juris-Cl., Travail, tome 4, Licenciement pour motif personnel, Stand 23.10.2000, Rn. 71.

Arbeitnehmer Schadensersatz erhält, der ein Monatsgehalt nicht überschreiten darf. Die andere Möglichkeit bestand darin, das Fehlen der Begründung im Kündigungsschreiben als Fehlen eines ausreichenden Kündigungsgrundes auszulegen.[908] Die Rechtsprechung hat sich für die zweite – strengere – Möglichkeit entschieden.[909] Die Auswirkungen der Auslegung des Art. L. 122-14-2 CT auf die Kündigung haben durch die Rechtsprechung mit dem sog. *„Arrêt Rogie"* vom 29.11.1990, im Anschluss mehrfach bestätigt, weite Kreise gezogen.[910] Die fehlende und die ihr gleichgestellte nicht ausreichende Begründung haben zur Folge, dass der Kündigung kein tatsächlicher und schwerwiegender Grund zugrunde liegt. Ebenso führt das gänzliche Fehlen der schriftlichen Kündigungsmitteilung dazu, dass die Kündigung von der Rechtsprechung als unbegründet qualifiziert wird.[911] Obwohl es sich nach der Gesetzessystematik bei Art. L. 122-14-2 CT um eine Verfahrensvorschrift handelt, wird der Verstoß nicht bloß als Verfahrensfehler angesehen, sondern wirkt sich auf die materielle Rechtfertigung der Kündigung aus.

Sanktioniert wird der Verstoß nach Maßgabe des Art. L. 122-14-4 Abs. 1 CT unter Beachtung der Einschränkung des Art. L. 122-14-5 CT.[912] Das bedeutet, der Arbeitsrichter kann zwar die Wiedereingliederung des Arbeitnehmers vorschlagen, eine Ablehnung von Arbeitgeber- oder Arbeitnehmerseite reicht jedoch, um dies zu verhindern. In diesem Fall muss der Arbeitgeber eine Abfindung in Höhe von mindestens sechs Monatsgehältern zahlen. Allerdings gilt diese Regelung gem. Art. L. 122-14-5 CT nur für Arbeitnehmer, die mindestens zwei Jahre Unternehmenszugehörigkeit aufweisen können, und die in einem Unternehmen arbeiten, in dem i.d.R. mindestens elf Arbeitnehmer beschäftigt sind. Andernfalls wird gem. Art. L. 122-14-5 Abs. 2 CT nur der tatsächlich entstandene Schaden entschädigt. Mit dieser Rechtsprechung wird ein Bogen geschlagen von dem formellen Verfahrenserfordernis des Kündigungsschreibens zur materiellen Begründetheit der Kündigung. Ein Verstoß des Erfordernisses, das dem präventiven Kündigungsschutz zuzuordnen ist, wirkt sich damit letztendlich auf die Bewertung i.R.d. repressiven Kündigungsschutzes aus. Damit wird an dieser Stelle das Prinzip durchbrochen, nach dem Verfahrensfehler keine Auswirkungen auf die materielle Rechtfertigung der Kündigung haben.

---

[908] *Pélissier/Supiot/Jeammaud*, Droit du travail, S. 522 Rn. 420.

[909] So klar Stellung beziehend die *Assemblée plénière* mit drei Urteilen vom 27.11.1998, Dr. soc. 1999, 19.

[910] « *Arrêt Rogie* » Cass. soc. 29.11.1990, Bull. civ. V, n° 598; bestätigt z.B. durch Cass. soc. 7.11.1991, RJS 12/91 n° 1307; deutlich jegliche Kritik abweisend noch einmal Cass. Ass. plén. 27. 11. 1998, RJS 1/99, n° 23.

[911] Cass. soc. 23.6.1998, RJS 8-9/98, n° 971; *Pélissier /Supiot/Jeammaud*, Droit du travail, S. 522 Rn. 420.

[912] *Pélissier/Supiot/Jeammaud*, Droit du travail, S. 537 Rn. 438ff.

Die Bedeutung, die die Rechtsprechung der Angabe der Gründe im Kündigungsschreiben beimisst, wird zuletzt noch dadurch verschärft, dass im späteren Kündigungsprozess dieser Verstoß nicht vom Arbeitnehmer gerügt werden muss. Der Arbeitsrichter hat ihn von Amts wegen zu berücksichtigen.[913]

4. Nachschieben von Kündigungsgründen

Die Frage, ob der Arbeitgeber Kündigungsgründe nachschieben kann, stellt sich anders als im deutschen Recht an zwei Stellen. Zunächst ist fraglich, ob sie nach dem Kündigungsgespräch und vor dem Kündigungsschreiben nachgeschoben werden können. Dann ist weiterhin denkbar, dass Gründe nach Zustellung des Kündigungsschreibens in einem späteren Kündigungsschutzprozess nachgeschoben werden.

Wenn die in dem Kündigungsschreiben genannten Gründe nicht während des Kündigungsgesprächs erörtert wurden, ist dies für die Begründetheit der Kündigung nicht schädlich.[914] Diese Vorgehensweise ist zwar nicht zulässig, sie führt aber lediglich dazu, dass das Kündigungsverfahren fehlerhaft wird. Es entsteht somit grundsätzlich ein Schadensersatzanspruch nach Art. L. 122-14-4 CT, der eine Höchstgrenze von einem Monatsgehalt vorgibt; der Anspruch kann nicht mit einem Anspruch auf Schadensersatz wegen einer unbegründeten Kündigung kumuliert werden.[915] Ein solcher Verstoß hat hingegen nach dem bisherigen Stand der Rechtsprechung keine Auswirkungen auf die Frage, ob die Kündigung hinreichend begründet ist.[916] Wenn es sich um Gründe handelt, die erst nach dem Kündigungsgespräch entstanden sind, muss das Kündigungsgespräch erneut durchgeführt werden.[917]

Anders wird hingegen die Frage beurteilt, wenn die Kündigungsgründe erst nach Zugang des Kündigungsschreibens nachgeschoben werden. Hier ist die Rechtsprechung wie zuvor dargestellt streng. Da das Kündigungsschreiben die Grenzen eines späteren Prozesses vorgibt, ist ein Nachschieben nicht möglich; der Kündigung fehlt der erforderliche tatsächliche und ernsthafte Grund. Aufgrund dieser klaren Trennlinie, die von der Rechtsprechung gezogen wird, wird die Problematik der Zulässigkeit des Nachschiebens von

---

[913] Cass. soc. 26.5.1999, RJS 7/99 n° 906.

[914] Cass. soc. 28.6.2000, RJS 9-10/00 n° 927; Cass. soc. 18.5.1995, RJS 8-9/95 n° 874.

[915] Bzw. ein Anspruch auf Schadensersatz nach Art. L. 122-14-5 CT für Unternehmen, in denen weniger als elf Arbeitnehmer beschäftigt sind oder wenn der Arbeitnehmer weniger als zwei Jahre Unternehmenszugehörigkeit hat; in diesem Fall gilt die Höchstgrenze von einem Monatsgehalt nicht. S. zu den Vorschriften zum Schadensersatz im Einzelnen § 12 II. 4.

[916] Cass. soc. 28.6.2000, RJS 9-10/00 n° 927; Cass. soc. 28.5.1997, RJS 7/97 n° 801; *Flichy/Gamet*, Le licenciement, S. 97 Rn. 713.

[917] Cass. soc. 30.3.1994, RJS 6/94, n° 677; *Flichy/Gamet*, Le licenciement, S. 97 Rn. 713.

Gründen nicht in einem vergleichbaren Ausmaß diskutiert wie in Deutschland.

III. Vergleich

1. Unterschiedlicher Ausgangspunkt trotz gleicher Zielsetzung

Das durch die allgemeinen Verfahrensvorschriften verfolgte Ziel ist in Frankreich wie auch in Deutschland, den Ausspruch der Kündigung zu vermeiden. Dennoch wurde ein grundlegend unterschiedlicher Ausgangspunkt hierfür gewählt. Ist in Frankreich das gesamte allgemeine Kündigungsverfahren auf das Verhältnis zwischen dem Arbeitgeber und dem betroffenen Arbeitnehmer fokussiert, ist der Fokus des deutschen Rechts auf das Verhältnis zwischen dem Arbeitgeber und dem Betriebsrat gerichtet. Kernstück des französischen allgemeinen Kündigungsverfahrens ist das Kündigungsgespräch zwischen Arbeitgeber und Arbeitnehmer, Kernstück auf deutscher Seite ist die Betriebsratsanhörung. Der allgemeine präventive Kündigungsschutz ist somit in Frankreich auf individualrechtlicher Ebene und in Deutschland auf kollektivrechtlicher Ebene konzipiert. Das bedeutet zunächst, dass im deutschen Recht der präventive Kündigungsschutz in betriebsratslosen Betrieben einschneidend verkürzt ist. Im französischen Recht ist der präventive Kündigungsschutz hingegen immer gewährleistet. Darüber hinaus folgt aus dem kollektivrechtlichen Ansatz, dass in Deutschland durchaus möglich und ggf. auch zulässig sein kann, dass der Arbeitnehmer den Grund für seine Kündigung erst im Rahmens eines Kündigungsschutzprozesses oder anstatt vom Arbeitgeber vom Betriebsrat erfährt – eine Situation, die im französischen Recht undenkbar ist.

Dieser Unterschied beruht nicht zuletzt auch auf der französischen Herangehensweise, Verfahrensgrundsätze aus dem Prozessrecht zur Hilfe zu nehmen, um den präventiven Schutz des Arbeitnehmers gegen Kündigungen zu gewährleisten. Zentrale Grundgedanken, die dem unternehmensinternen Kündigungsverfahren zugrunde liegen, sind das Recht zur Verteidigung *(droit de la défense)*[918] und das Recht auf kontradiktorische Auseinanderset-

[918] Die Rechtsprechung weist die Tendenz auf, dieses Recht auf Verteidigung immer weiter auszudehnen, so z.B. indem sie es nicht zwangsläufig als Diebstahl ansieht, wenn der Arbeitnehmer Unterlagen des Unternehmens entwendet, um sie als Beweis in einem späteren Kündigungsschutzprozess zu verwenden, *Duquesne*, Dr. soc. 2004, 939, Anm. zu Cass. crim. 11.5.2004.

zung *(discussion contradictoire)*[919] – Rechte, die eine Beteiligung des Arbeitnehmers zwingend voraussetzen. Damit weist das französische Verfahren zugleich auch einen „vorprozessualen" Charakter auf, der dem deutschen Recht grundsätzlich fremd ist. Das gesamte französische Verfahren ist darauf ausgerichtet, eine unmittelbare Auseinandersetzung zwischen den beiden Beteiligten herbeizuführen. Dabei wird zugleich darauf geachtet, dass eine möglichst gleichmäßige Kräfteverteilung gewährleistet ist, indem dem Arbeitnehmer das Recht zur Verfügung gestellt wird, einen Berater zum Kündigungsgespräch hinzuzuziehen.

Im Hinblick auf die französische Konstruktion, dem Arbeitnehmer im allgemeinen Verfahren einen Berater zur Seite zu stellen, könnte zwar erwogen werden, die Rolle des Betriebsrats mit der des Beraters zu vergleichen, um dadurch insgesamt zu einer Vergleichbarkeit der beiden Verfahren zu gelangen. Doch dies würde nicht der jeweiligen Situation gerecht werden. Der deutsche Arbeitnehmer hat rechtlich gesehen keinerlei Einflussmöglichkeit auf den Betriebsrat. Er hat z.B. keinen Anspruch darauf, dass der Betriebsrat der Kündigung widerpricht. Es besteht i.E. auch keine Pflicht des Betriebsrats, den Arbeitnehmer anzuhören. Ganz anders ist die Konzeption im französischen Recht. Der Berater ersetzt nicht den Arbeitnehmer, sondern unterstützt ihn. Der Arbeitnehmer sucht sich seinen Berater selbst aus. Im Gegensatz zum Betriebsrat hat er aber gegenüber dem Arbeitgeber keine gesetzlich festgelegte Einflussmöglichkeit. Insbesondere ein mit dem Widerspruch nach § 102 Abs. 3 BetrVG vergleichbares Recht steht dem Berater nicht zur Verfügung.

2. Die einzelnen Verfahrensschritte

a) Gemeinsame Problemstellungen

Auch wenn die einzelnen Verfahrensschritte auf den ersten Blick – abgesehen von dem Erfordernis, eine schriftliche Kündigungserklärung abzugeben – nicht vergleichbar zu sein scheinen, tauchen dennoch ähnliche Fragestellungen auf.

Zunächst ist in beiden Rechtssystemen die Frage, wie genau die Kündigungsgründe formuliert werden müssen, und ob Kündigungsgründe nachgeschoben werden dürfen, wiederzufinden. Auf deutscher Seite stellt sich diese Frage vor allem i.R.d. Betriebsratsanhörung, wohingegen in Frankreich die Problematik beim Kündigungsschreiben angesiedelt ist. Beiden Systemen ist gemein, dass lediglich pauschale Formulierungen nicht ausreichend sind. Be-

---

[919] S. hierzu *Dusquesne*, Dr. soc. 1993, 847, 848; im Allgemeinen zu diesen Verfahrensgrundsätzen im französischen Prozessrecht vgl. *Hübner/Constantinesco*, Einführung in das französische Recht, S. 16.

gründet wird dies auf beiden Seiten damit, dass die Gründe hinreichend konkret sein müssen, damit sie einer Überprüfung zugänglich sind. Allerdings besteht ein grundlegender Unterschied darin, dass der in Deutschland hochgehaltene Grundsatz der subjektivierten Determinierung dem französischen Arbeitgeber nicht zu empfehlen ist. Denn die Gründe, die er im Kündigungsschreiben angibt, grenzen zugleich auch den Gegenstand eines späteren Kündigungsschutzprozesses ein. Dies ist eine Vorgehensweise, die im deutschen Kündigungsrecht wiederum gerade vermieden werden soll. Erkennbar wird das neben der Subjektivierung der Begründungspflicht auch an der Argumentation, die gegen eine Begründungspflicht im Kündigungsschreiben vorgebracht wird. Nach Auffassung des BAG müssen die Gründe nicht im Kündigungsschreiben angegeben werden, um dem Erfordernis der Rechtssicherheit zu genügen. Ansonsten kämen zu viele Zweifelsfragen auf, wie ausführlich im Einzelnen begründet werden müsse.[920] Diese Argumentation ist aus französischer Sicht nicht nachvollziehbar, soll doch dort gerade mit dem Grundsatz, dass der Inhalt des Kündigungsschreibens – und damit auch das Nennen der Kündigungsgründe – die Grenzen des Verfahrens aufstellt, eben demselben Erfordernis, der Rechtssicherheit, dienen.

Sind weitere Gründe für die Kündigung erst nach dem maßgeblichen Zeitpunkt, d.h. nach der Betriebsratsanhörung bzw. nach dem Kündigungsgespräch, entstanden, dürfen sie nicht ohne weiteres nachgeschoben werden. In beiden Systemen ist es erforderlich, dass der jeweilige Verfahrensschritt, Betriebsratsanhörung bzw. Kündigungsgespräch, erneut durchgeführt werden müssen. Hierbei sind noch zwei Besonderheiten auf beiden Seiten zu beachten. Zum einen muss nochmals darauf hingewiesen werden, dass in Deutschland den Arbeitnehmern in betriebsratslosen Betrieben die Kündigungsgründe grundsätzlich nicht vor dem Kündigungsschutzprozess mitgeteilt werden müssen. Das bedeutet, dass sich in diesen Fällen die Frage der Zulässigkeit des Nachschiebens von Gründen gar nicht stellt. Auf französischer Seite ist hingegen die Möglichkeit, Gründe nachzuschieben dadurch wesentlich eingeschränkt, dass das Kündigungsschreiben bereits den Verfahrensgegenstand eines späteren Prozesses festlegt. Das Problem kann in Frankreich also nur im Zeitraum zwischen Kündigungsgespräch und Kündigungsschreiben auftreten; ein Zeitraum, der kurz bemessen ist. Durch den Grundsatz, dass der Inhalt des Kündigungsschreibens den Verfahrensgegenstand des späteren Kündigungsschutzprozesses begrenzt, wird dem Streit, inwieweit Gründe nachgeschoben werden können, generell ein Riegel vorgeschoben und für Rechtssicherheit gesorgt.

[920] BAG 21.3.1959 AP § 1 KSchG 1969 Nr. 55; s. hierzu ausführlich Stahlhacke/Preis/*Preis*, S. 72 Rn. 180.

b) Vergleichbare Verfahrensschritte außerhalb des allgemeinen Verfahrens

Ein allgemeiner Grundsatz, nach dem der Arbeitnehmer immer vor Ausspruch einer Kündigung oder zumindest vor einer außerordentlichen Kündigung von dem Arbeitgeber angehört werden muss, besteht im deutschen Kündigungsrecht im Gegensatz zum französischen nicht.[921] Ein zaghafter Versuch der Rechtsprechung im Jahr 1960,[922] eine allgemeine Anhörungspflicht für die außerordentliche Kündigung aus der Fürsorgepflicht des Arbeitgebers herzuleiten, verlief schnell im Sande.[923] Dennoch ist das Erfordernis eines Gesprächs zwischen Arbeitnehmer und Arbeitgeber durchzuführen, auch im deutschen Kündigungsrecht vorzufinden. Es beschränkt sich jedoch auf den besonderen Fall der Verdachtskündigung.[924]

Die Anhörung des Arbeitnehmers ist ein von der Rechtsprechung entwickeltes Institut.[925] In seiner Leitentscheidung vom 11.4.1985 hat das BAG das Erfordernis der Anhörung aus der Aufklärungspflicht des Arbeitgebers hergeleitet.[926] Hinter dieser Überlegung steht das im Kündigungsrecht geltende Ultima-Ratio-Prinzip bzw. das Verhältnismäßigkeitsprinzip, die außerordentliche Kündigung soll auch bzw. gerade im Fall des Verdachts einer strafbaren Handlung das letzte Mittel sein.[927] I.E. handelt es sich um die Umsetzung eines Anspruchs des Arbeitnehmers auf rechtliches Gehör gegenüber dem Arbeitgeber.[928] Demnach fließen hier ebenso wie bei dem französischen Kündigungsgespräch Gesichtspunkte aus dem Prozessrecht mit ein.

Die Anhörung des Arbeitnehmers wird von der herrschenden Literatur und der ständigen Rechtsprechung als formelle Wirksamkeitsvoraussetzung der Verdachtskündigung qualifiziert, was dazu führt, dass bei fehlender Anhörung die Verdachtskündigung unwirksam ist.[929] Sinn und Zweck der Anhö-

---

[921] BAG 23.3.1972 AP § 626 BGB Nr. 69; BAG 21.10.2001 AP § 611 BGB Abmahnung Nr. 26; Stahlhacke/Preis/*Preis*, S. 125 Rn. 314; KR/*Fischermeier*, § 626 BGB Rn. 31.

[922] BAG 14.7.1960 EzA § 123 BGB Nr. 3.

[923] KR/*Fischermeier*, § 626 BGB Rn. 31; kritisch zu der Auffassung, dass abgesehen von der Verdachtskündigung bei der außerordentlichen Kündigung die Anhörung nicht erforderlich ist z.B. KDZ/*Däubler*, § 626 BGB Rn. 36 unter Hinweis darauf, dass der außerordentlichen Kündigung der Gedanke des „unausweichlich letzten Mittels“ zugrunde liege.

[924] BAG 11.4.1985 AP § 102 BetrVG 1972 Nr. 39; BAG 30.4.1987 AP § 626 BGB Verdacht strafbarer Handlung Nr. 19; BAG 13.9.1995 AP § 626 BGB Verdacht strafbarer Handlung Nr. 25; BAG 26.9.2002 AP § 626 BGB Verdacht strafbarer Handlung Nr. 37; APS/*Dörner*, § 626 BGB Rn. 348; KR/*Fischermeier*, § 626 BGB Rn. 230; KDZ/*Däubler*, § 626 BGB Rn. 155; *Fischer*, BB 2003, 522; MünchArbR/*Berkowsky*, § 144 Rn. 6; KPK-*Schiefer/Heise*, § 1 Sozial ungerechtfertigte Kündigungen Rn. 759.

[925] *Fischer*, BB 2003, 522; MünchArbR/*Berkowsky*, § 144 Rn. 6.

[926] BAG 11.4.1985 AP § 102 BetrVG 1972 Nr. 39.

[927] BAG 13.9.1995 AP § 626 Verdacht strafbarer Handlung Nr. 25; *Fischer*, BB 2003, 522.

[928] *Preis*, DB 1988, 1444, 1448.

[929] BAG 11.4.1985 AP § 102 BetrVG 1972 Nr. 39; BAG 13.9.1995 AP § 626 Verdacht strafbarer Handlung Nr. 25; BAG 21.11.1996 – n.v. – 2 AZR 852/95; BAG 16.1.2003 AP §

rung ist es, dass der Arbeitnehmer die Möglichkeit bekommt, Verdachtsmomente zu beseitigen und Entlastungstatsachen, Entschuldigungs- oder Rechtfertigungsgründe geltend zu machen.[930] Gerade hier wird deutlich, dass es sich auch bei der Anhörung des Arbeitnehmers um ein Instrument der Kündigungsprävention handelt, auch wenn diese Form der Anhörung, soweit ersichtlich, von der Literatur nicht dem präventiven Kündigungsschutz zugeordnet wird.

Auf der anderen Seite ist auch in Frankreich die Einbeziehung von Arbeitnehmervertretern in das präventive Kündigungsverfahren nicht unbekannt. Allerdings wird sie erst erforderlich, wenn der Arbeitgeber plant, mehr als eine Kündigung aus wirtschaftlichem Grund auszusprechen. Sie ist damit Bestandteil des besonderen präventiven Kündigungsverfahrens, das im Anschluss unter E II. 4. dargestellt wird.

c) Unterschiedliche Sanktionen

Die Sanktionen von Verfahrensfehlern sind entsprechend der unterschiedlichen Ausgestaltung der Rechtsfolgen in den beiden Systemen auf der deutschen Seite die Unwirksamkeit der Kündigung und auf der französischen Seite der Schadensersatzanspruch.

Dies bedeutet zunächst, dass sich im deutschen Kündigungsrecht ein – hinreichend schwerwiegender – Verfahrensfehler zwangsläufig auch auf die materiellrechtliche Komponente der Kündigung auswirkt. Hieraus kann jedoch nicht für das französische Kündigungsrecht im Umkehrschluss gefolgert werden, dass Verfahrensfehler keinen Einfluss auf die Rechtfertigung der Kündigung haben. Ist das Kündigungsschreiben fehlerhaft, weil in ihm nicht oder nicht hinreichend die Kündigungsgründe dargestellt wurden, wird die Kündigung selbst als nicht hinreichend begründet angesehen. Der Fehler im Verfahren wirkt sich demnach in diesem Fall auf die materielle Rechtfertigung der Kündigung aus und damit auf die Höhe des Schadensersatzanspruchs.

---

67 SeemG Nr. 2; ErfK/*Müller-Glöge*, § 626 BGB Rn. 213; KPK/*Schiefer/Heise*, § 1 Rn. 759; KDZ/*Däubler*, § 626 BGB Rn. 155; KR/*Fischermeier*, § 626 BGB Rn. 230; APS/*Dörner*, § 626 BGB Rn. 348; a.A. *Ascheid*, Kündigungsschutzrecht, S. 116 Rn. 163; *Bengelsdorf*, AuA 1995, 196, 197f.; *Preis*, DB 1988, 1444, 1449 mit der Begründung, dass sich eine solche Verpflichtung nicht aus dem Gesetz herleiten ließe; ihm vielmehr sogar widerspreche, denn § 626 Abs. 2 S. 2 BGB sehe lediglich vor, dass der Arbeitgeber auf Verlangen des Arbeitnehmers die Gründe schriftlich mitteilen müsse; *Lücke*, BB 1997, 1842, 1847 unter Hinweis darauf, dass die Erhebung zu einer Wirksamkeitsvoraussetzung praktisch gar nicht erforderlich sei. Es würde ausreichen, bei fehlender Anhörung die Dringlichkeit des Verdachts zu verneinen. Die Einwände der Minderansicht sind zwar überzeugend, sie spiegeln jedoch nicht die aktuelle Situation des deutschen Kündigungsrechts wieder, die für die rechtsvergleichende Arbeit maßgeblich ist. Zur näheren dogmatischen Einordnung der Anhörungspflicht s. eingehend *Hoefs*, Die Verdachtskündigung, S. 190 ff.

[930] zuletzt BAG 16.1.2003 AP § 67 SeemG Nr. 2; *Fischer*, BB 2003, 522.

Somit werden Verfahrensfehler im französischen Kündigungsrecht unterschiedlich schwer sanktioniert,[931] wohingegen im deutschen Kündigungsrecht ein weiteres Mal das „Alles-oder-Nichts"-Prinzip gilt.

3. Ergebnis und Stellungnahme

Insgesamt muss in erster Linie festgehalten werden, dass das allgemeine Kündigungsverfahren im französischen Kündigungsrecht umfassender ausgestaltet ist, indem es unabhängig von dem Bestehen eines Betriebsrats eingreift. Dabei lässt es den Arbeitnehmer auch nicht dem Arbeitgeber allein gegenüberstehen, sondern sieht unabhängig von der Unternehmensgröße den Berater zu seiner Unterstützung vor. Dadurch wird das französische Verfahren zugleich kostspieliger. Allerdings trägt gerade nicht zwangsläufig der Arbeitgeber, der den Ausspruch einer Kündigung beabsichtigt, die Kosten und Nachteile. Handelt es sich um einen unternehmensexternen Berater, übernimmt der Staat die Kosten. Die Nachteile, wie den Arbeitsausfall, muss der Arbeitgeber des externen Beraters tragen. Dies zeigt, wie hoch der Stellenwert des präventiven Kündigungsschutzes im französischen Recht bewertet wird. Dem könnte die deutsche Alternative als eine Lösungsform über das Verursacherprinzip gegenübergestellt werden. Das heißt, der Arbeitgeber muss die Kosten der Betriebsratsarbeit selbst tragen.

Schon das allgemeine präventive Verfahren kann in Frankreich für ein Kleinunternehmen bereits durchaus belastend sein. Dennoch wird in Frankreich die Existenzberechtigung des allgemeinen Kündigungsverfahrens mittlerweile i.d.R. nicht mehr in Frage gestellt (anders sieht freilich die Beurteilung des Verfahrens für betriebsbedingte Kündigungen aus). Als Grund für die Akzeptanz des allgemeinen Kündigungsverfahrens wird angeführt, dass es sich bei der Kündigung um eine Maßnahme mit besonders heftigen Auswirkungen auf den Arbeitnehmer handelt.[932]

Es lassen sich aber auch Gemeinsamkeiten feststellen. Das Kündigungsgespräch ebenso wie die Anhörung der Arbeitnehmervertreter, sind auf beiden Seiten bekannt, wenn auch in unterschiedlichen Zusammenhängen. Daneben ist es inzwischen in beiden Ländern erforderlich, dass die Kündigung dem Schriftformerfordernis genügt.

Interessant aus deutscher Sicht ist der Stellenwert, der im französischen Kündigungsverfahren dem Recht des Arbeitnehmers auf Verteidigung beigemessen wird. Ein Stellenwert, der m.E. auch in Deutschland selbstver-

---

[931] Dies ist ebenso i.R.d. Bestimmungen zum Berater des Arbeitnehmers für das Kündigungsgespräch zu beobachten, wo die Sanktionen im Gegensatz zu den übrigen Verfahrensfehlern nicht von der Anzahl der im Unternehmen Beschäftigten und der Dauer der Unternehmenszugehörigkeit abhängen.

[932] *Mazeaud*, Droit du travail, S. 344 Rn. 490; *Ray*, Droit du travail, S. 263 Rn. 183.

ständlich sein müsste, denn gerade der Arbeitnehmer ist derjenige, der von der Kündigung betroffen ist. Gerade er müsste die Möglichkeit haben, zu erfahren, warum ihm gekündigt werden soll, um schon vor einem Kündigungsschutzprozess erklären zu können, dass ggf. die ihm vorgeworfenen Gründe tatsächlich gar nicht vorliegen. Eine direkte Konfrontation mit dem Arbeitnehmer kann der Arbeitgeber in Deutschland bis auf den Ausnahmefall der Verdachtskündigung problemlos umgehen.

Daneben ist m.E. auf französischer Seite mit dem Erfordernis, dass die Kündigungsgründe im Kündigungsschreiben abschließend aufgeführt werden müssen und damit auch den späteren Gegenstand eines gerichtlichen Verfahrens festlegen, ein größerer Schritt in Richtung Rechtssicherheit gemacht. Damit können alle Seiten leichter einschätzen, wie ein weiteres Gerichtsverfahren verlaufen wird und das Nachschieben von Kündigungsgründen wird in einem engeren Rahmen gehalten.

Vor allem aber bietet das französische System den Vorteil, dass die Rechtsfolgen unterschiedlich schwer gewichtet werden können. Eine solche Vorgehensweise könnte auch im deutschen Recht zu einer größeren Akzeptanz von Verfahrensvorschriften führen. Eine unwirksame Kündigung wegen des bloßen Verstoßes gegen die Schriftform oder einer fehlerhaften Betriebsratsanhörung, obwohl die Kündigung ansonsten gerechtfertigt ist, dürfte in der Praxis bei dem Arbeitgeber häufig auf Unverständnis stoßen.

E. Zusätzliche Verfahrenserfordernisse für betriebsbedingte Kündigungen

I. Die Verfahrenserfordernisse in Deutschland

1. Die Anforderungen unabhängig von der Anzahl der Kündigungen

Allein die Tatsache, dass eine Kündigung aus betriebsbedingten Gründen ausgesprochen wird, führt in Deutschland noch nicht automatisch dazu, dass ein besonderes Kündigungsverfahren eingehalten werden muss. Es sind zunächst die bereits zuvor dargestellten Verfahrensschritte ohne Besonderheiten durchzuführen.[933] So ist vor allem auch vor Ausspruch einer betriebsbedingten Kündigung eine Betriebsratsanhörung nach § 102 Abs. 1 BetrVG erforderlich. Anders verhält es sich nur, wenn eine besonders große Anzahl von Kündigungen ausgesprochen werden soll. Zu berücksichtigen sind dann einerseits die §§ 111 ff. BetrVG, sowie andererseits die Regelungen in §§ 17 ff. KSchG zur sog. Massenentlassung.

Zudem ist auch eine Sozialauswahl nach § 1 Abs. 3 KSchG durchzuführen. Hierbei handelt es sich jedoch um einen Bestandteil des repressiven Kündigungsschutzes,[934] daher wird in dieser Abhandlung nicht näher darauf eingegangen.[935]

---

[933] Soweit sie nicht ausdrücklich für den Fall der betriebsbedingten Kündigung ausgeschlossen wurden. Dies ist z.B. bei der Abmahnung der Fall. Sie kann nach der Rechtsprechung inzwischen sowohl bei verhaltensbedingten wie auch bei personenbedingten Kündigungen erforderlich sein, wenn ihr ein steuerbares Verhalten des Arbeitnehmers zugrunde liegt. Bei der betriebsbedingten Kündigung kommt ein Abmahnungserfordernis hingegen nicht in Betracht, vgl. Stahlhacke/Preis/*Preis*, S. 474 f. Rn. 1178.

[934] Die Sozialauswahl erfolgt erst, wenn bereits feststeht, dass die Kündigung unvermeidbar ist, KR/*Griebeling*, § 1 KSchG Rn. 607.

[935] Vgl. hierzu ausführlich z.B. Stahlhacke/Preis/*Preis*, S. 390 Rn. 1037 ff.

2. Das Verfahren bei Betriebsänderungen in Form von Personalabbau nach §§ 111ff. BetrVG

a) Anwendungsbereich der §§ 111ff. BetrVG

Plant der Arbeitgeber eine Betriebsänderung, die wesentliche Nachteile für die Belegschaft oder erhebliche Teile der Belegschaft zur Folge hat, entstehen Beteiligungsrechte des Betriebsrats nach §§ 111 ff. BetrVG. Von den Verfahrensvorschriften der §§ 111ff. BetrVG sind zunächst nur Unternehmen erfasst, in denen i.d.R. mehr als zwanzig wahlberechtigte Arbeitnehmer beschäftigt sind, § 111 S. 1 BetrVG.[936] Der Bezugspunkt für den Schwellenwert ist seit dem Inkrafttreten des BetrVerf-ReformG im Jahr 2001 das Unternehmen.[937] Mit dieser Änderung wurde den Anregungen der Rechtsprechung[938] und der vorherigen Kritik an dem Betriebsbezug Rechnung getragen. Denn eine Anknüpfung an den Betrieb konnte dazu führen, dass in einem Unternehmen, in dem mehrere Kleinbetriebe zusammengefasst waren, der Schwellenwert von mehr als zwanzig Arbeitnehmern nicht erreicht wurde.[939] Weiterhin müssen die Arbeitnehmer „in der Regel" in dem Unternehmen beschäftigt sein. Das bedeutet, dass auf die normale Beschäftigtenzahl abzustellen ist und nicht die zufällige tatsächliche Zahl. Es ist also ein Rückblick ebenso erforderlich wie eine Einschätzung der zukünftigen Entwicklung.[940]

Es ist allgemein anerkannt, dass eine Betriebsänderung i.S.d. § 111 Abs. 1 S. 3 Nr. 1 BetrVG in einem bloßen Personalabbau bestehen kann, auch wenn die sächlichen Betriebsmittel unverändert bleiben.[941] Im Anwendungsbereich der §§ 111 ff. BetrVG sind jedoch nur betriebsbedingte Kündigungen zu be-

---

936 Erforderlich ist die Wahlberechtigung für die Betriebsratswahl, die sich nach § 7 BetrVG bestimmt, GK-BetrVG/*Oetker*, § 111 Rn. 15. Demnach muss der Beschäftigte die Arbeitnehmereigenschaft haben, betriebszugehörig sein und das 18. Lebensjahr vollendet haben, *Fitting*, § 7 Rn. 6 ff.

937 *Fitting*, § 111 Rn. 18 ff.; Richardi/*Annuß*, § 111 Rn. 48; zum BetrVerfR-ReformG von 2001, BGBl. I S. 1852; kritisch zum Unternehmen als neue Bezugsgröße *Lingemann*, NZA 2002, 934, 935.

938 So verweist die Getzesbegründung in BT-Drs. 14/5741 S. 51 ausdrücklich auf die Entscheidung des BVerfG zur Verfassungsmäßigkeit der Kleinbetriebsklausel, BVerfG 27.1.1998, BVerfGE 97, 169 ff.; s. auch *Hanau*, NJW 2001, 2513, 2518.

939 S. zur Kritik in Bezug auf den Betrieb als Maßstab z.B. BAG 8.6.1999 AP § 111 BetrVG 1972 Nr. 47; GK-BetrVG/*Oetker*, § 111 Rn. 7ff.; DKK/*Däubler*, § 111 Rn. 24 m.w.N.

940 BAG 22.2.1983 AP § 113 BetrVG 1972 Nr. 7; es sei denn, es ist eine Betriebsstilllegung geplant, ErfK/*Kania*, § 111 BetrVG Rn. 5.

941 St. Rspr. BAG 22.5.1979 AP § 111 BetrVG 1972 Nr. 4; BAG 6.12.1988 AP § 111 BetrVG 1972 Nr. 26; BAG 7.8.1999 AP § 111 BetrVG 1972 Nr. 34; BAG 22.1.2004 AP § 112 BetrVG 1972 Namensliste Nr. 1; nun bestätigt durch § 112a Abs. 1 BetrVG, s. *Fitting*, § 111 Rn. 73; Richardi/*Annuß*, § 111 Rn. 48; GK-BetrVG/*Oetker*, § 111 Rn. 65; *Bauer*, DB 1994, 217, 219.

rücksichtigen. Unbeachtlich sind daher krankheits- und verhaltensbedingte Kündigungen.[942] Für die Frage, ob der Personalabbau zur Sozialplanpflicht gem. § 112a BetrVG führt, sind allerdings noch zusätzlich Aufhebungsverträge zu berücksichtigen, die der Arbeitgeber aufgrund der Betriebsänderung veranlasst hat.[943]

Auf einen bestimmten Zeitraum ist hier im Gegensatz zu den §§ 17ff. KSchG nicht abzustellen. Erforderlich ist i.R.d. §§ 111ff. BetrVG vielmehr, dass der Personalabbau auf einem einheitlichen unternehmerischen Plan beruht.[944] Für die Voraussetzung, dass in dem jeweiligen Fall „erhebliche Teile der Belegschaft" i.S.d. § 111 BetrVG betroffen sein müssen, greift das BAG in ständiger Rechtsprechung auf die Staffelung des § 17 Abs. 1 KSchG zurück.[945] Daran hat sich mit dem Gesetz zur Reform der Betriebsverfassung vom 23.12.2001 nichts geändert, auch wenn seitdem der Bezugspunkt in § 111 BetrVG das Unternehmen und nicht mehr der Betrieb ist.[946] Die Schwellenwerte des § 17 Abs. 1 KSchG sind allerdings nur ein Richtwert und stellen keine absolute Grenze dar, ein geringfügiges Unterschreiten dieser Werte verhindert nicht die Annahme einer Betriebsänderung, insbesondere wenn z.B. in dem jeweiligen Fall noch Einschränkungen der sächlichen Betriebsmittel hinzukommen.[947] Zudem wird diese Staffelung noch insofern eingeschränkt, als für Betriebe mit über 600 Arbeitnehmern mindestens 5% der Belegschaft betroffen sein müssen.[948] Die 30-Tage-Frist des § 17 Abs. 1 KSchG gilt für eine Betriebsänderung ebenso wenig. Maßgeblich ist i.R.d. §§ 111 ff. BetrVG die Gesamtzahl der Arbeitnehmer, die voraussichtlich betroffen sein werden, unabhängig davon, ob sie in mehreren „Wellen" entlassen werden, solange den Entlassungen eine übergreifende Planung zugrunde liegt.[949]

---

[942] BAG 2.8.1983 AP § 111 BetrVG 1972 Nr. 12; GK-BetrVG/*Oetker*, § 111 Rn. 78; Richardi/*Annuß*, § 111 Rn. 78; *Bauer*, DB 1994, 217, 219; jetzt auch *Fitting*, § 111 Rn. 80, der in der Vorauflage noch die gegenteilige Auffassung vertrat.

[943] *Bauer*, DB 1994, 217, 219.

[944] Richardi/*Annuß*, § 111 Rn. 75; *Bauer*, DB 1994, 217, 219, der aber darauf hinweist, dass die Rechtsprechung dazu neigt, hierfür dem Unternehmer die Darlegungs- und Beweislast aufzuerlegen.

[945] BAG 2.8.1983 AP § 111 BetrVG 1972 Nr. 12; BAG 6.12.1988 AP § 111 BetrVG 1972 Nr. 26; BAG 10.12.1996 AP § 113 BetrVG 1972 Nr. 32; *Fitting*, § 111 Rn. 74; Richardi/*Annuß*, § 111 Rn. 48.

[946] *Lingemann*, NZA 2002, 934, 935; so wohl auch die Gesetzesbegründung BT-Drs. 14/5741 S. 51.

[947] GK-BetrVG/*Oetker*, § 111 Rn. 71.

[948] BAG 2.8.1983 AP § 111 BetrVG 1972 Nr. 12; BAG 6.12.1988 AP § 111 BetrVG 1972 Nr. 26; *Fitting*, § 111 Rn. 74; GK-BetrVG/*Oetker*, § 111 Rn. 73.

[949] BAG 22.1.2004 AP § 112 BetrVG 1972 Namensliste Nr. 1; *Gaul*, BB 2004, 2686. Diese Staffelung und ihre Betriebsbezogenheit wurden auch durch das BetrVerf-ReformG von

Wenn der Anwendungsbereich der §§ 111ff. BetrVG eröffnet ist, löst dies folgende Verfahrensschritte aus: Zunächst muss der Arbeitgeber gem. § 111 S. 1 BetrVG den Betriebsrat über die geplanten Kündigungen unterrichten und sich mit ihm diesbezüglich beraten. Dann können die Betriebspartner sich über die geplante Betriebsänderung und ihre Ausgestaltung einigen, sog. Interessenausgleich. Zudem können, und in einigen gesetzlich vorgeschriebenen Fällen müssen, sie einen Sozialplan unterzeichnen, der Regelungen über den Ausgleich oder die Milderung der wirtschaftlichen Nachteile enthält.[950]

b) Die Unterrichtungs- und Beratungspflicht gem. § 111 BetrVG

Gem. § 111 S. 1 BetrVG muss der Arbeitgeber den Betriebsrat rechtzeitig und umfassend unterrichten und sich mit ihm über die geplanten Betriebsänderungen, also in diesem Zusammenhang die geplanten Kündigungen, beraten. Der Zweck der Unterrichtungs- und Beratungspflicht liegt in einer angemessenen Berücksichtigung der Arbeitnehmerbelange.[951] Ziel dieses Verfahrens ist der Abschluss eines Interessenausgleichs.[952] Durch den Interessenausgleich sollen wirtschaftliche Nachteile für die Arbeitnehmer verhindert werden,[953] in diesem Fall also der Ausspruch von Kündigungen. So finden sich in der Praxis auch häufig Kündigungsverbote in Interessenausgleichen.[954] Dementsprechend liegt dem Interessenausgleich eine präventive Zwecksetzung zugrunde.[955] Da der Weg hierhin über die Unterrichtungs- und Beratungspflicht nach § 111 S. 1 BetrVG führt, dienen somit auch sie einem präventiven Zweck.

(1) Gegenstand und Form der Unterrichtung

Für die Unterrichtung sieht § 111 S. 1 BetrVG keine Schriftform vor. Daher kann sie grundsätzlich auch mündlich vorgenommen werden.[956] Allerdings

---

2001 nicht in Frage gestellt, BT-Drucks.14/5741, S. 51; *Engels/Trebinger/Löhr-Steinhaus*, DB 2001,532, 540; *Lingemann*, NZA 2002, 934, 935.

[950] Ein kurzer, gut verständlicher Überblick über die Regelungen in §§ 111 bis 113 BetrVG findet sich bei Richardi/*Annuß*, § 111 Rn. 1 ff.

[951] Richardi/*Annuß*, § 111 Rn. 148.

[952] *Fitting*, § 111 Rn. 102; ErfK/*Kania*, § 112, 112a BetrVG Rn. 1.

[953] BAG 17.9.1991 AP § 112 BetrVG 1972 Nr. 59; ErfK/*Kania*, §§ 112, 112a BetrVG Rn. 1; Richardi/*Annuß*, § 112 Rn. 18; *Fitting*, § 111 Rn. 5; GK-BetrVG/*Oetker*, §§ 112, 112a, Rn. 6.

[954] BAG 17.9.1991 AP § 112 BetrVG 1972 Nr. 59, mit dem Hinweis, dass diese Interessenausgleiche zwar häufig fälschlicherweise als „Sozialplan" bezeichnet werden, was aber nicht schädlich ist, solange es sich um einen freiwilligen „Sozialplan" handelt.

[955] GK-BetrVG/*Oetker*, §§ 112, 112a Rn. 6.

[956] GK-BetrVG/*Oetker*, § 111 Rn. 145; *Fitting*, § 111 Rn. 112; Richardi/*Annuß*, § 111 Rn. 149.

muss der Betriebsrat *umfassend* unterrichtet werden. Dies kann z.B. erfordern, dass auch Unterlagen vorgelegt werden müssen, weil ggf. die geplante Betriebsänderung nur mit Hilfe technischer oder wirtschaftlicher Daten nachvollziehbar ist. Zwar sieht § 111 S. 1 BetrVG selbst keinen Anspruch des Betriebsrats auf Vorlage der erforderlichen Unterlagen vor. Dieser Anspruch kann jedoch aus § 80 Abs. 2 S. 2 BetrVG hergeleitet werden, eine Vorschrift, die auch i.R.d. Unterrichtungspflicht nach § 111 S. 1 BetrVG zur Anwendung kommt.[957]

Aus dem Erfordernis der umfassenden Unterrichtung folgt zudem, dass nicht nur der Umfang der geplanten Kündigungen und die dafür zugrunde liegenden Gründe aufgeführt werden müssen. Vielmehr muss die Unterrichtung auch die möglichen Auswirkungen auf den Betrieb umfassen, damit der Betriebsrat einschätzen kann, ob und ggf. mit welchem Inhalt ein Interessenausgleich bzw. ein Sozialplan aufgestellt werden soll.[958] Das Gesetz schreibt für die Betriebsänderung nicht wie bei der Massenentlassung bestimmte Auskünfte vor, die dem Betriebsrat auf jeden Fall mitgeteilt werden müssen. Das bedeutet indes nicht, dass die Unterrichtungspflicht i.R.d. § 111 S. 1 BetrVG ein geringeres Ausmaß hat. Es ist vielmehr so, dass die in § 17 Abs. 2 KSchG genannten Informationen für die Unterrichtung nach § 111 S. 1 BetrVG nicht ausreichen.[959] Denn z.B. die Darstellung der zu erwartenden Auswirkungen auf den Betrieb ist eine Information, die in § 17 Abs. 2 KSchG nicht genannt ist.

Die Unterrichtungspflicht entsteht, wenn der Unternehmer die Betriebsänderung, also hier den Personalabbau, plant. Demnach ist es nicht erforderlich, dass der Betriebsrat bereits im Stadium der bloßen Vorüberlegungen miteinbezogen wird. Die Planung muss eine gewisse Reife erlangt haben, d.h. der Unternehmer muss prinzipiell bereits entschlossen sein, einen Personalabbau durchzuführen.[960]

Auf der anderen Seite muss die Unterrichtung gem. § 111 S. 1 BetrVG „rechtzeitig" erfolgen. Der Betriebsrat muss unterrichtet werden, bevor der Unternehmer mit der Verwirklichung seines Plans beginnt.[961] Sie ist demnach auf jeden Fall dann nicht mehr rechtzeitig, wenn eine Kündigung bereits ausgesprochen wurde.[962] Die Unterrichtung ist ebenso dann verspätet, wenn die

---

[957] GK-BetrVG/*Oetker*, § 111 Rn. 146; *Bauer*, DB 1994, 217, 222; ErfK/*Kania*, § 111 BetrVG Rn. 21; Richardi/*Annuß*, § 111 Rn. 151.

[958] Vgl. BAG 20.1.1961 AP § 71 BetrVG Nr. 2; Richardi/*Annuß* § 111 Rn. 151; GK-BetrVG/*Oetker*, § 111 Rn. 143; DKK/*Däubler*, § 111 Rn. 133; ErfK/*Kania*, § 111 BetrVG Rn. 21.

[959] ErfK/*Kania*, § 111 BetrVG Rn. 21; *Wißmann*, RdA 1998, 221, 225.

[960] Richardi/*Annuß*, § 111 Rn. 145; *Fitting*, § 111 Rn. 107; DKK/*Däubler*, § 111 Rn. 132; HWK/*Hohenstatt/Willemsen*, § 111 BetrVG Rn. 60; *Hunold*, NZA-RR 2004, 561, 562.

[961] BAG 14.9.1976 AP § 113 BetrVG 1972 Nr. 2; Richardi/*Annuß*, § 111 Rn. 144.

[962] *Fitting*, § 111 Rn. 111.

geplante Maßnahme von allen maßgeblichen Organen des Unternehmens bereits beschlossen wurde.[963] Schwieriger wird die Abgrenzung hingegen, wenn einzelne, aber noch nicht alle maßgeblichen Unternehmensorgane die Durchführung der Maßnahme beschlossen haben. Auch wenn das BAG zunächst noch forderte, dass der Betriebsrat so frühzeitig wie möglich unterrichtet werden solle,[964] so hat es mittlerweile eine andere Richtung eingeschlagen und legt fest, dass ein Stilllegungsbeschluss der Gesellschafterversammlung vor Beteiligung des Betriebsrat zum Meinungsbildungsprozess auf Arbeitgeberseite gehöre, und dies noch nicht ohne weiteres die Beteiligungsrechte des Betriebsrats verletze.[965] Es ist demnach eine Abgrenzung im Einzelfall vorzunehmen. Dabei ist der Zweck der Unterrichtung maßgeblich, denn sie soll ermöglichen, dass Betriebsrat und Arbeitgeber sich beraten können und ggf. Alternativen zu dem ursprünglichen Plan erarbeiten. Es muss dem Betriebsrat noch möglich sein, Einfluss auf die Entscheidung des Arbeitgebers auszuüben.[966] Somit ist ein wichtiges Kriterium, ob die Planung des Arbeitgebers problemlos wieder rückgängig gemacht werden kann.

(2) Gegenstand, Form und Dauer der Beratung

Im Anschluss an die Unterrichtung sieht § 111 S. 1 BetrVG vor, dass der Arbeitgeber und der zuständige Betriebsrat über die geplante Betriebsänderung beraten. Eine bestimmte Form sieht das Gesetz für die Beratung nicht vor. Sie kann mündlich erfolgen, muss es aber nicht.[967] Den Gegenstand der Beratung und zugleich seine Grenzen, die „geplante Betriebsänderung", gibt das Gesetz somit selbst vor.[968] Dabei geht es einerseits um das Ob und Wie der Durchführung der Betriebsänderung und andererseits darum, ob und in welchem Umfang die entstehenden Nachteile für die Arbeitnehmer auszugleichen oder zu mildern sind; Ziel sind somit der Abschluss eines Interessenausgleichs und eines Sozialplans.[969] Eine Beratung i.S.d. § 111 S. 1 BetrVG erfordert, dass der Arbeitgeber den Betriebsrat nicht nur anhört, sondern in einen Dialog mit ihm tritt. Als Richtlinie für diesen Dialog kann § 74 Abs. 1 S. 2 BetrVG herangezogen werden. Die Beratung ist demnach mit dem beiderseitigen ernsten Willen durchzuführen, eine Einigung zu erreichen.[970]

---

[963] BAG 14.9.1976 AP § 113 BetrVG 1972 Nr. 2; DKK/*Däubler*, § 111 Rn. 132; GK-BetrVG/*Oetker*, § 111 Rn. 148; *Fitting*, § 111 Rn. 110;

[964] BAG 20.1.1961 AP § 72 BetrVG Nr. 2; BAG 18.7.1972 AP § 72 BetrVG Nr. 10.

[965] BAG 20.11.2001 AP § 113 BetrVG 1972 Nr. 39; s. hierzu auch Richardi/*Annuß*, § 111 Rn. 147.

[966] HWK/*Hohenstatt/Willemsen*, § 111 BetrVG Rn. 61.

[967] *Fitting*, § 111 Rn. 112.

[968] GK-BetrVG/*Oetker*, § 111 Rn. 170.

[969] *Fitting*, § 111 Rn. 115; Richardi/*Annuß*, § 111 Rn. 155.

[970] GK-BetrVG/*Oetker*, § 111 Rn. 169; HWK/*Hohenstatt/Willemsen*, § 111 BetrVG Rn. 65.

Die Dauer der Beratung ist nicht gesetzlich festgelegt. Zwar wurde durch das Arbeitsrechtliche Beschäftigungsförderungsgesetz vom 25.9.1996[971] in § 113 Abs. 3 BetrVG ein Satz 2 eingefügt, nach dem der Arbeitgeber einen Interessenausgleich dann versucht hat, wenn er den Betriebsrat gem. § 111 S. 1 BetrVG beteiligt hat und nicht innerhalb von zwei Monaten nach Beginn der Beratungen ein Interessenausgleich zustande gekommen ist. Diese Bestimmung wurde jedoch mit dem Arbeitsrechtlichen Korrekturgesetz vom 19.12.1998[972] wieder abgeschafft.[973] Die Frage der Dauer der Beratung ist in zweifacher Hinsicht von Bedeutung. Einerseits kann erwogen werden, aus einer zu kurzen Beratung fehlende Ernsthaftigkeit herzuleiten. Andererseits erlangt die Bestimmung der Beratungsdauer auch i.R.d. § 112 Abs. 2 BetrVG Bedeutung. Denn gem. § 112 Abs. 2 BetrVG können die Betriebspartner den Vorstand der Bundesagentur für Arbeit um Vermittlung ersuchen, wenn kein Interessenausgleich zustande kommt. Wenn auch dann keine Vermittlung gelingt oder die Vermittlung nicht ersucht wird, können der Unternehmer und der Betriebsrat die Einigungsstelle anrufen. Wichtig ist also, ab welchem Zeitpunkt davon ausgegangen werden kann, dass kein Interessenausgleich mehr zustande kommen wird.

Es wird vereinzelt vorgeschlagen, auf die zweiwöchige Frist des § 17 Abs. 3 S. 3 KSchG im Wege einer Analogie zurückzugreifen.[974] Um eine Analogie zu begründen, muss jedoch eine Regelungslücke vorliegen.[975] Eine gesetzeswidrige Regelungslücke gibt es i.R.d. §§ 111 ff. BetrVG allerdings nicht. Denn der Gesetzgeber hat die Begrenzung der Beratungsdauer auf zwei Monate in § 113 Abs. 3 S. 2 BetrVG mit dem Arbeitsrechtlichen Korrekturgesetz selbst aufgehoben. Er war sich also durchaus darüber im Klaren, dass dadurch keine gesetzliche Mindestdauer mehr besteht. Eine Analogie kann demnach zumindest seit Inkrafttreten des Arbeitsrechtlichen Korrekturgesetzes nicht mehr angenommen werden. Eine bestimmte Verhandlungsdauer ist somit nicht vorgeschrieben. Dies bedeutet, dass das Ende der Beratung davon abhängt, ob Betriebsrat und Arbeitgeber zu einer Einigung gelangen, oder aber ob eine der beiden Parteien die Verhandlungen für gescheitert erklärt.[976] Dabei kann grundsätzlich jede Seite zu jeder Zeit die Verhandlungen über den Interessenausgleich für gescheitert erklären. Voraussetzung ist, dass die Verhandlungen ernsthaft versucht wurden.[977] Hieraus folgt, dass die ur-

---

[971] BGBl. I S. 1476.

[972] BGBl. I S. 3843.

[973] Richardi/*Richardi/Annuß*, § 113 Rn. 6; GK-BetrVG/*Oetker*, § 111 Rn. 172 m.w.N.

[974] *Bauer*, DB 1994, 217, 223.

[975] *Larenz/Canaris*, Methodenlehre der Rechtswissenschaft, S. 202 ff.

[976] GK-BetrVG/*Oetker*, §§ 112, 112a Rn. 191.

[977] LAG Frankfurt a.M. 12.11.1991, NZA 1992, 853, 854; DKK/*Däubler*, §§ 112, 112a Rn. 107; einen Überblick über den Diskussionsstand geben *Göpfert/Krieger*, NZA 2005, 254,

sprünglich angestellte Überlegung, ob aus einer bestimmten Dauer die Ernsthaftigkeit der Verhandlung hergeleitet werden kann, zu einem Zirkelschluss führt.

(3) Sanktionen bei Verstoß gegen die Beratungs- und Unterrichtungspflicht

Wenn der Arbeitgeber den Betriebsrat nicht nach § 111 BetrVG unterrichtet, kann hierin gem. § 121 BetrVG eine Ordnungswidrigkeit bestehen. Verstöße gegen die Beratungspflicht werden allerdings nicht von dieser Vorschrift erfasst. Als Sanktion sieht das Gesetz eine Geldbuße vor, deren Höhe gem. § 121 Abs. 2 BetrVG auf 10.000,- € begrenzt ist. Dementsprechend handelt es sich um eine eher schwache Sanktion, von der nicht häufig Gebrauch gemacht wird.[978]

Zudem kommt bei groben Verstößen sowohl gegen die Beratungs- als auch gegen die Unterrichtungspflicht die Durchführung des Verfahrens nach § 23 Abs. 3 BetrVG in Betracht.[979] Ob und inwieweit ein Anspruch aus § 23 Abs. 3 BetrVG bei Verstößen gegen die Unterrichtungs- und Beratungspflicht des § 111 BetrVG hergeleitet werden kann, ist nach wie vor umstritten.[980] Doch spätestens mit der Entscheidung des EuGH vom 27.1.2005,[981] die ausdrücklich betont, dass Verstößen gegen die Vorgaben der Massenentlassungsrichtlinie wirkungsvolle Sanktionen gegenübergestellt werden müssen, kann ein Anspruch aus § 23 Abs. 3 BetrVG nicht mehr überzeugend abgelehnt werden.[982]

Für die Anwendbarkeit des § 23 Abs. 3 BetrVG ist nicht erforderlich, dass der Arbeitgeber einen wiederholten Verstoß begangen hat.[983] Ebensowenig ist ein Verschulden des Arbeitgebers notwendig.[984] Ein grober Verstoß liegt regelmäßig schon dann vor, wenn der Arbeitgeber seiner Unterrichtungs- und Beratungspflicht gar nicht nachgekommen ist. Das Verfahren des § 23 Abs. 3 BetrVG führt dazu, dass im Falle der Feststellung einer Verletzung im Sinne dieser Vorschrift, der Arbeitgeber zur Vornahme einer Handlung, also zur

---

257 f. mit dem Hinweis, dass die Problematik in der Literatur nur beiläufig behandelt wird und es lediglich untergerichtliche Entscheidungen gibt.

[978] *Bauer*, DB 1994, 217, 222.

[979] ErfK/*Kania*, § 111 BetrVG Rn. 23.

[980] S. hierzu z.B. Richardi/*Thüsing*, § 23 Rn. 85; *Fitting*, § 23 Rn. 110; GK-BetrVG/*Oetker*, § 23 Rn. 153 m.w.N.

[981] EuGH 27.1.2005, NZA 2005, 213; s. zu dieser Entscheidung ausführlich § 18 III. 3. bb).

[982] So auch Wlotzke/Preis/*Kreft*, § 23 Rn. 41; hierauf wies schon vor der Entscheidung des EuGH *Hanau*, NZA 1996, 841, 844 hin.

[983] BAG 14.11.1989 AP § 99 BetrVG 1972 Nr. 76; *Fitting*, § 23 Rn. 62; Richardi/*Thüsing*, § 23 Rn. 93; kritisch hierzu ErfK/*Eisemann*, § 23 BetrVG Rn. 25.

[984] BAG 22.10.1991 AP § 87 BetrVG 1972 Nr. 48; BAG 27.11.1990 AP § 87 BetrVG 1972 Arbeitszeit Nr. 41; ErfK/*Eisemann*, § 23 BetrVG Rn. 25; *Fitting*, § 23 Rn. 64; Richardi/*Thüsing*, § 23 Rn. 94.

Unterrichtung bzw. Beratung verurteilt wird. Für die Vollstreckung dieses Urteils sieht § 23 Abs. 3 S. 2-5 BetrVG Sonderregelungen zur Zwangsvollstreckung vor. Ein vollstreckbarer Anspruch auf Durchführung der Unterrichtung und Beratung nutzt dem Betriebsrat faktisch nichts, wenn das Urteil erst nach Abschluss der Betriebsänderung ergeht. Er hat aber i.R.d. § 23 Abs. 3 BetrVG die Möglichkeit, eine einstweilige Verfügung zu erlangen.[985] Dies folgt bereits aus dem Charakter der Vorschrift. Denn § 23 Abs. 3 BetrVG ist keine reine Sanktionsnorm. Die Regelung soll vielmehr die Rechte des Betriebsrats gewährleisten. Das ist nur möglich, wenn die Rechte im Eilfall auch im Wege einer einstweiligen Verfügung durchgesetzt werden können. Voraussetzungen für eine einstweilige Verfügung sind ein Verfügungsanspruch, der sich in diesem Fall aus der Unterrichtungs- und Beratungspflicht des Arbeitgebers aus § 111 S. 1 BetrVG ergibt, und ein Verfügungsgrund, der sich daraus ergibt, dass eine Unterrichtung und Beratung nach Durchführung der fraglichen Betriebsänderung sinnlos ist. Die Möglichkeit, dem Arbeitgeber nach Maßgabe des § 23 Abs. 3 BetrVG ein Ordnungs- oder Zwangsgeld aufzuerlegen, verleiht der Regelung keinen Sanktionscharakter. Denn im Gegensatz zu § 121 BetrVG erfüllt die Auferlegung eines Ordnungsgeldes keinen Selbstzweck, sondern soll vielmehr die tatsächliche Vollstreckung gewährleisten.[986]

c) Die Hinzuziehung eines Beraters gem. § 111 S. 2 BetrVG

(1) Sinn und Zweck der Einführung eines Rechts zur Hinzuziehung eines Beraters

In Unternehmen mit mehr als 300 Arbeitnehmern kann der Betriebsrat gem. § 111 S. 2 BetrVG zu seiner Unterstützung einen Berater hinzuziehen. Diese Vorschrift wurde mit dem am 28.6.2001 in Kraft getretenen Gesetz zur Reform des Betriebsverfassungsgesetzes (BetrVerf-ReformG)[987] eingeführt.[988] Die Besonderheit des § 111 S. 2 BetrVG im Vergleich zu dem schon vorher bestehenden Recht des Betriebsrats, einen Sachverständigen nach § 80 Abs. 3 BetrVG hinzuzuziehen, liegt vor allem darin, dass kein Einvernehmen mit dem Unternehmer erforderlich ist, wobei diesen zugleich die Pflicht trifft, die

---

[985] Ob eine einstweilige Verfügung i.R.d. § 23 Abs. 3 BetrVG zulässig ist, ist sowohl in der Literatur als auch in der Rechtsprechung umstritten; abschließend kann hier nicht auf diesen Meinungsstreit eingegangen werden. Zum Meinungsstand s. für die Möglichkeit einer einstweiligen Verfügung LAG Köln 22.4.1985, NZA 1985, 634; LAG Düsseldorf 16.5.1990, NZA 1991, 29; *Fitting*, § 23 Rn. 78; GK-BetrVG/*Oetker*, § 23 Rn. 190; dagegen LAG Rheinland-Pfalz 30.4.1986 DB 1986, 1629; ErfK/*Eisemann*, § 23 BetrVG Rn. 30; Richardi/*Thüsing*, § 23 Rn. 103.

[986] Wlotzke/Preis/*Kreft*, § 23 Rn. 68.

[987] BGBl. I 2001 S. 1852.

[988] *Oetker*, NZA 2001, 465.

Kosten der Beratung zu tragen.[989] Allerdings bleibt das Gesetz aufgrund der befürchteten Kostenbelastungen weit hinter dem ursprünglichen Referententwurf und den Forderungen der Gewerkschaften zurück, das Recht auf alle Unternehmen, die in den Anwendungsbereich des § 111 BetrVG fallen, auszuweiten.[990]

Zweck der Beratungstätigkeit ist es, dem Betriebsrat die Möglichkeit zu geben, seine Beteiligungsrechte wirksam auszuüben. Denn bei den von den §§ 111 ff. BetrVG erfassten Unternehmensumstrukturierungen handelt es sich nach Einschätzung des Gesetzgebers oft um sehr komplexe Fragestellungen, die der Betriebsrat i.d.R. nicht ohne fremden Sachverstand erfassen könne.[991] Betriebsänderungen hätten regelmäßig einen erheblichen Personalabbau zur Folge und würden schnelles Handeln erfordern. Mit der Einführung des Rechts des Betriebsrats auf Hinzuziehung eines Beraters, das unabhängig von dem Einverständnis des Arbeitgebers besteht, solle dem Interesse beider Betriebspartner an einer Beschleunigung des Verfahrens Rechnung getragen werden. Durch die neue Regelung werde ein unbürokratisches Hinzuziehen von externem Sachverstand ermöglicht, welches den Betriebsrat wiederum in die Lage versetze, den Sachverhalt und seine Auswirkungen zu erfassen.[992]

(2) Voraussetzungen

Aus der Festlegung des Rechts zur Hinzuziehung eines Beraters innerhalb des § 111 BetrVG ergibt sich, dass zunächst eine Betriebsänderung im Sinne dieser Vorschrift vorliegen muss.

Zudem gibt § 111 S. 2 BetrVG einen Schwellenwert von mehr als 300 Arbeitnehmern vor. Bezugspunkt für diesen Schwellenwert ist wie in § 111 S. 1 BetrVG das Unternehmen und nicht der Betrieb.[993] Für die Ermittlung des

---

[989] Die Pflicht zur Kostentragung ist zwar nicht ausdrücklich in § 111 S. 2 BetrVG vorgesehen, sie ergibt sich aber aus § 40 BetrVG, Richardi/*Annuß*, § 111 Rn. 53; *Fitting*, § 111 Rn. 124; *Oetker*, NZA 2001, 465, 471; *Lingemann*, NZA 2002, 934, 939; *Kleinebrink*, ArbRB 2003, 212, 214.

[990] S. hierzu *Oetker*, NZA 2001, 465; zum ursprünglichen Referentenwurf vgl. *Richardi/Annuß*, DB 2001, 41ff.; der Hinweis auf die Kostenbelastung findet sich in BT-Drs. 14/5741, S. 52.

[991] BT-Drs. 14/5741, S. 51 f.

[992] BT-Drs. 14/5741, S. 51 f.

[993] *Fitting*, § 111 Rn. 118. Den Bedenken, die i.R.d. Schwellenwertes des § 111 S. 1 BetrVG bezüglich gemeinsamer Betriebe bestehen, kommt auch in diesem Zusammenhang Bedeutung zu. So ist doch zumindest in Erwägung zu ziehen, dass ausnahmsweise dann auf die Arbeitnehmerzahl im Betrieb abzustellen ist, wenn es sich um einen Gemeinschaftsbetrieb handelt, in dem zwar die Schwelle überschritten wird, ein beteiligtes Unternehmen jedoch weniger Arbeitnehmer beschäftigt als erforderlich, *Hanau*, NJW 2001, 2513, 2518; differenzierend hierzu *Oetker*, NZA 2001, 465, 466; für eine konsequente Anwendung des Gesetzeswortlauts und damit gegen die Anwendbarkeit des § 111 S. 2

Schwellenwertes von mehr als 300 Arbeitnehmer ist es im Gegensatz zu § 111 S. 1 BetrVG nicht erforderlich, dass die Arbeitnehmer wahlberechtigt sind; ebenso wenig müssen sie nach dem Gesetzeswortlaut „in der Regel" in dem Unternehmen beschäftigt sein.[994]

Neben dem Vorliegen einer Betriebsänderung und dem Schwellenwert von mehr als 300 Arbeitnehmern stellt § 111 S. 2 BetrVG keine weiteren Anforderungen an die Hinzuziehung eines Beraters. Im Gegensatz zu § 80 Abs. 3 BetrVG ist hier insbesondere kein Einvernehmen mit dem Arbeitgeber erforderlich.

Da der Betriebsrat als Organ Berechtigter i.S.d. § 111 S. 2 BetrVG ist, ist aus formaler Sicht eine Beschlussfassung des Betriebsrats nach Maßgabe der §§ 33, 26 BetrVG für die wirksame Hinzuziehung eines Beraters erforderlich.[995] In diesem Beschluss muss der Berater namentlich genannt werdern.[996]

Umstritten ist, ob und ggf. inwieweit zusätzlich die Erforderlichkeit der Hinzuziehung des Beraters geprüft werden muss. Im Gegensatz zu § 80 Abs. 3 BetrVG ordnet § 111 S. 2 BetrVG nicht ausdrücklich an, dass das Hinzuziehen des Beraters zur ordnungsgemäßen Erfüllung der Aufgaben des Betriebsrats erforderlich sein muss. Nach der bisher wohl vorherrschenden Auffassung wird die Erforderlichkeit generell unterstellt, sobald die Voraussetzungen des § 111 S. 2 BetrVG erfüllt sind. Als Begründung wird angeführt, dass der Gesetzgeber selbst wegen der „hoch komplizierten Fragestellungen" davon ausgehe, dass der Betriebsrat ansonsten seine Beteiligungsrechte nicht wirksam ausüben könne.[997] Zudem solle das Recht aus § 111 S. 2 BetrVG eine Erweiterung des Rechts aus § 80 Abs. 3 BetrVG darstellen.[998]

Dagegen können jedoch folgende Überlegungen vorgebracht werden. Zunächst ist die Formulierung in der Gesetzesbegründung in der Form nicht ganz genau wiedergegeben, denn dort steht, dass es „oft" um hoch komplizierte Fragestellungen geht und deswegen der Betriebsrat „in der Regel" seine Beteiligungsrechte nicht ausüben kann.[999] Auch der Gesetzgeber geht also davon aus, dass dem Betriebsrat die wirksame Ausübung seiner Beteiligungs-

---

BetrVG, wenn zwar der Gemeinschaftsbetrieb aber keines der Trägerunternehmen den Schwellenwert von 300 Arbeitnehmern überschreitet *Kleinebrink*, ArbRB 2003, 212, 213.

[994] *Oetker*, NZA 2001, 465, 466; *Kleinebrink*, ArbRB 2003, 212, 213; Richardi/*Annuß*, § 111 Rn. 53; a.A. *Lingemann*, NZA 2002, 934, 938, der das Fehlen der Formulierung „in der Regel" auf ein Redaktionsversehen zurückführt; ebenso DKK/*Däubler*, § 111 Rn. 135b; HWK/*Hohenstatt/Willemsen*, § 111 BetrVG Rn. 67.

[995] *Kleinebrink*, ArbRB 2003, 212, 214; Richardi/*Annuß*, § 111 Rn. 55; DKK/*Däubler*, § 111 Rn. 135h; *Fitting*, § 111 Rn. 124; *Oetker*, NZA 2001, 465, 471.

[996] *Fitting*, § 111 Rn. 124.

[997] *Hanau*, NJW 2001, 2513, 2517; *Däubler*, AuR 2001, 285, 286; Wlotzke/Preis/*Preis/Bender*, § 111 Rn. 35.

[998] Wlotzke/Preis/*Preis/Bender*, § 111 Rn. 35.

[999] BT-Drs. 14/5741 S. 51.

rechte bei einer Betriebsänderung im Sinne von § 111 S. 1 BetrVG nicht immer unmöglich ist. Ferner lässt diese Auffassung zwei Gesichtspunkte, die i.R.d. § 111 S. 2 BetrVG eine wichtige Rolle spielen, außer Acht. Zum einen trägt nach einhelliger Auffassung der Unternehmer gem. § 40 BetrVG die Kosten für die zulässige Hinzuziehung des Beraters.[1000] Es wäre zumindest bedenklich, ihm diese Kosten ohne Prüfungsmöglichkeit aufzuerlegen. Zum anderen ist das in § 2 Abs. 1 BetrVG festgelegte Gebot der vertrauensvollen Zusammenarbeit auch i.R.d. § 111 S. 2 BetrVG zu beachten.[1001] Das Gebot der vertrauensvollen Zusammenarbeit wirkt als Auslegungsregel, es bestimmt unter anderem, wie der Betriebsrat die ihm zugewiesenen Aufgaben und Rechte wahrzunehmen hat.[1002] Der Betriebsrat muss bei der Wahrnehmung der Arbeitnehmerinteressen auch auf die Rechte und Rechtsgüter des Arbeitgebers Rücksicht nehmen.[1003] Übertragen auf § 111 S. 2 BetrVG bedeutet dies, dass der Betriebsrat nicht unnötig einen Berater hinzuziehen darf, und damit das Verfahren verzögert oder aber einen Berater aussucht, der unnötig hohe Kosten verursacht. Das Einfallstor für die Erforderlichkeitsprüfung innerhalb des § 111 S. 2 BetrVG ist der Begriff „kann". Hierdurch wird dem Betriebsrat Ermessen eingeräumt. I.R.d. Prüfung der Ermessenausübung ist dann die Erforderlichkeit des Einsatzes des jeweiligen Beraters zu untersuchen, und zwar sowohl das Entschließungs- als auch das Auswahlermessen. Dadurch verlagert sich die Prüfung allerdings zugleich von der Tatbestands- auf die Rechtsfolgenseite.[1004]

Die Bedeutung der zur Zeit noch bestehenden Unsicherheiten in Bezug auf die Erforderlichkeit ist jedoch zu relativieren. Beide Auslegungen führen faktisch zu demselben Ergebnis. Denn auch nach der Auffassung, nach der keine Erforderlichkeitsprüfung durchgeführt werden muss, ist in Anwendung des § 40 BetrVG dennoch zu prüfen, ob die Kosten, die dem Arbeitgeber durch die Hinzuziehung des Beraters entstehen, verhältnismäßig waren.[1005]

(3) Umfang der Beratungstätigkeit

Für die Bestimmung des Umfangs der Beratungstätigkeit hilft der Wortlaut des § 111 S. 2 BetrVG nicht weiter. Eine Beschränkung auf das Interessenausgleichsverfahren ergibt sich jedoch bereits aus der systematischen Stel-

---

1000 *Fitting*, § 111 Rn. 124; Richardi/*Annuß*, § 111 Rn. 53; *Oetker*, NZA 2001, 465, 471; *Lingemann*, NZA 2002, 934, 939; *Kleinebrink*, ArbRB 2003, 212, 214.

1001 *Natzel*, NZA 2001, 872; *Oetker*, NZA 2001, 465, 469; *Löwisch*, BB 2001, 1790, 1798.

1002 Richardi/*Richardi*, § 2 Rn. 18 f.

1003 Richardi/*Richardi*, § 2 Rn. 13.

1004 *Oetker*, NZA 2001, 465, 469.

1005 Wlotzke/Preis/*Preis/Bender*, § 111 Rn. 35; ErfK/*Kania*, § 111 Rn. 22a; i.E. ähnlich *Däubler*, AuR 2001, 285, 286, der die Prüfung der Erforderlichkeit allerdings auf den Umfang des Beratereinsatzes beschränkt.

lung des § 111 S. 2 BetrVG. Denn § 111 S. 1 BetrVG, auf den sich Satz 2 bezieht, betrifft die geplante Betriebsänderung als solche und die Beratungen im Vorfeld, wohingegen es sich bei den Verhandlungen über einen Sozialplan um ein späteres Stadium des einzuhaltenden Verfahrens bei Betriebsänderungen handelt.[1006] Für die Ausarbeitung eines Sozialplans bleibt es dem Betriebsrat jedoch unbenommen, auf einen Sachverständigen im Sinne des § 80 Abs. 3 BetrVG zurückzugreifen, wenn die Voraussetzungen dieser Vorschrift erfüllt sind.

Auch wenn die Tätigkeit des Beraters nach § 111 S. 2 BetrVG auf das Interessenausgleichsverfahren beschränkt wird, kommen drei unterschiedlich intensive Stufen der Beratungstätigkeit in Betracht. Der Berater kann im Hintergrund bleiben und den Betriebsrat lediglich beraten, er kann aber auch an den Verhandlungen zum Abschluss eines Interessenausgleichs teilnehmen und den Betriebsrat währenddessen beraten, oder er kann den Betriebsrat bei den Verhandlungen vertreten und selbst die Verhandlungen führen.[1007] Ausgangspunkt ist der Gesetzeswortlaut. Der einzige Hinweis im Gesetz zum Aufgabenbereich und dessen Umfang ist die Bezeichnung als „Berater". Beraten ist jedoch nicht gleichzusetzen mit verhandeln.[1008] Eine eigenständige Verhandlung durch den Berater ist daher schon nicht vom Wortlaut des § 111 S. 2 BetrVG gedeckt. Das BAG hat in Bezug auf den Sachverständigen nach § 80 Abs. 3 BetrVG die Ausdehnung seiner Tätigkeit auf die Verhandlung mit der Begründung verneint, dass seine Aufgabe die Beratung ist. Unter Beratung sei zu verstehen, dass der Sachverständige die Wissenslücken des Betriebsrats ausfülle. Er solle dessen fehlende Sachkunde ersetzen.[1009] Diese Argumentation lässt sich auf § 111 S. 2 BetrVG übertragen. Auch das Ziel des Gesetzes spricht für die Beschränkung auf eine bloße Beratungstätigkeit. Denn die Hinzuziehung des Beraters soll dem Betriebsrat als schnelle und unbürokratische Hilfe bei dem Erfassen der Auswirkungen der Betriebsänderung dienen.[1010] Somit beschränkt sich die Aufgabe des Beraters auf die reine Beratung und umfasst nicht Verhandlungstätigkeiten.

Damit bleibt aber noch ungeklärt, ob die Beratung auch während der Verhandlung weitergeführt werden kann. Auch diese Frage ist noch nicht abschließend geklärt. Teilweise wird ein Teilnahmerecht zur Beratung an den Verhandlungen mit der Begründung bejaht, dass ansonsten eine erhebliche zeitliche Verzögerung des Verfahrens entstehen würde, weil der Betriebsrat

---

[1006] *Oetker*, NZA 2001, 465, 469; i.E. ebenso Richardi/*Annuß*, § 111 BetrVG Rn. 52; *Fitting*, § 111 Rn. 119.

[1007] *Rose/Grimmer*, DB 2003, 1790, 1792.

[1008] *Rose/Grimmer*, DB 2003, 1790, 1792; a.A. DKK/*Däubler*, § 111 Rn. 135d, der es auch als mögliche Aufgabe des Beraters ansieht, mitzuverhandeln.

[1009] BAG 13.5.1998 AP § 80 BetrVG 1972 Nr. 55.

[1010] BT-Drs. 14/5741, S. 52; hierauf weist auch *Kleinebrink*, ArbRB 2003, 212, 213 hin.

regelmäßig Verhandlungspausen machen müsse, um den Berater zu informieren. Dies verstoße gegen den Willen des Gesetzgebers, das Verfahren zu beschleunigen.[1011] Gegen dieses Argument wird eingewandt, dass sich das Ziel der Verfahrensbeschleunigung nur auf das im Vergleich zu § 80 Abs. 3 BetrVG weniger aufwendige Verfahren zur Hinzuziehung eines Dritten beziehe.[1012] Gegen das Recht zur Beratung während der Verhandlung wird zudem angeführt, dass der Berater nach der Gesetzesbegründung dabei helfen solle, fundierte Alternativvorschläge zu „erarbeiten“. Auch der Ausdruck „erarbeiten“ beschränke die Tätigkeit auf die Phase vor der Verhandlung.[1013]

Dieser Rückschluss ist m.E. jedoch nicht zwingend, denn der Betriebsrat kann mit Hilfe des Beraters auch während der Verhandlung mit dem Unternehmer Vorschläge erarbeiten. Auch das Argument, dass sich die Beschleunigung nur auf das Verfahren der Hinzuziehung des Beraters beziehe, ist nicht überzeugend. Die Formulierung in der Gesetzesbegründung ist insgesamt weiter gefasst. Denn mit Hilfe des Beraters soll der Betriebsrat in die Lage versetzt werden, fundierte Alternativvorschläge so rechtzeitig zu erarbeiten, dass er auf die Entscheidung des Arbeitgebers noch Einfluss nehmen kann.[1014] Das Verfahren im Sinne von § 111 S. 1 BetrVG soll also insgesamt beschleunigt werden. Diesem Ziel entspricht es, dass der Berater auch direkt bei den Verhandlungen anwesend sein kann, um den Betriebsrat zu beraten, ohne dass hierfür Unterbrechungen erforderlich werden.[1015] Ausschlaggebendes Argument für ein Beratungsrecht während der Verhandlungen ist die Gesetzessystematik. § 111 S. 2 BetrVG steht in direktem Bezug zu § 111 S. 1 BetrVG, in dem das Recht des Betriebsrats zur Unterrichtung und Beratung festgelegt ist. Für diesen Vorgang kann der Betriebsrat den Berater zu seiner Unterstützung hinzuziehen. Ziel der Beratung i.S.d. § 111 S. 1 BetrVG ist der Abschluss eines Interessenausgleichs. Es wird also schon in dieser Phase zwischen Betriebsrat und Unternehmer über das Ob und Wie der Betriebsänderung verhandelt. Auf diesen Vorgang bezieht sich das Recht aus § 111 S. 2

[1011] GK-BetrVG/*Oetker*, § 111 Rn. 182; i.E. auch DKK/*Däubler*, § 111 Rn. 135f.

[1012] BT-Drucks. 14/5741, S. 51, 52; ebenso zur ausschließlichen Bezugnahme der Schnelligkeit auf das unbürokratische Verfahren zur Hinzuziehung des Beraters, *Rose/Grimmer*, DB 2003, 1790, 1793.

[1013] *Rose/Grimmer*, DB 2003, 1790, 1793 unter Hinweis auf BT-Drucks. 14/5741, S. 52.

[1014] BT-Drucks. 14/5741, S. 52.

[1015] Hiergegen wenden *Rose/Grimmer*, DB 2003, 1790, 1793 wiederum ein, dass eine Erhöhung der Zahl der Beteiligten an den Verhandlungen zur Erzielung eines Interessensausgleichs gerade einer Beschleunigung entgegenstehe. Denn es sei umso schwieriger, einen Konsens zu erzielen, je mehr Parteien an den Verhandlungen teilnehmen; das Argument des Beschleunigungseffekts ist somit i.E. nicht weiterführend für die Ergebnisfindung, da wohl beide Ansichten eine gewisse Richtigkeit für sich beanspruchen können; ebenfalls kritisch zu der Annahme, dass die Hinzuziehung eines Beraters das Verfahren beschleunigen würde *Hanau*, RdA 2001, 65, 72.

BetrVG. Es ist demnach zulässig, dass der Berater an den Verhandlungen teilnimmt, um den Betriebsrat zu beraten. Über das Verhandlungsstadium des § 111 S. 1 BetrVG hinaus ist die Vorschrift m.E. hingegen nicht anwendbar. Das bedeutet, dass ein Berater nicht nach § 111 S. 2 BetrVG zum Vermittlungsversuch des Vorstandes der Bundesagentur für Arbeit oder zu den Verhandlungen vor der Einigungsstelle im Sinne von § 112 Abs. 2 BetrVG hinzugezogen werden kann. Auch dies folgt aus der Anknüpfung des § 111 S. 2 BetrVG an die Verhandlungen zwischen Betriebsrat und Unternehmen gem. § 111 S. 1 BetrVG.[1016]

(4) Rechte und Pflichten des Beraters

Die Hinzuziehung eines Beraters durch ordnungsgemäßen Beschluss des Betriebsrats gibt dem Berater das Recht, das Betriebsgelände zu betreten, um seine Tätigkeit auszuüben; er kann sie vor allem auch in den Betriebsratsräumen durchführen.[1017] Dem Berater steht hingegen kein Unterrichtungsrecht gegenüber dem Arbeitgeber oder ein Recht auf Herausgabe von Unterlagen oder Auskünften zu. Gem. § 111 S. 1 BetrVG steht das Unterrichtungsrecht ausdrücklich nur dem Betriebsrat zu. Der Berater muss sich also an den Betriebsrat wenden. Wenn Informationen fehlen, ist es Aufgabe des Betriebsrats, diese vom Unternehmen einzufordern.[1018]

Da der Berater aufgrund seiner Tätigkeit Informationen erhalten kann, die Betriebs- oder Geschäftsgeheimnisse sind, trifft ihn ebenso wie den Betriebsrat über die Verweisungskette von § 111 S. 2 Halbs. 2 BetrVG über § 80 Abs. 4 BetrVG zu § 79 BetrVG eine Geheimhaltungspflicht gegenüber dem Unternehmer. Problematisch ist, dass der Betriebsrat seinerseits gegen die Geheimhaltungspflicht verstoßen kann, wenn er dem Berater Beriebs- oder Geschäftsgeheimnisse mitteilt. Eine Entbindung von der Geheimhaltungspflicht für die Unterrichtung des Beraters sieht das Gesetz nicht vor. Sie ergibt sich aber aus teleologischen Gesichtspunkten. Denn ohne eine Entbindung von der Verschwiegenheitspflicht, ist eine wirksame Unterstüzung durch den Berater gar nicht möglich. Ebenso setzt die Verweisungskette der §§ 111 S. 2 Halbs. 2, 80 Abs. 4, 79 BetrVG voraus, dass der Berater Kenntnis von Betriebs- oder Geschäftsgeheimnissen erlangt.[1019]

(5) Anforderungen an die Person des Beraters

Das Gesetz stellt keinerlei Anforderungen an die Person des Beraters. Daher können auch keine zwingenden formalen Anforderungen, wie bestimmte Be-

---

[1016] *Oetker*, NZA 2001, 465, 469.
[1017] *Oetker*, NZA 2001, 465, 472; vgl. auch DKK/*Däubler*, § 111 Rn. 135i.
[1018] GK-BetrVG/*Fabricius/Oetker*, § 111 Rn. 181; *Oetker*, NZA 2001, 465, 473.
[1019] *Oetker*, NZA 2001, 465, 473.

rufsqualifikationen, Diplome oder die Zugehörigkeit zu bestimmten Berufsgruppen an den Berater gestellt werden.[1020] Wegen des Sinn und Zwecks der Regelungen ist jedoch trotzdem erforderlich, dass die hinzugezogene Person eine fachliche Kompetenz aufweist.[1021] Denn in der Gesetzesbegründung heißt es, dass dem Betriebsrat die Möglichkeit gegeben werden soll, „Sachverstand" hinzuzuziehen, weil es sich um „hochkomplizierte Fragestellungen" handelt. Der Berater soll es dem Betriebsrat ermöglichen, fundierte Alternativvorschläge zu erarbeiten.[1022] Da der Berater zur Untersuchung von Betriebsänderungen und ihren Auswirkungen sowie zur Erarbeitung von Alternativvorschlägen hinzugezogen werden soll, muss er vor allem betriebswirtschaftliche, arbeitswissenschaftliche und ggf. technische Kompetenzen aufweisen können.[1023] Aber auch rechtliche Fragen können in diesem Rahmen auftauchen, so dass ebenso auf diesem Gebiet Fachwissen erforderlich sein kann.[1024] Berufe, die diesem Anforderungsprofil genügen könnten, wären beispielsweise Wirtschaftsprüfer oder Rechtsanwälte.

Teils i.R.d. Frage nach den Anforderungen an die Person des Beraters,[1025] teils i.R.d. Frage nach einer Erforderlichkeitsprüfung,[1026] wird zudem diskutiert, ob der Betriebsrat zunächst auf den Sachverstand Zugehöriger des betroffenen Unternehmens zurückgreifen muss. Auch an dieser Stelle ist noch keine abschließende Klärung der Frage vorzufinden. Der Wortlaut des § 111 S. 2 BetrVG ist offen, hierunter kann sowohl ein interner als auch ein externer Berater gefasst werden. Daraus kann zunächst der Schluss gezogen werden, dass dem Betriebsrat die Möglichkeit offen steht, auch auf betriebsinternen Sachverstand zurückzugreifen, wenn er dies möchte. Das bedeutet allerdings noch nicht, dass er auch die Pflicht hat, dies zu tun, bevor er einen externen Berater hinzuzieht.[1027] Die Gesetzesbegründung ist eindeutig, sie bezieht sich ausdrücklich auf „externen Sachverstand". Eine Pflicht des Be-

---

[1020] *Fitting*, § 111 Rn. 120; DKK/*Däubler*, § 111 Rn. 135d; Richardi/*Annuß*, § 111 Rn. 53; wohl auch *Lingemann*, NZA 2002, 934, 939.

[1021] *Oetker*, NZA 2001, 465, 467; *Kleinebrink*, ArbRB 2003, 212, 213.

[1022] BT-Drucks. 14/5741 S. 52.

[1023] *Kleinebrink*, AuR 2001, 212, 213; *Fitting*, § 111 Rn. 120; *Oetker*, NZA 2001, 465, 467.

[1024] *Fitting*, § 111 Rn. 120; DKK/*Däubler*, § 111 Rn. 135k; *Reichold*, NZA 2001, 857, 862; wohl auch *Kleinebrink*, ArbRB 2003, 212, 213; *Lingemann*, NZA 2002, 934, 939; grundsätzlich a.A. jedoch *Oetker*, NZA 2001, 465, 467.

[1025] So *Oetker*, NZA 2001, 465, 468.

[1026] *Natzel*, NZA 2001, 872, 874; scheinbar auch *Lingemann*, NZA 2002, 934, 939; *Kleinebrink*, ArbRB 2003, 212, 214, geht im Rahmen der Erforderlichkeit der Kosten der Hinzuziehung auf das Problem ein.

[1027] Eine Anlehnung an die Begriffsbestimmung des Sachverständigen im Sinne von § 80 Abs. 3 BetrVG ist nicht hilfreich, da die Rechtsprechung hierzu bisher noch keine Leitlinien entwickelt hat und das Schrifttum in Bezug auf den von § 80 Abs. 3 BetrVG umfassten Personenkreis geteilt ist; s. *Oetker*, NZA 2001, 465, 468.

triebsrats, zunächst auf unternehmensinterne Berater zurückzugreifen, entspricht demnach nicht dem Willen des Gesetzgebers. Unterstützt wird diese Auffassung durch den Sinn und Zweck des § 111 S. 2 BetrVG, das Verfahren unkomplizierter und schneller auszugestalten. Die Erreichung des Ziels würde erschwert, wenn der Betriebsrat zunächst nachforschen müsste, ob es innerhalb des Unternehmens eine Person gibt, die ausreichend Sachverstand hat, um ihn zu unterstützen. Auch die Grenzziehung, bis wohin der Sachverstand eines internen Beraters ausreichen muss, und ab wann ein externer Berater gefragt werden darf, ist äußerst schwierig und birgt somit auch Konfliktstoff in sich. Zusätzliche Prozesse wären vorprogrammiert. Ferner gibt es in § 111 S. 2 BetrVG im Gegensatz zu § 80 Abs. 2 und Abs. 3 BetrVG kein angedeutetes Stufenverhältnis zwischen internen und externen Beratern. Es ist daher m.E. davon auszugehen, dass keine Pflicht des Betriebsrats besteht, zunächst auf unternehmensinterne Berater zurückzugreifen.[1028]

(6) Die Hinzuziehung mehrerer Berater

Unklar ist weiterhin, ob aus § 111 S. 2 BetrVG das Recht des Betriebsrats hergeleitet werden kann, mehrere Berater hinzuzuziehen. Teilweise wird ein Recht, mehrere Berater hinzuziehen aus dem Sinn und Zweck der Regelung hergeleitet. Denn oft würden unterschiedliche Fachgebiete von der Betriebsänderung angesprochen, so dass nur die Hinzuziehung mehrerer Berater, die die unterschiedlichen Gebiete abdecken, tatsächlich eine wirkungsvolle Unterstützung für den Betriebsrat bieten könnten.[1029] Diese Argumentation ist zwar nachvollziehbar, sie widerspricht allerdings dem Wortlaut der Regelung, denn in § 111 S. 2 BetrVG ist ausdrücklich von „einem" Berater die Rede.[1030] Auch aus der Gesetzesbegründung wird nicht ersichtlich, dass es sich hierbei um eine Formulierungsschwäche handeln könnte, denn dort wird der Berater ebenfalls nur im Singular genannt.[1031] Diese Auffassung wird durch einen Vergleich mit dem Sachverständigen nach § 80 Abs. 3 BetrVG untermauert. Denn in § 80 Abs. 3 BetrVG wird der Ausdruck des Sachverständigen im Plural verwendet, was der Gesetzgeber auch in § 111 S. 2

[1028] I.E., jedoch ohne Begründung, ebenso *Fitting*, § 111 Rn. 122; *Annuß*, NZA 2001, 367, 369.

[1029] DKK/*Däubler*, § 111 Rn. 135k; *Oetker*, NZA 2001, 465, 470f.; *Fitting*, § 111 Rn. 121; Richardi/*Annuß*, § 111 Rn. 54.

[1030] *Rose/Grimmer*, DB 2003, 1790, 1791f.; HWK/*Hohenstatt/Willemsen*, § 111 Rn. 70; *Lingemann*, NZA 2002, 935, 939; *Kleinebrink*, ArbRB 2003, 212, 213; ErfK/*Kania*, § 111 Rn. 22a; i.E. ähnlich, jedoch insoweit differenzierend, als der einzelne Berater den Regelfall darstellt, in Ausnahmefällen jedoch aufgrund des Sinn und Zwecks des § 111 S. 2 BetrVG in Rückgriff auf mehere Berater erlaubt sein soll, Wlotzke/Preis/*Preis/Bender*, § 111 Rn. 35.

[1031] S. BT-Drucks. 14/5741 S. 52.

BetrVG hätte machen können, wenn er es gewollt hätte.[1032] Zudem entspricht die Beschränkung auf einen Berater der vom Gesetzgeber angestrebten Rücksichtnahme auf die Kostenbelastung des Unternehmens.[1033] Somit folgt aus dem Wortlaut und dem Willen des Gesetzgebers, dass der Betriebsrat nach Maßgabe des § 111 S. 2 BetrVG lediglich einen Berater hinzuziehen kann. Etwas anderes ergibt sich auch nicht aus Gesichtspunkten der Folgeerwägungen. Wenn tatsächlich der Fall vorliegt, dass eine hinreichende Beratung durch nur einen Berater nicht gewährleistet werden kann, bleibt noch die Möglichkeit, dass der Betriebsrat einen weiteren Berater nach § 80 Abs. 3 BetrVG analog hinzuzieht.[1034]

(7) Das Verhältnis von § 111 S. 2 BetrVG zu § 80 Abs. 3 BetrVG

Der Hinweis in § 111 S. 2 a. E. BetrVG, dass § 80 Abs. 3 BetrVG unberührt bleibe, bedeutet, dass bei Nichterreichen des Schwellenwertes weiterhin noch die Möglichkeit besteht, einen Berater nach Maßgabe des § 80 Abs. 3 BetrVG hinzuzuziehen.[1035] Die Formulierung ist aufgrund des Berichts und der Beschlussempfehlung des Ausschusses für Arbeit und Sozialordnung zur Klarstellung eingefügt worden.[1036] Er bezieht sich also auf die Voraussetzung des Schwellenwertes, nicht hingegen auf eine parallele Anwendung des § 80 Abs. 3 BetrVG, wenn der Tatbestand des § 111 S. 2 BetrVG erfüllt ist. § 111 S. 2 BetrVG ist somit lex specialis gegenüber § 80 Abs. 3 BetrVG.[1037]

d) Der Interessenausgleich als Instrument des präventiven Kündigungsschutzes

(1) Inhalt und Zweck des Interessenausgleichs

(1a) Gegenstand und Abgrenzung zum Sozialplan

Gegenstand des Interessenausgleichs ist die geplante Betriebsänderung,[1038] dies ergibt sich bereits aus der Formulierung in § 112 Abs. 2 S. 1 BetrVG. Der Arbeitgeber und der Betriebsrat[1039] legen im Interessenausgleich fest, ob,

---

[1032] *Lingemann*, NZA 2002, 935, 939.
[1033] *Rose/Grimmer*, DB 2003, 1790, 1792.
[1034] *Rose/Grimmer*, DB 2003, 1790, 1792.
[1035] *Lingemann*, NZA 2002, 934, 940.
[1036] BT-Drucks. 14/6352, S. 3, 25.
[1037] GK-BetrVG/*Oetker*, § 111 Rn. 168; *Rose/Grimmer*, DB 2003, 1790, 1791.
[1038] Demnach ist ein Interessenausgleich nicht mehr möglich, wenn die Betriebsänderung bereits durchgeführt ist, Richardi/*Annuß*, §§ 112, 112a Rn. 12; *Fitting*, § 111 Rn. 12.
[1039] Zur Frage der Zuständigkeit von Betriebsrat, Gesamtbetriebsrat und der Arbeitsgruppen nach § 28a BetrVG s. *Lingemann* NZA 2002, 934, 937f.; *Hunold*, NZA-RR 2004, 561, 563.

wann und wie die geplante Betriebsänderung durchgeführt werden soll.[1040] Dabei ist es auch zulässig, dass der Betriebsrat seine uneingeschränkte Zustimmung zu der geplanten Betriebsänderung gibt. In diesem Fall kann der Unternehmer sie wie geplant durchführen.[1041] Ebenso können die Betriebspartner vereinbaren, dass die geplante Betriebsänderung völlig unterbleibt.[1042] In dem Interessenausgleich sollen die Maßnahmen, die die Betriebsänderung selbst darstellen, geregelt werden. Es geht nicht darum, die Folgen dieser Maßnahmen zu regeln.[1043] Dabei kann der Interessenausgleich auch eine präventive Zielsetzung innehaben. Das ist z.B. dann der Fall, wenn in dem Interessenausgleich Um- oder Versetzungen in andere Betriebe oder die Aufnahme zusätzlicher Tätigkeiten festgelegt werden, um Kündigungen zu vermeiden.[1044]

Der Sozialplan ist hingegen gem. § 112 Abs. 1 S. 2 BetrVG die Einigung über den Ausgleich oder die Milderung der wirtschaftlichen Nachteile, die den Arbeitnehmern infolge der geplanten Betriebsänderung entstehen. Es sind demnach unterschiedliche Stadien der Betriebsänderung betroffen. Der Interessenausgleich bezieht sich auf die Phase vor und während der Durchführung, wohingegen der Sozialplan die Phase danach regelt.[1045] Außerdem muss Gegenstand eines Interessenausgleichs eine konkret geplante Maßnahme sein, der Sozialplan kann hingegen auch für Maßnahmen aufgestellt werden, die noch nicht geplant, aber in groben Zügen abschätzbar sind.[1046] Damit scheidet der Sozialplan zugleich als Instrument des präventiven Kündigungsschutzes aus. Es wird zwar darauf hingewiesen, dass der Sinn der finanziellen Belastungen, die ein Sozialplan für den Arbeitgeber beinhalten kann auch darin liege, das Ausmaß von Betriebsänderungen möglichst gering zu halten. Hierbei handelt es sich aber um eine faktische Wirkung. Aus rechtlicher Sicht ist der Soziaplan kein Bestandteil des präventiven Kündigungsschutzes.[1047]

In der Praxis geschieht es jedoch häufiger, dass Sozialplan und Interessenausgleich in einem Dokument zusammengefasst und auch inhaltlich teilweise vermischt werden.[1048] Dies führt nicht zur Unwirksamkeit des Interessenausgleichs oder des Sozialplans. Die Möglichkeit, sie zusammenzufassen, ist

---

[1040] BAG 9.7.1985 AP § 113 BetrVG Nr. 13; BAG 17.9.1991 AP § 112 BetrVG 1972 Nr. 59; *Fitting*, §§ 112, 112a Rn. 11; *Bauer*, DB 1994, 217, 223; Richardi/*Annuß*, § 112 Rn. 18.

[1041] *Fitting*, §§ 112, 112a Rn. 17; Richardi/*Annuß*, § 112 Rn. 19.

[1042] *Fitting*, §§ 112, 112a Rn. 18.

[1043] BAG 17.9.1991 AP § 112 BetrVG 1972 Nr. 59; *Fitting*, §§ 112, 112a Rn. 14.

[1044] Wlotzke/Preis/*Preis/Bender*, §§ 112, 112a Rn. 3.

[1045] S. hierzu auch BAG 17.9.1991 AP § 112 BetrVG 1972 Nr. 59.

[1046] *Fitting*, §§ 112, 112a Rn. 15; *Hunold*, NZA-RR 2004, 561, 562.

[1047] *Bauer*, DB 1994, 217, 225. Weiterführend zum Sozialplan s. z.B. GK-BetrVG/*Fabricius/Oetker*, §§ 112, 112a Rn. 94 ff.; Richardi/*Annuß* § 112 Rn. 49 ff.

[1048] *Bauer*, DB 1994, 217, 223; *Hunold*, NZA-RR 2004, 561.

mittlerweile anerkannt, solange die jeweiligen Entstehungsvoraussetzungen eingehalten wurden.[1049] Dennoch ist die genaue Unterscheidung, welche Regelungen Teil eines Sozialplanes sind und welche zum Interessenausgleich gehören, von Bedeutung. Denn sowohl in der Entstehung als auch in der Wirkung bestehen wesentliche Unterschiede. Maßnahmen zur Verhinderung von wirtschaftlichen Nachteilen können nicht Inhalt des Spruchs der Einigungsstelle über den Sozialplan nach § 112 Abs. 4 BetrVG sein, ansonsten ist der Spruch unwirksam.[1050] Zudem entbindet ein mit dem Betriebsrat vereinbarter, zeitlich unbefristeter Sozialplan, der für alle künftig aus betrieblichen Gründen entlassenen Arbeitnehmern Abfindungszahlungen vorsieht, nicht den Arbeitgeber von der Pflicht, bei einer später konkret geplanten Betriebsänderung eine Einigung über einen Interessenausgleich mit dem Betriebsrat zu versuchen. Ansonsten haben die von der Betriebsänderung betroffenen Arbeitnehmer gem. § 113 Abs. 3 i.V.m. Abs. 1 BetrVG einen Anspruch auf Zahlung einer Abfindung.[1051] Ferner hat nur der Sozialplan die Wirkung einer Betriebsvereinbarung und nur für ihn ist gem. § 112 Abs. 1 S. 4 BetrVG der Tarifvorbehalt nicht anwendbar. Deshalb besteht zwischen Interessenausgleich und Sozialplan bezüglich ihres Inhalts ein Ausschließlichkeitsverhältnis.[1052]

(2a) Regelungsinhalt des Interessenausgleichs und Verhältnis zu § 102 BetrVG

Gem. § 112 Abs. 1 BetrVG muss der Interessenausgleich schriftlich festgelegt werden. Es handelt sich um die Schriftform im Sinne von § 126 Abs. 1 BGB.[1053] Ein mündlich vereinbarter Interessenausgleich ist demnach gem. § 125 BGB nichtig.[1054] Der Interessenausgleich kann abhängig von der jeweiligen Betriebsänderung die unterschiedlichsten Regelungen enthalten.[1055] Eine Änderung des ursprünglichen Plans kommt in mehrfacher Hinsicht in Betracht. Betriebsrat und Unternehmer können zeitliche, qualitative und quantitative Änderungen vereinbaren.[1056] Im Rahmen dieser Arbeit sind vor allem die beschäftigungssichernden Regelungen von Interesse. Das kann beispiels-

---

[1049] BAG 17.9.1991 DB 1992, 229; *Hunold*, NZA-RR 2004, 561; *Bauer*, DB 1994, 217, 223

[1050] BAG 17.9.1991 DB 1992, 229; *Hunold*, NZA-RR 2004, 561, 562; *Bauer*, DB 1994, 217, 223.

[1051] BAG 29.11.1983 DB 1984, 724; *Hunold*, NZA-RR 2004, 561, 562.

[1052] BAG 15.11.2000, NJW 2001, 439, 440; GK-BetrVG/*Oetker*, §§ 112, 112a Rn. 5; ErfK/*Kania*, §§ 112, 112a BetrVG Rn. 1.

[1053] GK-BetrVG/*Oetker*, §§ 112, 112a Rn. 33.

[1054] BAG 9.7.1985 NZA 1986, 100; BAG 20.4.1994 AP § 113 BetrVG 1972 Nr. 27; *Hunold*, NZA-RR 2004, 561, 563; *Schaub*, FS Däubler, S. 347.

[1055] *v. Hoyningen-Huene*, Betriebsverfassungsrecht, S. 369; *Fitting*, §§ 112, 112a Rn. 20.

[1056] *Fitting*, §§ 112, 112a Rn. 20.

weise der Abbau von Überstunden oder von Leiharbeit sein, die Rücknahme von Fremdvergabe, die Verminderung der individuellen Arbeitszeit auf freiwilliger Basis oder konjunkturelle Kurzarbeit.[1057] Ebenso ist die Vereinbarung von Kündigungsverboten möglich.[1058]

Die Betriebsratsanhörung nach § 102 BetrVG kann hingegen nicht gleichzeitig in einem Interessenausgleich enthalten sein oder durch ihn ersetzt werden.[1059] Vereinzelt wird zwar vertreten, dass dies ausnahmsweise möglich sei, wenn im Interessenausgleich in Bezug auf konkrete Folgemaßnahmen eine Einigung erzielt wurde.[1060] Gegenstand des Interessenausgleichs ist jedoch der Vorgang der Betriebsänderung und nicht eine einzelne Kündigung, auch wenn mehrere Kündigungen eine Betriebsänderung darstellen können. In dem Fall sind sie aber eben auch in der Mehrzahl Gegenstand des Interessenausgleichs. Die Betriebsratsanhörung bezieht sich hingegen auf eine konkrete Kündigung. Dadurch wird allerdings nicht ausgeschlossen, dass aus zeitlicher Sicht innerhalb derselben Zusammenkunft von Arbeitgeber und Betriebsrat sowohl die Verhandlungen zum Interessenausgleich als auch die Betriebsratsanhörung nach § 102 BetrVG durchgeführt wird. Dies liegt schon aus verfahrensökonomischen Gründen nahe. Bedenken bestehen gegen eine zeitliche Zusammenfassung beider Vorgänge nicht.[1061] Sind Folgemaßnahmen im Interessenausgleich geregelt, führt dies nur dazu, dass der Betriebsrat sich nicht später, z.B. bei der Anhörung nach § 102 BetrVG in Widerspruch dazu setzen darf.[1062] Trotzdem handelt es sich inhaltlich um unterschiedliche Verfahren. Die Betriebsratsanhörung nach § 102 BetrVG kann nicht durch eine Regelung im Interessenausgleich ersetzt werden.

Dies gilt auch für den Fall, dass eine Namensliste gem. § 1 Abs. 5 KSchG erstellt wurde. Wenn eine Namensliste auch erheblichen Einfluss auf den repressiven Kündigungsschutz hat,[1063] gilt dies nicht gleichermaßen für den prä-

---

[1057] *v. Neumann-Cosel*, AiB 2002, 473, 474 ff. mit ausführlichen Erläuterungen zu den jeweiligen beschäftigungssichernden Maßnahmen.

[1058] *Hunold*, NZA-RR 2004, 561; *Fitting*, §§ 112, 112a Rn. 20; *v. Hoyningen-Huene*, Betriebsverfassungsrecht, S. 369.

[1059] So i.E. auch *Fitting*, §§ 112, 112a Rn. 9; Schaub/*Koch*, Arbeitsrechts-Handbuch, § 244 IV 1c) Rn. 32.

[1060] *Pünnel/Isenhardt*, Die Einigungsstelle des BetrVG 1972, S. 175 f. Rn. 406; *Bauer*, DB 1994, 217, 223.

[1061] Ebenso Schaub/*Koch*, Arbeitsrechts-Handbuch, § 244 IV 1c) Rn. 32; vom Ergebnis her wohl auch *Bauer*, DB 1994, 217, 223.

[1062] *Fitting*, §§ 112, 112a Rn. 9; Wlotzke/Preis/*Preis/Bender*, §§ 112, 112a Rn. 5.

[1063] Gem. § 1 Abs. 5 KSchG wird in Abweichung zu § 1 Abs. 2 S. 4 KSchG vermutet, dass eine Kündigung durch dringende betriebliche Erfordernisse gem. § 1 Abs. 2 KSchG bedingt ist, wenn sie aufgrund von einer Betriebsänderung nach § 111 BetrVG ausgesprochen werden soll und die betreffenden Arbeitnehmer in einem Interessenausgleich namentlich bezeichnet sind. Diese Vermutung erstreckt sich auf die fehlende Möglichkeit der Weiterbeschäftigung im Unternehmen, BT-Drucks. 15/1204, S. 12; *Willemsen/Annuß*, NJW 2004,

ventiven Kündigungsschutz. Die einzige Auswirkung ist, dass gem. § 1 Abs. 5 S. 4 KSchG die Stellungnahme des Betriebsrats nach § 17 Abs. 3 S. 2 KSchG durch die Namensliste ersetzt wird, d.h. es reicht aus, wenn der Arbeitgeber i.R.d. Anzeige einer Massenentlassung nach §§ 17 ff. KSchG bei der Arbeitsagentur ein Exemplar des Interessenausgleichs einschließlich der Namensliste beifügt.[1064] Nach ständiger Rechtsprechung und herrschender Literatur kann hingegen auch die Einigung über eine Namensliste nicht dazu führen, dass die Betriebsratsanhörung nach § 102 BetrVG ersetzt wird.[1065] Dies führt dazu, dass eine Kündigung trotz Namensliste gem. § 102 Abs. 1 S. 3 BetrVG unwirksam ist, wenn keine Betriebsratsanhörung nach § 102 BetrVG durchgeführt wurde. Das folgt aus den unterschiedlichen Zwecksetzungen von § 102 BetrVG und § 1 Abs. 5 KSchG. Bei den Verhandlungen zur Namensliste geht es um das betriebliche Gesamtkonzept, die Betriebsratsanhörung nach § 102 BetrVG stellt hingegen auf eine Einzelfallbetrachtung ab.[1066] Zudem ist in § 1 Abs. 5 S. 4 KSchG nur geregelt, dass die Stellungnahme nach § 17 Abs. 2 S. 3 KSchG entbehrlich wird, in Bezug auf § 102 BetrVG schweigt hingegen das Gesetz.[1067]

Allerdings schließt dies nicht aus, dass der Interessenausgleich mit Namensliste Auswirkungen auf die Betriebsratsanhörung haben kann. So ist anerkannt, dass die Verhandlungen über die Namensliste mit dem Anhörungsverfahren nach § 102 BetrVG zeitlich verbunden werden können.[1068] Ferner kann es für die Unterrichtung i.R.d. § 102 BetrVG ausreichen, wenn der Arbeitgeber auf die Sachverhalte Bezug nimmt, die den Verhandlungen zur Namensliste zugrunde lagen. Der Betriebsrat hat aufgrund dieser Verhandlungen bereits erhebliche Vorkenntnisse. Würde eine zusätzliche Mitteilung

---

177, 180; *Gaul*, BB 2004, 2686, 2689; BAG 7.5.1998, NZA 1998, 933, 934; a.A. *Fischermeier*, NZA 1997, 1089, 1096 f., der als Bezugspunkt für die Weiterbeschäftigungsmöglichkeit den Beschäftigungsbetrieb und nicht das Unternehmen nimmt, unter Hinzuziehung eines Vergleichs mit § 125 Nr. InsO. Außerdem kann die soziale Auswahl der Arbeitnehmer nur auf grobe Fehlerhaftigkeit überprüft werden.

[1064] BT-Drucks. 15/1204 S. 12; KR/*Griebeling*, § 1 KSchG Rn. 705; APS/*Kiel*, § 1 KSchG Rn. 785r.

[1065] BAG 28.8.2003 EzA § 102 BetrVG 2001 Nr. 4; BAG 21.2.2002 EzA § 1 KSchG Interessenausgleich Nr. 10; BAG 20.5.1999 AP § 1 KSchG 1969 Namensliste Nr. 5; BAG 205.1999 AP § 1 KSchG 1969 Namensliste Nr. 4; APS/*Kiel*, § 1 KSchG Rn. 785r; KR/*Griebeling*, § 1 KSchG Rn. 705; ebenso Stahlhacke/Preis/*Vossen*, S. 830 Rn. 2169 auflagebedingt in Bezug auf § 125 InsO und unter Hinweis auf § 1 Abs. 5 S. 4 i.d.F. von 1996. A.A. *Schrader*, NZA 1997, 70, 75 zu dem inhaltsgleichen § 125 InsO. Begründet wird dies damit, dass der Betriebsrat sich bei Erstellen der Namensliste zwangsläufig ausführlich mit der Kündigung jedes einzelnen Mitarbeiters beschäftigt habe, und daher die Beteiligung des Betriebsrat sogar weiter gehe als die Anhörung nach § 102 BetrVG.

[1066] BAG 20.5.1999 AP § 1 KSchG 1969 Namensliste Nr. 5.

[1067] Ebenso BAG 28.8.2003 AP § 102 BetrVG 1972 Nr. 134 in Bezug auf die Namensliste nach § 125 InsO.

[1068] BAG 20.5.1999 AP § 102 BetrVG 1972 Nr. 5.

der Sachverhalte gefordert, wäre der Vorwurf der unnötigen „Förmelei" gerechtfertigt.[1069] Der Sinn des präventiven Kündigungsschutzes ist es, den Ausspruch von Kündigungen zu vermeiden und nicht dem Arbeitgeber unnötige Belastungen aufzuerlegen und das Verfahren in die Länge zu ziehen. Allerdings muss hier die jeweilige zeitliche Nähe zwischen den Verhandlungen zur Namensliste und der Betriebsratsanhörung beachtet werden.[1070] Keine Bedenken bestehen, wenn beide Verfahren zeitlich zusammengefasst werden. Aber je weiter die Verhandlungen zur Namensliste und die Betriebsratsanhörung auseinander liegen, desto größer ist die Wahrscheinlichkeit, dass sich der Sachverhalt in der Zwischenzeit geändert hat. Abgrenzungsprobleme im Einzelfall sind vorprogrammiert. Der Arbeitgeber muss auf jeden Fall den Betriebsrat in Bezug auf die Veränderung nochmals erneut unterrichten, ansonsten liegt wiederum eine Verletzung des § 102 BetrVG vor, die die Unwirksamkeit der Kündigung zur Folge hat.

(2) Anrufung des Vorstands der Bundesagentur für Arbeit und der Einigungsstelle

Wenn die Betriebspartner sich nicht über einen Interessenausgleich einigen können, bleiben ihnen zwei Möglichkeiten, eine Einigung durch Hinzuziehung eines Dritten zu erzielen. Gem. § 112 Abs. 2 S. 1 BetrVG kann der Betriebsrat oder der Unternehmer den Vorstand der Bundesagentur für Arbeit bitten, zu vermitteln. Wenn dieser Vermittlungsversuch erfolglos bleibt oder nicht darum gebeten worden ist, kann gem. § 112 Abs. 2 S. 2 BetrVG der Unternehmer oder der Betriebsrat die Einigungsstelle anrufen.

Die Anrufung des Vorstandes der Bundesagentur für Arbeit ist freiwillig.[1071] Nach allgemeiner Ansicht unterliegt die jeweils andere Seite keinem Einlassungszwang, allerdings folgt aus dem Gebot der vertrauensvollen Zusammenarbeit gem. § 2 Abs. 1 BetrVG, dass sie sich am Vermittlungsversuch beteiligen muss.[1072] Die Gestaltung des Vermittlungsverfahrens steht im Ermessen des Vorstandes der Bundesagentur für Arbeit.[1073] Es steht Unternehmer und Betriebsrat offen, den Vermittlungsversuch für gescheitert zu erklären. Dies kann auch konkludent durch die Anrufung der Einigungsstelle erfolgen.[1074] Wenn sich hingegen beide Seiten einigen, ist der Interessenaus-

---

[1069] BAG 28.8.2003 AP § 102 BetrVG 1972 Nr. 134.

[1070] BAG 21.2.2002 EzA § 1 KSchG Interessenausgleich Nr. 10.

[1071] *Fitting*, §§ 112, 112a Rn. 31; Richardi/*Annuß*, § 112 Rn. 219.

[1072] Richardi/*Annuß*, § 112 Rn. 220; GK-BetrVG/*Oetker*, §§ 112, 112a Rn. 200, 205; *Fitting*, §§ 112, 112a Rn. 33; DKK/*Däubler*, §§ 112, 112a Rn. 4.

[1073] HWK/*Hohenstatt/Willemsen*, § 112 BetrVG Rn. 18.

[1074] HWK/*Hohenstatt/Willemsen*, § 112 BetrVG Rn. 17; Richardi/*Annuß*, § 112 Rn. 220; a.A. scheinbar *Fitting*, §§ 112, 112a Rn. 33.

gleich schriftlich im Sinne von § 112 Abs. 1 S. 1 BetrVG festzuhalten.[1075] Der Grund, warum der Gesetzgeber den Betriebspartnern diese Möglichkeit zur Verfügung stellt, liegt darin, dass der Vorstand der Bundesagentur für Arbeit zum einen die Verhältnisse am Arbeitsmarkt kennt und zum anderen mit den Förderungsmöglichkeiten, die das SGB III zur Vermeidung von Arbeitslosigkeit zur Verfügung stellt, vertraut ist.[1076] An der Möglichkeit der Vermittlung durch die Bundesagentur für Arbeit wird kritisiert, dass in der Praxis hiervon häufig Gebrauch gemacht werde, wenn die Arbeitnehmerseite den Einigungsprozess verzögern wolle.[1077]

Die Anrufung der Einigungsstelle kann gem. § 112 Abs. 2 S. 2 BetrVG ebenfalls durch den Unternehmer oder den Betriebsrat erfolgen. Es ist nicht erforderlich, dass zuvor ein Vermittlungsversuch durch den Vorstand der Bundesagentur für Arbeit vorgenommen wurde. Die Anrufung der Einigungsstelle ist die letzte Möglichkeit, eine Einigung über den Interessenausgleich zu erzielen, bevor die Verhandlungen endgültig für gescheitert erklärt werden. Sie kann jederzeit erfolgen, vorausgesetzt, eine Einigung wurde zuvor ernsthaft versucht.[1078]

Nach dem Gesetzeswortlaut scheint zunächst eindeutig, dass den Arbeitgeber keine Pflicht zur Anrufung der Einigungsstelle trifft, vielmehr *kann* die Einigungsstelle hinzugezogen werden. Trotzdem ist heute ständige Rechtsprechung und allgemeine Auffassung im Schrifttum, dass die Verhandlung eines Interessenausgleichs vor der Einigungsstelle eine Obliegenheit des Arbeitgebers darstellt.[1079] In seiner grundlegenden Entscheidung zur Anrufung der Einigungsstelle leitet das BAG die Obliegenheit aus § 113 Abs. 3 BetrVG her. Nach seiner Auffassung knüpft die Verpflichtung nach § 113 Abs. 3 BetrVG, die Einigung über einen Interessenausgleich mit dem Betriebsrat zu versuchen, direkt an den Versuch der Einigung nach § 112 Abs. 3 S. 2 BetrVG durch die Einigungsstelle an. Der Arbeitnehmer, der einen Nachteilsausgleich nach § 113 Abs. 3 BetrVG fordert, kann nach dem BAG auch darauf verwiesen werden, dass der Betriebsrat tätig werden könne, denn es geht bei § 113 Abs. 3 BetrVG nicht um Ansprüche gegen den Betriesbsrat, sondern um Ansprüche gegen den Arbeitgeber.[1080] Demnach handelt es sich

---

[1075] *Fitting*, §§ 112, 112a Rn. 33.

[1076] *Fitting*, §§ 112, 112a Rn. 29; Richardi/*Annuß*, § 112 Rn. 212.

[1077] HWK/*Hohenstatt/Willemsen*, § 112 BetrVG Rn. 16.

[1078] S. hierzu DKK/*Däubler*, §§ 112, 112a Rn. 7 ff.; HWK/*Hohenstatt/Willemsen*, § 112 Rn. 20 ff.; GK-BetrVG/*Oetker*, § 113 Rn. 47.

[1079] BAG 18.12.1984 AP § 113 BetrVG 1972 Nr. 11; BAG 20.11.2001 AP § 113 BetrVG 1972 Nr. 39; *Fitting*, §§ 112, 112a Rn. 35; *Göpfert/Krieger*, NZA 2005, 254, 255; *Pünnel/Isenhardt*, Die Einigungsstelle des BetrVG 1972, S. 172 Rn. 398; *Hunold*, NZA-RR 2004, 561, 562; kritisch zu dieser Rechtsprechung HWK/*Hohenstatt/Willemsen*, § 112 BetrVG Rn. 20.

[1080] BAG 18.12.1984 AP § 113 BetrVG 1972 Nr. 11.

bei der Anrufung der Einigungsstelle nach § 112 Abs. 2 S. 2 BetrVG nicht um eine Verpflichtung des Arbeitgebers gegenüber dem Betriebsrat. Es ist vielmehr eine Obliegenheit des Arbeitgebers zur Vermeidung von Nachteilsausgleichsansprüchen, die gegenüber dem Arbeitnehmer besteht.[1081]

Den Betriebsrat trifft im Gegensatz zum Arbeitgeber keine Obliegenheit zur Anrufung der Einigungsstelle, für ihn handelt es sich lediglich um eine rechtliche Möglichkeit.[1082] Dies ergibt sich bereits aus der Formulierung des § 112 Abs. 2 S. 2 BetrVG als Kann-Vorschrift und der Abwesenheit einer der Regelung zum Nachteilsausgleich nach § 113 Abs. 3 BetrVG entsprechenden Vorschrift in Bezug auf den Betriebsrat.[1083]

(3) Die Rechtsnatur des Interessenausgleichs

Bevor auf die Folgen der Verletzung eines Interessenausgleichs eingegangen werden kann, muss zunächst dessen Rechtsnatur geklärt werden. Denn die Bindungswirkung des Interessenausgleichs hängt entscheidend von der Bestimmung seiner Rechtsnatur ab.[1084] Die Rechtsnatur des Interessenausgleichs ist nicht im Gesetz festgelegt und hat im Schrifttum für Kontroversen gesorgt. Das BAG hat sich bisher nur an vereinzelter Stelle geäußert, von einer klaren oder gesicherten Rechtsprechung kann nicht die Rede sein.[1085] Dennoch hat sich mittlerweile im Schrifttum ein Konsens in Bezug auf die im Folgenden dargestellten Punkte gefunden.

Unumstritten ist zunächst, dass der Interessenausgleich freiwillig ist, sein Abschluss kann von keiner Seite erzwungen werden. Außerdem wird im Allgemeinen nicht bestritten, dass die Betriebspartner den Interessenausgleich jederzeit im gegenseitigen Einvernehmen abändern können.[1086] In Bezug auf die Rechtsnatur besteht weitgehend zunächst insoweit Einigkeit, als angenommen wird, dass es sich bei dem Interessenausgleich um eine kollektive Vereinbarung besonderer Art handelt.[1087]

1081 *Göpfert/Krieger*, NZA 2005, 254, 255.

1082 *Fitting*, §§ 112, 112a Rn. 35.

1083 Das Verfahren vor der Einigungsstelle zur Einigung über einen Interessenausgleich bestimmt sich nach den allgemeine Grundsätzen, d.h. die konkrete Verfahrensausgestaltung ist weitgehend frei, Richardi/*Annuß*, § 112 Rn. 233; *Fitting*, §§ 112, 112a, Rn. 41. Z.T. wird gefordert, dass das Verfahren nicht gegen den Willen des Arbeitgebers länger als eine Sitzung dauern darf, *Bauer*, DB 1994, 217, 224. Dies widerspricht aber der gesetzlichen Konzeption, die weder eine Mindest- noch eine Höchstdauer vorsieht.

1084 *Fitting*, §§ 112, 112a Rn. 52 f.; *Molkenbur/Schulte*, DB 1995, 269.

1085 So bezeichnet das BAG in seinem Urteil vom 28.8.1991 AP § 85 ArbGG 1979 Nr. 2 den Interessenausgleich nur beiläufig und ohne jegliche Begründung als Naturalobligation.

1086 *Molkenbur/Schulte*, DB 1995, 269.

1087 BAG 20.4.1994 § 113 BetrVG 1972 Nr. 27; *Fitting*, §§ 112, 112a Rn. 50; GK-BetrVG/*Oetker*, §§ 112, 112a Rn. 48, wenn auch kritisch in Bezug auf pauschalierende Lösungen; ErfK/*Kania*, §§ 112, 112a BetrVG Rn. 9; *v. Neumann-Cosel*, AiB 2002, 474; *Bauer*, DB 1994, 217, 223; a.A. DKK/*Däubler*, §§ 112, 112a Rn. 16 ff.; zur Begründung

Die Bezeichnung als kollektive Vereinbarung besonderer Art ist jedoch nicht sehr hilfreich, denn über die Wirkung des Interessenausgleichs sagt sie nichts aus. Da der Gesetzgeber aber zur Rechtsnatur und Wirkung des Interessenausgleiches – ganz im Gegensatz zum Sozialplan – schweigt, muss hieraus der Schluss gezogen werden, dass er auch keine bestimmte Rechtsnatur und somit auch keine bestimmten Wirkungen festlegen wollte. Dies läuft i.E. darauf hinaus, dass die Rechtsnatur des jeweiligen Interessenausgleichs durch Auslegung der Vereinbarung im Einzelfall ermittelt werden muss. Dabei kann sich auch ergeben, dass der Interessenausgleich in Form einer freiwilligen Betriebsvereinbarung im Sinne von § 88 BetrVG abgeschlossen wurde.[1088] Die vorherige Feststellung, dass der Interessenausgleich keine Betriebsvereinbarung ist, steht dem nicht entgegen. Denn dabei handelte es sich um die Frage der Festlegung der generellen Rechtsnatur des Interessenausgleichs. An dieser Stelle geht es hingegen um eine andere Ebene. Es wird die Rechtsnatur im Einzelfall bestimmt, die wiederum durch die jeweiligen Betriebspartner festgelegt wird.

Die Auffassung, dass die Ausgestaltung im Einzelfall maßgeblich ist, liegt bei näherem Hinsehen auch den unterschiedlichen Literaturmeinungen zugrunde. Dennoch gehen in Bezug auf die Wirkung des Interessenausgleichs die Meinungen im Schrifttum wiederum auseinander. So wird teilweise von einer anspruchsbegründenden Verbindlichkeit gegenüber dem Betriebsrat ausgegangen.[1089] Die Bindungswirkung wird zum einen aus der Möglichkeit gefolgert, in den Interessenausgleich eine Namensliste aufzunehmen.[1090] Zum anderen wird das vom Gesetz vorgesehene Schriftformerfordernis herangezogen, denn Unterschriften gälten im Rechtsverkehr als besonderes Zeichen der verbindlichen Begründung von Ansprüchen.[1091]

---

für die Annahme, dass es sich um eine Kollektivvereinbarung besonderer Art handelt, wird teilweise § 112 Abs. 1 S. 3 BetrVG herangezogen. Nach dieser Vorschrift ist der Sozialplan keine Betriebsvereinbarung, sondern er hat lediglich dieselbe Wirkung. Hieraus wird im Wege eines Erst-Recht-Schlusses gefolgert, dass damit auch der Interessenausgleich grundsätzlich keine Betriebsvereinbarung sei. Denn im Gegensatz zum Sozialplan sei der Interessenausgleich nicht einmal auf eine Wirkung erga omnes angelegt; s. GK-BetrVG/*Oetker*, § 112 Rn. 50

[1088] Die Möglichkeit der Regelung in einer freiwilligen Betriebsvereinbarung wird auch von der allgemeinen Ansicht anerkannt, s. *Fitting*, §§ 112, 112a Rn. 52; *Matthes*, RdA 1999, 178, 180; HWK/*Hohenstatt/Willemsen*, § 112 BetrVG Rn. 25; GK-BetrVG/*Oetker*, § 112 Rn. 51; *Molkenbur/Schulte*, DB 1995, 269, 271.

[1089] *Matthes*, RdA 1999, 178, 180; *Molkenbur/Schulte*, DB 1995, 269, 271; DKK/*Däubler*, §§ 112, 112a Rn. 16 f.; gegen einen kollektivrechtlichen Erfüllungsanspruch und Unterlassungsansprüchen des Betriebsrats s. HWK/*Hohenstatt/Willemsen*, § 112 BetrVG Rn. 26.

[1090] DKK/*Däubler*, §§ 112, 112a Rn. 16 f., mit dem Hinweis auf § 323 Abs. 2 UmwG, § 125 InsO und § 1 Abs. 5 KSchG.

[1091] *Molkebur/Schulte*, DB 1995, 269, 270.

Diese Argumente können nicht davon überzeugen, dass ein Interessenausgleich *immer* eine Bindungswirkung gegenüber dem Betriebsrat entfaltet. Das Gesetz sieht lediglich Wirkungen in Bezug auf die Arbeitnehmer vor. Nur die Rechtsfolgen des § 113 BetrVG treten unabhängig von der jeweiligen Ausgestaltung des Interessenausgleichs ein. Hieraus ergibt sich auch der Grund für das Schriftformerfordernis, denn die Beweisfunktion ist bereits in Hinblick auf § 113 BetrVG erforderlich. Weitergehende Folgerungen für eine Bindungswirkung in Bezug auf das Verhältnis zwischen Arbeitgeber und Betriebsrat sind keineswegs zwingend. Für die Frage, ob der Interessenausgleich neben § 113 BetrVG weitere Wirkungen entfaltet, ist wieder als Ausgangspunkt der einzelne Interessenausgleich zu seiner Auslegung heranzuziehen.[1092] Dies entspricht der gesetzgeberischen Konzeption, nach der der gesetzliche Rahmen des Interessenausgleichs sowohl in Bezug auf den Inhalt als auch in Bezug auf die Sanktionen bei Verstößen offen gehalten ist. Der Interessenausgleich ist eine freiwillige Einigung zwischen den Betriebspartnern, die zwar versucht werden muss, deren Abschluss aber nicht erzwungen werden kann. Dementsprechend steht auch die Bindungswirkung des Interessenausgleichs, abgesehen von den zwingenden Vorgaben des § 113 BetrVG, im Ermessen der Betriebspartner. Der Einwand des Einflusses einer Namensliste auf die Bindungswirkung des Interessenausgleichs ist zwar berechtigt. Aber auch dies führt nicht zu einer generellen Bindungswirkung jeden Interessenausgleichs. Es ist vielmehr bei der Auslegung des einzelnen Interessenausgleichs zu beachten, ob er eine Namensliste gem. § 1 Abs. 5 KSchG enthält.[1093] Wegen der einschneidenden Folgen einer Namensliste für den Kündigungsschutz der dort genannten Arbeitnehmer spricht die Einigung über eine Namensliste für eine starke Bindungswirkung gegenüber dem Betriebsrat, der sich sonst nicht darauf eingelassen hätte.

(4) Folgen des fehlenden Interessenausgleichs

(1a) Die gesetzlich vorgesehenen Sanktionen, § 113 BetrVG

Der letzte Absatz des § 113 BetrVG sanktioniert den Arbeitgeber, der trotz Betriebsänderung eine Einigung über einen Interessenausgleich nicht einmal versucht hat. Dann hat der Arbeitnehmer, der infolge der Betriebsänderung entlassen wurde oder andere wirtschaftliche Nachteile[1094] erleidet, nach Maß-

---

[1092] So i.E. scheinbar auch *Fitting*, §§ 112, 112a Rn. 52.

[1093] S. zur Auswirkung der Namensliste auf die Bestimmung der Rechtsnatur des Interessenausgleichs auch *Matthes*, RdA 1999, 178, 180, der hieraus jedoch generelle Rückschlüsse auf die Rechtsnatur zu ziehen scheint und nicht ausdrücklich auf den Einzelfall abstellt.

[1094] Interessant in diesem Zusammenhang ist lediglich die Entlassung. Ein anderer wirtschaftlicher Nachteil i.S.d. § 113 BetrVG sind insbesondere Nachteile, die aufgrund von

gabe der Abs. 1 und 2 einen Anspruch auf Zahlung eines Nachteilsausgleichs. Unerheblich ist hier, ob ein zwingender Grund vorliegt, der die Betriebsänderung unerlässlich werden lässt.[1095] Dies ergibt sich aus dem Wortlaut des § 113 Abs. 3 BetrVG, der keine Ausnahme im Falle eines zwingenden Grundes vorsieht; der Verweis auf die Abs. 1 und 2 ist ein Rechtsfolgenverweis.[1096] Die Wirksamkeit der Kündigung wird hingegen nicht von dem Fehlen des Versuchs, sich über einen Interessenausgleich zu einigen, berührt.[1097] Die Höhe des Anspruchs auf Nachteilsausgleich bei späterer Kündigung steht im Ermessen des Richters unter Beachtung der Höchstgrenzen des § 10 KSchG.[1098] Der Nachteilsausgleich kann demnach grundsätzlich höchstens zwölf Monatsgehälter betragen; die Höchstgrenze steigt ab Vollendung des fünfzigsten Lebensjahres je nach Dauer der Betriebszugehörigkeit auf 15 bzw. 18 Monatsgehälter.

Dreh- und Angelpunkt dieses Absatzes ist das Merkmal „versuchen“. Denn welche Anforderungen an den Versuch der Einigung zu stellen sind, ab wann ein Versuch der Einigung vorliegt, und wann er für gescheitert erklärt werden darf, sind Fragen, die sich unweigerlich stellen. Anerkannt ist, dass es sich um einen ernsthaften Versuch handeln muss.[1099] Eine genaue Dauer für die Beratungen mit dem Betriebsrat ist nicht vorgegeben.[1100] Erforderlich ist hingegen, dass der Arbeitgeber zumindest die Einigungsstelle angerufen hat.[1101] Wie bereits dargestellt, handelt es sich bei der Anrufung der Einigungsstelle um eine Obliegenheit des Arbeitgebers, die er gegenüber den von der Betriebsänderung betroffenen Arbeitnehmern hat.[1102]

Diese Auslegung des Versuchs der Einigung gem. § 113 Abs. 3 BetrVG führt dazu, dass sich das Verfahren, das der Arbeitgeber vor Durchführung

---

Versetzungen und Umgruppierungen entstehen wie z.B. geringerer Verdienst oder höhere Fahrtkosten, Wlotzke/Preis/*Preis/Bender*, § 113 Rn. 18.

[1095] BAG 9.7.1985 AP § 113 BetrVG 1972 Nr. 13; BAG 22.7.2003, DB 2003, 2708; *Fitting*, § 113 Rn. 16.

[1096] BAG 17.9.1974 AP § 113 BetrVG 1972 Nr. 1; BAG 9.7.1985 AP § 113 BetrVG Nr. 13; ErfK/*Kania*, § 113 BetrVG Rn. 9; GK-BetrVG/*Oetker*, § 113 Rn. 53; a.A. Richardi/*Richardi/Annuß*, § 113 Rn. 25 ff.

[1097] Richardi/*Annuß*, § 113 Rn. 37; Wlotzke/Preis/*Preis/Bender*, § 113 n 16.

[1098] Wlotzke/Preis/*Preis/Bender*, § 113 Rn. 19.

[1099] *Fitting*, § 113 Rn. 18; *Göpfert/Krieger*, NZA 2005, 254, 257.

[1100] Die unter dem Arbeitsrechtlichen Beschäftigungsförderungsgesetz vom 25.9.1996 geltende Mindestdauer von zwei Monaten ist mit dem Arbeitsrechtlichen Korrekturgesetz vom 19.12.1998 wieder abgeschafft worden, s. zur Entwicklung GK-BetrVG/*Oetker*, § 111 Rn. 172 m.w.N.

[1101] Ebenso BAG 18.12.1984 AP § 113 BetrVG 1972 Nr. 11; BAG 20.4.1994 AP § 113 BetrVG 1972 Nr. 27; ErfK/*Kania*, § 113 BetrVG Rn. 8; GK-BetrVG/*Oetker*, § 113 Rn. 39; Richardi/*Richardi/Annuß*, § 113 Rn. 29.

[1102] *Fitting*, § 113 Rn. 18.

einer Betriebsänderung durchzuführen hat, als langwierig erweisen kann. Sie entspricht aber der zugrundeliegenden gesetzgeberischen Konzeption.

(2a) Relativierung durch Anrechnung von Sozialplanansprüchen

Die Sanktionswirkung des § 113 Abs. 3 BetrVG kann im Falle des gleichzeitigen Bestehens von Ansprüchen des Arbeitnehmers aus dem Sozialplan jedoch eine erhebliche Einschränkung erfahren. Denn nach ständiger Rechtsprechung kann der Arbeitgeber den Sozialplananspruch auf den Nachteilsausgleich anrechnen. Sie sind also nicht kumulativ zu zahlen.[1103] Wenn die Abfindung aus dem Sozialplan genauso hoch oder höher ist als der Nachteilsausgleich, muss nur die Sozialplanabfindung gezahlt werden. Das BAG begründet seine Rechtsprechung damit, dass zwischen dem Nachteilsausgleich und der Sozialplanabfindung eine weitgehende Zweckidentität bestehe, denn beide dienten dazu, wirtschaftliche Nachteile abzumildern, die dem Arbeitnehmer aufgrund der Betriebsänderung entstanden sind. Diese Rechtsprechung ist nicht völlig unbedenklich.[1104] Insbesondere die Sanktionswirkung des § 113 BetrVG wird hierdurch stark eingeschränkt. Dennoch hat sich die herrschende Literatur dieser Rechtsprechung angeschlossen.[1105]

Bedenken werden auch im Hinblick auf die Massenentlassungs-Richtlinie 98/59/EG geäußert. Nach dieser Richtlinie müssen im nationalen Recht effiziente Sanktionen zur Gewährleistung der Beteiligungsrechte der Arbeitnehmervertretungen im Rahmen von Massenentlassungen existieren. Im Falle von Betriebsänderungen, die zugleich eine Massenentlassung i.S.d. §§ 17 ff. KSchG darstellen, sei eine wirksame Sanktion nicht gegeben, wenn sogar die Sozialplanabfindungen auf den Nachteilsausgleich angerechnet werden könnten.[1106] Dieser Kritik dürfte vor allem in Hinblick auf die erneute Aufmerksamkeit, die der EuGH mit seiner Junk-Entscheidung[1107] auf die Massenentlassungs-Richtlinie und die Problematik der Europarechtskonformität geweckt hat, nun wieder vermehrt Gehör geschenkt werden. Allerdings ist hier zu beachten, dass es sich bei den §§ 17 ff. KSchG und den §§ 111 ff. BetrVG

1103 Grundlegender Hinweis zur Verrechnung bereits in BAG GS 13.12.1978 AP § 112 BetrVG 1972 Nr. 6; für eine Anrechnung im Rahmen von Konkursverfahren BAG 18.12.1984 AP § 113 BetrVG 1972 Nr. 11; BAG 13.6.1989 AP § 113 BetrVG 1972 Nr. 19; für eine generelle Anrechenbarkeit BAG 20.11.2001 AuR 2003, 68 f. mit Anm. *Oberberg*, S. 69 ff.

1104 Kritisch zur Anrechnung auch DKK/*Däubler*, §§ 112, 112a Rn. 60; *Hanau*, NZA 1996, 841, 844; wohl auch ErfK/*Kania*, § 113 BetrVG Rn. 2.

1105 Richardi/*Annuß*, § 112 Rn. 204; HWK/*Hohenstatt/Willemsen*, § 113 BetrVG Rn. 17; MünchArbR/*Matthes*, § 361 Rn. 42.

1106 *Oberberg*, Anm. zu BAG 20.11.2001, AuR 2003, 72; kritisch auch *Hanau*, NZA 1996, 841, 844.

1107 EuGH 27.1.2005, NZA 2005, 213.

um unterschiedliche Regelungsbereiche handelt. Auch wenn sie ggf. starke Überschneidungen aufweisen, ist ihr Anwendungsbereich dennoch nicht vollkommen identisch. Die Umsetzung der Massenentlassungs-Richtlinie erfolgte durch die §§ 17 ff. KSchG und nicht durch die Regelungen zur Betriebsänderung.[1108] Zwar muss das nationale Gericht bei der europarechtskonformen Auslegung das gesamte nationale Recht berücksichtigen,[1109] das könnte hier also bedeuten, dass auch die Sanktionen der §§ 111 ff. BetrVG für eine europarechtskonforme Auslegung des nationalen Rechts zu den Massenentlassungen hinzugezogen werden können. Allerdings ist einerseits auf nationaler Ebene zu berücksichtigen, dass die Anwendungsbereiche der §§ 17 ff. KSchG und der §§ 111 ff. BetrVG nicht vollständig deckungsgleich sind.[1110] Andererseits entspricht auch der Anwendungsbereich der §§ 111 ff. BetrVG nicht dem von der Massenentlassungs-Richtlinie vorgegebenen. Denn gem. Art. 1 Abs. 1 a) ii) der Richtlinie gelten ihre Vorgaben auch dann, wenn innerhalb eines Zeitraums von 90 Tagen mindestens 20 Arbeitnehmer entlassen werden, unabhängig von der Zahl der in der Regel im Betrieb Beschäftigten. In einem solchen Fall sind die §§ 111 ff. BetrVG jedoch nicht anwendbar. Somit kann auch eine Auslegung des § 113 BetrVG, nach der keine Anrechnung der Abfindung aus dem Sozialplan auf den Nachteilsausgleich vorgenommen wird, nicht zur Wiederherstellung der Europarechtskonformität des deutschen Rechts bezüglich der Massenentlassung verhelfen. Abhilfe kann und muss i.R.d. §§ 17 ff. KSchG erfolgen.

(3a) Ansprüche des Betriebsrats

Im Verhältnis zum Betriebsrat sieht das Gesetz für einen solchen Fall keine ausdrücklichen Sanktionen vor. Lediglich der kleine Teilaspekt der fehlenden Unterrichtung des Betriebsrats ist in § 121 BetrVG geregelt.[1111] Ansprüche des Betriebsrats ergeben sich hieraus jedoch nicht. Auch die i.R.d. Unterrichtungs- und Beratungspflicht dargestellten Sanktionen des § 23 Abs. 3 BetrVG sind hier nicht übertragbar, da es sich um einen anderen Aspekt des Verfahrens handelt, das vor Durchführung einer Betriebsänderung eingehalten werden muss. Es ist ein dem Interessenausgleich zeitlich vorgelagertes Stadium.

Ob der Betriebsrat einen Unterlassungsanspruch gegen den Arbeitgeber, der keinen Versuch der Einigung unternimmt, hat, welcher im Wege einer einstweiligen Verfügung durchsetzbar ist, ist in der Literatur heftig umstritten

---

[1108] HWK/*Pods/Molkenbur*, § 17 KSchG Rn. 40; s. hierzu auch die Ausführungen unter § 18 III. 1.

[1109] EuGH 5.10.2004 (Pfeiffer), DB 2004, 2270; *Appel*, DB 2005, 1002.

[1110] Zum unterschiedlichen Anwendungsbereich der §§ 17 ff. KSchG und §§ 111 BetrVG ff. s. E I. 3 d).

[1111] S. zu den Sanktionen für den Fall der unterlassenen Unterrichtung des Betriebsrats oben E. I. 2 b) (3).

und wird auch in der Rechtsprechung uneinheitlich bewertet.[1112] Dennoch ist diese Frage von erheblicher praktischer Relevanz, denn ein solcher Anspruch würde i.E. dazu führen, dass der Betriebsrat die Durchführung einer Betriebsänderung blockieren kann.

In der Diskussion werden allerdings häufig die unterschiedlichen Aspekte nicht klar unterschieden. Was die Unterrichtungs- und Beratungspflicht betrifft, wurde bereits dargestellt, dass der Betriebsrat einen Anspruch auf Einhaltung dieser Pflichten unter den Voraussetzungen des § 23 Abs. 3 BetrVG haben kann. Dies ist kein Unterlassungsanspruch, wie er i.R.d. folgenden Ausführungen untersucht wird, sondern ein Anspruch, der in die Zukunft wirkt, dessen Inhalt die Vornahme einer bestimmten Handlung, die Unterrichtung bzw. Beratung, ist. Der Meinungsstreit betrifft vielmehr einen nicht gesetzlich festgelegten Unterlassungsanspruch, der sich gegen die Durchführung einer Betriebsänderung richtet. Er soll zum Inhalt haben, dass der Arbeitgeber solange die Betriebsänderung unterbrechen muss, bis es zum Abschluss eines Interessenausgleichs gekommen ist oder die Verhandlungen endgültig gescheitert sind. Soweit aus der Diskussion ersichtlich, soll er alle Phasen der Betriebsänderung betreffen, angefangen bei der Unterrichtung bis hin zu dem Stadium, in dem der Arbeitgeber die konkreten Verhandlungen zu einem Interessenausgleich abbricht.

Für einen solchen Unterlassungsanspruch des Betriebsrats wird vor allem vorgebracht, dass er zur Sicherung seiner Beteiligungsrechte erforderlich sei, da sie ansonsten leer liefen.[1113] Der Schutzzweck des § 111 BetrVG, die Wahrnehmung der Arbeitnehmerinteressen indem der Betriebsrat auf die Entscheidung des Arbeitgebers Einfluss nehme, werde vereitelt, wenn dem Betriebsrat kein Unterlassungsanspruch zur Seite gestellt wird, den er mit Hilfe einer einstweiligen Verfügung geltend machen könne.[1114] Zwar sehe das Gesetz in § 113 Abs. 3 BetrVG eine Sanktionsmöglichkeit vor, diese stehe aber nur dem einzelnen Arbeitnehmer zur Verfügung und habe keine Wirkung für den Betriebsrat.[1115]

Die in der Literatur heute scheinbar überwiegend vertretene[1116] Gegenauffassung lehnt einen Unterlassungsanspruch ab. Hierfür wird hauptsächlich

---

[1112] Es ist nicht zu erwarten, dass das BAG klärend eingreifen wird, denn über Anträge im einstweiligen Verfügungsverfahren entscheiden gem. § 92 Abs. 1 S. 3 ArbGG die Landesarbeitsgerichte in letzter Instanz, *Lipinski/Melms*, BB 2002, 2226, 2227; *Bauer*, DB 1994, 217, 225.

[1113] ArbG Berlin 9.3.2000 AiB 2001, 544, mit zustimmender Anm. *Hummel*, S. 546 ff.

[1114] *Matthes*, RdA 1999, 178, 180; DKK/*Däubler*, §§ 112, 112a Rn. 23.

[1115] So unter Aufgabe seiner vorherigen Rechtsprechung LAG Hamm 28.8.2003, NZA-RR 2004, 80 ff.

[1116] Vgl. hierzu die Auflistung bei GK-BetrVG/*Oetker*, § 111 Rn. 191; nach DKK/*Däubler*, §§ 112, 112a Rn. 23 spricht sich hingegen die herrschende Meinung für einen Unterlassungsanspruch des Betriebsrats aus.

darauf hingewiesen, dass es sich bei § 113 BetrVG um eine abschließende Regelung handele, der Gesetzgeber also bewusst keine kollektivrechtliche Sanktionsvorschrift vorgesehen habe.[1117] Es könne i.R.d. §§ 111 ff. BetrVG auch nicht die Rechtsprechung des BAG zum Unterlassungsanspruch in Bezug auf die Mitbestimmungsrechte des § 87 BetrVG[1118] angewendet werden. Denn § 87 BetrVG enthalte in der Systematik des Betriebsverfassungsgesetzes das stärkste Mitbestimmungsrecht.[1119] Das Gesetz habe dem Betriebsrat für das Zustandekommen eines Interessenausgleichs kein erzwingbares Mitbestimmungsrecht zur Seite gestellt.[1120]

Der Auffassung, dem Betriebsrat stehe ein Unterlassungsanspruch zur Sicherung seiner Beteiligungsrechte zu, den er durch eine einstweilige Verfügung durchsetzen könne, kann nicht zugestimmt werden. Der Gesetzgeber sieht bewusst nur eine Sanktionsmöglichkeit in § 113 BetrVG vor. Hieran hat sich auch mit dem Betriebsverfassungsreformgesetz von 2001 trotz Kenntnis der Problematik nichts geändert.[1121] Zwar ist der Gegenauffassung zuzugeben, dass dadurch die Gewährleistung der Beteiligungsrechte des Betriebsrats stark eingeschränkt wird. Dies entspricht jedoch – unabhängig von der Frage, ob dies aus rechtspolitischer Sicht sinnvoll ist – der gesetzgeberischen Grundentscheidung. I.R.d. §§ 111 ff. BetrVG gibt es keine erzwingbare Mitbestimmung. Die unternehmerische Freiheit soll auch bei Betriebsänderungen gewährleistet bleiben. Ein Unterlassungsanspruch des Betriebsrats ist somit zu verneinen.[1122]

(5) Folgen der Verletzung eines Interessenausgleichs

(1a) Ansprüche der betroffenen Arbeitnehmer

In § 113 BetrVG sieht das Gesetz Ausgleichsansprüche des Arbeitnehmers gegen den Arbeitgeber in drei Fallkonstellationen vor. § 113 Abs. 1 BetrVG gibt dem Arbeitnehmer einen Anspruch auf Zahlung einer Abfindung, wenn

---

1117 LAG Schleswig-Holstein 13.1.1992 LAGE § 111 BetrVG 1972 Nr. 11; LAG Düsseldorf 19.11.1996 LAGE § 111 BetrVG 1972 Nr. 14; *Hanau*, NZA 1996, 840, 844; GK-BetrVG/*Oetker*, § 111 Rn. 192; ErfK/*Kania*, § 111 BetrVG Rn. 24; Richardi/*Annuß*, § 111 Rn. 168; *Bauer*, DB 1994, 217, 224.

1118 BAG 3.5.1994 AP § 23 BetrVG 1972 Nr. 23.

1119 *Hanau*, NZA 1996, 840, 844.

1120 *Bauer*, DB 1994, 217, 224.

1121 So auch ErfK/*Kania*, § 111 BetrVG Rn. 24; *Fitting*, § 111 Rn. 135.

1122 Ebenso wie zuvor kann auch in diesem Zusammenhang die Frage gestellt werden, ob dieses Ergebnis nach der der Junk-Entscheidung des EuGH und der damit wieder in den Vordergrund gestellten Forderung der Massenentlassungs-Richtlinie nach wirksamen Sanktionen neu zu überdenken ist. Doch auch hier gilt, dass die §§ 111 ff. BetrVG nicht in den Anwendungsbereich der Richtlinie fallen, die wirksamen Sanktionen müssen i.R.d. der §§ 17 ff. KSchG gewährleistet werden.

der Arbeitgeber von einem Interessenausgleich ohne zwingenden Grund abweicht und der betreffende Arbeitnehmer deswegen entlassen wird. Ein zwingender Grund liegt nur dann vor, wenn es sich um einen Umstand handelt, der erst nachträglich entstanden oder erkennbar geworden ist.[1123] Dem Unternehmer darf praktisch keine andere Wahl bleiben, als vom Interessenausgleich abzuweichen. Maßgeblich ist hierfür die Sichtweise eines verständigen Unternehmers.[1124]

Nach § 113 Abs. 2 BetrVG sind unter den Voraussetzungen des § 113 Abs. 1 BetrVG auch andere wirtschaftliche Nachteile zu ersetzen, die den Arbeitnehmern entstehen. Diese Vorschrift betrifft Arbeitnehmer, die nicht entlassen werden. Sonstige ersatzfähige Nachteile sind nur vermögenswerte Nachteile; dies können z.B. Umzugskosten oder erhöhte Fahrtkosten sein.[1125] Die Zahlung dieses Nachteilsausgleichs ist gem. § 113 Abs. 2 BetrVG auf einen Zeitraum von höchstens zwölf Monaten begrenzt.

(2a) Ansprüche des Betriebsrats

Das BAG hat einen Anspruch des Betriebsrats auf Einhaltung des Interessenausgleichs durch den Arbeitgeber verneint, mit der Begründung, dass es sich bei dem Interessenausgleich lediglich um eine Naturalobligation handele.[1126] Damit verkennt das BAG jedoch, dass in diesem Bereich keine grundsätzlichen Aussagen gemacht werden können. Anders als für die Frage nach dem Unterlassungsanspruch des Betriebsrats zur Sicherung seiner Beteiligungsrechte – dem Stadium vor Erstellung eines Interessenausgleichs – ist für die Frage nach den Rechtsfolgen, die bei Verletzung eines abgeschlossenen Interessenausgleichs eintreten, wieder die Rechtsnatur des Interessenausgleichs maßgeblich.[1127] Nach der hier vertretenen Auffassung ist die Rechtsnatur immer im jeweiligen Einzelfall neu zu bestimmen. Erst danach und nur für den jeweiligen Einzelfall kann eine Aussage über die Bindungswirkung gegenüber dem Betriebsrat gemacht werden.

3. Die Massenentlassung im Sinne von §§ 17ff. KSchG

a) Die Entwicklung der §§ 17ff. KSchG und der europarechtliche Einfluss

Einen Sonderfall, dem gerade i.R.d. präventiven Kündigungsschutzes Relevanz zukommt und der erhebliche Überschneidungen mit den §§ 111 ff.

[1123] BAG 17.9.1974 AP BetrVG 1972 § 113 Nr. 1; *Fitting*, § 113 Rn. 7; ErfK/*Kania*, § 113 BetrVG Rn. 4.

[1124] ErfK/*Kania*, § 113 BetrVG Rn. 4.

[1125] *Fitting* § 113 Rn. 25; ErfK/*Kania*, § 113 BetrVG Rn. 7.

[1126] BAG 28.8.1991 AP § 85 ArbGG 1979 Nr. 2.

[1127] So i.E. wohl auch *Molkenbur/Schulte*, DB 1995, 269, 271.

BetrVG aufweist, stellt die in den §§ 17 ff. KSchG geregelte Massenentlassung dar. Das KSchG schreibt drei Verfahrensschritte vor: eine Anzeige bei der Agentur für Arbeit, § 17 Abs. 1 KSchG, eine Unterrichtungs- und Konsultationspflicht gegenüber dem Betriebsrat, § 17 Abs. 2 KSchG, und eine einmonatige Sperrfrist nach § 18 KSchG.

Die ersten Verfahrensvorschriften, die ab einer bestimmten Zahl von Entlassungen zu beachten sind, finden sich bereits in der Verordnung über Betriebsstilllegungen und Arbeitsstreckung vom 15. Oktober 1923,[1128] welche sich aus der Stilllegungsverordnung vom 8. November 1920[1129] entwickelte, in der bereits eine Entlassungssperre vorgesehen war, wenn die Vermeidung von Entlassungen durch Arbeitsstreckung möglich erschien.[1130] Die seit dem Ersten Arbeitsrechtsbereinigungsgesetz vom 14. August 1969 in den §§ 17 ff. KSchG im 3. Abschnitt „Anzeigepflichtige Entlassungen" enthaltenen Regelungen unterlagen seit dem Ende der 70er Jahre mehreren Änderungen, die auf europarechtliche Vorgaben zurückzuführen sind. Diese Phase wurde mit der Umsetzung der Richtlinie 75/129/EWG vom 17. Februar 1975 (Richtlinie zur Angleichung der Rechtsvorschriften der Mitgliedstaaten bei Massenentlassungen)[1131] durch das Zweite Gesetz zur Änderung des Kündigungsschutzgesetzes vom 27. April 1978[1132] eingeläutet.[1133] Weitere Änderungen folgten nach Maßgabe der Richtlinie 92/56/EWG vom 24. Juni 1992[1134] zur Änderung der Richtlinie 75/129/EWG durch das Gesetz zur Anpassung arbeitsrechtlicher Bestimmungen an das EG-Recht[1135] vom 20. Juli 1995.[1136] Die zuvor genannten Richtlinien wurden 1998 in der Richtlinie 98/59/EG vom 20. Juli 1998 zur Angleichung der Rechtsvorschriften der Mitgliedstaaten über Massenentlassungen[1137] zusammengefasst. Diese Richtlinie ist heute maßgeblich für die Überprüfung der Europarechtskonformität der §§ 17 ff. KSchG.[1138]

[1128] RGBl. I S. 983.

[1129] RGBl. I S. 1901.

[1130] Ausführlich zur älteren Entwicklung APS/*Moll*, Vor §§ 17 ff. KSchG, Rn. 2 ff.; s. auch KR/*Weigand*, § 17 KSchG, Rn. 1 ff.

[1131] Abl. 1975 Nr. L 48/29.

[1132] BGBl. I S. 550.

[1133] Zur Umsetzung der Richtlinie 75/129/EWG s. z.B. *Becker* NJW 1976 2057 ff.; *Löwisch* NJW 1978, 1237 ff.

[1134] Abl. 1992 Nr. L 245/3.

[1135] BGBl. I S. 946.

[1136] S. hierzu z.B. *Grünberger* NJW 1995, 2809 ff.; *Schiefer* DB 1995, 1910 ff.

[1137] Abl. 1998 Nr. L 225/16.

[1138] APS/*Moll*, Vor §§ 17 ff. KSchG Rn. 7.

b) Sinn und Zweck der Regelungen zur Massenentlassung

Sinn und Zweck der Vorschriften zur Massenentlassung sind wegweisend für ihre Auslegung. Allerdings fallen die den Regelungen zugrunde liegenden Zwecksetzungen auf nationaler und europäischer Ebene auseinander. Daher muss zunächst auf die unterschiedlichen Regelungsebenen und ihre Zweckbestimmungen eingegangen werden.

(1) Das traditionelle Normverständnis

Auf nationaler Ebene wird der Schutzzweck der §§ 17 ff. KSchG von Rechtsprechung und Literatur in der Arbeitsmarktpolitik verortet.[1139] Durch die Verfahrensregeln soll einerseits im Allgemeininteresse Arbeitslosigkeit vermieden werden. Andererseits soll der Arbeitsverwaltung die Möglichkeit gegeben werden, sich auf die größere Anzahl von Entlassungen einzustellen und ggf. bereits Vorkehrungen treffen zu können, um bestenfalls in der Lage zu sein, Arbeitsplätze zu vermitteln oder aber zumindest eine umfangreiche Arbeitslosigkeit zu verzögern.[1140] Dieser arbeitsmarktpolitische Schutzzweck hat seinen Ursprung in dem Regierungsentwurf zum Kündigungsschutzgesetz von 1951.[1141] Dort wurde der 3. Abschnitt des KSchG den §§ 1 ff. KSchG gegenübergestellt, welche dem Interesse des einzelnen Arbeitnehmers an der Erhaltung seines Arbeitsplatzes und somit dem individualen Kündigungsschutz Rechnung tragen. Im Gegensatz dazu sollte der 3. Abschnitt (damals §§ 15 ff. KSchG) dem Allgemeininteresse dienen.[1142] Dementsprechend wird auch heute noch davon ausgegangen, dass der im ersten Abschnitt des KSchG geregelte Individualschutz von den §§ 17 ff. KSchG unberührt bleibt und unabhängig davon die Überprüfung der sozialen Rechtfertigung einer ausgesprochenen Kündigung regelt.[1143] Zwar wurde vereinzelt auch im Zusammenhang mit den §§ 17 ff. KSchG der Begriff „Kündigungsschutz“ verwendet.[1144] Allerdings wurde sogleich darauf hingewiesen, dass es sich ledig-

---

[1139] BAG 6.11.1958 AP § 15 KSchG Nr. 1; BAG 6.12.1973 AP § 17 Nr. 1; BAG 24.10.1996 AP § 1 KSchG 1969 Nr. 8; BAG 11.3.1999 AP § 17 KSchG 1969 Nr. 12; BAG 13.4.2000 AP § 17 KSchG 1969 Nr. 13; APS/*Moll*, Vor §§ 17 ff. KSchG Rn. 8; *v. Hoyningen-Huene/Linck*, Vorb. zu §§ 17ff. KSchG Rn. 9; KDZ/*Kittner*, § 17 Rn. 3; KR/*Weigand*, § 17 KSchG Rn. 7; *Schaub/Schindele*, Kurzarbeit-Massenentlassung-Sozialplan, S. 54 Rn. 258; HK-KSchG/*Hauck*, § 17 Rn. 1.

[1140] BAG 11.3.1999 AP § 17 KSchG 1969 Nr. 12; *v. Hoyningen/Huene*, Vorb. zu §§ 17 ff. KSchG Rn. 10; APS/*Moll*, Vor §§ 17 ff. KSchG Rn. 8.

[1141] BAG 13.4.2000 AP § 17 KSchG 1969 Nr. 13; APS/*Moll*, Vor §§ 17 ff. KSchG Rn. 8 mit Hinweis auf dem Abdruck dieses Regierungsentwurfs in RdA 1951, 58, 61.

[1142] So die amtliche Begründung zum Regierungsentwurf eines Kündigungsschutzgesetzes vom 23.1.1951, RdA 1951, 58, 65

[1143] KR/*Weigand*, § 17 KSchG Rn. 9; *v. Hoyningen-Huene/Linck*, Vorb. zu §§ 17 ff. KSchG Rn. 13.

[1144] BAG 11.3.1999 AP § 17 KSchG 1969 Nr. 12.

lich um eine „Reflexwirkung“ der Vorschriften handele, nicht aber um den eigentlich verfolgten Zweck.[1145] Der 2. Senat des BAG selbst hat – wenn auch mit teils anderer Besetzung – gleich, nachdem er den Begriff Kündigungsschutz verwendet hatte, in einer darauffolgenden Entscheidung eingelenkt und ausdrücklich darauf hingewiesen, dass die §§ 17 ff. KSchG nicht dem Interesse des einzelnen Arbeitnehmers, sondern vor allem dem öffentlichen Interesse dienen.[1146] Zwar wurde vereinzelt darauf aufmerksam gemacht, dass sich ein Wandel in Bezug auf die Zielsetzung der Massenentlassungsvorschriften abzeichne. Dabei wurde allerdings die Auffassung aufrechterhalten, dass es sich weiterhin um eine arbeitsmarktpolitische Zwecksetzung handele. Die Veränderung liege darin, dass nun auch die Betriebsparteien die Verantwortung für die Vermeidung von Arbeitslosigkeit treffe, ein Gedanke, der sich ebenso in dem von § 17 KSchG vorgeschriebenen Konsultationsverfahren wie in § 2 SGB III niedergeschlagen habe.[1147]

(2) Sinn und Zweck nach der Massenentlassungs-Richtlinie 98/59/EG

Maßgeblich ist heute auf europarechtlicher Ebene die Richtlinie 98/59/EG vom 20. Juli 1998 zur Angleichung der Rechtsvorschriften der Mitgliedstaaten über Massenentlassungen. Hier findet sich bereits ein konkreter Hinweis im Wortlaut des Art. 2 Abs. 2, wonach sich die erforderlichen Konsultationen der Arbeitnehmervertretungen auf die Möglichkeit erstrecken müssen, Massenentlassungen zu vermeiden. Die präventive Zielsetzung kommt damit deutlich zum Ausdruck. Ferner enthalten Art. 2 Abs. 1 und Art. 3 Abs. 1 der Richtlinie u.a. das Tatbestandsmerkmal, dass der Arbeitgeber die Massenentlassung „beabsichtigt“, es darf damit noch keine endgültige Kündigungsentscheidung getroffen sein.[1148] Dies wird dahin ausgelegt, dass den Regelungen eine präventive Zwecksetzung zugrunde liegt. Das präventive Ziel wurde auch vom EuGH ausdrücklich bestätigt.[1149] Dabei hat der EuGH bereits in seinem Urteil vom 17.12.1998 darauf hingewiesen, dass das Ziel der Massenentlassungs-Richtlinie der Schutz der Arbeitnehmer, also der Individualschutz ist.[1150] Daneben bezweckt die Richtlinie, Wettbewerbsverzerrungen durch Standortunterschiede zu beseitigen, indem die Belastungen für die Un-

---

[1145] KR/*Weigand*, § 17 KSchG Rn. 9; *v. Hoyningen-Huene/Linck*, Vorb. zu §§ 17 ff. KSchG Rn. 13ff.; MünchArbR/*Berkowsky*, § 156 Rn. 2; kritisch zur Wahl des Begriffs „Reflexwirkung“ *Hinrichs*, Kündigungsschutz und Arbeitnehmerbeteiligung bei Massenentlassungen, S. 111 f.

[1146] BAG 13.4.2000 AP § 17 KSchG 1969 Nr. 13.

[1147] *Opolony*, NZA 1999, 791, 792.

[1148] So auch EuGH 27.1.2005 (*Junk*), BB 2005, 331,333.

[1149] EuGH 27.1.2005 (*Junk*), BB 2005, 331 ff.

[1150] EuGH 17.12.1998, NZA 1999, 305, 306.

ternehmen einander angeglichen werden, der Arbeitnehmerschutz bleibt jedoch im Vordergrund.[1151]

Auf diese präventive Zielsetzung auf europarechtlicher Ebene wurde zwar zum Teil auch in der deutschen arbeitsrechtlichen Literatur hingewiesen,[1152] bei der Auslegung der deutschen Vorschriften fand sie jedoch in der nationalen Rechtsprechung und den größten Teilen des Schrifttums keine Beachtung.

(3) Kritik am nationalen Verständnis des Schutzzwecks der §§ 17ff. KSchG

Der im deutschen Arbeitsrecht vorherrschenden Auffassung, die Vorschriften zur Massenentlassung dienten vornehmlich arbeitsmarktpolitischen Zielen, können sowohl Einwände aus europarechtlicher Sicht als auch Einwände, die aus dem nationalen Recht hergeleitet werden, entgegengehalten werden.

So wurde die traditionelle Auslegung des von den §§ 17 ff. KSchG verfolgten Schutzzwecks im Hinblick auf die europarechtlichen Regelungen nicht völlig widerspruchslos hingenommen.[1153] Hierauf wird i.R.d. Bestimmung des Entlassungsbegriffs näher eingegangen. Aber auch schon bei einer rein nationalen Auslegung ist diese Schutzzweckbestimmung nicht ganz unproblematisch. Denn bei der Auslegung der Vorschriften sollte nicht die Vorgabe des § 20 Abs. 4 KSchG außer Acht gelassen werden, nach der die behördlichen Entscheidungsträger u.a. auch das Interesse des zu entlassenden Arbeitnehmers bei ihrer Entscheidungsfindung zu berücksichtigen haben.[1154] Zwar wird hier nicht ausdrücklich angewiesen, Entlassungen im Interesse des Arbeitnehmers zu vermeiden; auch eine Verzögerung der Kündigung kann bereits dem Interesse des Arbeitnehmers entsprechen und somit § 20 Abs. 4 KSchG genügen. Wenn aber die Formulierung des § 20 Abs. 4 KSchG so weit ist, dass sie nicht zwangsläufig so ausgelegt werden muss, dass der Individualkündigungsschutz Teil der Zwecksetzung der Vorschriften zur Massenentlassung ist, so kann diese Finalität doch auch nicht völlig ausgeschlossen werden. Ferner wurde vereinzelt darauf hingewiesen, dass die Tatsache, dass neben der Arbeitsverwaltung auch der Betriebsrat in das Verfahren einbezogen wird, für den Arbeitnehmerschutz als Zwecksetzung spreche. Denn der Betriebsrat vertrete im Gegensatz zur Arbeitsverwaltung nicht die Inte-

---

1151 *Wißmann*, RdA 1998, 221, 222.

1152 So z.B. APS/*Moll*, Vor §§ 17 ff. KSchG Rn. 12, der darauf hinweist, dass Sinn und Zweck der Richtlinie eindeutig in Arbeitnehmerschutzgesichtspunkten liege und dementsprechend ein richtlinienkonformes Verständnis der §§ 17 ff KSchG dazu führen müsse, dass auch im Rahmen der nationalen Regelungen der Individualschutz bezweckt ist.

1153 S. z.B. kritisch APS/*Moll*, Vor §§ 17 ff. KSchG Rn. 12, der sich neben den europarechtlichen Vorgaben auch auf BAG 11.3.1999 AP § 17 KSchG Nr. 12 beruft; *Hinrichs*, Kündigungsschutz und Arbeitnehmerbeteiligung bei Massenentlassungen 111 ff.

1154 BAG 11.3.1999 AP § 17 KSchG 1969 Nr. 12.

ressen der Allgemeinheit, sondern die der Belegschaft.[1155] § 17 Abs. 2 KSchG selbst erlegt den Betriebspartnern eine Beratungspflicht auf, um „Entlassungen zu vermeiden oder einzuschränken und ihre Folgen zu mildern". Zweifel an der traditionellen einseitigen Zweckbestimmung der §§ 17 ff. KSchG sind demnach durchaus berechtigt.

c) Der Anwendungsbereich der Regelungen zur Massenentlassung

(1) Die Entlassung als zentraler Ausgangspunkt

Eine Legaldefinition der Massenentlassung findet sich weder in den §§ 17ff. KSchG noch in der Massenentlassungsrichtlinie 98/59/EG. In beiden Regelwerken wird eine Staffelung nach der Anzahl der Arbeitnehmer und der Betriebsgröße vorgenommen. In Betracht kommen zwei Auslegungen des Entlassungsbegriffs, die jeweils entscheidenden Einfluss auf die gesamten Regelungen zur Massenentlassung und ihren Anwendungsbereich haben.

(1a) Entlassung als eigenständiger, von der Kündigung losgelöster Begriff

Auf deutscher Ebene wurde nach einer bis Anfang 2005 kaum angezweifelten Auffassung sowohl in Rechtsprechung als auch in der Literatur der Begriff Entlassung als die rechtliche bzw. tatsächliche Beendigung des Arbeitsverhältnisses verstanden.[1156] Diese Auslegung war allgemein so gefestigt, dass sie auch den Merkblättern der Bundesagentur für Arbeit zugrunde lag.[1157] Auf eine Begründung für diese Auffassung wurde in der neueren Literatur weitgehend verzichtet, da im Laufe der Zeit auch die letzten Kritiker verstummt sind. Folge dieser Rechtsauffassung war, dass die Massenentlassungsanzeige sowie die Unterrichtungs- und Beratungsrechte des Betriebsrates nach §§ 17ff. KSchG erst nach Ausspruch der Kündigung durchzuführen waren.

Die Auffassung wurde zunächst auf den Wortlaut gestützt. Nach § 17 Abs. 1 KSchG ist die Anzeige vorzunehmen, bevor der Arbeitgeber eine bestimmte Anzahl von Arbeitnehmern „entlässt"; es sei also nicht ausdrücklich vorgesehen, dass er die Anzeige erstatten muss, bevor er die Kündigung ausspricht.[1158] Aus dem Wortlaut gehe klar hervor, dass es sich aus zeitlicher

---

[1155] *Hinrichs*, Kündigungsschutz und Arbeitnehmerbeteiligung bei Massenentlassungen, S. 113.

[1156] BAG 24.10.1996 EzA § 17 KSchG Nr. 6; BAG 13.4.2000 AP § 17 KSchG 1969 Nr. 13; KR/*Weigand*, 7. Aufl., § 17 KSchG Rn. 32; APS/*Moll*, § 17 KSchG Rn. 26; KDZ/*Kittner*, § 17 Rn. 13; *Bauer/Krieger/Powietzka*, DB 2005, 445; *Ferme/Lipinski*, ZIP 2005, 593; HK-KSchG/*Hauck*, § 17 Rn. 21; *Opolony*, NZA 1999, 791, 793; a.A. *Steike*, DB 1995, 674 f.

[1157] *Ferme/Lipinski*, ZIP 2005, 593.

[1158] KR/*Weigand*, 7. Aufl., § 17 KSchG Rn. 75.

Sicht um den Begriff „Kündigungstermin", also dem Ablauf der Kündigungsfrist handele.[1159] Dies ergebe sich auch aus dem systematischen Zusammenhang, denn im Gegensatz zu den ersten beiden Teilen des KSchG, in denen die Kündigung der Anknüpfungspunkt sei, bestimme der dritte Teil die Entlassung zum maßgeblichen Zeitpunkt. Es seien demnach bewusst unterschiedliche Begriffe gewählt worden, die auch eine unterschiedliche Bedeutung hätten. Dies liege nicht zuletzt an der unterschiedlichen, weil arbeitsmarktpolitischen, Zielsetzung der §§ 17ff. KSchG.[1160]

(2a) Neue Begriffsbestimmung durch den EuGH

Die zuvor dargestellte, etablierte Auffassung hätte in Anbetracht der langjährigen Mitgliedschaft der Bundesrepublik in der Europäischen Union eigentlich zumindest Erstaunen auslösen müssen. So hat auch *Wißmann* bereits 1998 bemängelt, dass das EG-Recht im Recht der Massenentlassungen kaum wahrgenommen wurde.[1161] Dieses Versäumnis führte der EuGH mit seiner Entscheidung vom 27.1.2005[1162] deutlich vor Augen. Mit dieser Entscheidung antwortete er auf einen Vorlagebeschluss des Arbeitsgerichts Berlin[1163] zur Frage, ob für eine Massenentlassung im Sinne der Massenentlassungsrichtlinie 98/59/EG der Zeitpunkt des Ausspruchs der Kündigung oder aber die Beendigung des Arbeitsverhältnisses maßgeblich sei, und äußerte sich damit zugleich zur Auslegung der Art. 1-4 der Richtlinie 98/59/EG. Nach Ansicht des EuGH ist die Kündigungserklärung des Arbeitgebers das Ereignis, das als Entlassung gilt. Diese Auffassung widerspricht klar der in Deutschland praktizierten Auslegung der §§ 17 ff. KSchG. Der EuGH begründet seine Entscheidung damit, dass die Richtlinie in Art. 2 Abs. 1 und Art. 3 Abs. 1 von „beabsichtigten" Massenentlassungen ausgeht. Dies zeige, dass es sich um einen Fall handeln müsse, in dem noch keine endgültige Entscheidung getroffen ist, was bei dem Abstellen auf den tatsächlichen Beendigungszeitpunkt hingegen bereits geschehen sei. Er zieht ferner das in Art. 2 Abs. 2 genannte Ziel der Richtlinie, die Vermeidung der Kündigungen bzw. die Beschränkung ihrer Anzahl, heran.

Aufgrund der präventiven Zwecksetzung der Massenentlassungsrichtlinie ist es m.E. konsequent, wenn der EuGH hieraus den Schluss zieht, dass der maßgebliche Zeitpunkt, auf den abgestellt werden muss, der Ausspruch der Kündigung und nicht erst die tatsächliche Beendigung des Arbeitsverhältnis-

---

[1159] *v. Hoyningen-Huene/Linck*, 13. Aufl., § 17 Rn. 15.

[1160] Die arbeitsmarktpolitische Zielsetzung ließe zudem die Einordnung ins KSchG und nicht ins Arbeitsförderungsrecht, als verfehlt erscheinen, *Ferme/Lipinski*, ZIP 2005, 593, 594.

[1161] *Wißmann*, RdA 1998, 221.

[1162] EuGH 27.1.2005, BB 2005, 331.

[1163] ArbG Berlin 30.4.2003, ZIP 2003, 1265.

ses ist. Denn bei einem Abstellen auf den Zeitpunkt der tatsächlichen Beendigung des Arbeitsverhältnisses kann nicht mehr präventiv eingegriffen werden. In einem solchen Fall ist die Kündigung bereits ausgesprochen und ihr Wirksamwerden ist nur noch eine Frage der Zeit bzw. der Kündigungsfrist. Vermieden wird sie hingegen nicht mehr, unabhängig davon, welche Vorschläge der Betriebsrat macht.

Wenn diese Auslegung auch nicht mit der nationalen Auslegung der §§ 17ff. KSchG übereinstimmt, so kommt sie doch nicht, wie teilweise angenommen,[1164] überraschend. Schon in seiner Entscheidung vom 17.12.1998 wies der EuGH darauf hin, dass das Ziel der Richtlinie der Schutz der Arbeitnehmer im Fall von Massenentlassungen ist.[1165] Von dieser Feststellung aus ist der Schritt zur Annahme, dass unter Entlassung im Sinne der Massenentlassungsrichtlinie der Zeitpunkt des Kündigungsausspruchs zu verstehen ist, nicht groß. Weitaus schwieriger scheint hingegen der Schritt von der Auslegung der europäischen Richter zur Einführung dieser Auslegung in das deutsche Arbeitsrecht zu sein.

Wird die Entscheidung des EuGH als Maßstab für die Anwendung der §§ 17ff. KSchG genommen, hat sie weitreichende Folgen für das deutsche System der Massenentlassungsregelungen. Bisher erfolgte die Anzeige bei der Arbeitsagentur i.d.R. erst nach Ausspruch der Kündigung.[1166] Denkbarer Hintergrund für die Forderung, weiterhin an der tatsächlichen Beendigung festzuhalten, können strategische Erwägungen auf Arbeitgeberseite sein. Denn das Abstellen auf die tatsächliche Beendigung erlaubt es dem Arbeitgeber, mit Hilfe des geschickten Einsatzes der ggf. unterschiedlich langen Kündigungsfristen, den Ausspruch der Kündigungen so zu staffeln, dass die Anzahl der Kündigungen, die in den maßgeblichen 30-Tage-Zeitraum fallen, reduziert werden, so dass die §§ 17 ff. KSchG gar nicht erst zur Anwendung kommen. Dies wäre in der Weise nicht mehr möglich, wenn der Ausspruch der Kündigung als Ausgangspunkt genommen wird.

(3a) Reaktionen auf die Vorgaben des EuGH

Der Einsatz ist somit hoch. Es verwundert daher nicht, dass gleich nach Erscheinen der Entscheidung des EuGH darauf verwiesen wurde, eine richtli-

---

1164 So aber *Ferme/Lipinski*, ZIP 2005, 593; dass die nationale Auslegung der Vorschriften zur Massenentlassung im Gegensatz zur europäischen Auslegung steht, hat hingegen bereits *Wißmann*, RdA 1998, 221 f. deutlich dargelegt.

1165 EuGH 17.12.1998, NZA 1999, 305, 306.

1166 Dies wurde damit begründet, dass eine frühere Anzeige wegen § 18 Abs. 4 KSchG, der vorsieht, dass das Arbeitsverhältnis innerhalb von 90 Tagen nach Ablauf der Sperrfrist beendet werden muss, nicht möglich sei, *Bauer/Krieger/Powietzka*, DB 2005, 445. Nach dem bisherigen nationalen Entlassungsbegriff war es in der Tat problemlos möglich, diese Frist einzuhalten. Schließlich musste das Verfahren erst bis zur tatsächlichen Beendigung des Arbeitsverhältnis eingehalten worden sein.

nienkonforme Auslegung der §§ 17 ff. KSchG sei nicht möglich.[1167] Dies entsprach der wohl vorherrschenden Tendenz der ersten Gerichtsentscheidungen erster und zweiter Instanz. Zunächst haben lediglich das ArbG Berlin[1168] und das ArbG Bochum[1169] eine richtlinienkonforme Auslegung bejaht. Demgegenüber haben sich das LAG Hamm und das LAG Köln, sowie drei weitere erstinstanzliche Gerichte gegen eine richtlinienkonforme Auslegung ausgesprochen.[1170] Begründet wird die Ablehnung der richtlinienkonformen Auslegung durchgehend damit, dass durch Wortlaut, Systematik und Entstehungsgeschichte der §§ 17ff. KSchG der richtlinienkonformen Auslegung des Entlassungsbegriffs eine Grenze gesetzt werde.

Die Bundesagentur für Arbeit hat hingegen im Wege einer Art vorauseilendem Gehorsams nicht einmal einen Monat nach der Entscheidung des EuGH bereits in einer Pressemitteilung gefordert, die Anzeige nun vor Ausspruch der Kündigung vorzunehmen.[1171] Dem Merkblatt, das die Bundesagentur für Arbeit für Arbeitgeber herausgibt, liegt nun dementsprechend eine richtlinienkonforme Auslegung des Entlassungsbegriffs zugrunde. Für das gesamte Verfahren wird auf den Zeitpunkt des Ausspruchs der Kündigung und nicht der tatsächlichen Beendigung abgestellt.[1172] Dies führt bei Beibehaltung der Tendenz auf erst- und zweitinstanzlicher Ebene zu erheblichen Anwendungsproblemen bei der Berechnung der Schwellenwerte, da jeweils von unterschiedlichen Zeitpunkten ausgegangen wird.

Auch das BAG hatte inzwischen die Möglichkeit, sich zur richtlinienkonformen Auslegung zu äußern. In Bezug auf die Anzeigepflicht bei der Agentur für Arbeit ist sowohl der 2. als auch der 6. Senat den Vorgaben des EuGH gefolgt und hat auf den Zeitpunkt der Kündigungserklärung abgestellt.[1173] Damit hat das BAG ausdrücklich Stellung für eine richtlinienkonforme Auslegung bezogen. Dieser neuen Rechtsprechung wurde mitterlweile eine Vielzahl der Kommentierungen zum Kündigungsrecht angepasst.[1174]

Um beurteilen zu können, ob der Vorwurf der Gegenmeinung, eine richtlinienkonforme Auslegung sei nicht möglich, berechtigt ist, muss zunächst un-

---

[1167] S. z.B. *Bauer/Krieger/Powietzka*, DB 2005, 445; *Ferme/Lipinski*, ZIP 2005, 593, 594; nach der EuGH-Entscheidung jetzt als erstes deutsches Urteil zu dieser Fragestellung auch gegen eine richtlinienkonforme Auslegung ArbG Krefeld, DB 2005, 892 f.

[1168] ArbG Berlin 1.3.2005, AuR 2005, 194.

[1169] ArbG Bochum 17.3.2005, AuR 2005, 232 ff.

[1170] LAG Hamm 8.7.2005, - 7 Sa 540/05 - und - 7 Sa 512/05; LAG Köln 10.5.2005 - 1 Sa 1510/04 – ; ArbG Wuppertal 12.5.2005 – 5 Ca 506/05 – ; ArbG Krefeld 14.4.2005, DB 2005, 892; ArbG Lörrach 24.3.2005, NZA 2005, 584 f.

[1171] Pressemitteilung vom 21.2.2005, s. *Thüsing*, BB 2005 Heft 16 S. I.

[1172] Das Merkblatt ist z.B. zu finden auf der Internetseite der Bundesagentur für Arbeit www.arbeitsagentur.de, unter dem Stichwort „Informationen für Arbeitgeber".

[1173] BAG 23.3.2006 – 2 AZR 343/05; BAG 13.7.2006 – 6 AZR 198/05.

[1174] S. hierzu statt vieler KR/*Weigand*, § 17 KSchG Rn. 32a ff.

tersucht werden, was unter einer richtlinienkonformen Auslegung zu verstehen ist, ob und inwieweit sie Vorrang hat, und wo ihre Grenzen liegen.

(4a) Die richtlinienkonforme Auslegung des Entlassungsbegriffs

(1aa) Das Gebot der richtlinienkonformen Auslegung und seine Grenzen

Richtlinienkonforme Auslegung bedeutet, dass das nationale Recht im Lichte des Wortlautes und des Zwecks der jeweils maßgeblichen Richtlinie auszulegen ist.[1175] Betroffen ist hiervon das nationale Recht, das sich im Regelungsbereich der Richtlinie befindet, unabhängig davon, ob es vor oder nach der Richtlinie erlassen wurde.[1176] Die richtlinienkonforme Auslegung ist mittlerweile Bestandteil der ständigen Rechtsprechung des EuGH.[1177] Auch das BAG hat die richtlinienkonforme Auslegung als Auslegungsinstrument akzeptiert und wendet sie in seinen Urteilen an.[1178]

Nicht ganz unumstritten ist jedoch das Verhältnis der richtlinienkonformen Auslegung zu den übrigen Auslegungskriterien. Der EuGH hat die Pflicht zur vorrangigen richtlinienkonformen Auslegung zwar in ständiger Rechtsprechung wiederholt.[1179] In der Rechtssache *Pfeiffer* äußerte er sich noch einmal unmissverständlich und damit noch deutlicher als zuvor, indem er vorgab, dass die nationalen Gericht *alles tun müssen*, um die richtlinienkonforme Anwendung des nationalen Rechts zu gewährleisten.[1180] Es wird aber auch vertreten, dass der richtlinienkonformen Auslegung kein Vorrang i.R.d. Auslegung eingeräumt werden solle, zumindest wenn es sich nicht um Gemeinschaftsrecht mit unmittelbarer Wirkung handele.[1181] Diese Auffassung ist je-

[1175] *Streinz*, Europarecht, S. 169 Rn. 404; Hanau/Steinmeyer/Wank/*Steinmeyer*, § 10 Rn. 48; zur Abgrenzung zur gemeinschaftsrechtskonformen Auslegung s. *Müller/Christensen*, Juristische Methodik Band II, S. 131.

[1176] *Streinz*, Europarecht, S. 169 Rn. 404.

[1177] Grundlegend zunächst EuGH 24.1.1983 (*von Colson/Kamann*) Rs. 14/83, Slg. 1984, 1891; bestätigt und vertieft u. a. durch EuGH 3.4.1989 (*Marleasing*), Rs. C-106/89, Slg. 1990, I-4135; EuGH 27.6.200 (*Océano*), Rs. C-240-244/98, Slg. 2000, I-4941; zuletzt wiederholt von EuGH 12.10.2004 (*Pfeiffer*) Rs. C-397-403/01, NZA 2004, 3547.

[1178] S. z.B. nur BAG 29.6.2004 AP § 5 EBRG Nr. 5; BAG 29.4.2004 AP § 26 BAT Nr. 2; BAG 30.3.2004 AP § 113 BetrVG 1972 Nr. 47; BAG 18.9.2003 AP § 17 KSchG 1969 Nr. 14; BAG 27.6.2000 AP EWG-Richtlinie Nr. 94/45 Nr. 1.

[1179] Zuerst EuGH 24.1.1983 (*von Colson/Kamann*) Rs. 14/83, Slg. 1984, 1891; dem folgend z.B. EuGH 3.4.1989 (*Marleasing*), Rs. C-106/89, Slg. 1990, I-4135; EuGH 26.9.1996 (*Arcaro*) Rs. C-168/95, Slg. 1996 I-4705; EuGH 27.6.2000 (*Océano*), Rs. C-240-244/98, Slg. 2000, I-4941; zuletzt EuGH 12.10.2004 (*Pfeiffer*) Rs. C-397-403/01, NZA 2004, 3547.

[1180] EuGH 12.10.2004 (*Pfeiffer*) Rs. C-397-403/01, NZA 2004, 3547.

[1181] *di Fabio*, NJW 1990, 947, 952 f.; i.E. ebenso *Dänzer-Vanotti*, DB 1994, 1052, 1053 f. mit der Begründung, dass ein Vorrang des Gemeinschaftsrechts bei der Auslegung des nationalen Rechts nicht mehr zu einer Auslegung führt, sondern vielmehr einer Rechtsetzung gleichkomme, die nicht Aufgabe der Gerichte sei.

doch in Anbetracht der Art. 10 und Art. 249 EG nicht haltbar. Die Mitgliedstaaten trifft das Gebot, den Maßnahmen der EG zu größtmöglicher Wirkung zu verhelfen, es handelt sich dabei um die sog. Pflicht zur Gemeinschaftstreue.[1182] Aus Art. 10 i.V.m. Art. 249 Abs. 3 EG folgt in Bezug auf die Umsetzung von Richtlinien, dass die Mitgliedstaaten den Bestimmungen und vor allem dem Ziel der Richtlinie dazu verhelfen sollen, auf nationaler Ebene praktische Wirksamkeit zu erlangen.[1183] Die Pflicht, alle zur Erfüllung des Richtlinienziels erforderlichen Maßnahmen zu treffen, obliegt dabei allen Trägern öffentlicher Gewalt in dem jeweiligen Mitgliedstaat, somit auch den Gerichten.[1184] Sie ergibt sich aus dem Anwendungsvorrang des EG-Rechts vor dem nationalen Recht, der in Art. 10 EG festgelegt ist, unabhängig davon, ob es sich um unmittelbar oder mittelbar wirkendes EG-Recht handelt.[1185] Es ist somit von einem Vorrang richtlinienkonformer Auslegung gegenüber den übrigen Auslegungsungsinstrumenten auszugehen. Er gilt zumindest in Bezug auf Richtlinien, die bereits umgesetzt sind bzw. deren Umsetzungsfrist abgelaufen ist.[1186]

Wird der Vorrang der richtlinienkonformen Auslegung zugrunde gelegt, bleibt die Frage, ob und ggf. wann dieser Auslegung eine Grenze gesetzt ist. Diese Frage stellt sich gerade bei der Auslegung des Entlassungsbegriffs durch den EuGH, denn hier setzt häufig die Kritik an, dass eine richtlinienkonforme Auslegung der §§ 17 ff. KSchG nicht möglich sei, weil eine Grenze dieser Auslegungsmethode erreicht sei.[1187]

Die Frage der Grenzen richtlinienkonformer Auslegung ist äußerst streitig.[1188] Es wird vertreten, dass nach Ausschöpfung der Auslegungskriterien

---

[1182] *Lutter*, JZ 1992, 593, 605; *Osnabrügge*, NJW 2005, 1093.

[1183] *Hinrichs*, Kündigungsschutz und Arbeitnehmerbeteiligung bei Massenentlassungen, S. 63.

[1184] EuGH 10.4.1984 (*von Colson/Kamann*) Rs. 14/83, Slg. 1984, 1891.

[1185] Callies/Ruffert/*Kahl*, Art. 10 EG-Vertrag Rn. 40. Weder Art. 10 EG gibt einen Anhaltspunkt für eine Unterscheidung nach unmittelbarer und mittelbarer Wirkung des EG-Rechts, noch Art. 249 Abs. 3 EG. Gerade in Art. 249 Abs. 3 EG hätte aber eine Differenzierung nahe gelegen, wenn sie gewollt gewesen wäre, da die Vorschrift ausdrücklich Richtlinien betrifft und diese haben i. d. R. lediglich eine mittelbare Wirkung.

[1186] Zu der Frage, ob auch nach Ablauf der Umsetzungsfrist eine Pflicht zur richtlinienkonformen Auslegung besteht oder ob der nationale Richter sie zumindest anwenden darf s. *Lutter*, JZ 1992, 593, 605; *Herrmann*, Richtlinienumsetzung durch die Rechtsprechung, S. 115 ff. m.w.N.

[1187] So z.B. *Bauer/Krieger/Powietzka*, DB 2005, 445 f.; *Ferme/Lipinski*, ZIP 2005, 593, 596.

[1188] Eine ausführliche Darstellung des Streitstandes findet sich bei *Herrmann*, Richtlinienumsetzung durch die Rechtsprechung, S. 131 ff. Die Problematik wird dann besonders deutlich, wenn das nationale Recht hinter den Vorgaben der einschlägigen Richtlinie zurückbleibt. Das nationale Recht wird verdrängt, wenn die Richtlinie hinreichend klar und bestimmt und sie somit unmittelbar anwendbar ist, *Streinz*, Europarecht, S. 170 Rn. 405;

eine Rechtsfortbildung contra legem vorzunehmen sei. Denn nur so könne vermieden werden, dass der nationale Richter an einem Rechtskonflikt zwischen seinem Staat und der Gemeinschaft mitwirke, und dass er sonst sogar zu Schadensersatzansprüchen gegen seinen Staat beitragen könne, wenn er der Verpflichtung seines Staates zur richtigen Umsetzung der Richtlinie im Wege der Rechtsfortbildung nicht nachkomme.[1189] Nach der wohl herrschenden Meinung ist hingegen eine Auslegung bzw. Rechtsfortbildung contra legem nicht zulässig.[1190]

Dass der richtlinienkonformen Auslegung Grenzen gesetzt sind, scheint grundsätzlich auch der EuGH anzuerkennen. Er schreibt in ständiger Rechtsprechung eine richtlinienkonforme Auslegung des nationalen Rechts „soweit wie möglich" vor und impliziert damit, dass die Grenzen in den nationalen Auslegungsmethoden zu finden sind.[1191] In Bezug auf die gemeinschaftsrechtskonforme Auslegung von Rahmenbeschlüssen sah der EuGH kürzlich die Grenze in der Auslegung contra legem des nationalen Rechts.[1192]

Eine grenzenlose Pflicht zur richtlinienkonformen Auslegung kann m.E. nicht angenommen werden. Zum einen würde dadurch in die Kompetenzverteilung der Gewalten eingegriffen, denn für die Erfüllung der gemeinschaftsrechtlichen Umsetzungsverpflichtung ist ein Tätigwerden des Gesetzgebers erforderlich. Hier enden die Befugnisse der Judikative.[1193] Zum anderen müssen für die richtlinienkonforme Auslegung dieselben Grundsätze gelten, wie für die verfassungskonforme Auslegung.[1194] Hier kann auch eine Parallele zu dem aus dem Rechtsstaatsprinzip folgenden Gebot der Normenklarheit gezogen werden, nach dem für den Bürger (zumindest theoretisch) erkennbar sein muss, wie die Gesetzeslage ist. Der Normgehalt darf nicht verschleiert und

---

Lutter, JZ 1992, 593, 607. Das ist aber nicht der Regelfall, Probleme entstehen gerade dann, wenn eine Richtlinie nicht unmittelbar anwendbar ist.

1189 *Lutter*, JZ 1992, 593, 607; i.E. ebenso der Schlussantrag des Generalanwaltes vom 27.4.2004 in der Rs. *Pfeiffer*, C-397/01.

1190 BAG 18.2.2003 AP § 611 BGB Arbeitsbereitschaft Nr. 12; BAG 20.7.2004 AP § 1 AEntG Nr. 18; *Hinrichs*, Kündigungsschutz und Arbeitnehmerbeiteiligung bei Massenentlassungen, S. 65; *Dänzer-Vanotti*, DB 1994, 1052, 1055; *Ferme/Lipinski*, ZIP 2005, 593, 594; *Thüsing*, ZIP 2004, 2301, 2304; *Franzen*, JZ 2003, 321, 323; *Müller/Christensen*, Juristische Methodik Band II, S. 135.

1191 EuGH 13.11.1990 (*Marleasing*), Rs. C-106/89, Slg. 1990, I-4135; EuGH 5.10.2004 (*Pfeiffer*), Rs. C-397-403/01, NZA 2004, 3547, wobei er in dieser Entscheidung klar der Forderung des Generalanwalts widersprochen hat.

1192 EuGH 26.6.2005 (*Pupino*), Rs. C – 105/03, JZ 2005, 838.

1193 *Franzen*, JZ 2003, 321, 328; i.E. ebenso unter Hinweis auf die innerstaatliche Kompetenzordnung *Müller/Christensen*, Juristische Methodik Band II, S. 135.

1194 Auch die h.M. wendet die Grundsätze der verfassungskonformen Auslegung auf die richtlinienkonforme Auslegung an BAG 30.3.2004 - 1 AZR 7/03; BAG 18.2.2003 AP § 611 BGB Arbeitsbereitschaft Nr. 12; *Dänzer-Vanotti*, DB 1994, 1052, 1055; *Hinrichs*, Kündigungsschutz und Arbeitnehmerbeteiligung bei Massenentlassungen, S. 65.

muss verständlich sein.[1195] Dies ist nicht gewährleistet, wenn der Richter das nationale Recht gegen seinen Wortlaut auslegt. Bei einer richtlinienkonformen Auslegung dieser Normen, die eindeutig nicht dem Wortlaut entspricht, dürfte eine allgemeine Überforderung entstehen. Sie ist daher nicht zulässig.

Wenn aber nun feststeht, dass auch für die richtlinienkonforme Auslegung Grenzen bestehen müssen, so ist noch nicht geklärt, wo genau diese Grenzen zu ziehen sind. Anhaltspunkt sind wie bereits erwähnt die Grundsätze der verfassungskonformen Auslegung. Nach ständiger Rechtsprechung des BVerfG ist die Grenze erreicht, wenn dem Wortlaut der Norm ein entgegengesetzter Sinn verliehen wird, der normative Gehalt grundlegend neu bestimmt oder das gesetzgeberische Ziel in wesentlichen Punkten verfehlt würde.[1196] Hieran schließt sich sogleich die Frage an, ob dies auch eine richterliche Rechtsfortbildung ausschließt. Z.T. wird eine strenge Trennung zwischen Auslegung und Rechtsfortbildung vorgenommen.[1197] Dies könnte zu der Annahme verleiten, die richtlinienkonforme Auslegung nur auf die Auslegung i.e.S. zu beschränken unter Ausschluss der richterlichen Rechtsfortbildung. Zutreffend wird aber mittlerweile vertreten, dass die Rechtsfortbildung nicht etwas anderes als die Auslegung sei, sondern sich vielmehr nur auf einer höheren Stufe befinde, es also eine Art Fortsetzung der Auslegung sei. Die Grenzen seien dabei häufig fließend und könnten nicht immer genau gezogen werden.[1198] Bestärkt wird die Annahme, dass die richtlinienkonforme Auslegung auch die richterliche Rechtsfortbildung umfassen muss, durch die Rechtsprechung des EuGH.[1199] Die richterliche Rechtsfortbildung ist auf nationaler Ebene ein anerkanntes Instrument, das den Richtern zur Verfügung steht. Es ist nicht ersichtlich, warum es nicht auch i.R.d. richtlinienkonformen „Auslegung" zur Anwendung kommen soll.[1200] Allerdings ist auch eine

---

[1195] Sachs/*Sachs*, GG, Art. 20 Rn. 125.

[1196] BVerfG 26.4.1994 BVerfGE 90, 263, 275; BVerfG 11.6.1980 BVerfGE 71, 81, 105; BVerfG 22.10.1985 BVerfGE 54, 277, 299 f.

[1197] S. hierzu die Darstellung bei *Herrmann*, Richtlinienumsetzung durch die Rechtsprechung, S. 143 m.w.N.

[1198] *Larenz/Canaris*, Methodenlehre der Rechtswissenschaft, S. 187 ff.; *Hinrichs*, Kündigungsschutz und Arbeitnehmerbeteiligung bei Massenentlassungen, S. 65.

[1199] Wenn auch zunächst seine Rechtsprechung so verstanden werden konnte – nicht aber zwangsläufig musste – , dass nur die Auslegung im nationalen Sinne gemeint ist und dies bei einem engen Auslegungsverständnis den Ausschluss der Rechtsfortbildung bedeutet, lässt sich nun auch hier eine Verschärfung in Bezug auf die Pflicht zur richtlinienkonformen Auslegung und ihre Ausmaße feststellen. So sieht der Gerichtshof vor, dass das nationale Gericht alles tun muss, was in seiner Zuständigkeit liegt, um eine Richtlinienkonformität zu gewährleisten, EuGH 5.10.2004 (*Pfeiffer*) Rs. C-397/01, NZA 2004, 3547. Dies schließt auch die Rechtsfortbildung ein, *Thüsing*, ZIP 2004, 2301, 2305.

[1200] Zumal bei der Auslegung nationaler Normen in Bezug auf ihre Richtlinienkonformität die Rechtsfortbildung wesentlich eingeschränkter ist, als wenn sie auf rein nationaler Ebene stattfindet. Denn hierbei sind den Richtern durch die Richtlinie wiederum klare Grenzen

Rechtsfortbildung contra legem nicht zulässig. Die zur Auslegung contra legem dargestellten Gründe entfalten auch hier ihre volle Geltung.

I.E. bedeutet die Pflicht zur richtlinienkonformen Auslegung damit für den nationalen Richter, dass diese Art der Auslegung Vorrang gegenüber den übrigen Auslegungskriterien hat. Sie darf jedoch nicht contra legem vorgenommen werden. Außerdem umfasst sie auch eine Pflicht zur richterlichen Rechtsfortbildung, solange auch sie nicht contra legem ist. Die Grenze ist erreicht, wenn dem Wortlaut der Norm durch die richtlinienkonforme Auslegung ein entgegengesetzter Sinn verliehen wird, ihr normativer Gehalt grundlegend neu bestimmt wird oder das gesetzgeberische Ziel in wesentlichen Punkten verfehlt würde.

(2aa) Zulässigkeit der richtlinienkonformen Auslegung der §§ 17ff. KSchG

Der Gesetzgeber selbst hat die §§ 17 ff. KSchG zur Umsetzung der Massenentlassungsrichtlinie bestimmt.[1201] Sie befinden sich somit im Regelungsbereich der Richtlinie 98/59/EG.[1202] Die Pflicht zur – vorrangigen – richtlinienkonformen Auslegung greift also grundsätzlich auch i.R.d. Bestimmung des Begriffs Entlassung i.S.d. §§ 17 ff. KSchG.

Der EuGH ist in seinen Vorgaben klar. Der von der Richtlinie 98/59/EG als Entlassung bezeichnete maßgebliche Zeitpunkt für das Greifen der Verfahrensregeln ist der Ausspruch der Kündigung.[1203] Fraglich ist, ob damit ausnahmsweise eine Grenze der richtlinienkonformen Auslegung erreicht ist.

(1aaa) Widerstand gegen eine richtlinienkonforme Auslegung

Wie bereits dargestellt, findet die richtlinienkonforme Auslegung ihre Grenze dort, wo dem Wortlaut der Norm ein entgegengesetzter Sinn verliehen wird, der normative Gehalt grundlegend neu bestimmt oder deren gesetzgeberisches Ziel in wesentlichen Punkten verfehlt würde.[1204] Am naheliegendsten ist zunächst die Annahme, dass bereits die Wahl des Begriffs Entlassung einem Abstellen auf den Zeitpunkt der Kündigungserklärung entgegensteht. So wird vertreten, dass bereits der Wortlaut, insbesondere auch mit Blick auf den restlichen Sprachgebrauch im KSchG, klar zum Ausdruck bringe, dass Entlassung nicht gleichbedeutend mit Kündigung sei. Denn wäre eine Kündigung gemeint gewesen, wäre dieser Begriff wie im restlichen KSchG auch

---

gesetzt. Die Befürchtung, der Richter könnte seine Kompetenzen überschreiten und sich als eine Art Zusatzgesetzgeber gerieren, ist daher in diesem Zusammenhang nicht berechtigt.

1201 BT-Drucks. 13/688, S. 4; s. auch *Wißmann*, RdA 1998, 221, 222.

1202 Es ist unerheblich, dass die Vorschriften bereits vor Inkrafttreten der Richtlinie galten, sie müssen nicht extra für die Umsetzung der Richtlinie eingeführt worden sein, EuGH 13.11.1990 (*Marleasing*) Rs. C-106/89, Slg. 1990, I-4135; *Streinz*, Europarecht, S. 169 Rn. 404.

1203 EuGH 27.1.2005 (*Junk*) Rs. C-188/03, BB, 2005, 331 ff.

1204 s. dazu oben § 18 III. 3. a) dd) (1).

verwendet worden.[1205] Der Begriff „Kündigung", der für einen privatrechtlichen Gestaltungsakt stehe, sei nicht gleichbedeutend mit dem Begriff „Entlassung".[1206]

Anknüpfend an den Wortlaut wird dann auch sogleich als Argument vorgebracht, dass sich in dem eben dargestellten unterschiedlichen Gebrauch der Wörter Entlassung und Kündigung innerhalb des KSchG der Wille des Gesetzgebers widerspiegele, d.h. also die Zuweisung eines unterschiedlichen Bedeutungsgehalts.[1207] Es wird auf die Formulierungen in § 18 Abs. 1 KSchG (Zeitpunkt, zu dem Entlassungen „wirken") und von § 18 Abs. 4 KSchG („Durchführung" von Entlassungen) hingewiesen, die zumindest äußerst „ungewöhnlich" seien, wenn sie sich auf den Ausspruch der Kündigung bezögen. Damit käme auch der erkennbare Wille des Gesetzgebers zum Ausdruck, der auch nicht durch eine richtlinienkonforme Auslegung verändert werden dürfe.[1208]

Weiterhin wird vorgebracht, dass ein Abstellen auf den Zeitpunkt des Ausspruchs der Kündigung dem System und Regelungszusammenhang der §§ 17 ff. KSchG widerspreche. Denn diese Vorschriften mit ihren einzelnen Fristenregelungen seien darauf ausgerichtet, dass der maßgebliche Zeitpunkt die tatsächliche Beendigung des Arbeitsverhältnisses sei. Dieses Fristensystem würde nicht mehr funktionieren, wenn nun auf einen anderen Zeitpunkt abgestellt würde.[1209] Hingewiesen wird hierbei insbesondere darauf, dass § 18 Abs. 1 KSchG zu einer erheblichen Verzögerung von Massenentlassungen führen und in vielen Sanierungsfällen ein notwendiger Personalabbau verhindert werde, wenn „Entlassung" durchgehend als Kündigungsausspruch

---

[1205] So argumentieren in der erstinstanzlichen Rechtsprechung nach der Junk-Entscheidung z.B. das ArbG Lörrach 24.3.2005 AuA 2005, 371 f.; ArbG Krefeld, 14.4.2005, DB 2005, 892 f.; ebenso *Bauer/Krieger/Powietzka*, DB 2005, 445, 446.

[1206] So z.B. als Teil einer st. Rechtsprechung BAG 18.9.2003 AP § 102 BetrVG 1972 Weiterbeschäftigung Nr. 15 noch vor dem Urteil des EuGH vom 27.1.2005; *Ferme/Lipinski*, ZIP 2005, 593, 594 unter Berufung auf die Rechtsprechung des BAG ebenso *Grimm/Brock*, EWiR 2005, 213; ebenfalls auf den Wortlaut abstellend KR/*Weigand*, § 17 KSchG Rn. 75.

[1207] *Ferme/Lipinski*, ZIP 2005, 593, 594, wobei sich das Wortlautargument und das systematische Argument mit Hilfe dessen der gesetzgeberische Wille hergeleitet wird, vermischen; s. z.B. im Urteil des ArbG Krefeld, 14.4.2005 DB 2005, 892 f.

[1208] *Bauer/Krieger/Powietzka*, DB 2005, 445, 446.

[1209] BAG 18.9.2003 AP § 102 BetrVG 1972 Weiterbeschäftigung Nr. 15 merkt an, dass bei einer richtlinienkonformen Auslegung in der Form, dass vor Ausspruch der betreffenden Kündigungen die Information und Konsultation des Betriebsrats bereits abgeschlossen sein muss, nach deutschem Recht wegen des gesetzlich vorgesehenen Verfahrens über den Abschluss eines Interessenausgleichs und eines Sozialplans und die zusätzlich erforderliche Anhörung des Betriebsrats zu jeder einzelnen Kündigung nach § 102 BetrVG zu einer ganz erheblichen Verzögerung sozialplanpflichtiger Betriebsänderungen führen; das BAG weist aber zugleich darauf hin, dass es in dem vorliegenden Fall darüber nicht abschließend entscheiden muss; ferner *Diller*, EuroAS 2005, 37, 38; *Bauer/Krieger/Powietzka*, DB 2005, 445, 447 f.

gelesen werde. Denn dann werde der Kündigungsausspruch gem. § 18 Abs. 1 KSchG erst einen Monat nach der Anzeige wirksam, i.E. führe dies zu einer Addition von Kündigungs- und Sperrfrist. Dies sehe weder die Richtlinie noch die Rechtsprechung des EuGH vor.[1210]

In diesem Zusammenhang wird zudem darauf hingewiesen, dass § 18 Abs. 4 KSchG nicht zu § 18 Abs. 1 und 2 KSchG passe, weil in Abs. 4 der Fristbeginn derjenige Zeitpunkt sei, ab dem die Entlassungen nach Abs. 1 und 2 „zulässig" seien, in Abs. 1 jedoch der Zeitpunkt des Wirksamwerdens der Entlassung geregelt werde; bemängelt wird dabei, dass die Voraussetzungen für die Zulässigkeit aber in § 17 Abs. 1 und 2 KSchG festgelegt seien.

Außerdem wird gegen eine richtlinienkonforme Auslegung angeführt, dass in dem Fall, in dem neben der Massenentlassung zugleich eine Betriebsänderung vorliegt,[1211] das eigentlich bestehende Stufenverhältnis zwischen §§ 111ff. BetrVG und §§ 17 ff. KSchG nicht mehr gewahrt sei.[1212]

(2aaa) Rechtfertigung richtlinienkonformer Auslegung und Stellungnahme

Wie bereits dargelegt, ist eine richtlinienkonforme Auslegung contra legem nicht zulässig. Maßgeblich ist damit, ob die Auslegung des Begriffs Entlassung als Kündigungsausspruch bereits gegen den eindeutigen Gesetzeswortlaut oder Gesetzeszweck verstößt. Ein solcher Verstoß läge dann vor, wenn die Begriffe Entlassung und Kündigung im Widerspruch zueinander ständen. Das kann nicht vertreten werden, denn selbst wenn angenommen wird, dass Entlassung nicht zwangsläufig gleichbedeutend ist mit Kündigung, so ist die Kündigung doch von dem Begriff Entlassung zumindest mit umfasst.[1213] Dies zeigt sich auch an der Verwendung des Begriffs Entlassung durch den Ge-

---

1210 *Bauer/Krieger/Powietzka*, DB 2005, 445, 447 f.

1211 Dieser Fall tritt eher selten ein, so, wenn in Großbetrieben mit mehr als 600 Arbeitnehmern mindestens 30 Arbeitnehmer und zugleich weniger als 5 % betroffen sind; *Wißmann*, RdA 1998, 221, 226; *Ferme/Lipinski*, ZIP 2005, 593, 596; BAG 6.12.1988 AP § 111 BetrVG 1972 Nr. 26; BAG 19.1.1999, NZA 1999, 949, 952.

1212 Nach dieser Auffassung wäre der Betriebsrat beim Abstellen auf den Kündigungsausspruch gem. §§ 111 ff. BetrVG und gem. §§ 17 ff. KSchG doppelt zu unterrichten und in den beiden Verfahren könnten zudem unterschiedliche Ergebnisse erzielt werden. Eine doppelte Unterrichtung sei aber weder von der Richtlinie vorgeschrieben noch vom deutschen Gesetzgeber beabsichtigt. Bei einer solchen doppelten Unterrichtungspflicht, die sich beide Male auf den Zeitpunkt vor dem Ausspruch der Kündigung beziehe, bestünde zugleich eine Verpflichtung gegenüber dem Betriebsrat, nach der schon zu Anfang der Verhandlungen zum Interessenausgleich eine feststehende unternehmerische Maßnahme mitzuteilen sei. Dies setze die Unterrichtung nach § 17 Abs. 2 KSchG voraus. Es widerspreche aber wiederum den §§ 111 ff. BetrVG, die erfordern, dass gerade noch keine unternehmerische Entscheidung in Bezug auf den Ausspruch von Kündigungen getroffen sei, *Ferme/Lipinski*, ZIP 2005, 593, 596.

1213 So auch i.E. *Wolter* AuR 2005, 135, 137 mit eingehender Begründung zum Sinngehalt des Begriffs Entlassung; *Nicolai*, NZA 2005, 206; ebenso bereits vor der Junk-Entscheidung des EuGH *Wißmann*, RdA 1998, 221, 225.

setzgeber selbst. So macht *Wolter* darauf aufmerksam, dass sich z.B. § 5 Abs. 3 S. 1 BetrVG, wonach leitende Angestellte u.a. zur „Entlassung" von Arbeitnehmern berechtigt sind, auch nicht auf das tatsächliche Ende des Arbeitsverhältnisses, sondern auf die Kündigung beziehe.[1214] In Anschluss an Wolter so inzwischen auch das BAG.[1215] Zwar muss dem Gesetzgeber zugestanden werden, dass diese Vorschrift sich nicht im KSchG befindet, allerdings spiegelt sie deutlich wieder, dass er selbst zumindest nicht davon ausgeht, dass sich die Begriffe zwangsläufig gegenseitig ausschließen. Allein die Tatsache, dass Entlassung in diesem Zusammenhang bisher nicht als Kündigung verstanden wurde, reicht nicht aus, um eine richtlinienkonforme Auslegung zu verweigern.[1216] Ein klarer Widerspruch zum Wortlaut lag z.B. in der Rechtssache *Pfeiffer*[1217] vor, wo auf der Ebene der Richtlinie 48 Wochenstunden und im Tarifvertrag 49 Stunden Wochenarbeitszeit vorgesehen waren. Hier würde eine Auslegung der Zahl 49 als 48 in der Tat gegen den eindeutigen Wortlaut verstoßen. So liegt der Fall hier aber nicht. Entlassung kann durchaus auch Kündigung bedeuten.

Auch der gleich im Anschluss an das Wortlautargument angeführte Gesetzgeberwille überzeugt nicht, um die Verweigerung einer richtlinienkonformen Auslegung zu begründen. Der Hinweis auf die Formulierungen in § 18 Abs. 1 KSchG „wirken" und § 18 Abs. 4 KSchG „Durchführung", die den gesetzgeberischen Willen derart wiedergeben sollen, dass er auf die tatsächliche Beendigung abstellen wollte, hilft ebenfalls nicht weiter. Es gibt keinen Grund, warum nicht auch eine Kündigungserklärung „wirken" oder „durchgeführt werden" kann.[1218] Wenn trotzdem mit der Gegenmeinung davon ausgegangen wird, dass es sich bei einem solchen Verständnis um „ungewöhnliche" Formulierungen handelt, reicht dies nicht aus, um eine richtlinienkonforme Auslegung abzulehnen. Es ist keineswegs ungewöhnlich, dass der Gesetzgeber sich ungewöhnlicher Formulierungen bedient.

Interessanter ist der Rückgriff auf das systematische und damit verbundene teleologische Argument, welches darauf gestützt wird, dass im Gegensatz zu den ersten beiden Abschnitten des KSchG, in denen durchgehend von Kündigungen die Rede ist, in dem dritten Abschnitt für die Massenentlassung ausschließlich der Begriff Entlassung verwendet wird. Dies mag durchaus den ursprünglichen Willen des Gesetzgebers wiederspiegeln, im dritten Ab-

---

1214 *Wolter*, AuR 2005, 135, 137, wobei er neben § 5 Abs. 3 S. 1 BetrVG noch auf § 2 Abs. 2 S. 2 ArbPlSchG, § 90 Abs. 2 SGB IX , § 104 BetrVG und §§ 1 Abs. 3, 1a AÜG verweist.

1215 BAG 23.3.3006 – 2 AZR 343/05.

1216 Zumal der EuGH betont, dass der nationale Richter alles tun muss, um die Richtlinienkonformität herzustellen, *Nicolai*, NZA 2005, 206.

1217 EuGH 5.10.2004 (*Pfeiffer*) Rs. C-401/01, NZA 2004, 3547.

1218 S. auch *Osnabrügge*, NJW 2005, 1093, 1094, der zu Recht darauf hinweist, dass der Begriff „Wirkung" sogar besser zur Kündigung passt, als zur Beendigung.

schnitt des KSchG einen anderen Zeitpunkt als den Kündigungsausspruch zum Ausgangspunkt zu machen. Hierbei handelt es sich aber lediglich um den gesetzgeberischen Willen im engeren, also historischen Sinn. Dieses historische Element kann jedoch im Wege teleologischer Auslegung oder Rechtsfortbildung neuen Umständen angepasst werden, die der Gesetzgeber nicht vorausgesehen hat.[1219] Im vorliegenden Fall ist vor allem zu beachten, dass der Gesetzgeber zwischenzeitlich mehrmals in den Regelungsbereich eingegriffen hat. Dabei hat er zwar zugegebenermaßen weiterhin an der ursprünglichen Begrifflichkeit festgehalten. Er hat aber auch Vorschriften aus der Massenentlassungsrichtlinie kritiklos übernommen, die auf einem anderen Verständnis beruhen, nämlich dem Zeitpunkt des Ausspruchs der Kündigung. So verhält es sich mit § 17 Abs. 2 KSchG[1220] und ebenso mit § 17 Abs. 1 S. 2 KSchG.[1221] Wenn nun z.B. bei § 17 Abs. 1 S. 2 KSchG konsequent die vor der Junk-Entscheidung vorherrschende Lesart angewendet wird, würde es dazu führen, dass der tatsächlichen Beendigung andere Beendigungen des Arbeitsverhältnisses gleichstehen, die vom Arbeitgeber veranlasst werden.[1222] So war das natürlich nicht intendiert, vielmehr wurden die Kündigung und andere Beendigungstatbestände gleichgestellt. Aber dies zeigt, dass der Gesetzgeberwille keineswegs eindeutig ist und mit ihm die Bestimmung von Sinn und Zweck des Gesetzes. Es kann zumindest unterstellt werden, dass er sich im Lauf der Jahre hin zu einem der Massenentlassungsrichtlinie entsprechenden Zweckverständnis entwickelt hat. Es steht außer Frage, dass sich der Gesetzgeberwille mit der Zeit verändern kann, wenn er nachträglich in Regelungskomplexe verändernd eingreift. In diesem Zusammenhang ist auch zu berücksichtigen, dass i.R.d. Auslegung die jeweilige Regelung so zu verstehen ist, wie sie der Gesetzgeber bei voller Kenntnis der Problemlage normiert hätte.[1223] Ausschlaggebend kann also nicht der Wille des Gesetzgebers des KSchG von 1951 sein, denn sowohl die allgemeine Rechtslage hat sich mit dem Einfluss der Massenentlassungsrichtlinie verändert als auch die rechtspolitische Situation im Zuge der Entwicklungen am Arbeitsmarkt. Somit stehen also ebensowenig der Gesetzgeberwille,[1224] noch systematische oder teleologische Erwägungen einer richtlinienkonformen Auslegung entgegen.

[1219] *Larenz/Canaris*, Methodenlehre der Rechtswissenschaft, S. 149.

[1220] Eingefügt in Anpassung an die EG-Richtlinie durch das zweite Gesetz zur Änderung des KSchG, s. KR/*Weigand* § 17 KSchG Rn. 56 ff.

[1221] Eingeführt durch das Gesetz zur Anpassung arbeitsrechtlicher Bestimmungen an das EG-Recht vom 20.7.1995, BGBl. I S. 946, s. APS/*Moll*, § 17 KSchG Rn. 31.

[1222] Mit ähnlicher Begründung s. auch *Wolter*, AuR 2005, 135, 137.

[1223] *Dornbusch/Wolff*, BB 2005, 885, 886; BVerfG 11.4.2000 AP § 26 ArbGG Nr. 2.

[1224] Ebenso zunächst ArbG Bochum 17.3.2005, DB 2005, 1064 f. und inzwischen auch BAG 23.3.2006 – 2 AZR 343/05; BAG 13.7.2006 – 6 AZR 198/06.

Der auf den Bedeutungszusammenhang der §§ 17 ff. KSchG gestützten Kritik, eine richtlinienkonforme Auslegung führe zu einer Addition von Sperrfrist und Kündigungsfrist, kann entgegen gehalten werden, dass diese Lesart auch bei einer richtlinienkonformen Auslegung nicht zwingend ist. Denn zum einen ist dies nach den Vorgaben des EuGH gar nicht erforderlich. Für ihn bezieht sich „Wirksamwerden" i.S.d. Art. 4 Abs. 1 der Richtlinie auf die bereits ausgesprochene Kündigung, durch die die Kündigungsfrist schon in Gang gesetzt wurde.[1225] Wirksamwerden bedeutet i.R.d. Art. 4 Abs. 1 demnach tatsächliche Beendigung. Zum anderen verliert die Sperrfrist auch bei diesem Verständnis nicht an Bedeutung. Denn auch wenn i.d.R. ohnehin die Kündigungsfrist mindestens einen Monat oder mehr beträgt, also über die Sperrfrist hinausgeht, so gibt es doch Fälle, in denen es sich nicht so verhält. So z.B. bei Kündigungen innerhalb der Probezeit[1226] oder aber bei Aufhebungsverträgen, die in den Anwendungsbereich der §§ 17 ff. KSchG fallen. Der ferner vorgebrachte Einwand, der Verweis von § 18 Abs. 4 KSchG auf § 18 Abs. 1 und 2 KSchG sei nicht passend, ist zwar berechtigt. Allerdings ist diese Problematik nicht das Ergebnis einer unzulässigen richtlinienkonformen Auslegung. Der Verweis war auch unter der Anwendung des Entlassungsbegriffs nach deutschem Verständnis bereits unpassend formuliert, die Problematik beruht also auf einer ungenauen Gesetzesformulierung und schließt nicht die richtlinienkonforme Auslegung aus. Auch das zuletzt angeführte Argument, dass das Stufenverhältnis zwischen den §§ 111 ff. BetrVG und §§ 17 ff. KSchG bei einer dem EuGH folgenden Auslegung aufgehoben werde, kann nicht überzeugen. Denn auch wenn auf den Zeitpunkt des Kündigungsausspruchs und nicht auf die tatsächliche Beendigung abgestellt wird, ist es nicht zwingend, dass die Interessenausgleichsverhandlungen und die Unterrichtung und Beratung mit dem Betriebsrat zeitgleich durchgeführt werden müssen. Zudem ist andererseits auch zweifelhaft, ob dieses Stufenverhältnis unweigerlich so ausgeprägt aus der gesetzlichen Konzeption hergeleitet werden muss. Denn auch § 17 Abs. 2 KSchG dient der Prävention. Ziel der Regelung ist es, Kündigungen zu vermeiden. Auch wenn in § 17 Abs. 2 Nr. 1 KSchG vorgesehen ist, dass die Gründe für die „geplanten" Ent-

---

[1225] Dass auch der EuGH nicht von einer Addition der Fristen ausgeht, haben die Kritiker dann auch selbst in ihrem Beitrag festgestellt, *Bauer/Krieger/Powietzka*, DB 2005, 445, 447; gegen eine Addition von Sperr- und Kündigungsfrist sprechen sich auch *Dornbusch/Wolff*, BB 2005, 885, 887 aus.

[1226] *Dornbusch/Wolff*, BB 2005, 885, 887, die dann allerdings in Hinblick auf Art. 4 Abs. 1 der Massenentlassungs-Richtlinie eine Ermessensreduzierung auf Null der Arbeitsagentur fordern, so dass sie die Sperrfrist auf zwei Wochen verkürzen müssen; so i.E. nun auch KR/*Weigand*, § 18 KSchG Rn. 26.

lassungen genannt werden sollen, [1227] so bedeutet dies noch nicht, dass der Arbeitgeber tatsächlich bereits eine Kündigungsentscheidung getroffen hat.

In der Diskussion über die Zulässigkeit der richtlinienkonformen Auslegung des Entlassungsbegriffs in den §§ 17 ff. KSchG überrascht, dass nur äußerst selten Vorteile in solch einer Auslegung gesehen werden. Dies bedeutet allerdings nicht, dass es keine gibt, denn die Ermittlung eines Massenentlassungstatbestandes über die Schwellenwerte in § 17 KSchG ist dadurch einfacher geworden. Es braucht nicht mehr mit unterschiedlichen Kündigungsfristen kalkuliert zu werden, sondern es ist immer einfach der Tag des Kündigungsausspruchs maßgeblich. Somit wird das Risiko der falschen Berechnung der Kündigungsfristen ausgeschlossen.[1228] Daran schließt sich ein weiterer Vorteil an. Denn eine Umgehung der sich aus §§ 17 ff. KSchG ergebenden Pflichten für den Arbeitgeber über eine geschickte Staffelung mit Hilfe der unterschiedlichen geltenden Kündigungsfristen, wie sie bisher üblich war,[1229] ist so nun nicht mehr möglich. Eine Umgehung der Vorschriften kann der Gesetzgeber, egal welche Zwecksetzung er beabsichtigte, auf keinen Fall gewollt haben. Ferner wird durch eine richtlinienkonforme Auslegung der präventive Kündigungsschutz gestärkt bzw. überhaupt erst ermöglicht. Eine richtlinienkonforme Auslegung ist auch begrüßenswert im Hinblick auf eine Signalwirkung, die von ihr ausgehen könnte. Denn, wie *Wißmann* bereits ausdrücklich bemängelte,[1230] in Deutschland wird eher ungern Notiz von Vorschriften auf europarechtlicher Ebene genommen und häufig möglichst versucht, sie zu ignorieren.

In der Rechtsprechung ebenso wie in der Literatur war bisher eine Art „Europarechtsresistenz" spürbar. Dass zwei Senate des BAG die Vorgabe des EuGH für die Anwendung der §§ 17 ff. KSchG im Wege der richtlinienkonformen Auslegung inzwischen übernommen hat,[1231] ist ein deutliches und erfreuliches Zeichen für eine schon lange erforderliche Einbeziehung der europarechtlichen Vorgaben, auch und gerade in der Rechtsprechung der nationalen Gerichte.

(5a) Folgeproblem: Vertrauensschutz für Altfälle

Wird eine richtlinienkonforme Auslegung der §§ 17 ff. KSchG bejaht, stellt sich die Frage, wie die Altfälle bzw. die laufenden Massenentlassungsverfah-

---

[1227] Was als Anhaltspunkt dafür genommen wird, dass §§ 17ff. KSchG eine andere Planungsphase betreffen, als die Regelungen in §§ 111 ff. BetrVG, *Ferme/Lipinski*, ZIP 2005, 593, 596.

[1228] *Osnabrügge*, NJW 2005, 1093, 1095.

[1229] *Hennings*, EWiR 2005, 69, 70; *Bauer/Krieger/Powietzka*, DB 2005, 445, 446.

[1230] *Wißmann*, RdA 1998, 221; ebenfalls sehr kritisch in Bezug auf die mangelnde Berücksichtigung der europarechtlichen Vorgaben *Wolter*, AuR 2005, 135, 136.

[1231] BAG 23.3.2006 – 2 AZR 343/05; BAG 13.7.2006 - 6 AZR 198/06.

ren zu behandeln sind. In der Literatur sowie in der der Junk-Entscheidung folgenden erstinstanzlichen Rechtsprechung wurde in diesem Zusammenhang schnell der Aspekt des Vertrauensschutzes aufgetan.

Inzwischen hat auch das BAG sich in einem Urteil vom 13.7.2006 und 23.3.2006 hierzu geäußert.[1232] Nach seiner Auffassung müsse grundsätzlich Vertrauensschutz gewährt werden, da das BAG selbst noch im Jahr 2003 eine richtlinienkonforme Auslegung abgelehnt habe. Auch allein das Bekanntwerden der Entscheidung des EuGH reiche noch nicht aus, um das Vertrauen in diese Rechtsprechung entfallen zu lassen. Maßgeblich sei, ob die zuständige Arbeitsverwaltung ihre frühere Rehtsauffassung geändert hat und dies dem Arbeitgeber bekannt gewesen sei. Auf welche rechtlichen Grundlagen dieses Ergebnis im Einzelnen gestützt wird, ist aus der bisher lediglich existierenden Pressemitteilung noch nicht ersichtlich.

Problematisch sind vor allem die Fälle, in denen der Arbeitgeber die Kündigung vor der Entscheidung des EuGH vom 27.1.2005 ausgesprochen und bei der Agentur für Arbeit die Anzeige erstattet hatte, diese jedoch bis zum 27.1.2005 keine Entscheidung getroffen hatte. Hierbei handelt es sich um einen Fall der sog. unechten Rückwirkung. Einer unechten Rückwirkung steht der Vertrauensschutz zunächst nicht entgegen, sie ist daher grundsätzlich zulässig. Ausnahmsweise ist sie jedoch unzulässig, wenn das Vertrauen der Betroffenen schutzwürdig ist, und eine Abwägung mit den Gemeinwohlbelangen ergibt, dass das Vertrauen den Vorrang verdient.[1233]

Bezogen auf die Rechtsprechung sind bei der Frage des Vertrauensschutzes andere Maßgaben zu beachten als i.R.d. Gesetzgebung. Zwar ist faktisch von einer präjudiziellen Wirkung von Rechtsprechungsgrundsätzen auszugehen, die Frage nach einer Selbstbindung bzw. einer Beschränkung der Rückwirkung von Rechtsprechungsänderungen aus Vertrauensgesichtspunkten ist daher berechtigt.[1234] Zudem schließen weder das BVerfG noch der BGH die Möglichkeit einer Beschränkung der Rückwirkung einer Rechtsprechungsänderung wegen Überwiegens von Vertrauensschutzgesichtspunkten in Bezug auf eine bestehende Rechtsprechung von vornherein aus.[1235] Allerdings ist bei der Auswertung dieser Rechtsprechung Vorsicht geboten. Es handelte sich um sehr spezielle Fallkonstellationen, die nicht ohne Weiteres generalisiert werden können.[1236] Zudem ist zu beachten, dass sich ein Vertrauen in die Be-

---

1232 BAG 13.7.2007 – 6 AZR 198/06; BAG 23.3.2006 – 2 AZR 343/05.

1233 S. zu den Grundzügen des Rückwirkungsverbots im Verfassungsrecht grundlegend BVerfG 31.5.1960 BVerfGE 11, 139 ff.; BVerfG 14.5.1986 BVerfGE 72, 200 ff.; *Sachs*, Verfassungsrecht II, S. 153 Rn. 49.

1234 Sachs/*Sachs*, GG, Art. 20 Rn. 144.

1235 S. dazu BVerfG 26.4.1988 BVerfGE 78, 123, 126 f.; BGH 18.1.1996 BGHZ 132, 6, 11.

1236 So hat das BVerfG z.B. dem Vertrauensschutz in einem Fall den Vorrang eingeräumt, in dem es um die Anforderungen an die Unterschrift innerhalb eines Verfahrens ging. Seine

ständigkeit der Rechtsprechung ohnehin nur schwer entwickeln kann, da wegen der Unabhängigkeit der Richter der Rechtsprechung eine gewisse Uneinheitlichkeit immanent ist.[1237] Einem Vertrauensschutz steht auch das Ziel gesetzmäßiger und gerechter Entscheidungen gegenüber. Ebenso sind die Rechte der unterliegenden Partei zu beachten.[1238] Eine Übertragung der Grundsätze des Rückwirkungsverbots auf Rechtsprechungsänderungen ist daher m.E. abzulehnen.[1239]

Der Vertrauensschutz kann jedoch durch ein anderes Einfallstor Wirkung bei der Anwendung der §§ 17 ff. KSchG entfalten. Denn in der Rechtsprechung des EuGH ist der Grundsatz des Vertrauensschutzes schon länger anerkannt. Er greift dann, wenn eine schutzwürdige Vertrauensgrundlage besteht, und die betroffenen Individualinteressen gegenüber den Belangen der Gemeinschaft vorrangig sind.[1240] Zur Frage, ob und ggf. inwieweit dies i.R.d. richtlinienkonformen Auslegung der Fall sein kann, und welche konkreten Voraussetzungen erfüllt sein müssen, hat der EuGH sich jedoch noch nicht geäußert.[1241] Dementsprechend fehlen hier – zumindest zur Zeit – noch die Grundlagen, auf die ein Vertrauensschutz, der zur Einschränkung der richtlinienkonformen Auslegung führt, gestützt werden kann.

Mehrfach wird des Weiteren angeführt, dass sich ein Vertrauensschutz der Arbeitgeber aus dem Verwaltungshandeln der Agenturen für Arbeit herleiten ließe. So wurde die alte Rechtsprechung zum Entlassungsbegriff i.S.d. §§ 17 ff. KSchG von der Bundesagentur für Arbeit ausdrücklich den Formularen zur Erstattung von Massenentlassungsanzeigen zugrunde gelegt. Hieraus wird gefolgert, dass das ohnehin schon in die Beibehaltung der ständigen Rechtsprechung bestehende Vertrauen der Arbeitgeber in solchem Maße gestärkt werde, dass die Grundsätze des Vertrauensschutzes in diesem Falle zu Anwendung kommen sollten.[1242] Dieser Argumentation folgt nun auch das BAG.[1243] Allerdings wird hierdurch nicht das grundsätzliche Problem gelöst,

---

Entscheidung fiel mit der Begründung, dass die Richter problemlos einen Hinweis auf die Änderung der von ihnen nunmehr gestellten Anforderungen an die Unterschrift hätte erteilen können. Kern dieser Entscheidung war der Grundsatz der Verfahrensfairness, scheinbar kritisch demgegenüber Sachs/*Sachs*, GG, Art. 20 Rn. 144.

[1237] BVerfG 26.4.1988 BVerfGE 78, 123, 126 f.

[1238] Sachs/*Sachs*, GG, Art. 20 Rn. 144.

[1239] So auch ArbG Bochum 17.3.2005, DB 2005, 1064 f. unter Hinweis darauf, dass in Bezug auf das Rückwirkungsverbot zwischen Rechtsetzung und Rechtsprechung unterschieden werden muss.

[1240] So mit einer Auflistung von EuGH-Entscheidungen zum Vertrauensschutz *Thüsing*, BB 2005, I.

[1241] *Müller/Christensen*, Juristische Methodik Band II, S. 347.

[1242] LAG Düsseldorf 25.2.2005, ZIP 2005, 1153 ff.

[1243] BAG 23.3.2006 – 2 AZR 343/05; BAG 13.7.2006 – 6 AZR 198/06 auch unter Hinweis auf die durchgängige Verwaltungspraxis der Agenturen für Arbeit.

dass eine Anwendung der für die Rechtsetzung aus dem Aspekt der Rechtssicherheit heraus entwickelten Grundsätze auf die Rechtsprechung aus den oben dargestellten Gründen nicht möglich ist. Der Inhalt der Formblätter der Bundesagentur für Arbeit ist schließlich nur die Folge der Rechtsprechung.

Allerdings kann nicht völlig außer Acht gelassen werden, dass es sich um eine jahrzehntelange Rechtsprechung handelt, die zudem maßgeblich die Verwaltungsvorgänge geprägt hat. Nur ist hier der methodische Ansatz über das verfassungsrechtliche Rückwirkungsverbot nicht anwendbar. Möglich ist jedoch die Anwendung des Grundsatzes von Treu und Glauben. Zwar ist diese Herangehensweise dem Vorwurf ausgesetzt, dass mit diesem Grundsatz sehr vages Terrain betreten wird. Es wäre aber dennoch möglich, auf dieser Grundlage klare Voraussetzungen zu erstellen, unter denen das faktisch sicherlich bestehende Vertrauen der Rechtsanwender in einem Fall wie der Auslegung der Massenentlassungsvorschriften geschützt werden kann. Voraussetzung müsste dann auf jeden Fall eine klare und vor allem ständige, sich durch alle Instanzen ziehende Rechtsprechung sein. Hinzukommen müssen zudem weitere Umstände, die dieser Rechtsprechung Rechnung tragen, und zum Ausdruck bringen, dass sie als feststehend angenommen wird. So z.B. eine eindeutige Akzeptanz in dem Schrifttum sowie auch Verwaltungspraktiken, die sich in Formularen niederschlagen. An dieser Stelle kommt dann in dem Fall der Auslegung der §§ 17 ff. KSchG dem Inhalt der Formblätter entscheidende Bedeutung zu. Denn in der Praxis ist es natürlich für den Arbeitgeber von großem Gewicht, wenn er von den für das Anzeigeverfahren zuständigen Behörden, die gerade über dieses Verfahren entscheiden, den Hinweis bekommt, zu welchem Zeitpunkt er das Verfahren durchführen muss. Hierauf muss er sich dann auch zumindest für den Zeitraum, für den er diesen Hinweis bekommt, verlassen können.

Somit wird dem Arbeitgeber zwar nicht über die verfassungsrechtlichen Grundsätze ein Vertrauensschutz in Bezug auf die bis zum 27.1.2005 geltende Rechtsprechung zum Entlassungsbegriff i.S.d. §§ 17 ff. KSchG gewährt. Allerdings wird nach der hier vertretenen Auffassung dasselbe Ergebnis im Wege einer Anwendung des Grundsatzes von Treu und Glauben erzielt.

(2) Persönlicher, räumlicher und sachlicher Anwendungsbereich

(1a) In der Regel beschäftigte Arbeitnehmer

Gem. § 17 Abs. 1 KSchG liegt eine Massenentlassung vor, wenn innerhalb von 30 Tagen[1244] in Betrieben mit mindestens 20 und weniger als 60 Arbeit-

---

[1244] Für die Berechnung der 30-Tage-Frist sind § 187 Abs. 2 BGB i.V.m. § 188 Abs. 1 BGB maßgeblich; eine Fristverlängerung bei Fristablauf an Feiertage, Samstagen oder Sonntagen gem. § 193 BGB erfolgt nicht; s. APS/*Moll*, § 17 KSchG Rn. 50.

nehmern mehr als fünf Arbeitnehmer entlassen werden, in Betrieben mit mindestens 60 und weniger als 500 Arbeitnehmer 10 % der Beschäftigten oder mehr als 25 Arbeitnehmer entlassen werden oder wenn in Betrieben mit mindestens 500 Arbeitnehmern mindestens 30 Arbeitnehmer entlassen werden. § 17 Abs. 1 KSchG nimmt somit in zweifacher Hinsicht Bezug auf die Betriebsgröße. Einerseits hängt seine Anwendbarkeit von ihr ab. Andererseits variiert die erforderliche Zahl der Entlassungen innerhalb des Zeitraums von 30 Tagen je nach Betriebsgröße.

Zu ermitteln ist also zunächst, wie viele Arbeitnehmer i.d.R. beschäftigt sind. Als maßgeblicher Zeitpunkt wurde bisher die Entlassung in ihrer „deutschen" Auslegung genommen, wie sie bis zur Junk-Entscheidung des EuGH vom 27.1.2005 unangefochten galt; Bezugspunkt war also die tatsächliche Beendigung des Arbeitsverhältnisses.[1245] Dieser Zeitpunkt kann nun nicht mehr gelten. Wie bereits dargelegt, muss eine richtlinienkonforme Auslegung des Entlassungsbegriffs vorgenommen werden. Das betrifft gerade auch die Bestimmung des Zeitpunktes, auf den für die Ermittlung des Massenentlassungstatbestandes abgestellt werden muss.[1246]

Die §§ 17 ff. KSchG stellen auf Arbeitnehmer ab. Ausgangspunkt ist der allgemeine arbeitsrechtliche Arbeitnehmerbegriff.[1247] Nicht erforderlich ist hier im Gegensatz zu § 1 KSchG eine Betriebszugehörigkeit von einer bestimmten Mindestdauer.[1248] Es ist darauf abzustellen, wie viele Arbeitnehmer „in der Regel" in dem Betrieb beschäftigt sind. Entscheidend ist die Beschäftigtenzahl, die bei einem regelmäßigen Betriebsgang vorliegt.[1249]

Problematisch ist in diesem Zusammenhang allerdings die in § 17 Abs. 5 Nr. 3 KSchG vorgesehene Ausnahme aus dem von den §§ 17 ff. KSchG erfassten Personenkreis. Nach dieser Vorschrift gelten Geschäftsführer, Betriebsleiter und ähnliche leitende Personen, soweit sie zur selbstständigen Einstellung oder Entlassung von Arbeitnehmer berechtigt sind, nicht als Ar-

---

[1245] BAG 8.6.1989 AP § 17 KSchG 1969 Nr. 5; BAG 31.7.1986 § 17 KSchG 1969 Nr. 6; *v. Hoyningen-Huene/Linck*, § 17 Rn. 9; KDZ/*Kittner*, § 17 KSchG Rn. 11; APS/*Moll*, § 17 KSchG Rn. 18; KR/*Weigand*, § 17 KSchG Rn. 28a; *Zwanziger*, AuR 2001, 384, 385.

[1246] A.A. – auch nach den Entscheidungen vom EuGH vom 27.1.2005 und BAG vom 23.3.2006 weiterhin *v. Hoyningen-Huene/Linck*, § 17 Rn. 11.

[1247] ErfK/*Kiel*, § 17 KSchG Rn. 9; KDZ/*Kittner*, § 17 KSchG Rn. 9; *v. Hoyningen-Huene/Linck*, § 17 KSchG Rn. 9; APS/*Moll*, § 17 KSchG Rn. 12; ebenso *Opolony*, NZA 1999, 791, 793 nach dem für die Ermittlung der Arbeitnehmereigenschaft grundsätzlich keine Besonderheiten gegenüber dem allgemeinen Kündigungsschutz gelten; so auch KR/*Weigand*, § 17 KSchG Rn. 29.

[1248] BAG 13.3.1969 AP § 15 KSchG Nr. 10; KR/*Weigand*, § 17 KSchG Rn. 29; *v. Hoyningen-Huene/Linck*, § 17 KSchG Rn. 9; APS/*Moll*, § 17 KSchG Rn. 17.

[1249] BAG 13.4.2000 AP § 17 KSchG 1969 Nr. 13; KR/*Weigand*, § 17 KSchG Rn. 28; nähere Ausführungen zur Ermittlung der regelmäßigen Beschäftigtenzahl finden sich z.B. bei APS/*Moll*, § 17 KSchG Rn. 19, s. dort auch die Erläuterung der Besonderheiten die im Falle einer Betriebsstillegung und Betriebseinschränkung zu beachten sind.

beitnehmer i.S.d. § 17 KSchG. Hierbei handelt es sich um leitende Angestellte, die nach dem allgemeinen Arbeitnehmerbegriff als Arbeitnehmer einzustufen sind.[1250] Diese Ausnahme steht im Widerspruch zu der Richtlinie 98/59/EG, denn in ihr ist eine solche Ausnahme nicht vorgesehen.[1251] Dass es sich hier um einen europarechtswidrigen Zustand handelt, ist in der Literatur nahezu einhellig anerkannt.[1252] Diesem Widerspruch kann auch nicht im Wege einer richtlinienkonformen Auslegung abgeholfen werden.[1253] Denn in diesem Fall wird dem Gebot der richtlinienkonformen Auslegung durch den klaren Gesetzeswortlaut eine Grenze gesetzt. Der Rechtsanwender kann nicht in zulässiger Weise eine klare gesetzliche Vorgabe einfach übergehen. Es ist eine Umsetzung der europarechtlichen Vorgaben durch den deutschen Gesetzgeber erforderlich, er muss also die Ausnahme ersatzlos streichen.[1254] Solange keine Umsetzung erfolgt ist, bleibt § 17 Abs. 5 S. 3 KSchG anwendbar. Für die davon betroffenen Arbeitnehmer bleibt die Möglichkeit, einen Schadensersatzanspruch gegenüber der Bundesrepublik geltend zu machen, soweit ihnen aufgrund der Anwendung des § 17 Abs. 5 S. 3 KSchG ein Schaden entstanden ist.[1255]

(2a) Betrieb im Sinne der §§ 17ff. KSchG

Ein weiterer Begriff, der den Anwendungsbereich der §§ 17 ff. KSchG festlegt, ist der Betrieb. Er bestimmt die Einheit, innerhalb derer das Vorliegen der Schwellenwerte des § 17 Abs. 1 KSchG zu untersuchen ist. Eine Definition gibt es in den §§ 17 ff. KSchG nicht. In § 22 KSchG werden lediglich sog. Saison- und Kampagnebetriebe vom Geltungsbereich der §§ 17ff. KSchG ausgenommen, wenn die Entlassungen durch die Eigenart dieser Betriebe bedingt sind.[1256]

Der Betriebsbegriff hat immer wieder für unterschiedliche Interpretationen in unterschiedlichen Zusammenhängen und dementsprechend für Verwirrung gesorgt. Nach herrschender Auffassung entspricht der den §§ 17ff. KSchG

[1250] APS/*Moll*, § 17 KSchG Rn. 15; *v. Hoyningen-Huene/Linck*, § 17 KSchG Rn. 10.

[1251] *Zwanziger*, AuR 2001, 384, 385; *Wißmann*, RdA 1998, 221, 222.

[1252] KR/*Weigand*, § 17 KSchG Rn. 30; *Opolony*, NZA 1999, 791, 793; APS/*Moll*, § 17 KSchG Rn. 15; KDZ/*Kittner*, § 17 KSchG Rn. 1; *Wißmann*, RdA 1998, 221, 222; *Zwanziger*, AuR 2001, 384, 385; wohl auch *v. Honyningen-Huene/Linck*, § 17 KSchG Rn. 10, von denen die Vereinbarkeit mit der Massenentlassungsrichtlinie zumindest als zweifelhaft angesehen wird.

[1253] So auch *Wißmann*, RdA 1998, 221, 222.

[1254] *Opolony*, NZA 1999, 791, 793; vgl. auch *v. Hoyningen-Huene/Linck*, § 17 KSchG Rn. 10.

[1255] KR/*Weigand*, § 17 KSchG Rn. 30; APS/*Moll*, § 17 KSchG Rn. 15; *Zwanziger*, AuR 2001, 384, 385; *Opolony*, NZA 1999, 791, 793.

[1256] Entlassungen während der Saison oder Kampagne sind hingegen anzeigepflichtig nach § 17 KSchG, ErfK/*Kiel*, § 22 Rn. 5.

zugrunde liegende Betriebsbegriff dem der Betriebsverfassung.[1257] Demnach ist ein Betrieb die organisatorische Einheit, innerhalb derer ein Arbeitgeber allein oder in Gemeinschaft mit seinen Mitarbeitern mit Hilfe von sächlichen und immateriellen Mitteln bestimmte arbeitstechnische Zwecke fortgesetzt verfolgt. Dabei ist entscheidend, wie die Entscheidungs- und Leitungsstruktur für diese Einheit konzipiert ist; die Einheit muss von einem einheitlichen Leitungsapparat gesteuert werden.[1258] Allerdings wird immer mehr angezweifelt, ob es zulässig ist, in den unterschiedlichen Bereichen des Arbeitsrechts immer von demselben Betriebsbegriff auszugehen. Es wird immer häufiger vertreten, dass der Betriebsbegriff nach seinem jeweiligen Regelungszweck ausgelegt werden soll.[1259] Auch das BAG scheint den Regelungszweck mittlerweile bei der Bestimmung des Betriebsbegriffs miteinzubeziehen, so z.B. bei den §§ 111 ff. BetrVG.[1260]

Parallel hierzu stellt sich als weiteres Problem, dass es sich bei den §§ 17 ff. KSchG um Vorschriften handelt, die in den Anwendungsbereich der Massenentlassungsrichtlinie fallen. Es gilt also auch hier wieder das Gebot der richtlinienkonformen Auslegung.[1261] Nach der Junk-Entscheidung des EuGH vom 27.1.2005, durch die das Gebot der richtlinienkonformen Auslegung noch einmal deutlich hervorgehoben wird, kann dies auch nur noch sehr schwer ignoriert werden. Die Massenentlassungsrichtlinie sieht keine Definition für den Betrieb vor. In Bezug auf die Auslegung des Betriebsbegriffs weist aber auch der EuGH darauf hin, dass auf die Systematik und den Zweck der jeweiligen Regelung abzustellen ist. Daraus zieht das Gericht den Schluss, dass bei Vorschriften zur Massenentlassung der Richtlinienzweck der Verstärkung des Arbeitnehmerschutzes maßgeblich sei. Der Begriff „Betrieb“ bezeichne die Einheit, der die von der Entlassung betroffenen Arbeitnehmer zur Erfüllung ihrer Aufgaben angehören. Dabei sei unerheblich, ob

[1257] BAG 13.4.2000 § 17 KSchG 1969 Nr. 13; *v. Hoyningen-Huene/Linck*, § 17 Rn. 5; KR/*Weigand*, § 17 KSchG Rn. 15; APS/*Moll*, § 17 KSchG Rn. 3, allerdings mit kritischer Auseinandersetzung mit dieser Auffassung.

[1258] BAG 23.9.1982 AP § 4 BetrVG 1972 Nr. 3; BAG 14.12.1994 AP § 5 BetrVG 1972 Nr. 3; BAG 14.5.1997 AP § 8 BetrVG 1972 Nr. 6; BAG 31.5.2000 AP § 1 BetrVG 1972 Gemeinsamer Betrieb Nr. 12; *Fitting*, § 1 Rn. 62 ff.; ErfK/*Eisemann*, § 1 BetrVG Rn. 7.

[1259] Zur Entwicklung des Schrifttums zum Betriebsbegriff s. z.B. ein kurzer Überblick bei *Hinrichs*, Kündigungsschutz und Arbeitnehmerbeteiligung bei Massenentlassungen, S. 97 ff. m.w.N.

[1260] BAG 8.6.1999, NZA 1999, 1168, 1170 f.

[1261] *Wißmann*, RdA 1998, 221, 223; *Zwanziger*, AuR 2001, 384, 385; *Hinrichs*, Kündigungsschutz und Arbeitnehmerbeteiligung bei Massenentlassungen, S. 99 f.; KR/*Weigand*, § 17 KSchG Rn. 15a; APS/*Moll*, § 17 KSchG Rn. 8; ErfK/*Kiel*, § 17 KSchG Rn. 8; wohl auch *Mauthner*, Die Massenentlassungsrichtlinie der EG und ihre Bedeutung für das deutsche Massenentlassungsrecht, S. 103; zur Frage, ob der Ausschluss der Saison- und Kampagnebetriebe von den Massenentlassungsregeln durch § 22 KSchG europarechtswidrig ist s. KR/*Weigand*, § 17 KSchG Rn. 24 und *Opolony*, NZA 1999, 791, 793.

die fragliche Einheit eine Leitung hat, die selbstständig Massenentlassungen vornehmen kann.[1262]

Bei dem Merkmal der Leitungsmacht gehen somit die „klassische" deutsche Auslegung des Betriebsbegriffs und die des EuGH deutlich auseinander. Maßgeblich muss allerdings aufgrund des Gebots der richtlinienkonformen Auslegung die Definition sein, die der EuGH vorgibt. Die Grenzen der richtlinienkonformen Auslegung sind hier nicht erreicht, da die deutschen Regelungen zur Massenentlassung keine Definition vorsehen.[1263] Somit kann m.E. der betriebsverfassungsrechtliche Betriebsbegriff für die §§ 17ff. KSchG nur zugrunde gelegt werden, wenn das Merkmal der Leitungsmacht nicht angewendet wird.[1264] Eine entsprechende Entwicklung der Rechtsprechung des BAG ist im Hinblick auf die Veränderungen, die der EuGH mit seiner Junk-Entscheidungen ausgelöst hat, zumindest in Betracht zu ziehen.

(3a) Von § 17 KSchG erfasste Beendigungstatbestände

Der klassische, vom sachlichen Anwendungsbereich der §§ 17ff. KSchG erfasste Fall ist die ordentliche Arbeitgeberkündigung.[1265] Dabei ist unerheblich, welcher Kündigungsgrund der Kündigung zugrunde liegt.[1266] Hierzu gehören auch Änderungskündigungen, soweit sie zur Beendigung des Arbeitsverhältnisses führen, der Arbeitnehmer also das Änderungsangebot nicht angenommen hat.[1267] In der Praxis ist hiervon allerdings i.d.R. die betriebsbedingte Kündigung betroffen, weshalb die §§ 17 ff. KSchG auch i.R.d. betriebsbedingten Kündigung behandelt werden. Denn falls nicht gerade von mehreren Arbeitnehmern im Kollektiv ein Verstoß gegen die arbeitsvertragli-

---

[1262] EuGH 7.12.1995 (*Rockfon*), Rs. C-449/93, Slg. 1995, I-4291; s. hierzu auch die Erläuterungen bei *Alber*, in FS Wißmann, S. 507, 514 f.

[1263] *Wißmann*, RdA 1998, 221, 223. Zwar gibt die Richtlinie den Mitgliedstaaten gem. Art. 5 die Möglichkeit, von den europarechtlichen Vorgaben zugunsten der Arbeitnehmer abzuweichen. Allerdings ist bei der Ermittlung des Betriebsbegriffs i.R.d. §§ 17ff. KSchG gar nicht generell möglich, festzustellen, welche Definition für den Arbeitnehmer günstiger ist. So kann ein weiter Betriebsbegriff günstig sein, weil dann Entlassungen addiert werden, die bei einem engen Betriebsbegriff nicht zusammengefasst werden könnten. Andererseits führt ein weiter Betriebsbegriff wiederum dazu, dass der Schwellenwert für die erforderliche Betriebsgröße nicht so schnell erreicht ist, APS/*Moll*, § 17 KSchG Rn. 10; *Wißmann*, RdA 1998, 221, 223.

[1264] I.E. auch *Zwanziger*, AuR 2001, 383, 385.

[1265] Die außerordentliche Kündigung wird hingegen in § 17 Abs. 4 KSchG ausdrücklich von dem Anwendungsbereich der Regelungen zur Massenentlassung ausgenommen.

[1266] BAG 8.6.1989 AP § 17 KSchG 1969 Nr. 6; APS/*Moll*, § 17 KSchG Rn. 37; KR/*Weigand*, § 17 KSchG Rn. 47.

[1267] BAG 10.3.1983 oder 1963 AP § 2 KSchG 1969 Nr. 2; ErfK/*Kiel*, § 17 KSchG Rn. 13; KR/*Weigand*, 7. Aufl., § 17 KSchG Rn. 41; anders jedoch nach der Rechtsprechungsänderung seit der Junk-Entscheidung des EuGH KR/*Weigand*, 8. Aufl., § 17 Rn. 41, wonach zunächst alle Änderungskündigungen anzuzeigen sein sollen, unabhängig davon, dass es noch unklar ist, ob der Arbeitnehmer das Angebot annimmt oder ablehnt.

chen Pflichten begangen wurde, dürfte eine Massenentlassung aus verhaltensbedingten Gründen wohl eher selten vorkommen. Noch schwerer ist eine Massenentlassung aus personenbedingten Gründen vorstellbar. Die Richtlinie 98/59/EG vom 20.7.1998 zur Angleichung der Rechtsvorschriften der Mitgliedstaaten über Massenentlassungen,[1268] bezieht sich dementsprechend nur auf Kündigungen, die nicht ihren Grund in der Person des Arbeitnehmers haben, Art. 1 I a), somit vornehmlich auf die betriebsbedingte Kündigung.[1269]

Durch das Gesetz zur Anpassung arbeitsrechtlicher Bestimmungen an das EG-Recht vom 20. Juli 1995 wurde § 17 Abs. 1 S. 2 KSchG eingefügt, der eine Gleichstellung von Beendigungen, die durch den Arbeitgeber veranlasst wurden, anordnet.[1270] Die Beendigung ist dann veranlasst i.S.d. § 17 Abs. 1 S. 2 KSchG, wenn der Arbeitgeber dem Arbeitnehmer hinreichend deutlich zu verstehen gibt, dass er das Arbeitsverhältnis beenden werde, falls die Beendigung nicht anders herbeigeführt wird. Der Arbeitgeber muss daher eine konkrete Kündigungsabsicht haben, die dem Arbeitnehmer bewusst ist, und die Beendigung muss zu dem Zeitpunkt eintreten, zu dem der Arbeitgeber sie ansonsten durch Kündigung herbeigeführt hätte.[1271] Hiervon sind bei Vorliegen dieser Voraussetzungen insbesondere auch Aufhebungsverträge erfasst.[1272]

d) Das betriebsinterne Verfahren

Wenn der Arbeitgeber beabsichtigt, eine Entlassung vorzunehmen, die anzeigepflichtig i.S.d. § 17 Abs. 1 KSchG ist, muss er gem. § 17 Abs. 2 S. 1 KSchG zuerst den Betriebsrat[1273] rechtzeitig unterrichten und dann nach S. 2 Beratungen mit ihm durchführen, die sich vor allem auf die Frage richten sollen, ob es Möglichkeiten gibt, die Entlassungen zu vermeiden, einzuschränken oder ihre Folgen zu mildern. Die Vorgaben aus § 17 Abs. 2 KSchG sind vor der Anzeige gem. § 17 Abs. 1 KSchG zu erfüllen. Dies folgt zum einen aus dem in Abs. 2 S. 2 genannten Ziel der Beratung, der Vermeidung von

---

[1268] Amtsblatt 1998 Nr. L 225/16.

[1269] Dass die deutschen Regelungen auch die personen- und die verhaltensbedingte Kündigung umfassen, ist nicht schädlich, sondern eine gem. Art. 5 der Richtlinie zulässige Abweichung von den europarechtlichen Vorgaben zugunsten des Arbeitnehmers.

[1270] APS/*Moll*, § 17 KSchG Rn. 31; das Gesetz zur Anpassung arbeitsrechtlicher Bestimmungen an das EG-Recht ist abgedruckt in BGBl. I S. 946.

[1271] BAG 28.10.1992 AP § 112 BetrVG 1972 Nr. 65; BAG 19.7.1995 AP § 112 BetrVG 1972 Nr. 96; APS/*Moll*, § 17 KSchG Rn. 33.

[1272] KR/*Weigand*, § 17 KSchG Rn. 43ff., mit einer ausführlichen Darstellung der möglichen, von § 17 Abs. 1 S. 2 KSchG erfassten Beendigungstatbestände.

[1273] Problematisch wird es, wenn Entlassungen von leitenden Angestellten beabsichtigt sind, die nicht unter § 17 Abs. 5 S. 3 KSchG fallen; dann müsste eigentlich der Sprecherausschuss beteiligt werden, welcher aber nicht in den §§ 17 ff. KSchG genannt wird; s. zu dieser Problematik APS/*Moll*, § 17 KSchG Rn. 57.

Kündigungen, und zum anderen aus der Tatsache, dass die Stellungnahme gem. § 17 Abs. 3 S. 2 KSchG der Anzeige an die Arbeitsagentur beigefügt werden muss. Es handelt sich hierbei um ein betriebsinternes Beteiligungsverfahren, das von dem Anzeigeverfahren zu unterscheiden ist. Die systematische Einordnung dieser Regelungen in das KSchG ist streng genommen verfehlt, da es sich um betriebsverfassungsrechtliche Regelungen handelt.[1274]

(1) Die Unterrichtung des Betriebsrats

Der Arbeitgeber muss seine Unterrichtungspflicht rechtzeitig und schriftlich erfüllen. Zwar hat der Gesetzgeber dem Rechtsanwender mit der Formulierung „rechtzeitig“ scheinbar einen gewissen Spielraum eingeräumt. Allerdings ergibt sich aus dem Zusammenhang, dass hierunter mindestens zwei Wochen zu verstehen sind.[1275] Denn gem. § 17 Abs. 3 S. 3 KSchG kann der Arbeitgeber die Unwirksamkeit der Anzeige mangels Stellungnahme des Betriebsrats verhindern, indem er glaubhaft macht, dass er den Betriebsrat mindestens zwei Wochen vor Erstattung der Anzeige nach § 17 Abs. 2 S. 1 KSchG unterrichtet hat. Der Gesetzgeber sieht also für den Fall, dass der Betriebsrat keine Stellungnahme abgibt, einen Zeitraum von zwei Wochen für ausreichend an. Damit macht der Gesetzgeber mittelbar auch eine Aussage für die Auslegung des Begriffs „rechtzeitig“ i.S.d. § 17 Abs. 2 S. 1 KSchG. Allerdings kann daraus nicht geschlossen werden, dass in jedem Fall mindestens zwei Wochen verstreichen müssen. Es ist vielmehr ein Richtwert für einen Zeitraum, der grundsätzlich einzuhalten ist. Für Ausnahmen, die im Einzelfall eine kürzere Frist begründen können oder auch einen längeren Zeitraum erfordern, muss noch Raum bleiben, denn für eine absolute Zeitgrenze ist die Formulierung in Abs. 2 S. 1 zu weit.[1276]

Der Arbeitgeber muss dem Betriebsrat die „zweckdienlichen Auskünfte“ mitteilen. Der genaue Inhalt der schriftlichen Unterrichtung wird von § 17 Abs. 2 KSchG nicht abschließend vorgeschrieben, da die Aufzählung in Nr.

[1274] ErfK/*Kiel*, § 17 KSchG Rn. 19. Der richtige Ort wäre somit das BetrVG gewesen, dort sind auch die Unterrichtungs- und Beratungsrechte nach §§ 102, 111 ff. BetrVG geregelt.

[1275] KR/*Weigand*, § 17 KSchG Rn. 57; *v. Hoyningen-Huene/Linck*, § 17 KSchG Rn. 60; KDZ/*Kittner*, § 17 KSchG Rn. 31; *Schaub/Schindele*, Kurzarbeit-Massenentlassung-Sozialplan, S. 84; a.A. APS/*Moll*, § 17 KSchG Rn. 71, mit der Begründung, dass Abs. 2 und 3 unterschiedliche Zwecksetzungen haben. Es sei vielmehr auf die Frist in § 111 S. 1 BetrVG oder § 122 Abs. 1 S. InsO zurückzugreifen; kritisch zur 2-Wochen-Frist *Oberberg*, Anm. zu BAG 20.11.2001, AuR 2001, 71, der zwei Wochen nicht als ausreichend ansieht, um dem Betriebsrat die Möglichkeit zu geben, die Auswirkungen der Entlassungen zu erfassen und mögliche Alternative zu entwickeln.

[1276] So stellt z.B. KR/*Weigand*, § 17 KSchG Rn. 57 die zweiwöchige Frist auch als einen Zeitraum dar, der „in der Regel“ eingehalten werden muss; KDZ/*Kittner*, § 17 KSchG Rn. 31 weist hingegen darauf hin, dass es sich bei den zwei Wochen um die absolute Mindestgrenze handelt, er scheint sich also für ein Hochsetzen der Grenzen auszusprechen, wenn im Einzelfall hierfür der Bedarf besteht.

1-6 nur Vorgaben betrifft, die „insbesondere" einzuhalten sind. Diese Vorgaben sind allerdings als Mindestinhalt anzusehen, da der Arbeitgeber den Betriebsrat über diese Fakten zu unterrichten „hat".

Das Gesetz nennt zuerst die Angabe der Gründe für die geplanten Entlassungen. Hierzu gehört die Angabe des Sachverhaltes, der den Arbeitgeber zur Kündigung bzw. zur Anwendung eines anderen Beendigungstatbestands im Sinne von § 17 Abs. 1 S. 2 KSchG bewegt hat.[1277] Nach Nr. 2 und 3 sind zudem einerseits die Zahl und die Berufsgruppen der zu entlassenden Arbeitnehmer und andererseits die Zahl und Berufsgruppen der i.d.R. beschäftigten Arbeitnehmer anzugeben.[1278] Ferner ist gem. Nr. 4 der Zeitraum anzugeben, in dem die Entlassungen beabsichtigt sind. Nach Nr. 5 müssen Kriterien angegeben werden, die der Arbeitgeber für die Auswahl der zu entlassenden Arbeitnehmer vorsieht. Der Gesetzgeber hat sich nicht wie in § 1 Abs. 3 KSchG auf die sozialen Erwägungen beschränkt. Vielmehr sind i.R.d. § 17 Abs. 2 KSchG auch die fachlichen, persönlichen und betrieblichen Gesichtspunkte von der Unterrichtungspflicht umfasst.[1279] Für die sozialen Kriterien kann jedoch auf die Aufzählung des § 1 Abs. 3 KSchG zurückgegriffen werden.[1280] Zuletzt muss der Arbeitgeber nach Nr. 6 noch die Kriterien angeben, die er für die Berechnung etwaiger Abfindungen vorsieht. Diese Unterrichtungspflicht wurde in § 17 KSchG eingeführt, weil aufgrund der unterschiedlichen Schwellenwerte nicht jede Massenentlassung auch einen Personalabbau darstellt, der die Sozialplanpflicht auslöst.[1281]

Die sich aus Nr. 5 und Nr. 6 ergebende Unterrichtungspflicht wurde kritisiert mit der Begründung, dass sie dem Arbeitgeber die Möglichkeit nehme, einen notwendig werdenden Interessenausgleich erst nach Erstattung der Anzeige zu schließen, da der Betriebsrat über die genannten Kriterien, die dann im Interessenausgleich faktisch auch angewendet werden, vor der Anzeigeerstattung informiert werden müsse. Dies sei eigentlich gar nicht erforderlich, da das arbeitsmarktpolitische Ziel, der Arbeitsverwaltung Zeit für die Vermittlung freiwerdender Arbeitskräfte zu geben, wegen mangelnder Vermittlungsmöglichkeit oft nicht erreichbar sei.[1282] Dem wurde entgegengehalten, dass dies zu keiner Vorwegnahme der Regelungen durch Interessenausgleich und Sozialplan führe, weil der Arbeitgeber nur die Angaben machen müsse,

---

[1277] ErfK/*Kiel*, § 17 Rn. 20; KR/*Weigand*, § 17 KSchG Rn. 60a; APS/*Moll*, § 17 KSchG Rn. 63.

[1278] Hierbei wird geraten, auf die von der Bundesagentur für Arbeit vorgenommene Gliederung der Berufsgruppen zurückzugreifen, APS/*Moll*, § 17 KSchG Rn. 64.

[1279] APS/*Moll*, § 17 KSchG Rn. 67; ErfK/*Kiel*, § 17 KSchG Rn. 20.

[1280] ErfK/*Kiel*, § 17 KSchG Rn. 20; *v. Hoyningen-Huene/Linck*, § 17 KSchG Rn. 59.

[1281] BT-Drucks. 13/668 S. 14; *v. Hoyningen-Huene/Linck*, § 17 Rn. 59.

[1282] *Schiefer*, DB 1995, 1910, 1914; unter Aufrechterhaltung dieser Auffassung in KPK/*Schiefer/Sowka*, §§ 17-22 KSchG, Rn. 73.

die seinen Überlegungen und Vorstellungen entsprechen würden.[1283] Diesem Argument kann nun noch hinzugefügt werden, dass das arbeitsmarktpolitische Ziel heute nicht mehr als einzige Zwecksetzung der §§ 17 ff. KSchG angesehen werden kann. Wie bereits untersucht, verfolgen die Regelungen zur Massenentlassung auch einen präventiven Zweck.[1284] Damit die Beratungen mit dem Betriebsrat erfolgreich sein können[1285] und im Idealfall tatsächlich auch Kündigungen vermieden werden können, muss der Betriebsrat umfassend unterrichtet werden. Die Vorgaben des § 17 Abs. 2 S. 1 Nr. 5 und Nr. 6 KSchG sind zudem auch aus europarechtlicher Sicht erforderlich, denn Art. 2 Abs. 3 lit. v, vi der Richtlinie 98/59/EG schreibt sie ebenfalls als Teil des zwingend mitzuteilenden Mindestinhalt der Unterrichtung vor.

(2) Die anschließende Beratung und Abgabe einer Stellungnahme

Gem. § 17 Abs. 2 S. 2 KSchG trifft den Arbeitgeber zudem eine Beratungspflicht. Der Inhalt der Beratung ist auch hier nicht abschließend („insbesondere“) geregelt. Es wird aber besonders hervorgehoben, dass Gegenstand der Beratung die Suche nach Möglichkeiten, Entlassungen zu vermeiden oder einzuschränken, und die Milderung ihrer Folgen sein müssen. Damit gibt das Gesetz den Mindestinhalt der Beratungen vor. Daneben steht es den Betriebspartnern frei, weitere Gegenstände in die Beratungen mit aufzunehmen. Damit lässt das Gesetz dem Arbeitgeber große Freiheit in der konkreten Ausgestaltung der Beratung.[1286] Es werden weder bestimmte Methoden vorgeschrieben, die angewendet werden müssen, um Möglichkeiten zur Vermeidung von Entlassungen zu ermitteln, noch schreibt § 17 Abs. 2 S. 2 KSchG ein genaueres Verfahren vor, das während der Beratung einzuhalten ist. Die in § 17 Abs. 2 S. 2 KSchG normierte Beratungspflicht entspricht inhaltlich dennoch den europarechtlichen Vorgaben in Art. 2 Abs. 2 der Massenentlassungsrichtlinie, die ebenfalls eher abstrakt formuliert sind. Sie gibt aber ebenso vor, dass es sich bei der Vermeidung oder Einschränkung von Entlassungen und der Milderung ihrer Folgen um den Mindestinhalt der Beratungen handelt.[1287] Auf die Frage, ob auch die Verhandlungen zum Interessenausgleich der Beratungspflicht i.S.d. § 17 Abs. 2 S. 2 KSchG genügen, wird später bei der Untersuchung des Verhältnisses der Massenentlassungsvorschriften zu den übrigen Verfahrensregelungen des BetrVG eingegangen.

1283 APS/*Moll*, § 17 KSchG Rn. 69.

1284 S. hierzu die Darstellung unter E I. 3 b).

1285 So auch Art. 2 Abs. 3 der Richtlinie 98/59/EG: „Damit die Arbeitnehmervertreter *konstruktive* Vorschläge unterbreiten können...“

1286 Hierzu kritisch *Hinrichs*, Kündigungsschutz und Arbeitnehmerbeteiligung bei Massenentlassungen, S. 160 f.

1287 Art. 2 Abs. 2: „Diese Konsultationen erstrecken sich *zumindest* auf die Möglichkeit, Massenentlassungen zu vermeiden...“

Zu beachten ist im Zusammenhang mit § 17 Abs. 2 S. 2 KSchG, dass das Gesetz den Ausdruck „Beratungen" verwendet. Eine Beratung ist qualitativ nicht gleichzusetzen mit einer Anhörung wie sie z.B. in § 102 BetrVG vo-geschrieben ist, sondern befindet sich auf einer höheren Stufe. Sie setzt voraus, dass sich die Betriebspartner mit der Position des jeweils anderen auseinandersetzen und dazu auch Stellung nehmen.[1288] Es reicht also z.B. nicht aus, wenn der Arbeitgeber lediglich Kenntnis von den Vorschlägen des Betriebsrats nimmt. Er muss sich hierzu auch äußern und die Vorschläge in seinen Entscheidungsprozess mit einfließen lassen, auch wenn er sich nicht zwangsläufig den Äußerungen des Betriebsrats anschließen muss.

Gegenstand der Beratung im Sinne von § 17 Abs. 2 S. 2 KSchG muss die geplante Massenentlassung in ihrer Gesamtheit sein und nicht, wie dies bei § 102 BetrVG der Fall ist, die jeweils einzelne Kündigung.[1289] Der Grund für diesen Unterschied liegt darin, dass der Arbeitgeber sich hier noch in einer anderen Phase seines Entscheidungsprozesses befindet, nämlich in einer, die der Betriebsratsanhörung nach § 102 BetrVG zeitlich vorgelagert ist.

Wenn aber auch die Beratung mit dem Betriebsrat eine weitergehende Pflicht ist, als die bloße Unterrichtung oder Anhörung, so geht diese Pflicht nicht soweit, dass eine Einigung zwischen Betriebsrat und Arbeitgeber erforderlich ist. Etwas anderes ergibt sich auch nicht aus der Massenentlassungsrichtlinie. Zwar sollen gem. Art. 2 Abs. 1 der Richtlinie die Arbeitnehmervertreter von dem Arbeitgeber konsultiert werden, „um zu einer Einigung zu gelangen". Hierbei handelt es sich aber nur um das angestrebte Ziel der Beratung, welches nicht zwangsläufig erreicht werden muss.[1290] Es soll also lediglich versucht werden, die Erfüllung dieses Ziels zu erreichen. Der Arbeitgeber trifft am Ende einseitig die Entscheidung.[1291] Allerdings kann die Formulierung in Art. 2 Abs. 1 der Massenentlassungsrichtlinie auch nicht völlig unbeachtet bleiben. Wie bereits ausgeführt, sind die §§ 17 ff. KSchG richtlinienkonform auszulegen. So ist auch bei der Beratungspflicht nach § 17 Abs. 2 S. 2 KSchG zu berücksichtigen, dass das von der Richtlinie vorgegebene Ziel die Einigung von Betriebsrat und Arbeitgeber ist. Hieraus muss m.E. hergeleitet werden, dass die Betriebspartner *ernsthaft* miteinander über Alternativen zur Massenentlassung bzw. über Maßnahmen zur Milderung ihrer Auswirkungen beraten müssen. Hieran sind strenge Anforderungen zu stellen. Es könnte beispielsweise erwogen werden, die Beweislast dafür, dass ernsthaft beraten wurde, dem Arbeitgeber aufzuerlegen. Für die Beurteilung,

---

[1288] APS/*Moll*, § 17 KSchG Rn. 74.

[1289] *Opolony*, NZA 1999, 791, 795; KPK/*Schiefer/Sowka*, §§ 17-22 Rn. 76.

[1290] So auch BAG 30.3.2004 AP § 113 BetrVG 1972 Nr. 47; BAG 20.11.2001 AP § 113 BetrVG 1972 Nr. 39.

[1291] *v. Hoyningen-Huene/Linck*, § 17 KSchG Rn. 62; KPK/*Schiefer/Sowka*, §§ 17-22 KSchG Rn. 77.

ob tatsächlich Ernsthaftigkeit vorliegt, wird aber wohl auf den Einzelfall abzustellen sein.

Im Anschluss an die Beratungen mit dem Arbeitgeber kann der Betriebsrat zu dem Ergebnis eine Stellungnahme abgeben.[1292] Dies ergibt sich mittelbar aus dem Gesetz, da der Arbeitgeber gem. § 17 Abs. 3 S. 2 KSchG der Anzeige auch die Stellungnahme des Betriebsrats hinzufügen muss.[1293]

(3) Verhältnis zu den Verfahrensvorschriften des BetrVG

Insbesondere in Bezug auf die Betriebsratsanhörung nach § 102 BetrVG und die Beteiligung des Betriebsrats i.R.d. §§ 111 ff. BetrVG stellt sich die Frage, ob es Überschneidungen oder gegenseitige Beeinflussungen gibt.[1294] Fraglich ist, ob ihre Durchführung Teile des betriebsinternen Verfahrens nach § 17 Abs. 2 KSchG ersetzen können oder umgekehrt.

Die Pflicht aus § 102 Abs. 1 BetrVG, den Betriebsrat zu unterrichten und anzuhören,[1295] besteht auch im Falle einer Massenentlassung, obwohl den Arbeitgeber bereits gem. § 17 Abs. 2 KSchG eine Unterrichtungs- und Beratungspflicht trifft.[1296] Dies ergibt sich schon aus § 102 Abs. 7 BetrVG, der vorsieht, dass die Vorschriften zur Beteiligung des Betriebsrats nach dem KSchG unberührt bleiben, davon ist gerade § 17 KSchG erfasst.

Vereinzelt wird erwogen, die einwöchige Anhörungsfrist des § 102 Abs. 2 S. 1 BetrVG bei Vorliegen einer Massenentlassung zu verlängern bzw. dem Betriebsrat einen Anspruch auf Verlängerung der Frist zu gewähren.[1297] Dies widerspricht jedoch dem eindeutigen Wortlaut des § 102 BetrVG.[1298] Denn einerseits wird dort ohne Ausnahmeregelung klar die einwöchige Frist vorgeschrieben. Andererseits wird durch den Hinweis in § 102 Abs. 7 BetrVG erkennbar, dass sich der Gesetzgeber bewusst war, dass § 102 BetrVG auch bei

---

[1292] ErfK/*Kiel*, § 17 KSchG Rn. 23; KDZ/*Kittner*, § 17 KSchG Rn. 36.

[1293] A.A. scheinbar *v. Hoyningen-Huene/Linck*, § 17 KSchG Rn. 65; KPK/*Schiefer/Sowka*, §§ 17-22 KSchG Rn. 78 nach denen der Betriebsrat eine Stellungnahme abzugeben „hat". Im Ergebnis hat diese Meinungsverschiedenheit keine große Bedeutung, da der Arbeitgeber unter den Voraussetzungen des § 17 Abs. 3 S. 3 KSchG trotz Fehlens der Stellungnahme eine wirksame Anzeige erstatten kann.

[1294] Das Verhältnis zu den Beteiligungsrechten aus §§ 92 Abs. 1, 106 Abs. 2 i.V.m. Abs. 3 BetrVG wird an dieser Stelle nicht eingegangen, da es sich nicht um Regelungen des präventiven Kündigungsschutzes handelt. Auch diese Beteiligungsrechte des Betriebsrats bestehen unabhängig von dem Verfahren nach § 17 Abs. 2 KSchG, APS/*Moll*, Vor §§ 17 KSchG Rn. 20.

[1295] Ausführlich hierzu s D. I 1.

[1296] BAG 14.8.1986 AP § 102 BetrVG 1972 Nr. 43; ErfK/*Kiel*, § 17 KSchG Rn. 24; *v. Hoyningen-Huene/Linck*, § 17 KSchG Rn. 67, 70; APS/*Moll*, § 17 KSchG Rn. 85; KPK/*Schiefer/Sowka*, §§ 17-22 KSchG Rn. 86; Stahlhacke/Preis/*Vossen*, S. 625 Rn. 1581.

[1297] *Griese*, BB 1990, 1899, 1902.

[1298] BAG 14.8.1986 AP § 102 BetrVG 1972 Nr. 43; KR/*Etzel*, § 102 BetrVG Rn. 87; *Fitting*, § 102 Rn. 64.

Massenentlassungen zur Anwendung kommt, und dennoch hierfür keine Sonderregelung vorgesehen hat.[1299] Es ist jedoch möglich, dass die Berufung des Arbeitgebers auf den Fristablauf im Ausnahmefall rechtsmissbräuchlich ist.[1300]

Daneben ist auch der Anwendungsbereich der §§ 111 ff. BetrVG und der §§ 17 ff. KSchG häufig deckungsgleich, insbesondere wenn die Betriebsänderung i.S.d. § 111 BetrVG in einem Personalabbau besteht.[1301] Auch hierfür ist anerkannt, dass das Verfahren nach § 17 Abs. 2 KSchG nicht die Beteiligung des Betriebsrats nach den §§ 111 ff. BetrVG ersetzen kann.[1302] So reicht z.B. die Mitteilung der in § 17 Abs. 2 KSchG vorgeschriebenen Informationen nicht für eine ausreichende Unterrichtung nach § 111 BetrVG aus.[1303] Auch umgekehrt kann die Beteiligung nach § 111 BetrVG nicht das Verfahren nach § 17 Abs. 2 KSchG ersetzen. Einzige Teilausnahme hierfür ist bei der Namensliste nach § 1 Abs. 5 S. 4 KSchG vorgesehen.[1304]

Dennoch wird praktischen Erwägungen Rechnung getragen und sowohl für die Betriebsratsanhörung nach § 102 BetrVG als auch für die Beteiligung des Betriebsrats nach §§ 111 ff. BetrVG anerkannt, dass eine Verbindung mit dem Verfahren nach § 17 Abs. 2 KSchG möglich ist.[1305] Voraussetzung ist allerdings, dass der Arbeitgeber klar zu erkennen gibt, welche Pflichten er im Einzelnen erfüllen will. Außerdem müssen dann auch die jeweils strengeren Anforderungen der erfassten Verfahren erfüllt werden.[1306]

[1299] S. hierzu auch die ausführliche Argumentation des BAG in seiner Entscheidung vom 14.8.1986 AP § 102 BetrVG 1972 Nr. 43.

[1300] Für die Annahme des rechsmissbräuchlichen Handelns reicht aber nicht bereits die Tatsache aus, dass es sich um eine Massenentlassung handelt und daher der Betriebsrat überlastet ist, BAG 14.8.1986 AP § 102 BetrVG 1972 Nr. 43; *Fitting*, § 102 Rn. 64.

[1301] Wie bereits erwähnt, kann der Anwendungsbereich der §§ 111 ff. BetrVG auch dann eröffnet sein, wenn ein bloßer Personalabbau durchgeführt werden soll, st. Rspr. BAG 22.5.1979 AP § 111 BetrVG 1972 Nr. 4; BAG 6.12.1988 AP § 111 BetrVG 1972 Nr. 26; BAG 7.8.1999 AP § 111 BetrVG 1972 Nr. 34; nun bestätigt durch § 112a Abs. 1 BetrVG, s. *Fitting*, § 111 Rn. 73; Richardi/*Annuß*, § 111 Rn. 48; GK-BetrVG/*Oetker*, § 111 Rn. 65; *Wißmann*, RdA 1998, 221, 226; BAG 6.12.1988 AP § 111 BetrVG 1972 Nr. 26.

[1302] ErfK/*Kiel*, § 17 KSchG Rn. 24; APS/*Moll*, Vor §§ 17 ff. KSchG, Rn. 20; ErfK/*Kania*, § 111 BetrVG Rn. 21; *v. Hoyningen-Huene/Linck*, Rn. 69; KR/*Weigand*, § 17 KSchG Rn. 69f.; Wlotzke/Preis/*Preis/Bender*, § 111 Rn. 32.

[1303] ErfK/*Kania*, § 111 BetrVG Rn. 21.

[1304] APS/*Moll*, Vor §§ 17 ff. KSchG Rn. 20.

[1305] So bereits die ausdrückliche Begründung des RegE, BT-Drucks. 8/1041, S. 5; APS/*Moll*, Vor §§ 17 ff. KSchG Rn. 20; ErfK/*Kiel*, § 17 KSchG Rn. 24.

[1306] BAG 3.11.1977 AP § 75 BPersVG Nr. 1; KR/*Weigand*, § 17 KSchG Rn. 70; APS/*Moll*, Vor §§ 17 ff. KSchG Rn. 20.

e) Das Verfahren vor der Agentur für Arbeit

Das Verfahren kann in zwei Abschnitte unterteilt werden. Zunächst ist das Anzeigeverfahren durch den Arbeitgeber durchzuführen. Im Anschluss daran wird die Arbeitsagentur tätig, indem sie entscheidet, zu welchem Zeitpunkt die Kündigungen wirksam werden.

(1) Das Anzeigeverfahren

Der Arbeitgeber ist bei Vorliegen der Voraussetzungen einer Massenentlassung verpflichtet, zuvor eine Anzeige bei der Agentur für Arbeit zu erstatten. Die Anzeige muss vor der Entlassung, seit dem 27.1.2005 also wie bereits ausgeführt aufgrund einer richtlinienkonformen Auslegung vor der Kündigungserklärung erfolgen. Da für die Beurteilung, ob eine Massenentlassung vorliegt, nicht nur ein bestimmter Zeitpunkt, sondern vielmehr ein Zeitraum von 30 Tagen maßgeblich ist, ist eine nachträgliche Anzeige ausnahmsweise dann zulässig und zugleich auch notwendig, wenn der Arbeitgeber stufenweise Entlassungen durchführt.[1307]

Gem. § 17 Abs. 3 S. 2 KSchG muss diese Anzeige schriftlich[1308] erstattet werden, ansonsten ist sie unwirksam.[1309] Demnach muss sie vom Arbeitgeber eigenhändig unterzeichnet sein.[1310] Der Anzeige sind gem. § 17 Abs. 3 S. 1 und S. 2 KSchG eine Abschrift der Mitteilung an den Betriebsrat sowie die im Anschluss an die Unterrichtung abgegebene Stellungnahme des Betriebsrats hinzuzufügen. Für den Fall, dass der Betriebsrat nicht Stellung genommen hat, sieht das Gesetz vor, dass es für die Wirksamkeit der Anzeige ausreicht, wenn der Arbeitgeber glaubhaft macht, dass er den Betriebsrat mindestens zwei Wochen vor Erstattung der Anzeige unterrichtet hat und den Stand der Beratungen darlegt, § 17 Abs. 3 S. 3 KSchG. Hieraus ist im Umkehrschluss zu folgern, dass die Beifügung der Stellungnahme des Betriebsrats – vorausgesetzt es liegt eine vor – eine Wirksamkeitsvoraussetzung der Anzeige ist.[1311] Folge der 2-Wochen-Frist des § 17 Abs. 3 S. 3 KSchG ist einerseits, dass der Arbeitgeber mindestens zwei Wochen ab der Unterrichtung des Betriebsrats warten muss, bevor er wirksam Anzeige erstatten darf, was den positiven Effekt haben kann, dass der Arbeitgeber den Betriebsrat möglichst frühzeitig unterrichtet.[1312] Sie führt andererseits aber auch dazu, dass

---

1307 BAG 13.4.2000 AP § 17 KSchG 1969 Nr. 13; BAG 24.10.1996 AP § 17 KSchG 1969 Nr. 8; APS/*Moll*, § 17 KSchG Rn. 126; *v. Hoyningen-Huene/Linck*, § 18 Rn. 10.

1308 Die Schriftform ist wohl auch gewahrt, wenn die Anzeige per Telefax oder Telegramm erstattet wurde, APS/*Moll*, § 17 KSchG Rn. 97; s. hierzu auch m.w.N. KR/*Weigand*, § 17 Rn. 72a.

1309 KR/*Weigand*, § 17 Rn. 72a; ErfK/*Ascheid*, § 17 KSchG Rn. 27.

1310 Stahlhacke/Preis/*Vossen*, S. 625 Rn. 1583; KR/*Weigand*, § 17 Rn. 72a.

1311 BAG 11.3.1999 EzA § 17 KSchG Nr. 8; *v. Hoyningen-Huene/Linck*, § 17 Rn. 88.

1312 KR/*Weigand*, § 17 Rn. 94.

das Verfahren durch die Weigerung des Betriebsrats, eine Stellungnahme abzugeben, nicht länger als zwei Wochen verzögert werden kann.[1313]

In Bezug auf den Inhalt der Massenentlassungsanzeige finden sich im Gesetz Muss- und Sollvorgaben. Gem. § 17 Abs. 3 S. 4 KSchG müssen in der Anzeige folgende Angaben gemacht werden: Name des Arbeitgebers, Sitz und Art des Betriebes, die Gründe für die geplanten Entlassungen, ihre Zahl und die Berufsgruppen der zu entlassenden und der i.d.R. beschäftigten Arbeitnehmer, den Zeitraum, in dem die Entlassungen vorgenommen werden sollen und die Kriterien für die Auswahl der zu entlassenden Arbeitnehmer. Für die Angabe der Gründe der geplanten Entlassungen ist es nicht erforderlich, dass der Arbeitgeber die Kündigungsgründe in Bezug auf jeden einzelnen Arbeitgeber im Sinne von § 102 Abs. 1 BetrVG darlegt. Es reicht aus, dass die Arbeitsverwaltung einen Überblick darüber bekommt, welcher Anlass oder Sachverhalt der Auslöser für die Kündigungen war.[1314]

Der Arbeitgeber kann eine fehlende Angabe nachholen. Allerdings wirkt die Nachholung nur so, dass die Anzeige erst ab Eingang der Ergänzung bei der Agentur für Arbeit zu einer vollständigen Anzeige wird, die Wirkung tritt nicht ex tunc ein.[1315] Da eine rückwirkende Heilung der unvollständigen Anzeige nicht möglich ist, muss die Nachholung somit vor der Entlassung vorgenommen werden. Eine Heilung ist weiterhin nicht mehr möglich, wenn die Agentur für Arbeit bereits eine Entscheidung gem. § 20 Abs. 1 KSchG getroffen hat.[1316] In den beiden dargestellten Fällen muss der Arbeitgeber das Anzeigeverfahren neu einleiten und kann die geplanten Entlassungen erst danach vornehmen.

Das Fehlen einer der genannten Angaben ebenso wie Unvollständigkeiten oder Fehler führen zur Unwirksamkeit der Anzeige.[1317]

Die Sanktion der Unwirksamkeit der Anzeige ist einschneidend. Dennoch kann hier nicht von einer Überforderung des Arbeitgebers die Rede sein. Denn zum einen sind die zwingenden Angaben im Gesetz seit dem Zweiten Gesetz zur Änderung des KSchG in Anpassung an die EG-Richtlinie vom 27.4.1978,[1318] ergänzt durch das EG-Anpassungsgesetz vom 20.7.1995, klar

---

[1313] *v. Hoyningen-Huene/Linck*, § 17 Rn. 89.

[1314] APS/*Moll*, § 17 KSchG Rn. 99; s. auch KR/*Weigand*, § 17 KSchG Rn. 82.

[1315] ErfK/*Kiel*, § 17 KSchG Rn. 28; APS/*Moll*, § 17 KSchG Rn. 100; KR/*Weigand*, § 17 KSchG Rn. 83.

[1316] APS/*Moll*, §17 KSchG Rn. 100.

[1317] BAG 8.6.1989 AP § 17 KSchG 1969 Nr. 6; HWK/*Pods/Molkenbur*, § 17 KSchG Rn. 34; APS/*Moll*, § 17 KSchG Rn. 100; eine Ausnahme liegt jedoch vor, wenn der Arbeitgeber falsche Angaben über die Anzal der i.d.R. Beschäftigten macht; wenn dieser Fehler die Arbeitsverwaltung nicht bei ihrer sachlichen Prüfung beeinflusst hat, bleibt er folgenlos, BAG 21.3.2001 EzA Art. 101 GG Nr. 5; ErfK/*Kiel*, § 17 KSchG Rn. 35; KR/*Weigand*, § 17 KSchG Rn. 83.

[1318] In Kraft getreten am 30.4.1978.

und abschließend aufgezählt.[1319] Zum anderen entspricht der gesetzlich vorgeschriebene Mindestinhalt der Anzeige dem Mindestinhalt der Unterrichtung des Betriebsrats, wie er in § 17 Abs. 2 KSchG vorgesehen ist.[1320] Für die Anzeige kann der Arbeitgeber somit auf diese Angaben zurückgreifen, es entsteht ihm keine Mehrarbeit.

Neben dem erforderlichen Mindestinhalt sieht § 17 Abs. 3 S. 5 KSchG noch einen „Soll"-Inhalt der Anzeige vor.[1321] Es handelt sich hierbei um Angaben zu Geschlecht, Alter, Beruf und Staatsangehörigkeit der zu entlassenden Arbeitnehmer, wobei diese Angaben als „Soll-Angaben" nur mit dem Einvernehmen des Betriebsrats gemacht werden sollen. Ansonsten, also ohne das Einvernehmen des Betriebsrats, *kann* der Arbeitgeber diese Angaben machen.[1322] Entscheidend ist hierbei, dass das Fehlen dieser Angaben nicht zur Unwirksamkeit der Anzeige führt. Aus praktischer Sicht kann das Fehlen dieser Angaben dennoch Auswirkungen nach sich ziehen. Denn die Agentur für Arbeit wird bei ihrer Entscheidung über die Dauer der Sperrfrist nach § 18 Abs. 1 und 2 KSchG auch berücksichtigen ob und falls nicht warum der Arbeitgeber Angaben bzw. keine Angaben nach Maßgabe des § 17 Abs. 3 S. 5 KSchG gemacht hat.[1323] Gerade wenn der Arbeitgeber unter Zeitdruck steht, sollte ihn dies dazu bewegen, möglichst alle Angaben zu machen, um das Verfahren nicht zu verzögern.

Nicht abschließend geklärt ist, ob der Arbeitgeber auch in Bezug auf die Sollangaben gebunden ist. Gegen eine Bindungswirkung wird eingewandt, dass ansonsten das Stufenverhältnis der Soll- und der Muss-Angaben aufgehoben werde. Es sei nicht konsequent, dass das Vorhandensein der Soll-Angaben für die Wirksamkeit der Massenentlassung ohne Wirkung bleibe, bei Abweichungen allerdings dieselben strengen Regeln anzuwenden seien wie bei den Muss-Angaben.[1324] Die wohl h.M. geht hingegen von einer Bindungswirkung aus.[1325] Dieser Auffassung wird hier aus den folgenden Gründen gefolgt. Zunächst wird die Differenzierung zwischen Muss- und Soll-Angaben nicht dadurch aufgehoben, dass auch bei den Soll-Angaben von ei-

---

[1319] KR/*Weigand*, § 17 KSchG Rn. 80; *v. Hoyningen-Huene/Linck*, § 17 KSchG Rn. 83.
[1320] APS/*Moll*, § 17 KSchG Rn. 99; HWK/*Pods*, § 17 KSchG Rn. 34.
[1321] Die Ausgestaltung als „Soll-Vorschrift" beruht auf einem Kompromiss im Gesetzgebungsverfahren, wo Meinungsverschiedenheiten bestanden, ob auch die Angaben des § 17 Abs. 3 S. 5 KSchG zum Mindestinhalt der Massenentlassungsanzeige gehören sollen oder nicht, s. hierzu m.w.N APS/*Moll*, § 17 KSchG Rn. 103.
[1322] *v. Hoyningen-Huene/Linck*, § 17 Rn. 87; APS/*Moll*, § 17 KSchG Rn. 104, 107.
[1323] APS/*Moll*, § 17 KSchG Rn. 106.
[1324] APS/*Moll*, § 17 KSchG Rn. 108.
[1325] So noch zu § 15 KSchG a.F. BAG 6.10.1960 AP § 15 KSchG Nr. 7; KR/*Weigand*, § 17 KSchG Rn. 86 ff.; KDZ/*Kittner*, § 17 KSchG Rn. 45; *v. Hoyningen-Huene/Linck*, § 17 KSchG Rn. 87; ErfK/*Kiel*, § 17 KSchG Rn. 29; HWK/*Pods/Molkenbur*, § 17 KSchG Rn. 35.

ner Bindungswirkung ausgegangen wird. Denn dies ändert nichts daran, dass der Arbeitgeber nicht verpflichtet ist, diese Angaben zu machen. Bereits dadurch wird dem Stufenverhältnis hinreichend Ausdruck verliehen. Ausschlaggebend für die Bejahung einer Bindungswirkung ist der Sinn und Zweck der Anzeige. In der Anzeigepflicht manifestiert sich die arbeitsmarktpolitische Komponente. Die Agentur für Arbeit soll sich darauf einstellen können, wie viele Arbeitslose auf sie zukommen werden, aus welchem Bereich sie kommen und welche Merkmale sie ggf. aufweisen. Wenn der Arbeitgeber sich nicht an die Angaben hält, die er in der Anzeige gemacht hat, können die von der Agentur für Arbeit im Vorfeld der Durchführung der Entlassungen ergriffenen oder in die Wege geleiteten Maßnahmen ggf. nicht mehr ihre Wirkung entfalten.[1326] Dem Arbeitgeber bleibt die Möglichkeit, seine Soll-Angaben unter Vorbehalt zu stellen. In diesem Fall tritt keine Bindungswirkung ein.[1327]

(2) Die Sperrfrist nach § 18 Abs. 1 KSchG

Auf die Anzeige der Massenentlassung folgt eine Sperrfrist. Während dieser Frist können i.R.d. Massenentlassung keine Kündigungen durchgeführt werden, d.h. es darf bei Anwendung einer richtlinienkonformen Auslegung keine tatsächliche Beendigung eintreten. Der gesetzlich vorgesehene Normfall ist eine Sperrfrist mit einer Dauer von einem Monat. Die Berechnung der Frist erfolgt nach Maßgabe der §§ 187 ff. BGB, § 26 SGB X.[1328] Die Frist beginnt mit dem Eingang der Anzeige bei der zuständigen Agentur für Arbeit.[1329]

Die Sperrfrist kann durch Entscheidung der Agentur für Arbeit sowohl verlängert als auch verkürzt werden. Maßgeblich für die Durchführung der Entscheidung sind die Vorgaben des § 20 KSchG. Der Entscheidungsträger ist demnach die Geschäftsführung der Agentur für Arbeit oder ein Ausschuss, § 20 Abs. 1 KSchG. Vor der Entscheidung sind sowohl der Arbeitgeber als auch der Betriebsrat anzuhören, § 20 Abs. 3 KSchG. Zudem muss der jeweilige Entscheidungsträger gem. § 20 Abs. 4 KSchG das Arbeitgeberinteresse, das Interesse der zu entlassenden Arbeitnehmer, das öffentliche Interesse sowie die Arbeitsmarktlage bei der Entscheidungsfindung berücksichtigen.

Gem. § 18 Abs. 1 KSchG kann die Agentur für Arbeit die Sperrfrist verkürzen, indem sie dem Arbeitgeber ihre Zustimmung erteilt, die Entlassungen

---

[1326] KR/*Weigand*, § 17 KSchG Rn. 87 f.

[1327] BAG 6.10.1960 AP § 15 KSchG Nr. 7; APS/*Moll*, § 17 KSchG Rn. 109; KR/*Weigand*, § 17 KSchG Rn. 89; KDZ/*Kittner*, § 17 KSchG Rn. 45; *v. Hoyningen-Huene/Linck*, § 17 KSchG Rn. 87.

[1328] ErfK/*Kiel*, § 18 KSchG Rn. 5; Stahlhacke/Preis/*Vossen*, S. 630f. Rn. 1591.

[1329] KR/*Weigand*, § 18 KSchG Rn. 6; ErfK/*Kiel*, § 18 KSchG Rn. 4; APS/*Moll*, § 18 KSchG Rn. 5.

früher vorzunehmen. Auch eine rückwirkende Zustimmung ist möglich.[1330] Erforderlich ist jedoch, dass der Arbeitgeber einen Antrag stellt. Das Antragserfordernis ergibt sich bereits mittelbar aus § 18 Abs. 1 HS 2 KSchG, nach dem die Zustimmung auf den Tag der Antragstellung rückwirken kann. Die Zustimmung zur Verkürzung der Sperrfrist ist ein begünstigender Verwaltungsakt.[1331] Die Wirkung der Zustimmung, also die Wirksamkeit der Entlassung vor Ablauf der einmonatigen Sperrfrist, tritt gegenüber dem Arbeitnehmer erst dann ein, wenn ihm die Erteilung der Zustimmung mitgeteilt wurde.[1332]

Im Einzelfall kann die Agentur für Arbeit auch gem. § 18 Abs. 2 KSchG die Sperrfrist auf bis zu zwei Monate verlängern.[1333] Hierfür müssen alle Umstände des Einzelfalles nach pflichtgemäßem Ermessen sorgfältig abgewogen werden.[1334] I.R. dieses Entscheidungsprozesses kommt, neben den allgemeinen Vorgaben des § 20 Abs. 4 KSchG, auch der Frage Bedeutung zu, ob der Arbeitgeber seiner Anzeigepflicht nach § 18 Abs. 3 KSchG nachgekommen ist.[1335] Der rein fiskalische Gesichtspunkt, die Arbeitslosenversicherung einen zusätzlichen Monat von der Zahlung von Arbeitslosengeld zu entlasten, ist hingegen kein ausreichender Grund für die Verlängerung der Sperrfrist.[1336] Die Entscheidung, die Sperrfrist zu verlängern ist jedoch nur bis zum Zeitpunkt des Ablaufs der einmonatigen Regelfrist zulässig.[1337]

Die Sperrfrist kann für den Arbeitgeber eine große Belastung darstellen, wenn sich sein Unternehmen in einer wirtschaftlichen Krisensituation befindet.[1338] Dem hat der Gesetzgeber versucht, Rechnung zu tragen, indem er in § 19 KSchG der Bundesagentur für Arbeit die Möglichkeit eröffnete, dem Arbeitgeber zu erlauben, für die Zwischenzeit Kurzarbeit einzuführen. Die praktische Bedeutung des § 19 KSchG ist jedoch gering.[1339] Denn gem. § 19 Abs. 2 KSchG sind Lohnkürzungen erst mit Ablauf der jeweils geltenden Kündigungsfrist möglich. Zudem bleiben gem. § 19 Abs. 3 KSchG tarifver-

---

[1330] ErfK/*Kiel*, § 18 KSchG Rn. 7; ausführlich zur rückwirkenden Zustimmung KR/*Weigand*, § 18 KSchG Rn. 14 ff.; APS/*Moll*, § 18 KSchG Rn. 19 ff.

[1331] KR/*Weigand*, § 18 KSchG Rn. 10; *v. Hoyningen-Huene/Linck*, § 18 Rn. 7.

[1332] *v. Hoyningen-Huene/Linck*, § 18 Rn. 7f.; KR/*Weigand*, § 18 KSchG Rn. 13; ErfK/*Kiel*, § 18 KSchG Rn. 6; KDZ/*Kittner*, § 18 KSchG Rn. 7.

[1333] Schematisierungen des Zustimmungsverfahrens sind nicht zulässig, LSG München 8.8.1985, NZA 1986, 654; KDZ/*Kittner*, § 18 KSchG Rn. 14.

[1334] KR/*Weigand*, § 18 KSchG Rn. 24; ErfK/*Kiel*, § 18 KSchG Rn. 9; *v. Hoyningen-Huene/Linck*, § 18 Rn. 5.

[1335] APS/*Moll*, § 18 KSchG Rn. 9.

[1336] BSG 21.3.1978 BSGE 46, 99; LSG München 8.8.1985, NZA 1986, 654; *v. Hoyningen-Huene/Linck*, § 18 Rn. 5; ErfK/*Kiel*, § 18 KSchG Rn. 10; APS/*Moll*, § 18 KSchG Rn. 31.

[1337] KDZ/*Kittner*, § 18 KSchG Rn. 14; *v. Hoyningen-Huene/Linck*, § 18 Rn. 5; KR/*Weigand*, § 18 KSchG Rn. 21.

[1338] S. zum Sinn und Zweck des § 19 KSchG KR/*Weigand*, § 19 KSchG Rn. 3 ff.

[1339] S. hierzu ErfK/*Kiel*, § 19 KSchG Rn. 1.

tragliche Bestimmungen über die Einführung, das Ausmaß und die Bezahlung von Kurzarbeit durch die Abs. 1 und 2 unberührt.

(3) Die Freifrist nach § 18 Abs. 4 KSchG

Das Gesetz sieht vor, dass die Entlassungen innerhalb von 90 Tagen nach dem Zeitpunkt ihrer Zulässigkeit gem. § 18 Abs. 1 und 2 KSchG durchgeführt werden müssen, ansonsten ist ein erneutes Anzeigeverfahren vorzunehmen. Diese Vorschrift wirft bei einer richtlinienkonformen Auslegung der Massenentlassungsvorschriften Probleme auf. Denn wenn unter Entlassung im Sinne von §§ 17 ff. KSchG der Kündigungsausspruch verstanden wird, führt dies dazu, dass der Ausspruch erst am Ende der Sperrfrist Wirkung erzeugt. Erst dann beginnt auch die Kündigungsfrist zu laufen. Die Durchführung der Kündigung muss gem. § 18 Abs. 4 KSchG innerhalb der Freifrist von 90 Tagen vorgenommen werden. Unter der Durchführung gem. § 18 Abs. 4 KSchG kann die tatsächliche Beendigung, also auch das Ende der Kündigungsfrist verstanden werden. Wenn die Kündigungsfrist mehr als 90 Tage beträgt, wird die Freifrist zwangsläufig überschritten, und der Arbeitgeber müsste immer wieder ein neues Anzeigeverfahren in die Wege leiten. Dementsprechend hat die Bundesagentur für Arbeit in einer Information der Dienststellen zur weiteren Vorgehensweise nach dem Urteil des EuGH zu Massenentlassungen vorgegeben, dass § 18 Abs. 4 KSchG künftig ohne Anwendungsbereich bleibe.[1340] Dem hat sich inzwischen ein Teil der neueren Kommentarliteratur angeschlossen.[1341] Momentan ist davon auszugehen, dass sich eine entprechende Praxis entwickeln wird. Ein Eingreifen des Gesetzgebers ist unbedingt erforderlich, da dies allenfalls eine vorübergehende Situation sein kann.

(4) Einfluss der Entscheidung der Agentur für Arbeit auf die Wirksamkeitsprüfung der Kündigung

Wenn die Agentur für Arbeit die Sperrfrist nach § 18 Abs. 1 KSchG verkürzt, stellt sich die Frage, ob dies auch Auswirkungen auf die Prüfung der Wirksamkeit der Kündigung in einem späteren Kündigungsschutzprozesses hat. Denkbar wäre, von einer Zustimmung der Verwaltung zur Durchführung der Kündigung abzuleiten, dass sie insgesamt wirksam ist. Auch eine Wirksamkeitsvermutung der Kündigung könnte erwogen werden, z.B. weil die betrieblichen Erfordernisse besonders dringend sind. Die Genehmigung von

---

[1340] Die Information der Bundesagentur für Arbeit ist abgedruckt in AuR 2005, 224. Nach Auffassung des ArbG Bochum ist hingegen die Durchführung der Entlassung auch i. R. einer richtlinienkonformen Auslegung so zu verstehen, dass es sich hierbei um die tatsächliche Beendigung handelt, ArbG Bochum 17.3.2005, DB 2005, 1064.

[1341] KR/*Weigand*, § 18 KSchG Rn. 34; ErfK/*Kiel*, § 18 KSchG Rn. 15.

Kurzarbeit nach § 19 KSchG könnte ebenso für ein dringendes betriebliches Erfordernis sprechen.

Zu der generellen Problematik der Bindungswirkung der Zustimmung der Agentur für Arbeit zur Durchführung von Massenentlassungen für das spätere arbeitsgerichtliche Verfahren scheint sich das BAG für eine Einflussnahme auszusprechen. So hat es in seiner Entscheidung vom 24.10.1996 entschieden, dass die Arbeitsgerichte durch die Bestandskraft des Verwaltungsakts gehindert sind, im Kündigungsschutzprozess die Entscheidung der Arbeitsverwaltung nachzuprüfen. Das bedeutet, dass die Feststellung der Wirksamkeit einer Anzeige durch die Arbeitsagentur von dem Arbeitsgericht allenfalls auf grobe Fehlerhaftigkeit überprüft werden kann.[1342]

Ein solcher Einfluss kann der Entscheidung der Agentur für Arbeit m.E. nicht zukommen. Es handelt sich bei den §§ 17 ff. KSchG um ein in sich geschlossenes System, das in einem eigenen Teil des KSchG seinen Platz gefunden hat.[1343] So beseitigt eine rückwirkende Zustimmung der Agentur für Arbeit nur das in §§ 17, 18 KSchG begründete Hindernis.[1344] Der jeweilige Entscheidungsträger der Agentur für Arbeit erteilt keine Zustimmung zu den Entlassungen als solche, der Regelungsinhalt des erlassenen Verwaltungsakts ist lediglich die Mitteilung der Dauer der Sperrfrist.[1345] Alle weiteren Wirksamkeitsvoraussetzungen bleiben daneben bestehen und müssen auch geprüft werden, ohne dass auf eine Vermutungswirkung zurückgegriffen werden kann.[1346]

Gegen einen möglichen Einfluss auf die Überprüfung der Kündigung im arbeitsgerichtlichen Verfahren kann nun auch von der entgegengesetzten Richtung aus argumentiert werden. Das BAG stützt seine Entscheidung insbesondere darauf, dass die §§ 17 ff. KSchG einen arbeitsmarktpolitischen

---

1342 BAG 24.10.1996 AP § 17 KSchG 1969 Nr. 8, in Anschluss an BAG 21.5.1970 AP § 15 KSchG Rn. 11; auf die Entscheidung vom 24.10.1996 bezieht sich auch BAG 18.9.2003 AP § 17 KSchG 1969 Nr. 14.

1343 Dies widerspricht auch nicht der zuvor dargestellten Auffassung, dass die Vorschriften zur Massenentlassung nicht nur eine arbeitsmarktpolitische, sondern auch eine individualrechtliche Wirkung haben. Denn diese Aussage bezog sich auf die Stärkung des präventiven Kündigungsschutzes auch zugunsten des Arbeitnehmers, nicht hingegen auf eine Einflussnahme der behördlichen Entscheidungen auf die Wirksamkeit der Kündigung außerhalb der §§ 17 ff. KSchG. Rückschlüsse auf die sonstigen Wirksamkeitsvoraussetzungen können hieraus nicht hergeleitet werden.

1344 ErfK/*Kiel*, § 18 KSchG Rn. 7. So wohl auch ArbG Bochum 17.3.2005, DB 2005, 1064, 1065, das eine Tatbestandswirkung der Verwaltungsakte der Agentur für Arbeit für das arbeitsgerichtliche Verfahren zumindest dann ausdrücklich verneint, wenn der jeweilige Verwaltungsakt ohne Prüfung, ob im Zeitpunkt der Vornahme der Kündigungserklärung die Massenentlassungsanzeige bereits erstattet war, erfolgt ist.

1345 S. ausführlich hierzu und zur generellen Wirkung von Verwaltungsakten *Hinrichs*, Kündigungsschutz und Arbeitnehmerbeteiligung bei Massenentlassungen, S. 150 ff., 154 f.

1346 *v. Hoyningen-Huene/Linck*, § 18 Rn. 14; KDZ/*Kittner*, § 18 KSchG Rn. 8.

Zweck verfolgen. Mit der Junk-Entscheidung des EuGH muss die Frage gestellt werden, ob diese Rechtsprechung des BAG so weiter aufrechterhalten werden kann. Denn der EuGH hat grundsätzlich klargestellt, dass auch die präventive Zwecksetzung und damit auch die Aspekte des Individualschutzes mit einzubeziehen sind. Das Anzeigeverfahren dient sicherlich im Vergleich zur Konsultation des Betriebsrats vorrangig arbeitsmarktpolitischen Zielsetzungen. Dennoch führt die Agentur für Arbeit die Überprüfung der Wirksamkeit der Anzeige nach Maßgabe des § 17 Abs. 3 KSchG durch.[1347] In § 17 Abs. 3 KSchG ist auch vorgesehen, dass die Mitteilung an den Betriebsrat der Agentur für Arbeit zugeleitet werden muss, wobei diese Mitteilung die Mindestangaben des § 17 Abs. 3 Nr. 1-5 KSchG enthalten muss. Das Anzeigeverfahren vor der Agentur für Arbeit greift also auch in den Bereich des Konsultationsverfahrens mit dem Betriebsrat über und erfasst damit zugleich die präventiven Aspekte und solche des Individualschutzes. Somit kann die Rechtsprechung des BAG nach der Entscheidung des EuGH vom 27.1.2005 m.E. nicht ohne weitere Begründung aufrechterhalten werden; sie ist vielmehr neu zu überdenken.

f) Sanktionen bei Verstößen gegen die §§ 17ff. KSchG

(1) Erforderliche Neubeurteilung aufgrund richtlinienkonformer Auslegung

Das Gebot der richtlinienkonformen Auslegung verlangt unter anderem, dass Verstöße gegen die Vorgaben der maßgeblichen Richtlinie dem Äquivalenzgrundsatz und dem Effizienzgrundsatz entsprechend auf nationaler Ebene ausreichend sanktioniert werden. Nach dem Äquivalenzgrundsatz muss die Gewährung gemeinschaftlich begründeter Rechte in demselben Maß gewährleistet werden, wie entsprechende nationale Rechte.[1348] In Ergänzung hierzu verlangt der Effizienzgrundsatz, dass die effektive Durchsetzung der gemeinschaftlich begründeten Rechte sichergestellt ist.[1349] Der EuGH hat diese Grundsätze so konkretisiert, dass die Sanktion jedenfalls wirksam, verhältnismäßig und abschreckend sein muss.[1350] Im Rahmen von Massenentlassungen wird auf diese Grundsätze mit den Vorgaben des Art. 6 der Richtlinie 98/59/EG noch einmal Bezug genommen. Im Kündigungsschutzgesetz findet

---

[1347] So die Anweisung in der Information der Dienststellen der Bundesagentur für Arbeit zur weiteren Vorgehensweise nach dem Urteil des Europäischen Gerichtshofs zu Massenentlassungen, abgedruckt in AuR 2005, 224.

[1348] *Streinz*, Europarecht, S. 210, Rn. 484; *Riesenhuber/Dornröse*, NZA 2005, 568, 569; unter Darstellung der entsprechenden Rechtsprechung des EuGH s. *Müller/Christensen*, Juristische Methodik Band II, S. 138, 140.

[1349] *Riesenhuber/Dornröse*, NZA 2005, 568, 569; *Streinz*, Europarecht, S. 210 Rn. 487.

[1350] EuGH 8.6.1994, Rs. C-383/92 Slg. 1994, I-2483 = AuR 1994, 272; *Lipinski*, BB 2004, 1790, 1791; *Oberberg*, AuR 2003, 71.

sich hingegen lediglich in § 18 Abs. 1 S. 1 KSchG eine Regelung zur Rechtsfolge im Falle des Nichteinhaltens der Sperrfrist. Dabei ist auch diese Rechtsfolgenanordnung unklar formuliert und lässt Platz für verschiedene Auslegungen. Welche Rechtsfolgen ein Verstoß gegen die Konsultations- oder die Anzeigepflicht des Arbeitgebers nach sich zieht, ist gesetzlich nicht geregelt.

Seit der Entscheidung des EuGH vom 27.1.2005 wird die Frage nach der Sanktionierung von Verstößen gegen die Massenentlassungsvorschriften erneut heftig diskutiert. In den Vordergrund der Diskussion ist nun die europarechtliche Komponente gerückt. Den folgenden Ausführungen wird die zuvor dargestellte, inzwischen auch vom BAG vertretene Auffassung, dass eine richtlinienkonforme Auslegung notwendig ist, und dass es sich bei der Unterrichtung und Beratung mit dem Betriebsrat um eine Pflicht des Arbeitgebers handelt, zugrunde gelegt. Zur Frage, welche Sanktion greift, wenn der Arbeitgeber gegen die Anzeigepflicht und die Unterrichtungs- und Beratungspflicht verstößt, hat das BAG seit der Junk-Entscheidung des EuGH allerdings noch geschwiegen.[1351]

Daneben stellt sich die Folgefrage, ob bei einer richtlinienkonformen Auslegung des Entlassungsbegriffs nun auch die Klagefrist des § 4 KSchG greift. Auch diese Frage hat das BAG in seiner Entscheidung nach der Junk-Rechtsprechung des EuGH ausdrücklich offen gelassen.[1352] Bisher wurde teilweise vertreten, dass aufgrund der Unterscheidung zwischen Kündigung und Entlassung i.S.d. §§ 17 ff. KSchG die Klagefrist des § 4 KSchG für das Geltendmachen eines Verstoßes gegen die Verfahrensvorschriften für Massenentlassungen nicht anwendbar sei, denn § 4 KSchG umfasse lediglich die Geltendmachung der Unwirksamkeit einer Kündigung.[1353] Diese Auffassung kann bei einer richtlinienkonformen Auslegung nicht mehr vertreten werden, da sie gerade dazu führt, dass „Entlassung" i.S.d. §§ 17 ff. KSchG der Kündigungsausspruch ist, und sie damit als ganz normale Kündigung in den Anwendungsbereich des § 4 KSchG fällt.[1354] Zwar besteht zunächst die Gefahr, dass der Arbeitnehmer erst nach der 3-Wochen-Frist erfährt, dass es sich um eine anzeigepflichtige Kündigung handelte.[1355] Hier kann jedoch durch § 5

[1351] Das BAG hat in seinen Entscheidungen vom 23.3.2006 - 2 AZR 343/05 und 13.7..2006 – 6 AZR 198/06 ausdrücklich offengelassen, ob eine nicht rechtzeitige Anzeige zur Unwirksamkeit der Kündigung führt oder auch weiterhin nur die Entlassung nicht vollzogen werden kann.

[1352] BAG 23.3.2006 – 2 AZR 343/05.

[1353] *Schmidt/Bender*, NZA 2004, 358, 363; *Willemsen/Annuß*, NJW 2004, 177, 184; unter Aufgabe der Gegenmeinung in der Vorauflage nun auch KR/*Weigand*, § 17 KSchG Rn. 107; a.A. APS/*Moll*, § 18 KSchG Rn. 47.

[1354] *Bauer/Krieger/Powietzka*, DB 2005, 445, 447; *Ferme/Lipinski*, ZIP 2005, 593, 598; *Dornbusch/Wolff*, BB 2005, 885, 888; *Riesenhuber/Domröse*, NZA 2005, 568; 570; *Wolter*, AuA 2005, 135, 138 ff.

[1355] *Nicolai*, NZA 2005, 206, 208.

KSchG Abhilfe geschaffen werden, dessen Voraussetzung in einem solchen Fall i.d.R. vorliegen dürften.

(2) Verstoß gegen die Unterrichtungs- und Konsultationspflicht

Die Frage, welche Rechtsfolge ein Verstoß gegen die Pflicht, den Betriebsrat zu unterrichten und zu konsultieren nach sich zieht, ist umstritten. Bis zur Entscheidung des EuGH vom 27.1.2005 stellte sich der Meinungsstand folgendermaßen dar:

Das BAG hat bisher bei Verstößen gegen die Pflicht, den Betriebsrat zu konsultieren, die Sanktion des § 18 Abs. 1 KSchG, die Entlassungssperre, angewendet und eine Unwirksamkeit der Kündigung abgelehnt.[1356] Dabei hat das BAG auch auf die Vorgaben des Art. 6 der Richtlinie 98/59/EG Bezug genommen, nach dem die Mitgliedstaaten dafür zu sorgen haben, dass den Arbeitnehmervertretern und/oder den Arbeitnehmern Verfahren zur Durchsetzung der Verpflichtungen gemäß der Richtlinie zur Verfügung stehen. Die Entlassungssperre des § 18 Abs. 1 KSchG hat das BAG hierfür als ausreichend angesehen. Wenn auch die Kündigung materiellrechtlich wirksam bleibe, so könne sie dennoch nicht durchgeführt werden, solange die Sperre bestehe, dem Arbeitnehmer stünden dann ggf. Ansprüche aus Annahmeverzug gem. § 615 S. 2 BGB zu. Es wurde ferner bisher vertreten, dass die deutschen Regelungen auch bei einer richtlinienkonformen Auslegung den europäischen Anforderungen genügten, da zumindest mit dem Nachteilsausgleich nach § 113 BetrVG eine ausreichend wirksame Sanktion gewährleistet sei.[1357]

Dem wird entgegengehalten, dass diese Sanktion nicht so wirksam sei wie die Unwirksamkeitsfolge und zu Rechtsunsicherheiten führe.[1358] Zudem komme § 113 BetrVG trotz der erheblichen Überschneidungen mit den §§ 17 ff. KSchG nicht bei allen Massenentlassungen zur Anwendung.[1359] Ferner entspreche die Vorgabe des § 17 Abs. 2 Nr. 6 KSchG dem Inhalt des Sozialplans, dies gehöre jedoch nicht in einen Interessenausgleich, so dass diesbezüglich auch nicht § 113 BetrVG greife, sondern vielmehr die Regelungen zum Sozialplan anwendbar seien. Für § 112a BetrVG seien jedoch wieder höhere Entlassungszahlen vorgesehen, so dass auch hier nicht alle Fälle, die

---

[1356] BAG 18.9.2003 AP § 102 BetrVG 1972 Weiterbeschäftigung Nr. 15; s. für die Rechtsprechung zur Sanktionierung eines Verstoßes gegen die §§ 17 ff. KSchG auch *Wolter*, AuR 2005, 135, 136.

[1357] s. BAG 18.9.2003 AP § 17 KSchG 1969 Nr. 14; für das Schrifttum s. z.B. ausführlich *Leuchten/Lipinski*, NZA 2003, 1361, 1363 ff.

[1358] *Hinrichs*, Kündigungsschutz und Arbeitnehmerbeteiligung bei Massenentlassungen, S. 129 f.

[1359] So in Betrieben mit über 600 Arbeitnehmern, in denen mindestens 30, aber weniger als 5 % der Arbeitnehmer entlassen werden.

zu den §§ 17 ff. KSchG gehören, erfasst würden.[1360] Zuletzt wird die Effizienz der Sanktion nach § 113 BetrVG angezweifelt, da die Rechtsprechung des BAG[1361] eine Anrechung des Nachteilsausgleichs aus § 113 BetrVG auf die Abfindung aus dem Sozialplan zulässt.[1362] Es muss demnach auf andere Vorschriften zurückgegriffen werden, um eine wirksame Sanktion für einen Verstoß gegen die Konsultationspflicht aus § 17 KSchG herzuleiten.

Der Hinweis des EuGH in seiner Junk-Entscheidung[1363] ist in diesem Zusammenhang nicht hilfreich, denn demnach soll der Argbeitgeber nicht kündigen dürfen, bevor er das Konsultationsverfahren durchgeführt hat. Diese Formulierung kann sowohl für eine Entlassungssperre als auch für die materiellrechtliche Unwirksamkeit der Kündigung sprechen. Dennoch können insoweit direkte Konsequenzen aus der neuen EuGH-Rechtsprechung und der daraus folgenden richtlinienkonformen Auslegung gezogen werden, als sie Teile der Argumentationskette des BAG hinfällig werden lässt. Denn das BAG bezieht sich entsprechend seiner bislang verfolgten Auslegung auf den Wortlaut des § 18 Abs. 1 KSchG, nach dem die Sanktion die Wirksamkeit der Entlassung, nicht aber der Kündigung betrifft. Bei einer richtlinienkonformen Auslegung ist jedoch das Wort „Entlassung" i.R.d. §§ 17 ff. KSchG als „Kündigung" zu lesen. In seinen auf die Junk-Entscheidung folgenden Urteilen hat das BAG sich zu diesem Problem mangels Anlass noch nicht geäußert.[1364]

Ein Rückgriff auf die Rechtsfolge des § 18 Abs. 1 KSchG ist m.E. letztlich aber gar nicht erforderlich. Bei einer richtlinienkonformen Auslegung ist der Ausgangspunkt Art. 6 der Massenentlassungs-Richtlinie. Ausgefüllt wird diese Norm durch den Äquivalenzgrundsatz und den Effizienzgrundsatz. Die Anwendung des Äquivalenzgrundsatzes führt bei der Untersuchung der Konsultationspflicht nach den §§ 17 ff. KSchG und der Suche nach möglichen gleichwertigen Verstößen unweigerlich zu § 102 Abs. 1 S. 3 BetrVG.[1365] Denn auch hierbei handelt es sich um eine Pflicht des Arbeitgebers, nach der er den Betriebsrat vor Ausspruch der Kündigung unterrichten und anhören

---

[1360] Eine ausführliche Darstellung der Problematik und Kritik findet sich bei *Wißmann*, RdA 1998, 221, 226.

[1361] BAG 13.6.1989 AP § 113 BetrVG 1972 Nr. 19.

[1362] S. hierzu *Hanau*, NZA 1996, 841, 845; kritisch dazu auch *Oberberg*, AuR 2003, 71, der aufgrund der Vorgaben des EuGH, dass die Sanktion wirksam, verhältnismäßg und abschreckend sein muss, verlangt, dass zumindest im Fall der Massenentlassung eine Zusammenrechnung ausgeschlossen sein sollte.

[1363] EuGH 27.1.2005, BB 2005, 331.

[1364] BAG 23.3.2006 – 2 AZR 343/05; BAG 13.7.200 – 6 AZR 198/06.

[1365] I.E. auch *Appel*, DB 2005, 1002, 1004, die auf das Erfordernis hinweist, dass die Sanktion eines Verstoßes gegen die Vorgaben der Richtlinie der Sanktion bei vergleichbaren Verstößen nach nationalem Recht entsprechen muss, wobei sie auch auf § 102 BetrVG hinweist, letztendlich die Unwirksamkeitsfolge jedoch aus § 134 BGB herleitet.

muss, mit dem Unterschied, dass das Gesetz selbst bereits die Sanktion für den Fall des Verstoßes vorsieht. Ein Rückgriff auf § 102 Abs. 1 S. 3 BetrVG ist wesentlich naheliegender, als eine Sanktion aus § 18 Abs. 1 S. 1 KSchG herzuleiten. § 18 Abs. 1 S. 1 KSchG regelt eine Entlassungssperre für den Fall, dass von der Agentur für Arbeit keine Zustimmung erteilt wurde. Im Vordergrund steht hierbei das Verfahren vor der Agentur für Arbeit. Im vorliegenden Fall handelt es sich jedoch um die Konsultation des Betriebsrats, also um das innerbetriebliche Verfahren und somit die Konstellation, die auch von § 102 Abs. 1 S. 3 BetrVG geregelt wird. Dementsprechend ist es passender, auf diese Vorschrift zurückzugreifen, um eine Sanktion herzuleiten. Dabei ist § 102 Abs. 1 S. 3 BetrVG analog anzuwenden.[1366] Die Voraussetzungen der Analogie, eine gesetzliche Regelungslücke und eine vergleichbare Interessenlage,[1367] liegen hier vor. Die Rechtsfolge ist demnach die Unwirksamkeit der Kündigung.[1368] Dabei reicht aus, dass sie nur von dem Arbeitnehmer, nicht aber vom Betriebsrat geltend gemacht werden kann, denn Art. 6 der Richtlinie 98/59/EG verlangt lediglich, dass die Mitgliedstaaten dafür Sorge tragen müssen, dass den Arbeitnehmervertretern „und/oder" den Arbeitnehmern Verfahren zur Durchsetzung der Verpflichtungen gemäß der Richtlinie zur Verfügung stehen.

Dieser Auffassung entspricht auch der Sinn und Zweck der Konsultationspflicht. Denn wie bereits erörtert, dient diese Pflicht des Arbeitgebers der Prävention. Der Ausspruch von Kündigungen soll vermieden werden. Ohne eine wirkungsvolle Sanktion kann diese Art des Kündigungsschutzes nicht gewährleistet werden. Sie hätte auch durch eine ausreichend abschreckende Schadensersatzforderung des Arbeitnehmers erreicht werden können, dies entspricht allerdings zum einen – zumindest zur Zeit noch – nicht dem System des deutschen Kündigungsrechts und zum anderen gäbe es hierfür keinerlei Anhaltspunkte im Gesetz. Die Unwirksamkeit der Kündigung wäre vielmehr die konsequente Schlussfolgerung aus der Einordnung der Vorschriften zur Massenentlassung in den präventiven Kündigungsschutz. Denn nach der hier vertretenen Auffassung ist ein Merkmal dieser Kategorie im deutschen Kündigungssystem die Sanktion der Unwirksamkeit der Kündigung bei Verstoß gegen die Verfahrensvorschriften.

[1366] Ebenso *Wolter*, AuR 2005, 135, 137; *Riesenhuber/Dornröse*, NZA 2005, 568, 570.

[1367] Zur Methode der Analogie s. *Larenz/Canaris*, Methodenlehre der Rechtswissenschaft, S. 202 ff.

[1368] I.E. ebenso, allerdings nicht durch Anwendung einer Analogie, sondern über § 134 BGB, wobei § 17 KSchG als Verbotsgesetz eingesetzt wird *Appel*, DB 2005, 1002, 1004; ohne nähere Begründung ebenso ArbG Bochum, 17.3.2005 DB 2005, 1064, 1065; durch Herleitung aus § 18 KSchG i.E. auch *Hinrichs*, Kündigungsschutz und Arbeitnehmerbeteiligung bei Massenentlassungen, S. 114 ff.

(3) Rechtsfolge fehlender oder nicht wirksam erstatteter Anzeige

Von dem Fall, dass der Arbeitgeber nicht seiner Konsultationspflicht nachkommt, ist der Verstoß gegen das Anzeigeverfahren bei der Agentur für Arbeit zu unterscheiden. Bis zur Entscheidung des EuGH waren Entlassungen unwirksam, wenn die Anzeige unterblieb oder unwirksam war, weil die Frist des § 18 Abs. 1 KSchG gar nicht erst zu laufen begann.[1369] Allerdings war hiervon nicht die materielle Wirksamkeit der Kündigung betroffen, sondern es ging um die Wirksamkeit der anzeigepflichtigen Entlassung.[1370] Diese Unwirksamkeit wirkte sich nur dann auf das Arbeitsverhältnis des einzelnen Arbeitnehmers aus, wenn dieser einen Verstoß gegen die Verfahrenserfordernisse der §§ 17 ff. KSchG geltend machte.[1371] Diese Unterscheidung der Unwirksamkeitsfolge war äußerst spitzfindig und aus praktischer Sichtweise nur schwer nachvollziehbar, denn das Ergebnis war ohnehin, dass die Kündigung nicht durchgeführt werden durfte. Bei Anwendung der neuen Vorgaben des EuGH wäre eine derartige Unterscheidung nicht mehr möglich, da Entlassung i.S.d. §§ 17 ff. KSchG als Kündigungserklärung zu verstehen ist.[1372]

Wie sich das BAG hierzu äußern wird, bleibt abzuwarten. In seiner bisherigen Entscheidung, der eine richtlinienkonforme Auslegung zugrunde liegt, bezeichnete der 2. Senat – ohne hierüber entscheiden zu müssen – es als „nicht zwingend", dass eine verspätete Anzeige zur Unwirksamkeit der Kündigung führt.[1373]

I.R.d. Problematik der Sanktion des Verstoßes gegen die Anzeigepflicht im Lichte der EuGH-Rechtsprechung, stellt sich zunächst die Frage, ob für einen Verstoß gegen die Anzeigepflicht gleichermaßen wie bei der unterlassenen Konsultation die Unwirksamkeit der Kündigung als Rechtsfolge eintreten soll. Wenn die Konsultationspflicht der Prävention dient, so ist die Anzeigepflicht eher der arbeitsmarktpolitischen Zielsetzung zuzuordnen. Es sind jedoch auch hier das Effizienzgebot und die Rechtsprechung des EuGH zu beachten, nach der das nationale Recht wirksame, verhältnismäßige und abschreckende Sanktionen vorsehen soll. Zudem kann auch das Anzeigeverfahren durchaus präventive Elemente aufweisen, und sei es nur die „abschreckende" Wirkung der Durchführung des Verfahrens für den Arbeitgeber.

[1369] BAG 13.4.2000 EzA § 17 KSchG Nr. 9; BAG 22.3.2001 EzA Art. 101 GG Nr. 5; BAG 11.3.1999 EzA § 17 KSchG Nr. 8; KR/*Weigand*, § 17 KSchG Rn. 100.

[1370] ErfK/*Ascheid*, 6. Aufl., § 17 KSchG Rn. 35; KR/*Weigand*, 7. Aufl., § 17 KSchG Rn. 100.

[1371] BAG 11.3.1999 AP § 17 KSchG 1969 Nr. 12; BAG 13.4.2000 AP § 17 KSchG 1969 Nr. 13; KR/*Weigand*, 7. Aufl., § 17 KSchG Rn. 100; APS/*Moll*, § 18 KSchG Rn. 42 ff. mit eingehender Erläuterung der Rechtsprechung zur Unwirksamkeit der Entlassung und einer dogmatischen Herleitung dieser Rechtsprechung.

[1372] So i.E. auch ErfK/*Kiel*, § 17 KSchG Rn. 35, allerdings ohne eine rechtliche Grundlage für die Unwirksamkeitsfolge zu nennen.

[1373] BAG 23.3.2006 – 2 AZR 343/05.

Ein Rückgriff auf § 18 Abs. 1 S. 1 KSchG scheidet m.E. aus, denn diese Vorschrift sieht lediglich eine Sperrfrist für einen bestimmten Zeitraum vor.[1374] Eine Sanktion ist in ihr nicht enthalten. Rückschlüsse für einen Verstoß gegen das Anzeigeverfahren können hieraus nicht hergeleitet werden, denn der Anknüpfungspunkt des § 18 Abs. 1 S. 1 KSchG ist ausschließlich die Zustimmung der Agentur für Arbeit. Hier handelt es sich aber um die Frage, welche Auswirkungen das Fehlen bzw. die unwirksame Erstattung einer Anzeige auf die Kündigung hat. Wenn es auch zu Überschneidungen kommen kann, weil z.B. eine fehlende Anzeige zwangsläufig auch dazu führt, dass keine Zustimmung von der Agentur für Arbeit erteilt wird, handelt es sich nicht um dasselbe Problem. Durch die Erteilung der Zustimmung soll der Agentur für Arbeit ermöglicht werden, auf die in Kürze zu betreuenden Arbeitslosen zu reagieren. Eine Reaktion bzw. Vorbereitung ist aber im Falle des Fehlens gar nicht erst möglich. Die Sanktion des § 18 Abs. 1 S. 1 KSchG hat demnach eine andere Zweckrichtung.

Wie bereits dargestellt, ist es aufgrund der richtlinienkonformen Auslegung erforderlich, dass auch der Verstoß gegen die Anzeigepflicht eine wirkungsvolle Sanktion nach sich zieht. Denn nicht nur die Konsultationspflicht, sondern auch die Anzeigepflicht ist von dem Anwendungsbereich der Richtlinie 98/59/EG umfasst. Eine Sanktion in Form eines Nachteilsausgleichs im Wege einer richtlinienkonformen Auslegung des § 113 Abs. 3 BetrVG hat das BAG zu Recht abgelehnt.[1375] Denn wie bereits erörtert, umfassen die §§ 111 ff. BetrVG gerade nicht alle Fälle der Massenentlassung, außerdem betreffen die §§ 111 ff. BetrVG die Beteiligungsrechte des Betriebsrats.

Die Sanktion kann für die Anzeigepflicht nach hier vertretener Auffassung aus § 17 KSchG i.V.m. § 134 BGB hergeleitet werden. § 17 Abs. 1 KSchG ist ein Verbotsgesetz i.S.d. § 134 BGB. Die von § 134 BGB umfassten Verbote sind Vorschriften, die eine grundsätzlich mögliche rechtsgeschäftliche Regelung wegen ihres Inhalts oder wegen der Umstände ihres Zustandekommens untersagen. Es handelt sich somit um Rechtsgeschäfte, die der Handelnde vornehmen kann, aber nicht darf.[1376] Das Merkmal Rechtsgeschäft ist hier unproblematisch, da es sich um eine Kündigung handelt, die unstreitig ein Rechtsgeschäft ist.[1377] Für die Auslegung, ob die jeweilige Norm ein Verbotsgesetz im Sinne von § 134 BGB ist, muss neben dem Sinn und Zweck der Norm auch von dem Wortlaut der fraglichen Vorschrift ausgegangen

---

1374 Ähnlich wohl auch *Appel*, DB 2005, 1002, 1003; anders nun KR/*Weigand*, § 17 KSchG Rn. 103, der aus § 18 KSchG die Nichtigkeit der Kündigung herleitet.

1375 BAG 30.3.2004 AP § 113 BetrVG 1972 Nr. 47.

1376 Palandt/*Heinrichs*, § 134 Rn. 5.

1377 Die Kündigung gehört zu der Untergruppe der Gestaltungsgeschäfte, s. Palandt/*Heinrichs*, Überbl v § 104 Rn. 17; zu den zivilrechtlichen Merkmalen der Kündigung s. auch ErfK/*Ascheid/Oetker*, § 1 KSchG Rn. 28 ff.

werden.[1378] Im vorliegenden Fall ist der Wortlaut eindeutig, denn § 17 Abs. 1 KSchG gibt vor, dass der Arbeitgeber *„verpflichtet"* ist, die Anzeige zu erstatten. Eine stärkere Formulierung kann der Gesetzgeber nicht wählen. Es ist nicht schädlich, dass in § 17 Abs. 1 KSchG nicht ausdrücklich das Verbot ausgesprochen wird, ohne vorherige Anzeige Massenentlassungen vorzunehmen. Denn aus der Verpflichtung folgt zwangsläufig, dass die Nichtbefolgung der Pflicht gerade verboten sein soll. Andernfalls wäre es keine Verpflichtung, sondern lediglich eine Empfehlung oder eine unverbindliche Anordnung. Der einzige Unterschied zu einer ausdrücklichen Anordnung eines Verbots besteht darin, dass es sich bei § 17 Abs. 1 KSchG um eine positive Formulierung handelt, die aber letztendlich ebenso ein Verbot umfasst. Dies entspricht auch dem Sinn und Zweck der Norm. Denn die Massenentlassung soll eben gerade nicht durchgeführt werden, ohne dass die Agentur für Arbeit sich zuvor darauf einstellen und ggf. vorbereitende Maßnahmen ergreifen kann.[1379]

Die Anwendung des § 134 BGB führt zur Nichtigkeit der Kündigung bei fehlender oder nicht wirksam erstatteter Anzeige gem. § 17 Abs. 1 KSchG.

(4) Rechtsfolge bei Nichteinhalten der Sperrfrist

Im Gegensatz zu den zuvor behandelten Verstößen gegen die Anzeige- bzw. die Konsultationspflicht gibt das Gesetz für den Verstoß gegen die Sperrfrist zumindest einen Anhaltspunkt für eine Sanktion. Nach § 18 Abs. 1 KSchG werden Entlassungen vor Ablauf der Monatsfrist nur mit Zustimmung der Agentur für Arbeit wirksam. Nicht ganz klar ist die Wirkung der Sperrfrist. Sie kann bedeuten, dass die Kündigung, die innerhalb der Frist und ohne Zustimmung ausgesprochen wird, unwirksam ist. Ihre Wirkung kann aber ebenso darin bestehen, dass eine vor Ablauf der Frist durchgeführte Kündigung in ihrer Wirksamkeit gehemmt ist. Sie wird demnach nicht endgültig unwirksam.[1380] Dies scheint seit der Junk-Entscheidung des EuGH auch die Auffassung der Bundesagentur für Arbeit zu sein.[1381]

Für letztere Auslegung sprechen der Wortlaut und der Sinn und Zweck der Regelung. Hierbei kann sowohl auf die nationale als auch auf die europarechtliche Regelung gleichermaßen zurückgegriffen werden. Der Wortlaut des § 18 Abs. 1 KSchG ebenso wie der Wortlaut des Art. 4 Abs. 1 der Richtlinie 98/59/EG weisen auf eine weniger strenge Sanktionierung eines Verstoßes hin. Denn nach Art. 4 Abs. 1 der Richtlinie 98/59/EG *„werden* [Massen-

---

1378 MüKo/*Mayer-Maly/Armbüster*, § 134 Rn. 43.

1379 APS/*Moll*, § 18 Rn. 3.

1380 ErfK/*Kiel*, § 18 KSchG Rn. 11.

1381 So wohl die Information der Dienststellen der Bundesagentur für Arbeit zur weiteren Vorgehensweise nach dem Urteil des Europäischen Gerichtshofs zur Massenentlassung, abgedruckt in AuR 2005, 224.

entlassungen] frühestens 30 Tage nach Eingang...der...Anzeige *wirksam*" und nach § 18 Abs. 1 KSchG „*werden* [Entlassungen] vor Ablauf eines Monats...nur mit deren Zustimmung *wirksam*". Die Wortwahl „wirksam werden", weist darauf hin, dass die Unwirksamkeit nicht endgültig ist. Die Wirksamkeit wird nur während eines bestimmten Zeitraumes gehemmt.[1382] An diesem Wortlaut wird zudem deutlich, dass der Gesetzgeber, der nationale wie der europäische, die Sperrfrist als weniger gewichtig ansieht, als die Anzeige- und die Konsultationspflicht. Bei der Sperrfrist handelt es sich letztlich um eine Art Mindestkündigungsfrist.[1383] Bedeutung dürfte ihr in der Praxis vor allem im Rahmen von Aufhebungsverträgen zukommen, die gem. § 17 Abs. 1 S. 2 KSchG ebenfalls von den §§ 17 ff. KSchG erfasst werden, wenn sie vom Arbeitgeber veranlasst worden sind.[1384]

Die Ausführungen zur Hemmung der Wirksamkeit der Kündigung gelten allerdings unter dem Vorbehalt, dass der Arbeitgeber ansonsten eine wirksame Anzeige erstattet hat.[1385] Ebenso muss er seiner Konsultationspflicht nachgekommen sein. Widersprüche zu den zuvor dargestellten Sanktionen entstehen dadurch nicht. Verstöße gegen die Anzeige- und Konsultationspflicht werden bereits auf einer vorgelagerten Ebene mit der Unwirksamkeit der Kündigung sanktioniert. Es besteht insofern zur Sperrfrist ein Stufenverhältnis. Daher ist auch eine andersartige Sanktion zulässig, denn der Verstoß hat nicht dasselbe Gewicht. Der europäische und nationale Gesetzgeber haben die Einhaltung der Sperrfrist im Gegensatz zur Anzeige- und Konsultationspflicht gerade nicht als Verpflichtung bzw. Verbot formuliert. Bei einem Verstoß gegen die Sperrfrist ist der Arbeitgeber seiner vorherigen Anzeige- und Konsultationspflicht nachgekommen.

Auch die Effizienz der Sanktion der Wirksamkeitshemmung ist nicht zu beanstanden, da es sich um einen vergleichsweise geringeren Verstoß handelt als bei der Anzeige- und Konsultationspflicht. Das Risiko, das der Arbeitgeber bei Verstoß gegen die Sperrfrist vor allem trägt, sind Ansprüche des Arbeitnehmers aus Annahmeverzug.[1386] Der betroffene Arbeitnehmer muss sich jedoch auf die Rechtsfolge des § 18 Abs. 1 KSchG berufen.[1387] Dies gilt auch, wenn er bereits aus anderen Gründen eine Kündigungsschutzklage erhoben

---

[1382] Ebenso *Ferme/Lipinski*, ZIP 2005, 593, 596, die zwar von einer „Rechtsbedingung" ausgehen, damit aber zu demselben Ergebnis kommen; so wohl auch i.E. *Dornbusch/Wolff*, BB 2005, 885, 887, allerdings unter Ablehnung der Einordnung der Sperrfrist als Bedingung.

[1383] *Bauer/Krieger/Powietzka*, DB 2005, 445, 447.

[1384] S. zu Aufhebungsverträgen eingehender *Bauer*, Arbeitsrechtliche Aufhebungsverträge, S. 401 ff. Rn. 51 ff.

[1385] ErfK/*Kiel*, § 18 KSchG Rn. 11.

[1386] *v. Hoyningen-Huene/Linck*, § 18 Rn. 39.

[1387] BAG 19.6.1991, NZA 1991, 891; BAG 8.6.1986 AP § 17 KSchG Nr. 6; KDZ/*Kittner*, § 18 KSchG Rn. 24; ErfK/*Kiel*, § 18 KSchG Rn. 11.

hat. An der Rechtsfolge der Wirksamkeitshemmung bei ansonsten wirksamer Massenentlassungsanzeige dürfte sich, insbesondere angesichts des bereits erläuterten Wortlauts des Art. 4 Abs. 1 Richtlinie 98/59/EG auch nichts aufgrund der neuen Rechtsprechung des EuGH vom 27.1.2005 geändert haben.

g) Heilung durch Nachholen der Anzeige?

Die Frage zur Nachholbarkeit der Konsultationspflicht kann schnell verneint werden, denn wenn die Kündigung einmal ausgesprochen wurde, kann die präventive Zwecksetzung nicht mehr erfüllt werden.[1388]

Schwieriger gestaltet sich die Frage, ob die unterlassene bzw. fehlerhafte Anzeige nach Ausspruch der Kündigung durch Nachholen geheilt werden kann. Bisher hat das BAG ein Nachholen für zulässig angesehen, wenn es bis zum beabsichtigten Beendigungstermin, also i.d.R. bis zum Ablauf der Kündigungsfrist, erfolgte.[1389] Dies entsprach der bisherigen Auslegung des Entlassungsbegriff als Zeitpunkt der tatsächlichen Beendigung des Arbeitsverhältnissses.

Nach der Auslegung des EuGH, die dieser Bearbeitung zugrunde gelegt wird, kann diese Auffassung zur Nachholbarkeit der Anzeige- und Konsultationspflicht m.E. nicht weiter aufrechterhalten werden.[1390] Denn der maßgebliche Zeitpunkt für die Entlassung ist der Kündigungsausspruch. Der Zeitraum zwischen Kündigungsausspruch und tatsächlicher Beendigung ist daher auf jeden Fall zu spät. Auch die präventive Zwecksetzung der Vorschriften zur Massenentlassung, die der EuGH deutlich für die Richtlinie herausgearbeitet hat, und die ebenso für die §§ 17 ff. KSchG gilt, würde unterlaufen, wenn eine Heilung der Verletzung der Anzeige- bzw. Konsultationspflicht im Wege der Nachholung zugelassen wird.

Bedenken, dass ein Abstellen auf den Zeitpunkt des Kündigungsausspruchs für den Arbeitgeber zu übermäßigen Härten führen kann, weil er ggf. innerhalb des für die Anwendbarkeit der §§ 17 ff. KSchG maßgeblichen 30-Tages-Zeitraums noch gar nicht wissen kann, ob der Schwellenwert überschritten wird, bestehen nicht. Zwar kann er, wenn sich erst am Ende der 30 Tage herausstellt, dass die erforderliche Zahl der Kündigungen erreicht ist, für die am Anfang der 30 Tage ausgesprochenen Kündigungen nicht mehr die

---

[1388] I. E., wenn auch ohne nähere Begründung, ebenso *Osnabrügge*, NJW 2005, 1093, 1095.

[1389] BAG 11.3.1999, DB 1999, 1274; BAG 13.4.2000 AP § 17 KSchG 1969 Nr. 12; *Bauer/Powietzka/Krieger*, DB 2005, 445, 449; ausführlich und zugleich kritisch zur bisherigen Rechtsprechung s. *Bauer/Powietzka*, DB 2001, 383 f.; ablehnend gegenüber der Nachholbarkeit der Anzeigepflicht bereits vor der Junk-Entscheidung des EuGH *Zwanziger*, AuR 2001, 384, 386.

[1390] *Osnabrügge*, NJW 2005, 1093, 1095; *Dornbusch/Wolff*, BB 2005, 885, 887; i.E. ebenfalls, wenn auch kritisch, *Bauer/Krieger/Powietzka*, DB 2005, 445, 449; so auch bereits vor der EuGH-Entscheidung vom 27.1.2005 *Zwanziger*, AuR 2001, 384, 386.

Anzeige- bzw. Konsultationspflicht nachträglich erfüllen. Allerdings ist hierbei die Schutzrichtung der 30 Tage-Frist zu berücksichtigen. Denn hierdurch soll verhindert werden, dass der Arbeitgeber durch eine zeitliche Streuung der Kündigungen die Vorgaben der §§ 17 ff. KSchG umgeht. Aus diesem Grund darf dieser Sicherheitsmechanismus nicht als Argument verwendet werden, um eine Erleichterung im Sinne einer Nachholbarkeit der Pflichten aus §§ 17 ff. KSchG zu ermöglichen. Es ist dem Arbeitgeber zumutbar, dass er insoweit vorausplant, dass er weiß, wann er wie viele Kündigungen aussprechen wird. Selbst wenn eine Kündigung tatsächlich gegen die Anzeige- und Konsultationspflicht verstößt und dann nachträglich unwirksam wird, weil erst später der Schwellenwert überschritten wird, bedeutet dies nicht, dass die Kündigung dann unmöglich ist. Der Arbeitgeber muss sie vielmehr erneut aussprechen und die Vorgaben der §§ 17 ff. KSchG berücksichtigen.

II. Die Verfahrenserfordernisse in Frankreich

1. Wendepunkte der jüngeren Entwicklung

Bis zum Inkrafttreten des Gesetzes zur sozialen Modernisierung vom 17.1.2002 *(Loi de modernisation sociale)* war die Rechtslage zumindest aus Gesetzessicht seit 1986 in den Grundzügen stabil. Das Kündigungsverfahren vor Ausspruch von Kündigungen aus betrieblichen Gründen stützte sich bis dahin im Wesentlichen auf das Gesetz vom 30.12.1986, das auch als das Gesetz für Kündigungsverfahren *(Loi relative aux procédures de licenciement)* bezeichnet wird, sowie auf das Gesetz vom 2.8.1989, maßgeblich für das Erfordernis eines Sozialplans.[1391] In den letzten Jahren war das Verfahren jedoch Gegenstand erheblicher Kritik und Änderungen. Die Gesetzgebung zeichnete sich in diesem Bereich mehr durch Turbulenzen als durch Beständigkeit aus.

Die erste einschneidende Gesetzesänderung jüngeren Datums für die Kündigung aus betrieblichem Grund brachte das Gesetz zur sozialen Modernisierung, die *Loi de modernisation sociale*, vom 17.1.2002 mit sich.[1392] Mit diesem Gesetz wurde das Kündigungsverfahren für Kündigungen aus betrieblichem Grund wesentlich komplexer ausgestaltet. Dies führte dazu, dass dem Arbeitgeber der Ausspruch einer wirksamen Kündigung aus wirtschaftlichem Grund erschwert wurde. Die Rolle der Arbeitsverwaltung und der Arbeit-

---

[1391] *Couturier*, Droit du travail, Band 1, S. 266; s. zur Entwicklung vor 2002 auch ausführlich *Balmary*, Dr. soc. 2004, S. 272 ff. sowie die Ausführungen unter C. I. 2.

[1392] Loi n° 2002-73 vom 17.2.2002 de modernisation sociale, J.O. 18.1.2002, S. 1008 ff.; abgedruckt in SSL 2004, supplément « Les accords de méthode » n° 1152, S. 72 ff.

nehmervertretungen wurde erheblich gestärkt.[1393] Zudem wurde der Begriff des wirtschaftlichen Grundes *(motif économique)*, der nach Art. L. 321-1 CT eine Kündigung rechtfertigen kann, auf drei Fallgestaltungen beschränkt.[1394] Diese Fassung des Art. L. 321-1 CT kam jedoch nie zur Anwendung, da sie vor der Verkündung des Gesetzes[1395] vom obersten Verfassungsgericht *(Conseil constitutionnel)* für verfassungswidrig erklärt wurde.[1396]

Schon ein knappes Jahr später, nach einem Mehrheitswechsel in der ersten Gesetzgebungskammer, der *Assemblée Nationale*, schritt der Gesetzgeber mit der sog. *Loi Fillon I*[1397] ein zweites Mal ein. Mit diesem Gesetz wurden elf Vorschriften,[1398] die mit dem Gesetz zur sozialen Modernisierung eingeführt worden sind, für einen Zeitraum von 18 Monaten ab Verkündung der *Loi Fillon I* ausgesetzt. Es wurde zugleich die Möglichkeit vorbehalten, dass die Dauer um ein weiteres Jahr verlängert werden konnte, wenn ein neuer Gesetzesentwurf zur Regelung der Kündigung aus wirtschaftlichem Grund vorlag, was auch geschah.[1399] Die Aussetzung betraf vor allem Regelungen zum Kündigungsverfahren. Während dieses Zeitraumes lebten die alten Vorschriften, die vor dem Gesetz zur sozialen Modernisierung galten, wieder auf.[1400] Dass die gehemmten Vorschriften noch einmal zur Anwendung kommen würden, war bereits während der Aussetzungsperiode unwahrscheinlich. Der Namensgeber des Folgegesetzes, der Minister für Arbeit und Soziales *François Fillon* merkte bereits bei der Gesetzesverkündung im Dezember 2002 an, dass jeder wisse, dass weder die Regierung noch die Mehrheit in der vorge-

---

1393 *Pélissier/Supiot/Jeammaud*, Droit du travail, S. 548 Rn. 447.

1394 Diese strenge Definition des wirtschaftlichen Grundes, der für die Wirksamkeit der Kündigung erforderlich ist, kann weitestgehend auf den zu dem Zeitpunkt bestehenden Einfluss der kommunistischen Partei (*parti communiste*) im Gesetzgebungsverfahren zurückgeführt werden, die diese Formulierung eingebracht hat, s. *Waquet*, Dr. soc. 2003, 264, 265. S. hierzu ausführlich bereits C IV. 2. b).

1395 Die Verfassungsmäßigkeit eines Gesetzes wird nach dessen Verabschiedung im Parlament und vor der Verkündung auf Antrag des Präsidenten der Republik, des Premierministers, des Präsidenten der *Assemblée Nationale* oder des Senats oder von mindestens 60 Abgeordneten oder Senatoren vom *Conseil constitutionnel* überprüft, s. Art. 61 der Verfassung von 1958.

1396 Cons. const. 12.1.2002 n° 2002-455 DC, J.O. 18.1.2002; zum Inhalt des wirtschaftlichen Grundes nach dem Gesetz zur sozialen Modernisierung in der französischen Literatur s. z.B. *Waquet*, Dr. soc. 2002, 264 ff.; Willmann/Kerbourc'h/*Morvan*, Le licenciement pour motif économique après la loi de modernisation sociale, S. 163 ff.

1397 *Loi du 3 janvier 2003 portant relance de la négociation collective en matière de licenciements économiques.*

1398 Zur etwas ungewöhnlichen Vorgehensweise, die Vorschriften zunächst auszusetzen, um sie im Endeffekt später ohnehin nie mehr zur Anwendung kommen zu lassen kritisch z.B. *Antonmattéi*, Dr. soc. 2003, 486.

1399 S. Art. 1 I und II des Gesetzes n° 2003-6 vom 3.1.2003.

1400 S. Art. 1 III des Gesetzes n° 2003-6 vom 3.1.2003.

gebenen Zeitspanne wieder auf die gehemmten Vorschriften zurückgreifen werden.[1401]

Dennoch hat die *Loi de modernisation sociale* vom 17.1.2002 die aktuelle Diskussion um den präventiven Kündigungsschutz stark geprägt. Sie ist ein weiteres denkbares Modell des präventiven Kündigungsschutzes. Daher werden im Folgenden die wichtigsten der gehemmten Vorschriften in ihren groben Zügen erläutert. Auf die Regelungen, die die *Loi de modernisation sociale* hervorgebracht hat und die nicht außer Kraft gesetzt wurden, wird später bei der Darstellung der aktuellen Rechtslage eingegangen.

Den Abschluss der jüngeren Entwicklung bildet – zumindest vorerst – das Gesetz zur sozialen Kohäsion *(Loi de cohésion sociale)* vom 18.1.2005. Anders als die *Loi de modernisation sociale* weist dieses Gesetz für den Arbeitgeber liberalere Verfahrensvorschriften auf. Daneben sollen mit dem Gesetz von 2005 den Sozialpartnern verstärkte Verhandlungsmöglichkeiten auf kollektivrechtlicher Ebene geboten werden, um auf Beschäftigungsprobleme zu reagieren.[1402]

2. Die Änderungen der *Loi de modernisation sociale* zum Kündigungsverfahren

a) Vorbemerkung

Das gesamte Verfahren vor Ausspruch einer Kündigung aus wirtschaftlichem Grund kann in zwei Phasen aufgeteilt werden. Die erste Verfahrensphase betrifft das Stadium, in dem der Arbeitgeber wirtschaftliche Entscheidungen für eine Umstrukturierung trifft. Es handelt sich hierbei vor allem um das sog. Verfahren des 4. Buches des *Code du travail*. Es kann mit den §§ 111 ff. BetrVG verglichen werden. Besonders diese erste Phase ist von der *Loi de modernisation sociale* betroffen. Die zweite Phase regelt das Stadium der Umsetzung der wirtschaftlichen Entscheidung, welche konkret zu Kündigungen aus wirtschaftlichem Grund führt.[1403] Hierfür sind die maßgeblichen Vorschriften im 3. Buch des *Code du travail* zu finden. Dieser Regelungskomplex ist mit den §§ 17 ff. KSchG vergleichbar.

[1401] *Cohen/Milet*, RPDS 2003, n° 695, 59; *Cohen*, Dr. soc. 2003, 271; so wird die *Loi de modernisation sociale* auch als *„loi virtuelle"* bezeichnet, das zwar für eine gewisse Zeit im *Code du travail* steht, die vorgesehene Dauer von 30 Monaten aber nur dazu diene, ein neues Gesetz auszuarbeiten, das dann die gehemmten Vorschriften ablöst, *Grumbach*, SSL 2004, Supplément: Les accords de méthode, n° 1152, S. 17, 18.

[1402] Somit stellt das Gesetz zur sozialen Kohäsion eine Weiterführung des Gesetzes vom 4.5.2004 zum sozialen Dialog dar, *Héas*, JCP-E 2005, 270.

[1403] *Lagoutte/Mir/Morand*, Liaisons sociales, September 2002, numéro spécial: Licenciement économique, S. 47 Rn. 76.

Die im Folgenden erläuterten Verfahrensschritte gehören nach dem Verständnis dieser Arbeit nicht alle zum präventiven Kündigungsschutz.[1404] Wenn allerdings der Arbeitgeber beschließt, Kündigungen vorzunehmen, muss er auch diese Verfahrensschritte durchführen, die eng mit dem eigentlichen Kündigungsverfahren verflochten sind und es beeinflussen. Sie können daher nicht von dem Kündigungsverfahren losgelöst werden, ohne dass die Darstellung unvollständig wird.

b) Die zweimalige Konsultation des *comité d'entreprise*[1405]

Eine erste, einschneidende Regelung betrifft die Koordinierung zweier Konsultationspflichten des Arbeitgebers. Möchte der Arbeitgeber mehreren Arbeitnehmern aus wirtschaftlichen Gründen kündigen, können ihn gleichzeitig zwei Konsultationspflichten gegenüber dem *comité d'entreprise* treffen. Gem. Art. L. 432-1 Abs. 1 CT muss der Arbeitgeber den *comité d'entreprise* informieren und konsultieren, wenn er Maßnahmen ergreift, die den Umfang und die Struktur der Belegschaft betreffen.[1406] Möchte der Arbeitgeber Stellen abbauen, gibt der *comité d'entreprise* eine Stellungnahme ab, die an die zuständige Arbeitsverwaltung weitergeleitet wird.[1407] Der Anwendungsbereich der Vorschrift ist nicht auf den Ausspruch von Kündigungen beschränkt. Sie befindet sich im 4. Buch des *Code du Travail*, ein Teil, der die Arbeitneh-

---

[1404] Sie setzen nicht zwangsläufig ein Kündigungsvorhaben voraus. Es handelt sich nach der Konzeption des Gesetzgebers noch um eine Phase, in der zunächst die grundsätzliche Unternehmerentscheidung gefällt werden soll, eine Umstrukturierung vorzunehmen.

[1405] Der *comité d'entreprise* (wörtlich übersetzt Unternehmensausschuss) wird i.d.R. mit dem deutschen Betriebsrat verglichen. Allerdings muss dabei beachtet werden, dass die Rechte und der Einfluss des *comité d'entreprise* wesentlich eingeschränkter sind, als die des Betriebsrats. Ein *comité d'entreprise* muss gewählt werden, wenn in 12 Monaten innerhalb der letzten drei Jahre durchschnittlich mindestens 50 Arbeitnehmer beschäftigt wurden, Art. L. 431-1 CT; ein niedrigerer Schwellenwert kann auf kollektiver Ebene vereinbart werden. Der Arbeitgeber ist Mitglied des Ausschusses und zugleich Vorsitzender. Entscheidungen in Bezug auf die Konsultationsrechte des *comité d'entreprise* werden jedoch ohne seine Stimme gefasst, s. dazu *Pélissier/Supiot/Jeammaud*, Droit du travail, S. 821 Rn. 687. Der Ausschuss hat lediglich Informations- sowie Konsultationsrechte. Eine dem deutschen Modell vergleichbare Mitbestimmung gibt es hingegen nicht.

[1406] Ob diese Vorschrift nur die Fälle betrifft, in denen i.E. tatsächlich Kündigungen vorgenommen werden sollen oder ob sie weiter auszulegen ist, so dass z.B. auch ein Betriebsübergang einen Anwendungsfall darstellen kann, wird hier nicht weiter untersucht. Sicher ist, dass zumindest auch das Kündigungsvorhaben von der Regelung umfasst wird. Zum Anwendungsbereich des Art. L. 432-1 CT s. SSL 2002, Supplément n° 1078, S. 11.

[1407] Diese Unterrichtungs- und Konsultationspflicht kann somit auch und gerade dann bestehen, wenn der Arbeitgeber vorhat, betriebsbedingte Kündigungen auszusprechen, Willmann/Kerbourc'h/*Kerbourc'h*, Le licenciement pour motif économique après la loi de modernisation sociale, S. 192.

mervertretungen und ihre Zuständigkeiten betrifft.[1408] Daher wird das Verfahren allgemein als das Verfahren des 4. Buches, *„procédure du Livre IV"*, bezeichnet.[1409]

Ein weiteres Verfahren, das der Arbeitgeber beachten muss, befindet sich im 3. Buch des *Code du Travail.* Dort ist im ersten Kapitel der Sektion 2 die Kündigung aus wirtschaftlichem Grund geregelt. In Art. L. 321-2 CT ist eine Informations- und Konsultationspflicht des Arbeitgebers vor Ausspruch der Kündigung aus wirtschaftlichem Grund vorgesehen, wenn er beabsichtigt, mindestens zehn Arbeitnehmern innerhalb von 30 Tagen zu kündigen.

Wenn der Arbeitgeber in Erwägung zieht, mindestens zehn Arbeitnehmern innerhalb von 30 Tagen zu kündigen, stellt sich in der Praxis die Frage, ob es möglich ist, diese beiden Verfahren in einem Einzigen zusammenfassen oder ob sie getrennt voneinander und zeitlich nacheinander durchgeführt werden müssen. Die Rechtsprechung sah vor dem Erlass des Gesetzes zur sozialen Modernisierung von 2002 vor, dass der *comité d'entreprise* sowohl im Rahmen seiner Zuständigkeit für wirtschaftliche Angelegenheiten gem. Art. L. 432-1 Abs. 1 CT anzuhören sei als auch ein Verfahren nach Art. L. 321-2 CT durchgeführt werden müsse. Die beiden Verfahren konnten allerdings zeitgleich vorgenommen werden, solange die jeweils längeren Fristen beachtet wurden.[1410]

Die *Loi de modernisation sociale* hat diese Rechtsprechung erheblich verschärft. Mit diesem Gesetz wurde ein neuer Absatz 2 in Art. L. 321-3 CT eingefügt, der ausdrücklich anordnete, dass in Unternehmen, in denen i.d.R. mindestens 50 Arbeitnehmer beschäftigt waren, die für eine Kündigung aus wirtschaftlichem Grund erforderliche vorherige Information und Konsultation des *comité d'entreprise* erst nach Abschluss des Verfahrens nach Art. L. 432-1 CT, durchgeführt werden durfte.[1411] Die beiden Verfahren konnten

---

[1408] Zweck der Vorschrift ist es daher nicht, ein Kündigungsverfahren zu regeln, sondern vielmehr, die Kompetenzen des *comité d'entreprise* in wirtschaftlichen Angelegenheiten festzulegen, Willmann/Kerbourc'h/*Kerbourc'h*, Le licenciement pour motif économique après la loi de modernisation sociale, S. 192.

[1409] *Pélissier/Supiot/Jeammaud*, Droit du travail, S. 561 Rn. 455.

[1410] Cass. soc. 16.4.1996, RJS 5/1996 n° 560; Cass. soc. 17.6 .1997, RJS 8-9/97, n° 990; Cass. soc. 2.3.1999, RJS 4/1999 n° 494; *Lagoutte/Mir/Morand*, Liaisons Sociales, September 2002, Numéro spécial: Licenciement économique, S. 47 Rn. 76.

[1411] Art. L. 321-3 CT i.d.F. vom 17.1.2002: „Dans les entreprises ou professions mentionnées ci-dessus où sont occupés habituellement au moins cinquante salariés, les employeurs qui projettent d'y effecuter un licenciement dans les conditions visées à l'alinéa précédent sont tenus de réunir et de consulter le comité d'entreprise ou, à défaut, les délégués du personnel. Ces opérations s'effectuent après l'achèvement des procédures de consultation prévues par les premier et deuxième chapitres du titre III du livre IV du présent code… ».

demnach nicht mehr zeitlich kombiniert werden. Folge war eine erhebliche Verlängerung der gesamten Verfahrensdauer.[1412]

c) Einführung eines Schlichters *(Médiateur)*

(1) Sinn und Zweck

Mit dem Gesetz zur sozialen Modernisierung wurde mit dem Schlichter *(médiateur)* ein weiterer Akteur in das Verfahren eingeführt.[1413] Ausgangspunkt war ein Vorschlag, der von der Fraktion der Kommunistischen Partei im Gesetzgebungsverfahren i.R.d. zweiten Lesung eingebracht wurde.[1414] Diese Person sollte zwar nur im bereits erwähnten Verfahren nach dem 4. Buch des *Code du travail* (Art. L. 432-1 CT) tätig werden, also nur i.R.d. generellen Kompetenzen des *comité d'entreprise* in wirtschaftlichen Angelegenheiten. Es handelte sich dennoch um eine fundamentale Neuerung, die gerade bei Kündigungen aus wirtschaftlichem Grund, wenn auch nur in dem „ersten" Verfahrensabschnitt, zum Einsatz kommen konnte. Sinn dieses zusätzlichen Verfahrensschrittes war es, dem Arbeitgeber alternative Vorgehensweisen zu bieten, um den Ausspruch von Kündigungen verhindern zu können.[1415] Es handelte sich also um eine präventive Zielsetzung. Außerdem sollte mit der Herbeiführung einer Lösung, mit der sich beide Parteien abfinden könnten, eine gerichtliche Auseinandersetzung vermieden werden.[1416]

(2) Voraussetzungen für die Hinzuziehung des Schlichters

Das Verfahren nach dem 4. Buch in der Fassung der *Loi de Modernisation sociale* von 2002 sah zwei Versammlungen des *comité d'entreprise* mit dem Arbeitgeber vor, wenn der Arbeitgeber eine Umstrukturierung oder einen Stellenabbau plante. In der ersten Versammlung stellte der Arbeitgeber sein Vorhaben vor, zu dem er den Mitgliedern des *comité d'entreprise* vor der Versammlung Unterlagen zuzukommen lassen hatte. Nach der ersten Versammlung musste der *comité d'entreprise* eine Stellungnahme und ggf. Alternativvorschläge formulieren.[1417] Bei einem zweiten Zusammentreffen

[1412] *Lagoutte/Mir/Morand*, Liaisons Sociales, September 2002, Numéro spécial: Licenciement économique, S. 52 Rn. 87 und S. 54 Rn. 90.

[1413] Eine ausführliche Auseinandersetzung mit der Figur des Schlichters findet sich z.B. bei *Morand*, SSL 2002, n° 1067 S. 6 ff.

[1414] *Moizard*, Dr. soc. 2002, 325, 330.

[1415] Dies ergibt sich aus der Formulierung des Art. L. 432-1-3 Abs. 10 CT « ... en vue de vérifier si les propositions émises *pour éviter les licenciements* par le comité d'entreprise ou le cas échéant par le médiateur… ».

[1416] *Moizard*, Dr. soc. 2002, 325.

[1417] Zwar wird das nicht ausdrücklich vom Gesetz vorgeschrieben. Es ergibt sich aber daraus, dass die Ausübung des Widerspruchsrechts eine gewichtige Meinungsverschiedenheit („une divergence importante sur le projet présenté par l'employeur...", Art. L. 432-1-3 Abs.

musste der Arbeitgeber eine begründete Antwort auf die Stellungnahme und die Vorschläge des *comité d'entreprise* geben, Art. L. 432-1 Abs. 5 CT idF 2002.

Eine völlige Neuerung im französischen Arbeitsrecht war die Einführung eines Widerspruchsrechts *(droit d'opposition)* des *comité d'entreprise* in Bezug auf die ihm vorgelegten geplanten Umstrukturierungen. Das Widerspruchsrecht führte gem. Art. L. 432-1 Abs. 3 idF 2002 dazu, dass ein Schlichter hinzugezogen werden konnte. Das Ausmaß der Wirkung dieses Widerspruchsrechts war damit letztlich sehr gering.[1418] Es handelte sich nicht um ein Vetorecht.[1419] Die Folge war nicht die Unwirksamkeit des Umstrukturierungsvorhabens.[1420] Daher war die vom Gesetzgeber gewählte Bezeichnung als Widerspruchsrecht irreführend.

Die Anrufung eines Schlichters musste innerhalb von acht Tagen nach der zweiten Versammlung vorgenommen werden, Art. L. 432-1-3 Abs. 2 idF 2002. Erforderlich sollte nach wohl herrschender Auffassung sein, dass der Schlichter erst und nur dann angerufen werden konnte, wenn das Vorhaben des Arbeitgebers darin bestand, die Tätigkeit in einem Betrieb oder einem Betriebsteil ganz oder teilweise einzustellen. Dies musste zur Folge haben, dass mindestens 100 Arbeitsplätze wegfallen.[1421] Ferner mussten gewichtige Abweichungen zwischen den Vorschlägen des *comité d'entreprise* und denjenigen des Arbeitgebers bestehen, Art. L. 432-1-3 Abs. 1 idF 2002. Das oberste Verfassungsgericht hat in seiner grundlegenden Entscheidung zur Überprüfung der Verfassungsmäßigkeit der *Loi de modernisation sociale* noch einmal ausdrücklich darauf hingewiesen, dass ausschließlich bei Vorliegen dieser Voraussetzungen ein Schlichter vom *comité d'entreprise* oder vom Arbeitgeber angerufen werden können sollte.[1422] In allen anderen Fällen sollte

---

1 CT) zwischen *comité d'entreprise* und Arbeitgeber bezüglich des Projektes voraussetzt. Das wiederum bedeutet, dass der *comité d'entreprise* einen Alternativvorschlag bzw. eine Stellungnahme formuliert haben muss; s. *Morand*, SSL 2002, n° 1067, 6, 8. Hierbei handelt es sich nicht um eine richtige Neuerung. Es ist vielmehr die Aufnahme ins Gesetz einer in der Praxis bereits weit verbreiteten Vorgehensweise, *Cohen*, Dr. soc. 2002, 298, 301.

1418 *Pélissier/Supiot/Jeammaud*, Droit du travail, 21. Aufl. 2002, S. 548 f. Rn. 434.

1419 *Cohen*, Dr. soc. 2002, 298; *Morand*, SSL 2002, n° 1067, 6, 8.

1420 *Pélissier/Supiot/Jeammaud*, Droit du travail, 21. Aufl. 2002, S. 548 Rn. 434.

1421 So vor allem die Interpretation des Cons. const. 12.1.2002 n° 2001-455 DC; dem folgend mit ausführlicher Begründung *Morand*, SSL 2002, n° 1067, S. 7 ff.; ebenso SSL 2002, supplément n° 1078, S. 12; a.A. *Cohen*, SSL 2002, n° 1035 S. 6, und *Cohen*, Dr. soc. 2002, 298, 302 nach dessen Ansicht es sich bei den Art. L. 432-1 und Art. L 432-1-3 CT um zwei verschiedene Fallkonstellationen handelt, in denen der Schlichter angerufen werden kann.

1422 Cons. const. 12.1.2002 n° 2001-455 DC; hierauf nimmt die Circulaire DGEFP/DRT/DSS N° 2002/1 vom 5. Mai 2002, unter E. 1), abgedruckt in Wilmann/Kerbourc'h, Le licenciement pour motif économique après la loi de modernisation sociale, S. 42, ausdrücklich Bezug.

der Widerspruch keinerlei Auswirkungen auf die Umstrukturierungspläne des Arbeitgebers bzw. auf die Wirksamkeit des Verfahrens haben.

Das Arbeitsministerium sollte eine Liste[1423] mit Schlichtern aufstellen, die aufgrund ihrer Kenntnisse in der Unternehmensführung und Erfahrung mit Arbeitsbeziehungen sowie aufgrund ihrer moralischen Kompetenz ausgesucht werden sollten, Art. R. 432-20 CT idF 2002.[1424] Der *comité d'entreprise* und der Arbeitgeber sollten sich auf einen dieser Schlichter einigen.[1425] Wenn sich die Parteien nicht über einen Schlichter einigen könnten, musste das Gericht, das *Tribunal de grande instance,*[1426] innerhalb von acht Werktagen ab der letzten Versammlung des *comité d'entreprise* angerufen werfen. Der Vorsitzende Richter musste innerhalb eines Zeitraumes von höchstens acht Werktagen darüber entscheiden, wer als Schlichter eingesetzt werden sollte.[1427]

Die Kosten für die Vergütung der Arbeit des Schlichters musste das Unternehmen tragen, Art. R. 432-25 CT idF 2002.

(3) Vorgehensweise und Aufgabe des Schlichters

Aufgabe des Schlichters war nach der Konzeption der *Loi de modernisation sociale*, die Positionen von Arbeitgeber und *comité d'entreprise* einander anzunähern und einen für beide Seiten akzeptablen Vorschlag auszuarbeiten, Art. L. 432-1-3 Abs. 6 CT idF 2002. Grundsätzlich war es an den Parteien, also an Arbeitgeber und *comité d'entreprise,* zu vereinbaren, welche Zeitspanne für diese Aufgabe des Schlichters vorgesehen werden sollte. Der Gesetzgeber von 2002 sah für diesen Fall weder eine Höchst- noch eine Mindestdauer vor.[1428] Falls keine Vereinbarung vorlag, durfte der Zeitraum hingegen einen Monat nicht überschreiten, Art. L. 432-1-3 Abs. 4 CT idF 2002. Für die Ausarbeitung eines Alternativvorschlages räumte der Gesetzgeber dem Schlichter „weiteste Befugnisse" *(„des plus larges pouvoirs")* gegenüber dem Arbeitgeber ein, damit er sich über die wirtschaftliche Situation des

[1423] Zur Nominierung von Schlichtern sollte ein *arrêté* erlassen werden, was allerdings nie geschah, *Dictionnaire permanent social*, S. 3275 Rn. 112a (Stand: 3.7.2004).

[1424] SSL 2002, supplément n° 1078, S. 11, 12; die genauen Modalitäten sind in einem Dekret festgelegt, D. n° 2002-783, 3 Mai 2002, J.O. 5. Mai, auch abgedruckt in SSL 2002, n° 1075, S. 9.

[1425] Hierfür musste der *comité d'entreprise* den Arbeitgeber spätestens zwei Werktage nach seiner letzten Versammlung über den Namen des von ihm ausgesuchten Schlichters informieren. Der Arbeitgeber muss seine Antwort innerhalb von drei Werktagen mitteilen, Art. R. 432-21 Abs. 1 CT.

[1426] Das *Tribunal de grande instance* („Großinstanzgericht") entspricht in etwa dem Landgericht.

[1427] SSL 2002, supplément n° 1078, S. 11, 12 f.

[1428] *Morand*, SSL 2002 n° 1067, 6, 9.

Unternehmens informieren konnte.[1429] Gem. Art. L. 432-1-3 Abs. 9 CT idF 2002 wurde ein Dekret zur Durchführung des Gesetzes mit genaueren Angaben erlassen. Dieses sah in Art. R. 432-24 CT vor, dass der Schlichter die Aushändigung jedes Dokumentes mit wirtschaftlichem, buchhalterischem, finanziellem, statistischem oder verwaltungstechnischem Inhalt verlangen konnte, das für die Wahrnehmung seiner Aufgabe nützlich sein konnte. Ferner konnte er jede Anhörung durchführen, die er für nötig erachtete.

Der Vorschlag des Schlichters war nicht bindend.[1430] Wenn er den Parteien einen Vorschlag unterbreitete, hatten sie fünf Werktage Zeit, diesen zu akzeptieren bzw. ihn zurückzuweisen, Art. L. 432-1-3 Abs. 6 CT idF 2002. Falls sie den Vorschlag akzeptierten, war er gem. Art. L. 432-1-3 Abs. 7 CT idF 2002 an die zuständige Verwaltungsstelle weiterzuleiten. Damit entfaltete er automatisch dieselben rechtlichen Wirkungen, wie eine Kollektivvereinbarung i.S.d. Art. L. 132-1 f. CT. Dies bedeutete zunächst, dass sie die beiden Parteien, also den Arbeitgeber und den *comité d'entreprise*, verpflichtete.[1431] Es bedeutete weiterhin, dass die Vereinbarung für die Arbeitnehmer bindend sein konnte unter dem Vorbehalt, dass sie nicht ungünstig vom Inhalt ihres Arbeitsvertrages abwich. Vorstellbar waren in diesem Zusammenhang Regelungen zur Verringerung oder Umstrukturierung der Arbeitszeit, sowie Verringerung von Vergünstigungen, die aus einseitigen Arbeitgeberentscheidungen oder aus betrieblicher Übung entstanden sind, bzw. vertragliche Vergünstigungen gewesen, wenn die Arbeitnehmer dazu ihr Einverständnis erklärten.[1432] Wenn der Vorschlag nicht angenommen wurde, musste der Schlichter ihn dem Aufsichtsrat bzw. dem Leitungsorgan des Unternehmens weiterleiten. Sie mussten gem. Art. L. 239-1 Code de commerce (Ccom)[1433] idF 2002 vor der Umsetzung der Pläne des Arbeitgebers eine Entscheidung treffen. Sie sollten allerdings keineswegs an den Vorschlag des Schlichters gebunden sein, sie trafen ihre Entscheidung frei.[1434]

[1429] Art. L. 432-1-3 CT idF 2002.: „Le médiateur dispose dans le cadre de sa mission *des plus larges pouvoirs* pour s'informer de la situation de l'entreprise.".

[1430] *Moizard*, Dr. soc. 2002, 325, 332.

[1431] Circulaire DGEFP/DRT/DSS n°2002/1 vom 5. Mai 2002, Übersicht in SSL 2002, n° 1078 S. 2 ff., s. bzgl. der Rechtsnatur der Vereinbarung S. 3.

[1432] *Morand*, SSL 2002 n° 1067, 6, 10; a.A. *Cohen*, Dr. soc. 2002, 298, 302, für ihn ist die Vereinbarung nur für den Arbeitgeber und den comité d'entreprise bindend, sie kann hingegen nicht die Rechte der Arbeitnehmer einschränken, die gesetzlich oder kollektivrechtlich vorgesehen sind, nach dieser Auffassung kann ein Arbeitnehmer die Wirksamkeit einer solchen Vereinbarung im Rahmen einer Kündigungsschutzklage anfechten.

[1433] Der *Code de commerce* ist das Handelsgesetzbuch.

[1434] SSL 2002, supplément n° 1078, S. 11, 13.

d) Die Beratung durch einen Wirtschaftsprüfer *(expert-comptable)*

Neben der Anrufung eines Schlichters sah Art. L. 432-1 CT idF 2002 ferner vor, dass der *comité d'entreprise* bereits i.R.d. ersten Konsultation nach dem 4. Buch des *Code du travail* einen Wirtschaftsprüfer *(expert-comptable)* hinzuziehen konnte, der von dem Arbeitgeber zu bezahlen war.[1435] Bereits zuvor hatte der *comité d'entreprise* das Recht, einen Expertern hinzuziehen. Allerdings galt dieses Recht nur in dem zweiten Konsultationsverfahren nach dem 3. Buch des *Code du travail,* d.h. nur im Anwendungsbereich der speziellen Regelungen für Massenentlassungen. Mit der Neuregelung konnte der *comité d'entreprise* in zwei verschiedenen Phasen des Kündigungsverfahrens Unterstützung anfordern. Der Wirtschaftsprüfer sollte in beiden Fällen eine Analyse des Vorhabens in Bezug auf die wirtschaftlichen Aspekte und die Umsetzung erstellen. Dabei sollten alle wirtschaftlichen, finanziellen und sozialen Elemente der Bilanzen des Unternehmens einbezogen werden.[1436] Der Bericht musste dem *comité d'entreprise* spätestens acht Kalendertage vor seiner zweiten Versammlung zukommen, Art. L. 432-1 Abs. 5 CT idF 2002.

e) Information des *comité d'entreprise* vor öffentlichen Bekanntmachungen

Das Gesetz zur sozialen Modernisierung legte in Art. L. 431-5-1 CT idF 2002 für den Arbeitgeber die Pflicht fest, den *comité d'entreprise* über seine wirtschaftlichen Pläne zu unterrichten, bevor er sie öffentlich bekannt machte, wenn diese Pläne Maßnahmen enthielten, die wichtige Auswirkungen auf die Arbeitsbedingungen oder die Beschäftigung hatten. Das Gesetz gab nicht vor, was unter einer öffentlichen Bekanntmachung zu verstehen war. Hierfür musste die *Circulaire* DRT/DGEFP n° 2002 vom 5. Mai 2002 zur Interpretation der *Loi de modernisation sociale* hinzugezogen werden. Darin war vorgesehen, dass die Bekanntmachung durch die Medien übertragen sein musste, unabhängig davon, für welches Publikum die Erklärung ursprünglich gedacht war.[1437] Ob die Auswirkungen der wirtschaftlichen Pläne auf die Arbeitsbedingungen bzw. auf die Beschäftigung wichtig genug waren, sollte im Einzelfall durch den Arbeitgeber entschieden werden. Bei dieser Entscheidung waren Größe und Tätigkeit des Unternehmens zu berücksichtigen.[1438] Ob für die

---

[1435] *Cohen*, Dr. soc. 2002, S. 298, 302; ausführlich zu der Hinzuziehung eines *expert-comptable* s. SSL 2002, supplément n° 1078, S. 11 ff.

[1436] *Lagoutte/Mir/Morand*, Liaisons sociales, September 2002, numéro spécial: Le licenciement économique, S. 53 Rn. 89.

[1437] *Lagoutte/Mir/Morand*, Liaisons sociales, September 2002, numéro spécial: Le licenciement économique, S. 48 Rn. 78.

[1438] *Lagoutte/Mir/Morand*, Liaisons sociales, September 2002, numéro spécial: Le licenciement économique, S. 49 Rn. 81, die hierfür eine Parallele zur Rechtsprechung zu Art. 432-2 CT (Informationspflicht bei Einführung neuer Technologien) ziehen, s. Cass. soc. 2.7.1987, n° 85-18.434, Bull. civ. V n° 438.

Information eine Versammlung des *comité d'entreprise* erforderlich sein sollte, oder das Versenden der erforderlichen Dokumente bereits ausreichte, konnte während der kurzen Geltungsdauer des Gesetzes nicht abschließend geklärt werden.[1439]

f) Vereinbarung über die Verkürzung der Arbeitszeit

Die *Loi de modernisation sociale* hatte 3 neue Absätze in Art. L. 321-4-1 CT eingefügt. Diese sahen vor, dass in Unternehmen, in denen die kollektivrechtlich vereinbarte wöchentliche Arbeitszeit über 35 Stunden oder die jährliche Arbeitszeit über 1600 Stunden lag, den Arbeitgeber die Pflicht traf, vor Erstellung eines Planes zur Beschäftigungssicherung – vergleichbar mit einer Mischung aus Sozialplan und Interessenausgleich[1440] – mit den im Unternehmen vertretenen Gewerkschaften eine Vereinbarung zur Arbeitszeitverkürzung zu schließen. Durch diese Vereinbarung sollte die Arbeitszeit im Unternehmen auf 35 Wochenstunden oder 1600 Stunden im Jahr gesenkt werden. Wenn eine solche Vereinbarung nicht zustande kam, musste der Arbeitgeber gem. Art. L. 321-4-1 Abs. 3 CT idF 2002 zumindest Verhandlungen mit dem Ziel, die vorgegebene Arbeitszeitverkürzung einzuführen, eingleitet haben. Hierfür war erforderlich, dass der Arbeitgeber die im Unternehmen vertretenen repräsentativen Gewerkschaften zu Verhandlungen einlud und den Ort sowie den zeitlichen Ablauf der Versammlungen festlegte. Zudem musste er ihnen die erforderlichen Informationen übermitteln, damit die Gewerkschaften in Kenntnis der Umstände verhandeln konnten. Ferner musste der Arbeitgeber auf evtl. geäußerte Vorschläge der Gewerkschaften antworten. Sinn der Vorschrift war es, durch die generelle Arbeitszeitverkürzung im Unternehmen eine Verteilung der Arbeit auf mehrere Arbeitnehmer zu erreichen und damit den Ausspruch von Kündigungen zu vermeiden.[1441]

Den Arbeitgeber traf diese Pflicht nach der *Loi de modernisation sociale* jedoch nur unter zwei Voraussetzungen. Einerseits waren von der Regelung Unternehmen ausgeschlossen, die sich im Insolvenzverfahren befanden.[1442] Andererseits musste in dem Unternehmen eine Gewerkschaft vertreten sein,

---

[1439] So halten *Lagoutte/Mir/Morand*, Liaisons sociales, September 2002, numéro spécial: Le licenciement économique, S. 49 Rn. 81, eine Versammlung des *comité d'entreprise* für erforderlich; *Cohen*, Dr. soc. 2002, S. 298, 299 hingegen hält es für ausreichend, wenn alle Mitglieder des *comités d'entreprise* vor der öffentlichen Bekanntmachung vollständig schriftlich informiert worden sind. Er stützt sich dabei auf die Äusserung der damaligen Ministerin für Beschäftigung im Gesetzgebungsvefahren, J.O. débats Sénat 9.10.2001, S. 3883.

[1440] Hierzu E. II. 4. f) (5).

[1441] Willmann/Kerbourc'h/*Willmann*, Le licenciement pour motif économique après la loi de modernisation sociale, S. 219 f.

[1442] Willmann/Kerbourc'h/*Willmann*, Le licenciement pour motif économique après la loi de modernisation sociale, S. 220.

mit der der Arbeitgeber dann die Verhandlungen durchzuführen hatte.[1443] Diese Voraussetzung wurde von den Antragstellern in dem Normenkontrollverfahren zur Überprüfung der Verfassungsmäßigkeit der *Loi de modernisation sociale* als verfassungswidrig angesehen, weil sie gegen den Grundsatz der Gleichbehandlung verstoße. Diesen Vorwurf wies der *Conseil constitutionnel* als unbegründet ab, da es sich nicht um eine „Erfüllungspflicht", eine *obligation de résultat*, handelte. Es müsste nur eine Einigung versucht werden, der Eintritt eines Erfolges, in diesem Fall der Abschluss eines enstprechenden Tarifvertrags, wäre hingegen nicht erforderlich. Es handelte sich nur um Handlungspflicht, eine *obligation de moyens.*[1444]

Durch das Erfordernis einer vorherigen Vereinbarung bzw. Verhandlung über eine Arbeitszeitverkürzung wurde die Rechtsnatur des Beschäftigungssicherungsplans als einseitiger Rechtsakt zwar nicht verändert, eine stärkere Einbeziehung der Sozialpartner kann jedoch nicht von der Hand gewiesen werden. Dies veranlasste zu der Auffassung, dass sich eine Orientierung hin zum deutschen Modell des Sozialplans abzeichne.[1445]

g) Erweiterte Befugnisse der Arbeitsverwaltung

I.R.d. Ausarbeitung des Beschäftigungssicherungsplans hatte die *Loi de modernisation sociale* den Einfluss der Arbeitsverwaltung gestärkt. Bereits vor dem Gesetz hatte die Arbeitsverwaltung das Recht, ein Untätigkeitsprotokoll zu erstellen, nachdem ihm der Entwurf des Plans zur Beschäftigungssicherung nach der ersten Versammlung des *comité d'entreprise* mitgeteilt wurde und sie Mängel feststellte.[1446] Dieses Protokoll bezog sich allerdings nur auf den Entwurf und hatte keine Auswirkungen auf das Verfahren oder die Wirksamkeit des Beschäftigungssicherungsplanes. Mit dem Gesetz vom 17.1.2002 wurde der Arbeitsverwaltung das Recht eingeräumt, ein zweites Untätigkeitsprotokoll zu erstellen, welches sich auf den endgültigen Plan zur Beschäftigungssicherung bezog und vor allem zugleich dem *comité d'entreprise* das Recht einräumte, eine zusätzliche Versammlung abzuhalten, um den Plan zur Beschäftigungssicherung erneut zu untersuchen, Art. L. 321-7 Abs. 9 CT idF 2002. Für die Erstellung dieses Protokolls hatte die Arbeitsverwaltung

---

[1443] *Couturier*, Dr. soc. 2002, 279, 283; Willmann/Kerbourc'h/*Willman*, Le licenciement pour motif économique après la loi de modernisation sociale, S. 220; bestätigt durch die Circulaire DGEFP/DRT/DSS n° 2002/1, S. 25.

[1444] Cons. const. 13.1.2000 décision n° 2001-455 DC.

[1445] Willmann/Kerbourc'h/*Willmann*, Le licenciement pour motif économique après la loi de modernisation sociale, S. 217.

[1446] S. zum Untätigkeitsprotokoll und der sich daraus ergebenden Folgen für den Arbeitgeber und das Kündigungsverfahren ausführlich E II. 4 f) (6).

eine Frist von acht Tagen nach Fertigstellung des Planes zur Beschäftigungssicherung.[1447]

Die Rechtsnatur dieses neuen Untätigkeitsprotokolls ist während des Geltungszeitraumes des Gesetzes nicht abschließend geklärt worden.[1448]

h) Entscheidung des Aufsichtsrats und des Leitungsorgans vor Einstellung der Tätigkeit

Gem. Art. 239-1 Ccom idF 2002 musste der vollständigen oder teilweisen Einstellung der Tätigkeit eines Betriebes einer Handelsgesellschaft, die mindestens 100 Arbeitnehmer betraf, eine Entscheidung des Leitungsorgans und des Aufsichtsrates vorangegangen sein. Diese Entscheidung musste nach dem Verfahren des 4. Buches, also der Information des *comité d'entreprise*, und vor dem eigentlichen Kündigungsverfahren nach dem 3. Buch getroffen werden, Art. L. 239-1 Abs. 2 Ccom idF 2002. Die Entscheidung sollte auf der Grundlage einer Studie zur sozialen Auswirkung und zur Auswirkung auf das Gebiet, *étude d'impact social et territorial*, getroffen werden, die der Arbeitgeber anzufertigen hatte. Dieser Bericht sollte die direkten und indirekten Auswirkungen der Schließung des Betriebs und des Stellenabbaus auf die sozialen und regionalen Gegebenheiten darstellen.[1449]

i) Rechtsfolgen

Die Rechtsfolgen bei Verstößen gegen die zuvor dargestellten Verfahrensregeln blieben meist unklar.[1450] Auch die Rechtsprechung konnte dem aufgrund der kurzen Anwendungsdauer des Gesetzes nicht abhelfen. Ein Verstoß gegen die beschriebenen Verfahrensschritte konnte auf jeden Fall nicht zu einem Anspruch des Arbeitnehmers auf Zahlung von Schadensersatz gem. Art. L. 122-14-4 CT führen. Diese Vorschrift bezieht sich nur auf Verstöße von Verfahrensvorschriften, die sich in demselben Teil des *Code du Travail* befinden wie Art. L. 122-14-4 CT, sowie auf Verstöße gegen Art. 321-4-1 Abs. 5 CT, s. Art. L 122-14-4 Abs. 1 CT.

[1447] *Struillou*, Dr. soc. 2002, 342, 344.

[1448] Das Gesetz liefert hierfür keine Anhaltspunkte. Einziger Hinweis ist der nochmalige Gebrauch des Begriffs „*constat de carence*". Da der Gesetzgeber die Rechtsprechung zu dieser Rechtsfigur kannte, ist davon auszugehen, dass er mit der Verwendung des Begriffs auch dessen Einordnung übernehmen wollte. Dementsprechend handelt es sich nicht um eine Verwaltungsentscheidung. Daraus folgt, dass das Protokoll auch nicht eine Kündigung verhindern kann und dass die Feststellungen, hinsichtlich der Mängel des Planes zur Beschäftigungssicherung, die in dem Protokoll gemacht werden, nicht für den Arbeitsrichter bindend sind. *Struillou*, Dr. soc. 2002, 342, 345.

[1449] Zum genauen Inhalt des Berichts s. ausführlich *Lagoutte/Mir/Morand*, Liaisons sociales, numéro spécial: Le licenciement économique, S. 57 f. Rn. 96.

[1450] Dies liegt zunächst daran, dass sich der Gesetzgeber in Bezug auf Sanktionen zumeist in Schweigen gehüllt hat. S. auch *Vatinet*, Dr. soc. 2002, 286, 296.

Unbeantwortet blieb auch die Frage, ob die alte Rechtsprechung, nach der die Unwirksamkeit des Verfahrens nach dem 4. Buch zugleich die Unwirksamkeit des Verfahrens nach dem 3. Buch nach sich zieht, auch unter der Geltung der *Loi de modernisation sociale* weiterhin Bestand haben sollte.[1451]

Eine Sanktion war jedoch vorgesehen, wenn der Arbeitgeber die Information des *comité d'entreprise* vor einer öffentlichen Bekanntmachung unterließ.[1452] Für diesen Fall verwies Art. L. 431-5-1 CT idF 2002 auf Art. L. 483-1 ff. CT, in denen die Behinderung der Arbeit des *comité d'entreprise*, das sog. *délit d'entrave*, mit einem Jahr Freiheitsstrafe oder einer Geldstrafe in Höhe von 3.750,- Euro sanktioniert wird. Im Wiederholungsfall ist eine zweijährige Haftstrafe bzw. eine Geldstrafe in Höhe von 7.500,- Euro vorgesehen.[1453]

Auch zum Erfordernis einer Vereinbarung zur Arbeitszeitverkürzung hatte sich der Gesetzgeber klar geäußert. Dies lag nicht zuletzt daran, dass er bei einer Regelung zur Arbeitszeitverkürzung bereits einmal die Zensur des *Conseil constitutionnel* über sich ergehen lassen musste, weil eine nicht hinreichend klare Rechtsfolgenregelung vorlag. Er konnte schwerlich ein zweites Mal denselben Fehler begehen.[1454] Nach der Regelung von 2002 konnte der *comité d'entreprise* den Richter im Eilverfahren *(juge des référés)* anrufen. Dieser konnte das Kündigungsverfahren hemmen, bis der Arbeitgeber seiner Pflicht nachgekommen war. Wenn der Arbeitgeber weiterhin keine Vereinbarung zur Arbeitszeitverkürzung schloss, konnte der Richter das Kündigungsverfahren für unwirksam erklären. Ferner trafen den Arbeitgeber auch strafrechtliche Sanktionen, ein Jahr Freiheitsstrafe oder 3.750,- Euro Geldstrafe, wegen des Delikts, die Gewerkschaft in der Ausübung ihrer Rechte behindert zu haben *(délit d'entrave)*.[1455]

j) Kritik der Literatur

Die dargestellten Verfahrensregeln sind scharf kritisiert worden, was einerseits zur Anrufung des *Conseil constitutionnel* vor der Gesetzesverkündung

---

[1451] Dagegen spricht, dass der Grund für die alte Rechtsprechung darin bestand, dass sie die gleichzeitige Durchführung der beiden Verfahren zuließ. Zweck war es, Umgehungen, die durch eine gleichzeitige Durchführung ermöglicht wurden, zu vermeiden. Mit der *Loi de modernisation sociale* wurde hingegen klar gestellt, dass es sich um zwei unterschiedliche Verfahren handelt, die getrennt voneinander und zeitlich nacheinander durchgeführt werden müssen.

[1452] *Vatinet*, Dr. soc. 2002, 286, 297; *Cohen*, Dr. soc. 2002, 298, 299.

[1453] Willmann/Kerbourc'h/*Kerbourc'h*, Le licenciement pour motif économique après la loi de modernisation sociale, Annexe 3, S. 214.

[1454] S. auch die Erläuterungen zu dem vorherigen Versuch der *Loi Aubry II*, eine obligatorische vorherige Verhandlung zur Arbeitszeitverkürzung einzuführen unter E II. 2 j) (5).

[1455] Willmann/Kerbourc'h/*Willmann*, Le licenciement économique après la loi de modernisation sociale, S. 237.

geführt hat, andererseits zu ihrer Aussetzung durch die *Loi Fillon* schon ein Jahr nach Inkrafttreten des Gesetzes zur sozialen Modernisierung. Die Aussetzung der Vorschriften ist weder im Lager der Arbeitgeber noch auf Arbeitnehmerseite auf erwähnenswerten Widerstand gestoßen.[1456]

(1) Das Hintereinanderschalten der Verfahren nach dem 3. und 4. Buch

Ziel des Gesetzgebers war es, Rechtssicherheit zu schaffen, indem er klarstellte, dass es sich um zwei völlig voneinander unabhängige Verfahren handelt.[1457] Ferner sollte durch das Hintereinanderschalten der beiden Verfahren eine tatsächliche Diskussion in Bezug auf die Umstrukturierung gewährleistet werden, bevor überhaupt auf die Kündigungen eingegangen wird.[1458] Dem wurde entgegengehalten, dass der Gesetzgeber erstaunlich großes Vertrauen in die Dialogbereitschaft setzte, die in der Praxis so aber gar nicht vorzufinden sei.[1459]

Zudem würde nach dem Modell der *Loi de modernisation sociale* i.E. eine künstliche Trennung vorgenommen, die nicht den Bedürfnissen der Realität entspräche. Nach dem Gesetz müsste in einer Versammlung des *comité d'entreprise* zunächst die generelle wirtschaftliche Lage des Unternehmens untersucht werden unter Aussparung der äußerst wichtigen Frage der Kündigungen und der erforderlichen sozialen Begleitmaßnahmen. Diese Fragen dürften erst in einem anschließenden Verfahren behandelt werden, obwohl sie gerade für die Arbeitnehmer besonders wichtig wären und eine möglichst frühe Klärung wünschenswert wäre.[1460]

(2) Der Schlichter im Kündigungsverfahren

Der Schlichter ist keine dem französischen Arbeitsrecht unbekannte Figur, so kann er z.B. bereits seit 1989 im Rahmen von Tarifverhandlungen und seit 1955 im Arbeitskampf angerufen werden.[1461] Der Sinn der Einführung eines Schlichters in das Kündigungsverfahren war es, dem Arbeitgeber und dem *comité d'entreprise* die Mittel zu geben, eine Konfliktsituation zu lösen und ein Gleichgewicht zwischen wirtschaftlichem Interesse und sozialem Schutz herzustellen.[1462]

[1456] *Brunhes*, Dr. soc. 2003, 40.

[1457] *Lagoutte/Mir/Morand*, Liaisons Sociales, September 2002, Numéro spécial: Licenciement économique, S. 47 Rn. 76.

[1458] Circulaire n° 2002/1 vom 5.5.2002, Liaisons sociales, 4. Juni 2002, S. 6; *Pélissier/Supiot/Jeammaud*, Droit du travail, 21. Aufl. 2002, S. 548 Rn. 434.

[1459] *Vatinet*, Dr. soc. 2002, 286, 297.

[1460] *Ray*, Dr. soc. 2002, 237, 239.

[1461] *Moizard*, Dr. soc. 2003, 325, 326.

[1462] *Morand*, SSL 2002 n° 1067, 6, 10.

Inhaltlich wurde der Einbeziehung eines Schlichters vor allem vorgeworfen, dass sie zu einer erheblichen Verfahrensverlängerung führte.[1463] Würde die gesetzlich längste zugelassene Verfahrensdauer zugrunde gelegt, könnte sich das Verfahren bei Anrufung eines Schlichters um einen weiteren Monat + 8 Tage nach dem zweiten Zusammentreffen + 5 Tage nach Vorlage des Vorschlags durch den Schlichter verlängern. Dies führte zu einer Gesamtdauer von knapp 1 ½ Monaten. Hinzu käme die Zeit, die benötigt würde, um den Schlichter zu benennen, und ferner die Zeit, die dem Schlichter eingeräumt würde, um auf die Anfrage zu antworten, was die Gesamtdauer um weitere 2 Tage verlängerte. Der angerufene Schlichter wäre keineswegs gezwungen, die Mission zu übernehmen, wenn er ablehnte, müsste das gesamte Anrufungsverfahren noch einmal von vorne durchgeführt werden.[1464] Kritisiert wurde daran anschließend, dass gleichzeitig das Vorhaben des Arbeitgebers für den Zeitraum des Tätigwerden des Schlichters gehemmt wäre, Art. L. 432-1 Abs. 3 CT idF 2002. Während dieser Zeit dürfte keine Entscheidung getroffen, insbesondere keine wirtschaftlich bedingte Kündigung ausgesprochen werden.[1465]

(3) Die Beratung durch Wirtschaftsprüfer

Auch hier wurde ein weiteres Mal kritisiert, dass das Verfahren komplizierter und die Dauer verlängert werde.[1466] Bemängelt wurde auch, dass für den Verstoß gegen die verlängerte Frist, die zwischen den beiden Versammlungen des *comité d'entreprise* eingehalten werden müsste, wenn ein Wirtschaftsprüfer hinzugezogen würde, keine Rechtsfolge existierte.[1467]

(4) Die Information vor öffentlicher Bekanntmachung

Es scheint selbstverständlich, dass der *comité d'entreprise* informiert werden muss, bevor der Arbeitgeber vor laufenden Fernsehkameras bekanntgeben kann, welche Änderungen er im Unternehmen vornehmen möchte.[1468] Es wurde dennoch bemängelt, dass dies zumindest zu einem zeitweisen Verbot einer öffentlichen Bekanntmachung führen könnte, und zwar für den Zeitraum bis zur Information des *comité d'entreprise*. Die Bedeutung von öffentlichen Be-

---

[1463] *Ray*, Dr. soc. 2005, Numéro spécial 4, 359, 360.
[1464] SSL 2002, supplément n° 1078, S. 11, 13.
[1465] SSL 2002, supplément n° 1078, S. 11, 13.
[1466] Bei Hinzuziehung eines Wirtschaftsprüfers, verlängert sich die Mindestfrist, die zwischen den zwei Versammlungen, die für das Verfahrens nach dem 4. Buch abgehalten werden müssen, von 15 auf 21 Tage, SSL 2002, n° 1078, S. 11.
[1467] Zum Fehlen der Rechtsfolge s. SSL 2002, n° 1078, S. 11.
[1468] Dies wäre nach einem deutschen Verständnis wohl bereits aus dem Gebot der vertrauensvollen Zusammenarbeit nach § 2 Abs. 1 BetrVG herzuleiten.

kanntmachungen könnte jedoch für ein Unternehmen sehr wichtig sein, so z.B. im Hinblick auf Kunden oder auf die Börsennotierung.[1469]

(5) Die Vereinbarung zur Arbeitszeitverkürzung

Die Arbeitszeitverkürzung wurde bereits zuvor vom Gesetzgeber als Mittel zur Verhinderung von Kündigungen bzw. zur Bekämpfung der Arbeitslosigkeit eingesetzt, das wohl berühmteste Beispiel liefern hierfür die Gesetze „*Loi Aubry I*"[1470] und „*Loi Aubry II*"[1471], deren Namensgeberin die damalige Arbeitsministerin *Martine Aubry* war. Mit diesen Gesetzen wurde u.a. die gesetzliche 35-Stunden-Woche eingeführt sowie umfassende Regelungen, die Tarifverhandlungen zur Verringerung der Arbeitszeit fördern sollten.[1472] Im Hinblick auf diese Regelungen fügt sich die *Loi de modernisation sociale* mit der Pflicht zur Verhandlungen zur Arbeitszeitverkürzung in die bis dahin bestehende gesetzgeberische Logik ein. Doch auch diese Regelung musste sich den Vorwurf entgegen halten lassen, das Verfahren zu verlängern.[1473] Daneben wurde, wie auch schon bei den Vorgängerregelungen zur Verkürzung der Arbeitszeit, angezweifelt, dass eine Verteilung der Arbeit auf mehrere Arbeitnehmer tatsächlich zur Aufrechterhaltung von Arbeitsplätzen führen könnte.[1474]

(6) Die vorherige Entscheidung der *organe de direction et de surveillance*

Die im Handelsgesetzbuch *(Code de commerce)* eingeführte Regelung erzeugte nicht so viel Unmut, wie die meisten anderen bisher untersuchten Neuerungen. Dies mag daran liegen, dass sie kaum Auswirkungen nach sich ziehen dürfte. Zwar wäre auch hier wieder eine zusätzliche Versammlung erforderlich, diesmal des Direktionsorgans und des Aufsichtsrats *(organe de direction et de surveillance)*. Allerdings haben diese Einrichtungen kein Interesse, den Prozess weiter zu verlängern, geschweige denn, ihn zu unterbinden. Kritisiert wurde allerdings, dass auch hier wieder die Rechtsfolgen, gerade im Hinblick auf die Wirksamkeit später ausgesprochener Kündigungen

---

[1469] *Lagoutte/Mir/Morand*, Liaisons sociales, September 2002, Numéro spécial: Le licenciement économique, S. 48 Rn. 78.

[1470] Loi d'orientation et d'incitation relative à la réduction du temps de travail du 13 juin 1998.

[1471] Loi relative à la réduction négociée de la durée du travail du 19 janvier 2000.

[1472] Ein kurzer Überblick zur Entwicklung der Arbeitszeitverkürzung findet sich bei *Pélissier/Supiot/Jeammaud*, Droit du travail, S. 1037 Rn. 919; Willmann/Kerbourc'h/*Willmann*, Le licenciement pour motif économique après la loi de modernisation sociale, S. 230 f.

[1473] Vgl. *Ray*, Droit du travail, 12. Aufl., S. 285 f.

[1474] Willmann/Kerbourc'h/*Willmann*, Le licenciement pour motif économique après la loi de modernisation sociale, S. 218 Rn. 6.

aus wirtschaftlichem Grund, im Falle eines Verstoßes nicht geregelt waren.[1475]

k) Einordnung in die Gesetzesentwicklung und Stellungnahme

Die vorangehenden Ausführungen zeigen, dass es sich bei den ausgesetzten Regelungen der *Loi de modernisation sociale* um stark angreifbare Vorschriften handelt.[1476] Dass die Hemmung und die anschließende Abschaffung dieser Regelungen ohne großen Widerstand vonstatten ging, kann zudem auf die Entstehungsgeschichte dieses Gesetzes zurückgeführt werden. Normalerweise gehen in Frankreich der Ausarbeitung wichtiger Gesetze umfassende Tarifverhandlungen auf dem betreffenden Gebiet voraus, sowie ein ausführlicher Austausch zwischen Staat und Sozialpartner. Diese Vorgehensweise wurde bei dem vorliegenden Gesetz, das innerhalb kurzer Zeit entworfen wurde, nur sehr beschränkt angewendet.[1477]

Insgesamt wurde mit den Regelungen eine erhebliche Verlängerung des Verfahrens eingeführt und zugleich das Verfahren immer komplexer und undurchsichtiger gestaltet. Dabei führte die Verfahrensverlängerung zu keinerlei effizienten Erweiterung der Rechte des *comité d'entreprise*. Das vom Gesetz als „Widerspruchsrecht", *„droit d'opposition"*, bezeichnete Recht, war kein Vetorecht, sondern lediglich ein nicht passender Ausdruck für das Recht, einen Schlichter anzurufen, wobei auch bei Durchführung dieses Mechanismus am Ende der Arbeitgeber weiterhin völlig frei in seiner Entscheidung blieb. Im Ergebnis wurde die Kündigungsentscheidung nur zeitlich verzögert.[1478]

Eine derartige Verfahrensverlängerung führt nicht nur dazu, dass in manchen Situationen, in denen schnelle Entscheidungen erforderlich sind, diese nicht schnell genug gefällt werden können. Hieraus folgt auch generell eine faktische Einschränkung der unternehmerischen Entscheidungsfreiheit. Denn ein so schwerfälliges Verfahren kann einen Arbeitgeber durchaus davon abhalten, betriebsbedingte Kündigungen auszusprechen. Zwar ist das letztlich gerade der Zweck des präventiven Kündigungsschutzes, dessen Existenzberechtigung keineswegs in Frage gestellt werden soll. In Frage gestellt werden kann aber das Mittel zur Zweckerreichung. Hier muss zwischen den Arbeit-

---

[1475] *Vatinet*, Dr. soc. 2002, 286, 296, die ferner davon ausgeht, dass die Regelung auf die momentanen Bestrebungen auf europäischer Ebene zurückzuführen ist, nach denen eine Richtlinie zu den sozialen Konsequenzen von Umstrukturierungen ausgearbeitet werden soll.

[1476] S. auch die sehr scharfe und zugleich humorvolle Kritik von *Ray*, Dr. soc. 2002, 237 ff.

[1477] *Balmary*, Dr. soc. 2004, 272, 275.

[1478] *Brunhes*, Dr. soc. 2003, 40; *Vatinet*, Dr. soc. 2002, 286, 297 stellt daher fest, dass die vom Gesetzgeber verfolgte Strategie darin zu bestehen scheint, dass sich die Dinge dadurch regeln sollen, dass man die Zeit ihre Arbeit machen lässt.

geber- und Arbeitnehmerinteressen abgewogen werden. Und dabei ist hier eine deutlich zu große Belastung des Arbeitgebers zu erkennen. Ferner ist die Verzögerung auch aus Arbeitnehmersicht nicht besonders vorteilhaft, da ihnen an einer klar einschätzbaren Situation gelegen ist. Wenn sich dem Arbeitnehmer eine neue Beschäftigungsmöglichkeit in einem anderen Unternehmen bietet, muss er erst noch warten, bis die langwierigen Verfahren abgeschlossen sind, um ggf. die Abfindungen zu erhalten.[1479]

Auch aus gesetzestechnischer Sicht sind die Regelungen äußerst kritisch zu beurteilen. Das Gesetz schwieg meist, wenn sich die Frage nach den Rechtsfolgen stellt. Exemplarisch für Mängel bei der Gesetzestechnik ist folgende kuriose Regelung. Nach Art. L. 432-1-3 Abs. 10 CT idF 2002 konnte der *comité d'entreprise* den Richter im Eilverfahren anrufen, um von diesem überprüfen zu lassen, ob der *comité d'entreprise* seine Alternativvorschläge zur Vermeidung von Kündigungen in der richtigen Form unterbreitet hat. Es wurde also davon ausgegangen, dass der *comité d'entreprise* seiner eigenen Arbeit nicht traut und er sich für den Fall, dass er schlechte Arbeit geleistet hat, sanktionieren lassen darf.[1480]

Hinsichtlich der Gesetzesentwicklung zum präventiven Kündigungsschutz, scheint es sich dennoch auf den ersten Blick um eine logische Weiterführung einer schon begonnenen Entwicklung zu handeln. Seit den ersten Regelungen zum Kündigungsrecht wurde das präventive Kündigungsverfahren immer weiter ausgebaut und sein Anwendungsbereich kontinuierlich ausgedehnt. Hintergrund des Gesetzes zur sozialen Modernisierung waren zahlreiche betriebsbedingte Kündigungen in Großunternehmen wie Renault, Michelin oder Canon, die ausgesprochen wurden, obwohl diese Unternehmen wirtschaftlich gesund waren. Der Gesetzgeber wollte gegen eine solche Vorgehensweise ankämpfen.[1481] Dennoch besteht in zweifacher Hinsicht ein Widerspruch zur vorherigen Entwicklung. Zunächst sollte bereits im Jahr 1986 das Kündigungsverfahren für den Arbeitgeber wieder erleichtert werden, indem das Zustimmungserfordernis der Arbeitsverwaltung zu Kündigungen aus wirtschaftlichem Grund abgeschafft wurde. Die *Loi de modernisation sociale* zeigt die genau gegenteilige Tendenz. Daneben ist auch der wirtschaftliche Kontext nicht mehr derselbe, wie in den 70er und 80er Jahren. Die Situation auf dem

---

[1479] *Brunhes*, Dr. soc. 2003, 40, 42.

[1480] Bei dieser seltsamen Formulierung muss es sich um ein Versehen handeln. Erstaunt über diese Regelung ebenso *Cohen*, Dr. soc. 2002, 298, 303; *Morand*, SSL 2002 n° 1067, 6, 11.

[1481] *Pélissier/Supiot/Jeammaud*, Droit du travail, S. 548 Rn. 447. Aus diesem Blickwinkel betrachtet, ist diese strenge Vorgehensweise weniger verwunderlich, denn auch in Deutschland ist in der öffentlichen Meinung und der Politik das Empören groß über die Ankündigung der Deutschen Bank, ca. 6.400 Stellen abzubauen, obwohl sie das beste Geschäftsergebnis seit vier Jahren erwirtschaftet hat. S. z.B. den Artikel in der Süddeutschen Zeitung vom 4.2.2005 Nr. 28, S. 19 „Deutsche Bank streicht 6.400 Stellen".

Arbeitsmarkt hat sich seitdem wesentlich verschlechtert.[1482] Auch vor diesem Hintergrund wird nachvollziehbar, warum die *Loi de modernisation sociale* in seinen Kernbestandteilen letztlich nur theoretisch existiert hat.

3. Die *Loi Fillon* vom 3.1.2003

Nächster einschneidender Wendepunkt in der Gesetzesentwicklung zur Kündigung aus wirtschaftlichem Grund war die bereits erwähnte *Loi Fillon* vom 3.1.2003. Neben der Aussetzung von elf Vorschriften der *Loi de modernisation sociale* für die Dauer von 18 bzw. 30 Monaten[1483] und der Anordnung des Wiederauflebens der vorherigen Vorschriften hat dieses Gesetz vor allem eine neue Strategie zu Tage gelegt, um Änderungen im Bereich des Kündigungsrechts zu erreichen. Es handelt sich hierbei um die Einführung sog. *accords de méthode,* Verfahrensvereinbarungen. Dementsprechend heißt das Gesetz offiziell auch „Gesetz zur Belebung der Kollektivverhandlungen im Bereich der Kündigung aus wirtschaftlichem Grund".[1484]

a) Die *accords de méthode* (Verfahrensvereinbarungen)

(1) Sinn und Zweck

Gem. Art. 2 I des Gesetzes vom 3.1.2003 konnten Tarifverträge zunächst versuchsweise die Modalitäten der Information und Konsultation des *comité d'entreprise* festlegen, die der Arbeitgeber vornehmen muss, wenn er beabsichtigt, mindestens zehn Arbeitnehmer innerhalb von 30 Tagen zu kündigen. Mit dem Tarifvertrag konnte grundsätzlich von einigen – abschließend aufgezählten – gesetzlichen Vorgaben abgewichen werden. Diese Regelung verfolgte den Zweck, die Sozialpartner dazu zu bringen, Verhandlungen zum Bereich des Kündigungsverfahrens durchzuführen und Lösungen zu finden, die für beide Seiten tragbar waren.[1485] Am Ende der gesetzlich vorgegebenen Aussetzungsperiode wollte die Regierung auf die in der Zwischenzeit geschlossenen Tarifverträge zurückgreifen, um sie für eine erneute Reform des Kündigungsverfahrens zu berücksichtigen.[1486] Das Folgegesetz von 2005[1487]

[1482] S. hierzu C II 2.

[1483] Ein synoptischer Überblick über die ausgesetzten Vorschriften und die wieder auflebenden vorherigen Vorschriften findet sich bei *Cohen*, Dr. soc. 2003, 271, 275.

[1484] Loi n° 2003-6 du 3 janvier 2003 portant relance de la négociation collective en matière de licenciements économiques; veröffentlicht im J.O. 4, S. 255.

[1485] Diese Zwecksetzung unterstützend *Antonmattéi*, Dr. soc. 2003, 486.

[1486] So ist es bereits in Art. 2 IV des Gesetzes vom 3.1.2003 angedeutet und kommt noch deutlicher in dem seiner Interpretation dienenden Circulaire DGEFP/DRT/n° 2003-3 vom 26.2.2003 zum Ausdruck; s. hierzu auch *Antonmattéi*, Dr. soc. 2003, S. 486.

[1487] *Loi de programmation pour la cohésion sociale*, 18.1.2005, J.O. 19 janv. 2005, S. 864 sowie Richtigstellung in J.O. 27.1.2005, S. 1411.

hat diese Technik inzwischen generell als zulässig erachtet, der Abschluss von *accords de méthode* ist demnach auch nach dem von der *Loi Fillon I* festgelegten Zeitraum möglich, allerdings wurden die Voraussetzungen teilweise geändert.[1488] Sie sind nun fester Bestandteil der Regelungen zum Kündigungsverfahren. In diesem Teil wird jedoch zunächst die Rechtslage dargestellt, die während der Geltungsdauer der *Loi Fillon I* von 2003 bestand.

Mit der gesetzlichen Regelung dieser Art von Tarifverträgen reagierte der Gesetzgeber auf eine sich immer mehr durchsetzende Praxis, die sich vor allem im Anschluss an die *Loi de modernisation sociale* zeigte, um den starken Einschränkungen der Verfahrensregelungen dieses Gesetzes entgegenzuwirken.[1489] Diese Praxis existierte, wenn auch etwas weniger häufig, bereits vor der *Loi de modernisation sociale.* Sie kam insbesondere nach der erwähnten Rechtsprechung von 1996[1490] zur Zusammenlegung der Kündigungsverfahren nach dem 3. und 4. Buch des *Code du travail* auf, nach der die jeweils längeren Verfahrensfristen zu beachten waren. Schon ab dem Zeitpunkt wurde diese Verlängerung des Verfahrens als belastend für beide Seiten angesehen und führte zum Abschluss von Kollektivvereinbarungen, um der Rechtsunsicherheit in Bezug auf die Verfahrensdauer entgegenzuwirken.[1491] Diese Kollektivvereinbarungen waren bis dahin noch nicht gesetzlich geregelt, sie wurden im Gegensatz zu den *accord de méthode* häufig zwischen den von dem Kündigungsverfahren direkt betroffenen Parteien, also dem *comité d'entreprise* und dem Arbeitgeber, geschlossen.[1492]

(2) Voraussetzungen und möglicher Inhalt

Das Gesetz von 2003 sah für den Abschluss von *accords de méthode* enge Voraussetzungen vor. Diese Tarifverträge konnten nur in Unternehmen geschlossen werden, in denen ein *comité d'entreprise* bestand. Dies setzte voraus, dass in dem Unternehmen mindestens 50 Arbeitnehmer beschäftigt waren, Art. L. 431-1 CT. Ausgenommen waren Unternehmen, die sich im Insolvenzverfahren befanden.[1493] Die Voraussetzungen mussten allerdings nur vorliegen, wenn mit der Vereinbarung weniger strenge Vorgaben für das Kündigungsverfahren festgelegt wurden, als die gesetzlich vorgegebenen. Wenn es darum ging, günstigere Verfahrensregeln festzulegen, d.h. die gesetzlichen

---

[1488] S. hierzu die Ausführungen E II. 4 g).

[1489] *Couturier*, SSL 2004, Supplément: Les accords de méthode, n° 1152, S. 6; *Grumbach*, SSL 2004, Supplément: Les accords de méthode, n°1152, 17, 18.

[1490] Sog. "*Arrêts Sietam »*, Cass. soc. 16.4.1996, n° 93-20.228.

[1491] *Grangé*, SSL 2004, supplément n° 1152: Les accords de méthode, S. 14.

[1492] *Grangé*, SSL 2004, supplément n° 1152: Les accords de méthode, S. 14.

[1493] Circulaire DGEFP/DRT 2003-3 vom 26.2.2003 zur Anwendung des Gesetzes vom 3.1.2003, abgedruckt in SSL 2004, n° 1152, supplément: Les accords de méthode, S. 74, 75.

Vorgaben noch verschärft werden sollten wie z.B. durch Hinzufügen zusätzlicher Versammlungen des *comité d'entreprise*, handelte es sich um einen normalen Firmentarifvertrag, auf den die allgemeinen Vorschriften des Tarifrechts anwendbar waren.[1494]

Wirksamkeitsvoraussetzung war zunächst die Unterschrift einer oder mehrerer im Unternehmen vertretenen Gewerkschaften, die bei der letzten Wahl des *comité d'entreprise* die Mehrheit der abgegebenen Stimmen erhalten haben. Außerdem musste der *comité d'entreprise* zuvor konsultiert werden, Art. 2 III des Gesetzes vom 3.1.2003. Erforderlich war, dass er alle notwendigen Informationen und ausreichend Zeit erhielt, damit er das Vorhaben überprüfen konnte.[1495] Zwar war seine Zustimmung nicht erforderlich, der Tarifvertrag war jedoch unwirksam, wenn die Meinung des *comité d'entreprise* nicht zuvor eingeholt wurde.[1496] Diese Konstruktion erinnert an die Betriebsratsanhörung nach § 102 BetrVG. Im französischen System ist diese Sanktion für die mangelnde Einbeziehung des *comité d'entreprise* als außergewöhnlich streng einzuordnen. Zu der Frage, ob in Unternehmen, in denen mehrere Betriebe bestehen, neben dem *comité d'entreprise*, der für das ganze Unternehmen zuständig ist, auch die *comités* der einzelnen Betriebe konsultiert werden müssen, schwiegen sowohl das Gesetz als auch die zu seiner Auslegung erlassenen *Circulaires*. Im Schrifttum schien sich jedoch abzuzeichnen, dass beide Ebenen konsultiert werden sollten.[1497] Auch in Bezug auf die Voraussetzung, dass zehn Arbeitnehmern innerhalb von 30 Tagen gekündigt werden mussten, war der Wortlaut nicht eindeutig und konnte in zwei Richtungen ausgelegt werden.[1498] Einerseits konnte er bedeuten, dass ein Tarifvertrag erst dann möglich war, wenn der Arbeitgeber bereits plante, mindestens zehn Arbeitnehmer innerhalb von 30 Tagen zu kündigen. Genauso konnte der Wortlaut aber auch so verstanden werden, dass sich das Erfordernis nicht auf den Zeitpunkt der Erstellung des Tarifvertrags, sondern auf den Inhalt, also die Verfahrensart, die von dem Tarifvertrag geregelt werden konnte, bezog.[1499] Die *Circulaire* zur Anwendung des Gesetzes vom 1.3.2003 stellte klar, dass

---

[1494] Dementsprechend ist in einem solchen Fall die Unterschrift einer Gewerkschaft, die nur als Minderheit in dem Unternehmen vertreten ist, ausreichend, *Dupays/Le Meur*, SSL 2004 n° 1152 supplément: Les accords de méthode, S. 33, 34.

[1495] S. vorherige Fußnote.

[1496] *Antonmattéi*, Dr. soc. 2003, 486, 488.

[1497] Diese Auffassung ist auch überzeugend, da gerade die einzelnen *comités d'entreprise* auf der betrieblichen Ebene von dem durchzuführenden Kündigungsverfahren betroffen sind, *Grangé*, SSL 2004, supplément n° 1152: Les accords de méthode, S. 15.

[1498] Art. 2 I des Loi n° 2003-6 vom 3.1.2003: « … des accords d'entreprise peuvent fixer les modalités d'information et de consultation du comité d'entreprise *lorsque l'employeur projette* de prononcer le licenciement pour motif économique d'au moins dix salariés sur une même période de trente jours. »

[1499] *Dupays/Le Meur*, SSL 2004, supplément n° 1152: Les accords de méthode, S. 33, 36.

das Verfahren zum Ausspruch der Kündigungen noch nicht eingeleitet sein musste. Es konnte also auch ein Tarifvertrag im Voraus, für den Fall künftiger noch nicht in Betracht gezogener Kündigungen geschlossen werden.[1500] Voraussetzung war lediglich, dass der Tarifvertrag selbst eine Kündigung von mindestens zehn Arbeitnehmern innerhalb von 30 Tagen betrifft. Der Wortlaut bezog sich also auf den durch den Tarifvertrag zu regelnden Inhalt.[1501]

In Bezug auf die tarifliche Regelungsebene nannte das Gesetz zunächst nur die Firmentarifverträge. Es stellte sich sogleich die Frage, ob auch auf der Ebene der Unternehmensgruppe Tarifverträge zur Ausgestaltung des Kündigungsverfahrens abgeschlossen werden konnten, die von der gesetzlichen Lage abwichen. Die *Circulaire* zur Anwendung des Gesetzes von 2003 sah hierzu vor, dass es ebenfalls auf Konzernebene möglich war, eine Vereinbarung zu schließen, die einen generellen Rahmen festlegt. Auf der Grundlage dieser Vereinbarung könnten dann die jeweiligen Unternehmen eigene Tarifverträge schließen.[1502]

Ein *accord de méthode* konnte jedoch nicht beliebig das Kündigungsverfahren bei Kündigungen von mindestens zehn Arbeitnehmern innerhalb von 30 Tagen verändern. Gem. Art. 2 II des Gesetzes vom 3.1.2003 durfte die Vereinbarung nicht von den ersten elf Absätzen des Art. L. 321-4 CT und von Art. L. 321-9 CT abweichen. Damit nahm das Gesetz folgende Bereiche ausdrücklich von dem möglichen Regelungsgegenstand der *accord de méthode* aus: die Informationen, die dem *comité d'entreprise* mitgeteilt werden müssen, das Recht des *comité d'entreprise*, Vorschläge zu den sozialen Maßnahmen zu machen und dazu eine begründete Stellungnahme zu erhalten sowie das gesamte Kündigungsverfahren in Unternehmen, die sich im Insolvenzverfahren befinden. Weiterhin durfte nicht das Recht des *comité d'entreprise*, einen Wirtschaftsprüfer hinzuziehen, berührt werden. Diese Beschränkung folgte zwar nicht ausdrücklich aus dem Gesetz selbst, sie wurde aber aus der *Circulaire* und den Gesetzesmaterialien hergeleitet.[1503] Ebenfalls durften die materiellrechtlichen Kündigungsvorgaben nicht verändert werden. Die Vereinbarung musste sich auf das Kündigungsverfahren bezie-

---

[1500] SSL 2003, n° 1113, S. 2; ebenso *Grangé*, SSL 2004, supplément n° 1152: Les accords de méthode, S. 15.

[1501] Die Anwendungsvoraussetzungen bleiben von der mit dem Gesetz vom 4.5.2004 durchgeführten Reform des sozialen Dialogs, der „*Loi Fillon IV*", mit dem Änderungen im Bereich des Tarifrechts vorgenommen wurden, unberührt. Dies stellt die *Circulaire* zur Anwendung dieses Gesetzes noch einmal ausdrücklich klar, mit der Begründung, dass es sich bei den hier behandelten *accords de méthode* um einen Spezialfall der Kollektivvereinbarung handelt, SSL 2004 n° 1184, S. 2.

[1502] Liaisons sociales, Numéro spécial: La négociation collective d'entreprise, September 2004, S. 71 Rn. 137.

[1503] *Grangé*, SSL 2004 n° 1152 supplément: Les accords de méthode, S. 14.

hen.[1504] Auch hier galt wieder, dass das Gesetz sich nur auf eine nachteilige Abweichung der gesetzlichen Vorgaben bezog. Ein Verschärfen der gesetzlichen Anforderungen war zulässig, es handelte sich dann aber nicht mehr um einen Fall eines *accord de méthode*, sondern um einen normalen Tarifvertrag.

Zu den möglichen Regelungsgegenständen gehörten demnach die Anzahl der vorgesehenen Versammlungen des *comité d'entreprise* für die Verfahren zur Information und Konsultation nach dem 3. und 4. Buch des *Code du travail*, die Fristen, die zwischen den einzelnen Versammlungen liegen müssen, das Zusammenspiel der Konsultationen des zentralen *comité d'entreprise* und der einzelnen *comités d'entreprise* auf betrieblicher Ebene und die Modalitäten nach denen auf einen Wirtschaftsprüfer zurückgegriffen werden kann. Somit konnte durch die Vereinbarung z.B. die Anzahl der Versammlungen verringert werden oder die Fristen verkürzt werden.[1505] Außerdem konnte ein Zeitplan mit vom Gesetz abweichenden Fristen aufgestellt werden, der für den Fall des Ausspruchs der Kündigung von mindestens zehn Arbeitnehmern innerhalb von 30 Tagen eingehalten werden sollte.[1506] Hierdurch sollte das Kündigungsverfahren vor allem für den Arbeitgeber vorhersehbar und berechenbar ausgestaltet werden.

Ferner konnte ein *accord de méthode* gem. Art. 2 I auch das Verfahren für den Abschluss einer Vereinbarung regeln, welche wiederum vorgibt, anhand welchen Verfahrens ein Beschäftigungssicherungsplan erstellt werden sollte. Auch hier galt, dass keine Regelungen getroffen werden durften, die weniger streng waren, als die gesetzlich vorgegebenen.[1507] In Bezug auf den Beschäftigungssicherungsplan war das Gesetz jedoch vergleichsweise vorsichtig. Es regelte nicht selbst die Voraussetzungen unter denen eine Kollektivvereinbarung die Maßnahmen eines Beschäftigungssicherungsplanes zum Gegenstand haben konnte. Es gab lediglich abstrakt vor, dass ein *accord de méthode* die Modalitäten für den Abschluss einer solchen Kollektivvereinbarung regeln konnte. Fraglich war daher, ob diese Vorschrift überhaupt einen großen Einfluss haben konnte. I.E. regelte sie nur indirekt die Verhandlungen zum Beschäftigungssicherungsplan. Zumal der Inhalt der Maßnahmen, die ergriffen

---

1504 *Grangé*, SSL 2004 n° 1152 supplément: Les accords de méthode, S. 14, 15; a.A. *Grumbach*, SSL 2004 n° 1152 supplément: Les accords de méthode, S. 17, 22 mit der Begründung, dass ansonsten solche Vereinbarungen für die Arbeitnehmerseite uninteressant wären, für die gerade Garantien in Bezug auf den Erhalt noch vorhandener Arbeitsplätze oder ein Anspruch auf Versetzung auf einen anderen Arbeitsplatz wichtig sind; diese Meinung lässt sich jedoch nicht mit dem Gesetzeswortlaut vereinbaren, nach dem eindeutig nur Verfahrensregeln Gegenstand eines *accord de méthode* sein können.

1505 *Dupays/Le Meur*, SSL 2004 n° 1152, supplément: Les accords de méthode, S. 33, 34.

1506 S. hierzu insbesondere die Aufstellung möglicher Änderungen in SSL 2004 n° 1152, supplément: Les accords de méthode, S. 38.

1507 Liaisons sociales, September 2004, Numéro spécial: La négociation collective d'entreprise, S. 73 Rn. 144.

werden sollten, in diesem Stadium nicht verhandelt werden durften. Daher wurde z.T. vermutet, dass es sich eher um eine Vorschrift handelte, die die Sozialpartner lediglich zu weiteren Verhandlungen motivieren sollte.[1508]

(3) Unwirksame *accords de méthode* und Verstoß gegen wirksame *accords de méthode*

Die Frage der Rechtsfolge stellte sich zum einen für den Fall, dass die Voraussetzungen zum Abschluss eines *accord de méthode* nicht beachtet wurden und welchen Einfluss dies auf ein danach durchgeführtes Kündigungsverfahren hatte. Zum anderen war unklar, welche Folge es nach sich zieht, wenn der Arbeitgeber einen wirksamen *accord de méthode* anwendet. Weder in dem Gesetz vom 3.1.2003 noch in der dazugehörigen *Circulaire* gab es hierzu Regelungen. Auch in der Literatur bestand Ungewissheit.

Es wurde vertreten, dass ein *accord de méthode*, der nicht wirksam zustande gekommen ist oder einen nicht erlaubten Regelungsgegenstand hat, nichtig wäre und zugleich auch die Nichtigkeit des nach seinen Vorgaben durchgeführten Kündigungsverfahrens nach sich ziehen würde.[1509] Dagegen wurde eingewendet, dass im französischen Arbeitsrecht der Grundsatz „keine Nichtigkeit ohne Text" *(pas de nullité sans texte)* gelte, die Sanktion der Nichtigkeit demnach grundsätzlich nur dann eingesetzt werden dürfte, wenn sie vom Gesetz vorgeschrieben würde. Daher könnte auch nur von einem unwirksamen *accord de méthode* auf ein unregelmäßiges Kündigungsverfahren geschlossen werden.[1510]

Einigkeit schien aber für den Fall zu bestehen, dass die Unwirksamkeit des *accord de méthode* bereits während des Kündigungsverfahrens festgestellt wurde. Dann konnte es ausgesetzt werden, um die gesetzlichen Regelungen auf das Verfahren anzuwenden.[1511]

Daneben dürfte bei Abschluss einer unwirksamen Vereinbarung auch das sog. *délit d'entrave*, das Delikt der Behinderung des *comité d'entreprise*, ver-

---

[1508] S. hierzu auch *Couturier*, SSL 2004 n° 1152 supplément: Les accords de méthode, S. 6, 8.

[1509] *Barthélémy*, SSL 2004 n° 1152 supplément: Les accords de méthode, S. 36. Dies scheint auch der bisherigen Entwicklung der Rechtsprechung zum Kündigungsverfahren zu entsprechen. Im Anschluss an die Rechtsprechung zur Nichtigkeit des Kündigungsverfahrens infolge der Nichtigkeit des (damaligen) Sozialplans wurde kürzlich entschieden, dass dementsprechend das Kündigungsverfahren ebenfalls nichtig sein müsse, wenn der *comité d'entreprise* nicht ordnungsgemäß informiert und konsultiert wurde, diese Unregelmäßigkeit vor Beendigung des Kündigungsverfahrens festgestellt wurde und der Arbeitgeber trotzdem die Kündigungen ausgesprochen hat, Cass. soc. 14.1.2003, Dr. soc. 2003, S. 344. Diese Gefahr sieht auch *Antonmattéi*, Dr. soc. 2003, S. 486, 490 und weist in seinen der Gegenauffassung angehörenden Ausführungen auf diese Rechtsprechung hin.

[1510] *Antonmattéi*, Dr. soc. 2003, 486, 490.

[1511] *Antonmattéi*, Dr. soc. 2003, 486, 490; insoweit ebenso *Barthélémy*, SSL 2004 n° 1152 supplément: Les accords de méthode, S. 36.

wirklicht worden sein.[1512] Schwieriger war die Frage, ob eine strafrechtliche Sanktion auch dann greifen sollte, wenn der Arbeitgeber gegen einen wirksamen *accord de méthode* verstoßen hatte. In Betracht kam die Anwendung des Art. L. 153-1 CT, nach dem der Verstoß gegen Regelungen eines Kollektivvertrags dann unter Strafe gestellt ist, wenn die gesetzliche Norm, von der im Kollektivvertrag abgewichen wird, mit strafrechtlichen Sanktionen versehen ist. Allerdings sieht Art. L. 153-1 CT eine solche Übertragung der strafrechtlichen Sanktionen auf den Verstoß gegen einen Kollektivvertrag nur für solche Vereinbarungen vor, die für allgemeinverbindlich erklärt worden sind. Außerdem ist für den Anwendungsbereich der strafrechtlichen Normen eine restriktive Auslegung vorzunehmen, insbesondere auch aufgrund des Ausnahmecharakters des Art. L. 153-1 CT.[1513] Somit war – und ist auch heute nach dem Gesetz von 2005[1514] – im Fall eines Verstoßes gegen einen wirksamen *accord de méthode* nicht davon auszugehen, dass strafrechtliche Sanktionen greifen werden.

(4) Inhalte bisher abgeschlossener *accords de méthode*

Bereits eineinhalb Jahre nach Inkrafttreten des Gesetzes vom 3.1.2003 hat die *Assemblée Nationale* eine erste Bilanz zu den bis dahin abgeschlossenen *accords de méthode* erstellt.[1515] Bis Ende Mai 2004 wurden 130 Vereinbarungen in Unternehmen aller Größen geschlossen. Dabei war generell zu beobachten, dass die großen Unternehmen *accords de méthode* mit präventiver Zielsetzung schlossen, wohingegen sie in klein- und mittelständischen Unternehmen i.d.R. im Rahmen einer konkreten Umstrukturierung, also kurzfristig, abgeschlossen wurden.

Ferner wurde in dem Bericht deutlich, dass sich in den *accords de méthode* drei große Tendenzen abzeichneten. Zunächst war die Bemühung nach Rechtssicherheit zu erkennen. Dies ging zum Teil sogar so weit, dass einige Vereinbarungen Klauseln enthielten, mit denen die gerichtliche Auseinandersetzung ausgeschlossen wurde. Ferner zeichnete sich der Wille ab, die Fristen und Verfahrensschritte den Notwendigkeiten der Umstrukturierung anzupassen. So sahen einige *accords de méthode* z.B. zusätzliche Fristen vor, um dadurch die Suche nach Alternativlösungen zur Umstrukturierung zu finden. Andere erlaubten eine vorgezogene Umsetzung der Maßnahmen des Beschäftigungssicherungsplanes. Die dritte Tendenz betraf eine Stärkung der Maß-

---

[1512] *Barthélémy*, SSL 2004 n° 1152, supplément: Les accords de méthode, S. 36; *Antonmattéi*, Dr. soc. 2003, 486, 490.

[1513] *Barthélémy*, SSL 2004 n° 1152, supplément: Les accords de méthode, S. 36; *Antonmattéi*, Dr. soc. 2003, 486, 490.

[1514] S. zum Weiterbestehen der Möglichkeit des Abschlusses von *accords de méthode* E II. 4 g).

[1515] Bericht von Dominique Dord, *Assemblée Nationale* n° 1673.

nahmen zur Information und zum Eingreifen der Belegschaft und ihrer Vertreter im Vergleich zu den gesetzlichen Regelungen. Hierfür wurden z.B. vorbereitende Versammlungen des *comités d'entreprise* eingeführt, die nicht gesetzlich vorgeschrieben waren oder Informationsveranstaltungen der Belegschaft während der Arbeitszeit sowie neue Möglichkeiten, auf Experten zurückzugreifen.[1516]

b) Wirkung und Einordnung der *accords de méthode*

Wenn auch schon vor dem Gesetz vom 3.1.2003 *accords de méthode* abgeschlossen wurden, stellt die gesetzliche Regelung dieser Kollektivvereinbarung dennoch eine Neuerung dar. Damit wurde zum ersten Mal ein klarer rechtlicher Rahmen für dieses Phänomen geschaffen und damit zugleich Rechtssicherheit. Dennoch stellen sich auch weiterhin einige Fragen.

So erstaunt aus deutscher Sicht auf den ersten Blick, dass gerade der Tarifvertrag als maßgebliche Rechtsfigur für die Vereinbarung gewählt wurde. Durch die *accords de méthode* sollen die Rechte des *comité d'entreprise* im Verhältnis zum Arbeitgeber im Kündigungsverfahren geregelt werden. Es wäre also naheliegend gewesen, nicht einen Tarifvertrag, sondern eine Vereinbarung zwischen den Betroffenen, also Arbeitgeber und *comité d'entreprise* vorzusehen. Dies ergibt sich auch daraus, dass der *comité d'entreprise* letztendlich die Partei ist, die durch die Vereinbarung gebunden sein soll.[1517] Im Unterschied zum deutschen Arbeitsrecht gibt es in Frankreich jedoch kein der Betriebsvereinbarung vergleichbares Instrument, auf das hätte zurückgegriffen werden können. Dennoch ist dieses Phänomen auch in Deutschland nicht völlig unbekannt. So sind in Deutschland die sog. betrieblichen Bündnisse für Arbeit aufgrund der Regelungssperre des § 77 Abs. 3 BetrVG i.d.R. ebenso wenig durch eine Betriebsvereinbarung regelbar.[1518]

Der Unterschied liegt freilich – neben dem Regelungsgegenstand – darin, dass bei einem *accord d'entreprise* der *comité d'entreprise* durch dessen Inhalt gebunden wird. Er könnte als Tarifvertrag zu Lasten oder je nach Inhalt auch zu Gunsten Dritter bezeichnet werden. Die Tatsache, dass der *comité d'entreprise* überhaupt mit einbezogen wird, indem er zumindest konsultiert werden muss und dies eine Wirksamkeitsvoraussetzung für den Tarifvertrag darstellt, ist für französische Verhältnisse eine Neuerung. Die Wahl des Tarifvertrags als maßgebliches Instrument führt dennoch zu einer erneuten Stärkung der Gewerkschaften im Betrieb.[1519] Diese geht i.E. zu Lasten des *comité*

[1516] Liaisons sociales, September 2004, Numéro spécial: La négociation collective d'entreprise, S. 70; dort finden sich auch weitere Beispiele aus den Inhalten der in dem angegebenen Zeitraum abgeschlossenen *accords de méthode*.

[1517] *Antonmattéi*, Dr. soc. 2003, 486, 488.

[1518] *Müller*, AuA 2005, 150.

[1519] Vgl. auch *Grumbach*, SSL 2004 n° 1152 supplément: Les accords de méthode, 17, 21.

d'entreprise. Eine weitergehende Einbeziehung des *comité d'entreprise* hätte jedoch, wie in der Literatur angemerkt wurde, vorausgesetzt, dass mit einem Tabu gebrochen wird, wofür es derzeit wohl noch zu früh sei.[1520] Dementsprechend wird auch als Vorzug angeführt, dass mit der Unterschrift der Gewerkschaft der *accord de méthode* als Regelungsinstrument zuverlässiger werde, da er dadurch von dem Arbeitgeber ernst genommen und demzufolge auch eingehalten würde.[1521] Diese Aussage spiegelt die französische Mentalität in Bezug auf Kollektivvereinbarungen und die Rolle des *comité d'entreprise* bzw. der Gewerkschaften treffend wieder. Was demnach bleibt, ist ein zumindest kleiner Schritt in Richtung Einbeziehung des *comité d'entreprise*.

Aber auch unabhängig von der Frage nach den an dem Abschluss der Vereinbarung beteiligten Parteien bleibt festzuhalten, dass es sich hier um eine Vorgehensweise handelt, die in eine neue Richtung weist. In der Literatur wird zum Teil von einer „Vertraglichung" *(contractualisation)* des Arbeitsrechts gesprochen, die aufgrund einer zunehmenden Regelungsdichte in Bezug auf Verfahrensvorschriften entstanden sei.[1522] Fraglich ist, ob eine solche zunehmende „Vertraglichung" positiv oder negativ bewertet werden soll. Hierbei ist zunächst zu bedenken, dass es sich wie bereits erwähnt nicht um das Auftauchen eines völlig neuen Phänomens handelt. Das Besondere ist, dass der Gesetzgeber ausdrücklich der bereits gelebten Praxis Rechnung getragen hat und das Bedürfnis hatte, dieser Vorgehensweise möglichst viel Rechtssicherheit zu bieten, um sie damit i.E. zu begünstigen. Das bedeutet, dass das Ziel ist, die Sozialpartner zu ermutigen, möglichst häufig von den gesetzlichen Vorgaben abzuweichen. Das erstaunt umso mehr, als es sich bei dem Kündigungsverfahren um eine Regelungsmaterie handelt, die neben dem Arbeitnehmerschutz auch die Funktionsweise des *comité d'entreprise* betrifft, denn durch die *accord de méthode* können u.a. auch die Anzahl der Versammlungen oder die Fristen zwischen den Versammlungen festgelegt werden. Hierbei handelt es sich eigentlich um gesetzlich zwingend geregelte Gegenstände.[1523] Durch die Einführung der *accords de méthode* wird deutlich, dass die Besonderheiten der einzelnen betroffenen Unternehmen berücksichtigt werden sollen. Dem Gesetzgeber scheint also bewusst zu sein, dass die Verfahrensvorschriften ein Unternehmen ebenso wie den Arbeitnehmer, der lange Zeit im Ungewissen bleibt und der nicht nur Vorteile durch ein stark ausgeprägtes Kündigungsverfahren erlangt, belasten können. Auch der Forderung nach mehr Flexibilisierung und Deregulierung im Arbeitsrecht wird zumindest in Ansätzen durch die Möglichkeit des Abschlusses von *accords*

1520 *Antonmattéi*, Dr. soc. 2003, 486, 488.

1521 *Grumbach*, SSL 2004 n° 1152, supplément: Les accords de méthode, 17, 21.

1522 *Couturier*, SSL 2004 n° 1152, supplément: Les accords de méthode, 6.

1523 *Barthélémy*, SSL 2004 n° 1152, supplément: Les accords de méthode, 10.

de méthode, die auf das jeweilige Unternehmen zugeschnitten sind, Rechnung getragen. Dahinter verbirgt sich jedoch zugleich die Gefahr, dass das Schutzniveau der Arbeitnehmer gesenkt wird. Ferner geht mit einer erhöhten Deregulierung auch die Individualisierung des Schutzniveaus bzw. der Belastungen in Bezug auf die einzelnen Unternehmen einher. Das bedeutet, dass in den einzelnen Unternehmen unterschiedlich strenge Anforderungen an das Kündigungsverfahren im Falle einer Kündigung von mindestens zehn Arbeitnehmern innerhalb von 30 Tagen gestellt werden.

Der Flexibilisierung und Deregulierung sind dennoch Grenzen gesetzt. Der Gesetzgeber überlässt nicht die vollständige Ausgestaltung des Kündigungsverfahrens den Sozialpartnern. Wie bereits dargestellt, gibt es zahlreiche Vorschriften, von denen nicht abgewichen werden kann. Durch die *accords de méthode* kann nicht das Kündigungsverfahren selbst angetastet werden. Ebenso wenig können die Rechte des *comité d'entreprise* oder der Inhalt des Beschäftigungssicherungsplans durch ihn geändert werden. Die Alternative wäre gewesen, das Kündigungsverfahren in den nun zur Disposition der Tarifparteien gestellten Bereichen im Wege einer Gesetzesänderung für alle erfassten Unternehmen lockerer zu gestalten. Das würde zwar das Kündigungsverfahren erleichtern, aber nicht dem Bedürfnis Rechnung tragen, auf die Belange des jeweiligen Unternehmens einzugehen. Der Vorteil der *accords de méthode* liegt darin, dass es sich um eine Lösung handelt, die in dem betroffenen Betrieb auf einem Konsens beruht.

4. Die Rechtslage seit dem 18.1.2005

a) Vorbemerkung: Regeln zur Generalprävention

Das französische Kündigungsrecht sieht bei Kündigungen aus wirtschaftlichem Grund neben den Regelungen zum präventiven Kündigungsschutz, wie er im Rahmen dieser Bearbeitung verstanden wird, noch weitergehende Regelungen vor, die eine präventive Zwecksetzung verfolgen. Im Unterschied zum präventiven Kündigungsschutz können sie als generalpräventiv bezeichnet werden. Dennoch wird an dieser Stelle kurz auf diese Vorschriften und ihren Inhalt eingegangen, da sie kennzeichnend für die Herangehensweise des französischen Gesetzgebers an die Problematik der Kündigung aus wirtschaftlichem Grund ist.

Zunächst ist Art. L. 320-2 CT zu nennen. Nach dieser Vorschrift sind Unternehmen sowie Konzerne, in denen mindestens 300 Arbeitnehmer beschäftigt werden,[1524] verpflichtet, alle drei Jahre auf Firmen- oder Branchenebe-

[1524] Daneben werden von der Vorschrift auch Unternehmen und Unternehmensgruppen von europäischer Dimension umfasst, wenn sie zumindest einen Betrieb oder ein Unternehmen in Frankreich haben, in dem mindestens 150 Arbeitnehmer beschäftigt werden.

ne[1525] mit den jeweils repräsentativen Gewerkschaften Kollektivverhandlungen zu führen. Der Mindestinhalt dieser Verhandlungen ist in Art. L. 320-2 CT festgelegt. Sie müssen die Modalitäten der Information und Konsultation des *comité d'entreprise* über die Unternehmensstrategie und deren vorhersehbaren Auswirkungen auf die Beschäftigung und die Gehälter umfassen. Zudem gehört zu dem obligatorischen Inhalt der Verhandlungen die Aufstellung einer Betriebsplanung *(gestion prévisionnelle)* in Bezug auf die Beschäftigung und die Kompetenzen der Arbeitnehmer inklusive der Maßnahmen, die damit einhergehen.[1526] Dies betrifft insbesondere Maßnahmen im Bereich der Ausbildung, der Anerkennung von Berufserfahrung, Kompetenzbilanzen *(bilan de compétence)* sowie Begleitmaßnahmen zur beruflichen und geographischen Mobilität der Arbeitnehmer. Ziel dieser Vorschrift ist es, Kündigungen aus wirtschaftlichen Gründen zu vermeiden.[1527] Dies ergibt sich bereits aus der systematischen Stellung der Vorschrift. Sie befindet sich in dem Kapitel mit der Überschrift „... Prävention der Folgen wirtschaftlicher Veränderungen" *(prévention des conséquences des mutations économiques)*. Diesem Kapitel folgt unmittelbar das Kapitel zur Kündigung aus wirtschaftlichem Grund. Art. L. 320-2 CT hat demnach ebenfalls eine präventive Zwecksetzung, bezieht sich aber nicht auf ein konkretes Kündigungsvorhaben des Arbeitgebers und kann daher nicht dem präventiven Kündigungsschutz zugeordnet werden.

Eine weitere Vorschrift, die als generalpräventiv bezeichnet werden kann, ist Art. L. 321-17 CT. Die Schutzrichtung ist allerdings eine andere; der präventive Charakter bezieht sich auf die Vermeidung von Arbeitslosigkeit. Die Vorschrift setzt voraus, dass in einem Unternehmen, in dem mindestens 1000 Arbeitnehmer[1528] beschäftigt werden,[1529] eine Massenentlassung *(licenciement collectif)* durchgeführt werden soll.[1530] Die Entscheidung, dass sie durchgeführt wird ist im Gegensatz zu den Regelungen des präventiven Kündigungsschutzes bereits unumstößlich. Wenn diese Massenentlassung aufgrund ihres

---

[1525] Die Initiative für den Beginn der Verhandlungen muss vom Arbeitgeber ergriffen werden, *Teyssié*, Dr. soc. 2005, 377, 378.

[1526] Zustimmend zur Einbeziehung der Maßnahmen *Teyssié*, Dr. soc. 2005, 377, 384f., der die Förderung der Kompetenzen der Arbeitnehmer als die beste Garantie zur Beschäftigungsstabilisierung ansieht.

[1527] Die Geeignetheit dieses Mittels zur Prävention bejahend, aber kritisch in Bezug auf die Koordination dieser Pflicht der Kollektivverhandlung mit weiteren Verhandlungspflichten s. *Teyssié*, Dr. soc. 2005, 377.

[1528] Soll in einem Unternehmen, in dem mindestens 50 Arbeitnehmer beschäftigt sind, eine Massenentlassung durchgeführt werden, die dieselben Auswirkungen hat, wie die in Art. L. 321-17 I CT beschriebenen, kann nach Art. L. 321-17 II CT ggf. der staatliche Vertreter eingreifen, damit Maßnahmen zur Schaffung von Beschäftigung getroffen werden.

[1529] Diese Voraussetzung ergibt sich aus dem Verweis auf Art. L. 321-4-3 CT.

[1530] Art. L. 321-17 CT nimmt jedoch Unternehmen, die sich im Insolvenzverfahren befinden, aus seinem Anwendungsbereich heraus.

Ausmaßes das Gleichgewicht der Arbeitsplatzkapazitäten des Gebiets *(bassin d'emploi)*, in dem sich das Unternehmen befindet, stört, muss es in diesem Gebiet zur Schaffung von Aktivitäten und zur Entwicklung von Beschäftigung[1531] beitragen. Zudem muss es die Auswirkungen der beabsichtigten Massenentlassung auf die anderen Unternehmen, die sich in demselben Beschäftigungsgebiet befinden, mildern. Der Beitrag darf nicht weniger als der zweifache monatliche Mindestlohn *(salaire minimum de croissance)* pro abgebauten Arbeitsplatz sein. Dieser Betrag kann von dem jeweils zuständigen staatlichen Vertreter herabgesetzt werden, wenn das Unternehmen nicht in der Lage ist, diese finanzielle Belastung zu tragen, Art. L. 321-17 Abs. 1 a.E. CT. Gem. Art. L. 321-17 Abs. 2 CT muss zwischen dem Unternehmen und dem staatlichen Vertreter in der betroffenen Region eine Vereinbarung geschlossen werden, in der die Modalitäten der Beitragszahlung ebenso wie die Maßnahmen, die das Unternehmen vornehmen will, festgelegt werden. Wird von dem Unternehmen keine solche Vereinbarung geschlossen und stattdessen auch keine Kollektivvereinbarung mit einem entsprechenden Inhalt, muss das Unternehmen an die öffentliche Hand eine Summe zahlen, die doppelt so hoch ist, wie diejenige, die i.R.d. Absatzes 1 ermittelt wurde.

Art. L. 321-17 CT ist in der dargestellten Fassung mit dem Gesetz zur sozialen Kohäsion *(loi de cohésion sociale)* vom 18.1.2005 eingeführt worden und demnach noch eine „junge" Vorschrift. Sie ist deshalb besonders interessant, weil sie das Unternehmen und damit den Arbeitgeber nicht nur für den jeweils gekündigten Arbeitnehmer in die Verantwortung nimmt, sondern darüber hinaus auch für die Auswirkungen der Entlassungen auf die Arbeitsmarktlage in der betroffenen Region. Der Arbeitgeber, dessen Unternehmen in den Anwendungsbereich des Art. L. 321-17 CT fällt, muss also besonders weitsichtig handeln. Dies führt i.E. dazu, dass die negativen Auswirkungen, die normalerweise nur außerhalb des kündigenden Unternehmens eintreten, wieder in das Unternehmen zurückgebracht werden.[1532] Das Unternehmen wird auch in sozialer Hinsicht in die Verantwortung genommen.[1533]

[1531] Welche genauen Maßnahmen hierfür ergriffen werden sollen, wird festgelegt, nachdem die betroffene Gebietskörperschaft und Mitglieder der paritätischen interprofessionellen Kommission der Region (die Sozialpartner und die beratenden Organismen) konsultiert wurden. Die Durchführung der Maßnahmen wird verfolgt und evaluiert, Art. L. 321-17 III CT.

[1532] S. hierzu auch *Pansier*, Droit du travail, S. 204 Rn. 492, der in Anlehnung an die wirtschaftswissenschaftliche Terminologie von einer « *internalisation des externalités négatives*" spricht.

[1533] Eine Beteiligung des Arbeitgebers an den sozialen Kosten forderte *Couturier* bereits im Jahr 1997, wobei er allerdings weiter geht und Vorgaben auf europäischer Ebene, in Form einer Richtlinie anstrebte, *Couturier*, Dr. soc. 1997, 75, 83.

b) Systematik und Anwendungsbereich der speziellen Verfahrensregeln

(1) Struktur und Sanktionen der speziellen Verfahrenserfordernisse

Das Kündigungsverfahren, das vor Ausspruch der Kündigung aus wirtschaftlichem Grund durchzuführen ist, hat sich im Laufe der Zeit zu einem äußerst komplexen Gebilde entwickelt.[1534] Um die Fülle an Vorschriften einordnen zu können, werden in der Literatur zur leichteren Verständlichkeit mehrere Unterteilungen vorgenommen. I.R.d. Kündigung aus wirtschaftlichem Grund hängt die Ausgestaltung des Kündigungsverfahrens maßgeblich von der Anzahl der Kündigungen ab. Es können drei unterschiedlich stark ausgeprägte Verfahren unterschieden werden. Es handelt sich um das Verfahren, das bei Einzelkündigungen *(licenciement individuel)* anwendbar ist, das Verfahren für Kündigungen von zwei bis neun Arbeitnehmern innerhalb eines Zeitraumes von 30 Tagen, die sog. kleine Massenentlassung *(petit licenciement collectif)*, und das komplexeste Verfahren für Kündigungen von mindestens zehn Arbeitnehmern innerhalb von 30 Tagen, die sog. große Massenentlassung *(grand licenciement collectif)*.[1535]

Ähnlich wie schon zu Anfang zum allgemeinen präventiven Kündigungsschutz und den zusätzlichen, vom jeweiligen Kündigungsgrund abhängigen Verfahrenserfordernisse dargestellt, lässt sich auch hier zunächst ein Sockel ausmachen, der diejenigen Verfahrensschritte umfasst, die unabhängig von der Anzahl der Kündigungen einzuhalten sind. Hinzu kommen dann je nach Kündigungsanzahl andere oder zumindest andersartig ausgestaltete Verfahrenserfordernisse. Dieser unveränderliche Sockel setzt sich aus dem Erfordernis der Sozialauswahl *(ordre des licenciements)*, und dem Kündigungsschreiben zusammen.[1536]

[1534] Die folgenden Ausführungen beziehen sich nicht auf Unternehmen, die sich im Insolvenzverfahren befinden; dafür gelten Sonderregelungen, mit denen den Unternehmen einige Erleichterungen i.R.d. Kündigungverfahrens eingeräumt werden, *Flichy/Gamet*, Licenciement, S. 118.

[1535] *Pélissier/Supiot/Jeammaud*, Droit du travail, S. 556 vor Rn. 451.

[1536] Es wird vertreten, dass auch ein Teil der Pflicht des Arbeitgebers zur Information und Konsultation des *comité d'entreprise* zu diesem unveränderlichen Grundstock des Kündigungsverfahrens gehört, s. *Flichy/Gamet*, Licenciement, S. 118. Nach dieser Auffassung ändere hieran auch nicht, dass der Wortlaut von Art. L. 320-2 CT seinen Anwendungsbereich nur auf Massenentlassungen beschränke. Denn selbst wenn es sich um eine einzelne Kündigung aus wirtschaftlichem Grund handele, greife immer noch das Verfahren aus dem 4. Buch des *Code du travail*, das in Art. L. 432-1 Abs. 2 CT ein Informations- und Konsultationsrecht des *comité d'entreprise* in wirtschaftlichen Angelegenheit u.a. dann vorsieht, wenn das Vorhaben besteht, Personaleinsparungen zu machen. Allerdings wird von der h.M. eine einzelne Kündigung aus wirtschaftlichem Grund noch nicht zwangsläufig als ein solches Vorhaben i.S.d. Art. L. 432-1 Abs. 2 CT angesehen. Nach dieser Auffassung sind punktuelle Maßnahme von dem Anwendungsbereich der Vorschrift ausgenommen, *Jeam-*

Weniger gravierende Unterschiede können sich zudem in allen Bereichen des Kündigungsverfahrens im Zusammenhang mit der Unternehmensgröße ergeben. Dabei liegt der maßgebliche Schwellenwert immer bei 50 Arbeitnehmern. Die Höhe dieses Schwellenwertes ergibt sich daraus, dass erst in Unternehmen ab 50 Arbeitnehmern ein *comité d'entreprise* gewählt werden kann, Art. L. 431-1 Abs. 1 CT.[1537] Wichtig wird das Vorhandensein eines *comité d'entreprise* vor allem, weil dann die Verfahrensvorgaben, die der *Code du travail* im Kapitel zur Kündigung aus wirtschaftlichem Grund vorsieht, mit den Beteiligungsrechten, die der *comité d'entreprise* in wirtschaftlichen Angelegenheiten hat, zusammen treffen können. Da beides in unterschiedlichen „Büchern" des *Code du travail* geregelt ist, wird auch von den Verfahren nach dem 3. Buch, das die Kündigung aus wirtschaftlichem Grund enthält, und dem Verfahren nach dem 4. Buch, das die Beteiligungsrechte des *comité d'entreprise* umfasst, gesprochen.[1538] Dies weist Parallelen zum deutschen Kündigungsrecht auf, wo Regelungen aus den §§ 17 ff. KSchG gleichzeitig mit Regelungen aus den §§ 111 ff. BetrVG zur Anwendung kommen können.

Besonderheiten bestehen im Bereich der Sanktionen. Bei der Anwendung der Rechtsfolgen ist generell zu beachten, dass ein Verstoß gegen die speziellen Verfahrenserfordernisse für Massenentlassungen nach Art. L. 321-2 CT[1539] nicht nach Art. L. 122-14-4 Abs. 1 CT, sondern nach Art. L. 122-14-4 Abs. 3 CT sanktioniert wird. Das bedeutet, dass der Arbeitnehmer einen Anspruch auf Schadensersatz hat, für den zwar keine Mindest- aber auch keine Höchstgrenzen vorgesehen sind. Zudem besteht der Anspruch auf Schadensersatz in diesem Fall unabhängig von der Unternehmensgröße. Ein Rückgriff auf Art. L. 122-14-5 CT ist damit nicht erforderlich, wenn in dem Unternehmen weniger als elf Arbeitnehmer beschäftigt sind. Vor allem aber kann der Anspruch auf Schadensersatz wegen des Verfahrensverstoßes mit einem Anspruch auf Schadensersatz, der wegen eines fehlenden tatsächlichen und ernsthaften Grundes besteht, kumuliert werden.[1540] Hieran wird deutlich, dass den speziellen Verfahrensvorschriften für Massenentlassungen eine besondere Bedeutung zugesprochen wird.

---

maud, Le licenciement, S. 102; Cass. crim. 19.2.1991, RJS 4/91, n° 481; Cass. soc. 26.5.1981, Bull. civ. V n° 466.

1537 Die Wahl eines *comité d'entreprise* ist grundsätzlich fakultativ. Sie wird allerdings gem. Art. L. 431-1 Abs. 2 CT zwingend, wenn innerhalb der letzten drei Jahre der Schwellenwert von 50 Arbeitnehmern für zwölf Monate erreicht wurde, unabhängig davon, ob die zwölf Monate aufeinanderfolgten.

1538 Auf das Zusammentreffen dieser Verfahren wurde auch bereits i.R.d. Darstellung der *Loi de modernisation sociale* eingegangen, s. E II. 2 a) und j).

1539 Aus dem Verweis auf Art. L. 321-2 CT ergibt sich, dass hiervon sowohl die kleinen als auch die großen Massenentlassungen erfasst werden.

1540 Cass. soc. 5.2.1992, RJS 3/92, n° 270; *Flichy/Gamet*, Licenciement, S. 184.

(2) Ermittlung der Schwellenwerte für die Massenentlassungsregeln

Die Schwellenwerte für den Anwendungsbereich der Massenentlassungsregelungen sind in Art. L. 321-2 Abs. 1 Nr. 1 CT enhalten. Nach dieser Vorschrift kommt das Verfahren für kleine Massenentlassungen dann zur Anwendung, wenn der Arbeitgeber beabsichtigt, weniger als zehn Kündigungen aus wirtschaftlichem Grund innerhalb von 30 Tagen auszusprechen. Sie setzt einen kollektiven Charakter der Kündigungen voraus. Eine kleine Massenentlassung liegt erst vor, wenn der Arbeitgeber zwischen zwei und neun Kündigungen aus wirtschaftlichem Grund auszusprechen beabsichtigt.[1541] Die nächste Stufe – die große Massenentlassung – mit entsprechend strengeren Verfahrensanforderungen ist nach Art. L. 321-2 Abs. 1 Nr. 2 CT erreicht, wenn der Arbeitgeber mindestens zehn Arbeitnehmern innerhalb von 30 Tagen kündigt. Die Vorgaben für die großen Massenentlassungen gelten nach Art. L. 321-2 Abs. 4 CT ebenfalls, wenn ein Unternehmen oder Betrieb den Regelungen zum *comité d'entreprise* unterliegt, d.h. mindestens 50 Arbeitnehmer beschäftigt, und innerhalb von drei aufeinanderfolgenden Monaten mehr als insgesamt zehn Arbeitnehmern aus wirtschaftlichem Grund kündigt. Die Verfahrensvorgaben für große Massenentlassungen gelten dann für alle weiteren Kündigungen aus wirtschaftlichem Grund, die der Arbeitgeber auszusprechen beabsichtigt. Unter denselben Voraussetzungen kommen nach Art. L. 321-2 Abs. 5 CT ebenfalls die Vorschriften für die große Massenentlassung zur Anwendung, wenn innerhalb eines Jahres mehr als 18 Arbeitnehmern aus wirtschaftlichem Grund gekündigt wurde, ohne dass ein Beschäftigungssicherungsplan erstellt wurde. Dann ist für alle Arbeitnehmer, die in den darauffolgenden drei Monaten aus wirtschaftlichem Grund gekündigt werden, das Verfahren für große Massenentlassungen anwendbar.

Für die Berechnung der Schwellenwerte ist entscheidend, ob dieser auf Unternehmens- oder Betriebsebene zu ermitteln ist und wo der zeitliche Anknüpfungspunkt anzusetzen ist. Das Gesetz hilft an dieser Stelle nicht weiter. Nach dem Wortlaut des Art. L. 321-2 Abs. 1 CT gilt das jeweilige Verfahren in den „Unternehmen oder Betrieben“, in denen die jeweiligen Schwellenwerte überschritten werden. Nach wohl allgemeiner Auffassung ist die Bezugsebene davon abhängig, auf welcher Ebene die Entscheidung getroffen wird. Handelt es sich um Kündigungen, die Teil eines Gesamtvorhabens auf Unternehmensebene sind, ist der Bezugspunkt für die Ermittlung der Schwellenwerte das Unternehmen. Ansonsten ist der jeweilige Betrieb maßgeblich.[1542] Dies wird aus Art. L. 321-2 Abs. 2 CT hergeleitet. Nach dieser Vor-

---

[1541] *Guirlet*, Juris-Cl. Droit du travail, Fasc. 31-4 (Stand 15.4.2002), n° 5; *Pélissier/Supiot/Jeammaud*, Droit du travail, S. 556 Rn. 451.

[1542] *Jeammaud*, Le licenciemet, S. 100; *Guirlet*, Juris-Cl. Droit du travail, Fasc. 31-4 (Stand 15.4.2002), n° 6 ff.; i.E. wohl auch *Flichy/Gamet*, Licenciement, S. 118.

schrift kann die Informations- und Konsultationspflicht gleichzeitig gegenüber dem zentralen *comité d'entreprise (comité central d'entreprise)* und dem *comité* auf der Ebene *(comité d'établissement)* des jeweils betroffenen Betriebes bestehen, wenn die geplanten Maßnahmen über die Kompetenzen des Betriebschefs hinausgehen oder mehrere Betriebe zur gleichen Zeit betreffen.

Für die zweite Alternative, dass mehrere Betriebe gleichzeitig von den Maßnahmen betroffen sind, wird als weitere Voraussetzung hinzugefügt, dass auf der Unternehmensebene ein einheitlicher Kündigungsplan bestehen muss. Die gleichzeitige Betroffenheit der Betriebe darf nicht zufällig sein. Letztlich ist also zu ermitteln, wer für die Kündigungsentscheidung verantwortlich war.[1543] Soll rückwirkend ermittelt werden, wie viele vorherige Kündigungen bereits in die 30-Tagesfrist fallen, um festzustellen, ob die momentane Kündigungsabsicht zur Anwendung der Vorschriften über Massenentlassungen führt, wird der maßgebliche Zeitpunkt, zu dem die vorherigen Kündigungen als durchgeführt gelten, durch die *Circulaire* vom 7.4.1987 und die *Circulaire* vom 1.10.1989 bestimmt. Handelte es sich vorher um eine Einzelkündigung, gilt der Tag des Kündigungsgespräches. Bei vorherigen Massenentlassungen ist der Tag maßgeblich, an dem die Arbeitnehmervertretungen ihre erste Versammlung hatten.[1544]

Ein wichtiger Richtungswechsel bei der Berechnung der Schwellenwerte ist mit der *Loi pour la cohésion sociale* vom 18.1.2005 im Bereich der Änderungskündigung einhergegangen. Seit der neuen Fassung des Art. L. 321-1-3 CT sind auch auf Kündigungen, die der Arbeitgeber aus wirtschaftlichen Gründen in Betracht zieht, weil mindestens zehn Arbeitnehmer die Änderung eines wesentlichen Bestandteils ihres Arbeitsvertrags abgelehnt haben, die Verfahrensvorschriften über Massenentlassungen anwendbar. Hiermit hat der Gesetzgeber eine eindeutige Absage an die vorherige Rechtsprechung erteilt, die unter den Namen *„Framatome"* und *„Majorette"* bekannt – und teilweise auch gefürchtet – wurde. Sie betraf die Pflicht des Arbeitgebers, einen Sozialpan (heute Beschäftigungssicherungsplan) zu erstellen.[1545] Nach dieser Rechtsprechung wurde die Vorgängerregelung zum Beschäftigungssicherungsplan so ausgelegt, dass bereits der Vorschlag des Arbeitgebers an mindestens zehn Arbeitnehmer, wesentliche Bestandteile des Arbeitsvertrags zu ändern, die Sozialplanpflicht auslöste. Es war nicht erforderlich, dass die Arbeitnehmer den Vorschlag ablehnten. Diese Rechtsprechung war insbesondere wegen der zusätzlichen Erschwernisse für den Arbeitgeber heftigst umstrit-

---

[1543] *Guirlet*, Juris-Cl. Droit du travail , Fasc. 31-4 (Stand 15.4.2002), n° 8, 10.

[1544] *Guirlet*, Juris-Cl. Droit du travail , Fasc. 31-4 (Stand 15.4.2002), n°90.

[1545] Cass. soc. 3.12.1996, Dr. soc. 1997, 18; Cass. soc. 10.7.2001, Bull. civ. V n° 256; Cass. soc. 25.6.2003, Dr. soc. 2003, 1024.

ten.[1546] Durch sie wurde die unternehmerische Freiheit des Arbeitgebers weiter eingeschränkt. Mit der neuen Regelung ist sie nun hinfällig.

Wichtig ist in diesem Zusammenhang, dass nach der neuen Fassung des Art. L. 321-1-3 CT nur dann die infolge der Ablehnung der Arbeitnehmer beabsichtigten Kündigungen auch den Verfahrensregelungen für Massenentlassungen unterliegen, wenn es mindestens zehn sind. Vorher reichte es aus, wenn es mehrere *(„plusieurs")* Arbeitnehmer waren, also auch zwei. Wird der Wortlaut der neuen Regelung strikt angewendet, kommen damit die Verfahrensregelungen für die kleinen Massenentlassungen (zwei bis neun Arbeitnehmer) nicht bei beabsichtigten Kündigungen aus wirtschaftlichem Grund infolge von Änderungsablehnungen in Betracht. Wie die Auslegung durch die Rechtsprechung hier erfolgen wird, bleibt abzuwarten. Es wird bereits in der Literatur vermutet, dass eine strenge Auslegung nach dem Wortlaut nicht dem Gesetzgeberwillen entspreche, da es sich bei der Formulierung um ein Redaktionsversehen handele.[1547]

Weiterhin ist bei der Berechnung der Schwellenwerte zu beachten, dass gem. Art. L. 321-1 Abs. 2 CT jede Art der Beendigung aus wirtschaftlichem Grund im Sinne von Art. L. 321-1 Abs. 1 CT in den Anwendungsbereich des Kapitels über die Kündigung aus wirtschaftlichem Grund fallen. Das bedeutet im Wesentlichen, dass auch die Pensionierung *(mise à la retraite)*, der Aufhebungsvertrag und das freiwillige Ausscheiden, denen ein wirtschaftlicher Grund zugrunde liegt, mit zu zählen sind und dann ggf. auch für sie die Verfahrensregelungen für Massenentlassungen gelten.[1548]

c) Verfahrenserfordernisse unabhängig von der Anzahl der Kündigungen

(1) Die Sozialauswahl *(l'ordre des licenciements)*

Die Sozialauswahl wird innerhalb des deutschen Kündigungsrechts unbestritten dem repressiven Kündigungsschutz zugerechnet. Die *ordre des licenciements* (wörtlich Kündigungsreihenfolge), die dem deutschen Erfordernis der Sozialauswahl entspricht und deshalb hier auch so übersetzt wird, wird in den einschlägigen Abhandlungen hingegen häufig im Zusammenhang mit dem

---

[1546] Gegen die Auslegung der Rechtsprechung z.B. *Mazeaud*, Droit du travail, S. 458 Rn. 632, der sie als „ein wenig frei" in Bezug auf den Wortlaut der Regelung bezeichnet. Er bemängelt, dass in einem Stadium, in dem noch nicht feststeht, ob und wie viele Arbeitnehmer das Änderungsangebot ablehnen, keine sinnvolle Regelung in einem Sozialplan möglich sei. Sehr kritisch auch *Radé*, Dr. soc. 2005, 390 f., der sie als eine Art gerichtlichen Paternalismus in Bezug auf die Arbeitnehmer bezeichnet.

[1547] *Radé*, Dr. soc. 2005, 392.

[1548] *Flichy/Gamet*, Licenciement, S. 107; Vorschläge i.R.d. Gesetzgebungsverfahrens zur *Loi pour la cohésion sociale* von 2005, diese Vorschrift abzuschaffen, setzten sich nicht durch, *Morvan*, Travail et Protection sociale 2005, 8, 10.

präventiven Kündigungsverfahren dargestellt.[1549] Auf die dogmatische Einordnung der Sozialauswahl wird aber nicht explizit eingegangen und ist dementsprechend nicht ganz klar. Aus Gründen der Vollständigkeit wird daher in den Grundzügen die Sozialauswahl des französischen Kündigungsrechts erläutert.

Ebenso wie im deutschen Kündigungsrecht ist nur dann eine Sozialauswahl durchzuführen, wenn es sich um eine Kündigung aus betrieblichen Gründen handelt. Die Anzahl der ausgesprochenen oder geplanten Kündigungen ist hingegen unerheblich. Maßgeblich für die Sozialauswahl ist Art. L. 321-1-1 CT. Zunächst wird in dieser Vorschrift der Grundsatz festgelegt, dass die Kriterien durch Kollektivvereinbarung geregelt werden und diese vorrangig anwendbar sind. Die Kritieren sind innerhalb einer Berufskategorie anzuwenden. Diese jeweils maßgebliche Kategorie wird von der Rechtsprechung als Gesamtheit von Arbeitnehmern definiert, die im Unternehmen Funktionen derselben Natur ausüben, welche eine gemeinsame Berufsausbildung voraussetzen.[1550] Eine Unterscheidung nach Vollzeit- und Teilzeitkräften ist nicht zulässig.[1551] Die Beurteilung erfolgt zudem, wie auch die Beurteilung des wirtschaftlichen Grundes, auf Unternehmensebene.[1552]

Nur wenn keine Kollektivvereinbarung zur Bestimmung der Kriterien vorliegt, ist auf Art. L. 321-1-1 CT zurückzugreifen. Der Arbeitgeber muss zunächst den *comité d'entreprise* in Bezug auf die Definition und die Gewichtung der einzelnen Kriterien konsultieren. Gibt es in dem Unternehmen keinen *comité d'entreprise,* muss er hierzu den Belegschaftsvertreter *(délégué du personnel)* konsultieren. Das Gesetz schreibt folgende Kriterien vor, die der Arbeitgeber berücksichtigen muss: die familiären Belastungen, insbesondere die Situation alleinstehender Eltern, die Dauer der Unternehmenszugehörigkeit, die Situation der Arbeitnehmer, deren berufliche Wiedereingliederung besonders schwierig ist, insbesondere bei Behinderten und älteren Arbeitnehmern und zuletzt die beruflichen Qualitäten[1553] innerhalb der jeweiligen Kategorie. Diese Aufzählung ist nicht abschließend, denn sie wird mit dem Wort „insbesondere" *(notamment)* eingeleitet.[1554] Wie die einzelnen Kri-

---

[1549] S. z.B. nur die Einordnung bei *Flichy/Gamet*, Licenciement, S. 108 oder bei *Pélissier/Supiot/Jeammaud*, Droit du travail, S. 563 Rn. 457.

[1550] Cass. soc. 7.7.1998, RJS 10/98, n° 1196; *Flichy/Gamet*, Licenciement, S. 108.

[1551] Cass. soc. 3.3.1998, Dr. soc. 1998, 687; *Mazeaud*, Droit du travail, S. 450 Rn. 624, Fn. 136.

[1552] *Mazeaud*, Droit du travail, S. 450 Rn. 624.

[1553] Dieses Kriterium wurde von der *Loi de modernisation sociale* aus Art. L. 321-1-1 CT kurzzeitig herausgenommen, später jedoch wieder eingeführt; vgl. hierzu auch *Mazeaud*, Droit du travail, S. 449 Rn. 623.

[1554] Cass. soc. 9.6.1998, RJS 7/98, n° 834; *Mazeaud*, Droit du travail, S. 418 Rn. 623; *Flichy/Gamet*, Licenciement, S. 109; es bleibt dem Arbeitgeber überlassen, ob er noch weitere Kriterien für die Sozialauswahl heranziehen möchte, vorausgesetzt sie haben keinen unzuterien letztlich gewichtet werden, steht im Ermessen des Arbeitgebers, vorausgesetzt, er bezieht alle gesetzlichen Kriterien in die Gesamtabwägung mit ein.[1555]

Schwierigkeiten werden jedoch bei der Sanktion einer fehlerhaften Sozialauswahl erkennbar. Zunächst erklärte die *Chambre Sociale* die Kündigung als ungerechtfertigt, also ohne tatsächlichen und schwerwiegenden Grund ausgesprochen.[1556] Diese Rechtsprechung hat sie aber inzwischen aufgegeben und legt nun fest, dass ein Verstoß gegen Art. L. 321-1-1 CT nicht dazu führt, dass der tatsächliche und schwerwiegende Grund der Kündigung entfällt.[1557] Allerdings liegt darin nach Auffassung des obersten Gerichts eine Rechtswidrigkeit, die für den Arbeitnehmer einen Schaden nach sich zieht. Dieser kann auch darin liegen, dass er aufgrund dieses Verstoßes seine Beschäftigung ungerechtfertigt verloren hat. Der Schaden muss vom Arbeitgeber vollständig ersetzt werden. Er kann sich in der Praxis auf mehrere Monatsgehälter belaufen, wenn z.B. der Arbeitnehmer im Anschluss arbeitslos wird.[1558] Hieraus wird z.T. vom Schrifttum gefolgert, dass es sich bei Art. L. 321-1-1 CT um eine Vorschrift handelt, die i.R.d. Überprüfung des wirtschaftlichen Grundes zu behandeln ist und nicht wie bei den meisten Ausarbeitungen im Zusammenhang mit dem Kündigungsverfahren.[1559]

Für die Einordnung in den repressiven Kündigungsschutz spricht insbesondere auch, dass das Ziel der Sozialauswahl, auf deutscher wie auf französischer Seite, nicht ist, den Ausspruch der Kündigung zu verhindern, sondern zu verhindern, dass einem sozial schutzbedürftigen Arbeitnehmer gekündigt wird.

(2) Der Inhalt des Kündigungsschreibens

Das Kündigungsschreiben muss gem. Art. L. 122-14-2 Abs. 2 CT die wirtschaftlichen Gründe oder die technologischen Veränderungen enthalten, die der Arbeitgeber für die Kündigung vorbringt. Damit wird inhaltlich dieselbe

---

lässigen Inhalt, wie es z.B. bei einem Verstoß gegen das Diskriminierungsverbot im Sinne von Art. L. 122-45 CT der Fall ist, *Flichy/Gamet*, Licenciement, S. 109.

1555 Cass. soc. 8.4.1992, RJS 5/92, n° 604; Cass. soc. 2.3.2004, RJS 5/04, n° 528; *Pélissier/Supiot/Jeammaud*, Droit du travail, S. 563 Rn. 457; *Flichy/Gamet*, Licenciement, S. 109.

1556 Cass. soc. 23.1.1996, Dr. soc. 1996, 483; *Mazeaud*, Droit du travail, S. 451 Rn. 626.

1557 Cass. soc. 14.1.1997, Dr. soc. 1997, 159; Cass. soc. 23.4.1997 RJS 6/97 n° 713; kritisch hierzu *Pélissier/Supiot/Jeammaud*, Droit du travail, S. 564 Rn. 457, die dies als eine der großen Schwächen der Rechtsprechung zur Sozialauswahl ansehen.

1558 Cass. soc. 14.1.1997, Dr. soc. 1997, 159; Cass. soc. 23.4.1997 RJS 6/97 n° 713; Cass. soc. 12.12.2001, RJS 2/02, n° 159; *Flichy/Gamet*, Licenciement, S. 110.

1559 *Mazeaud*, Droit du travail, S. 452 Rn.. 626, der die Sozialauswahl dementsprechend konsequent in seinem Lehrbuch i.R.d. Darstellung des wirtschaftlichen Grundes behandelt; ähnlich *Ray*, Dr. soc. 2002, 238, 240.

Aussage wie in Art. L. 122-14-2 Abs. 1 CT getroffen, nach dem der Arbeitgeber den Kündigungsgrund angeben muss. Allerdings wird an der Regelung in Abs. 2 deutlich, dass den Arbeitgeber eine genaue Darlegungspflicht trifft. Es reicht nicht aus, dass er lediglich angibt, dass ein wirtschaftlicher Grund seine Kündigungsentscheidung veranlasst hat. Er muss vielmehr angeben, worin dieser wirtschaftliche Grund liegt. Nach der Rechtsprechung ist diese Angabe nur dann hinreichend genau, wenn in dem Kündigungsschreiben zum einen Angaben zu dem wirtschaftlichen Grund selbst, also wirtschaftliche Schwierigkeiten oder technologische Veränderungen, und zum anderen Angaben zu den konkreten Maßnahmen des Arbeitgebers enthalten sind, die der Kündigung zugrunde liegen, wie z.B. Arbeitsplatzabbau oder Veränderung der Beschäftigung.[1560] Daneben trifft den Arbeitgeber bei Kündigungen aus wirtschaftlichem Grund nach Art. L. 122-14-2 Abs. 3 CT die Pflicht, dem Arbeitnehmer schriftlich die Kriterien mitzuteilen, die er bei der Sozialauswahl *(l'ordre des licenciements)* gem. Art. L. 321-1-1 CT berücksichtigt hat. Allerdings besteht diese Pflicht nur, wenn der Arbeitnehmer dies schriftlich beantragt hat.[1561] Ferner sieht Art. L. 122-14-2 Abs. 3 CT vor, dass in dem Kündigungsschreiben darauf hingewiesen wird, dass der Arbeitnehmer einen Anspruch auf vorrangige Wiedereinstellung nach Art. L. 321-14 CT *(priorité de réembauchage)* haben kann und welche Voraussetzungen für diesen Anspruch vorgesehen sind.

Verstößt der Arbeitgeber gegen die Vorgaben des Art. L. 122-14-2 Abs. 2 und 3 CT, hängt die jeweilige Sanktion davon ab, gegen welches Erfordernis der Vorschrift er verstoßen hat. Gibt er im Kündigungsschreiben nicht den genauen wirtschaftlichen Grund an, gilt die Kündigung als unbegründet; ihr fehlt der tatsächliche und schwerwiegende Grund.[1562] Damit greift Art. L. 122-14-4 CT, der für den Schadensersatz eine Mindesthöhe von sechs Monatsgehältern vorsieht, wenn der Arbeitnehmer mindestens zwei Jahre in dem Unternehmen beschäftigt war und dort mindestens elf Arbeitnehmer tätig sind. Zudem trifft den Arbeitgeber nach Art. L. 122-14-4 CT dann ggf. die Pflicht, das Arbeitslosengeld zurückzuzahlen, das dem gekündigten Arbeitnehmer gewährt wurde.[1563] Damit wird ein Verstoß einer ursprünglich im Verfahren angesiedelten Pflicht auf der Ebene des repressiven Kündigungsschutzes sanktioniert.

[1560] Cass. soc. 5.10.1994, Bull. civ. V n° 258; Cass. soc. 21.10.1998, RJS 12/98, n° 1525.

[1561] Kritisch zur Rechtsprechung, die dieses zweite Schreiben, mit dem die Kündigungskriterien angegeben werden, nicht ebenso streng behandelt, wie das Kündigungsschreiben selbst äußert sich *Buseine*, Dr. ouv. 1999, 432, 433.

[1562] Cass. soc. 19.2.2002, RJS 06/02, n° 670; *Flichy/Gamet*, Licenciement, S. 116.

[1563] Zu der Anwendung des Art. L. 122-14-4 CT und dem Rückgriff auf die Regelung des Art. L. 122-14-5 CT, wenn das Unternehmen kleiner ist oder Unternehmenszugehörigkeit geringer s. ausführlich C III. 2 d) (2).

Ein Verstoß gegen die Pflicht, auf die Möglichkeit eines Wiedereinstellungsvorrangs hinzuweisen, führt nach der Rechtsprechung zwangsläufig zu einem Schaden bei dem Arbeitnehmer, der vom Arbeitgeber entsprechend durch Zahlung von Schadensersatz ausgeglichen werden muss.[1564] Es ist unerheblich, ob eine Wiedereinstellung in dem Unternehmen überhaupt möglich ist.[1565] Es handelt sich um einen Verfahrensfehler *(irrégularité de procédure)*. Ebenso verhält es sich, wenn der Arbeitgeber trotz schriftlicher Nachfrage des Arbeitnehmers nicht die Kriterien für die Soziauswahl angibt.[1566]

d) Einzelkündigungen *(licenciement individuel)*

Beabsichtigt der Arbeitgeber, eine Einzelkündigung aus wirtschaftlichem Grund auszusprechen, besteht grundsätzlich nicht die Pflicht, vorher den *comité d'entreprise* zu informieren und zu konsultieren. Anders verhält es sich ausnahmsweise, wenn diese Kündigung Teil eines Vorhabens der Personaleinsparung i.S.d. Art. L. 432-1 CT ist. Dann greift das allgemeine Beteiligungsrecht des *comité d'entreprise* in wirtschaftlichen Angelegenheiten nach Art. L. 432-1 Abs. 2 CT. Wenn es sich um eine vereinzelte Kündigung handelte, dürfte das Beteiligungsrecht jedoch i.d.R. nicht betroffen sein, da punktuelle Maßnahmen nicht in den Anwendungsbereich der Vorschrift fallen.[1567]

Eine weitere Ausnahme besteht, wenn innerhalb eines Jahres 18 Arbeitnehmern aus wirtschaftlichem Grund gekündigt wurde. Dann unterliegt gem. Art. L. 321-2 letzter Absatz CT jede Kündigung aus wirtschaftlichem Grund, die in den im Anschluss dieses Jahres folgenden drei Monaten ausgesprochen werden soll, den Regelungen zur Massenentlassung und somit insbesondere der Informations- und Konsultationspflicht.

Beabsichtigt der Arbeitgeber, eine Kündigung aus wirtschaftlichem Grund auszusprechen, muss er – nachdem er eine ordnungsgemäße Sozialauswahl nach Art. L. 321-1-1 CT durchgeführt hat – zunächst den betreffenden Arbeitnehmer zu einem Kündigungsgespräch laden. Hierzu kann der Arbeitnehmer einen Berater hinzuziehen. Für die Ladung, den Ablauf und Inhalt des Kündigungsgesprächs gilt Art. L. 122-14 CT. Dieser Verfahrensteil wur-

---

1564 Cass. soc. 15.6.2004, RJS 10/04 n° 1026; Cass. soc. 16.12.1997, RJS 1/98, n° 80.

1565 *Flichy/Gamet*, Licenciement, S. 117; Cass. soc. 16.3.2004, RJS 5/04, n° 529.

1566 Zunächst führte dies nach der Rechtsprechung dazu, dass für die Kündigung kein tatsächlicher und schwerwiegender Grund vorliegt, da dem Arbeitnehmer die Möglichkeit genommen werde, den wirklichen Grund für seine Kündigung zu erfahren, so z.B. Cass. soc. 23.1.1996, RJS 3/96, n° 263; mit dem Urteil vom 20.1.1998, RJS 3/98, n° 296 hat die *Chambre Sociale* der *Cour de cassation* allerdings diese Rechtsprechung aufgegeben und einen solchen Fehler als Verfahrensfehler qualifiziert, der keinen Einfluss auf die Rechtfertigung der Kündigung hat, *Pélissier/Supiot/Jeammaud*, Droit du travail, S. 564f. Rn. 457.

1567 *Pélissier/Supiot/Jeammaud*, Droit du travail, S. 847f. Rn. 717; *Jeammaud*, Le licenciement, S. 102; Cass. crim. 19.2.1991, RJS 4/91, n° 481; Cass. soc. 26.5.1981, Bull. civ. V n° 466.

de bereits i.R.d. Ausführungen zum allgemeinen Kündigungsverfahren dargestellt. Sie gelten auch für die Einzelkündigung aus wirtschaftlichem Grund. Zusätzlich muss der Arbeitgeber einen freien Arbeitsplatz zur anderweitigen Weiterbeschäftigung *(poste de reclassement)* im Sinne von Art. L. 321-4-2 CT anbieten, wenn er dies noch nicht getan hat. Weitere Besonderheiten sieht das Gesetz für die Einzelkündigung aus wirtschaftlichem Grund nicht vor.[1568]

Verstößt der Arbeitgeber gegen die Anforderungen, die Art. L. 122-14 CT an die Ladung und das Kündigungsgespräch stellt, handelt es sich um einen Verfahrensfehler gem. Art. L. 122-14-4 bzw. Art. L. 122-14-5 CT. Dementsprechend ist der Arbeitgeber gegenüber dem Arbeitnehmer zu Schadensersatz verpflichtet, der nach Art. L. 122-14-4 CT in Unternehmen von mindestens elf Arbeitnehmern und einer Unternehmenszugehörigkeit von mindestens zwei Jahren höchstens ein Monatsgehalt beträgt. Unterhalb dieser Schwellenwerte ist Art. L. 122-14-5 CT anwendbar, der vorsieht, dass der tatsächlich entstandene Schaden zu ersetzen ist, ohne eine Höchstgrenze vorzugeben. Allerdings geht dieser Schadensersatz in dem Schadensersatz für eine unbegründete Kündigung auf, wenn diese ohne tatsächlichen und schwerwiegenden Grund ausgesprochen wurde.[1569] Unterlässt der Arbeitgeber es, eine Vereinbarung zur anderweitigen Beschäftigung *(convention de reclassement personnalisé)* vorzuschlagen, muss er zusätzlich gem. Art. L. 321-4-2 II CT zwei Bruttomonatsgehälter an die Arbeitslosenversicherung *(ASSEDIC)*[1570] zahlen. Die Höhe wird nach dem Gehalt berechnet, das der betreffende Arbeitnehmer in den letzten zwölf Monaten durchschnittlich verdient hat.

Im Anschluss an das Kündigungsgespräch muss der Arbeitgeber dem Arbeitnehmer per Einschreiben mit Rückantwort die Kündigung mitteilen. Der Inhalt dieses Kündigungsschreibens wurde bereits i.R.d. unveränderlichen Verfahrenserfordernisse, die für alle Kündigungen aus wirtschaftlichem Grund gelten, dargestellt (E II. 4 c)). Unterschiedlich sind hingegen die Fristen, die je nach Anzahl der auszusprechenden Kündigungen variieren. Handelt es sich um eine einzelne Kündigung aus wirtschaftlichem Grund, darf der Arbeitgeber das Kündigungsschreiben frühestens sieben Werktage ab dem Datum, zu dem der Arbeitnehmer zum Kündigungsgespräch geladen wurde, abgeschickt werden, Art. L. 122-14-1 Abs. 3 CT. Der Grund für die Verlängerung der Frist von zwei Werktagen, die für Kündigungen aus Gründen in der Person des Arbeitnehmers gilt, auf sieben Werktage liegt darin, dass der Arbeitnehmer genügend Zeit haben soll, über eine ihm ggf. vom Ar-

---

[1568] *Flichy/Gamet*, Licenciement, S. 120 f.; *Pélissier/Supiot/Jeammaud*, Droit du travail, S. 560 Rn. 453.

[1569] Vgl. hierzu die allgemeinen Ausführungen zu den Rechtsfolgen und Sanktionen des französischen Kündigungsrechts § 12 II. 4.

[1570] *Association pour l'emploi dans l'industrie et le commerce.*

beitgeber während des Kündigungsgesprächs angebotene Vereinbarung zur anderweitigen Beschäftigung *(convention de reclassement)* nachdenken zu können.[1571]

Zuletzt muss der Arbeitgeber gem. Art. R. 321-1 CT die zuständige Arbeitsverwaltung, den *Directeur départemental du travail et de l'emploi,* innerhalb von acht Tagen nach Versenden des Kündigungsschreibens an den Arbeitnehmer über die Kündigung informieren. Nach dieser Vorschrift muss die Information schriftlich erfolgen und Namen und Adresse des Arbeitgebers sowie die Tätigkeit und Größe des Unternehmens enthalten. In Bezug auf den betroffenen Arbeitnehmer müssen der vollständige Name, die Nationalität, das Geburtsdatum, das Geschlecht, die Adresse, die Beschäftigung und die Qualifikation angegeben werden. Zudem muss das Datum, an dem dem Arbeitnehmer die Kündigung mitgeteilt wurde, angegeben werden. Es handelt sich also um eine nachträgliche Information, sie hat keinen präventiven Charakter. Ziel ist vielmehr, der Verwaltung zu ermöglichen, Statistiken über Kündigungen aus wirtschaftlichem Grund zu erstellen und zu überprüfen, ob innerhalb von 30 Tagen der Schwellenwert zur kleinen oder großen Massenentlassung i.S.d. Art. L. 321-2 CT überschritten wird.[1572] Die Zielsetzung ist nur im arbeitsmarktpolitischen Bereich anzusiedeln. Verstößt der Arbeitgeber gegen diese Informationspflicht, muss er eine Strafe in Höhe von 750,- € zahlen, Art. R. 362-1-1 CT. Schadensersatzansprüche auf Arbeitnehmerseite kommen nicht in Betracht.

e) Die kleine Massenentlassung *(petit licenciement collectif)*

(1) Konsultationspflicht nach Art. L. 432-1 CT bzw. Art. L. 422-1 CT

(1a) Anwendungsvoraussetzungen

Wenn der Arbeitgeber innerhalb von 30 Tagen beabsichtigt, zwei bis neun Arbeitnehmern aus wirtschaftlichem Grund zu kündigen, sieht Art. L. 321-2 Abs. 1 Nr. 1a CT vor, dass er den *comité d'entreprise* oder die Belegschaftsvertreter *(délégués du personnel)* nach Maßgabe des Art. L. 432-1 CT bzw. Art. L. 422-1 CT einberuft und konsultiert.[1573] I.E. handelt es sich nicht um eine zusätzliche Pflicht, sondern um eine Klarstellung. Die Art. L. 432-1 (für die Konsultation des *comité d'entreprise*) und Art. L. 422-1 CT (für die Konsultation der Belegschaftsvertreter) wären auch ohne diesen Verweis einschlägig. Bedeutung erlangt der Umweg über Art. L. 321-2 CT allerdings bei

---

[1571] *Couturier*, Droit du travail, Band 1, S. 273, Rn. 152.

[1572] *Pélissier/Supiot/Jeammaud*, Droit du travail, S. 570 Rn. 463.

[1573] Voraussetzung ist wie bereits zuvor dargestellt, dass die Kündigungen einen kollektiven Charakter aufweisen, damit sie als Massenentlassung gelten.

der Rechtsfolge. Dadurch ist nicht mehr Art. L. 122-4-4 Abs. 1 CT, sondern der für den Arbeitnehmer günstigere Art. L. 122-14-4 Abs. 3 CT anwendbar.

Für die Konsultationspflicht ist demnach bei den kleinen Massenentlassungen ausschließlich das 4. Buch des *Code du travail* maßgeblich, d.h. die Regelungen über die Beteiligungsrechte der Arbeitnehmervertretung in wirtschaftlichen Angelegenheiten. Die speziellen Regelungen zu den Massenentlassungen sehen für kleine Massenentlassungen keine eigenen Informations- und Konsultationspflichten vor.[1574]

In Unternehmen, in denen mindestens 50 Arbeitnehmer beschäftigt sind und ein *comité d'entreprise* besteht, ist Art. L. 432-1 CT anwendbar. Gibt es in einem solchen Unternehmen keinen *comité d'entreprise* oder werden weniger als 50 Arbeitnehmer, mindestens aber elf Arbeitnehmer beschäftigt, sind nach Art. L. 422-1 CT die Belegschaftsvertreter *(délégué du personnel)*[1575] zuständig. In der folgenden Darstellung wird das Verfahren für den *comité d'entreprise* nach Art. L. 432-1 CT dargestellt, diese Ausführungen gelten entsprechend für den Belegschaftsvertreter.

Handelt es sich um ein Unternehmen, in dem mindestens 50 Arbeitnehmer beschäftigt werden und das mehrere Betriebe umfasst, kommen sowohl die Vertretungen auf Betriebsebene, die *comité d'établissement* als auch diejenigen auf Unternehmensebene, die *comité central d'entreprise,* als Adressat der Konsultation in Betracht. Die Zuständigkeit bestimmt sich danach, ob die beabsichtigten Maßnahmen über die Kompetenzen des einzelnen Betriebschefs hinausgehen oder mehrere Betriebe gleichzeitig betreffen, Art. L. 321-2 Abs. 2 CT. Hier gelten die Ausführungen, die bereits bei der Darstellung der Schwellenwerte für die Massenentlassung gemacht wurden.[1576] Betrifft die geplante Massenentlassung demnach nur einen einzelnen Betrieb, der eine ausreichend autonome Geschäftsführung aufweist, ist auch nur die dort vor-

---

[1574] *Morvan*, Juris-Cl. 2004 Droit du travail, Fasc. 31-2 (Stand 30.12.2003), n° 57.

[1575] Der Belegschaftsvertreter *(délégué du personnel)* wird in Unternehmen, in denen mindestens elf Arbeitnehmer beschäftigt werden, von der Belegschaft gewählt, Art. L. 421-1 CT. Die Anzahl der zu wählenden Belegschaftsvertreter steigt mit der Unternehmensgröße. Er wird unabhängig von dem Bestehen eines *comité d'entreprise* gewählt. Er ist insbesondere das Bindeglied zwischen Belegschaft und Arbeitgeber; er nimmt z.B. Beschwerden auf und leitet sie weiter, ggf. auch an die Arbeitsverwaltung. Gibt es in dem jeweiligen keinen *comité d'entreprise*, nimmt er teilweise auch dessen Aufgaben wahr, wenn es gesetzlich vorgesehen ist, so z.B. im vorliegenden Fall der Konsultation vor Ausspruch einer Massenentlassung. Vgl. zu den Aufgaben und Kompetenzen des Belegschaftsvertreters ausführlich *Savatier*, Dr. soc. 1993, 746.

[1576] Demnach ist auch hier zu berücksichtigen, dass wenn mehrere Betriebe gleichzeitig von den Maßnahmen betroffen sind, als weitere Voraussetzung hinzugefügt wird, dass auf der Unternehmensebene ein Kündigungsplan bestehen muss. Die gleichzeitige Betroffenheit der Betriebe darf also nicht zufällig sein. Entscheidendes Kriterium ist, wer für die Kündigungsentscheidung verantwortlich ist, *Guirlet*, Juris-Cl. Droit du travail, Fasc. 31-4 (Stand 15.4.2002), n° 8, 10.

handene Vertretung *(comité d'établissement)* zuständig. Andernfalls ist die Arbeitnehmervertretung auf Unternehmensebene, der *comité central d'entreprise*[1577] zuständig.[1578]

(2a) Durchführung

Gem. Art. L. 432-1 Abs. 2 CT hat der *comité d'entreprise* ein Beteiligungsrecht, wenn der Arbeitgeber Projekte zu Personaleinsparungen plant. Es handelt sich demnach um einen frühen Zeitpunkt, Kündigungen dürfen noch nicht ausgesprochen werden. Das Vorhaben befindet sich erst im Planungsstadium. Der Arbeitgeber muss den *comité d'entreprise* zu einer Versammlung laden. Grundsätzlich wird die Tagesordnung der Versammlung gemeinsam vom Arbeitgeber und dem Sekretär des *comité d'entreprise* festgelegt. Seit dem Gesetz vom 18.1.2005 können jedoch gem. Art. L. 434-3 Abs. 2 CT auch beide jeweils allein einen Punkt auf die Tagesordnung setzen, wenn es sich um eine Konsultation handelt, die zwingend vorgeschrieben ist; im Bereich der Massenentlassungen ist dies der Fall.[1579] Die Tagesordnung muss den Mitgliedern des *comité d'entreprise* spätestens drei Tage vor der Versammlung mitgeteilt werden, Art. L. 434-3 Abs. 2 CT.[1580] Erforderlich ist, dass der *comité d'entreprise* in seiner richtigen Zusammensetzung tagt und abstimmt. Fehler, wie z.B. die Beteiligung von Mitgliedern des *comité d'entreprise*, deren Mandat abgelaufen ist, führen dazu, dass das Verfahren als nicht durchgeführt gilt und damit ein Verfahrensfehler vorliegt. Dieser führt nach der Rechtsprechung notwendig zu einem Schaden bei dem Arbeitnehmer und ist vom Arbeitgeber zu ersetzen.[1581] Im Unterschied zum deutschen Kündigungsrecht können demnach auch Fehler aus der Sphäre des *comité d'entreprise* zu Lasten des Arbeitgebers gehen. Dabei ist jedoch zu berücksichtigen, dass der Arbeitgeber Vorsitzender des *comité d'entreprise* ist und somit anders als in Deutschland Einfluss darauf hat, ob das Verfahren auf Seiten der Arbeitnehmervertretung regulär durchgeführt wird.

Die Konsultation der Arbeitnehmervertreter setzt zwangsläufig ihre vorherige Information voraus. Die Information muss spätestens mit der Ladung erfolgen. In der Praxis wird dem Ladungsschreiben ein Dossier mit den ent-

---

[1577] In diesem Fall beträgt die Mindestfrist zwischen Ladung und Versammlung allerdings nicht mehr drei Tage, sondern erhöht sich auf acht Tage, *Flichy/Gamet*, Licenciement, S. 119.

[1578] Cass. soc. 27.5.1997, RJS 7/97 n° 805.

[1579] *Flichy/Gamet*, Licenciement, S. 119.

[1580] Sind ein oder mehrere Belegschaftsvertreter zuständig, müssen diese ebenfalls zu einer Versammlung mit dem Arbeitgeber geladen werden. Auch hier muss die Ladung mindestens drei Tage vor der Zusammenkunft erfolgt sein, *Flichy/Gamet*, Licenciement, S. 119.

[1581] Cass. soc. 3.3.1998, Bull. civ. V, n° 112; Cass. soc. 29.4.1998, Bull. civ. V, n° 214; *Morvan*, Juris-Cl. Droit du travail, Fasc. 31-2 (Stand 30.12.2004), n° 62.

sprechenden Unterlagen beigefügt.[1582] Für den Mindestinhalt dieser Information ist Art. L. 321-4 CT maßgeblich. Die Vorschrift gilt bei Massenentlassungen auch für das Verfahren nach dem 4. Buch des *Code du travail.*[1583] Sie umfasst nach Abs. 1 die Versammlungen, die in Art. L. 321-2 CT vorgesehen sind. Durch den Verweis in Art. L. 321-2 Abs. 1 Nr. 1 a) CT gehören zu diesen Versammlungen auch diejenigen, die für die Verfahren nach Art. L. 432-1 und Art. L. 422-1 CT abzuhalten sind. An dieser Stelle tritt somit eine erste Verzahnung der Vorschriften über die Massenentlassungen (3. Buch des *Code du travail*) und derjenigen über die Beteiligungsrechte der Arbeitnehmervertretungen (4. Buch des *Code du travail*) auf.

Nach Art. L. 321-4 Abs. 1 CT muss der Arbeitgeber alle „nützlichen Informationen über das Vorhaben der Massenentlassung" mitteilen. In Abs. 2 sind folgende Mindestangaben festgelegt: der oder die wirtschaftlichen, finanziellen oder technischen Gründe für das Kündigungsvorhaben, die Anzahl der beabsichtigten Kündigungen, die betroffenen Berufsgruppen[1584] und die vorgeschlagenen Kriterien für die Sozialauswahl *(l'ordre des licenciements)* im Sinne von Art. L. 321-1-1 CT, die Zahl der beschäftigten Arbeitnehmer sowie der voraussichtliche Kündigungskalender *(calendrier prévisionnel des licenciements)*. Der Arbeitgeber muss hingegen für die Arbeitnehmervertreter keine Namensliste mit den Arbeitnehmern, denen er kündigen möchte, erstellen.[1585]

Der genaue Ablauf des Konsultationsverfahrens ist für kleine Massenentlassungen nicht in den Kündigungsvorschriften geregelt, hierfür ist auf die allgemeinen Vorschriften zum *comité d'entreprise* in Art. L. 431-1 ff. CT zurückzugreifen.[1586] Der Konsultation wird die (schriftliche) Information des *comité d'entreprise* vorangestellt.[1587] Wieviel Zeit zwischen der Information und der eigentlichen Konsultation liegen muss, wird vom Gesetz nicht festgelegt. Nach Art. L. 431-5 Abs. 2 CT muss der *comité d'entreprise* eine „ausreichende" Frist zur Untersuchung *(„délai d'examen suffisant")* haben, damit er eine begründete Stellungnahme abgeben kann. Art. L. 432-1 Abs. 2 CT sieht eine Konsultation „zur rechten Zeit" *(„en temps utile")* vor. Die Frist

---

1582 *Guirlet*, Juris-Cl. Droit du travail, Fasc. 31-4 (Stand 15.4.2002), n° 33.

1583 *Guirlet*, Juris-Cl. Droit du travail, Fasc. 31-4 (Stand 15.4.2002), n° 33; *Flichy/Gamet*, Licenciement, S. 119 ; *Pélissier/Supiot/Jeammaud*, Droit du travail, S. 563 Rn. 456.

1584 Der Begriff der Berufsgruppe entspricht dem, der für die Sozialauswahl verwendet wird. Es handelt sich also um die Gesamtheit der Arbeitnehmer, die im Unternehmen dieselben Funktionen ausüben und eine gemeinsame Berufsausbildung voraussetzen, Cass. soc. 13.2.1997, Dr. soc. 1997, 249.

1585 Cass. soc. 16.12.1992, Bull. civ. V n° 598.

1586 *Jeammaud*, Le licenciement, S. 107; *Flichy/Gamet*, Licenciement, S. 120.

1587 Information und Konsultation sind nicht zu verwechseln und können auch nicht durch das jeweils andere ersetzt werden, Cass. soc. 26.3.2002, RJS 7/02, n° 859; Cass. crim. 21.11.1978, Bull. crim. n° 324.

muss nicht zwangsläufig mit der Frist für die Versendung der Ladung zur Versammlung übereinstimmen, auch wenn dies der in der Praxis geläufige Fall ist. Die Dauer hängt von den Umständen des jeweiligen Einzelfalles ab und unterliegt der vollen Überprüfung der erstinstanzlichen Richter.[1588] In zeitlicher Hinsicht ist zudem zu berücksichtigen, dass Art. L. 431-5 CT ausdrücklich vorsieht, dass die Konsultation durchgeführt werden muss, bevor der Arbeitgeber seine Entscheidung trifft.[1589]

Die Konsultation beginnt in der vom Arbeitgeber einberufenen Versammlung. Der Arbeitgeber ist gem. Art. L. 434-2 CT Vorsitzender des *comité d'entreprise* und nimmt in dieser Eigenschaft auch an der Versammlung teil. Konsultieren bedeutet in diesem Zusammenhang, dass die Standpunkte ausgetauscht werden und eine freie Diskussion erfolgt. Der Arbeitgeber darf sich nicht weigern, sich an einer solchen Diskussion zu beteiligen.[1590] Das Gesetz schreibt bei kleinen Massenentlassungen keine Mindestzahl von Versammlungen vor, die abgehalten werden müssen. Allerdings wird von Praktikern je nach Umfang des Projekts empfohlen, zumindest zwei Versammlungen abzuhalten, in denen der Arbeitgeber sich mit den Mitgliedern der Arbeitnehmervertreter auseinandersetzt, um eine Sanktion durch das Gericht wegen nicht ausreichender Information und Konsultion zu vermeiden.[1591]

Es folgt die Stellungnahme des *comité d'entreprise*. Für sie ist keine besondere Form vorgeschrieben. Sie kann z.B. auch aus den zu Protokoll gegebenen Diskussionen hervorgehen. Allerdings ist eine Abstimmung des *comité d'entreprise* erforderlich.[1592] Entsprechend der Grundkonzeption des *comité d'entreprise* und seines Einflusses auf die Unternehmensentscheidungen, entfaltet seine Stellungnahme keinerlei Bindungswirkung gegenüber dem Arbeitgeber.[1593] Er muss sich aber mit ggf. gemachten Vorschlägen zu sozialen Maßnahmen auseinandersetzen und daraufhin eine begründete Antwort geben, Art. L. 321-4 Abs. 5 CT.

1588 *Pélissier/Supiot/Jeammaud*, Droit du travail, S. 856 Rn. 727; *Flichy/Gamet*, Licenciement, S. 120; Cass. soc. 6.7.1999, RJS 10/99, n° 1264.

1589 Wann diese Entscheidung getroffen ist, stellt sich in der Praxis als schwer ermittelbar heraus. So hat die *Chambre Criminelle* der *Cour de Cassation* es noch nicht als zu spät angesehen, als der Arbeitgeber erst zu einem Zeitpunkt informierte, in dem bereits das Vorhaben, einen Unternehmensteil zu veräußern, detailliert ausgearbeitet war, begleitet von einem Kündigungs- und Sozialplan, Cass. crim. 29.5.1990, RJS 7/90 n° 593.

1590 *Pélissier/Supiot/Jeammaud*, Droit du travail, S. 858 Rn. 729.

1591 *Flichy/Gamet*, Licenciement, S. 120.

1592 Gem. Art. L. 434-3 CT nimmt der Arbeitgeber als Vorsitzender des *comité d'entreprise* nicht an dieser Abstimmung teil.

1593 Ein echtes Mitbestimmungsrecht des *comité d'entreprise* bleibt im französischen Arbeitsrecht die Ausnahme. Es besteht z.B., wenn Überstunden nicht mit Freizeit abgegolten werden sollen, sondern mit einer zusätzlichen Vergütung, Art. L. 212-6 CT, s. hierzu *Pélissier/Supiot/Jeammaud*, Droit du travail, S. 855 Rn. 725.

(3a) Sanktionen

Verstößt der Arbeitgeber gegen die Informations- und Konsultationspflicht, liegt ein Verfahrensfehler vor. Hierfür kommen vier Sanktionen in Betracht. Ist das Kündigungsverfahren innerhalb des Unternehmens noch nicht beendet und die Kündigung noch nicht ausgesprochen, können die Arbeitnehmervertreter eine einstweilige Verfügung bei Gericht beantragen. Der Richter kann das Kündigungsverfahren unterbrechen und eine erneute Versammlung der Arbeitnehmervertreter anordnen. Voraussetzung für die Anordnung, die Konsultation nachzuholen ist, dass die Kündigungsentscheidung noch nicht in der Zwischenzeit endgültig getroffen wurde.[1594]

Wird der Fehler erst nach Ausspruch der Kündigung gerügt, hat der Arbeitnehmer einen Schadensersatzanspruch, mit dem der ihm entstandene Schaden gem. Art. L. 122-14-4 Abs. 3 CT ersetzt wird.[1595] Daneben begeht der Arbeitgeber das Delikt der Behinderung der Tätigkeit der Arbeitnehmervertreter *(délit d'entrave)*. War der *comité d'entreprise* zu beteiligen, droht dem Arbeitgeber gem. Art. L. 483-1 CT eine Freiheitsstrafe von einem Jahr und/oder eine Geldstrafe in Höhe von 3.750,- €. Dieselben Strafen gelten gem. Art. L. 482-1 CT, wenn ein Belegschaftsvertreter zu beteiligen war.[1596] Eine spezielle Sanktion wurde mit der *Loi de modernisation sociale* vom 17.1.2002 für den Fall hinzugefügt, dass trotz ausreichender Unternehmensgröße kein *comité d'entreprise* oder Belegschaftsvertreter gewählt wurde und darüber auch kein Versäumnisprotokoll *(procès-verbal de carence)* erstellt wurde. Hat der Arbeitgeber dann wegen des Fehlens der Arbeitnehmervertretungen seine Informations- und Konsultationspflicht nicht erfüllt, führt dies gem. Art. L. 321-2-1 CT zur Fehlerhaftigkeit der Kündigung. Folge ist, dass der Arbeitnehmer einen Schadensersatzanspruch in Höhe von mindestens einem Brutto-Monatsgehalt hat. Dieser Anspruch besteht unabhängig von den übrigen möglichen Abfindungs- oder Schadensersatzansprüchen des Arbeitnehmers.

(2) Ladung und Kündigungsgespräch

Auch bei kleinen Massenentlassungen muss der Arbeitgeber mit jedem einzelnen Arbeitnehmer, dem er zu kündigen beabsichtigt, ein Kündigungsgespräch durchführen. Zum Kündigungsgespräch muss er ihn auch ordnungs-

---

[1594] *Frouin*, RJS 8-9/97, 592, 594.

[1595] Cass. soc. 18.11.1998, RJS 1/99 n° 2; Cass. soc. 2.3.1999, RJS 4/99, n° 497; Cass. soc. 17.12.2004, RJS 3/05, n° 263.

[1596] Cass. crim. 20.9.1994, RJS 2/95, n° 117; *Flichy/Gamet*, Licenciement, S. 119.

gemäß laden.[1597] Für die Ladung und das Gespräch gelten hier im Vergleich zur Einzelkündigung keine Besonderheiten.[1598]

(3) Kündigungsschreiben

Ebenso wie bei den Einzelkündigungen aus wirtschaftlichem Grund darf auch bei den kleinen Massenentlassungen das Kündigungsschreiben gem. Art. L. 122-14-1 Abs. 2 CT frühestens sieben Werktage nach dem Datum, zu dem der Arbeitnehmer zum Kündigungsgespräch geladen wurde, zugesendet werden. Auch ansonsten gelten dieselben Anforderungen wie bei den Einzelkündigungen aus wirtschaftlichem Grund.[1599]

(4) Information der Arbeitsverwaltung

Zudem muss der Arbeitgeber gem. Art. L. 321-2 Abs. 1 Nr. 1b) CT die zuständige Verwaltungsstelle über die bereits ausgesprochenen Kündigungen informieren. Auch an dieser Stelle gelten dieselben Anforderungen wie bei den Einzelkündigungen. Es handelt sich ebenfalls um eine nachträgliche Information der Arbeitsverwaltung.[1600] Maßgeblich ist für die Frist von acht Tagen nach Versenden der Kündigungsschreiben und für den Inhalt der Information, wie schon i.R.d. Einzelkündigungen dargestellt,[1601] Art. R. 321-1 CT.

Zu beachten ist hier jedoch, dass zusätzlich das Protokoll der Versammlung, in der der Arbeitgeber den *comité d'entreprise* konsultiert hat, beigefügt werden muss.[1602] Dies ergibt sich noch nicht aus den speziellen Kündigungsvorschriften, sondern aus der Verzahnung mit den Vorschriften über den *comité d'entreprise*, hier Art. L. 432-1 Abs. 2 CT.

Verstößt der Arbeitgeber gegen die Pflicht, die Arbeitsverwaltung zu benachrichtigen oder teilt er nicht alle erforderlichen Informationen mit, erhält er gem. Art. R. 321-1-1 CT eine Geldstrafe in Höhe von 750,- €.[1603] Daneben hat der Arbeitnehmer einen Anspruch auf Ersatz des jeweils entstandenen Schadens gem. Art. L. 122-14-4 Abs. 3 CT.[1604]

[1597] *Guirlet*, Juris-Cl. Droit du travail, Fasc. 31-4 (Stand 15.4.2002), n° 63.

[1598] *Mazeaud*, Droit du travail, S. 446 Rn. 618; *Guirlet*, Juris-Cl. Droit du travail, Fasc. 31-4 (Stand 15.4.2002), n° 63 ; *Flichy/Gamet*, Licenciement, S. 120f.; s. hierzu im Einzelnen die Ausführungen zur Einzelkündigung aus wirtschaftlichem Grund unter E. II. 4 d).

[1599] *Guirlet*, Juris-Cl. Droit du travail, Fasc. 31-4 (Stand 115.4.2002), n° 38 ff.; s. zu den Anforderungen an das Kündigungsschreiben und die jeweiligen Sanktionen im Einzelnen die Ausführungen unter D. II. 3.

[1600] *Pélissier/Supiot/Jeammaud*, Droit du travail, S. 570 Rn. 463.

[1601] S. hierzu E II. 4 d).

[1602] *Jeammaud*, Le licenciement, S. 107; *Flichy/Gamet*, Licenciement, S. 121.

[1603] *Morvan*, Juris-Cl. Droit du travail, Fasc. 31-2 (Stand 30.12.2003), n° 84.

[1604] *Flichy/Gamet*, Licenciement, S. 184.

f) Die große Massenentlassung *(grand licenciement collectif)*

Die große Massenentlassung, d.h. die beabsichtigte Kündigung von mindestens zehn Arbeitnehmern aus wirtschaftlichem Grund innerhalb von 30 Tagen, erfordert das komplexeste Verfahren im französischen Kündigungsrecht. Es wird daher auch als „*procédure lourde*“, schweres Verfahren, bezeichnet.[1605]

(1) Die Beteiligung des *comité d'entreprise* nach Art. L. 432-1 CT

Ebenso wie bei den kleinen Massenentlassungen obliegt dem Arbeitgeber zunächst die Informations- und Konsultationspflicht der Arbeitnehmervertreter nach Art. L. 432-1 CT, dem 4. Buch des *Code du travail.*[1606] Dieses Verfahren wird auch bei großen Massenentlassungen nicht durch die speziellen Kündigungsvorschriften verdrängt, es muss neben dem in Art. L. 321-3 CT vorgesehenen Konsultationsverfahren für große Massenentlassungen durchgeführt werden und kann auch nicht durch dieses ersetzt werden.[1607] Zum Ablauf und Inhalt des Verfahrens nach Art. L. 432-1 CT wird daher auf die Ausführungen zur kleinen Massenentlassung verwiesen.

Aus chronologischer Sicht muss das Verfahren nach Art. L. 432-1 CT vor dem speziellen Verfahren nach den Kündigungsvorschriften durchgeführt werden.[1608] Art. L. 432-1 CT hat einen weiteren Anwendungsbereich und betrifft einen früheren Zeitpunkt im Verlauf der Entscheidungsbildung des Arbeitgebers. Das Vorhaben des Arbeitgebers muss sich nicht auf Kündigungen beziehen. Die in Art. L. 432-1 CT vorausgesetzte Personaleinsparung kann auch z.B. darin bestehen, dass durch Eintritt des Rentenalters oder Zeitablauf frei gewordene Arbeitsplätze nicht neu besetzt werden.[1609] Die Information und Konsultation erstreckt sich zudem auf das gesamte wirtschaftliche Vorhaben und alle Arbeitnehmer des betroffenen Unternehmens oder Betriebs.[1610]

Zu beachten ist ebenso wie bei kleinen Massenentlassungen, dass der *comité d'entreprise* während der Information und Konsultation richtig zusam-

---

[1605] So z.B. *Couturier*, Droit du travail, Band 1, S. 274 Rn. 154.

[1606] *Morvan*, Juris-Cl. Droit du travail, Fasc. 31-2 (Stand 30.12.2003), n° 50; dies ergibt sich auch aus Art. L. 321-3 Abs. 2 CT, der die Möglichkeit der Kombination des Konsultationsverfahrens nach Art. L. 432-1 CT und Art. L. 321-3 CT vorsieht.

[1607] Cass. soc. 16.4.1996, RJS 5/96 n° 560; Cass. soc. 17.4.1997, RJS 8-9/97 n° 990; *Pélissier/Supiot/Jeammaud,* Droit du travail, S. 561 Rn. 455; ebenfalls bestätigt durch die neue Regelung in Art. L. 321-3 Abs. 2 CT, die voraussetzt, dass auch das Verfahren nach Art. L. 432-1 CT durchgeführt werden muss.

[1608] *Morvan*, Juris-Cl. Droit du travail, Fasc. 31-2 (Stand 20.12.2003), n° 50.

[1609] Cass. soc. 12.7.2004, RJS 10/04 n° 1014; Cass. crim. 7.11.1997, RJS 4/98 n° 487.

[1610] Cass. soc. 3.12.1996, Bull. civ. V n° 410; *Morvan*, Juris-Cl. Droit du travail, Fasc. 31-2 (Stand 30.12.2003), n° 50.

mengesetzt war. Ansonsten liegt ein Verfahrensfehler vor, für den der Arbeitgeber schadensersatzpflichtig ist.[1611]

Die Sanktionen von Verfahrensfehlern i.R.d. Art. L. 432-1 CT können unterteilt werden in die Wiederholung oder Ergänzung des Kündigungsverfahrens, strafrechtliche Sanktionen sowie Schadensersatzansprüche des Arbeitnehmers. Sie wurden bereits bei den Ausführungen zu den kleinen Massenentlassungen dargestellt und können auf die große Massenentlassung übertragen werden.[1612]

(2) Die Beteiligung des *comité d'entreprise* nach Art. L. 321-3 CT

(1a) Inhalt und Durchführung von Unterrichtung und Beratung

Liegt eine große Massenentlassung vor, verweist Art. L. 321-2 Abs. 1 Nr. 2a) CT für die Information und Konsultation auf Art. L. 321-3 CT. Die Informations- und Konsultationspflicht besteht ebenso wie bei den kleinen Massenentlassungen nicht nur dann, wenn ein *comité d'entreprise* besteht. Ist ein solcher nicht vorhanden, besteht die Informations- und Konsultationspflicht in Unternehmen mit mindestens elf Arbeitnehmern gegenüber dem Belegschaftsvertreter *(délégué du personnel)*. Die Verfahren sind grundsätzlich identisch mit dem, das mit dem *comité d'entreprise* durchgeführt werden muss. Im Folgenden wird daher auch hier nicht näher auf das Verfahren mit dem Belegschaftsvertreter eingegangen.

In Art. L. 321-3 Abs. 2 CT wird zunächst nochmals die Pflicht des Arbeitgebers festgelegt, den *comité d'entreprise* einzuberufen und zu konsultieren, wenn er plant, mindestens zehn Arbeitnehmern innerhalb von 30 Tagen zu kündigen. Der Ablauf dieser Konsultation ist zumindest teilweise in Art. L. 321-3 Abs. 4 CT geregelt. Demnach muss der *comité d'entreprise* zwei Versammlungen abhalten. Diese dürfen nicht mehr als 14 Tage auseinander liegen, wenn weniger als 100 Arbeitnehmern gekündigt werden soll. Diese Höchstdauer erhöht sich auf 21 Tage, wenn die Zahl der geplanten Kündigungen zwischen 100 und 250 Arbeitnehmern liegt und auf 28 Tage, wenn mindestens 250 Arbeitnehmern gekündigt werden soll.[1613] Die erste Versammlung dient der Information des *comité d'entreprise*. Die zweite Versammlung dient der Konsultation, wie sie auch schon i.R.d. Verfahrens nach Art. L. 432-1 CT dargestellt wurde. Dementsprechend kann der Arbeitgeber

---

[1611] S. hierzu E II. 4 e) (1); dies gilt auch für die Informations- und Konsultationspflicht nach Art. L. 321-3 CT.

[1612] S. hierzu E II. 4 e) (1) (3a).

[1613] Die erhöhten Fristen zwischen den beiden Versammlungen gelten nicht, wenn die Belegschaftsvertreter konsultiert werden; dann gilt ausschließlich die 14-tägige Höchstdauer; *Flichy/Gamet*, Licenciement, S. 124.

die Stellungnahme des *comité d'entreprise* erst im Verlauf der zweiten Versammlung verlangen.[1614]

Ebenso wie bei den kleinen Massenentlassungen muss auch hier gem. Art. L. 321-4 CT die Ladung der Mitglieder des *comité d'entreprise* zur Versammlung mindestens drei Tage vorher erfolgen und ihr muss ein Dossier mit den erforderlichen Informationen[1615] zum Kündigungsvorhaben beigefügt sein.[1616] Die Information muss allerdings bei einer geplanten großen Massenentlassung gem. Art. L. 321-4 Abs. 3 CT zusätzlich die Maßnahmen oder den vom Arbeitgeber bisher geplanten Beschäftigungssicherungsplan *(plan de sauvegarde de l'emploi)* im Sinne von Art. L. 321-4-1 CT umfassen, die er zu ergreifen bzw. erstellen beabsichtigt, um den Ausspruch von Kündigungen zu vermeiden oder ihre Anzahl zu verringern oder die anderweitige Wiedereingliederung in den Arbeitsprozess derjenigen Arbeitnehmer zu erleichtern, deren Kündigung nicht vermieden werden kann.

(2a) Sanktionen

Die Sanktionen für Verstöße gegen die Informations- und Konsultationspflicht sind dieselben, wie für Verstöße gegen die Informations- und Konsultationspflicht nach Art. L. 432-1 CT. Solange das Kündigungsverfahren noch nicht beendet und die Kündigung noch nicht ausgesprochen ist, können die Arbeitnehmervertreter ebenso wie die betroffenen Arbeitnehmer selbst einen Antrag auf einstweiligen Rechtsschutz stellen, damit der Richter eine erneute Versammlung der Arbeitnehmervertreter anordnet und das Verfahren ordnungsgemäß durchgeführt wird.[1617] Nach Ausspruch der Kündigung hat der Arbeitnehmer einen Schadensersatzanspruch, mit dem der ihm entstandene Schaden gem. Art. L. 122-14-4 Abs. 3 CT ersetzt wird.[1618] Daneben begeht der Arbeitgeber ein Delikt der Behinderung der Tätigkeit der Arbeitnehmervertreter *(délit d'entrave)*. War der *comité d'entreprise* zu beteiligen, droht dem Arbeitgeber gem. Art. L. 483-1 CT eine Freiheitsstrafe von einem Jahr und/oder eine Geldstrafe in Höhe von 3.750,- €. Dieselben Strafen gelten gem. Art. L. 482-1 CT, wenn ein Belegschaftsvertreter zu beteiligen war.[1619]

[1614] *Flichy/Gamet*, Licenciement, S. 123.

[1615] Nach Art. L. 321-4 Abs. 2 CT sind dies zunächst die wirtschaftlichen, finanziellen oder technischen Gründe für das Kündigungsvorhaben, die Anzahl der Arbeitnehmer, deren Kündigung beabsichtigt ist, die betroffenen Berufsgruppen oder vorgeschlagenen Kriterien zur Sozialauswahl, die Anzahl der im Betrieb beschäftigten Arbeitnehmer und der voraussichtliche Kündigungskalender. S. hierzu im Einzelnen auch E. II. 4 e) (1).

[1616] *Guirlet*, Juris-Cl. Droit du travail, Fasc. 31-4 (Stand 15.4.2002), n° 93, 96. S. hierzu ausführlicher die Ausführungen E. II. 4 e) (1)

[1617] *Pélissier/Supiot/Jeammaud*, Droit du travail, S. 575 Rn. 468.

[1618] Cass. soc. 18.11.1998, RJS 1/99 n° 2; Cass. soc. 2.3.1999, RJS 4/99, n° 497; Cass. soc. 17.12.2004, RJS 3/05, n° 263.

[1619] Cass. crim. 20.9.1994, RJS 2/95, n° 117; *Flichy/Gamet*, Licenciement, S. 119.

Zudem gilt auch hier zusätzlich die spezielle Sanktion für den Fall, dass trotz ausreichender Unternehmensgröße ein *comité d'entreprise* oder ein Belegschaftsvertreter nicht gewählt und dafür auch kein Versäumnisprotokoll *(procès-verbal de carence)* erstellt wurde. Hat der Arbeitgeber wegen des Fehlens der Arbeitnehmervertretungen seine Informations- und Konsultationspflicht nicht erfüllt, führt dies gem. Art. L. 321-2-1 CT zur Fehlerhaftigkeit der Kündigung mit der Folge, dass dem Arbeitnehmer ein Schadensersatzanspruch mindestens in Höhe von einem Brutto-Monatsgehalt zusteht.

(3) Koordinierung der Verfahren nach Art. L. 321-3 und Art. L. 432-1 CT

(1a) Teilweise Klärung durch den Gesetzgeber

Die Verfahren nach Art. L. 321-3 CT und Art. L. 432-1 CT weisen mehrere Überschneidungen auf. Insbesondere ist für den Inhalt der Information über die geplanten Kündigungen für beide Art. L. 321-4 CT maßgeblich. Ihre Gegenstände sind dennoch nicht völlig identisch. Wie bereits erwähnt, betrifft das Verfahren nach Art. L. 432-1 CT einen weiteren Gegenstand, d.h. ein umfassendes wirtschaftliches Projekt.

Dementsprechend lag lange Zeit eine der zentralen Fragen darin, ob und inwieweit die beiden Verfahren miteinander kombiniert werden können, was insbesondere auch einer der großen Streitpunkte der *Loi de modernisation sociale* war.[1620] Mit dem Gesetz vom 18.1.2005 wurde diese Grundsatzfrage nun (vorerst) entschieden. Nach Art. L. 321-3 Abs. 2 CT können in Unternehmen mit mindestens 50 Arbeitnehmern die beiden Verfahren gleichzeitig *(„concomitamment")* durchgeführt werden. Wie genau diese gleichzeitige Durchführung vonstatten gehen soll, gibt das Gesetz allerdings nicht vor. Die Regelung wirft demnach zahlreiche Folgefragen auf. Wie sie von der *Chambre Sociale* beantwortet werden, kann angesichts des erst kurzen Bestehens der Vorschrift noch nicht mit Sicherheit beantwortet werden. Allerdings ist die Regelung letztlich die gesetzgeberische Bestätigung der Rechtsprechung, die vor der *Loi de modernisation sociale* von 2002 bestand.[1621] Daher kann davon ausgegangen werden, dass die Rechtsprechung ihre zu dem Zeitpunkt entwickelten Grundsätze auch im Geltungsbereich des Art. L. 321-3 Abs. 2 CT weiter anwenden wird.[1622] Diese Auffassung kann auch darauf gestützt werden, dass die Regelung keinerlei Vorgaben für die genaue Vorgehensweise bei einer gleichzeitigen Durchführung der Verfahren vorschreibt. Dies deutet darauf hin, dass alle bestehenden Vorgaben für die jeweils ein-

---

[1620] S. hierzu E. II. 2 a) und j) (1).

[1621] *Morvan*, Travail et Protection sociale (Februar) 2005, 8; Cass. soc. 17.6.1997, Dr. soc. 1997, 742; Cass. soc. 9.2.2000, Bull. civ. V n° 62.

[1622] *Cohen*, Dr. soc. 2005, 394, 397.

zelnen Verfahren und die dafür entwickelten Rechtsprechungsgrundsätze weiter anwendbar bleiben.[1623]

Unter Zugrundelegen der bisherigen Rechtsprechung gelten demnach für eine gleichzeitige Durchführung beider Verfahren folgende Grundsätze. Der Arbeitgeber muss auch weiterhin beide Verfahren tatsächlich durchführen. Es geht nicht ein Verfahren in dem anderen auf, es handelt sich auch weiterhin um zwei unterschiedliche Verfahren.[1624] Die neue Regelung bedeutet nur, dass der Arbeitgeber nicht warten muss, bis das Verfahren nach Art. L. 432-1 CT beendet ist, bevor er das Verfahren nach Art. L. 321-3 CT einleiten darf.[1625] Es ist möglich, sie an demselben Tag während derselben Versammlung durchzuführen.[1626] Wenn der Arbeitgeber die Verfahren gleichzeitig durchführen möchte, muss er beachten, dass beide Verfahrensgegenstände einzeln und klar voneinander getrennt auf der Tagesordnung aufgeführt werden. Die schriftliche Information des *comité d'entreprise* muss ebenso in zwei unterschiedlichen Dokumenten für beide Verfahren erfolgen. Es gelten immer die jeweils für den Arbeitnehmer und den *comité d'entreprise* günstigeren – also längeren – Fristen.[1627] Dies gilt auch für Fristen, die nicht gesetzlich vorgesehen, sondern in Kollektivvereinbarungen geregelt sind.[1628] Am Ende der Konsultation muss der *comité d'entreprise* zwei Stellungnahmen, zu jedem Verfahrensgegenstand jeweils eine, abgeben.[1629] Auch in den Protokollen der Versammlungen des *comité d'entreprise* müssen die Diskussionen zu den beiden Verfahrensgegenständen getrennt voneinander aufgeführt werden.[1630]

(2a) Einfluss von Verfahrensverstößen auf das jeweils andere Verfahren

Anders behandelt die Rechtsprechung den Einfluss der beiden Verfahren aufeinander auf der Rechtsfolgenseite; eine strenge Trennung nimmt sie hier nicht in allen Fällen vor. Nach der *Chambre sociale* führt die Fehlerhaftigkeit des Konsultationsverfahrens des *comité d'entreprise* bei wirtschaftlichen An-

---

[1623] *Cohen*, Dr. soc. 2005, 394, 397.

[1624] Cass. soc. 16.4.1996, RJS 5/96, n° 560; Cass. soc. 17.6.1997, Dr. soc. 1997, 742.

[1625] *Flichy/Gamet*, Licenciement, S. 122.

[1626] Cass. soc. 9.2.2000, Bull. civ. V n° 62.

[1627] Auf gesetzlicher Ebene können z.B. für die genaue Bestimmung der „ausreichenden Frist zur Untersuchung" („*délai d'examen suffisant*"), die Art. L. 431-5 CT für den Fall vorsieht, dass ein Wirtschaftsprüfer hinzugezogen wird, nicht die Fristen des Art. L. 321-7-1 CT herangezogen werden. Denn Art. L. 321-7-1 CT gilt ausschließlich für den speziellen Fall der Massenentlassungen. Die Frist nach Art. L. 431-5 CT kann also im Einzelfall durchaus länger sein; Cass. soc. 16.4.1996, RJS 5/96 n° 560.

[1628] Cass. soc. 17.6.1997, Dr. soc. 1997, 742; *Pélissier/Supiot/Jeammaud*, Droit du travail, S. 561 Rn. 455.

[1629] *Flichy/Gamet*, Licenciement, S. 122.

[1630] *Cohen*, Dr. soc. 2005, 394, 397.

gelegenheiten nach Art. L. 432-1 CT zur Nichtigkeit des Konsultationsverfahrens nach Art. L. 321-3 CT, solange die Kündigungen dem Arbeitnehmer noch nicht mitgeteilt wurden.[1631] Sie übernimmt demnach die Rechtsfolge der Vorschriften der Massenentlassungen und wendet sie auch auf die kollektivrechtlichen Vorgaben an. Das bedeutet, dass das Verfahren nochmals von vorne durchgeführt werden muss.[1632] Sind die Kündigungen jedoch bereits den Arbeitnehmern mitgeteilt, kommt eine Nichtigkeit des Verfahrens und seine Nachholung nicht mehr in Betracht.[1633]

(4) Die Hinzuziehung eines Wirtschaftsprüfers *(expert-comptable)*

(1a) Anforderung an die Person und Aufgabenbereich

Beabsichtigt der Arbeitgeber, eine große Massenentlassung durchzuführen, kann der *comité d'entreprise* sich von einem Wirtschaftsprüfer *(expert-comptable)*[1634] unterstützen lassen, Art. L. 321-7-1 i.V.m. Art. L. 434-6 CT.[1635] Dieser gehört einem reglementierten Berufszweig an; er muss in einer Liste für anerkannte Experten eingeschrieben sein. Es ist nicht erforderlich, dass es sich um ein besonders kompliziertes Vorhaben des Arbeitgebers handelt, das besondere Sachkenntnis erfordert. Es reicht aus, dass es sich um eine große Massenentlassung handelt.[1636] Der *comité d'entreprise* wählt durch Abstimmung einen Experten aus.[1637] An dieser Abstimmung ist der Arbeitgeber trotz seiner Eigenschaft als Vorsitzender des *comité d'entreprise* gem. Art. L. 434-3 CT nicht beteiligt.

Die Aufgabe des *expert-comptable* besteht darin, die Gründe für das Kündigungsvorhaben zu analysieren, die finanziellen Auswirkungen einzuschät-

---

[1631] Cass. soc. 17.4.1997, Dr. soc. 1997, 742.

[1632] Cass. soc. 17.4.1997, Dr. soc. 1997, 742.

[1633] Eine Ausnahme hierzu scheint die Rechtsprechung dann zu machen, wenn die Fehlerhaftigkeit des Verfahrens bereits vor der Mitteilung der Kündigungen festgestellt worden ist und der Arbeitgeber dennoch die Kündigungen mitteilt, ohne das Verfahren zu wiederholen. Dann geht die *Chambre Sociale* noch weiter und erklärt nicht nur das Verfahren für nichtig, sondern auch die im Anschluss ausgesprochenen Kündigungen, Cass. soc. 14.1.2003, Bull. civ. V n° 5; Cass. soc. 7.4.2004, RJS 6/04, n° 672; *Pélissier/Supiot/Jeammaud*, Droit du travail, S. 561 f. Rn. 455.

[1634] *Pélissier/Supiot/Jeammaud*, Droit du travail, S. 870 Rn. 743.

[1635] Handelt es sich um eine Maßnahme, die nur einen einzelnen Betrieb betrifft, kann der für diesen Betrieb zuständige *comité d'établissement* den Experten anfordern. Betrifft das Kündigungsvorhaben des Arbeitgebers mehrere Betriebe, liegt die Zuständigkeit bei dem *comité central d'entreprise*. Unterlässt er es allerdings, einen Experten anzufordern, kann auch einer der betroffenen *comité d'établissement* dies machen; Cass. soc. 25.1.1995, Dr. soc. 1995, 271; *Pélissier/Supiot/Jeammaud*, Droit du travail, S. 871 Rn. 744.

[1636] *Pélissier/Supiot/Jeammaud*, Droit du travail, S. 871 Rn. 744.

[1637] *Pélissier/Supiot/Jeammaud*, Droit du travail, S. 872 Rn. 745; *Flichy/Gamet*, Licenciement, S. 123.

zen und sie dem *comité d'entreprise* darzulegen.[1638] Nach Art. L. 434-6 Abs. 5 CT hat er für die Erfüllung seiner Aufgaben freien Zugang zum Unternehmen. Er verfügt für seine Arbeit zunächst über dieselben Informationen wie der *comité d'entreprise*, Art. L. 434-6 Abs. 5 CT. Er kann zudem vom Arbeitgeber alle weiteren Informationen verlangen, die er als notwendig für seine Arbeit ansieht.[1639] Ist der Arbeitgeber der Auffassung, dass der Experte Unterlagen verlangt, die nicht mehr zu seinem Untersuchungsgegenstand gehören, darf er ihre Herausgabe nicht verweigern. Er muss hierfür den Richter im einstweiligen Rechtsschutz anrufen.[1640] Die Rechtsprechung gibt dem Experten weitgehende Informationsrechte. Ist das Unternehmen z.B. Teil eines Konzerns, kann er auch über andere Unternehmen des Konzerns Informationen anfordern,[1641] selbst, wenn sich diese im Ausland befinden, solange nicht dargelegt werden kann, dass es nicht möglich ist, an diese Informationen zu gelangen.[1642] Im Gegenzug unterliegt der *expert-comptable* gem. Art. L. 434-6 Abs. 8 CT einer Geheimhaltungs- und Diskretionspflicht.

(2a) Auswirkung auf die Verfahrensdauer

Die Entscheidung, einen *expert-comptable* hinzuzuziehen, muss in der ersten Versammlung des *comité d'entreprise* erfolgen, die i.R.d. Konsultationspflicht abgehalten wird. Diese Entscheidung führt dazu, dass eine zusätzliche Versammlung erforderlich wird. Die Mindestzahl von zwei Versammlungen für das Verfahren nach Art. L. 321-3 CT wird auf drei erhöht.

Die zweite Versammlung muss innerhalb von 20 bis 22 Tagen nach der ersten Versammlung abgehalten werden. In dieser zweiten Versammlung wird der Bericht des *expert-comptable* vorgestellt und diskutiert, der Arbeitgeber muss hierzu Stellung nehmen.[1643] Die letzte Versammlung ist gem. Art. L. 321-7-1 Abs. 3 CT spätestens 14 Tage nach der zweiten Versammlung abzuhalten, wenn weniger als 100 Arbeitnehmern gekündigt werden soll. Die Frist erhöht sich auf 21 Tage, wenn zwischen 100 und 250 Arbeitnehmern gekündigt werden soll und auf 28 Tage, wenn der Arbeitgeber beabsichtigt, 250 Arbeitnehmern oder mehr zu kündigen.

1638 *Flichy/Gamet*, Licenciement, S. 123.

1639 Cass. crim. 23.4.1992, Dr. soc. 1993, 290; Cass. soc. 8.1,1997, RJS 3/97 n° 301.

1640 Cass. soc. 16.3.1990, Dr. soc. 1991, 47; *Pélissier/Supiot/Jeammaud*, Droit du travail, S. 872f. Rn. 745.

1641 Cass. soc. 8.11.1994, RJS 12/94 n° 1396.

1642 Cass. soc. 27.11.2001, Dr. soc. 2002, 164; *Pélissier/Supiot/Jeammaud*, Droit du travail, S. 873 Rn. 745.

1643 *Flichy/Gamet*, Licenciement, S. 123.

(3a) Kostentragungspflicht und mögliche Sanktionen des Arbeitgebers

Gem. Art. L. 434-6 Abs. 5 CT trägt das Unternehmen die Kosten für die Hinzuziehung des *expert-comptable*. Der Wortlaut der Vorschrift sieht nicht vor, dass die Kosten bzw. ihre Höhe verhältnismäßig sein müssen. Dennoch überprüfen die Gerichte der ersten und zweiten Instanz uneingeschränkt und nach ihrem Ermessen, ob die Kosten im jeweiligen Einzelfall erforderlich waren und ob die Arbeit des Experten und damit die dabei entstandene Honorarforderung noch in den von Art. L. 434-6 CT gesteckten Aufgabenbereich fällt.[1644]

Behindert der Arbeitgeber die Arbeit des *expert-comptable*, begeht er das Delikt der Behinderung der Arbeit der Arbeitnehmervertretung *(délit d'entrave)* und setzt sich somit strafrechtlichen Sanktionen aus.[1645] Ihm drohen gem. Art. L. 483-1 CT eine Freiheitsstrafe von einem Jahr und/oder einen Geldstrafe in Höhe von 3.750,- €.

(5) Der Beschäftigungssicherungsplan *(plan de sauvegarde de l'emploi)*

(1a) Zweck des Beschäftigungssicherungsplans

Gem. Art. L. 321-4-1 CT muss der Arbeitgeber in Unternehmen mit mindestens 50 Beschäftigten einen Beschäftigungssicherungsplan *(plan de sauvegarde de l'emploi)* aufstellen und durchführen, wenn er beabsichtigt, mindestens zehn Arbeitnehmern innerhalb von 30 Tagen zu kündigen.[1646] Das Gesetz selbst nennt als Ziel dieses Plans zum einen, dass Kündigungen verhindert oder ihre Anzahl verringert werden. Zum anderen sollen die Folgen von Kündigungen, die nicht verhindert werden konnten, gemildert werden, indem die Wiedereingliederung in den Arbeitsmarkt erleichtert wird, Art. L. 321-4-1 CT.[1647] Damit kann der Beschäftigungssicherungsplan aus deutscher Sicht mit einer Art Mischung aus Interessenausgleich und Sozialplan verglichen werden. Der Schwerpunkt liegt aber auf der präventiven Zielsetzung, die vorrangig zu verfolgen ist.[1648] Dies sollte durch die Umbenennung des vorher als Sozialplan *(plan social)* bezeichneten Vorgangs in den Beschäftigungssicherungsplan *(plan de sauvegarde de l'emploi)* stärker betont werden.[1649]

[1644] Cass. soc. 10.7.1995, Dr. soc. 1995, 935; Cass. soc. 21.10.1998, RJS 12/98 n° 1503.
[1645] Cass. crim. 26.3.1991, RJS 5/91 n° 600; Cass. crim. 13.4.1992, Dr. soc. 1993, 290 für den Fall, dass der Arbeitgeber die Herausgabe von Dokumenten verweigert.
[1646] Das Aufstellen des Beschäftigungssicherungsplanes ist zwingend erforderlich, *Pansier*, Droit du travail, S. 210.
[1647] *Couturier*, Dr. soc. 2002, 279, 280.
[1648] *Couturier*, Dr. soc. 2002, 279, 280.
[1649] *Flichy/Gamet*, Licenciement, S. 124; *Couturier*, Dr. soc. 2002, 279, 280.

(2a) Beteiligte an der Ausarbeitung und Einfluss auf die Rechtsnatur

Nach der gesetzlichen Grundkonzeption ist der Beschäftigungssicherungsplan eine einseitige Willenserklärung des Arbeitgebers.[1650] Die Pflicht des Arbeitgebers, einen Beschäftigungssicherungsplan zu erstellen, besteht unabhängig davon, ob in dem Unternehmen eine Arbeitnehmervertretung existiert.[1651] Sind Arbeitnehmervertreter vorhanden, müssen sie – vorrangig der *comité d'entreprise*, wenn keiner vorhanden, die Belegschaftsvertreter – versammelt, informiert und konsultiert werden, Art. L. 321-4-1 CT.[1652] Zu diesem Zeitpunkt handelt es sich noch um einen Entwurf für einen Beschäftigungssicherungsplan, den der Arbeitgeber allein ausgearbeitet hat.

Auch hier beschränkt sich die Funktion der Arbeitnehmervertreter auf eine reine Beratung. Der Arbeitgeber arbeitet den Plan selbst aus und legt ihn anschließend lediglich vor. Die Arbeitnehmervertreter geben eine Stellungnahme ab, von der der Arbeitgeber Kenntnis nehmen muss. Er ist nicht verpflichtet, sich ihr anzuschließen. Kontrolliert wird der Beschäftigungssicherungsplan letztlich durch die Arbeitsverwaltung (s. hierzu E II. 4 f) (6) (2a)) und dem Richter.[1653] Die Konsultation des *comité d'entreprise* (bzw. Belegschaftsvertreters) in Bezug auf den Beschäftigungssicherungsplan stellt keinen zusätzlichen Verfahrensschritt dar. Sie ist gem. Art. L. 321-4 Abs. 3 CT Teil des gesetzlichen Mindestinhalts der Informations- und Konsultationspflicht nach Art. L. 321-2 CT.[1654] Im Anschluss an die Stellungnahme des *comité d'entreprise* muss der Arbeitgeber hierzu eine begründete Antwort abgeben. Erst am Ende der Konsultation legt er den endgültigen Beschäftigungssicherungsplan fest.[1655]

Das Erfordernis des Beschäftigungssicherungsplans ist somit in dreifacher Hinsicht zu beachten. Der Arbeitgeber muss ihn zunächst selbst erstellen.[1656] Danach muss er Gegenstand der Konsultation des *comité d'entreprise* sein. Zuletzt muss er ihn der Arbeitsverwaltung vorlegen, die den Plan kontrolliert.

[1650] *Morvan*, Juris-Cl. Droit du travail, Fasc. 31-2 (Stand 30.12.2003), n° 86; hieraus folgt, dass in dem Beschäftigungssicherungsplan nur Pflichten zu Lasten des Arbeitgebers festgelegt werden können, *Pélissier/Supiot/Jeammaud*, Droit du travail, S. 578 Rn. 470.

[1651] *Pélissier/Supiot/Jeammaud*, Droit du travail, S. 578 Rn. 469.

[1652] Gibt es keine Arbeitnehmervertretung, muss der Beschäftigungssicherungsplan an den Arbeitsplätzen ausgehängt werden, Art. L. 321-4-1 Abs. 4 CT.

[1653] *Flichy/Gamet*, Licenciement, S. 125.

[1654] *Morvan*, Juris-Cl. Droit du travail, Fasc. 31-2 (Stand 30.12.2003), n° 94.

[1655] *Pélissier/Supiot/Jeammaud*, Droit du travail, S. 579 Rn. 470.

[1656] Die Rechtsprechung, nach der die Pflicht zum Erstellen eines Beschäftigungssicherungsplanes (zu dem Zeitpunkt noch *plan social* genannt) bereits dann besteht, wenn der Arbeitgeber mindestens zehn Arbeitnehmern ein Änderungsangebot gemacht hat, ohne dass diese es bereits abgelehnt haben müssen, gilt nach der neuen Fassung des Art. L. 321-1 CT nicht mehr, s. hierzu *Radé*, Dr. soc. 2005, 386ff.

Neben einem einseitig vom Arbeitgeber festgelegten Beschäftigungssicherungsplan besteht seit den letzten Gesetzesänderungen von 2003 und 2005 nun auch die Möglichkeit, dass er in der Form einer Verfahrensvereinbarung *(accord de méthode)* abgeschlossen wird.[1657] Wie bereits dargestellt, wird auch in diesem Fall der *comité d'entreprise* nur konsultiert. Er wird nicht zur Vertragspartei. Die Vereinbarung wird zwischen dem Arbeitgeber und den im Unternehmen vertretenen Gewerkschaften geschlossen.

(3a) Regelungsgegenstand

Der Inhalt des Beschäftigungssicherungsplans wird nicht abschließend von Art. L. 321-4-1 CT festgelegt. Nach Absatz 2 muss in dem Beschäftigungssicherungsplan ein Plan zur anderweitigen Beschäftigung *(plan de reclassement)* der Arbeitnehmer enthalten sein. Dieser Teil wird auch als das Herzstück des Beschäftigungssicherungsplans bezeichnet.[1658] Die Bezeichnung als Plan zur anderweitigen Weiterbeschäftigung ist allerdings etwas irreführend. Die Maßnahmen, die Art. L. 321-4-1 Abs. 5 CT im Anschluss aufzählt, sind sowohl Maßnahmen zur Vermeidung von Kündigungen als auch kündigungsbegleitende Maßnahmen zur Vereinfachung der Wiedereingliederung der Arbeitnehmer in das Arbeitsleben.[1659] Dabei weist die Vorschrift darauf hin, dass insbesondere alte Arbeitnehmer oder solche, deren berufliche Wiedereingliederung aufgrund ihrer sozialen oder beruflichen Eigenschaften besonders schwierig ist, von den Maßnahmen profitieren sollen, Art. L. 321-4-1 Abs. 1 CT. Im Einzelnen nennt das Gesetz folgende Beispiele:[1660] Maßnahmen zur internen anderweitigen Weiterbeschäftigung, das Schaffen neuer Tätigkeiten im Unternehmen, Maßnahmen die die Weiterbeschäftigung außerhalb des Unternehmens fördern, insbesondere durch die Unterstützung der Reaktivierung der Beschäftigung in der Region, unterstützende Maßnahmen zur Schaffung neuer Aktivitäten oder Wiederaufnahme von Aktivitäten durch die Arbeitnehmer sowie Maßnahmen zur Schulung, zur Anerkennung der erlangten Berufserfahrung oder Umschulung, um die interne oder externe Weiterbeschäftigung der Arbeitnehmer auf gleichwertigen Arbeitsplätzen zu erleichtern. Weiterhin werden Maßnahmen zur Verringerung oder anderweitigen Verteilung der Arbeitszeit genannt und Maßnahmen zum Abbau von regelmäßig geleisteten Überstunden, wenn ihr Volumen zeigt, dass die kollek-

---

1657 *Antonmattéi*, Dr. soc. 2005, 399, 401; s. hierzu im Einzelnen auch die Ausführungen zum *accord de méthode* E. II. 4 g).

1658 *Pansier*, Droit du travail, S. 212.

1659 *Pélissier/Supiot/Jeammaud*, Droit du travail, S. 579 Rn. 471.

1660 Die Formulierung des Art. L. 321-4-1 Abs. 3 CT ist ein wenig ungewöhnlich, lässt aber keinen Zweifel, dass die Aufzählung der Maßnahmen nur biespielhaft ist: „Dieser Plan muss Maßnahmen vorsehen, wie z.B…" (« *ce plan doit prévoir des mesures, telles que par exemple :..* »).

tive Arbeitszeit deutlich über 35 Wochenstunden oder 1600 Stunden im Jahr liegt und durch ihre Reduzierung alle oder ein Teil der Arbeitsplätze, die abgebaut werden sollen, erhalten werden können.

Die *Circulaire* CDE 94-20 vom 7.6.1994, die u.a. die Auslegung des Art. L. 321-4-1 CT zum Inhalt hat, betont, dass internen Maßnahmen, insbesondere solchen, die die Verteilung der Arbeitszeit betreffen, Vorrang einzuräumen ist. Die Rechtsprechung verlangt, dass die Maßnahmen präzise und konkret formuliert sind, damit die Arbeitnehmervertreter in voller Kenntnis der Lage ihre Stellungnahme und Vorschläge abgeben können.[1661] Es muss sich um effiziente Maßnahmen handeln, die tatsächlich die Anzahl der Kündigungen verringern oder eine anderweitige Beschäftigung ermöglichen können.[1662] Weitere, nicht im Gesetz genannte Maßnahmen mit dem Ziel, die Folgen auszusprechender Kündigungen zu mildern, bestehen in der Praxis meist darin, dass Regelungen zu Abfindungszahlungen erstellt werden, durch die die gesetzlich vorgesehenen Summen erhöht werden.[1663]

Für die Beurteilung der Frage, ob die im jeweiligen Beschäftigungssicherungsplan enthaltenen Maßnahmen ausreichen, sind nach Art. L. 321-4-1 Abs. 5 CT die Mittel, über die das Unternehmen verfügt, maßgeblich.[1664] Änderungen des Beschäftigungssicherungsplanes sind solange zulässig, wie das Konsultationsverfahren des *comité d'entreprise* andauert, damit der Arbeitgeber noch dessen Vorschläge oder die der Arbeitsverwaltung einarbeiten kann.[1665] Änderungen oder Zusätze nach Abschluss des Konsultationsverfahrens durch den Arbeitgeber können Lücken im Beschäftigungssicherungsplan hingegen nicht mehr schließen.[1666]

(4a) Ausmaß der gerichtlichen Überprüfung

Die Rechtsprechung geht weit bei der Überprüfung, ob die Maßnahmen im Beschäftigungssicherungsplan ausreichend sind. Die Richter sollen nach Auffassung der *Cour de cassation* auch prüfen, ob der Arbeitgeber alle möglichen Maßnahmen ausgeschöpft hat. So hat das oberste Gericht es als nicht ausreichend angesehen, dass der Arbeitgeber den 14 Arbeitnehmern, die vom Kündigungsprojekt betroffen waren, 35 Arbeitsplätze zur anderweitigen Beschäftigung angeboten hat. Es hätte nach seiner Auffassung zudem überprüft

---

[1661] Cass. soc. 13.2.1997, Dr. soc. 1997, 249; Cass. soc. 10.6.1997, RJS 10/97 n° 1107; Cass. soc. 28.3.2000, Bull. civ. V, n° 132.

[1662] Cass. soc. 13.2.1997, Dr. soc. 1997, 254; *Pélissier/Supiot/Jeammaud*, Droit du travail, S. 579f. Rn. 471.

[1663] *Flichy/Gamet*, Licenciement, S. 125.

[1664] Nach Cass. soc. 12.11.1997, Bull. civ. V, n° 368 ist z.B. demnach auch die kritische Situation einer Gesellschaft, die sich im Insolvenzverfahren befindet zu berücksichtigen.

[1665] Cass. soc. 23.3.1994, Dr. soc. 1994, 517; *Pélissier/Supiot/Jeammaud*, Droit du travail, S. 584 Rn. 475 Fn. 3.

[1666] *Morvan*, Juris-Cl. Droit du travail, Fasc. 31-2 (Stand 30.12.2003), n° 103.

werden müssen, ob darüber hinaus auch andere Maßnahmen in Betracht kommen, insbesondere in Bezug auf die Verteilung der Arbeitszeit.[1667]

Die gerichtliche Kontrolle kann außerdem an zwei unterschiedlichen Zeitpunkten einsetzen. Sie kann nachträglich, also nach Ausspruch der Kündigungen erfolgen. Das Gericht kann aber auch in diesem Zusammenhang schon während des unternehmensinternen Kündigungsverfahrens von den Arbeitnehmern oder den Arbeitnehmervertretern im Wege des einstweiligen Rechtsschutzes angerufen werden. Stellen die Richter die Fehlerhaftigkeit des Beschäftigungssicherungsplanes fest, muss das Verfahren wiederholt werden.[1668]

(5a) Sanktionen

Die große Relevanz der gerichtlichen Kontrolle in diesem Bereich wird in Anbetracht der Sanktion eines fehlerhaften Beschäftigungssicherungsplans umso deutlicher. Gem. Art. L. 321-4-1 Abs. 2 CT ist das Kündigungsverfahren „nichtig und wirkungslos" *(nulle et de nul effet)*, wenn kein Plan zur anderweitigen Beschäftigung der Arbeitnehmer in dem Beschäftigungssicherungsplan enthalten ist und dem *comité d'entreprise* nicht vorgelegt wird. Die Rechtsfolge ist entsprechend der Systematik des Arbeitsgesetzes in der zentralen Rechtsfolgennorm des allgemeinen Teils zum Kündigungsrecht, Art. L. 122-14-4 CT, festgelegt. Sie hängt entscheidend vom Antrag des Arbeitnehmers ab. Wenn das Gericht die Nichtigkeit des Beschäftigungssicherungsplans feststellt, kann es gem. Art. L. 122-14-4 Abs. 1 CT die Nichtigkeit der Kündigung aussprechen und auf Wunsch des Arbeitnehmers anordnen, dass der Arbeitsvertrag aufrecht erhalten wird. Da der Arbeitsvertrag weiterhin bestanden hat, sind die vom Ausspruch der Kündigung bis zur tatsächlichen Wiedereingliederung nicht gezahlten Gehälter dem Arbeitnehmer zu erstatten.[1669] Eine Lösung, die dem mit dem Bestandsschutz einhergehenden Annahmeverzug in Deutschland vergleichbar ist. Ausnahmsweise bleibt das Arbeitsverhältnis nicht bestehen, wenn die Wiedereingliederung unmöglich geworden ist, insbesondere wenn der Betrieb geschlossen wurde oder wenn kein freier Arbeitsplatz mehr zur Verfügung steht. Beantragt der Arbeitnehmer nicht die Wiedereingliederung in den Betrieb oder ist die Wiedereingliederung nicht möglich, gewährt das Gericht dem Arbeitnehmer einen Schadensersatz mindestens in Höhe der letzten zwölf Monatsgehälter.

Diese Rechtsfolgenregelung für den fehlerhaften Beschäftigungssicherungsplan wurde mit der *Loi pour la cohésion sociale* vom 18.1.2005 in Art. L. 122-14-4 Abs. 1 CT eingefügt. Sie ist in ihren Grundzügen die gesetzliche

---

[1667] Cass. soc. 28.3.2000, Bull. civ. V n° 131; Cass. soc. 23.1.2002, RJS 2002 n° 417; s. hierzu auch *Pélissier/Supiot/Jeammaud*, Droit du travail, S. 580 Rn. 471 und Fn. 2.

[1668] *Pansier*, Droit du travail, S. 211.

[1669] *Pansier*, Droit du travail, S. 213.

Niederschrift der zuvor geltenden – und wegen ihrer für das französische Kündigungsrecht ungewöhnlich harten Sanktion der Nichtigkeit der Kündigung häufig kritisierten – Rechtsprechung.[1670] Wie die vorherigen Gesetze, wurde auch dieses Gesetz von einem Teil der Parlamentarier als verfassungswidrig angesehen und vor dessen Inkrafttreten dem Verfassungsrat *(Conseil constitutionnel)* zur Entscheidung vorgelegt. Es wurde vorgebracht, dass die Rechtsfolgenregelung für den nichtigen Beschäftigungssicherungsplan nicht hinreichend bestimmt sei. Denn in Art. L. 122-14-4 Abs. 1 CT werde nicht abschließend festgelegt, wann eine Wiedereingliederung des Arbeitnehmers nicht möglich sei, sondern hierfür nur „insbesondere" die Betriebsschließung und das Fehlen eines freien Arbeitsplatzes genannt. Die Antragsteller wollten erreichen, dass die Aufzählung zumindest abschließend verstanden wird, so dass in möglichst wenigen Fällen die Unmöglichkeit der Wiedereingliederung bejaht werden kann.[1671] Zudem wurde vorgebracht, durch die Regelung werde das Gleichgewicht, das das Gesetz zwischen dem Recht auf Beschäftigung *(droit à l'emploi)* und der unternehmerischen Freiheit *(liberté d'entreprendre)* herstellen müsse, zerstört.[1672] Der Verfassungsrat *(conseil constitutionnel)* ist in seiner Entscheidung vom 13.1.2005[1673] dieser Argumentation nicht gefolgt. Es sah die Regelung als hinreichend bestimmt an. Die Betriebsschließung und das Fehlen eines freien Arbeitsplatzes sind nach Auslegung des Gerichts beispielhaft genannt, die Regelung sei demnach nicht abschließend, auch andere Umstände könnten die Unmöglichkeit der Wiedereingliederung begründen. Die Anwendung der Regelung im Einzelfall obliege den Richtern. Die Richtlinien hierfür seien hinreichend deutlich in Art. L. 122-14-4 CT festgelegt, so dass nicht die Gefahr bestehe, der Gesetzgeber habe sich seines Auftrags entzogen und durch die Rechtsprechung könne eine willkürliche Anwendung erfolgen. In Bezug auf das Gleichgewicht zwischen der Berücksichtigung der Arbeitnehmerinteressen in Form des Rechts auf Beschäftigung einerseits und der unternehmerischen Freiheit andererseits weist der Verfassungsrat zunächst darauf hin, dass es Aufgabe des Gesetzgebers sei, diese beiden verfassungsrechtlich garantierten Prinzipien zu beachten und miteinander in Einklang zu bringen. Bei dieser Aufgabe

---

1670 Diese Rechtsprechung wurde maßgeblich durch die Entscheidung „*Samaritaine*", Cass. soc. 13.2.1997, D. 1997, 171 eingeführt; bestätigt z.B. durch die Entscheidung „*ALEFPA*", Cass. soc. 30.3.1999, RJS 4/99, n° 654. Die Reaktionen in der Literatur auf diese Rechtsprechung waren zahlreich, s. z.B. *Lyon-Caen*, Dr. soc. 1997, 171 f.; *Ray*, Liaisons soc. 1997, 50; *Grumbach*, Dr. soc. 1997, 341; *Antonmattéi*, RJS 3/97, 155.

1671 *Prétot*, Dr. soc. 2005, 371, 373.

1672 s. hierzu *Couturier*, Dr. soc. 2005, 403, 407 f.

1673 Cons. const. 13.1.2005 (n° 2004-509 DC), Dr. soc. 2005, 408 f.

würden zwangsläufig beide Rechte eingeschränkt.[1674] Der Verfassungsrat könne das Ergebnis des Gesetzgebers nur auf grobe Fehlerhaftigkeit *(erreur manifeste)* überprüfen. Eine solche sei im vorliegenden Fall nicht gegeben.

Folge und Ziel dieser Entscheidung ist, der früheren – sehr arbeitnehmerfreundlichen – Rechtsprechung der Arbeitsgerichte, nach der die Unmöglichkeit der Wiedereingliederung nur in Extremfällen bejaht wurde, eine klare Absage zu erteilen.[1675] Eine nicht abschließende Aufzählung der Fälle, in denen die Unmöglichkeit der Wiedereingliederung angenommen wird, lässt den Arbeitsgerichten die Möglichkeit, weitere Fallgruppen zu schaffen.

(6) Information und Kontrolle durch die Arbeitsverwaltung

(1a) Umfang und Durchführung der Information

Beabsichtigt der Arbeitgeber, mindestens zehn Arbeitnehmern innerhalb von 30 Tagen zu kündigen, muss er zunächst zeitgleich mit der ersten Information der Arbeitnehmervertreter auch die Arbeitsverwaltung über sein Kündigungsvorhaben informieren. Nach Art. R. 321-4 CT muss diese Information in der Form eines Einschreibens mit Rückantwort gemacht werden. Das Schreiben muss den Namen und die Adresse des Arbeitgebers, die Art der Tätigkeit und die Größe des Unternehmens sowie die Anzahl der beabsichtigten Kündigungen beinhalten. Diese erste Benachrichtigung und Information muss demnach schon vor dem Tätigwerden des *comité d'entreprise* erfolgen.[1676] Zudem muss der Arbeitgeber bei der Arbeitsverwaltung nochmals frühestens einen Tag, nachdem die erste Versammlung des *comité d'entreprise* im Sinne von Art. L. 321-3 CT[1677] abgehalten wurde, das Kündigungsvorhaben per Einschreiben mit Rückantwort anzeigen, Art. L. 321-7 CT. Der Anzeige müssen gem. Art. L. 321-7 Abs. 2 CT alle Informationen zur Ladung, zur Tagesordnung und das Protokoll dieser ersten Versammlung umfassen. Hat der Arbeitgeber einen Beschäftigungssicherungsplan entworfen, muss auch dieser Entwurf der Arbeitsverwaltung mitgeteilt werden.[1678] Nach der zweiten Versammlung des *comité d'entreprise* muss der Arbeitgeber die erstellte Liste mit den Arbeitnehmern, denen gekündigt werden soll, mitteilen, sowie mögliche vorgenommene Änderungen in Bezug auf den

---

[1674] Kritisch zur Argumentation, die sich auf diese beiden Verfassungsprinzipien stützt, ohne auf die zivilrechtliche Komponente des Arbeitsvertrags einzugehen, *Prétot*, Dr. soc. 2005, 373, 374 f.

[1675] So der offizielle Kommentar in der Veröffentlichung des *Conseil constitutionnel*, *Couturier*, Dr. soc. 2005, 403, 408.

[1676] *Pansier*, Droit du travail, S. 209.

[1677] Also mit Beginn des speziellen Konsultationsverfahrens für Massenentlassungen nach dem 3. Buch des *Code du travail*.

[1678] *Flichy/Gamet*, Licenciement, S. 127.

Kündigungskalender oder soziale Begleitmaßnahmen.[1679] Zieht der *comité d'entreprise* einen Wirtschaftsprüfer hinzu, hat der Arbeitgeber auch diese Entscheidung der Arbeitsverwaltung mitzuteilen, Art. L. 321-7-1 Abs. 3 CT. Außerdem muss er ihr das Protokoll der in einem solchen Fall notwendigen dritten Versammlung zukommen lassen.

(2a) Aufgaben und Rolle der Verwaltung bei großen Massenentlassungen

Nachdem das allgemeine Genehmigungserfordernis der Arbeitsverwaltung für Kündigungen aus wirtschaftlichem Grund mit dem Gesetz von 1986 weggefallen ist, beschränkt sich die Rolle der Arbeitsverwaltung auf eine Kontrollfunktion. Gem. Art. L. 321-7 Abs. 4 CT überprüft sie, ob die Arbeitnehmervertreter entsprechend der gesetzlichen Vorgaben und den Vorgaben von Kollektivvereinbarungen informiert, versammelt und konsultiert wurden. Zudem kontrolliert sie, ob die Anforderungen des Art. L. 321-4 CT an die Ausarbeitung und Durchführung sozialer Maßnahmen erfüllt werden. Davon ist auch der Beschäftigungssicherungsplan nach Art. L. 321-4-1 CT umfasst.[1680] I.E. überprüft die Arbeitsverwaltung demnach das gesamte zuvor dargestellte Informations- und Konsultationsverfahren der großen Massenentlassung. Im Gegensatz zum Verfahren für kleine Massenentlassungen, kommt ihr hier somit eine aktivere Rolle zu. Sie wird nicht nur nachträglich informiert, sondern von Anfang an mit in den gesamten Prozess eingebunden. Ob tatsächlich ein wirtschaftlicher Grund vorliegt, der die Kündigung rechtfertigt, wird hingegen nicht von der Arbeitsverwaltung überprüft.

Der Ablauf der Kontrolle wird in Art. L. 321-7 CT genau geregelt. Demnach hat die Arbeitsverwaltung bei geplanten Kündigungen von weniger als 100 Arbeitnehmern 21 Tage ab der Mitteilung der endgültigen Listen mit den betroffenen Arbeitnehmern Zeit, das vorherige Kündigungsverfahren zu überprüfen. Die Frist erhöht sich bei einer geplanten Anzahl von 100 bis 249 Kündigungen auf 28 Tage und auf 35 Tage ab einer geplanten Kündigungszahl von mindestens 249. Stellt die Arbeitsverwaltung die Fehlerhaftigkeit des Verfahrens fest, teilt sie dies innerhalb der zuvor genannten Fristen dem Arbeitgeber in einer Stellungnahme mit. Zugleich übersendet sie eine Kopie den Arbeitnehmervertretern. Der Arbeitgeber muss sich zu diesem Hinweis äußern und eine Kopie davon wiederum den Arbeitnehmervertretern zukommen lassen, Art. L. 321-7 Abs. 5 CT.

Die Arbeitsverwaltung kann weiterhin Ergänzungs- oder Änderungsvorschläge zum Beschäftigungssicherungsplan machen, wobei sie die wirtschaftliche Situation des Unternehmens zu berücksichtigen hat. Diese Vorschläge

---

[1679] *Guirlet*, Juris-Cl. Droit du travail, Fasc. 31-4 (Stand 15.4.2002), n° 110; *Pansier*, Droit du travail, S. 210.

[1680] *Pansier*, Droit du travail, S. 210; *Flichy/Gamet*, Licenciement, S. 126; dies ergibt sich letztlich aus dem Verweis im letzten Absatz von Art. L. 321-4 CT auf Art. L. 321-4-1 CT.

müssen gem. Art. L. 321-7 CT vor der letzten Versammlung des *comité d'entreprise* sowohl dem Arbeitgeber als auch dem *comité d'entreprise* mitgeteilt werden.[1681] Die Hinweise und Stellungnahmen der Arbeitsverwaltung haben keinen verbindlichen Charakter für den Arbeitgeber.[1682]

Daneben kann die Arbeitsverwaltung gem. Art. L. 321-7 Abs. 3 CT ein amtliches Untätigkeitsprotokoll *(constat de carence)* innerhalb von acht Tagen nachdem sie die Informationen zum Konsultationsverfahren erhalten hat erstellen, wenn der Arbeitgeber keinen Beschäftigungssicherungsplan entwickelt hat. Eine Kopie von dem Untätigkeitsprotokoll wird von der Verwaltung den Arbeitnehmervertretern übermittelt. Das Untätigkeitsprotokoll entfaltet jedoch keine Bindungswirkung gegenüber dem Arbeitgeber, wenn er auch diese Warnung ernst nehmen sollte. Er kann sein Kündigungsvorhaben ungehindert weiter durchführen.[1683] Zudem kommt dem Untätigkeitsprotokoll der Verwaltung auch keine Bindungswirkung im Rahmen einer anschließenden arbeitsgerichtlichen Überprüfung zu.[1684]

Wenn auch der immense Einfluss, den die Arbeitsverwaltung früher aufgrund des Genehmigungserfordernisses in Bezug auf die Wirksamkeit bzw. das Wirksamwerden der Kündigung hatte heute nicht mehr vorhanden ist, wird ihr auf der tatsächlichen Ebene dennoch eine erhebliche Bedeutung zugesprochen. Dies wird daraus hergeleitet, dass die Verwaltung während des gesamten unternehmensinternen präventiven Kündigungsverfahrens auch über die jeweiligen Veränderungen informiert wird. Ihr kommt eine beratende Funktion zu und sie gibt neue Anregungen.[1685]

(3a) Sperrfrist

Art. L. 321-6 CT sieht je nach Ausmaß der großen Massenentlassung unterschiedlich lange Fristen vor, die der Arbeitgeber einhalten muss, bevor er den Arbeitnehmern die Kündigung ausspricht. Zeitlicher Anknüpfungspunkt ist die Anzeige an die Arbeitsverwaltung der Arbeitnehmer, denen gekündigt werden soll.[1686] Soll die Massenentlassung weniger als 100 Arbeitnehmer umfassen, beträgt die Frist 30 Tage. Sie steigt auf 45 Tage bei einer Anzahl von 100 bis 249 zu kündigenden Arbeitnehmern. Ab 250 Kündigungen muss der Arbeitgeber 60 Tage warten, bevor er sie aussprechen kann. Sind in einer

---

1681 Gibt es keinen *comité d'entreprise* oder Belegschaftsvertreter in dem Unternehmen, müssen die Vorschläge der Arbeitsverwaltung an den Arbeitsplätzen ausgehängt werden, ebenso wie die im Anschluss abgegebene Stellungnahme des Arbeitgebers zu diesen Vorschlägen.

1682 CE 26.3.1997, Rec. Lebon, 113; *Struillou*, Dr. soc. 2002, 342, 343.

1683 *Pélissier/Supiot/Jeammaud*, Droit du travail, S. 571 Rn. 464; *Flichy/Gamet*, Licenciement, S. 126.

1684 Cass. soc. 16.4.1996, Bull. civ. V, n° 164; *Pansier*, Droit du travail, S. 211.

1685 *Pélissier/Supiot/Jeammaud*, Droit du travail, S. 572 Rn. 464.

1686 Cass. soc. 27.10.1999, RJS 4/98 n° 440.

Kollektivvereinbarung längere Fristen vorgesehen, gelten diese gem. Art. L. 321-6 Abs. 2 CT.

Der Arbeitgeber kann gem. Art. L. 321-6 CT bei der Arbeitsverwaltung eine Verkürzung dieser Fristen beantragen, wenn in seinem Unternehmen eine Kollektivvereinbarung über Kündigungen auf die Massenentlassung anwendbar ist, insbesondere wenn sie Regelungen zum Beschäftigungssicherungsplan enthält.[1687] Allerdings dürfen dann die Mindestfristen des Art. L. 321-7 CT nicht unterschritten werden. Das bedeutet für Massenentlassungen von weniger als 100 Arbeitnehmern 21 Tage, von 100 bis 249 Arbeitnehmern 28 Tage und ab 250 Arbeitnehmern 35 Tage.[1688]

Hat die Arbeitsverwaltung den Arbeitgeber auf Verfahrensfehler hingewiesen, darf der Arbeitgeber gem. Art. L. 321-7 Abs. 5 CT erst nach seiner Antwort auf diese Hinweise die Kündigungen aussprechen. Die Frist, nach deren Ablauf bei großen Massenentlassungen nach Art. L. 321-6 CT frühestens die Kündigungsschreiben verschickt werden dürfen, beginnt ansonsten nicht zu laufen.[1689]

Eine Regelung, die mit der – zumindest noch auf dem Papier existierenden – Freifrist nach § 18 Abs. 4 KSchG vergleichbar ist, gibt es in Frankreich hingegen nicht.

(4a) Sanktionen

Verstöße gegen die Informationspflicht lösen strafrechtliche und zivilrechtliche Sanktionen aus. Einen Einfluss auf die Wirksamkeit der Kündigungen haben sie nicht. Verstößt der Arbeitgeber bei großen Massenentlassungen gegen die Pflicht, die Arbeitsverwaltung zu informieren, erhält er gem. Art. L. 321-11 CT eine Geldstrafe in Höhe von 3.750,- € je ausgesprochener Kündigung, die er nicht angezeigt hat.[1690] Dieselbe strafrechtliche Sanktion sieht Art. L. 321-11 CT vor, wenn der Arbeitgeber die Kündigungsschreiben verschickt, ohne zuvor auf die Hinweise der Verwaltung geantwortet zu haben.[1691] Daneben ist im Verhältnis zum Arbeitnehmer Art. L. 122-14-4 Abs. 3 CT anwendbar. Nach dieser Vorschrift hat der Arbeitnehmer einen Anspruch auf Schadensersatz, wenn der Arbeitgeber gegen die Verfahrensvorgaben des Art. L. 321-2 CT verstoßen hat; zu diesen Vorgaben gehört die Information der Arbeitsverwaltung. Die Höhe des Schadensersatzes wird im Einzelfall

---

1687 *Pélissier/Supiot/Jeammaud*, Droit du travail, S. 574 Rn. 466.

1688 *Flichy/Gamet*, Licenciement, S. 129.

1689 *Struillou*, Dr. soc. 2002, 342, 343 (s. hier auch Fn. 7); *Guirlet*, Juris-Cl. Droit du travail, Fasc. 31-4 (Stand 15.4.2002) n° 115.

1690 *Morvan*, Juris-Cl. Droit du travail, Fasc. 31-2 (Stand 30.12.2003), n° 84.

1691 *Pélissier/Supiot/Jeammaud*, Droit du travail, S. 572 Rn. 464.

nach dem jeweils entstandenen Schaden ermittelt, weder Höchst- noch Untergrenzen sind vorgeschrieben.[1692]

Ein Verstoß gegen die Sperrfristen führt ebenfalls zur strafrechtlichen Sanktion des Art. L. 321-11 CT, d.h. eine Geldstrafe in Höhe von 3.750,- € je Verstoß. Zudem wird dadurch das Kündigungsverfahren fehlerhaft und der Arbeitnehmer hat gem. Art. L. 122-14-4 Abs. 3 CT einen Anspruch auf Schadensersatz in Höhe des jeweils enstandenen Schadens.[1693]

(7) Wegfall des Kündigungsgesprächs

Handelt es sich bei dem Kündigungsvorhaben um eine große Massenentlassung, ist der Arbeitgeber gem. Art. L. 122-14 Abs. 3 CT nicht verpflichtet, Kündigungsgespräche mit den einzelnen Arbeitnehmern durchzuführen. Ausnahmsweise ist das Kündigungsgespräch erforderlich, wenn einem Arbeitnehmervertreter gekündigt werden soll.[1694] Eine weitere Ausnahme wird gemacht, wenn in dem Unternehmen keine Arbeitnehmervertretung vorhanden ist, die zuvor konsultiert werden konnte, Art. L. 122-14 Abs. 3 CT.[1695] Hieran wird erkennbar, dass das individuelle Kündigungsgespräch mit dem einzelnen Arbeitnehmer i.E. durch die Konsultation der Arbeitnehmervertreter ersetzt wird.

(8) Das Kündigungsschreiben

An den Inhalt des Kündigungsschreibens werden dieselben Anforderungen gestellt, wie bei Einzelkündigungen aus wirtschaftlichem Grund. Auf die Ausführungen kann daher verwiesen werden.[1696]

g) Weiterbestehen der Möglichkeit des Abschlusses abweichender *accords de méthode*

(1) Teilweise geänderte Voraussetzungen

Die bereits unter E. II. 3. a) dargestellten Verfahrensvereinbarungen *(accord de méthode)*, die der Arbeitgeber abschließen kann, wenn er beabsichtigt,

---

[1692] *Flichy/Gamet*, Licenciement, S. 184.
[1693] *Flichy/Gamet*, Licenciement, S. 184.
[1694] *Clavel-Fauquenot/Marignier*, Liaisons Sociales, février 2001, 32. In diesem besonderen Fall muss das Kündigungsgespräch nach der Konsultation des *comité d'entreprise* bezüglich der Massenentlassung durchgeführt werden. Nach dem Kündigungsgespräch ist der *comité d'entreprise* erneut zu konsultieren, diesmal speziell zu dem betreffenden Arbeitnehmer. Danach muss der Arbeitgeber beim Arbeitsinspektor einen Antrag auf Erteilung der Genehmigung zur Kündigung stellen. Liegt diese vor, kann er dem Arbeitnehmer die Kündigung mitteilen; s. hierzu im Überblick auch *Flichy/Gamet*, Licenciement, S. 128.
[1695] *Flichy/Gamet*, Licenciement, S. 128.
[1696] S. E. II. 4 d).

mindestens zehn Arbeitnehmer innerhalb von 30 Tagen zu entlassen, sind auch in das Gesetz vom 18.1.2005 mit aufgenommen worden und nun in Art. L. 320-3 CT geregelt. Auf diesem Weg wurde der *accord de méthode* von einer bloßen Übergangslösung, die der Gesetzesentwicklung dienen sollte, zu einer dauerhaften Alternative zu den gesetzlichen Vorgaben befördert. Damit wurde einer Studie der *Direction générale à l'emploi et à la formation professionnelle* (DGEFP) Rechnung getragen, mit der 173 Verfahrensvereinbarungen untersucht wurden. Die Studie bescheinigte, dass damit einem vorhandenen Bedürfnis in den Unternehmen im Rahmen von Umstrukturierungen entsprochen wird und die Verfahren berechenbarer sowie die Weiterbeschäftigung der betroffenen Arbeitnehmer im Unternehmen erleichtert werden.[1697] In der Literatur wurde zudem als Vorteil der Verfahrensvereinbarung hervorgehoben, dass damit in einem „emotionslosen" Zeitpunkt *(„à froid")* Verhandlungen über die Durchführung einer zukünftigen, also noch fiktiven Massenentlassung geführt werden.[1698] Der Gesetzgeber hat die Grundstruktur der ursprünglichen Fassung übernommen, aber auch in mehrfacher Hinsicht Änderungen eingearbeitet.

Eine Verfahrensvereinbarung kann gem. Art. L. 320-3 Abs. 1 CT wie zuvor auch in der Form eines Firmentarifvertrages abgeschlossen werden. Zudem ist nun klargestellt, dass der Tarifvertrag auch auf der Ebene des Konzerns oder des Wirtschaftszweiges *(accord de groupe* oder *accord de branche*) abgeschlossen werden kann.[1699]

Eine einschneidende Änderung betrifft die Voraussetzungen für den wirksamen Abschluss. Die vorherige Konsultation des *comité d'entreprise* ist im Gegensatz zu der früheren Regelung nicht mehr Wirksamkeitsvoraussetzung für die Verfahrensvereinbarung. Somit beschränkt sich die Mitwirkung des *comité d'entreprise* nur noch auf die Konsultation, die nach den allgemeinen Regeln vor Massenentlassungen und dem Abschluss von Firmentarifverträgen durchgeführt werden muss.[1700] Ein Verstoß wirkt sich nicht auf die Wirksamkeit der Vereinbarung aus.[1701] Damit wird die Beteiligung des *comité d'entreprise* erheblich eingegrenzt.[1702]

[1697] SSL 2004, n° 1194, S. 3; s. zu der Untersuchung im Einzelnen auch E. II. 3 a) (4).

[1698] *Balmary*, Dr. soc. 2004, 272, 277.

[1699] Am sinnvollsten dürfte m.E. dennoch die Vereinbarung auf Unternehmensebene sein, denn hier kennen die Sozialpartner am ehesten die konkreten Bedürfnisse im Unternehmen.

[1700] *Antonmattéi*, Dr. soc. 2005, 399, 400; für den Abschluss von Kollektivvereinbarungen gilt Art. L. 132-2-2 CT.

[1701] Cass. soc. 19.3.2003 RJS 2003, n° 588.

[1702] Dies ist m.E. bedenklich, denn gerade der Betriebsrat ist von der Vereinbarung betroffen. Es geht um die Ausgestaltung seiner Mitwirkung bei Massenentlassungen. Außerdem kennt gerade der *comité d'entreprise* das Unternehmen und seine Bedürfnisse uns Schwierigkeiten besonders gut.

In Bezug auf die zulässige Dauer einer Verfahrensvereinbarung hat der Gesetzgeber nun die Höchstdauer von zwei Jahren aufgegeben. Die Höchstdauer war aufgrund der ebenfalls zeitlich begrenzten Wirkungsdauer des Gesetzes vom 3.1.2003 eingeführt worden. Demnach ist die Aufgabe der zeitlichen Begrenzung die logische Konsequenz aus der Neufassung des Gesetzes, das nun eine dauerhafte Geltung für sich beansprucht.[1703]

(2) Zulässiger Regelungsgegenstand

Der zulässige Inhalt der Verfahrensvereinbarungen ist im Kern derselbe geblieben. Geregelt werden dürfen grundsätzlich die Modalitäten der Information und Konsultation des *comité d'entreprise*, die durchgeführt werden müssen, wenn der Arbeitgeber eine große Massenentlassung plant. Die zwei Grenzen, die schon in der Fassung von 2003 gesetzt wurden, bleiben auch in Art. L. 320-3 CT aufrechterhalten. D.h. es darf nicht von den ersten elf Absätzen des Art. L. 321-4 und von Art. L. 321-9 CT abgewichen werden; s. hierzu bereits ausführlich E. II. 3 a) (2). Zwei neue Einschränkungen sind mit dem Gesetz von 2005 hinzugekommen. Es darf nicht von den Regelungen zur Pflicht der anderweitigen Beschäftigung *(obligation de reclassement)* nach Art. L. 321-1 Abs. 3 CT und auch nicht von den Regelungen des Art. L. 431-5 CT abgewichen werden. Art. L. 431-5 CT schreibt vor, dass der Arbeitgeber dem *comité d'entreprise* genaue Informationen für einen ausreichenden Zeitraum schriftlich zukommen lassen muss und dem auch eine begründete Antwort beizufügen hat. Zudem werden dem *comité d'entreprise* Zugriffsrechte auf Unterlagen der jeweiligen Verwaltung zugesprochen, wenn dies notwendig ist.

Neben der Ausgestaltung des Verfahrens bei Massenentlassungen können in der Vereinbarung auch die Voraussetzungen geregelt werden, nach denen der *comité d'entreprise* Alternativen zum Projekt der Umstrukturierung formulieren kann. Zudem können Regelungen zur Organisation der Umsetzung von Plänen zur Hilfe der geographischen und beruflichen Mobilität innerhalb des Unternehmens und des Konzerns getroffen werden, Art. L. 320-2 Abs. 2 CT. Dies gilt ebenso für die Unternehmen, die ohnehin zur Erstellung solcher Pläne verpflichtet sind (Art. L. 320-3 CT), wie für Unternehmen, die es freiwillig machen.

Zum Beschäftigungssicherungsplan i.S.d. Art. L. 321-4-1 CT kann der *accord de méthode* in zweifacher Hinsicht Regelungen treffen. Zunächst ist es möglich, dass er die Verfahrensvoraussetzungen für eine Vereinbarung vorgibt, die das Verfahren für den Abschluss eines Beschäftigungssicherungsplanes regelt. Gem. Art. L. 320-3 Abs. 3 CT ist es zudem möglich, dass ein *acccord de méthode* Regelungen zum Inhalt eines zukünftigen Beschäfti-

---

[1703] *Antonmattéi*, Dr. soc. 2005, 399, 401.

gungssicherungsplans vorsieht. Von dieser Möglichkeit wurde bisher im überwiegenden Teil der Fälle Gebrauch gemacht.[1704]

(3) Sanktionen

Zu den möglichen Sanktionen, die die Anwendung einer nichtigen Verfahrensvereinbarung oder der Verstoß gegen eine wirksame Verfahrensvereinbarung nach sich zieht, schweigt das Gesetz weiterhin. Insoweit wird auf die Ausführungen unter E II. 3 a) (3) verwiesen, wo die Sanktionen, die in Betracht kommen, bereits dargestellt wurden. Eine *Circulaire* zur genauen Anwendung, insbesondere zu den Rechtsfolgen für Verstöße gegen Art. L. 320-3 CT, bleibt noch abzuwarten. Geregelt ist nun aber zumindest in Art. L. 320-3 Abs. 5 CT, dass die unwirksame Vereinbarung nur innerhalb von drei Monaten nach ihrem Abschluss in formeller Hinsicht gerichtlich angegriffen werden kann. Die Frist wird auf zwölf Monate erhöht, wenn die Verfahrensvereinbarung den Inhalt von Beschäftigungssicherungsplänen regelt.

h) Keine Notwendigkeit richtlinienkonformer Auslegung

Bei der Darstellung der Verfahrensanforderungen, die der Arbeitgeber vor Ausspruch von Massenentlassungen zu beachten hat, fällt auf, dass die Frage einer richtlinienkonformen Auslegung der maßgeblichen Normen in Frankreich nicht diskutiert wird. Der Grund hierfür liegt darin, dass der Wortlaut der Vorschriften keine Zweifel zulässt, in welcher Phase die Beteiligung der Arbeitnehmervertretung und die Benachrichtigung bzw. Einbeziehung der Arbeitsverwaltung erfolgen muss.

Auch bei den Ausführungen zu den Schwellenwerten werden die europarechtlichen Vorgaben i.d.R. nicht erwähnt. Ist dies doch der Fall, dann nur am Rande unter dem Hinweis, dass eine Massenentlassung in Frankreich bereits ab zwei Kündigungen vorliegen kann, die Richtlinie hingegen eine unterschiedlich hohe Kündigungsanzahl vorsieht, die je nach Betriebsgröße variiert.[1705] Die französischen Regelungen zu den Schwellenwerten erfüllen bzw. „übererfüllen" die europarechtlichen Vorgaben. Zwar sieht Art. 1 der Richtlinie 98/59/EG vor, dass es sich bei geplanten Entlassungen von mindestens zehn Arbeitnehmern um ein Unternehmen mit i.d.R. 20 Beschäftigten handeln muss. Eine solche – große – Massenentlassung liegt in Frankreich erst in Unternehmen mit 50 Arbeitnehmern vor. Allerdings sieht der *Code du travail* daneben auch noch das Verfahren für die kleinen Massenentlassungen vor, das unabhängig von der Unternehmensgröße besteht.

[1704] *Antonmattéi*, Dr. soc. 2005, 399, 401.

[1705] *Couturier*, Droit du travail Band 1, S. 270 Rn. 150.

Erwähnung findet das Europarecht aber z.B. in der *Circulaire* vom 29.12.1992,[1706] die zur Anwendung von Art. L. 321-1 Abs. 2 CT erlassen wurde, also zur Einbeziehung anderer Beendigungsformen als die Kündigung in den Anwendungsbereich der Regelungen zu Massenentlassungen. Dort wird darauf hingewiesen, dass die Regelung damit insbesondere auch den Vorgaben der Massenentlassungsrichtlinie 92/56/EG vom 24.6.1992 genügt.

Auch die Sanktion von Verstößen gegen die Verfahrenserfordernisse bei Massenentlassungen ist durch mehrfache Verweise gesetzlich geregelt. Der Arbeitnehmer hat gem. Art. L. 122-14-4 Abs. 3 CT einen Anspruch auf Schadensersatz in Höhe des ihm entstandenen Schadens, sobald der Arbeitgeber gegen die Vorgaben für das Kündigungsverfahren bei Massenentlassungen verstößt. Art. L. 122-14-4 CT verweist auf Art. L. 321-2 CT, der sowohl das Konsultationsverfahren der Arbeitnehmer regelt, als auch die Benachrichtigung der Arbeitsverwaltung vorsieht. Für diesen Verfahrensteil verweist Art. L. 321-2 CT wiederum auf Art. L. 321-7 CT, so dass damit auch das gesamte Verfahren vor der Arbeitsverwaltung erfasst ist. Im Gegensatz zu dem Schadensersatzanspruch aus Art. L. 122-14-4 Abs. 1 CT besteht der Anspruch nach Abs. 3 auch unabhängig von der Unternehmensgröße und der materiellen Rechtfertigung der Kündigung. Es handelt sich demnach um eine effizientere Sanktion, als diejenige, die für die sonstigen Verfahrensverstöße vorgesehen ist. Zweifel, ob die Regelungen zur Massenentlassung dem europarechtlichen Effizienzgebot genügen, bestehen damit nicht.

III. Vergleich

1. Struktur und Anwendungsbereich

Vorab muss darauf hingewiesen werden, dass sowohl in Deutschland als auch letztlich in Frankreich die Sozialauswahl, die zweifellos eine Besonderheit der betriebsbedingten Kündigung darstellt, nicht dem präventiven Kündigungsschutz zuzuordnen ist. Die Sozialauswahl hat in beiden Ländern eine vergleichbare Struktur. Wenn auch die gesetzliche Aufzählung der Auswahlkriterien in Frankreich im Gegensatz zu § 1 Abs. 3 KSchG nicht abschließend ist, stellt sie dennoch ein Mindesterfordernis dar. Die Anknüpfungspunkte sind i.E. auf beiden Seiten die familiäre Situation, die Betriebs- bzw. Unternehmenszugehörigkeit, das Alter und der gesundheitliche Zustand. Ebenfalls

[1706] Circulaire DE/DRT 92-26. Die *Circulaire* wurde im Anschluss an die Einführung des Art. L. 321-1 Abs. 2 CT durch das Gesetz vom 29.7.1992 als Richtlinie für dessen Auslegung erlassen. Das Gesetz vom 29.2.1992 bestätigt und festigt das Ergebnis der vorherigen Rechtsprechung , s. hierzu Cass. soc. 10.4.1991, CSB 1991 A. 39.

wird dem Arbeitgeber bei der Gewichtung der einzelnen Kriterien ein Ermessensspielraum zugestanden. Einziger einschneidender Unterschied ist auch hier wieder i.R.d. Beurteilungsebene zu finden. In Frankreich ist die Sozialauswahl auf der Unternehmensebene durchzuführen, in Deutschland ist sie hingegen nach h.M. betriebsbezogen.[1707]

In beiden Systemen stellt das Gesetz zusätzliche Anforderungen an das präventive Kündigungsverfahren, wenn eine bestimmte Anzahl von Kündigungen aus wirtschaftlichem Grund geplant ist. Auf beiden Seiten besteht dieses besondere Kündigungsverfahren aus einer Konsultation der Arbeitnehmervertreter und einem Anzeigeverfahren bei einer zuständigen Arbeitsverwaltungsstelle. Dies ist bis hierhin jedoch nicht weiter verwunderlich, handelt es sich doch um eine europarechtliche Vorgabe.

Sowohl in Deutschland als auch in Frankreich tritt bei einer geplanten (großen) Massenentlassung eine Doppelung des Erfordernisses der Einbeziehung der Arbeitnehmervertreter ein. Die Beteiligung ergibt sich dann in beiden Ländern einerseits aus den speziellen Vorschriften zu den Massenentlassungen (§§ 17 ff. KSchG bzw. Art. L. 321-2 CT) und andererseits aus der Aufgabenzuweisung der Arbeitnehmervertretung in wirtschaftlichen Angelegenheiten (§§ 111 ff. BetrVG bzw. Art. L. 432-1 CT). Auf beiden Seiten wird zudem die Hinzuziehung eines Experten durch die Arbeitnehmervertreter bei größeren Betriebsänderungen bereits vom Gesetzgeber als erforderlich erachtet. Auch der Abschluss einer Vereinbarung, deren Zweck u.a. das Festlegen von Maßnahmen zur Vermeidung von Kündigungen ist *(plan de sauvegarde de l'emploi* bzw. Interessenausgleich), wird in beiden Ländern für eine bestimmte Anzahl geplanter Kündigungen vorgeschrieben.

Doch gerade an diesem Punkt zeigt sich auch einer der großen strukturellen Unterschiede zwischen den beiden Systemen. Zunächst ist der Beschäftigungssicherungsplan in Frankreich ein bezeichnendes Beispiel dafür, dass die Beteiligungsrechte des *comité d'entreprise* im Vergleich zum Betriebsrat schwach ausgeprägt sind. Bei dem Beschäftigungssicherungsplan handelt es sich um eine einseitige Willenserklärung des Arbeitgebers, der nicht verpflichtet ist, die Vorschläge des *comité d'entreprise* einzuarbeiten. Wenn es in Deutschland zum Abschluss eines Interessenausgleichs kommt, dann handelt es sich zumindest, unabhängig von den im Einzelnen umstrittenen Fragen zu seiner Rechtsnatur, um eine kollektivrechtliche Vereinbarung, ggf. um eine Betriebsvereinbarung. Es ist also eine Einigung mit dem Betriebsrat erforderlich, die durch die Einigungsstelle ersetzt werden kann. Noch zugespitzter tritt der Unterschied zu Tage, wenn eine Namensliste erstellt wurde. Dann nimmt der Betriebsrat i.E. sogar aktiv an der Kündigungsentscheidung teil.

[1707] Stahlhacke/Preis/*Preis*, S. 397 Rn. 1054 f.

Bei der Darstellung von Gemeinsamkeiten ist zudem anzumerken, dass bei großen Massenentlassungen auch im französischen Recht die direkte Konfrontation mit dem Arbeitnehmer im Wege eines Kündigungsgesprächs grundsätzlich nicht mehr erforderlich ist. Das ansonsten für den präventiven Kündigungsschutz auf französischer Seite als besonders hoch eingeordnete Recht zur Verteidigung des Arbeitnehmers wird bei großen Massenentlassungen zurückgestellt. Das Verfahren spielt sich nur noch im Verhältnis zwischen Arbeitnehmervertretung, Arbeitsverwaltung und Arbeitgeber ab.

Im Hinblick auf die generelle Herangehensweise zur Verwirklichung von Prävention ist darauf hinzuweisen, dass der französische Unternehmer, vorausgesetzt er beschäftigt 1000 Arbeitnehmer, schon durch generalpräventive Regelungen, insbesondere Art. L. 321-17 CT, maßgeblich an den Auswirkungen seiner unternehmerischen Entscheidung, Massenentlassungen vorzunehmen, beteiligt wird. Die Folgen für den Arbeitsmarkt werden dem Arbeitgeber zumindest mittelbar angelastet, indem er verpflichtet wird, einen finanziellen Beitrag zu leisten und Maßnahmen zu ergreifen, um in dem betroffenen Gebiet Aktivitäten zu schaffen und die Beschäftigungsentwicklung zu fördern. Damit wird ihm ein Stück sozialer Verantwortung auferlegt. Ein Ansatz, der in der Form dem deutschen Arbeitsrecht fremd ist.

Abweichungen lassen sich auch bei den Schwellenwerten feststellen, die maßgeblich für die Frage sind, ob zusätzliche Anforderungen an das präventive Verfahren gestellt werden. In Frankreich sind bereits erste, wenn auch nur geringe, Verfahrensverschärfungen für die Einzelkündigung aus wirtschaftlichem Grund vorgesehen. Danach folgt die sog. kleine Massenentlassung, ab der eine Einbeziehung der Arbeitsverwaltung erforderlich wird. Hierbei handelt es sich um eine Vorstufe zur eigentlichen Massenentlassung, die im deutschen Kündigungsrecht nicht vorgesehen ist. In Frankreich handelt es sich somit um ein dreigliedriges System bestehend aus Einzelkündigung – kleiner Massenentlassung – großer Massenentlassung, wohingegen in Deutschland sich nach der Systematik des KSchG nur die Einzelkündigung und die Massenentlassung gegenüber stehen. Auch hier wird wieder deutlich, dass das deutsche Kündigungsrecht von einem Alles-oder-Nichts-Prinzip durchzogen ist.

Ein weiterer grundlegender Unterschied liegt in der Bezugsgröße für die Ermittlung der jeweiligen Schwellenwerte. In Frankreich wird entweder auf das Unternehmen oder auf den Betrieb abgestellt, je nachdem, auf welcher Ebene die Maßnahme vollzogen werden soll. Der deutsche Ausgangspunkt ist hier, wie auch sonst i.d.R. im Kündigungsrecht, ausschließlich der Betrieb. Wird in Frankreich eine Massenentlassung auf Unternehmensebene ermittelt, für die die gesteigerten Anforderungen gelten, wäre derselbe Fall nach deutschem Kündigungsrecht noch keine Massenentlassung, wenn die erforderliche Anzahl nicht innerhalb eines Betriebs ermittelt weden kann, sondern sich über mehrere Betriebe verteilt. Der Anwendungsbereich der Vorschriften zur Massenentlassung ist damit in Frankreich weiter als in Deutschland. Aus diesem Unterschied folgt weiterhin, dass die in Deutschland immer wieder aufkommende Diskussion, ob der Betriebsbegriff i.R.d. §§ 17 ff. KSchG richtlinienkonform ausgelegt werden muss, in Frankreich nicht geführt zu werden braucht.

Insgesamt haben im französischen Recht bei betriebsbedingten Kündigungen besondere Regeln zum präventiven Kündigungsschutz einen erheblich weiteren Anwendungsbereich. Das System ist ein weiteres Mal differenzierter, als das deutsche Kündigungsrecht, welches wiederum nur entweder ein besonders strenges Verfahren oder aber keinerlei zusätzlichen Verfahrensanforderungen vorsieht.

2. Entwicklung und Vorgehensweise bei der Suche nach neuen Lösungsansätzen

Die Entwicklung der Anforderungen an eine wirksame betriebsbedingte Kündigung i.R.d. präventiven Kündigungsschutzes war in beiden Ländern in den letzten Jahren sehr bewegt. Entscheidender Unterschied ist jedoch, dass sich auf französischer Seite die Änderungen auf der gesetzgeberischen Ebene abspielten. Auf dieser Ebene wurde, wie sich aus der Anzahl der Reformen in den letzten fünf Jahren ablesen lässt, heftigst um die Ausgestaltung der Verfahrenserfordernisse gekämpft. Mit der *Loi de modernisation sociale* wurde nahezu ein umfassender Alternativentwurf zu dem vorherigen System vorgeschlagen, der z.T. die vorherige Rechtsprechung ausgehebelt hat und z.T. auch neue Verfahrensbeteiligte wie den Schlichter hervorbrachte. Auch die anschließende *Loi Fillon I* brachte mit der Einführung der Verfahrensvereinbarungen *(accord de méthode)* eine einschneidende Neuerung in das System des präventiven Kündigungsschutzes ein. Der Gesetzgeber hat also nicht nur versucht, den präventiven Kündigungsschutz in Detailfragen zu ändern, sondern war vielmehr durchaus kreativ. Losgelöst von der Frage ihrer Sinnhaftigkeit und Effizienz können als Beispiel innovativer Lösungsansätze die Einführung eines Schlichters in das Kündigungsverfahren, die Vereinbarungen zur Verkürzung der Arbeitszeit oder die Möglichkeit, *accords de méthode* abzuschließen, genannt werden. Dies zeigt, wie intensiv sich der Gesetzgeber mit der Thematik auseinandergesetzt hat und damit zugleich, welch hoher Stellenwert in Frankreich dem präventiven Kündigungsschutz beigemessen wird.

Auf deutscher Seite kamen hingegen die entscheidenden Impulse für Veränderungen von der europäischen Rechtsprechung. Wenn ihre Vorgaben ernst genommen werden, müssten sie zu einer Anpassung auf Gesetzesebene führen. Der deutsche Gesetzgeber aber machte vor dem Eingreifen des EuGH keine Anstalten, die Verfahrensvorschriften zu ändern und auch nach diesem Wendepunkt scheint er nicht an den §§ 17 ff. KSchG rühren zu wollen.

3. Die Problemfelder im Einzelnen

a) Verhältnis nationaler Verfahrensvorschriften zur Massenentlassungsrichtlinie

In Deutschland stellt sich die Frage der richtlinienkonformen Auslegung der §§ 17 ff. KSchG, auch bereits vor der Junk-Entscheidung, gleich in mehreren Zusammenhängen. Sie wurde z.B. für die Auslegung des Betriebsbegriffs i.R.d. §§ 17 ff. KSchG oder auch in Bezug auf § 17 Abs. 4 Nr. 3 KSchG gestellt – bisher ergebnislos. Im Vordergrund steht nun die Auslegung des Entlassungsbegriffs sowie die Frage nach den Rechtsfolgen bei Verstoß gegen die Verfahrenserfordernisse.

Eine solche Diskussion ist in dem französischen Kündigungsrecht nicht wiederzufinden. Dies könnte darauf geschoben werden, dass der französische Jurist generell Vorbehalte gegen die Vorgaben aus Brüssel oder ggf. Luxemburg zu zeigen scheint. Doch eine solche Begründung allein vermag nicht zu überzeugen. Vielmehr liegt dies daran, dass die gesetzlichen Vorgaben klarer formuliert sind. Zunächst wurde keine unterschiedliche Terminologie – wie in Deutschland Kündigung/Entlassung – in das Gesetz eingeführt. Es wird einheitlich der Begriff *licenciement* verwendet. Hiermit wird bereits vielen andersartigen Interpretationsansätzen die Grundlage entzogen. Dementsprechend geht auch klar aus dem Gesetz hervor, zu welchem Zeitpunkt die Konsultation des *comité d'entreprise* und die Information der Arbeitsverwaltung durchgeführt werden müssen. Darüberhinaus sind insbesondere auch die Rechtsfolgen im Falle eines Verstoßes gegen die Verfahrenserfordernisse klar und für die einzelnen Fallkonstellationen gesondert gesetzlich geregelt. Da die französischen Verfahrensvorschriften unternehmensbezogen sind, stellt sich auch das Problem der richtlinienkonformen Auslegung des Betriebsbegriffs in diesem Zusammenhang nicht.

b) Die Konsultation der Arbeitnehmervertreter

Einem Vergleich der Anforderungen, die an eine wirksame Konsultation der Arbeitnehmervertreter gestellt werden, muss zunächst vorangestellt werden, dass die Schwellenwerte für die Errichtung der Arbeitnehmervertretungen unterschiedlich hoch sind. Reichen in Deutschland bereits fünf Arbeitnehmer aus, um einen Betriebsrat zu errichten, müssen in Frankreich gem. Art. L. 431-1 CT mindestens 50 Arbeitnehmer beschäftigt sein, damit ein *comité d'entreprise* gewählt wird. Allerdings ist dieser Wert nicht auf Betriebs- sondern Unternehmensebene zu ermitteln. Dieser große Unterschied wird zudem insoweit wiederum gemildert, als neben den *comité d'entreprise* in Unternehmen mit mindestens elf Arbeitnehmern Belegschaftsvertreter *(délégués du personnel)* gewählt werden können. Sie ersetzen von ihren Kompetenzen zwar nicht generell den *comité d'entreprise*. Der Schwerpunkt ihrer Tätigkeit liegt vielmehr in der Vermittlung zwischen Arbeitgeber und einzelnem Arbeitnehmer.[1708] Sie nehmen aber, wie bereits dargestellt, gerade i.R.d. Kündigungsverfahrens für Kündigungen aus wirtschaftlichem Grund in vergleichbarer Weise die Funktion des *comité d'entreprise* wahr.

Nach beiden Rechtssystemen ist zwar neben den Vorschriften zur Massenentlassung auch die Informations- und Konsultationspflicht zu beachten, die sich aus den Vorschriften zur Beteiligung der Arbeitnehmervertreter in wirtschaftlichen Angelegenheiten ergibt. Allerdings wird in den deutschen Kündigungsvorschriften kein Bezug auf die betriebsverfassungsrechtlichen Regelungen genommen. Auch wenn bei der Überprüfung, ob der Anwendungsbereich des § 111 BetrVG eröffnet ist, von der Rechtsprechung für die Anzahl der geplanten Kündigungen im Grundsatz auf die Staffelungen des § 17 KSchG zurückgegriffen wird, ist der Anwendungsbereich nicht völlig deckungsgleich. Eine gesetzliche Verknüpfung der beiden Regelungskomplexe gibt es nicht. Anders wird dies im französischen Kündigungsrecht gehandhabt. Durch den Verweis des Art. L. 321-2 Abs. 1 Nr. 1a) CT auf die Informations- und Konsultationspflicht, die sich aus dem Regelungsbereich der Arbeitnehmervertretungen ergibt, wird klargestellt, dass schon vor einer kleinen Massenentlassung (2-9 Arbeitnehmer) diese Pflichten zu beachten sind. Eine bestimmte Mindestgröße des Unternehmens ist im Gegensatz zum deutschen Recht nicht vorgesehen. Sie ergibt sich jedoch mittelbar aus den Schwellenwerten für die Wahl eines Belegschaftsvertreters bzw. eines *comité d'entreprise*. Auch für die Hinzuziehung eines *expert-comptable* wird in den Vorschriften zum Kündigungsrecht ausdrücklich auf die Vorschriften zur Beteiligung der Arbeitnehmervertretungen verwiesen.

Abweichungen lassen sich zudem bei dem vorgeschriebenen Mindestinhalt der Informationspflicht für das erste Verfahren nach den Vorschriften über die Beteiligungsrechte der Arbeitnehmervertreter feststellen. In Frankreich ist anerkannt, dass hierfür auf die Vorschriften der Massenentlassungen zurückzugreifen ist, welche den Inhalt der Information festlegen. Im deutschen Kündigungsrecht wird hingegen der von § 17 Abs. 2 KSchG dargestellte Inhalt nicht als ausreichend angesehen, um der Informationspflicht nach § 111 BetrVG zu genügen.

Auch die konkrete Durchführung der anschließenden Beratung ist unterschiedlich. Die Beratung nach § 111 BetrVG ist nicht formgebunden, sie

---

[1708] *Körner*, NZA 2001, 429, 430; in diesem Beitrag finden sich zudem vertiefte Hinweise auf die Aufgaben des *comité d'entreprise* und die Abgrenzung von Unternehmen und Betrieb im französischen Arbeitsrecht.

kann mündlich oder – zumindest theoretisch – auch schriftlich erfolgen. In Frankreich hingegen wird die Beratung i.R.d. Versammlung des *comité d'entreprise* durchgeführt. An dieser Versammlung nimmt der Arbeitgeber zwangsläufig teil, da er der Vorsitzende des *comité d'entreprise* ist. Hier wird also ein weiteres Mal, wie auch schon beim Kündigungsgespräch, eine unmittelbare Auseinandersetzung zwischen den Parteien gefördert. Dieser, ggf. unangenehmen, Situation, dem *comité d'entreprise* persönlich gegenüber zu stehen, kann sich der französische Arbeitgeber nicht entziehen. In inhaltlicher Hinsicht wird jedoch in beiden Ländern verlangt, dass eine Auseinandersetzung mit den jeweiligen Argumenten stattfindet. Es ist also ein ernsthafter Dialog erforderlich. Aufgrund der Tatsache, dass in Frankreich Protokolle der Versammlungen des *comité d'entreprise* erstellt werden, dürften dort freilich weniger Beweisprobleme in Bezug auf die Ernsthaftigkeit bestehen. Gemein ist beiden Systemen zudem der fehlende gesetzlich festgelegte zeitliche Ablauf von Information und Beratung. Ein Problem, das in beiden Ländern kritisiert wird und zu großer Unsicherheit führt.

Die beiden Systeme bewegen sich jedoch wieder auseinander angesichts des Ziels der Information und Beratung nach den Vorschriften zu den Beteiligungsrechten der Arbeitnehmervertreter. Das Endziel ist zwar in beiden Ländern, den Ausspruch von Kündigungen zu vermeiden. Allerdings äußert sich dieses Ziel im deutschen System darin, dass als Zwischenziel eine Einigung zwischen Arbeitgeber und Betriebsrat erreicht werden soll, die dann in einen Interessenausgleich mündet. Eine Einigung ist in Frankreich keineswegs anvisiert, hierfür reichen schon die Kompetenzen des *comité d'entreprise* gar nicht aus.

Das zweite Konsultationsverfahren ist in beiden Ländern systematisch im Kündigungsrecht bei den Vorschriften zu den Massenentlassungen verankert. Auf französischer Seite ist es im Vergleich zum zuvor behandelten Verfahren insoweit strenger, als mindestens zwei Versammlungen der Arbeitnehmervertretung stattfinden müssen und ihre Stellungnahme erst am Ende der zweiten Versammlung abgegeben werden soll. In beiden Ländern fällt auf, dass das Verfahren nach den Massenentlassungsvorschriften zumindest im Ansatz eine gesetzlich festgelegte zeitliche Struktur aufweist. In Frankreich ist eine Höchstdauer von 14 Tagen zwischen den beiden Versammlungen vorgesehen. Auf deutscher Seite ist das Ziel der Konsultation nach § 17 KSchG wieder eine Einigung zwischen Arbeitgeber und Betriebsrat, allerdings kann der Arbeitgeber nach zwei Wochen die Anzeige bei der Arbeitsverwaltung vornehmen. Auch eine Sperrfrist für den Ausspruch der Kündigungen, die an das Anzeigeverfahren bei der zuständigen Verwaltung gekoppelt ist, wird in beiden Ländern vorgegeben.

Die größten Unterschiede im Konsultationsverfahren beruhen demnach i.E. auf der unterschiedlichen Rolle und den verschiedenen Kompetenzen, die den jeweiligen Arbeitnehmervertretungen beigemessen werden. Die Information und Konsultation selbst, wie sie aus den kündigungsrechtlichen Vorschriften hervorgehen, weichen in ihren wesentlichen Zügen nicht voneinander ab. Insbesondere der Umfang der Informationspflicht ist an dieser Stelle nahezu identisch. Ein kleiner Erfolg europäischer Rechtsetzung, hier in Form der Massenentlassungsrichtlinie.

c) Die Koordinierung zweier Konsultationsverfahren

Da in beiden Ländern in zweifacher Hinsicht ein Konsultationsverfahren bei der jeweils gleichen Arbeitnehmervertretung erforderlich ist, stellt sich auch in beiden Ländern die Frage, ob und inwieweit diese beiden Verfahren miteinander verbunden werden können. Einigkeit besteht insoweit, als anerkannt ist, dass kein Verfahren das andere ersetzen kann.

Zunächst ist festzustellen, dass die Ausgangspositionen jeweils unterschiedlich sind. In Deutschland liegt das Ziel des Verfahrens nach § 111 BetrVG in einer Einigung zwischen den Betriebspartnern in Form eines Interessenausgleichs. Zudem ist der Inhalt beider Informations- und Konsultationsvorgänge nicht ganz identisch, ebenso wie ihr Anwendungsbereich. Auf französischer Seite hingegen sind die Voraussetzungen für eine mögliche Zusammenlegung beider Verfahren günstiger. Eine Einigung, die sich dann in einer Vereinbarung niederschlägt, ist nicht das angestrebte Ziel. Zudem ist der Anwendungsbereich schon durch den Verweis in Art. L. 321- Abs. 1 Nr. 1a) CT, der bereits für den Fall einer kleinen Massenentlassung auf das Verfahren nach Art. L. 432-1 CT gerichtet ist, übereinstimmend. Hieraus wird ersichtlich, dass der Gesetzgeber schon in dem Zeitpunkt, in dem er die Massenentlassungsvorschriften eingeführt hat, sich darüber im Klaren war, dass Überschneidungen auftreten werden. Der deutsche Gesetzgeber hat hingegen diese Möglichkeit ignoriert. Umso erstaunlicher ist daher auch die Entwicklung in beiden Ländern. Denn trotz der besseren Rahmenvoraussetzungen tun sich die französischen Juristen schwerer damit, eine Kombination der Verfahren zuzulassen. In Frankreich wurde zwischenzeitlich der Umweg mit der *Loi de modernisation sociale* über eine Regelung gemacht, nach der die beiden Verfahren hintereinander und vollständig durchgeführt werden sollten. Mittlerweile besteht diese Regelung jedoch nicht mehr. Zunächst von der Rechtsprechung und seit 2005 auch mit Art. L. 321-3 Abs. 2 CT wurden die Weichen gestellt für die Möglichkeit, die Verfahren zeitlich zu kombinieren. Eine solche Koordination in zeitlicher Hinsicht hat auch die deutsche Rechtsprechung angesichts der praktischen Bedürfnisse entwickelt. Dabei wird in beiden Systemen das zeitliche Zusammenlegen der Verfahren an ähnliche Voraussetzungen geknüpft. Ein Unterschied besteht jedoch darin, dass im französischen Recht zusätzlich erforderlich ist, dass eine schriftliche Information der Arbeitnehmervertretung in jeweils zwei unterschiedlichen Dokumenten durchgeführt wird. Zudem sieht Art. L. 321-3 Abs. 2 CT vor, dass die zeitliche Zusammenlegung nur in Unternehmen zulässig ist, in denen mindestens 50 Arbeitnehmer beschäftigt werden. Es handelt sich hierbei zwar zugleich um den Schwellenwert, der für die Wahl des *comité d'entreprise* vorgesehen ist. Es besteht aber auch die Möglichkeit, dass in kleineren Unternehmen (11 bis 49 Arbeitnehmer) das Konsultationsverfahren mit dem Belegschaftsvertreter durchgeführt werden muss. Durch diesen Schwellenwert fallen demnach kleinere Unternehmen aus der letztlich als Verfahrensbegünstigung einzustufenden Regelung heraus, obwohl gerade diese Unternehmen besonders unter dem komplizierten und langwierigen Verfahren zu leiden haben dürften.

d) Einbeziehung weiterer Beteiligter in die Konsultationsphase

Mit der Möglichkeit der Arbeitnehmervertreter, einen Berater mit in das Kündigungsverfahren bei Projekten des Arbeitgebers von größerem Umfang einzubeziehen, wird in beiden Rechtssystemen der Komplexität der wirtschaftlichen Sachverhalte auch bei Massenentlassungen Rechnung getragen. Seit der Reform des Betriebsverfassungsgesetzes von 2001 ist nun auch in beiden Ländern nicht erforderlich, dass der Arbeitgeber zuvor genehmigt, dass die Arbeitnehmervertreter einen Berater hinzuziehen. Da die Kosten der Arbeitgeber trägt, kann jedoch in beiden Ländern nachträglich gerichtlich überprüft werden, ob der Einsatz des Beraters erforderlich war. An dieser Stelle muss jedoch zwischen dem französischen und dem deutschen System unterschieden werden. Das Kostenrisiko ist in Frankreich faktisch geringer. Es ist von Anfang an erforderlich, dass der Berater auf einer staatlich festgelegten Liste steht, also zumindest grundsätzlich bereits als Berater anerkannt ist. Ein vergleichbares Erfordernis gibt es in Deutschland nicht, theoretisch kann zunächst jeder als Berater tätig werden. Auch wenn in der Praxis wohl kein offensichtlich ungeeigneter Berater beschäftigt werden wird, ist es dennoch möglich, dass die Kompetenz eines tatsächlich beigezogenen Beraters zweifelhaft ist. Die in Deutschland geführte Diskussion, ob der Berater auch bei den Interessenausgleichsverhandlungen beteiligt werden soll, stellt sich – mangels Interessenausgleichs – in Frankreich nicht. Etwaige Kostentragungsfragen, die an die Frage, ob der Berater zu einer Interessenausgleichsverhandlung hinzuzogen werden durfte gekoppelt sind, kommen dementsprechend in Frankreich nicht auf.

Die Auswirkung der Hinzuziehung eines Beraters besteht in beiden Ländern darin, dass das Verfahren verlängert wird. Der Berater muss ausreichend Zeit haben, ein Gutachten zu erstellen, die Arbeitnehmerverterter müssen in beiden Ländern die Möglichkeit haben, das Gutachten durchzuarbeiten. Im französischen Kündigungsrecht tritt diese Folge jedoch deutlicher zu Tage, indem das Gesetz vorschreibt, dass eine zusätzliche Versammlung des *comité d'entreprise* abgehalten werden muss. Der *Code du travail* ist insoweit, in weiteres Mal, klarer als das deutsche Gesetz.

Weiterhin ist im deutschen Recht die Einigungsstelle als möglicher Beteiligter zu nennen. Eine vergleichbare Institution gibt es in Frankreich nicht. Der Grund liegt wieder in der unterschiedlichen Zielsetzung der Verfahren. In Frankreich sollen sich zwar ebenso wie in Deutschland die Betriebspartner einigen, wie am besten Kündigungen vermieden werden können. Jedoch ist auf französischer Seite nicht der Abschluss einer Vereinbarung angestrebt. Der allenfalls in Betracht kommende *plan de sauvegarde de l'emploi* ist eine einseitige Willenserklärung des Arbeitgebers. Das Bedürfnis nach einer Einigungsstelle stellt sich somit nicht. Allerdings gab es i.R.d. *Loi de modernisation sociale* durchaus einen vergleichbaren Ansatz. Das Gesetz sah die Möglichkeit vor, einen Schlichter in das Verfahren mit einzubeziehen. Ziel sollte sogar der Abschluss einer Vereinbarung mit kollektivrechtlichem Charakter sein, um letztlich durch eine gütliche Einigung spätere Prozesse zu vermeiden. Diese Institution konnte sich jedoch nicht durchsetzen und wurde sogleich wieder abgeschafft.

e) Kollektivrechtliche Vereinbarungen und Pflicht zur Erarbeitung von Maßnahmen der Beschäftigungssicherung

Im Vordergrund des französischen Kündigungsgrechts stehen der Beschäftigungssicherungsplans *(plan de sauvegarde de l'emploi)* und die Verfahrensvereinbarung *(accord de méthode)*. Bei der Suche nach einem Gegenstück zum französischen Beschäftigungssicherungsplan im deutschen Kündigungsrecht drängt sich zunächst der gleichnamige Plan nach § 92a BetrVG auf. Wichtiger Anknüpfungspunkt des deutschen Beschäftigungssicherungsplanes ist ebenso wie in Frankreich die Verteilung der Arbeitszeit. Beide Pläne sollen auch der Beschäftigungssicherung dienen.[1709] Zudem kommt in beiden Ländern den Arbeitnehmervertretern kein Mitentscheidungsrecht zu. Sie haben vielmehr lediglich ein Vorschlags- und Beratungsrecht.[1710] Der entscheidende Unterschied liegt jedoch darin, dass § 92a BetrVG dem Betriebsrat ein Initiativrecht im weiteren Sinne gibt.[1711] Das Gesetz schreibt keinen bestimmten Zeitpunkt vor, zu dem dieses Recht ausgelöst wird; der Betriebsrat kann also tätig werden, wenn er es für sinnvoll erachtet. Eine Koppelung an bevorstehende Kündigungen sieht das Gesetz nicht vor. Daher ist diese Regelung auch nicht Teil des präventiven Kündigungsschutzes. Der Arbeitgeber ist zudem lediglich dazu verpflichtet, mit dem Betriebsrat über seine Vorschläge

---

[1709] Für den deutschen Beschäftigungssicherungsplan Wlotzke/Preis/*Preis*, § 92a Rn 1.

[1710] Wlotzke/Preis/*Preis*, § 92a Rn. 1.

[1711] Also kein Initiativrecht i.e.S.,d.h. er kann seine Vorstellungen nicht gegen den Willen des Arbeitgebers durchsetzen, GK-BetrVG/*Kraft/Raab*, § 92a Rn. 14.

zu beraten.[1712] Will er keinen Beschäftigungssicherungsplan abschließen, muss er dies in Deutschland auch nicht. Ganz anders verhält es sich in Frankreich, wo der Arbeitgeber gerade verpflichtet ist, einen Beschäftigungssicherungsplan zu erstellen, und zwar selbst dann, wenn kein *comité d'entreprise* im Unternehmen existiert. Der Beschäftigungssicherungsplan ist das Herzstück des Kündigungsverfahrens bei großen Massenentlassungen in Frankreich.

Somit sind trotz der gleichen Namensgebung der deutsche und der französische Beschäftigungssicherungsplan nicht vergleichbar. Der deutsche Beschäftigungssicherungsplan ist nicht Teil des präventiven Kündigungsschutzes; seine Ausarbeitung hängt maßgeblich davon ab, ob eine Arbeitnehmervertretung im Betrieb existiert. Der französische Beschäftigungssicherungsplan ist hingegen maßgeblicher Bestandteil des präventiven Kündigungsschutzes und hat entscheidenden Einfluss auf später ausgesprochene Kündigungen; für das Erstellen des Planes ist der Arbeitgeber verantwortlich, ein *comité d'entreprise* muss nicht einmal vorhanden sein. Im Folgenden wird daher mit dem Begriff Beschäftigungssicherungsplan, wie auch in den vorangegangen Teilen der Bearbeitung, lediglich der Plan i.S.d. französischen Rechts *(plan de sauvegarde de l'emploi)* bezeichnet.

Sinnvoller ist demnach ein Vergleich des Beschäftigungssicherungsplanes mit dem Interessenausgleich, der ebenfalls dem präventiven Kündigungsschutz zuzuordnen ist. Zunächst kann festgehalten werden, dass das Regelungsziel des Interessenausgleichs seine Entsprechung in dem Beschäftigungssicherungsplan *(plan de sauvegarde de l'emploi)* findet. Der Inhalt des Beschäftigungssicherungsplanes ist jedoch weitergehender. Er umfasst auch die im deutschen Sozialplan enthaltenen Regelungsgegenstände. Hierbei handelt es sich aber eher um ein Detail, denn in Deutschland werden in der Praxis ebenfalls häufig Soziaplan und Interessenausgleich in einem Dokument zusammengefasst. Interessanter sind die Unterschiede in Bezug auf den Regelungsgegenstand im Einzelnen. So kann der besondere Stellenwert, der in Frankreich der anderweitigen Beschäftigung und der Arbeitszeitverkürzung eingeräumt wird, in dem Maße – zumindest auf der gesetzlichen Ebene – im deutschen Kündigungsrecht nicht wiedergefunden werden.

Vor allem fällt aber die grundlegend unterschiedlich stark ausgestaltete Rechtsposition der Arbeitnehmervertretungen bei einem Vergleich von Interessenausgleich und Beschäftigungssicherungsplan ins Gewicht. Für den Beschäftigungssicherungsplan ist es unerheblich, ob überhaupt ein *comité d'entreprise* existiert. Dieser kann ohnehin ohne seine Mitwirkung abgeschlossen werden, da es sich um eine einseitige Erklärung des Arbeitgebers handelt. Wenn auch auf deutscher Seite die genaue Rechtsnatur des Interes-

---

[1712] Wlotzke/Preis/*Preis*, § 92a Rn. 4.

senausgleichs umstritten ist, so ist doch zumindest anerkannt, dass es sich um eine kollektivrechtliche Vereinbarung handelt. Die Beteiligung des Betriebsrats ist somit unumgänglich.

Das kollektive Element wird im französischen Recht auf anderem Wege eingebracht: Durch die Möglichkeit, Verfahrensvereinbarungen *(accords de méthode)* abzuschließen. Allerdings handelt es sich hierbei um Tarifverträge. Auch wenn es letztlich darum geht, die Beteiligung des *comité d'entreprise* im Kündigungsverfahren zu regeln, wird dieser gerade nicht am Abschluss des *accord de méthode* beteiligt. Die ursprünglich vorgesehene verstärkte Einflussnahmemöglichkeit des *comité d'entreprise* durch die *Loi de modernisation sociale* wurde inzwischen wieder rückgängig gemacht. Diese Verfahrensvereinbarung kann auch nicht mit den sog. Rahmensozialplänen gleichgestellt werden. In Rahmensozialplänen werden zwar Teile der Anforderungen der §§ 111 ff. BetrVG bereits im voraus festgelegt. Allerdings handelt es sich nur um die Leistungen, die die Arbeitnehmer bei einer Betriebsänderungen erhalten sollen. Auf keinen Fall wird dadurch der Arbeitgeber von der Pflicht entbunden, bei einer konkret geplanten Betriebsänderung jeweils zu versuchen, einen Interessenausgleich abzuschließen.[1713] Es ist aber gerade der Interessenausgleich, der Teil des präventiven Kündigungsschutzes ist. Darüberhinaus handelt es sich bei dem Rahmensozialplan auch nicht um eine gesetzlich geregelte Vereinbarung.

Völlig ohne vergleichbares Gegenstück auf deutscher Seite sind die *accords de méthode* jedoch nicht. Ihnen können die betrieblichen Bündnisse für Arbeit gegenüber gestellt werden. Aufgrund der Regelungssperre in § 77 Abs. 3 BetrVG werden sie ebenfalls i.d.R. zwischen Arbeitgeber und Gewerkschaft meist in der Form des Firmentarifvertrags abgeschlossen[1714] und weisen somit in der Praxis dieselbe Rechtsnatur auf. In den betrieblichen Bündnissen für Arbeit findet sich auch häufig das in Frankreich besonders in den Vordergrund gerückte Mittel der Verkürzung der Arbeitszeit zur Vermeidung von Arbeitsplatzabbau.[1715] Trotz dieser Übereinstimmungen gibt es entscheidende Unterschiede. Hauptgegenstand der betrieblichen Bündnisse für Arbeit ist die Niederschrift einer Beschäftigungsgarantie; der Arbeitgeber verpflichtet sich, während eines bestimmten Zeitraumes keine betriebsbedingten Kündigungen auszusprechen.[1716] Kern eines *accord de méthode* ist hingegen, das Kündigungsverfahren sowie den Abschluss von Beschäftigungssicherungsplänen zu regeln. Dennoch wäre es sinnvoll, die französische Vorgehensweise zumindest in seinem Grundgedanken zu übernehmen. In beiden Ländern haben sich die Instrumente aufgrund praktischer Bedürfnisse

---

1713 *Bauer*, DB 1994, 217, 225

1714 *Schliemann*, NZA 2003, 122.

1715 *Müller*, AuA 2005, 150.

1716 *Müller*, AuA 2005, 150; *Dieterich*, AuR 2005, 121.

ohne Zutun des Gesetzgebers oder der Rechtsprechung entwickelt. Doch während in Deutschland noch heute eine gesetzliche Regelung gefordert wird,[1717] ist der französische Gesetzgeber inzwischen tätig geworden.

Aber nicht allein die Tatsache, dass einem offensichtlichen praktischen Bedürfnis vom Gesetzgeber Rechnung getragen wird, lässt den französischen Ansatz vorzugswürdig erscheinen. Auch in inhaltlicher Hinsicht weist der *accord de méthode* eine Grundidee auf, über die es sich nachzudenken lohnt. Hinter dem *accord de méthode* steht die Idee, mehr Flexibilität zu erreichen. Hierfür wird die Möglichkeit eröffnet, ein gesetzlich vorgesehenes Grundmodell an die Gegebenheiten des jeweiligen Unternehmens anzupassen. Gerade aufgrund der immer komplexer werdenden Wirtschaftswelt und der Veränderungen der Unternehmensstrukturen ist es erforderlich, dass flexibel reagiert werden kann und keine starren Vorgaben verhindern, auf die Besonderheiten des einzelnen Unternehmens einzugehen. Die Gefahren einer Flexibilisierung, insbesondere ein zu starkes Herabsetzen des Schutzniveaus zu Lasten der Arbeitnehmer, werden dadurch eingegrenzt, dass ein gesetzlicher Mindeststandard nicht unterschritten werden darf. Zudem dient eine Vereinbarung, die einen Verfahrenskalender vorgibt, also – zumindest teilweise – die Anzahl der Versammlungen und den zeitlichen Ablauf festlegt, der Rechtssicherheit. Dem Betriebsrat garantiert sie, dass der Arbeitgeber die Verhandlungen nicht schon zu einem frühen Zeitpunkt für gescheitert erklärt und dem Arbeitgeber bietet sie den Vorteil, dass zeitlichen Verfahrensverschleppungen vorgebeugt wird. Auch die Arbeitnehmer, die sich frühzeitig eine anderweitige Beschäftigung suchen wollen, haben so die Möglichkeit, abzuschätzen, wie lange das präventive Kündigungsverfahren dauern wird.

f) Die Rolle der Arbeitsverwaltung

Dass die Arbeitsverwaltung bei Massenentlassungen in beiden Ländern mit einbezogen werden muss, bevor die Kündigungen ausgesprochen werden, ergibt sich bereits aus der Massenentlassungsrichtlinie. Dennoch kommt der Arbeitsverwaltung in beiden Ländern nicht die gleiche Rolle zu; sie ist im französischen Kündigungsrecht bedeutender als im deutschen. Dies zeigt sich zunächst daran, dass die Arbeitsverwaltung, wenn auch nur nachträglich, schon bei Einzelkündigungen aus betrieblichem Grund und bei kleinen Massenentlassungen informiert werden muss. Aber auch bei großen Massenentlassungen bestehen Unterschiede. Die französische Arbeitsverwaltung ist aktiver. Sie wird nicht nur ein einziges Mal im Wege der Massenentlassungsanzeige informiert, wie es in Deutschland geschieht. Sie begleitet vielmehr das gesamte Verfahren von Anfang an und dies in beratender Funktion. Sie tritt geradezu in einen Dialog mit dem Arbeitgeber, der zumindest auf ihre Stel-

---

[1717] *Buchner*, FS Heinze, 105, 113; *Wolf*, AuA 2006, 8, 12.

lungnahmen antworten muss. Hieraus wird deutlich, dass der präventive Charakter dieses Teils des Kündigungsverfahrens in Frankreich wesentlich ausgeprägter ist. Indem die Arbeitsverwaltung sowohl dem *comité d'entreprise* als auch dem Arbeitgeber regelmäßig Stellungnahmen zukommen lässt und auf Verfahrensfehler hinweist, hat sie neben einer Kontroll- und Beratungsfunktion auch mittelbar eine schlichtende und vermittlende Funktion. Die Hinweise kommen von einer unbeteiligten und unparteiischen Stelle. Insoweit kann ein Vergleich zur Einigungsstelle gezogen werden.

Die Wirkung ist am Ende des Verfahrens jedoch ähnlich ausgestaltet. Der Arbeitgeber darf erst nach einer gewissen Sperrfrist im Anschluss an das Anzeigeverfahren die Kündigungen aussprechen. Doch auch bei der näheren Ausgestaltung der Sperrfrist kommen wieder Unterschiede zum Vorschein. Zum einen hat in Frankreich der Arbeitgeber die Dauer dieser Sperrfrist ggf. in geringem Ausmaß selbst in der Hand. Gibt die Arbeitsverwaltung Hinweise auf Verfahrensfehler, beginnt sie erst zu laufen, wenn er seine Antwort zur Stellungnahme der Arbeitsverwaltung abgegeben hat. Dies ist jedoch nur ein scheinbarer Vorteil gegenüber der deutschen Regelung. Denn im deutschen Kündigungsrecht ist es ohnehin nicht erforderlich, dass der Arbeitgeber die Durchführung des Verfahrens gegenüber der Agentur für Arbeit rechtfertigt. Hierdurch wird insgesamt das Verfahren in Frankreich nochmals verlängert.

Zum anderen ist die Dauer der grundsätzlich geltenden Sperrfrist nicht dieselbe. Nach § 18 Abs. 1 KSchG beträgt sie unabhängig vom Ausmaß der Massenentlassung einen Monat. Nach Art. L. 321-6 Abs. 1 CT ist hingegen eine Staffelung je nach Anzahl der Kündigungen vorgesehen. Die kürzeste Frist beträgt 30 Tage, sie kann aber auch 45 bzw. 60 Tage betragen, wenn zwischen 100 und 249 bzw. 250 oder mehr Arbeitnehmern gekündigt werden soll. Es bestätigt sich also auch hier wieder, dass die französischen Regelungen ein feiner abgestuftes System bilden, das unterschiedliche Regelungen für unterschiedliche Fallgestaltungen vorsieht. Zudem kommt auch hier wieder zum Vorschein, dass das Massenentlassungsverfahren in Frankreich für den Arbeitgeber belastender ist. Eine Sperrfrist von 45 oder 60 Tagen ist zweifellos nachteiliger für den Arbeitgeber als eine Sperrfrist von einem Monat.

4. Rechtsfolgen von Verfahrensverstößen

Bei einem Vergleich der Rechtsfolgen fällt zunächst generell auf, dass im deutschen Recht mangels ausreichender gesetzlicher Regelungen zumeist Unklarheit besteht. Das französische Kündigungsrecht weist hingegen für jeden einzelnen Verfahrensschritt Vorschriften mit Sanktionen auf. Dabei ist das System insgesamt strukturiert. Es stützt sich auf der einen Seite auf Art. L. 122-14-4 Abs. 3 CT als grundlegende Vorschrift für den Schadensersatzanspruch für den Arbeitnehmer und Art. L. 483-1 CT für die Sanktionierung des Delikts der Behinderung der Arbeit des *comité d'entreprise*. Daneben gibt es Spezialvorschriften für einzelne Verfahrensverstöße. Insgesamt herrscht im französischen Kündigungsrecht insoweit erheblich mehr Rechtssicherheit. Allerdings birgt dieses Themengebiet auch einige Überraschungen und lässt manchmal vermuten, dass in beiden Systemen ein Rollentausch stattfgefunden hat.

Das deutsche Kündigungsrecht, das vom Bestandsschutz geprägt ist, hat mit dem in § 113 BetrVG geregelten Nachteilsausgleich eine dem französischen Recht gleichende Lösung gewählt. Doch gerade an dieser Stelle hat der französische Gesetzgeber für den fehlerhaften Beschäftigungssicherungsplan festgelegt, dass er zur Nichtigkeit des Kündigungsverfahrens führt, was wiederum die Nichtigkeit der Kündigung zur Folge hat. Eine für das französische Kündigungsrecht untypische Rechtsfolge. Selbst wenn der Arbeitnehmer in Frankreich nicht die Wiedereingliederung beantragt, sondern das Unternehmen verlassen möchte und einen Antrag auf Zahlung von Schadensersatz stellt, so gilt hierfür die Mindestgrenze von 12 Monatsgehältern. Diese Grenze fungiert auf deutscher Seite gerade grundsätzlich als Höchstgrenze für den Nachteilsausgleich. Letzterer kann wiederum faktisch verringert werden, wenn er in der Abfindung aus einem Sozialplan aufgeht.

Bemerkenswert ist darüber hinaus, dass dem Betriebsrat i.R.d. Massenentlassungsverfahrens bei Verstößen durch den Arbeitgeber weniger Möglichkeiten zugebilligt werden, als dem *comité d'entreprise*. Denn in Frankreich ist unbestritten, dass der *comité d'entreprise* den Erlass einer einstweiligen Verfügung beantragen kann, wenn der Arbeitgeber gegen seine Konsultationspflicht aus Art. L. 432-1 CT verstößt, solange die Kündigungen noch nicht ausgesprochen sind. Das Verfahren wird unterbrochen und damit insgesamt verlängert. Er erhält einen entscheidenden Einfluss auf das Kündigungsverfahren und seine Dauer. Auch wenn dem Arbeitgeber in Deutschland bei einem Verstoß gegen die Unterrichtungspflicht nach § 111 BetrVG ein Bußgeld nach § 121 BetrVG drohen kann, wäre hier erst ein Anspruch nach § 23 Abs. 3 BetrVG als nachhaltige Sanktion, die mit der französischen vergleichbar ist, anzusehen. Beim Verfahren nach §§ 111 ff. BetrVG ist jedoch gerade umstritten, ob der Betriebsrat aufgrund von Verstößen des Arbeitgebers einen Anspruch nach § 23 Abs. 3 BetrVG haben kann. Diese Rechtslage widerspricht dem ansonsten geltenden Grundsatz, dass der Betriebsrat mehr Kompetenzen und mehr Einfluss hat, als der *comité d'entreprise*.

Die Sanktionen sind im französischen Kündigungsrecht damit als schärfer einzustufen. Dies erklärt ein weiteres Mal, warum auch in diesem Bereich eine Diskussion um die Richtlinienkonformität in Frankreich nicht notwendig ist. Es ist nicht zweifelhaft, dasss die Sanktionen des französischen Kündigungsrechts hinreichend wirksam und abschreckend sein können. Eine europarechtliche Vorgabe, deren Erfüllung durch das deutsche Kündigungsrecht umso zweifelhafter ist.

Das Zögern, mit dem im deutschen Kündigungsrecht Rechtsprechung, Gesetzgeber und Literatur die Frage nach nachhaltigen Sanktionen angehen, mag darin begründet liegen, dass das deutsche Recht nach wie vor ein Bestandsschutzsystem ist. Wird dieser Gedanke konsequent beibehalten, ist im bestehenden System als zwingende Folge von Verfahrensfehlern die Unwirksamkeit der Kündigung als Sanktion anzuwenden. Hierbei handelt es sich jedoch um eine besonders harte Sanktion – mit der sich der französische Gesetzgeber erstaunlicherweise gerade i.R.d. präventiven Kündigungsschutzes bei Massenentlassungen weniger schwer zu tun scheint. Es wäre demnach überlegenswert, ein wenig von dem Bestandsschutzgedanken abzuweichen. Das wäre auch nicht das erste Mal, dies zeigt bereits der in § 113 BetrVG geregelte Nachteilsausgleich. Zwingend erforderlich ist hierfür jedoch ein Eingreifen des Gesetzgebers. Denn wenn es auch möglich ist, im Wege von Analogien (z.B. zu § 102 Abs. 1 S. 3 BetrVG) oder durch Anwendung von § 134 BGB (i.V.m. §§ 17 ff. KSchG) die Unwirksamkeit der Kündigung herzuleiten, gibt es bisher im Gesetz nicht ausreichend Anhaltspunkte, die eine Auslegung zugunsten einer Abfindungslösung zulassen.

5. Ergebnis

Die Ausführungen zum Kündigungsverfahren vor Massenentlassungen zeigen, dass die Anforderungen, die an den französischen Arbeitgeber gestellt werden, höher sind, als die, die der deutsche Arbeitgeber erfüllen muss. Insbesondere wird dies bei der Art und Weise, wie die Arbeitsverwaltung in das Kündigungsverfahren einzubeziehen ist und auf der Rechtsfolgenseite bei Verfahrensverstößen sichtbar. Die vielfachen und teilweise einschneidenden Rechtsfolgen zeigen, wie hoch der Stellenwert des Verfahrens bei Massenentlassungen in Frankreich ist. Auch die Möglichkeit, das Verfahren mit der Arbeitnehmervertretung für gescheitert zu erklären, hat der französische Arbeitgeber nicht. Es wird sogar gesetzlich vorgeschrieben, dass mindestens zwei, ggf. sogar drei[1718] Versammlungen des *comité d'entreprise* durchgeführt werden müssen. Zudem muss er auf Hinweise der Arbeitsverwaltung eingehen und die Sperrfrist ist bei einer Massenentlassung ab 100 Arbeitnehmern länger. Dennoch weist dieses System für den Arbeitgeber einen entscheidenden Vorteil auf. Seine gesetzliche Ausgestaltung ist wesentlich klarer und besser aufeinander abgestimmt. Vor allem die möglichen Sanktionen lassen sich aus dem Gesetz ersehen. Dadurch besteht im französischen Kün-

---

[1718] Drei Versammlungen sind erforderlich, wenn ein *expert-comptable* vom *comité d'entreprise* hinzugezogen wird, s. hierzu § 19 IV 6 d).

digungsrecht mehr Rechtssicherheit – ein Vorteil, der nicht nur dem Arbeitgeber, sondern in gleichem Maße dem Arbeitnehmer zugute kommt.

Das deutsche System zeichnet sich durch Regeln aus, die nicht aufeinander abgestimmt sind und die im Hinblick auf die Massenentlassungsrichtlinie erhebliche Zweifel an ihrer Europarechtskonformität aufkommen lassen. Vor allem aber fällt auf, dass der deutsche Gesetzgeber sich bisher nicht veranlasst sieht, Licht in die unklare Rechtslage zu bringen. Der französische Gesetzgeber, der sich in den letzten Jahren durch Einfallsreichtum hervorgetan hat, sollte an dieser Stelle als Vorbild dienen. Wünschenswert ist jedoch, dass der deutsche Gesetzgeber nur einmal und nicht wie sein französisches Gegenstück innerhalb kurzer Zeit gleich drei Mal von seiner Gesetzgebungskompetenz Gebrauch macht.

F. Gesamtergebnis

I. Zusammenfassung: Der Stellenwert des präventiven Kündigungsschutzes

Schon an der Entstehungsgeschichte des präventiven Kündigungsschutzes in den beiden Ländern wird ersichtlich, dass er in Deutschland kollektivrechtlich und in Frankreich im Schwerpunkt individualrechtlich ausgestaltet ist. Ebenso zeichnete sich in der Gesetzgebungsgeschichte schon früh ab, dass der präventive Kündigungsschutz in Frankreich einen wesentlich größeren Stellenwert einnimmt, als in Deutschland. Eines der wichtigsten Gesetze in der französischen Entwicklung zum Kündigungsrecht, das Gesetz vom 13.7.1973, betrifft das Kündigungsverfahren.

Durch die individualrechtliche Ausgestaltung wird in Frankreich einem Aspekt Rechnung getragen, der in Deutschland nur am Rande Beachtung findet: dem Recht des Arbeitnehmers, sich zu verteidigen.

Annäherungen gibt es jedoch wieder bei den Verfahren, die vor dem Ausspruch von Massenentlassungen durchgeführt werden müssen. In beiden Ländern ist das Verfahren kollektivrechtlich ausgestaltet, die Einbeziehung des einzelnen Arbeitnehmers ist auch in Frankreich nicht mehr erforderlich. Dies ist jedoch zunächst nicht weiter verwunderlich, Massenentlassungen sind eine Materie, die entscheidend von europarechtlichen Vorgaben geprägt ist. Dennoch gibt es auch hier in der Ausgestaltung im Einzelnen erhebliche Unterschiede. Zum einen ist gerade diese Materie in Frankreich mehrfachen Gesetzesänderungen unterzogen worden. Hieran zeigt sich ein weiteres Mal, dass der Stellenwert des Kündigungsverfahrens im französischen Arbeitsrecht als weitaus höher einzustufen ist als in Deutschland. Zum anderen ist das französische Verfahren trotz der einheitlichen europarechtlichen Anforderungen komplizierter und länger als das deutsche. Insbesondere hat der französische Arbeitgeber auch nicht die Möglichkeit, Verhandlungen mit der Arbeitnehmervertretung als gescheitert zu erklären.

Auch die Arbeitsverwaltung spielt in Frankreich bei Massenentlassungen eine wichtigere Rolle als in Deutschland. Wird das Verfahren in Deutschland i.d.R. auf eine reine Information beschränkt, übernimmt die französische Arbeitsverwaltung eine kontrollierende und ggf. sogar vermittelnde Rolle.

Der herausragende Stellenwert des Kündigungsverfahrens wird in Frankreich auch nicht i.R.d. repressiven Kündigungsschutzes gänzlich dadurch abgefangen, dass dieser schwächer ausgestaltet ist. Zwar bleibt grundsätzlich auch die ungerechtfertigte Kündigung nach dem französischen Kündigungsrecht wirksam; Bestandsschutz wird also nicht gewährt. Jedoch kann es zu hohen Schadensersatz- und Abfindungsforderungen des Arbeitnehmers führen. Diese werden zudem von strafrechtlichen Sanktionsmöglichkeiten flankiert. Vor allem aber ist die gerichtliche Überprüfung des wirtschaftlichen Grundes strenger als in Deutschland. Sie ragt wesentlich weiter in die Unternehmerentscheidung hinein und ist unternehmensbezogen. Es wird sogar überprüft, ob der Arbeitgeber sich einer fehlerhaften Unternehmensführung schuldig gemacht hat. Zudem kann es bei Vorliegen eines fehlerhaften Beschäftigungssicherungsplans selbst im französischen Recht zur Unwirksamkeit der Kündigung kommen. Die Abfindungslösung findet an dieser Stelle zugunsten des Bestandsschutzes gerade keine Anwendung.[1719]

Insgesamt bleibt daher festzuhalten, dass der präventive Kündigungsschutz in Frankreich strenger ausgestaltet ist, als in Deutschland. Zudem kommt ihm auch innerhalb des Kündigungsrechts ein höherer Stellenwert zu. Die französische Gesetzgebung ist ferner weitaus kreativer bei der Ausarbeitung neuer Lösungsansätze.

II. Der Grundkonflikt und mögliche Lösungsansätze

1. Gleichlautende Kritik in beiden Ländern

Das präventive Kündigungsverfahren insbesondere für Massenentlassungen stößt in beiden Ländern auf heftige Kritik. In der französischen Literatur wird geltend gemacht, dass durch die komplexen Regelungen und die lange Dauer des Verfahrens erhebliche Rechtsunsicherheit entstehe. Insbesondere werde dem *comité d'entreprise* aufgrund der teilweise unklaren Regelungen ermöglicht, das Verfahren zu verschleppen, um damit den Ausspruch der Kündigung möglichst weit hinauszuzögern.[1720] Ebenso wird darauf hingewiesen,

[1719] Eine ähnliche Tendenz ließ sich auch in dem Urteil Cass. soc. 14.1.2003, n° 01-10.239, feststellen. In diesem Urteil wurde das Gericht bereits vor Abschluss des Kündigungsverfahrens wegen eines Verfahrensfehlers angerufen. Es wurde gerügt, dass die Tagesordnung für die Versammlung des *comité d'entreprise* nicht ordnungsgemäß festgelegt wurde. Trotz der Feststellung, dass das Verfahren fehlerhaft war, sprach der Arbeitgeber die Kündigungen aus. Die *Chambre sociale* leitete daraus ein i.E. fehlerhaftes Zustandekommen des Beschäftigungssicherungsplanes her und damit auch die Unwirksamkeit der Kündigungen. Der Rückgriff auf Art. L. 321-4-1 CT ist nicht ganz klar. Es wird daher vertreten, dass die Unwirksamkeit der Kündigungen letztlich darauf beruht, dass das Kündigungsverfahren aufgrund des Antrags auf einstweiligen Rechtsschutzes suspendiert war und deshalb keine wirksamen Kündigungen ausgesprochen werden konnten, *Champeaux*, SSL 2003, n° 1107, 12.

[1720] *Ray*, Liaisons Sociales, Janvier 2004, 52; *Brunhes*, Dr. soc. 2003, 40.

dass trotz der zahlreichen Regelungen und Konsultationen, die der *Code du travail* vorsieht, die Effizienz dieses Verfahrens durchaus zweifelhaft sei. Letztlich führten die Verfahrensvorschriften nur dazu, dass die Kündigungen zeitlich verspätet durchgeführt werden. Die Kündigung selbst sei ohnehin im Regelfall nicht mehr zu verhindern.[1721] Zudem habe auch der *comité d'entreprise*, obwohl er ständig beteiligt werden muss, i.E. keinen Einfluss auf die endgültige Entscheidung des Arbeitgebers. Auch deshalb sei zweifelhaft, ob sich die lange Verfahrensdauer insoweit überhaupt lohne.[1722] Das belastende Verfahren führe nicht dazu, die Beendigung des Arbeitsvertrags zu verhindern. Vielmehr verleite es den Arbeitgeber dazu, die Beendigung auf andere Weise als durch eine Kündigung aus betrieblichem Grund zu beenden.[1723]

Obwohl der präventive Kündigungsschutz in Deutschland weniger belastend für den Arbeitgeber ist als in Frankreich, ist die Kritik insbesondere in Bezug auf Massenentlassungen ähnlich. Auch hier wird angemerkt, dass die Verfahrensvorschriften dem Betriebsrat die Möglichkeit geben, das Verfahren zeitlich zu verzögern.[1724] Ebenso wie in Frankreich wird auch in Deutschland kritisiert, dass das Gesetz keinen Zeitplan für die Beteiligung des Betriebsrats vorgebe. Dadurch werde das Kündigungsverfahren in zeitlicher Hinsicht unkalkulierbar.[1725] Damit einhergehend wird hervorgehoben, dass dadurch eine erhebliche Mehrkostenbelastung für den Arbeitgeber entstehe.[1726]

2. Zweifache Problemstellung

a) Beschäftigungsfördernde Wirkung durch Lockerung des Kündigungsschutzes?

Die zuvor dargestellte Kritik entspricht auch den Forderungen, die in der Politik unter dem Schlagwort der „Deregulierung des Arbeitsmarktes" geltend gemacht werden, in der Hoffnung, auf diese Weise die Beschäftigung wieder anzukurbeln.[1727] Die Diskussion betrifft zwar häufig die Frage der Höhe der Schwellenwerte des KSchG oder aber das gesamte Kündigungsrecht, sie kann aber auf den hier behandelten Teilaspekt des präventiven Kündigungsschut-

---

[1721] *Brunhes*, Dr. soc. 2003, 40.
[1722] *Brunhes*, Dr. soc. 2003, 40, 41.
[1723] *Ray*, Liaisons Sociales, Janvier 2004, 52.
[1724] *Bauer*, DB 1994, 217, 222.
[1725] *Göpfert/Krieger*, NZA 2005, 254, 256.
[1726] *Lipinski/Melms*, BB 2002, 2226.
[1727] Diese Diskussion wird gleichermaßen in Frankreich geführt, so z.B. *Eymard-Duvernay*, Dr. soc. 2004, 812.

zes übertragen werden. Dreh- und Angelpunkt ist letztlich die Frage, ob ein streng ausgestalteter Kündigungsschutz den Arbeitgeber davon abhält, Arbeitnehmer unbefristet neu einzustellen.

Dass es sich beim deutschen Arbeitsmarkt um einen stark regulierten Arbeitsmarkt handelt, hat zuletzt ein Ländervergleich der OECD bezüglich der Regelungsdichte i.R.d. Beschäftigungssicherheit von 1999 ergeben. Nach diesem Vergleich befindet sich Deutschland auf Platz 9 von insgesamt 26 untersuchten Ländern.[1728] Angesichts der dargestellten Komplexität des Kündigungsverfahrens und der vergleichbaren Arbeitsmarktlage in Frankreich, stellt sich die Frage, ob eine Deregulierung tatsächlich sinnvoll sein kann, dort in gleichem Maße. Es ist auch nicht von der Hand zu weisen, dass das Arbeitsrecht einen Einfluss auf den Wirtschaftsablauf hat, da die Arbeitsrechtsordnung ein Teil der Wirtschaftsverfassung ist.[1729] Daher darf es heute auch nicht mehr allein unter dem Aspekt des Arbeitnehmerschutzes untersucht werden, auch wenn das Arbeitsrecht dort seinen Ursprung hat.[1730]

Die Diskussion kann nicht losgelöst von den volks- und betriebswirtschaftlichen Aspekten geführt werden, denn hier befindet sich gerade eine wichtige Schnittstelle von Rechts- und Wirtschaftsordnung. Ob eine Deregulierung des Arbeitsmarktes und damit auch die Lockerung des – präventiven ebenso wie des repressiven – Kündigungsschutzes tatsächlich eine beschäftigungsfördernde Wirkung hat, ist die notwendige Vorfrage, um beurteilen zu können, ob eine Lockerung der Verfahrensanforderungen sinnvoll ist. Die Antwort auf diese Frage hängt von vielen unterschiedlichen Faktoren ab.

Kurzfristig gesehen liegt es nahe, dass Kündigungsschutzregelungen Entlassungen im Falle eines Konjunkturabschwungs verringern, Einstellungen hingegen in der konjunkturellen Erholungsphase erschweren. Wird von einer solchen Wirkung ausgegangen, ist es ein Leichtes zu behaupten, dass zwar keine Neueinstellungen vorgenommen werden, aber zugleich auch keine Entlassungen. Die Bestandszahlen ändern sich i.E. somit nicht.[1731] Allerdings kann genau so gut eine erhöhte Beschäftigungsquote „bewiesen" werden, wenn sich die Zahlen z.B. aufgrund einer verbesserten oder verschlechterten Konjunkturlage geändert haben.[1732] Dementsprechend gibt es empirische Studien, von denen die einen zeigen, dass arbeitsrechtliche Regulierungen die

---

[1728] S. Tabelle 2 bei *Sadowski/Walwei*, Ökonomische Analyse des Arbeitsrechts, S. 87

[1729] *Franz/Rüthers*, RdA 1999, 32.

[1730] *Rüthers*, Beschäftigungskrise und Arbeitsrecht, S. 48 f; *Franz/Rüthers*, RdA 1999, 32; so wird z. B. von einer Bumerang-Wirkung arbeitsrechtlicher Schutznormen gesprochen, die von Einstellungen abschreckt, das Leugnen ihrer Existenz sei eine arbeitsrechtliche Lebenslüge, *Hanau*, Deregulierung des Arbeitsrechts, S. 7.

[1731] *Franz*, ZfA 1994, 439, 447.

[1732] *Franz*, ZfA 1994, 439, 448.

Arbeitslosigkeit erhöhen, wohingegen andere belegen, dass der Kündigungsschutz neutral in Bezug auf die Entwicklung der Arbeitslosigkeit ist.[1733]

Aus betriebswirtschaftlicher Sicht ist zunächst zu beachten, dass der Kündigungsschutz einen Kostenfaktor darstellt, den der Unternehmer einkalkuliert. Kündigungsschutzkosten, die anfallen können, sind z.B. Entlassungsentschädigungen und die Kosten eines Kündigungsschutzprozesses. Dies führt zu einer Erhöhung der Kosten des Faktors Arbeit, was sich negativ auf die Einstellungsbereitschaft der Unternehmen auswirkt.[1734] Es sind aber zwei Kompensationsmöglichkeiten der Kündigungsschutzkosten denkbar. Zum einen können im Beschäftigungsschutz Produktivitätseffekte gesehen werden. Es ist möglich, dass Kündigungsschutzregeln gerade die Effizienz der Arbeitnehmer steigern. Dabei ist die Effizienz zunächst in den sog. beziehungsspezifischen Investitionen begründet (z.B. Einarbeitungskosten, Fortbildungskosten), die der Arbeitgeber bei längerfristigen Beschäftigungsverhältnissen tätigt. Diese Investitionen erhöhen wiederum die Leistungsfähigkeit des Arbeitnehmers. Auch kann die Beschäftigungssicherheit bewirken, dass der Arbeitnehmer sich mehr mit dem Unternehmen identifiziert, was sich positiv auf seine Leistungsbereitschaft auswirkt.[1735] Dadurch entsteht ferner sowohl für den Arbeitgeber als auch für den Arbeitnehmer eine gewisse Planungssicherheit.[1736] Zum anderen ist denkbar, dass ein strenger Beschäftigungsschutz dazu führt, dass Lohnabschläge im Sinne eines „Erkaufens“ zwischen Arbeitgeber und Arbeitnehmer ausgehandelt werden.[1737] Demnach streiten auf betriebswirtschaftlicher Ebene ebenso Argumente für wie auch gegen die Annahme, dass ein starker Kündigungsschutz zu erhöhten Kosten führen kann.

Aus volkswirtschaftlicher Sicht wird das sog. Strukturwandelargument in die Diskussion eingebracht. Es besagt, dass je strenger der rechtliche Rahmen des Beschäftigungsschutzes ausfällt, umso stabiler sind die Beschäftigungsverhältnisse. Der Vorteil liegt darin, dass dadurch die Planungssicherheit der

---

[1733] *Jahn*, Ökonomische Theorie des Kündigungsschutzes, S. 103; s. dazu auch die Tabelle in der EU-Studie Nr. 186 „Employment protection legislation: its economic impact and the case for reform“ von Juli 2003, S. 8, http://europa.eu.int/comm/economy_finace.

[1734] *Sadowski/Walwei*, Ökonomische Analyse des Arbeitsrechts, S. 80; bezüglich der genauen Kostenhöhe kann hier keine generelle Aussage gemacht werden, da sie von der Betriebszugehörigkeit abhängig ist, *Franz*, ZfA 1994, 439, 444.

[1735] *Sadowski/Walwei*, Ökonomische Analyse des Arbeitsrechts, S. 95; *Franz/Rüthers*, RdA 1999, 32, 33; *Weise/Brandes/Eger/Kraft*, Neue Mikroökonomie, S. 390; EU-Studie Nr. 186 „Employment protection legislation: its economic impact and the case for reform“, Juli 2003, S. 13; bei hinreichender Identifizierung des Arbeitnehmers mit dem Unternehmen ist es zumindest denkbar, dass er bei wirtschaftlich schlechter Lage des Unternehmens auch ggf. finanzielle Opfer hinnimmt, *Franz/Rüthers*, RdA 1999, 32, 34.

[1736] *Franz/Rüthers*, RdA 1999, 32, 34.

[1737] Dies wird als Theorie implizierter Kontrakte bezeichnet, *Sadowski/Walwei*, Ökonomische Analyse des Arbeitsrechts, S. 95.

Arbeitnehmer erhöht wird, was wiederum die Bereitschaft zum Erwerb langlebiger Konsumgüter erhöht. Allerdings wird zugleich bewirkt, dass die existierende Wirtschaftsstruktur sich nicht so leicht verändert. Notwendige Strukturveränderungen können daher gebremst werden und mit Wachstumsverlusten einhergehen.[1738]

Auch der arbeitsmarktpolitische Blickwinkel ist zu berücksichtigen. Die Schutzregelungen können sich negativ gegen Arbeitslose (sog. Outsider) wenden. Wenn ohnehin eine hohe Arbeitslosigkeit besteht, verhindert der Kündigungsschutz die Fluktuation und dies kann zur Verfestigung der Arbeitslosigkeit beitragen. Diejenigen, die arbeitslos sind, haben noch weniger Chancen, wieder in das Beschäftigungssystem hinein zu gelangen.[1739]

Weitgehende Schutzregelungen können ferner Anstoß zur Umgehung der geschützten Beschäftigungsform geben, so dass z.B. vermehrt auf Befristungen, Leiharbeit oder Werkverträge zurückgegriffen wird. Dadurch dürfte zwar nicht die Arbeitslosenzahl selbst beeinflusst werden. Es ist jedoch ein Einfluss auf die Zusammensetzung des Beschäftigungssystems in der Form absehbar, dass sich eine ausgeprägtere Unterteilung in Stamm- und Randbelegschaft abzeichnet.[1740]

Festzuhalten bleibt demnach, dass der Kündigungsschutz, und als Teil dessen auch der präventive Kündigungsschutz, die Beschäftigungssituation beeinflussen kann. Der Einfluss wirkt sich aber wie zuvor dargestellt aus betriebswirtschaftlicher Sicht gleichzeitig in entgegengesetzte Richtungen aus.[1741] Diese Wirkungen dürften sich größtenteils gegeneinander aufheben, so dass bei einer Lockerung des Kündigungsschutzes höchstens von geringen Beschäftigungsimpulsen ausgegangen werden kann. Kündigungsschutzregelungen können letztlich den Beschäftigungsabbau nicht verhindern, sie kön-

---

1738 *Sadowski/Walwei*, Ökonomische Analyse des Arbeitsrechts, S. 81.

1739 *Sadowski/Walwei*, Ökonomische Analyse des Arbeitsrechts, S. 81; *Franz/Rüthers*, RdA 1999, 32, 35.

1740 *Sadowski/Walwei*, Ökonomische Analyse des Arbeitsrechts, S. 81. Auch der große Einfluss der Rechtsprechung auf das Arbeitsrecht und insbesondere auf das Kündigungsrecht kann nicht geleugnet werden. So hat das BAG zahlreiche zusätzliche Prüfungsschritte für die soziale Rechtfertigung von Kündigungen kreiert, wie z. B. das sog. Prognoseprinzip, das bei allen Kündigungsgründen anzuwenden ist. Mit diesem Erfordernis wird den Richtern ein großer Beurteilungsspielraum eingeräumt. Ebenso verhält es sich mit dem Verhältnismäßigkeitsprinzip, dem Ultima-Ratio-Prinzip und der Güter- und Interessenabwägung um nur einige Beispiele zu nennen. Die Forderung nach einer Deregulierung des Arbeitsmarktes muss daher nicht nur an den Gesetzgeber gestellt werden, sondern zugleich auch an die Rechtsprechung. Auch sie muss die Folgen ihrer Entscheidungen für das Beschäftigungsniveau bedenken, *Hanau*, Deregulierung des Arbeitsrechts, S. 16.

1741 Hierbei muss z.B. auch beachtete werden, dass auch die Unternehmen ein Intersse an stabilen und längerfristigen Arbetisverhältnisse haben, *Franz*, ZfA 1994, 4439, 449.

nen ihn lediglich zeitlich verzögern.[1742] Die Frage der beschäftigungsfördernden Wirkung einer Deregulierung des Arbeitsrechts kann im Rahmen dieser Abhandlung nicht erschöpfend beurteilt werden.[1743] Jedoch ist nach den vorangegangen Ausführungen davon auszugehen, dass eine Deregulierung des Kündigungsschutzes im Ergebnis keine messbare beschäftigungsfördernde Wirkung nach sich zieht.[1744] Es gibt bisher keine eindeutige Dokumentation von empirischen Befunden für eine beschäftigungsfördernde Wirkung.[1745] Wo keine Arbeitsplätze sind, kann auch nicht die Beschäftigung erhöht werden, egal wie das Arbeitsrecht und damit auch das Kündigungsrecht ausgestaltet ist.

Die Hauptauswirkung der Regulierung des Kündigungsschutzes ist vielmehr in der Zusammensetzung der Arbeitslosen wiederzufinden. Ein strenger Beschäftigungsschutz geht mit der Verschlechterung der Beschäftigungschancen einzelner Arbeitnehmergruppen einher.[1746] Außerdem vermindert der strenge Beschäftigungsschutz die Fluktuation am Arbeitsmarkt, sie senkt zumindest zeitweise das Zugangsrisiko in die Arbeitslosigkeit, erhöht aber zugleich ihre Dauer.[1747] Es handelt sich also letztendlich um einen Zielkonflikt: Sollen die Beschäftigten (die Insider) oder die Arbeitslosen (die Outsider) geschützt werden (sog. Insider-Outsider-Problem[1748])? Im deutschen Kündigungsrecht werden zur Zeit lediglich die Arbeitnehmer- und Arbeitgeberinteressen berücksichtigt, nicht hingegen die Interessen der Arbeitslosen.[1749] Ähnlich ist die Situation in Frankreich. Zwar gibt es Ansätze, die zeigen, dass der Arbeitgeber mit Hilfe arbeitsrechtlicher Regelungen ab einer bestimmten Unternehmensgröße in die Pflicht genommen wird, indem er ggf. in dem Gebiet, in dem sich das Unternehmen befindet, zur Schaffung von Aktivitäten und zur Entwicklung von Beschäftigung beitragen muss.[1750] Der

---

[1742] Denn auch die Lohnfortzahlungskosten während des Kündigungsschutzprozesses oder die Zahlung einer Abfindung sind für den Arbeitgeber finanziell immer noch günstiger als eine dauerhafte Weiterbeschäftigung; *Schellhaaß*, Sonderbeilage NZA Heft 21/2003, 28, 29.

[1743] Für weiterführende Ausführungen zu dieser Frage s. die Dissertation von *Jahn*, Ökonomische Theorie des Kündigungsschutzes.

[1744] So auch das Ergebnis der Untersuchungen der OECD, Employment Outlook, Paris 1999, S. 73; *Rehwald*, Sonderbeilage NZA Heft 21/2003, 46, 47; *Schellhaaß*, Sonderbeilage NZA Heft 21/2003, 28, 30.

[1745] GK-KR/*Weigand*, § 23 Rn. 13; *Jahn*, Ökonomische Theorie des Kündigungsschutzes, S. 295 f.

[1746] So ist es für Jugendliche, Ältere und Frauen ungleich schwerer als für Männer im normalen Erwerbsalter, einen Arbeitsplatz zu erhalten *Schellhaaß*, Sonderbeilage NZA Heft 21/2003, 28, 30.

[1747] *Sadowski/Walwei*, Ökonomische Analyse des Arbeitsrechts, S. 89.

[1748] *Bauer*, Sonderbeilage NZA Heft 21/2003, 46, 48.

[1749] *Schellhaaß*, Sonderbeilage NZA Heft 21/2003, 28, 30.

[1750] S. hierzu unter § 19 IV 1.

Schwerpunkt liegt jedoch auf der Regelung des Verhältnisses zwischen dem Arbeitgeber und dem gekündigten bzw. zu kündigenden Arbeitnehmer. Die vorangegangenen Ausführungen haben gezeigt, dass ein besonders stark ausgebauter präventiver Kündigungsschutz und der wirtschaftliche Grund einer strengen richterlichen Kontrolle unterliegen.

Dies führt zu einer Stagnation bei der Zusammensetzung des Arbeitsmarktes. Hierbei ist allerdings zu bedenken, dass die Lockerung des Kündigungsschutzes nicht als Allheilmittel zur Flexibilisierung des Arbeitsmarktes angesehen werden darf. Flexibilität kann auch, ggf. sogar besser, durch den Einsatz von befristeten Arbeitsverträgen, Leiharbeitnehmern und Teilzeitkräften erreicht werden.

Aus ökonomischer Sicht besteht demnach m.E. im Hinblick auf die Beschäftigungsförderung kein Anlass, den Kündigungsschutz zu lockern. Allerdings ist eine Lockerung im Hinblick auf eine höhere Flexibilität auf dem Arbeitsmarkt bzw. auf eine Verhinderung der Verkrustung des Arbeitsmarktes wünschenswert.

b) Die Veränderung von Unternehmensstrukturen und –mentalität

Doch nicht nur der Arbeitsmarkt ist Veränderungen unterworfen, die eine Reaktion erfordern. Ebenso kann gerade in den letzten Jahren beobachtet werden, dass immer wieder Massenentlassungen ausgesprochen werden, obwohl es dem Unternehmen wirtschaftlich durchaus gut geht. Sowohl in Frankreich als auch in Deutschland waren durchweg besonders große Unternehmen in den (Negativ-) Schlagzeilen.[1751] Dies dürfte nicht zuletzt auch daran liegen, dass je größer die Unternehmensstruktur ist, umso geringer das soziale Verantwortungsgefühl für die Belegschaft ausgeprägt bzw. je nach Fallgestaltung gar inexistent ist. Doch nicht allein die Größe, sondern gerade auch die Gesellschaftsform ist ein entscheidender Faktor. In einer AG werden die Entscheidungen über die Durchführung von Massenentlassungen anders gefällt, als in einem Familienunternehmen. Es können hier die Kapital- den Personengesellschaften gegenüber gesetellt werden. Gerade in Zeiten der Globalisierung tritt es zudem immer häufiger ein, dass Rationalisierungsentscheidungen letztlich in einer Zentrale getroffen werden, die sich in einem anderen Land oder auf einem anderen Kontinent befindet. Auch dies trägt nicht dazu bei, dass die Bedürfnisse der Belegschaft mit einbezogen werden oder Überlegungen zur Auswirkung auf die Arbeitsmarktsituation angestellt werden. Die Belegschaft ist eine anonyme Ansammlung von Menschen und die Region, in der sich der betroffene Unternehmensteil befindet, ist unbekannt.

[1751] Für Deutschland können hier die Deutsche Bank oder auch die Allianz in Köln angeführt werden, auf französischer Seite sind aus diesem Grund z.B. die Unternehmen Michelin oder Canon in die Kritik geraten.

3. Lösungsansätze

Es wird nicht bestritten, dass die Unternehmerentscheidung frei getroffen werden können muss. Gerade in kleinen Unternehmen kann es zudem ggf. existenziell sein, dass schnellstmöglich eine Massenentlassung durchgeführt werden kann. Ein kompliziertes Kündigungsverfahren kann dem im Wege stehen und die Situation des Unternehmens ggf. noch verschlimmern. Zugleich steht dem die Frage gegenüber, wie der Arbeitnehmer in zunehmend anonymisierten Großunternehmen ausreichend geschützt werden kann. Dazwischen steht wiederum die Frage, wie einer Verkrustung des Arbeitsmarktes vorgebeugt werden kann. Es besteht eine Art „dreieckiger" Zielkonflikt. Eine Patentlösung kann schwerlich i.R. dieser Abhandlung gefunden werden. Es soll aber versucht werden, zumindest Ansätze für eine Lösung aus dem zuvor angefertigten Rechtsvergleich herzuleiten.

Zunächst hat die Erfahrung aus der französischen Gesetzesentwicklung der letzten Jahre gezeigt, dass eine Reaktion auf die Vornahme von Massenentlassungen in gesunden Unternehmen mit einer Verschärfung des Kündigungsschutzes, auch und insbesondere des präventiven Kündigungsschutzes, offenbar nicht von Bestand sein kann. Die *Loi de modernisation sociale* ist größtenteils gar nicht erst zur Anwendung gekommen. In der Tat ist der Lösungsansatz zu einseitig und nicht mehr zeitgemäß. Er erfasst eben nur einen Aspekt der dreigliedrigen Grundproblematik. Die deutsche Herangehensweise ist keineswegs rühmlicher. Bei den Massenentlassungen scheint sich der Gesetzgeber aus der Verantwortung ziehen zu wollen und überlässt das Feld der euopäischen und nationalen Rechtsprechung. Ihnen ist jedoch wiederum aufgrund der Grenze des Gesetzeswortlautes ein bestimmter Rahmen vorgegeben, den sie nicht überschreiten dürfen.

Zudem zeigen beide Systeme, dass das Fehlen klarer Zeitvorgaben für das gesamte Kündigungsverfahren in der Praxis zu großer Unsicherheit führt. Es wäre also dringend erforderlich, dass der Gesetzgeber seinem Auftrag nachkommt und hier eindeutige Regelungen für den zeitlichen Ablauf des präventiven Kündigungsverfahrens schafft. Es muss insbesondere Vorgaben für eine Höchstdauer der einzelnen Verfahrensschritte geben.

Die französische Rechtslage kann aber in einigen Aspekten auch als Vorbild dienen. Zunächst liegt ein großer Vorteil darin, dass die Rechtsfolgen klar im Gesetz geregelt sind und die Höhe von Schadensersatz und Abfindung für den Arbeitgeber zumindest in den groben Zügen kalkulierbar sind. Ganz im Gegenteil zur „Alles-oder-Nichts-Lösung" in Deutschland, die dazu führt, dass ggf. ein Annahmeverzug entsteht, dessen Ausmaß von der Dauer des arbeitsgerichtlichen Verfahrens abhängt. Noch schlimmer verhält es sich bei der nahezu nicht vorhandenen Rechtsfolgenregelung für Verstöße gegen die Massenentlassungsvorschriften. Diese Rechtsunsicherheit stellt eine erhebliche Belastung für den Arbeitgeber wie auch für den Arbeitnehmer dar. Vorbild sollte auch der Ansatz sein, nach dem die beiden Konsulationsverfahren miteinander im Gesetz verknüpft werden. Bei einer wünschenswerten vollständigen Neuregelung des Verfahrens für Massenentlassungen sollte gleich auch das Verfahren nach den §§ 111 ff. BetrVG mit einbezogen werden. Z.B. wäre es sinnvoll, die Mindestanforderung an die Informationspflichten zu harmonisieren. Vor allem aber wäre es notwendig, eine Regelung einzufügen, die klar vorgibt, unter welchen Voraussetzungen die beiden Verfahren zeitgleich durchgeführt werden können.

Weitaus interessanter ist der französische Ansatz, der an der Einführung der *accord de méthode* sichtbar wird. Damit kann zugleich dem immer größer werdenden Bedürfnis nach Flexibilisierung wie auch dem Bedürfnis nach Rechtssicherheit und der Vermeidung von Verfahrensverschleppung Rechnung getragen werden. Die Entwicklung der Wirtschaftswelt wird immer schnelllebiger und komplexer, so dass es immer schwieriger wird, auf gesetzgeberischem Weg angemessen schnell und differenziert darauf zu reagieren. Es ist sinnvoller und sachgerechter, ein gesetzliches Mindestmaß an präventivem Kündigungsschutz zu gewährleisten, das nicht unterschritten werden darf – und in Unternehmen ohne Arbeitnehmervertreter als Grundmodell dient. Die nähere Ausgestaltung des Kündigungsverfahrens soll den Beteiligten am Wirtschaftsleben überlassen werden. Allerdings ist es m.E., entgegen der französischen Konzeption, sachdienlicher, die Betriebspartner und nicht die Tarifparteien hieran zu beteiligen. Einerseits kennen sie am besten die Gegebenheiten und Bedürfnisse des Unternehmens. Andererseits sind es letztlich die Betriebspartner, die das Verfahren durchführen müssen. Sie sollten also auch beide damit einverstanden sein, was wiederum eine spätere Klagebereitschaft verringern kann. Diese Vorgehensweise kann im Idealfall auch zu einer „Entschlackung" der immer umfangreicher gewordenen arbeitsrechtlichen Gesetzestexte verhelfen. Weiterer Vorteil ist, dass solche Vereinbarungen nach einer gewissen Geltungsdauer erneut an die Rahmenbedingungen angepasst werden können. So kann auch ggf. mittelbar in Zeiten hoher Arbeitslosigkeit eine Vereinbarung, die sich auf die Ausgestaltung des gesetzlichen Mindestmaßes der Verfahrenserfordernisse beschränkt, dazu führen, dass der Ausspruch von Kündigungen weniger erschwert wird und Bewegung in den Arbeitsmarkt kommt.

Auch für das Problem der fehlenden sozialen Verantwortung in großen Konzernen kann das französische Recht als Ideengeber dienen. Denn zumindest wird dort für Unternehmen ab 1000 Arbeitnehmer die Pflicht festgelegt, bei Massenentlassungen zugleich zur Schaffung neuer Aktivität in dem betroffenen Gebiet beizutragen. Allerdings könnte der Gedanke auch anders weitergeführt werden. Denn es ist nicht allein die Anzahl der Beschäftigten ausschlaggebend dafür, ob auf der Entscheidungsebene ein Verantwortungsgefühl besteht oder nicht. Zugleich kann auch danach unterschieden werden, ob es sich um Kapital- oder Personengesellschaften handelt. In einer großen Aktiengesellschaft ist letztlich keine Einzelperson zu finden, die sich für die Entscheidung, mehreren hundert Arbeitnehmern zu kündigen, vor der Gesellschaft verantworten muss; ein Aspekt der wohl nicht zu unterschätzen sein dürfte. Es wäre daher sachgerecht, für derartige Unternehmen höhere Anforderungen an den präventiven Kündigungsschutz zu stellen, als an kleinere, personenbezogene Unternehmen.

Das soll jedoch nicht bedeuten, dass der deutsche präventive Kündigungsschutz insgesamt strenger ausgestaltet werden soll. Generell soll gerade die gegenteilige Wirkung mit Hilfe der Flexibilisierung in Anlehnung an die französischen *accords de méthode* geschaffen werden. Es sollten lediglich Sonderregelungen im Sinne eines vergleichsweise strengeren präventiveren Kündigusnschutzes gerade für die zuvor genannten Unternehmen gelten, um dem schwindenden sozialen Verantwortungsbewusstsein entgegen zu wirken. Wenn das derzeit geltende deutsche Kündigungsrecht zugrunde gelegt wird, wäre ein denkbarer Ansatz eine Staffelung der Höhe des Nachteilsausgleichs i.S.d. § 113 BetrVG je nach Gesellschaftsform und –größe. Die zur Zeit geltende Höchstsumme von zwölf Monatsgehältern – die in Frankreich als Untergrenze dient – sollte für die besonders großen Kapitalgesellschaften erhöht werden, ansonsten dürfte die Sanktion für solche Unternehmen keine abschreckende Wirkung haben.

Sinnvoller wäre es freilich, eine grundlegende Systemreform durchzuführen, anstatt an vereinzelten Stellen auszubessern. Eine punktuelle Ausbesserung birgt immer die Gefahr in sich, Systembrüche und Wertungswidersprüche hervorzurufen. Ziel einer solchen Änderung wäre, den wirtschaftlichen Veränderungen hinreichend Rechnung zu tragen und sie mit der zuvor geschilderten dreigliedrigen Grundproblemstellung in Einklang zu bringen. Das KSchG datiert von 1969; dass sich seitdem die Wirtschaftswelt verändert hat, kann nicht von der Hand gewiesen werden. Eine solche Gesamtreform sollte in seiner Grundstruktur drei Leitgedanken aufweisen. Zunächst sollte nach französischem Vorbild auf der Rechtsfolgenseite grundsätzlich unterschieden werden zwischen Verstößen gegen Vorgaben des repressiven und solchen des präventiven Kündigungsschutzes. Zumindest Verstöße gegen Vorschriften, die dem präventiven Kündigungsschutz im Bereich der betriebsbedingten Kündigungen zuzurechnen sind, sollten nicht zur Unwirksamkeit der Kündigung führen. Eine Sanktion in Form von Schadensersatz wäre sachgerechter. Hierfür spricht die freie Unternehmerentscheidung ebenso wie das Ziel, den Arbeitsmarkt durchlässiger zu gestalten und einer Verkrustung vorzubeugen. Zudem wäre es auch eine konsequente Weiterentwicklung der Ansätze, die sich derzeit in § 1a KSchG und § 113 BetrVG befinden. Zudem könnte so auch dem Zögern des Gesetzgebers, eine klare Rechtsfolge für Verstöße gegen die §§ 17 ff. KSchG festzulegen, entgegengewirkt werden. Nach dem heutigen, vom Bestandsschutzgedanken geprägten Kündigungsrecht wäre es konsequent, die Unwirksamkeit der Kündigung als Rechtsfolge für Verstöße gegen die Mitwirkungsrechte des Betriebsrats nach § 17 KSchG oder gegen die Anzeigepflicht anzuordnen. Eine vergleichsweise harte Sanktion für ein Verfahren, das zumindest zur Zeit zahlreiche Fallstricke für den Arbeitgeber bereit hält.

I.R.d. Rechtsfolgen kommt auch der zweite Grundgedanke zum Tragen. Hier sollte eine Staffelung vorgenommen werden. Diese Staffelung sollte einerseits Schwellenwerte enthalten, anderseits aber auch die Gesellschaftsform mit einbeziehen. Entscheidend ist dabei darauf abzustellen, inwieweit das Unternehmen „kapitalisiert" ist und ob es noch Einzelpersonen gibt, die tatsächlich als Entscheidungsträger fungieren und sich gegenüber Belegschaft und Öffentlichkeit verantwortlich zeigen müssen.

Der dritte Grundgedanke betrifft die Flexibilisierung. Die Möglichkeit für Betriebspartner, Verfahrensvereinbarungen abzuschließen, sollte gesetzlich festgelegt werden. Das Gesetz sollte nur ein Grundmodell enthalten, das möglichst einfach ausgestaltet ist, insbesondere indem die Verfahren nach §§ 17ff. KSchG und nach §§ 111ff. BetrVG miteinander verkoppelt werden. Zudem sollte es klare Vorgaben für den zeitlichen Ablauf des präventiven Kündigungsverfahrens beinhalten.

Literaturverzeichnis

Deutschsprachige Literatur

Adam, Roman F.: Grundfragen der Abmahnung im Arbeitsverhältnis, AuR 2001, 41

Annuß, Georg: Mitwirkung und Mitbestimmung im Regierungsentwurf eines Gesetzes zur Reform des BetrVG, NZA 2001, 367

Alber, Siegbert: Die Rechtsprechung des EuGH zur Richtlinie über Massenentlassungen, Festschrift für Hellmut Wißmann, München 2005, 507
(zitiert: *Alber*, FS Wißmann)

Appel, Helga: Die „Junk"-Entscheidung des EuGH zur Massenentlassung – Nur eine Aufforderung an den Gesetzgeber?, DB 2005, 1002

Ascheid, Reiner: Kündigungsschutzrecht, Stuttgart, Berlin, Köln, 1993

Ascheid, Reiner/Preis, Ulrich/ Schmidt, Ingrid (Hrsg): Kündigungsrecht, Großkommentar zum gesamten Recht der Beendigung von Arbeitsverhältnissen, 2. Aufl., München 2004

Backmeister, Thomas/Trittin, Wolfgang/Mayer, Udo R.: Kündigungsschutzgesetz mit Nebengesetzen, Kommentar zum Kündigungsschutzgesetz und weiteren wichtigen Vorschriften des Kündigungsrechts, 3. Aufl., München 2004
(zitiert: Backmeister/Trittin/Mayer/*Bearbeiter*)

Bauer, Jobst-Hubertus: Aktuelle Probleme des Personalabbaus im Rahmen von Betriebsänderungen (Teil 1), DB 1994, 217

Bauer, Jobst-Hubertus: Weniger Kündigungsschutz gleich mehr Beschäftigung? – Die Arbeitgebersicht, NZA Sonderbeilage Heft 21/2003, 47

Bauer, Jobst-Hubertus/ Powietzka, Arnim: Neues zur Nachholbarkeit von Massenentlassungsanzeigen, DB 2001, 383

Bauer, Jobst-Hubertus/Krieger, Steffen/Powietzka, Arnim: Geänderte Voraussetzungen für Massenentlassungen nach der „Junk"-Entscheidung des EuGH?, DB 2005, 445

Bauer, Jobst-Hubertus/Preis, Ulrich/Schunder, Achim: Das Gesetz zu Reformen am Arbeitsmarkt – Reform oder nur Reförmchen?, NZA 2004, 195

Becker, Friedrich/Etzel, Gerhard/Bader, Peter/Fischermeier, Ernst/Friedrich, Hans-Wolf/Lipke, Gert-Albert/Pfeiffer, Thomas/Rost, Friedhelm/Spilger, Andreas Michael/Vogt, Norbert/Weigand, Horst/Wolff, Ingeborg: Gemeinschaftskommentar zum Kündigungsschutzgesetz und zu sonstigen kündigungsschutzrechtlichen Vorschriften, 7. Aufl., Neuwied 2004 (zitiert: KR/*Bearbeiter*, 7. Aufl.)

Becker, Friedrich/Etzel, Gerhard/Bader, Peter/Fischermeier, Ernst/ Friedrich, Hans-Wolf/Lipke, Gert-Albert/Pfeiffer, Thomas/Rost, Friedhelm/Spilger, Andreas Michael/Vogt, Norbert/Weigand, Horst/Wolff, Ingeborg: Gemeinschaftskommentar zum Kündigungsschutzgesetz und zu sonstigen kündigungsschutzrechtlichen Vorschriften, 8. Aufl., Neuwied 2007 (zitiert: KR/*Bearbeiter*)

Bengelsdorf, Peter: Die Verdachtskündigung, AuA 1995, 196

Bengelsdorf, Peter/Heise, Dietmar/Köster, Hans-Wilhelm/Meisel, Peter G./Ramrath, Ulrich/Schiefer, Bernd/Sowka, Hans-Harald: Kündigungsschutzrecht, Kölner Praxiskommentar zum Kündigungsschutzgesetz und zu sonstigen kündigungsrechtlichen Vorschriften, 3. Aufl., Düsseldorf 2004 (zitiert: KPK/*Bearbeiter*)

Berkowsky, Wilfried: Die Unterrichtung des Betriebsrats bei Kündigungen durch den Arbeitgeber, NZA 1996, 1065

Berkowsky, Wilfried: Die betriebsbedingte Kündigung, München 2002

Bielinski, Harald/Ullmann, Karen: Arbeitgeberkündigungen und Klagequote, Bundesarbeitsblatt 10-2005, 4

Binkert, Gerhard/Reber, Danielle: Gegenwartsprobleme der französischen und britischen Arbeitsgerichtsbarkeit, AuR 2000, 163

Bitter, Walter: Zum Umfang und Inhalt der Informationspflicht des Arbeitgebers gegenüber dem Betriebsrat bei der betriebsbedingten Kündigung insbesondere bei der Sozialauswahl, NZA 1991, Beil. 3, 16

Bitter, Walter: Grenzen der Analogie „ordnungsgemäßer" Betriebsratsanhörung bei Kündigung,
Festschrift zum 70. Geburtstag von Eugen Stahlhacke, 1995, 57
(zitiert: *Bitter*, FS Stahlhacke)

Bitter, Walter/Kiel, Heinrich: 40 Jahre Rechtsprechung des Bundesarbeitsgerichts zur Sozialwidrigkeit von Kündigungen, RdA 1994, 333

Boecken, Winfried: Außerordentliche Kündigung - Betriebsratsanhörung, Anmerkung SAE 1996, 28

Buchner, Herbert: Öffnung der Tarifverträge im Spannungsfeld verfassungsrechtlicher Vorgaben und arbeitsmarktpolitischer Erfordernisse, Gedächtnisschrift für Meinhard Heinze, München 2005
(zitiert: *Buchner*, FS Heinze)

Dänzer-Vanotti, Wolfgang: Methodenstreit um die den EG-Richtlinien konforme Auslegung, DB 1994, 1052

Däubler, Wolfgang: Das Gesetz zu Korrekturen in der Sozialversicherung und der Sicherung der Arbeitnehmerrechte, NJW 1999, 601

Däubler, Wolfgang: Die veränderte Betriebsverfassung, AuR 2001, 285

Däubler, Wolfgang/Kittner, Michael/ Klebe, Thomas (Hrsg): Betriebsverfassungsgesetz mit Wahlordnung und EBR-Gesetz, 11. Aufl., Nördlingen 2006
(zitiert: DKK/*Bearbeiter*)

Dieterich, Thomas: Arbeitsgerichtlicher Schutz der kollektiven Koalitionsfreiheit, AuR 2005, 121

Dieterich, Thomas/Müller-Glöge, Rudi/Preis, Ulrich/ Schaub, Günter (Hrsg.): Erfurter Kommentar zum Arbeitsrecht, 7. Aufl., München 2007
(zitiert: ErfK/*Bearbeiter*)

Di Fabio, Udo: Richtlinienkonformität als ranghöchstes Normauslegungsprinzip?, NJW 1990, 947

Dornbusch, Gregor/ Wolff, Alexander: Paradigmenwechsel bei Massenentlassungen, BB 2005, 885

Dorndorf, Eberhard/Weller, Bernhard/Hauck, Friedrich: Heidelberger Kommentar zum Kündigungsschutzgesetz, 4. Aufl., Heidelberg 2001
(zitiert: HK-KSchG/*Bearbeiter*)

Doucet, Michel/Fleck, Klaus, E: Wörterbuch der Rechts- und Wirtschaftssprache, Teil I, Französisch-Deutsch, 4. Aufl., München 1988

Düwell, Franz Josef: Das arbeitsrechtliche Gesetzgebungsprogramm der 16. Wahlperiode des Bundestags, FA 2006, 15

Duden Die deutsche Rechtschreibung, 24. Aufl., Mannheim 2006

Engels, Gerd/Trebinger, Yvonne/Löhr-Steinhaus, Wilfried: Regierungsentwurf eines Gesetzes zur Reform des Betriebsverfassungsgesetzes, DB 2001, 532

Ferme, Marco/Lipinski, Wolfgang: Neues Recht der Massenentlassungen nach §§ 17, 18 KSchG?, ZIP 2005, 593

Fischer, Ulrich: Die Anhörung des Arbeitnehmers vor der Verdachtskündigung, BB 2003, 522

Fischermeier, Ernst: Die betriebsbedingte Kündigung nach den Änderungen durch das Arbeitsrechtliche Beschäftigungsförderungsgesetz, NZA 1997, 1089

Fitting, Karl/Engels, Gerd/ Schmidt, Ingrid/Trebinger, Yvonne/Linsenmaier, Wolfgang: Betriebsverfassungsgesetz, Handkommentar, 23. Aufl., München 2006
(zitiert: *Fitting)*

Franz, Wolfgang: Chancen und Risiken einer Flexibilierung des Arbeitsrechts aus ökonomischer Sicht, ZfA 1994, 439

Franz, Wolfgang/Rüthers, Bernd: Arbeitsrecht und Ökonomie – Mehr Beschäftigung durch eine Flexibilisierung des Arbeitsrechts, RdA 1999, 32

Franzen, Martin: „Heininger" und die Folge: ein Lehrstück zum Gemeinschaftsprivatrecht, JZ 2003, 321

Frik, Roman: Die Entscheidung des französischen Conseil constitutionnel zur Vereinbarkeit von Kündigungsschutz und Unternehmensfreiheit vom 12. Januar 2002, RdA 2003, 32

Gamillscheg, Franz: Ausgewählte Schriften zu Arbeitsrecht und Rechtsvergleichung, Baden-Baden 2004

Gaul, Björn: Betriebsbedingte Kündigung mit Namensliste nach § 1 Abs. 5 KSchG, BB 2004, 2686

Göpfert, Burkard/ Krieger, Steffen: Wann ist die Anrufung der Einigungsstelle bei Interessenausgleichs- und Sozialplanverhandlungen zulässig?, NZA 2005, 254

Gotthardt, Michael: Arbeitsrecht nach der Schuldrechtsreform, München 2003

Griese, Thomas: Neuere Tendenzen bei der Anhörung des Betriebsrats vor der Kündigung, BB 1990, 1899

Grimm, Detlef/Brock, Martin: Zur Auslegung der Massenentlassungsrichtlinie, EWiR 2005, 213

Hanau, Peter: Deregulierung des Arbeitsrechts – Ansatzpunkte und verfassungsrechtliche Grenzen, Berlin 1997

Hanau, Peter: Der neue erste Senat, NZA 1996, 841

Hanau, Peter: Denkschrift zu dem Regierungsentwurf eines Gesetzs zur Reform des Betriebsverfassungsgesetzes, RdA 2001, 65

Hanau, Peter: Die Reform der Betriebsverfassung, NJW 2001, 2513

Hanau, Peter/Adomeit, Klaus: Arbeitsrecht, 14. Aufl., München 2006

Hanau, Peter/Steinmeyer, Heinz-Dietrich/Wank, Rolf: Handbuch des europäischen Arbeits- und Sozialrechts, München 2002

Heither, Friedrich H.: Die Beteiligung des Betriebsrats in personellen Angelegenheiten, AR-Blattei SD 530.14.3 (Stand 2003)

Hennings, Thomas: Zur Auslegung der EGRL 59/98, EWiR 2005, 69

Henssler, Martin/Willemsen, Heinz Josef/Kalb, Heinz-Jürgen (Hrsg.): Arbeitsrecht Kommentar, 2. Aufl., Köln 2006 (zitiert: HWK/*Bearbeiter*)

Herrmann, Christoph: Richtlinienumsetzung durch die Rechtsprechung, Berlin 2003

Hinrichs, Oda: Kündigungsschutz und Arbeitnehmerbeteiligung bei Massenentlassungen, Baden-Baden 2001

Holthausen, Joachim: Betriebliche Personalpolitik und „freie" Unternehmerentscheidung, Köln 2003

von Hoyningen-Huene, Gerrick/Linck, Rüdiger: Kündigungsschutzgesetz, 13. Aufl., München 2002 (zitiert: *v. Hoyningen-Huene/Linck*, 13. Aufl.)

von Hoyningen-Huene, Gerrick/Linck, Rüdiger: Kündigungsschutzgesetz, 14. Aufl., München 2007 (zitiert: *v. Hoyningen-Huene/Linck*)

Hübner, Ulrich/Constantinesco, Vlad: Einführung in das französische Recht, 4. Aufl., München 2001.

Hueck, Götz: Kündigungsschutz und Mitwirkung des Betriebsrats in der Rechtsprechung des Bundesarbeitsgerichts, 25 Jahre Bundesarbeitsgericht, München 1979, 258 (zitiert: *Hueck*, 25 Jahre BAG)

Hunold, Wolf: Die Rechtsprechung zu Interessenausgleich, Nachteilsausgleich und Sozialplan, §§ 112-113 BetrVG – Teil 1, NZA-RR 2004, 561

Jahn, Elke J.: Zur Ökonomischen Theorie des Kündigungsschutzes, Berlin 2002 (zitiert: *Jahn*, Ökonomische Theorie des Kündigungsschutzes)

Janssen, Michael: Das Gebot anderweitiger Beschäftigung im deutschen und französischen Kündigungsschutz, Berlin 2003 (zitiert: *Janssen*, Das Gebot anderweitiger Beschäftigung)

Joussen, Jacob: Betriebsbedingte Kündigung – Unternehmensbezogene Weiterbeschäftigungspflicht – Soziale Auswahl, Anm. SAE 2001, 261

Kaiser, Dagmar: Die Unternehmerentscheidung bei betriebsbedingten Kündigungen, NZA Beil. 1/2005, 31

Kaufmann, Otto: Wörterbuch Arbeits- und Sozialrecht, Französisch–Deutsch/Deutsch-Französisch, München 2004

Kessler, Francis: Das neue französische Kündigungsschutzrecht, RdA 1989, 35

Kiel, Heinrich/Koch, Ulrich: Die betriebsbedingte Kündigung, München 2000

Kittner, Michael/Däubler, Wolfgang/Zwanziger, Bertram: Kündigungsschutzrecht, Kommentar für die Praxis zu Kündigungen und anderen Formen der Beendigung des Arbeitsverhältnisses, 6. Aufl., Frankfurt am Main, 2004 (zitiert: KDZ/*Bearbeiter*)

Kleinebrink, Wolfgang: Einschaltung eines Beraters bei Betriebsänderungen, ArbRB 2003, 312

Körner, Marita : Das andere Modell: Die französische Betriebsverfassung, NZA 2001, 429

Kraft, Alfons: Das Anhörungsverfahren gemäß § 102 BetrVG und die „subjektive Determinierung" der Mitteilungspflicht, Arbeitsrecht in der Bewährung – Festschrift für Otto Rudolf Kissel, 1994, 611 (zitiert: *Kraft*, FS Kissel)

Kraft, Alfons/Wiese, Günther/Kreutz, Peter/Oetker, Hartmut/Raab, Thomas/Weber, Christoph/Franzen, Martin: Betriebsverfassungsgesetz, Gemeinschaftskommentar, Band II, 8. Aufl., Neuwied 2005 (zitiert: GK-BetrVG/*Bearbeiter*)

Küttner, Wolfdieter : Personalbuch 2006, 13. Aufl., München 2007 (zitiert: Küttner/*Bearbeiter*)

Larenz, Karl/Canaris, Claus-Wilhelm Methodenlehre der Rechtswissenschaft, 3. Aufl., Berlin 1995

Le Friant, Martine: Rechtstechniken im Kampf gegen die Diskriminierungen : Die Lage in Frankreich, AuR 2003, 51

Leuchten, Alexius/Lipinski, Wolfgang: Die Anrechnung des Nachteilsausgleichs auf die Sozialplanabfindung nach der Massenentlassungsrichtlinie 98/59/EG, NZA 2003, 1361

Lingemann, Stefan: Betriebsänderungen nach neuem BetrVG, NZA 2002, 934

Link, Peter: Rückkehr zum alten Recht?, AuA 1998, 413

Lipinski, Wolfgang: Keine Unwirksamkeit der Kündigung bei fehlender oder fehlerhafter Massenentlassungsanzeige gem. § 17 KSchG auch unter Berücksichtigung der Richtlinie 98/59/EG, BB 2004, 1790

Löwisch, Manfred: Änderung der Betriebsverfassung durch das Betriebsverfassungs-Reformgesetz – Teil II: Die neuen Regelungen zur Mitwirkung und Mitbestimmung, BB 2001, 1790

Löwisch, Manfred/Spinner, Günter: Kommentar zum Kündigungsschutzgesetz, 9. Aufl., Heidelberg 2004 (zitiert: *Löwisch/Spinner*)

Lücke, Oliver: Unter Verdacht – Die Verdachtskündigung, BB 1997, 1842

Lutter, Marcus: Die Auslegung angeglichenen Rechts, JZ 1992, 593

Lutz, Dieter/App, Michael: Die Kündigung eines Arbeitsvertrags in Frankreich, NZA 1994, 254

Matthes, Hans-Christoph: Neue Funktion für Interessenausgleich und Sozialplan, RdA 1999, 178

Molkenbur, Josef/Schulte, Wienhold: Rechtscharakter und –wirkungen des Interessenausgleichs, DB 1995, 269

Müller, Jonas: Betriebliche Bündnisse für Arbeit, AuA 2005, 150

Müller, Fiedrich/Christensen, Ralph: Juristische Methodik, Band II Europarecht, Berlin 2003 (zitiert: *Müller/Christensen*, Juristische Methodik, Band II)

Natzel, Ivo: Hinzuziehung internen wie externen Sachverstands nach dem Betriebsverfassungsgesetz, NZA 2001, 872

von Neumann-Cosel, Reino: Interessenausgleich und Nachteilsausgleich, AiB 2002, 473

Oberberg, Max: Anrechenbarkeit eines Sozialplananspruchs auf Nachteilsausgleich, AuR 2003, 71

Oetker, Hartmut: Außerordentliche Kündigung von Betriebsratsmitgliedern – Aktuelle Probleme des Stimmrechtsausschlusses wegen Interessenkollision, AuR 1987, 244

Oetker, Hartmut: Anhörung des Betriebsrats bei Kündigungen, Anm. SAE 1989, 302

Oetker, Hartmut: Die Hinzuziehung eines Beraters bei Betriebsänderungen – Der neue § 111 S. 2 BetrVG, NZA 2001, 465

Opolony, Bernhard: Die anzeigepflichtige Entlassung nach § 17 KSchG, NZA 1999, 791

Osnabrügge, Stephan: Massenentlassungen – Kein russisches Roulette für Arbeitgeber, NJW 2005, 1093

Palandt, Otto: Bürgerliches Gesetzbuch, 66. Aufl., München 2007 (zitiert: Palandt/*Bearbeiter*)

Preis, Ulrich: Prinzipien des Kündigungsrechts bei Arbeitsverhältnissen, München 1987 (zitiert: *Preis*, Prinzipien des Kündigungsrechts)

Preis, Ulrich: Neuere Tendenzen im arbeitsrechtlichen Kündigungsschutz – Teil II, DB 1988, 1444

Preis, Ulrich: Der Kündigungsschutz außerhalb des Kündigungsschutzgesetzes, NZA 1997, 1256

Preis, Ulrich: Reform des Bestandsschutzrechts im Arbeitsverhältnis, RdA 2003, 65

Preis, Ulrich: Die „Reform" des Kündigungsschutzrechts, DB 2004, 70

Pünnel, Leo/Isenhard, Udo: Die Einigungsstelle des BetrVG 1972, 4. Aufl., 1997

Raab, Thomas: Individualrechtliche Auswirkungen der Mitbestimmung des Betriebsrats gemäß §§ 99, 102 BetrVG, ZfA 1995, 479

Ramm, Thilo: Arbeitsrecht und Kleinunternehmen – Teil I, AuR 1991, 257

Rebhahn, Robert: Der Kündigungsschutz des Arbeitnehmers in den Staaten der EU, ZfA 2003, 163

Rebmann, Kurt/Säcker, Franz Jürgen/Rixecker, Roland: Münchener Kommentar zum Bürgerlichen Gesetzbuch, Band 4, 3. Aufl., München 1997 (zitiert: MüKo/*Bearbeiter*, 3. Aufl.)

Richardi, Reihnard: Die neue Betriebsverfassung – Grundriss, 2. Aufl., München 2002

Richardi, Reinhard: BetrVG mit Wahlordnung, 10. Aufl., München 2006 (zitiert: Richardi/*Bearbeiter*)

Richardi, Reinhard: Misslungene Reform des Kündigungsschutzes durch das Gesetz zu Reformen am Arbeitsmarkt, DB 2004, 486

Richardi, Reinhard/Annuß, Georg: Neues Betriebsverfassungsgesetz: Revolution oder strukturwahrende Reform? DB 2001, 41

Rinke, Michael: Anhörung des Betriebsrats – vorgezogenes Kündigungsschutzverfahren?, NZA 1998, 77

Riesenhuber, Karl/Domröse, Ronny: Richtlinienkonforme Auslegung der §§ 17, 18 KSchG und Rechtsfolgen fehlerhafter Massenentlassungen, NZA 2005, 568

Rose, Franz-Josef/Grimmer, Daria: Die Stellung des Beraters des Betriebsrats nach § 111 S. 2 BetrVG, DB 2003, 1790

Rüthers, Bernd: 35 Jahre Arbeitsrecht in Deutschland, RdA 1995, 326

Rüthers, Bernd: Beschäftigungskrise und Arbeitsrecht – Zur Arbeitsmarktpolitik der Arbeitsgerichtsbarkeit, Bad Homburg 1996

Rüthers, Bernd: Vom Sinn und Unsinn des geltenden Kündigungsschutzrechts, NJW 2002, 1601

Rüthers, Bernd/ Henssler, Martin: Die Kündigung bei kumulativ vorliegenden und gemischten Sachverhalten, ZfA 1988, 31

Sachs, Michael (Hrsg.): Grundgesetz, Kommentar, 3. Aufl., München 2002 (zitiert: Sachs/*Bearbeiter*)

Sadowski, Dieter/ Walwei, Ulrich (Hrsg.): Die ökonomische Analyse des Arbeitsrechts, Nürnberg 2002

Schaub, Günter: Arbeitsrechts-Handbuch, 11. Aufl., München 2005 (zitiert: *Schaub*, ArbR-Hdb)

Schaub, Günter: Der Interessenausgleich, Festschrift für Wolfgang Däubler, Recht und soziale Arbeitswelt, Frankfurt a. M. 1999, S. 347 (zitiert: *Schaub*, FS Däubler)

Schaub, Günter/Schindele, Friedrich: Kurzarbeit – Massenentlassung – Sozialplan, 2. Aufl., München 2005

Schellhaaß, Horst M.: Ist weniger Kündigungsschutz gleich mehr Beschäftigung?, Sonderbeilage NZA Heft 21/2003, 28

Schiefer, Bernd: Gesetz zur Anpassung arbeitsrechtlicher Bestimmungen an das EG-Recht, DB 1995, 1910

Schliemann, Harald: Tarifliches Günstigkeitsprinzip und Bindung der Rechtsprechung, NZA 2003, 122

Schmidt, Klaus: Die Umdeutung der außerordentlichen Kündigung im Spannungsverhältnis ziwschen materiellem und Prozessrecht, NZA 1989, 661

Schmidt, Jan: § 4 S. 4 KSchG und Gesetz zu Reformen am Arbeitsmarkt, NZA 2004, 79

Schmidt, Jan/Bender Wolfgang: KSchG 2004: Neuer Schwellenwert und einheitliche Klagefrist, NZA 2004, 358

Schrader, Peter: Übergangsregelungen zum Konkursrecht, NZA 1997, 70

Schwerdtner, Peter: Grenzen der Zulässigkeit des Nachschiebens von Kündigungsgründen im Kündigungsschutzprozess, NZA 1987, 361

Stahlhacke, Eugen/ Preis, Ulrich/Vossen, Reinhard: Kündigung und Kündigungsschutz im Arbeitsverhältnis, 9. Aufl., München 2005
(zitiert: Stahlhacke/Preis/*Bearbeiter*)

Stege, Dieter/Weinspach, F.K./Schiefer, Bernd: BetrVG, Handkommentar für die betriebliche Praxis, 9. Aufl., Köln 2002
(zitiert: Stege/Weinspach/Schiefer/*Bearbeiter*)

Steike, Jörn: Die Durchführung der Massenentlassung, DB 1995, 674

Streinz, Rudolf: Europarecht, 7. Aufl., Heidelberg 2005

Thüsing, Gregor: Zu den Grenzen der richtlinienkonformen Auslegung, ZIP 2004, 2301

Thüsing, Gregor: Was machen wir aus Junk (EuGH, BB 2005, 331)?, BB 2005, Heft 16, I

Thüsing, Gregor/ Stelljes, Volker: Fragen zum Entwurf eines Gesetzes zu Reformen am Arbeitsmarkt, BB 2003, 1673

Tödtmann, Ulrich/ Schauer, Michael: Die Kündigung des Arbeitsverhältnisses, NZA 2003, 1187

Vossen, Reinhard: Umdeutung einer unwirksamen außerordentlichen Kündigungserklärung, Anm. zu BAG 15.11.2001, RdA 2003, 179

Walker, Wolf-Dietrich: Die freie Unternehmerentscheidung im Arbeitsrecht, ZfA 2004, 501

Wank, Rolf: Rechtsfortbildung im Kündigungsschutzrecht, RdA 1987, 129

Wank, Rolf: Tendenzen der BAG-Rechtsprechung zum Kündigungsrecht, RdA 1993, 79

Willemsen, Heinz Josef/ Annuß, Georg: Kündigungsschutz nach der Reform, NJW 2004, 177

Winterstein, Heinz-Peter: Nachschieben von Kündigungsgründen – Hinweise für die betriebliche Praxis, NZA 1987, 728

Wißmann, Hellmut: Probleme bei der Umsetzung der EG-Richtlinie über Massenentlassungen in deutsches Recht, RdA 1998, 221

Wlotzke, Otfried/Preis, Ulrich Betriebsverfassungsgesetz, 3. Aufl., München 2006

Wlotzke, Otfried/Richardi, Reinhard (Hrsg.): Münchener Handbuch zum Arbeitsrecht, Band 2 Individualarbeitsrecht II, 2. Aufl., München 2000 (zitiert: MünchArbR/*Bearbeiter*)

Wlotzke, Otfried/Richardi, Reinhard (Hrsg.): Münchener Handbuch zum Arbeitsrecht, Band 3 Kollektives Arbeitsrecht, 2. Aufl., München 2000 (zitiert: MünchArbR/*Bearbeiter*)

Wolf, Roland: Koalitionsvereinbarungen zu zaghaft!, AuA 2006, 8

Wolter, Henner: Wende im Recht der Massenentlassung, AuR 2005, 135

Zachert, Ulrich: Beendigungstatbestände im internationalen Vergleich, Trier 2004

Zumfelde, Meinhard: Kündigungsschutz légère: der neue französische Arbeitsvertrag für Neueinstellungen, NZA 2005, 1398

Zwanziger, Bertram: Der Einfluß des Europäischen Rechts auf das Kündigungsschutzrecht, AuR 2001, 384

Zweigert, Konrad/Kötz, Hein: Einführung in die Rechtsvergleichung auf dem Gebiet des Privatrechts, Tübingen 1996
(zitiert: *Zweigert/Kötz*, Einführung in die Rechtsvergleichung)

Französischsprachige Literatur

Allouche, Christian: A quoi sert l'entretien préalable, SSL 1991 n° 578, 3

Antonmattéi, Paul-Henri: Licenciements économiques et négociation collective: un nouvel accord collectif de travail est né, Dr. soc. 2003, 486

Antonmattéi, Paul-Henri: Accord de méthode, génération 2005: la « positive attitude », Dr. soc. 2005, 399

Aubin, Gérard/ Bouvresse, Jacques: Introduction historique au droit du travail, Paris 1995

Bachmann, Pierre: Quatre constats relatifs à l'évolution de l'emploi, Analyses et Documents économiques (Hrsg.: CGT), N° 95 Février 2004, 106

Balmary, Dominique: Le licenciement économique: du contrôle à la négociation?, Dr. soc. 2004, 272

Barthélémy, Jacques: La contribution de l'accord de méthode à l'édification d'un droit social plus contractuel, SSL 2004, n° 1152, supplément: Les accords de méthode, 10

Boulmier, Daniel : Conseiller du salarié ou conseiller de l'employeur?, SSL 1996 n° 817, 3

Brunhes, Bernard: Le droit du licenciement collectif: les humeurs d'un praticien, Dr. soc. 2003, 40

Buseine, Gaelle: La lettre de licenciement : la forme ou le fond, Dr. ouvr. 1999, 432 *de Caigny, Philippe:* L'employeur seul juge du choix économique, Dr. soc. 2001, 126

Camerlynck, G.H. (Hrsg.): Le contrat de travail, tome 1, Paris 1982 (zitiert: *Camerlynck*, Le contrat de travail)

Champeaux, Franscoise: Nullité de la procédure de licenciement économique, SSL 2003, n° 1107, 12

Chevillard, Alain: Licenciement – Conseiller du salarié, Juris-Cl., Droit du travail, Fasc. 30-28 (Stand Juni 1999)

Chelle, Dominique: Le licenciement du salarié devant la Cour de cassation et le Conseil d'Etat, Dr. soc. 1991, 211

Clavel-Fauquenot, Marie-Francoise/Marignier, Natacha: La protection des représentants du personnel, Liaisons Sociales, numéro spécial février 2001

Cohen, Maurice: Les nouvelles attributions des comités d'entreprise depuis la loi de modernisation sociale, Dr. soc. 2002, 298

Cohen, Maurice: La loi du 3 janvier 2003 et les comités d'entreprise, Dr. soc. 2003, 271

Cohen, Maurice: Le fonctionnement du comité d'entreprise et les licenciements économiques après la loi du 18 janvier 2005, Dr. soc. 2005, 394

Cohen, Maurice/Milet, Laurent: La loi « suspensive » Fillon-Raffarin, les comités d'entreprise et les licenciements économiques, RPDS 2003, n° 694, 59

Corrignan-Carsin, Danielle: L'entretien préalable au licenciement – Jurisprudence récente, RJS 8-9/97, 582

Corrignan-Carsin, Danielle: Lieu de l'entretien préalable et incidence d'une faute grave commise ou découverte en cours de préavis, JCP II 2000, n° 10373

Couturier, Gérard: Responsabilité civile et relations individuelles de travail, Dr. soc. 1988, 407

Couturier, Gérard: Droit du travail, tome 1/Les relations individuelles de travail, 3. Aufl., Paris 1996 (zitiert: *Couturier*, Droit du travail)

Couturier, Gérard: Quel avenir pour le droit de licenciement? Perspectives d'une régulation européenne, Dr. soc. 1997, 75

Couturier, Gérard : Du plan social au plan de sauvegarde de l'emploi, Dr. soc. 2002, 279

Couturier, Gérard: Le choix de la procéduralisation conventionnelle, SSL 2004, n° 1152, supplément: Les accords de méthode, 6

Couturier, Gérard: L'impossibilité de réintégrer – Sur l'article 77-V de la loi de programmation pour la cohésion sociale, Dr. soc. 2005, 403

Cristau, Antoine: Enonciation des motifs du licenciement: deux précautions valent mieux qu'une..., Dr. soc. 2003, 1119

Desbarats, Isabelle: La réforme de la modernisation sociale, D. 2003, 219

Dupays, Alain /Le Meur, Jean-René: Accord de méthode: mode d'emploi, SSL 2004, n° 1152, supplément: Les accords de méthode, 33

Dupeyroux, Jean-Jacques: Droit civil et droit du travail: l'impasse, Dr. soc. 1988, 371

Duquesne, Francois: Les droits de la défense du salarié menacé de licenciement – Esquisse d'une réforme de la procédure de licenciement individuel, Dr. soc. 1993, 847

Duquesne, Francois: La protection du conseiller du salarié contre le licenciement, Dr. soc. 1995, 877

Duquesne, Francois: Nouvelle avancée des droits de la défense du salarié menacé de licenciement (Cour de cassation, ch. crim., 11 mai 2004), Dr. soc. 2004, 938

Durand, Paul: Droit du travail, tome II, Paris 1957

Enclos, Philippe: Le déroulement de l'entretien préalable au licenciement, Dr. soc. 1992, 988

Eymard-Duvernay, Francois: Le droit du traail est-il soluble dans les incitations? À propos d'un rapport du Conseil d'analyse économique sur les procédures de licenciement, Dr. soc. 2004, 812

Favennec-Héry, Francoise: Loi Borloo: une nouvelle approche de la modification, SSL 2005 n° 1198, S. 9

Favennec-Héry, Francoise: Mélanges en l'honneur de Henry Blaise - Licenciement pour motif économique: contrôle ou contournement, Paris 1995, S. 209

Flichy, Hubert/Gamet, Laurent: Licenciement, Procédure – Indemnités – Contentieux, 10. Aufl., Paris 2005

Frouin, Jean-Yves: Licenciements pour motif économique, RJS 8-9/97, 592

Frouin, Jean-Yves: Le point sur la motivation de la lettre de licenciement, RJS 7/99, 543

Frouin, Jean-Yves: Les droits pécuniaires du salarié en cas de licenciement, SSL 2004, n° 1151, 8

Gauriau, Bernard: Licenciement nul et droit à réintégration: la salariée enceinte est un salarié comme les autres, Dr. soc. 2003, 827

Grangé, Joel: L'accord de méthode en pratique, SSL 2004, n° 1152, supplément: Les accords de méthode, 14

Grumbach, Tiennot: Redonner aux syndicats le pilotage de la négociation sur l'emploi, SSL 2004, n° 1152, supplément: Les accords de méthode, S. 17

Héas, Franck: Les prinipaux apports de la loi de programmation pour la cohésion sociale en matière de licenciement pour motif économique, JCP-E 2005, 270

Jeammaud, Antoine: Les principes dans le droit francais du travail, Dr. soc. 1982, 618

Jeammaud, Antoine: Le licenciement, 1993, Paris
(zit.: *Jeammaud*, Le licenciement)

Jeammaud, Antoine/ Le Friant, Martine: Du silence de l'arrêt SAT sur le droit à l'emploi, Dr. soc. 2001, 417

Joinet, Louis: La lettre de licenciement: ce qui se concoit bien s'enonce clairement, Dr. soc. 1999, 13

Lagoutte, Pascal/ Mir, Jean-Michel/ Morand, Michel: Licenciement économique: Prévention – Définition – Procédure, Liaisons Sociales Septembre 2002, 3

Le Crom, Jean-Pierre (Hrsg.): Deux siècles de droit du travail, l'histoire par les lois, Paris 1998
(zitiert: *Bearbeiter,* Deux siècles de droit du travail)

Lyon-Caen, Gérard/Bonnetête, M.-C.: La réforme du licenciement à travers la loi du 13 juillet 1973, Dr. soc. 1973, 493

Marraud, Catherine/Kessler, Francis/Géa, Frédéric (Hrsg): La rupture du contrat de travail en droits francais et allemand, Straßburg 2000
(zitiert: Marraud/Kessler/Géa/*Bearbeiter,* La rupture du contrat de travail en droits francais et allemand)

Mathieu, Bertrand: Le conseiller du salarié, la représentation des travailleurs et la liberté d'entreprendre, D. 1991, 119

Maynial, Catherine/Maynial, Patricia: Le statut du conseiller du salarié: le début de la « longue marche » vers la représentation du personnel dans les PME, Dr.soc. 1994, 3

Mazeaud, Antoine: Droit du travail, 4. Aufl., Paris 2004

Moizard, Nicolas: Un retour en grâce des médiateurs?, Dr. soc. 2002, 325

Morand, Michel: Le médiateur dans la procédure de licenciement économique, Semaine sociale Lamy 2002, n° 1067, S. 6

Morvan, Patrick: Licenciement pour motif économique – Procédure, Juris-Cl. 2004, Fasc. 31-2 (Stand 30.12.2003)

Morvan, Patrick: Le droit des licenciements pour motif économique après la loi de cohésion sociale, Travail et Protection sociale, Février 2005, 8

Pansier, Frédéric-Jérôme: Droit du travail – Relations individuelles et collectives, 4. Aufl., Paris 2005

Pélissier, Jean: Le nouveau droit du licenciement, 2. Aufl. 1980 (zit.: *Pélissier*, Le nouveau droit du licenciement)

Pélissier, Jean: Droit civil et contrat individuel de travail, Dr. soc. 1988, 387

Pélissier, Jean/Supiot, Alain/Jeammaud, Antoine: Droit du travail, 21. Aufl., Paris 2002
(zit.: *Pélissier/Supiot/Jeammaud*, Droit du travail, 21. Aufl.)

Pélissier, Jean/Supiot, Alain/Jeammaud, Antoine: Droit du travail, 23. Aufl., Paris 2006
(zit.: *Pélissier/Supiot/Jeammaud*, Droit du travail)

Pettiti, Christophe: Licenciement pour motif personelle – Cause et procédure, Juris-Cl., Droit du travail, Fasc. 30-30 (Stand 2001)

Puigelier, Catherine: L'entretien préalable au licenciement doit demeurer une formalité individuelle, JCP-G 2003, II n° 10191, 2150

Prétot, Xavier: Le conseil constitutionnel et la loi de modernisation sociale – D'une annulation et de quelques réserves d'interprétation..., Dr. soc. 2002, 244

Prétot, Xavier: De la liberté d'entreprendre au droit à un emploi, ou les bases constitutionnelles du droit du licenciement, Dr. soc. 2005, 371

Radé, Christophe: Feu la jurisprudence Framatome et Majorette, Dr. soc. 2005, 386

Ray, Jean-Emmanuel: Droit du travail – Droit vivant, 15. Aufl., Rueil-Malmaison 2006
(zitiert: *Ray*, Droit du travail)

Ray, Jean-Emmanuel: Mutations de l'entreprise et modification du contrat de travail, Rueil-Malmaison 2000

Ray, Jean-Emmanuel: De lege non ferenda..., Dr. soc. 2002, 238

Ray, Jean-Emmanuel: De la hiérarchie à l'articulation des sources du droit du travail, Liaisons sociales 2004, 56

Ray, Jean-Emmanuel: Procès-dures de licenciements économiques, Liaisons Sociales 2004, 52

Ray, Jean-Emmanuel: La loi pour la cohésion sociale: continuité et contournements, Dr.soc. 2005, 359

Roche, Ludovic: Le conseiller du salarié: une institution complexe, Dr. soc. 1994, 10

Savatier, Jean: L'entretien préalable au licenciement, Dr. soc. 1991, 258

Savatier, Jean: Le salaire servant de base au calcul des indemnités de rupture du contrat de travail, Dr. soc. 1993, 948

Savatier, Jean: La cessation d'activité de l'entreprise, motif économique de licenciement, Dr. soc. 2001, 413

Struillou, Yves: L'administration du travail et la loi de modernisation sociale, Dr. soc. 2002, 342

Supiot, Alain: Le droit du travail, Paris 2004

Taquet, Francois: Réflexions sur l'entretien préalable au licenciement, JCP-E I 1993, n° 245, 236

Tillie, Patrick: Les nullités textuelles, Dr. ouv. 1999, 102

Vatinet, Raymonde: De la loi sur les nouvelles régulations économiques à la loi de modernisation: une montée en puissance du comité d'entreprise?, Dr. soc. 2002, 286

Waquet, Philippe: Le contrôle de la chambre sociale de la Cour de cassation sur la cause réelle et sérieuse du licenciement, Dr. soc. 1992, 980

Waquet, Philippe: La lettre de rupture par l'employeur d'un contrat de travail, RJS 11/93, 631

Waquet, Philippe: Le renouveau du contrat de travail, RJS 5/99, 383

Waquet, Philippe: La cause économique du licenciement, Dr. soc. 2000, 168

Waquet, Philippe: Le licenciement économique dans la loi de modernisation sociale, Dr. soc. 2002, 264

Willman, Christophe/ Kerbourc'h, Jean-Yves (Hrsg.): Le licenciement pour motif économique après la loi de modernisation sociale, Paris 2002
(zitiert: Willman/Kerbourc'h/*Bearbeiter*, Le licenciement pour motif économique après la loi de modernisation sociale)

Schriften zum Deutschen und Europäischen Arbeits- und Sozialrecht

Herausgegeben von Ulrich Preis

Band 1 Ulrich Preis / Felipe Temming: Die Urlaubs- und Lohnausgleichskasse im Kontext des Gemeinschaftsrechts. 2006.

Band 2 Einiko B. Franz: Der Abschluss eines Aufhebungsvertrags. Schutz des Arbeitnehmer-Verbrauchers und seine Grenzen. Insbesondere das Widerrufsrecht gem. §§ 312, 355 BGB. 2006.

Band 3 Klaus Tenbrock: Die betriebliche Altersversorgung im Betriebsübergang bei konkurrierenden Versorgungszusagen. 2006.

Band 4 Christoph Nießen: Fehlerhafte Betriebsratswahlen. Eine am Gang des Wahlverfahrens orientierte Untersuchung der Folgen von Rechtsverstößen bei der Betriebsratswahl unter besonderer Berücksichtigung deren Relevanz für die Gewährung von einstweiligem Rechtsschutz zur Verhinderung einer fehlerhaften Betriebsratswahl. 2006.

Band 5 Klaus Linde: Übertragung von Aufgaben des Betriebsrats auf Arbeitsgruppen gemäß § 28a BetrVG. 2006.

Band 6 Petra M. Knorr: Der Vergleich der Invaliditätsrenten in Deutschland und den Niederlanden. 2006.

Band 7 Jan Botterweck: Gewerkschaftspluralismus im Betrieb. 2007.

Band 8 Patrizia Chwalisz: Die Transformation des polnischen Arbeitsrechts und die Gewerkschaften. Eine Analyse aus dem Blickwinkel des Arbeitsrechts der ehemaligen Deutschen Demokratischen Republik und der Bundesrepublik Deutschland. 2007.

Band 9 Wiebke Brose: Der präventive Kündigungsschutz bei betriebsbedingten Kündigungen. Vergleich von Entwicklung und Stellenwert im deutschen und französischen Kündigungsrecht. 2007.

www.peterlang.de

FSC
www.fsc.org
MIX
Papier | Fördert gute Waldnutzung
FSC® C083411

Kolibri 360 GmbH
Ferdinand-Jühlke-Straße 7
99095 Erfurt, Deutschland
produktsicherheit@kolibri360.de

Druck:
CPI Druckdienstleistungen GmbH
im Auftrag der
Kolibri 360 GmbH
Ferdinand-Jühlke-Str. 7
99095 Erfurt